U0118792

本书由腾讯基金会、北京曹雪芹文化发展基金会资助出版

曹 | 学 | 文 | 库

胡德平
张书才 主编

# 曹寅
# 与
# 曹雪芹

（增订本）

刘上生 ／ 著

浙江古籍出版社

**图书在版编目(CIP)数据**

曹寅与曹雪芹/刘上生著.—增订本.—杭州：
浙江古籍出版社,2024.4
（曹学文库 / 胡德平，张书才主编）
ISBN 978-7-5540-2783-7

Ⅰ.①曹… Ⅱ.①刘… Ⅲ.①曹雪芹(1715—1763)
—家族—研究 Ⅳ.①K820.9

中国国家版本馆 CIP 数据核字(2023)第 211318 号

曹学文库

# 曹寅与曹雪芹(增订本)

刘上生　著

| | |
|---|---|
| 出版发行 | 浙江古籍出版社 |
| | （杭州市体育场路 347 号　邮编:310006） |
| 网　　址 | https://zjgj.zjcbcm.com |
| 责任编辑 | 沈宗宇 |
| 封面设计 | 吴思璐 |
| 责任校对 | 吴颖胤 |
| 责任印务 | 楼浩凯 |
| 照　　排 | 浙江大千时代文化传媒有限公司 |
| 印　　刷 | 浙江海虹彩色印务有限公司 |
| 开　　本 | 710mm×1000mm　1/16 |
| 印　　张 | 32 |
| 字　　数 | 492 千 |
| 版　　次 | 2024 年 4 月第 1 版 |
| 印　　次 | 2024 年 4 月第 1 次印刷 |
| 书　　号 | ISBN 978-7-5540-2783-7 |
| 定　　价 | 98.00 元 |

如发现印装质量问题,影响阅读,请与市场营销部联系调换。

# 前　言

　　20 世纪 20 年代,以胡适、顾颉刚、俞平伯等先贤为代表开启的"新红学"时代,也可看作"曹学"研究之发轫。"新红学"反对索隐派的"本事说",倡导科学的考证方法。但胡适的"自叙说"也引来了后来学者的质疑与商榷。不过,我们必须承认:真实可靠的文献史料、科学严谨的考证方法,确是曹雪芹相关研究(又简称"曹学")的立足之本。

　　"曹学"一词最早由顾献梁先生在 20 世纪 40 年代提出,并在 1963 年发表《"曹学"创建初议》一文,倡议"以'曹学'取'红学'而代之",认为"曹学"应该成为每一所大学里"文学系的必修课,文学院及其他学院的选修课",因为"'曹学'不是一朝一夕之功,也不是一人一家之事,那是需要大家的努力"①。余英时先生 1979 年在《近代红学的发展与红学革命》一文中也提出这一概念,以周汝昌先生《红楼梦新证》为例,谈及"新红学"的趋向,认为"考证派红学实质上已蜕变为曹学了"。虽然余先生的本意是批判,但他在另一篇文章中,却又讲到红学研究中存在着两个世界,"一个是曹雪芹所经历过的历史世界,一个则是他所虚构的艺术世界",并认为两个世界"无法截然划分"②,显然肯定了"曹学"与"红学"的不可分割。二者你中有我,我中有你,虽然各有侧重,却又互相融合,互为补充,相辅相成,并驾齐驱。张书才先生认为,"红学"主要解决"是什么"的问题,"曹学"则不仅要解决"是什么"的问题,还要解决"为什么"的问题。《红楼梦》讲了什么,传达了什么样的思想,它为什么伟大? 曹雪芹是谁,他为什么要写《红楼梦》,以及他为什么能创作出这么

① 《作品》第 4 卷第 1 期,1963 年。
② 余英时《红楼梦的两个世界》,上海社会科学院出版社 2002 年版,"自序"第 2 页。

伟大的作品？孟子说："颂其诗，读其书，不知其人，可乎？是以论其世也。"
（《孟子·万章下》）我们吟诵古人的诗文、研读古人的著作，不了解他们的为
人，可以吗？我们当然应该研究他们所处的时代，考察他们的思想经历，即
知人论世。因此，我们说，"曹学"的内涵包括曹雪芹的生平思想、作品、时代
及其作品的传播和影响。

从胡适发表《红楼梦考证》（1921），到周汝昌出版《红楼梦新证》（1953），
再到吴恩裕的《有关曹雪芹八种》（1958，1963 年扩展为"十种"出版，又于
1980 年汇辑成《曹雪芹丛考》出版）、《曹雪芹佚著浅探》（1979）、《考稗小记》
（1979），史景迁的《曹寅与康熙》（1963），冯其庸的《曹雪芹家世新考》
（1980）、《曹学叙论》（1992），吴新雷、黄进德的《曹雪芹江南家世考》（1983），
王利器的《李士桢李煦父子年谱》（1983），舒成勋口述、胡德平整理的《曹雪
芹在西山》（1984），中国曹雪芹研究会编的《曹学论丛》（1986），何锦阶的《曹
寅与清代社会》（1989），朱淡文的《红楼梦论源》（1992），王畅的《曹雪芹祖籍
考论》（1996），刘上生的《走近曹雪芹》（1997），李广柏的《曹雪芹评传》
（1998）……迈入新世纪，又有刘上生的《曹寅与曹雪芹》（2001），胡德平的
《说不尽的红楼梦》（2004），胡绍棠的《楝亭集笺注》，张书才的《曹雪芹家世
生平探源》（2009），方晓伟的《曹寅评传·年谱》（2010），黄一农的《二重奏：
红学与清史的对话》（2014）、《红楼梦外：曹雪芹〈画册〉与〈废艺斋集稿〉新
证》（2020），樊志斌的《曹雪芹文物研究》（2020），胡文彬主编的《曹寅全集》
（2023，包括胡绍棠、胡晴校注的《楝亭集》，段启明、秦松鹤校注的《曹寅戏曲
集》、张书才编注的《曹寅奏疏集》三种，另有胡文彬辑注的《楝亭集外集》和
校补的《楝亭书目》两种也即将出版）等等，伴随"新红学"走过的一百年，"曹
学"研究可谓硕果累累。此外，裴世安主持辑录的《曹雪芹文物资料》《曹雪
芹生卒年资料》，以及《曹雪芹研究》和《红楼梦学刊》两大曹、红学研究期刊
也都参与并见证了"曹学"发展的历程。曹雪芹家世生平的脉络已越来越清
晰地呈现在我们眼前，曹雪芹人文精神的光芒，不仅照亮了过去的中国社
会，也必将照耀一代又一代中国人的心灵。

张书才先生在《曹学断想》一文中说："就曹学研究而言，目前仍需着力
于史料的发掘，以期澄清史实，运用历史文献、文物遗迹、调查资料三者结合
的三重证据法，对既有的聚讼日久的一些问题重新进行学理层面的探讨，并

不断发现、研究和解决新的课题，全面地了解曹雪芹生活时代的社会状况及其独特的家世遭际与人生经历，弄清造就曹雪芹、产生《红楼梦》的历史条件和时代背景，从而为更加准确地认知曹雪芹、阐释《红楼梦》提供可靠的基础。"①

胡德平先生在《探寻"曹学"之路》一文中，也为我们指引了几条新时期的"曹学"研究路径：一是细化曹雪芹生活时代的研究，二是延长"曹学"的证据链条，三是用大数据搜集海内外文献资料，四是以大百科全书的视角观察历史。他说："如果我们将曹雪芹生活时代的历史事实与《红楼梦》中透露出来的时代信息对照的话，将大大拓宽曹学的研究范围，从经济、思想、美学、艺术、宗教等各个角度均可展开细致深入的研究。"②

北京曹雪芹学会自 2010 年成立以来，秉承其前身中国曹雪芹研究会的立会宗旨，致力于研究和收集、整理曹雪芹家族的文物、文献资料和相关非物质文化遗产，推动对曹雪芹的家世、生平、思想及其作品和时代的认识，致力于对曹雪芹精神、《红楼梦》文化的大众化传播，并倡导"《红楼梦》精雅生活"走入百姓日常。在出版方面，除了每年四期的学术期刊《曹雪芹研究》，学会还陆续出版了《说不尽的红楼梦——曹雪芹在香山》《红楼梦八旗风俗谈》《〈种芹人曹霑画册〉论争集》《曹雪芹家族文化探究》《大观园之谜》《红楼梦贾府建筑布局研究》《文史链接：〈红楼梦〉与曹雪芹的世界》《考稗小记——曹雪芹红楼梦琐记（增订本）》等曹、红学专著，以及《曹寅全集》《续琵琶笺注》《虚白斋尺牍笺注》《红楼梦（蒙古王府藏本）》《红楼梦脂评汇校本》等曹、红学研究必备的古籍文献。

现在，我们又联合浙江古籍出版社陆续推出以张书才、刘上生、朱淡文等学者为代表的曹学研究者的成果，编入"曹学文库"。本套丛书由胡德平会长和张书才先生共同主编。需要说明的是，学术发展有其阶段性，"曹学文库"系列图书，虽经作者补充修订，仍尽可能保留着学者最初的研究观点。虽然新的文物文献的发现会对前期研究结论有补充和修正，但这样处理也能很大程度上反映"曹学"推进的完整过程。

总之，"曹学文库"这套书旨在为当代读者"认识曹雪芹、读懂《红楼梦》"

---

① 《曹雪芹研究》2018 年第三辑。
② 《曹雪芹研究》2014 年第一辑。

提供翔实可靠的参考资料,希望得到广大读者的认可,也欢迎有志曹学研究的学者朋友们不吝赐教。

北京曹雪芹学会

2024 年 1 月 18 日

# 序 一

## 张书才

上生教授的曹寅研究专著《曹寅与曹雪芹》增订本，将由北京曹雪芹学会编入"曹学文库"出版，嘱我作序。说实在话，我虽然侧身于曹、红两学已四十余年，但说到底也只能算是个老票友，有时应师友邀约或兴趣使然敲敲边鼓罢了，并未对相关课题进行专注而深入系统的思考和研究。对《曹寅与曹雪芹》增订本一书，亦复如是，遂劝上生教授说："序言还是您自己写为宜，把要说的话都写进去。"孰知他回复说："'旁观者清'，自我审视总不免偏颇。序言一定请您写，也只能由您写。"这令我不禁想起在我八十初度时他发来贺信，盛赞我们"不谋功利，但为学术，此真学人之交也"，并赋诗贺云："津门学霸富春秋，册府燃藜到白头。万卷胸襟论紫禁，百年身世探红楼。岂甘伏枥长追梦，不倦弦歌更赴欧。松鹤西山晴胜画，期颐还泛五湖舟。"当时览之大悦，尤喜"学人之交"数语，也便乘兴不思工拙，步韵奉和："稀里糊涂八秩秋，感君赐玉愧承头。非关壮岁慎述作，最怕浮名是蜃楼。侧足红坛酬挚友，耽情稗海怯吟讴。西山探径寻幽处，差似五湖一叶舟。"今感念及此，深知上生教授所思者重，不能推辞，也便勉为其难，欣然为序。

我与上生教授神交近三十年，始于 20 世纪 90 年代中期。当时，他来信问我有关曹雪芹包衣家庭的一些问题，并告诉我他正在对旗籍包衣曹家与《红楼梦》的关系进行探索研究，对我在《红楼梦学刊》上发表的《曹雪芹旗籍考辨》[①]等文章很感兴趣。1997 年 8 月在北京召开的"国际红楼梦学术讨论会"上，我们第一次见面，他把刚出版的新著《走近曹雪芹——〈红楼梦〉心理

---

① 张书才《曹雪芹旗籍考辨》，载《红楼梦学刊》1982 年第三辑。

新诠》①送给我，并说书中第三章，在论述包衣曹家在清廷"首崇满洲"与"严满汉之别""重主奴之分"政策下所受的"双重屈辱"时，把我的相关论述作为重要论据。上生教授所论，着实令我深受启发，颇得教益，使我深感得到了一位学术知己。特别是他的勤奋虚心和求真务实的治学态度，更给我以好感和激励。虽然我们南北睽隔，但都没有忘记对彼此的关注。他退休后，因视力严重衰退，退出学界活动十余年。我当时早已退休，忝职北京曹雪芹学会会刊《曹雪芹研究》主编，为请上生教授不吝赐稿，并推荐热心曹学的中青年才俊投稿，也多方打听他的消息。直到 2016 年得知他在白内障手术后视力恢复，住在深圳，我们才通过他的访问学者向彪教授重新取得了联系。2017 年 10 月在深圳召开"全国《红楼梦》学术研讨会"期间，上生教授特地到会场见了一面，匆匆合影留念，未及详谈。然我已深深感到，上生教授身心大好，将焕发第二次学术青春。果不其然，不数年间，上生教授不仅在《红楼梦学刊》《曹雪芹研究》等学术刊物上发表论文十余篇，在浙江古籍出版社出版了《探骊：从写情回目解味红楼梦》二十余万字，而且为北京曹雪芹学会"曹学文库"完成了《从"曹学"到"红学"》（自选集）及《曹寅与曹雪芹》（增订版）近百万字。

上生教授说，他是从"红学"进入"曹学"的。20 世纪 80 年代到 90 年代初的论著，包括《中国古代小说艺术史》的《红楼梦》专章，还把曹雪芹视为"没落贵族子弟""贵族家庭的叛逆者"。直到 20 世纪 90 年代中期，比较深入地研读了曹雪芹家世和清代有关制度的材料，研读了曹寅的《楝亭集》和相关材料，认识上才有了很大的深化与进步。1997 年 8 月上旬在北京召开的"国际《红楼梦》学术研讨会"上，上生教授的论文《论"曹学"与"红学"的内在沟通》，提出了把研究旗籍包衣曹家的精神传承，作为沟通"曹学"与"红学"的重要渠道，受到与会学者的重视。在当年出版的《走近曹雪芹——〈红楼梦〉心理新诠》论著中，他以曹雪芹的三大创作情结——怀旧情结、自由心性与反奴情结、悼红情结——概括对这一精神传承的初步探讨，并开始了此后数年对《楝亭集》与《红楼梦》关系及曹寅生平思想的专题研究，提出了一些创造性见解。2001 年海南出版社出版的《曹寅与曹雪芹》，便是上生教授这

---

① 刘上生《走近曹雪芹——〈红楼梦〉心理新诠》，湖南师范大学出版社 1997 年版。

一阶段"曹学"研究成果的结汇。

二十年前出版的这本《曹寅与曹雪芹》具有特殊的学术价值,它是当时国内首部曹寅研究专著,实有开创之功。在此之前的曹寅专著,也只有美国历史学家史景迁的《曹寅与康熙》,但此书主要是把曹寅当作与康熙关系密切的"皇帝宠臣"这样一位历史人物进行研究,材料丰富博赡,却难免有其片面性。上生教授的《曹寅与曹雪芹》一书,则全面地审视了曹寅研究的个体意义与关系意义这两个基本方面。既阐述和肯定了曹寅作为清代杰出旗籍包衣汉人作家,康熙时代文化文学名人的历史地位和个体价值;又注意发掘他与康熙的主奴君臣关系和与曹雪芹的祖孙关系这两重特殊关系的深隐意义。在前一方面,他重点研究了《栋亭集》的思想和艺术价值;在后一方面,他把曹寅当作旗籍包衣曹家传承的关键和代表性人物进行研究,除了综合吸收前一阶段的研究成果,还首次对包衣曹家的精神传承进行了深度分析和理论概括,提出了三个二重性的观点,即政文异向的双重忠诚、身心相悖的双重人格、"情""理"分离的双重心灵世界。为此,上生教授进行了大量的材料搜集、考析、论证甚至个案研究。这些,都是本书中很可宝贵的原创性学术成果。这些成果,当时就引起一些学者注意。

今天,上生教授有机会在《曹寅与曹雪芹》初版二十年后出版增订本,弥补初版之不足,并且把自己近年的研究成果充实进去,这无论对他自己,还是对"曹学""红学"事业,都是一件值得庆幸的好事。他对曹寅研究有很多的补充和丰富,例如,关于曹寅早期童奴包括"侲童"经历及戏曲渊源的考证,虽仍有待进一步材料发掘,已是很有意义的探索。关于曹寅对曹雪芹及《红楼梦》创作的影响,增订本提供了一批以诸多个案研究集合的"《栋亭集》与《红楼梦》研究"系列论文,提出了很多新鲜见解,这是难能可贵的。

上生教授是一个肯下扎实功夫读书和思考的学人。他既善于从已知求未知,发掘材料的隐含信息;也善于由此及彼、由表及里地发现材料的隐含意义,并由此提出具有创新价值的研究命题。前者是考据功夫,后者是义理功夫,二者通过辞章逻辑联系起来,实现了一定程度的整合。他认为,在未知材料的发现变得越来越困难的情况下,发掘已知材料的隐含信息,从已知材料边缘向未知领域延伸,已成为开拓研究领域的重要手段。包衣汉人曹家先辈的研究,就是一个材料稀缺的难点。人们曾长期纠缠于所谓"祖籍"

论争,却很少有人过问这几位对包衣曹家后世命运有着重大影响的先祖的精神面貌。上生教授意识到初版时这一部分的薄弱,决心有所突破①,力图从已知信息的空白和缝隙里探求和发现未知。以曹振彦研究为例,20世纪80年代初,我在中国第一历史档案馆发现了顺治九年(1652)曹振彦的一份奏本,这是当时所见曹家档案史料时间最早的一件。②它解决了曹振彦当时任职不同记载的争议。但曹振彦这位州府官员何以能越级"为朝觐事"上奏本?此次"朝觐事"结果如何?这些问题并未弄清楚。上生教授从王先谦《东华录》中找到了有关记载,原来"朝觐计典三年一行",是一个已有成文的规定。曹振彦顺治七年任职,至九年恰好三年,故奏本开头即写"阳和府知府曹振彦谨奏为朝觐事",但因吏部奏议改由"府佐一员代觐",曹振彦此次并未成行,故奏本后面有"差吏刘生浩亲赍,谨具奏闻"之语。说明曹振彦的奏本还是在履行公务,不同于康熙时代曹寅的"密折奏事"。这是实事求是的结论。

在曹振彦研究中,上生教授对王煐悼曹寅诗自注中提及"转运公"(曹振彦)"护持指示"救助其父王鼎吕"得归民籍"的考索尤有意义。本来,这是曹寅研究发现的新材料③,上生教授却敏感地意识到它对材料稀缺的曹振彦研究的重要性,特别是"得归民籍"关键目标举动的隐含意义,他从搜集材料考证王鼎吕事迹入手,认为曹振彦冒着极大风险救助王鼎吕,不但表现了他的超越政治界限的民族同胞情怀和义勇精神,而且从帮助王鼎吕"得归民籍"这一非同寻常的事件,可以看出这位已成为旗籍包衣汉人的深隐内心。这样,上生教授就把他过去重点探索的从曹寅到曹雪芹的包衣曹家的精神传承线索,实现了向上延伸。这是对曹振彦和包衣曹家研究的重要拓展。当然,对于曹振彦"护持指示"王鼎吕"得归民籍"一事,是否可以做其他推想,比如与清初的"圈地""投充"的可能联系,希望进一步搜集其他佐证材料,使这一问题得到完满合理的解决。

除此之外,在"包衣曹家先辈考论"这一章里,上生教授还首次全面考证和论述了曹锡远这位面目模糊的旗籍包衣汉人曹家先祖的命名、任职、家学

---

① 见本书第二章第三节"曹振彦:从'生员'到'贡士'"及注释。

② 张书才《曹振彦档案史料的新发现》,载《红楼梦学刊》1983年第一辑。

③ 参见高树伟《王南村·风木图·曹寅》,载《红楼梦学刊》2012年第二辑。

和被俘拒仕为奴经历等重要人生节点,以及他的思想性格和二元选择对曹振彦和家族的影响;在曹振彦专节里,上生教授还进一步联系皇太极时代的政策和时代环境论述了包衣曹家的政治转向和奴性忠诚的形成,以及深隐的二重精神世界;在曹玺专论部分,他重点补充了马秋竹即马銮的考证,并以曹马"十年晤对"的"知己"之交的情感和文化文学内涵为窗口,进一步考索和揭示了曹玺的民族情感和关注女性命运的创作取向,理出一条从曹玺的"石上犹传锦字诗",到曹寅的爱石情结和悼红诗作,直到曹雪芹的《石头记》——《红楼梦》的文学传承线索。

此外,上生教授还从康熙时代两篇《曹玺传》中关于"家学"的短文字入手,发现了包衣曹家"家学"重"艺能"的对策抉择的重要意义,并揭示出从曹振彦、曹玺的文武兼能,到曹寅、曹宣的文化多能,到在曹𫖳、曹棠村支持或参与下曹雪芹进行的文化文学巨著创作和以艺能谋生济世的传承发展链条,在《论包衣曹家的"家学"传承》一节中做了全面论述。过去,从始祖曹锡远以下到曹雪芹的包衣曹家各代,虽然血缘关系大体清晰(仍存争议),但其精神面貌及其联系材料稀少,像散落的珍珠,现在,经过上生教授多年锲而不舍的努力和逐渐深入的考证研究,在精神传承的链条上串联起来闪闪发光,一直通向《红楼梦》的创造巅峰。当然不能夸大某一著作的影响,但也绝不可忽视其"范式"意义的价值,它有助于拓宽思路,揭示隐秘真谛。从曹寅到曹雪芹,从《楝亭集》到《红楼梦》,绝不是简单的字句相似性的联系,它是包衣汉人曹家精神和文化艺术传统传承创新的必然归宿,更是中华文化世代传承创造的杰出范例。可以说,上生教授此书,不但是有分量的曹寅研究专著,也是初具雏形的旗籍包衣曹家精神传承史专著。应该说,这确是上生教授对"曹学""红学"的可喜贡献。

曹学与红学,是两门你中有我、我中有你而又各自独立、各有侧重的兄弟学科。从研究范围和学理上来说,红学主要解决"是什么"的问题,曹学则不仅要解决"是什么"的问题,还要解决"为什么"的问题。就曹学研究而言,目前仍需着力于史料的发掘,澄清史实,同时要对曹雪芹的身世思想、家族文化、时代背景等开展深层次的综合考察研究,以期全面地了解曹雪芹生活时代的社会状况、文化思潮及其独特的家世遭际与人生经历,弄清造就曹雪芹、产生《红楼梦》的历史条件和时代背景,从而为更加准确地认知曹雪芹、阐释《红楼梦》提供可靠的基础。从这个意义上讲，曹学不仅要研究解决"是什么"的问题，还要进一步研究解决"为什么"的问题。比如说：不仅要研究证明曹雪芹是《红楼梦》的作者，还要进一步研究解决曹雪芹为什么能够写得出《红楼梦》；不仅要研究证明《红楼梦》是一部伟大作品，还要进一步研究解决《红楼梦》为什么产生在那个时代。这就需要更深入的研究。历数红学界的各次学术争论，都是有关曹学的争论占的比重大。从这一点也可以看出，曹学研究上没有解决的问题还有很多，曹学的发展直接影响到对《红楼梦》的评价和认知。当然，曹学研究应该是全方位的研究，涵盖曹雪芹的一生，尤其是红楼梦醒之后迁居西郊，以"艺能"行走民间的晚年生涯。所以，曹学不是可有可无的，反而是很重要的，需要求真求实，去发掘，去开拓。不妨说，二十五年前的 1997 年，上生教授在出版《走近曹雪芹——〈红楼梦〉心理新诠》的同时，并向在北京召开的"国际《红楼梦》学术研讨会"上提交了《论"曹学"与"红学"的内在沟通》论文，首次提出了把研究旗籍包衣曹家的精神传承作为沟通"曹学"与"红学"的重要渠道。但是现在从事曹学研究的中青年学者很少，我很希望年轻的朋友，特别是对曹学研究有兴趣的朋友能够加入进来，为曹学研究的普及和发展尽一份心，出一份力。

由于客观条件的限制和种种原因，上生教授没有或很难接触第一手资料（如清初内务府满汉档案等），也没能进行必要的实地考察。这无疑是一个尚无法弥补的遗憾，上生教授却念念于兹，足见他治学之夙愿与求索之执着。《曹寅与曹雪芹》增订本的基本内容是三大块，其曹寅研究和包衣曹家研究已打下了较好的基础，从曹寅到曹雪芹即祖孙之间的精神传承和文学联系研究也增加了具体个案，但总体上尚待整合，留下了进一步深化和拓展的空间。相信上生教授和后来者将会弥补这些缺陷，使曹学和红学研究登上新的高峰。

老夫年事已高，自知学养欠缺，从不为人作序，但想起上生教授所言"不谋名利，但为学术，真学人之交也"而觉情殷意挚。值此《曹寅与曹雪芹》增订本出版问世之际，谨以拙序为贺。

2021 年 4 月于北京

# 序 二

## 陈蒲清

上生的《曹寅与曹雪芹》在初版二十年之后，被列入北京曹雪芹学会"曹学文库"出版增订本，这是一件令人高兴的事。他希望我能写几句话。虽然我并非"红学""曹学"中人，近来又被老年眼疾困扰，看书写字俱有不便，但受老友之托，义不容辞，乃欣然命笔。

孟子说："颂其诗，读其书，不知其人，可乎？"《红楼梦》是中国古典小说的高峰，研读《红楼梦》必须了解其作者曹雪芹，《曹寅与曹雪芹》应运而生。这本著作深入研究了曹寅对曹雪芹创作《红楼梦》的精神影响，因而拓宽了红学的研究领域；而且，曹寅也是一位颇有文化地位和典型意义的历史人物，值得系统研究。《曹寅与曹雪芹》于2001年问世，系统研究曹寅及包衣曹家精神传承，具有开创之功。但出版学术著作殊非易事，那年师大历史文化学院湖湘文化研究基金愿意资助，然而资金有限，大家只好共用一个书号，包括我的《韩国古典文学与中国古典文学》和上生的《曹寅与曹雪芹》等内容性质很不一样的几本书，拥挤在一个"社科大视野"的丛书名义下出版。为了跟"湖湘文化"搭上界，上生还特地写了与总论题关联不大的《〈红楼梦〉与湖湘文化》一章。这样出版，也就注定了有价值的学术著作除了自我消化和为少数学人所知以外，难以进入市场甚至被掩埋的命运。回忆往事，不免有苦涩之感。

我和上生虽同于20世纪五六十年代就读于原湖南师院中文系，但因年级和年龄差异，彼时并不相识。1984年，我调进湖南省教育学院任中文系主任，上生早已调入中文系，任古典文学教研组长。我们从此结缘，相互砥砺，成为知交。时光荏苒，已近四十载。我们两人治学，各有所务。我所涉较广,时或思迁,而上生则日趋专深。但对传统文化的共同热爱和求真务实的学术志向把我们紧紧拴连在一起,他的红学著作和文章总是拿给我征求意见。上生教学认真,很受学生欢迎,博学深思,于人于事都专一重情。退休后因家务多年往返湘粤,现今定居深圳,别多会少,然上生情思弥笃,与我多有赠和之作。2012 年,上生有《寄蒲清学长谢元宵送别》诗:"故人携汤圆,送余临行前。圆丸岂云别,今夜月婵娟。华章陈锦绣,謦欬珠玉连。人易参商隔,梦犹情思牵。岳麓绿尚冷,岭南红已燃。无奈鬓发白,但祈筋骨坚。依依挥手去,风寒雾漫天。"2013 年又写了《别蒲清学长仁兄》:"昨宵麓山雨,前日铜官路。岁暮难为别,无声抵万语。人间不老松,学界长青树。还把金玉言,珍重从头读。"上生本赣人,长期在湖南读书工作,2016 年 11 月赴广东定居,写诗表达对湖南和江西的深情:"已把他乡作故乡,楚山赣水历苍黄。明朝还赴岭南路,澄碧海天正艳阳。"我作《送上生仁兄返粤》相和:"知交桑梓两难忘,幸得岭南胜赣湘。情义不为山水隔,此心安处即吾乡。"重情专一的上生对于"大旨谈情"的《红楼梦》一往情深,用志不分,也许正是气质相契和机缘巧合吧。

上生专心学术而为人低调,他对"红学""曹学"的投入,完全是出于热爱而非功利追求。不久前,他把前几年写的《感怀二首》寄给我:"少小红楼初结缘,绛珠零泪玉生烟。此生岂是梦中客,白首犹思奋彩笺。""三径抛荒惜草苔,百年乔木已成材。纷纷粉蝶馨香外,别有幽花自在开。"真挚深沉,寄寓怀抱。《曹寅与曹雪芹》增订本较之初版,篇幅增加一倍,其中包含他近年许多富有创见的研究心得,自然更有分量。北京曹学会将此书列入"曹学文库",表明对其学术价值的认可和重视。我相信,这朵"幽花"必将在"红学"的百花园里,开放出别样的璀璨芬芳。

2021 年 2 月于长沙

# 目　录

序一（张书才）　…………………………………………………　（1）

序二（陈蒲清）　…………………………………………………　（1）

**第一章　概论：解读曹寅**　………………………………………　（1）
　　附　曹寅不是这曹寅
　　　　——有关曹寅"另一面"的辨析　…………………………　（9）

**第二章　包衣曹家先辈及传承考论**　……………………………　（20）
　　第一节　远世记忆和家族渊源　………………………………　（20）
　　第二节　曹锡远：从指挥到包衣　……………………………　（24）
　　　　一　命名与任职　…………………………………………　（25）
　　　　二　教子和家学　…………………………………………　（31）
　　　　三　被俘、拒仕和为奴　…………………………………　（33）
　　　　四　"活着"的二元选择　…………………………………　（38）
　　第三节　曹振彦：从生员到贡士　……………………………　（42）
　　　　一　皇太极时代的命运转折　……………………………　（42）
　　　　二　"贡士"命官　…………………………………………　（47）
　　　　三　包衣曹家的政治转向　………………………………　（52）
　　　　四　救助王鼎吕事件的深隐意义　………………………　（57）
　　第四节　曹玺：从侍卫到织造　………………………………　（61）
　　　　一　政治忠诚与民族情感　………………………………　（63）

二 内府包衣的人生道路 …………………………………… （68）

第五节 "石上犹传锦字诗"

　　　　——以曹玺与马銮关系考察为窗口 …………………… （71）

一 马秋竹即马銮考 …………………………………………… （71）

二 "十年晤对"称"知己" ………………………………… （74）

三 "石上犹传锦字诗"试探 ……………………………… （76）

四 从"锦字诗"到《红楼梦》 ……………………………… （80）

第六节 包衣曹家的"家学"传承与新变 …………………… （84）

一 "家学"考述 ……………………………………………… （85）

二 "家学"内涵及渊源 …………………………………… （86）

三 从曹振彦到曹玺 ………………………………………… （89）

四 曹寅的"艺能"拓展和文化多能 ……………………… （93）

五 曹雪芹的继承和突破 …………………………………… （96）

附 曹雪芹家世史料（四件） ……………………………… （99）


第三章 曹寅生平事迹考索 …………………………………… （103）

第一节 少年入侍和佩笔侍从 ……………………………… （104）

一 童稚时代 ………………………………………………… （104）

二 少年入侍 ………………………………………………… （107）

三 佩笔侍从 ………………………………………………… （117）

第二节 侍卫岁月和"伥童"经历 ………………………… （127）

一 侍卫岁月概述 …………………………………………… （127）

二 "伥童"经历探析 ……………………………………… （132）

第三节 任职郎署 …………………………………………… （142）

一 人事变故与信任危机 …………………………………… （142）

二 离心：民族情感的复活 ………………………………… （148）

三 个体意识的觉醒 ………………………………………… （151）

四 沉重的精神创伤 ………………………………………… （154）

第四节 织造生涯 …………………………………………… （156）

一 苏州织造时期 …………………………………………… （156）

二　江宁织造时期 …………………………………………………（162）

第五节　主奴之间

　　　　——晚年曹寅与康熙 ……………………………………（170）

一　康熙的精心布局 ………………………………………………（170）

二　兼管盐差的难题 ………………………………………………（174）

三　从密折奏事看曹寅 ……………………………………………（179）

四　坚持自我和主奴情义 …………………………………………（183）

第四章　政文异向的双重忠诚 ………………………………………（189）

第一节　"身世悲深麦亦秋"

　　　　——曹寅的民族意识 ……………………………………（189）

一　民族情感之根 …………………………………………………（189）

二　寓古吊亡之怀 …………………………………………………（193）

三　政文异向的双重忠诚 …………………………………………（198）

第二节　能是风流任来往

　　　　——曹寅与明遗民 ………………………………………（203）

一　曹寅与杜濬——个案研究之一 ………………………………（205）

二　曹寅与杜岕——个案研究之二 ………………………………（208）

三　曹寅与顾景星、马銮及其他明遗民 …………………………（222）

第五章　身心相悖的双重人格 ………………………………………（230）

第一节　盛世别调

　　　　——《栋亭集》的私人话语特征 ………………………（230）

第二节　反奴人格和自由心性 ………………………………………（237）

一　叹行役之苦 ……………………………………………………（238）

二　抒羁囚之悲 ……………………………………………………（241）

三　自由心性追求 …………………………………………………（244）

第三节　"不材"之愤 ………………………………………………（246）

第四节　末世之叹 ……………………………………………………（252）

**第六章　文学活动和创作** ·········································（263）

第一节　南北骚坛一文心

　　　　——曹寅的文学活动与交游 ······················（263）

　　一　渌水亭雅集与交游 ································（265）

　　二　己未文会与交游 ··································（271）

　　三　三曹文会和交游 ··································（281）

　　四　江南书局文会和交游 ····························（284）

第二节　《楝亭集》的编次 ································（293）

第三节　曹寅的咏物诗词 ································（298）

**第七章　戏曲创作和传承** ·········································（306）

第一节　曹寅的戏曲渊源 ································（306）

　　一　年幼入宫后的"伥童经历" ······················（307）

　　二　宫廷和民间艺人的交往 ··························（309）

　　三　"粉澡"爱好 ····································（310）

第二节　曹寅的戏曲创作和活动 ························（313）

　　一　概说 ············································（313）

　　二　关于《北红拂记》 ······························（318）

　　三　关于《续琵琶》 ································（322）

　　四　关于《太平乐事》 ······························（328）

第三节　曹寅的戏曲传承 ································（331）

　　一　戏曲家曹寅和小说家曹雪芹 ····················（331）

　　二　戏曲元素的融合 ································（335）

　　三　戏曲艺人的形象和人格塑造 ····················（337）

　　附　《楝亭书目》中的曲类藏书与曹寅的曲观 ········（341）

**第八章　曹寅和曹雪芹** ·········································（348）

第一节　祖孙之间 ······································（348）

第二节　爱石情结和意象承接 ··························（352）

　　　　（《楝亭集》与《红楼梦》研究之一）

一 "一片石":自由心性之歌 ……………………………（352）

二 "不材之愤"和补天石意象 ……………………………（354）

三 两个承接点 ……………………………………………（358）

四 "情根石":置换和改造 ………………………………（361）

第三节 曹寅的"情"与曹雪芹的"情" ………………………（366）

（《楝亭集》与《红楼梦》研究之二）

一 "情""理"分离的精神世界 …………………………（368）

二 咏"红"代码与悼"红"心性 …………………………（372）

三 "情"观的传承 …………………………………………（376）

第四节 曹寅的《避热》诗和薛宝钗的"冷香丸"

——兼论《避热》诗的范式传承意义 ………………（380）

（《楝亭集》与《红楼梦》研究之三）

一 拒"热客"的《避热》和以"冷"治"热"的"冷香丸" ……（380）

二 《避热》诗的范式传承 ………………………………（382）

附 曹寅《避热》诗笺释 …………………………………（391）

第五节 从曹寅诗注到曹雪芹改曲词 ………………………（402）

（《楝亭集》与《红楼梦》研究之四）

一 脂前程后:"改错"的版本变异 ………………………（403）

二 从曹寅诗注到曹雪芹改曲词 …………………………（405）

三 生命节点的纪念和传承 ………………………………（409）

第六节 世法平等一脉牵

——以曹寅《与曲师小饮和静夫来诗次东坡韵》为焦点的考察

…………………………………………………………（413）

（《楝亭集》与《红楼梦》研究之五）

一 缘起:"呶呶驺卒谁可拟" …………………………（413）

二 聚焦:"安知金粟平等观" …………………………（417）

三 延伸:"勿平嶮巇平人心" …………………………（422）

四 "世法平等":继承和超越 …………………………（426）

第七节 曹寅童奴生涯与《红楼梦》的反奴文化创造 ………（429）

（《楝亭集》与《红楼梦》研究之六）

一 "童奴生涯"命题的意义和内容 …………………………… (430)

二 曹寅的二重人格与精神传承 …………………………… (432)

三 曹雪芹对童奴命运的人文关怀 …………………………… (437)

四 反奴人格和奴役创伤的艺术展现 …………………………… (440)

五 《红楼梦》反奴文化探源 …………………………… (444)

第八节 "师楚"和"用楚"

——兼论《红楼梦》与湘楚文化 …………………………… (449)

(《栋亭集》与《红楼梦》研究之七)

一 曹寅的楚缘 …………………………… (450)

二 曹雪芹的"用楚"和"师楚" …………………………… (455)

**曹寅生平及文学活动简表** …………………………… (469)

**参考书目** …………………………… (476)

**初版后记** …………………………… (481)

**增订本后记** …………………………… (483)

# 第一章　概论:解读曹寅

个体意义和关系意义——家世和时代环境——文本材料——三个二重性及其个性表现——曹寅与曹雪芹

清代杰出的包衣汉人作家和文化活动家、曹雪芹的祖父曹寅(1658—1712)是一位值得纪念和解读的历史文化文学名人。

曹寅之值得解读,首先在于他的个体价值及其范式意义,这是生命存在的基本意义;而后才是他的关系意义。但过去,这一次序被颠倒了。曹寅存在于两位伟人的光环之下,他与主子康熙皇帝,中国历史上最杰出的君王之一的关系,他与孙子曹雪芹,中国历史上最伟大的小说家的关系,先后成为人们注意的中心。而他本人,生前,他因为充当天子亲信侍卫和奉旨长期专任织造并兼盐政,"呼吸会能通帝座"①而备受瞩目,以至于晚年"四方之士多归之"②;逝后,他因此仍享重名,以至于《石头记》流行之初,人们必须把曹雪芹的名字同曹寅联系起来,才能认识这位伟大作家(如袁枚《随园诗话》、西清《桦叶述闻》、陈其元《庸闲斋笔记》等③)。《红楼梦》的崇高地位确立之后,他却又因为是曹雪芹的祖父而出名。他的存在意义又依附于《红楼梦》,对他的研究只是诸多红学著作中的一章或一节,甚至于如周汝昌先生,下大力气搜集排比和研究了曹寅的大量资料,也只能把它当作《红楼梦新证》中第

---

① [清]张云章《朴村诗集》卷九《题仪真察院楼呈盐使曹李二公》,《清代诗文集汇编》影印本,上海古籍出版社2010年版。

② [清]程廷祚《青溪文集》卷十二《先考祓斋府君行状》,《清代诗文集汇编》影印本。

③ 参见一粟编《古典文学研究资料汇编·〈红楼梦〉卷》,中华书局1963年版,第12—15页。

七章《史事稽年》资料长编的一部分①。这样一来,曹寅的个体意义反而被漠视,曹寅研究也无法成为一个独立的学术课题,至今还没有一部研究专著,这不能不说是一个因认识的偏失而产生的遗憾。本书的写作,就是企图弥补这一缺陷。本人认为必须重视曹寅的关系意义,特别是他与康熙皇帝、与曹雪芹的关系,这是曹寅研究的两个重点。但关系应当依存于本体。对于本课题而言,曹寅的人生历程、思想人格特征、事业作为和成就等,才是中心和基本内容。

解读曹寅,不能离开他的特殊家世。这是一个由汉人成为满洲旗人的家庭,是一个由明代辽东巨族和武官世家沦没为满洲世代包衣奴仆的家庭,又是一个因满洲贵族权力斗争而最终进入内务府并得以与最高统治者皇帝建立起主奴私人关系的家庭。旗籍—汉姓和包衣—仕宦的二重性,是这个家庭身份地位的特征,而其根本身份即不可改变的身份地位,则是包衣汉人。这种身份地位与清王朝"首崇满洲""严满汉之分"和"严主奴之分"的基本政策存在着根本矛盾。曹家入清之后的兴衰浮沉,均与这一根本矛盾的发展变化状态相关。即使到曹寅时期曹家达到繁华顶峰,这一根本矛盾也并未改变和解决。这对曹寅的人生道路和思想,有着深刻影响。

清兵入关以后,迅速接受先进的汉文化传统,但与这种顺应文化发展规律的趋势相反,作为落后奴隶制残余的内务府包衣汉人却出现了严重的满化趋势,滕绍箴在《清代八旗子弟》一书中曾以作为民族特征的姓氏为例,指出"内务府包衣汉军子弟的姓氏基本上满洲化了"②的情况,而包衣曹家是很少的例外者,表现了强固的民族本根观念和炽烈的民族感情。

包衣是被剥夺了基本人权的世代奴隶。内府人员"惟充本府差使,不许外任部院"③的规定又严格限制和剥夺了包衣子弟进入科举仕途的机会,包衣曹家世代遭受的这种双重剥夺体现着最大的社会不公,任何宠信荣耀和富贵繁华都不能抚平它所造成的精神创伤。自由心性必然成为这个家庭最深刻、最基本的人性要求。

研读曹寅,不能离开他生存的时代和环境。曹寅生活的 17 世纪后期和

---

① 周汝昌《红楼梦新证》,人民文学出版社 1976 年版,第 175 页。
② 滕绍箴《清代八旗子弟》,中国华侨出版社 1989 年版,第 31 页。
③ [清]昭梿《啸亭续录》卷四,上海图书公司 1909 年铅印本。

18世纪初期,中国封建社会在经历王朝更替之后进入了末世的繁荣期,西方资本主义启蒙文化虽然还没有传入中国,但作为其先声,明末开始的"西学东渐"却得以不受易代影响而继续进行,早期传教士带来的欧洲自然科学知识和工艺产品,引起了少数目光敏锐的中国知识分子乃至开明的最高统治者的注意,这是一个经历巨变之后趋向稳定,社会结构保守,而文化交流中透露着些微新鲜气息的时代。

曹寅生于顺治十五年(1658),逝于康熙五十一年(1712),除了襁褓岁月,他的一生都在康熙一朝度过。康熙一朝(1662—1722),大体分为两段。以康熙十八年(1679)己未博学鸿词科考试和二十年(1681)彻底平定三藩之乱为界线,前一阶段主要是继顺治末消灭残明武装之后,清政权完成了建立起稳固的全国统治的任务;后一阶段虽然还有西北战事,康熙三次亲征,至三十六年(1697)方完成漠北统一,但主要是发展经济和文化,创建太平盛世。康熙为整治黄河及江淮水利,六次南巡,以及大规模地整理出版文化典籍,都是这时期的重要举措。康熙晚年,太子废立、诸子争位,颇使他心力交瘁,但未影响政局的稳定。康熙是一位历史上少有的英明而勤政的君王。政治上,他善于消弭反侧,在坚决镇压武装割据叛乱的同时,宽仁为怀,实行和睦的民族政策,尊重和任用汉族知识分子。思想上,他既大力提倡理学,尊孔孟程朱,加强意识形态的统治力量,又重视实学。他具有比较开明的眼光,亲政后不久,在举行经筵之前,即热心向来华的欧洲传教士学习自然科学知识,采取对外开放的政策[至康熙四十六年(1707)方因罗马教廷的不友好态度而禁止传教,海禁则在收复台湾后开放],重用科技人才和实干官员。文化上,他重视基本建设,从网罗"己未文士"修《明史》到修《大清一统志》,到编《康熙字典》《音韵阐微》《分类字锦》《佩文韵府》《渊鉴类函》《古文渊鉴》《历代赋汇》《皇舆全图》《皇舆表》《全唐诗》《律历渊源》《书画谱》《广群芳谱》直至《古今图书集成》这种超大型文化工程建设,不但团结了大批汉族知识分子,使他们得以发挥才干,而且对古代文化资源的保存、总结、继承、发展具有重要意义。康熙一朝,学术和文学活动相当活跃,空气也比较自由,明遗民文人(主要在前期)、官僚文人、下层布衣文人、满族(旗人)文人,他们各自结成群体,而又互相交游、交叉、渗透、影响。学术上,毛奇龄、阎若璩等的疑古学派,万斯同等的浙东学派,梅文鼎等的天文历算学派,孙奇逢、李颙等的姚江学派,颜元、李塨、刘献廷等的习行学派以及陆陇其、李光地等的程朱学派等等在经学、史学、子学、理学等领域中各树旗帜,蔚为大观。曹寅作为康熙的贴身侍从和内府官员,参与了康熙朝甚至康熙本人的许多重要政治活动与文化工作,包括跟随康熙学习(听传教士讲课和经筵听讲)、侍卫巡游、防守三藩之乱、南巡接驾、管理织造和盐务、赈灾放粮、对外交往、奉旨刊刻《全唐诗》《佩文韵府》等。作为一位自幼精熟传统诗词经艺,成长时又得以开放态度广泛吸纳中外各种知识的风雅文人,他与当时的各类文士和学者甚至传教士有着各种形式的密切交往,并留下了自己的创作业绩,在康熙文苑中占有一席之地。无论是在政治还是文化文学方面他都是康熙盛世一个有贡献的重要人物。

但是,康熙一朝依然存在着任何一个不能超越其时代局限的统治者都无法解决的社会矛盾和丑恶现象,包括落后的包衣制度、体现民族压迫的文字狱、压抑人才的八股科举和滋生腐败的皇室特权与官僚衙门,贫穷、兼并、灾荒、动乱,康熙晚年"生一事不如省一事"的放任态度和在立嗣问题上的反复混乱,更加剧了潜在的危机。康熙是一位封建政治家,他虽然力图用儒家思想治国,但驭下理政,也不能不借助于权术手腕,使"经义与治事"产生"枘凿两龃龉"①的情况,暴露出儒家理想与现实政治的矛盾。所有这些,都显露了康熙盛世的阴暗面。作为康熙的亲信,曹寅与政治权力中心呼吸相通;但作为包衣下贱,他又与他所效忠的皇权和皇帝主子存在永远的鸿沟。这就使他能够比较清醒地发现阳光下的阴暗,并且在思想情感上,天然地与不得志的下层文士(包括前朝遗民)有着更多的沟通。他在为康熙盛世做出贡献的同时,又用自己的创作奏出盛世的不和谐音符,因而具有独特的思想价值。

研读曹寅,必须从事实材料和文献文本资料出发,引出尽可能合乎实际的结论。历史人物是不可重现的,这不仅因为所有后人的记述和评论都是

---

① 〔清〕曹寅《楝亭集·楝亭诗钞》卷八《书院述事三十韵答同人见投之作兼寄前诗局诸君及汇南于宫绮园》,上海古籍出版社 1978 年影印版。本书所引《楝亭集》作品,除另行说明者外,皆据此版本。《楝亭集》包括《楝亭诗钞》八卷、《楝亭诗别集》四卷、《楝亭词钞》、《楝亭词别集》、《楝亭文钞》,以下简称《诗钞》《诗别集》《词钞》《词钞别集》《文钞》,全书同。

主观裁剪的结果,也因为他们的言行活动早已随着时光灰飞烟灭,留下的只是残片。但留下比没有留下好,留下本人的文本比他人的转述、传闻好,留下本人亲自编定的文本材料比他人或后人搜集的好,二者结合则更好。它可以使我们最大限度地接近历史人物本体。由于生前的地位和影响,以及近人的搜集整理,曹寅是曹氏家族中至今保存资料较为丰富完整的人。除了同时代友人交往和后人的记述材料,就曹寅本人而言,最重要的文本文献资料有两种:一是关于江宁织造曹家的档案材料,特别是曹寅自康熙三十五年(1696)以后向康熙皇帝所上的奏折及康熙的朱批,故宫博物馆明清档案部编《关于江宁织造曹家档案史料》(中华书局 1975 年版)和易管根据台湾省公布的《宫中档康熙朝奏折》所编的《江宁织造曹家档案史料补遗》(载《红楼梦学刊》1979 年第二辑,1980 年第一、二辑)大体已搜集无遗。① 从性质说,它们是曹寅的官方话语,反映曹寅的职务状况、态度和与康熙的关系。二是曹寅的文学创作,包括诗、词、文和戏曲,特别是《楝亭集》,其中《楝亭诗钞》《楝亭词钞》由曹寅手自编定,而遗落之作又由后人辑为《诗钞别集》《词钞别集》《文钞》,加上尚未入本集而存于当时人所编总集(《诗观二集》《瑶华集》等)中的佚作,除已删除不存者外,搜罗应较完整。由于古代诗歌的抒情言志传统,也由于曹寅的强烈情感表现意识,《楝亭集》具有鲜明的私人话语特征,与其官方话语两相对照,正可显示曹寅之全人。曹寅所作戏曲,有传奇《续琵琶记》《虎口余生》和杂剧《北红拂记》《太平乐事》等②,属叙事文学作品,主要反映曹寅的艺术追求和成就,但也在一定程度上体现了曹寅的思想观念。此外,曹寅尚存自己刻印的《楝亭五种》《楝亭十二种》。其藏书目录《楝亭藏书目》十六卷计列藏书 3276 种(据《辽海丛书》第八集)。可见,研究曹寅的全部文献文本资料,是一个相当浩大的工程。本书所作,虽主要是对《楝亭集》的研读,也仍觉未能穷尽,许多作品仍然只能得其皮毛。

但无论如何,文本研究是解读曹寅的基础,它有助于人们接近对象本体。只要本着实事求是的原则,一些尚有争论的问题,可以得到解决(如曹

① 张书才、李一鹗编注《曹寅全集·奏疏卷》搜罗齐备,中华书局 2023 年版。
② 今存署名"遗民外史"的传奇《虎口余生》,是否为曹寅原作,学界尚有争议。另外,曹寅尚有遗佚的其他剧作,参见本书第七章《戏曲创作和传承》。

寅的祖籍、曹寅入侍康熙的年代);一些人云亦云的传言,可以得到澄清(如曹寅"为康熙伴读"之说);一些似是而非的观点,可以得到纠正(如曹寅充当了康熙的"统战工具"的说法等);一些模糊笼统的认识,可以得到深化(如曹寅与康熙的关系);甚至可以有新的事实发现(如曹寅在清初"西学东渐"中的学习和作为、康熙与曹家尤其是曹寅本人之间一度出现的信任危机和关系紧张、曹寅的个人情感追求与痛苦等)。

更重要的是,文本文献材料的研究可以成为揭示曹寅思想人格之谜、认识曹寅个体价值及其范式意义的钥匙。

曹寅是一个复杂的个体。他的思想人格特征,绝非片言只语所能描述和概括,大而言之,具有以下三个方面的二重性:

1.政文异向的双重忠诚。一方面,在政治上作为奴仆、臣子和旗人的曹寅对清王朝及其君王,表现出无可怀疑的伦理忠诚;但另一方面,作为汉民族王朝功臣后裔和家庭经历民族劫难而没满为奴的包衣汉人,他始终保持着对本民族文化和传统的情感忠诚,并因此与他所效忠的清皇室主子保持着距离,而与坚持民族气节的遗民志士产生心灵沟通。但他仍是清王朝的忠臣而非"贰臣",又是汉民族祖先的孝子而非"逆子"。这种双重忠诚,反映了异民族王朝统治时期坚守儒家文化传统的出仕汉人的典型心态。

2.情理分离的双重追求。在人生态度上,曹寅充满着"守理"与"遣情"的矛盾。一方面他信奉程朱理学,自觉排斥任何"异端":"程朱理必探。""执辨姚江,杂毒黑窦子。"①另一方面又接受了晚明以来个性解放思潮的影响,宣称:"我本放诞人。""歌哭由来太多情。"②执着地追求爱情和个性自由,并且在创作中始终保持一块隐秘的私人情感天地。曹寅对亲人、朋友、所爱者、不幸者,怀有真诚的感情。以理处事和以情待人,构成了曹寅心理世界的两极。这种双重性,反映了清初理学回潮与被压抑的曲折生长的个性文化矛盾冲突的历史状况。

3.身心相悖的双重人格。在人格意识上,曹寅是奴才,又是开始觉醒的

① 《诗别集》卷四《辛卯三月二十六日闻珍儿殇书此忍恸兼示四侄寄西轩诸友三首》;《词钞》,《蝶恋花·纳凉西轩追和迦陵》。

② 《诗别集》卷三《冬来为凤逋所累拉犀兄曝日堂前出扇得画图思世情不觉失笑遂题画端此紫雪庵主得力之偈也即以奉赠以为开岁笑柄》;《词钞》,《换巢鸾凤》。

"人",他是"非我"与"自我",奴性人格与反奴人格的矛盾体。但二者并非均衡对峙,他"身为下贱",但"心比天高","心"对"身"有着激烈的反叛。他黾勉王事,但又不堪风尘役使;他尽职守责,但又渴望自由放适;有犬马恋主之忱,又有笼鹰圈虎之悲;受宠信而怀不材之愤,处盛世而怀末路之感。他用"魁垒郁勃于胸中"(《棟亭集》杜岕序)而发之于笔下的全部创作宣示:包衣奴仆的生命不仅属于皇帝主子,更是属于自己的。他的《棟亭集》留下了屈身为奴而又不甘为奴的内府包衣的人格追求的心灵之歌。甚至在奏折这种奴才向主子效忠的官方话语文本里,也有曹寅个性的鲜明表现。对比同为康熙宠奴的曹寅和李煦奏折,可以看出明显差异,例如,他敢于表达对满人总督的不满,刻意保护汉人清官,而不像李煦那样圆滑世故;也不像李煦,喜欢上祝寿折和贺岁折;也不像康熙所批评的李煦那样,喜欢"打点",以至于李煦不满意他"说话做事,每多孩子气"。这些都反映出曹寅崇尚魏晋风度的"放诞"人格取向和对自我的坚持。①

　　从某种意义上说,二重性是人性的普遍性。但若干不同方向和内涵的二重性,又构成了个体的独特性,并由这种独特性映射出普遍性的意义。曹寅是康熙的臣下,但他是不同于理民行政的朝廷官僚的由包衣充当的专为皇室服役的内务府官员;他是满洲旗分的包衣汉人,但又是不同于绝大多数趋时媚上的满化包衣汉人的固守民族本根而具有独立人格追求的不羁之才;他是名满东南的风雅之士,但又是不同于当时的遗民文人、官僚文人、布衣名士等主要文人群体的包衣文人。他是清初文坛上唯一著名的包衣汉人作家,也是整个清代历史上少有的(除曹雪芹外)包衣汉人作家,还是少有的集文学创作、文化艺能、刻印、收藏于一身的全能型文化活动家。② 这个由于明清之际的民族劫难和落后的满族奴隶制残余而形成的数以十万计的世代繁衍的包衣贱民群体,身受民族和阶级双重压迫,历史上几乎没有留下他们作为"人"的声音。《棟亭集》和曹寅的其他创作是一份珍贵的心灵记录。它使我们全面地认识那个交织着光明与黑暗、繁荣与悲苦的历史盛世,认识冲突着屈辱与尊严、无奈与抗争、泪水与怒火的人性王国,又鲜明地展示了曹寅独特的"这一个"。除了上述三个二重性中应当否定的方面,他也还有其

① 参见本书第三章第五节"主奴之间——晚年曹寅与康熙"。
② 参见本书第二章第六节"包衣曹家的'家学'传承与新变"。

他缺陷和弱点。但作为一位值得纪念的历史人物，更可贵的是那些独特的闪光点。曹寅在南北文坛都留下了足迹和影响。他几乎是康熙时代所有著名前辈和同辈作家的文友，晚年更是江淮文士的中心。通过对曹寅文学交游的考察，可以认识康熙文坛的盛况，也可以看到这位包衣汉人作家为改变自身屈辱地位，实现生命价值所付出的辛勤努力。王朝璊《楝亭词钞序》云："公（曹寅）尝自言，吾曲第一，词次之，诗又次之。"但由于各种原因，他实际留存的创作数量则是诗第一，词次之，曲又次之。他的词取法当代词坛两大巨擘陈维崧和纳兰性德，而风格更近前者。诗则尊杜而又多师，姜宸英序称其"五言今古体出入开宝之间，尤以少陵为滥觞，故密咏恬吟，旨趣愈出，七言两体胚胎诸家而时阑入宋调，取其雄快，芟其繁芜，境界截然，不失我法"。在清初宗唐宗宋渐开门户之时，他能"不失我法"，洵为卓出。他的咏物之作尤以其内涵丰富、手法多样、富有创意而备受时人称许（毛际可序）。这与他把诗词创作当作私人话语和个体价值显现的文学目标追求是一致的。正因如此，虽然曹寅还不能称为大家，但其创作的独特的思想和艺术价值却是任何别的作家作品所无法替代的。他理所当然地应当在清代文学史上留下光辉的一笔。

曹寅与曹雪芹的关系、曹寅对曹雪芹及其《红楼梦》的影响，自然是曹寅研究的题中应有之义。本人在1997年出版的《走近曹雪芹——〈红楼梦〉心理新诠》中，曾提出了从种属（人类）—民族（社会）—家族（家庭）—个体（意识和无意识）的心理结构链，研究包衣曹家的精神传承及其对曹雪芹影响的问题。认为在包衣曹家的精神传承中，曹寅是承前启后的至关重要的环节，而民族忠诚和反奴人格（自由心性）则是这一精神传承的基本内容，并在该书中对此做了具体分析。本书所论，是它的继续。其中对曹寅的"情"与曹雪芹的"情"的探讨，触及《红楼梦》的主旨，是一个重要补充。此外，作为湖湘文化研究的一个内容，本书还专门论述了《红楼梦》与湘楚文化的关系，问题似乎很新鲜，但并非无稽之谈。它与曹寅、曹雪芹祖孙都有关系，也从一个侧面反映了他们之间的影响，正可见"红学"之尚可开拓。历史上祖孙、父子相传的文化文学名人不乏其例，但像曹寅这样，给后代留下那么深刻记忆，像曹雪芹这样，在小说中掺入那么多的自叙传成分，甚至把祖父当作书中艺术形象原型的却绝无仅有。因此，深入展开这一课题的研究很有必要。

本人的探讨或较前人有所深化,但仍远未穷尽,除了《楝亭集》之外,诸如曹寅的戏曲创作和藏书及其对曹雪芹和《红楼梦》的影响,本书初版尚未涉及,是一缺陷。这次增订做了一些弥补。

曹寅研究,许多前辈和同辈学者做了开拓性的工作。周汝昌先生尤其是这一工程的奠基者。在他的《红楼梦新证》之后,朱淡文女士的《曹寅小考》《红楼梦论源》和李广柏先生的《曹雪芹评传》等都对曹寅做了专题研究,并多有发现。冯其庸《曹雪芹家世新考》、刘世德《曹雪芹祖籍辨正》等也从各个方面提供了丰富材料。本书所做的,正是这一学术链条的继承和延续。本人力图通过事实考证和材料分析,描述出一个真实、丰富、充满情感与睿智的曹寅,一个具有"奴"与"人"的双重性、政治人物与文学人物双重性的曹寅,以接近其历史本体。也许这仍是一个尚未实现的目标,但相信我的努力,能对此有所增益,有所推进。曹寅研究,早已成为"红学"的一部分,今后也应成为清代政治史、民族史、文化史、文学史、社会心态史研究的一部分,随着对这位历史名人的进一步解读,他的意义将愈益充分显示,而给后人以日新的启迪和永远的纪念。

## 附　曹寅不是这曹寅
### ——有关曹寅"另一面"的辨析

学术研究的目的是求真,而不是耸人听闻或其他。由于研究者动机、态度、方法的不同,从同一类材料会得出不同的结论,而错误结论还可能造成一定影响,使真相的恢复和彰显付出时间。最近,读到两篇有关曹寅"另一面"的文章,深有此感,特著此文参与讨论。

### 一

《文献》季刊 2007 年第 1 期刊登了张一民先生的文章《曹寅"雅嗜书画"的另一面》(以下简称"张文"),据他所发现的材料,得出曹寅"干起了作伪剽窃的勾当,果真是'假正人'"的结论。他的所谓"剽窃"依据,是赵孟頫《水墨双钩水仙》卷的曹寅题跋,袭用了元仇远题赵孟坚《水仙图》诗及林钟跋语句。此件见于清乾隆嘉庆年间所编的著录内府藏历代书画作品的大型文献

《石渠宝笈三编》(影印文字记载)①。而所谓"作伪"的依据,则是程廷祚的
《先考被斋府君行状》中一段关于曹寅欲请其父伪造董其昌墨迹被拒的记
载,见于其所著《青溪文集》卷十二。应该说,这两个材料都是真实可靠的
(在无法证明画卷及题跋系赝品时,只能承认其真实性)。由于曹寅是康熙
时代颇有影响,并与曹雪芹及其《红楼梦》有着特殊关系的人物,作者得出的
结论又如此令人震惊,所载《文献》季刊又有学术地位,文章发表后,即引起
相当关注。新浪博客至2018年仍有转载,知网引用近90人次,从传播学角
度看,这表明对此有兴趣和信以为真的人数已很不少了。但著文质疑者仅
一人。顾斌(笔名"卷单行")先生在《红楼梦研究辑刊》2011年第2辑(总第3
辑)发表《曹寅题查士标〈梅花册〉诗句小考》(以下简称"顾文"),力图"为洗
刷曹寅的不白之冤提供强有力的证据支持"。从文章可以看出,顾斌不但是
曹寅的研究者,还是书画的爱好和收集者。很有意思的是,他发现了与张文
同类的材料,却得出了不一样的结论。他不同意"剽窃"说。他的文章最重
要的观点,是"在曹寅生活的时代以及近现代,将前人诗词名句题于自己的
作品上或朋友的作品上是很习见的事,这跟曹寅的人品无关"。为此,他列
举了查士标《梅花册》曹寅题款和渐江(1610—1664,明末清初著名画家,新
安画派开创大师)、李渔(1611—1680,明末清初著名文学家)、查士标
(1615—1698,清初著名画家、书法家)、朱其石(1906—1969,近代书画金石
名家)、郭若愚(1921—2012,著名学者画家)等人用他人诗句题款的例子,又
多以文物实物而非单纯文字记载为证,应该说,其论证是有说服力的。但转
载者不多。转载张文的,也并不再转载这篇质疑文章,这显然表明了一种
取向。

　　笔者认为,顾文所论,体现了孟子"知人论世"的原则和实事求是的学术
精神。作为一种特殊的风雅形式,题款有其自身的历史认知和发展过程。
从因观画而作诗,诗画分离,到宋元以后出现诗、书、画、印结合的形式,题款

---

① 　详见张一民《曹寅"雅嗜书画"的另一面》。张文指出,曹寅题赵孟頫《水仙图》诗:"冰
　　薄沙昏短草枯,采香人远鬲湘湖。谁留夜月群仙佩,绝胜秋风九畹图。白粲铜盘倾
　　沆瀣,青明宝玦碎珊瑚。却怜不得同兰蕙,一识清醒楚大夫。"系袭用明人汪砢玉《珊
　　瑚网》所著录《赵孟坚水墨双钩水仙长卷》上的仇远的题诗。曹寅题跋文与林钟跋文
　　只有少数字句相同,见后论。本文所引张氏议论,皆据此文。

题跋为文人画带来了新的气息。① 清人王概《芥子园画谱》论"落款"云:"元以前多不用款,或隐之石隙,恐伤画局耳。至倪云林字法遒逸,或诗尾用跋,或跋后系诗。文衡山行款清整,沈石田笔法洒落,徐文长诗歌清横,陈白阳题志精卓,每侵画位,翻多奇趣。"②可见,讲求诗书画意境的配合,显示题者的欣赏眼光和风雅情趣,"奇趣"成为审美重心。在这种审美时尚下,题款自然重"趣"而不重"作"。其具体操作也多样,有些题款诗文完全是题跋者的自我创作,但也有不少如顾文所列举,是画者或题跋者袭用他人诗文,或发明画意,或炫耀风雅,甚至有如王概所斥"俚鄙匠习"③的东西。属于题跋者自我创作的,自然被收入其诗文集中,《楝亭集》中不乏这种题画诗词;不属于自我创作的,当然摒除在外,张文所举曹寅题跋和顾文所举查士标《梅花册》曹寅题诗,之所以不见于《楝亭集》,并非遗漏,就证明它们都已被曹寅及其后学——《诗钞》和《诗别集》等的编辑者摒除在外。这是他们的共识,也反映了作者和编辑者的严肃态度。张文一开始就宣称此系"《楝亭集》未收题跋一副",似乎大有发现,说明他完全不了解曹寅对自己作品"所作既富,其抉择益精,不自满溢"的严谨态度,连他自己不满意或认为不宜发表传世的作品,他都"手自刊落,不欲付梓,命小胥钞录藏诸箧衍"④,何况并非已作?当然,如果编辑曹寅书法集或题跋手迹集,作为文献,其真迹倒是不该遗漏的。

　　人类对"知识产权"的认知是一个历史过程。古人对"剽窃"的欺世盗名行径同样深恶痛绝。但何为"剽窃",其认识也有古今之异,且只能与时俱进。南宋郑樵《通志自序》:"班固者,浮华之士也。全无学术,专事剽窃。"因为《汉书》从高祖至武帝"尽窃"于《史记》,但清人赵翼却认为《史记》多采《尚书》《孟子》《左传》《国语》《世本》《楚汉春秋》等书,或全用其文,或摘叙其事,班固作《汉书》,凡武帝以前皆取《史记》而删节之……"是"书各专行,不嫌引用,并非掩其美为己有也"⑤。这反映了史家的不同观念。他引蔡邕奏

① 参见张岩《试论中国画的书款与题跋》,《陕西师范大学学报》(哲学社会科学版)2001年第2期。

② [清]王概《芥子园画谱·青在堂画学浅说》"落款"条,上海书店出版社1982年版。

③ [清]王概《芥子园画谱》"落款"条。

④ 参见《诗别集》顾昌序、郭振基序。

⑤ [清]赵翼《陔余丛考》卷四十"窃人著述"条,河北人民出版社2007年版。

疏："待诏之士，或窃成文，虚冒姓氏。"这大概是汉末认定的"剽窃"标准。赵翼《陔余丛考》、俞樾《九九消夏录》等清代著作均列有"窃人著述"专条，但未见有将题画诗未署原作者名而仅留有题跋者名或印章视为剽窃者①。在那个题款审美时尚重"趣"而不重"作"的时代，人们还只把题跋看作一种风雅情趣展示。如顾文所引《梅花册》八首题款，其中也有标出原作者名的（如"和靖居士句""用葛长庚句"），但多数未标。这说明当时题款的风雅观念和具体操作，都还没有明确和统一规范。这就是顾文所说"在曹寅生活的时代以及近现代将前人诗词名句题于自己的作品上或朋友的作品上，是很自然的事"的原因。用今天的知识产权观念看，曹寅和当时风气认可的这种引他人诗作而不提作者名字的作为当然是不妥当的，斥为"剽窃"也无可非议。只是以今律古，未必公正。我们还是取下这顶帽子实事求是地批评曹寅炫耀风雅的毛病吧。

## 二

顾文用事实驳斥了"剽窃"说，但平心而论，这种回答是不够的。由于张文的指责使是非处于模糊状态，必须做进一步辨析。

首先，笔者认为，有必要还原这次题跋的风雅应酬性质，以理解曹寅如此作为的缘由。除前文已论的袭用仇远题诗外，曹寅题跋文字如下：

> 水仙花，前人画者罕见。尝于真定公蕉林书屋阅过二本，皆平原公子笔也。今白燕堂主人珍藏，藏金一纸，邮寄维扬署中，命题于额。漫得一律，书于宋内官笺，以报问亭年同寅正定，并示观览者不可草草也。柳山曹寅记。

画主白燕堂主人，乃清初著名宗室诗人博尔都（1655—1708），字问亭，袭爵辅国将军，人称"问亭将军"，工诗画，有《白燕栖稿》（据《天咫偶闻》）②、《问亭诗集》（包括《白燕诗栖草》《东皋杂咏》《茫茫吟》《也红词》等子集，有康熙钞本和刻本），并有画作传世③。面对这样一位身份地位、诗画成就比自己

---

① 参见丰家骅《古代剽窃琐谈》，载《寻根》2009年第3期。

② 参见［清］震钧《天咫偶闻》卷五、卷六，北京古籍出版社1982年版。

③ 参见石艺、黄斌《康熙宗室诗人博尔都生平及诗歌创作考论》，载《关东学刊》2016年第12期。

高的"年同寅"贵胄,曹寅绝不可能有剽窃的胆量,他考虑的必定是如何以最恰当的方式与白燕堂主人进行交流。从题跋可知,博尔都并非请曹寅直接题诗文于画,而是"藏金一纸,邮寄维扬署中,命题于额",故曹寅也心领神会,谨慎郑重地"书于宋内宫笺",寄呈博尔都"正定",并把自己也列入"不可草草"的"观览者"。这些都表明了两人的情谊分寸和实际距离。① 这种题跋,当然只属于文人之间的风雅交往,因而也只需要展示自己的风雅修养。曹寅在题跋中回忆了自己欣赏水仙画的经历:"尝于真定公蕉林书屋阅过二本,皆平原公子笔也。"所称"真定公"即清初大臣、著名藏书家梁清标,号棠村,一号蕉林,人称"真定梁公"②。去职后于康熙六年(1667)兴建蕉林书屋,收藏书画极富。③ 康熙曾经多次巡游至正定(真定)④,曹寅有机会到书屋看到梁清标收藏的赵孟坚的水仙画。"平原公子",是以战国时期四公子之一的平原君赵胜指代赵孟坚。赵孟坚、孟頫皆系赵宋宗室,而孟坚宋亡不仕。元贞二年(1296),赵孟頫同友人共观赵孟坚《水仙图》曾写下感言,称"虽我亦自谓不能过之"⑤。试想,当博尔都寄纸请曹寅为自己收藏的赵子昂的墨钩水仙画题额时,曹寅把仇远为赵孟坚水仙画的题诗拿过来,把"平原公子"雅号用过来(这些应该都是"工诗画"的博尔都所熟悉的),岂不是很对风景?岂不是还能表明自己对"二赵"的作品和题跋都很熟悉的风雅修养?在那个可以随意引用他人作品题跋的风气下,岂不是很容易被认可?虽然诚如张文所论,二赵人品不同,袭用并不妥贴,但就二赵关系和成就而言,这种做法岂非又很能被画主欣赏和接受?当然,如果不是这种情况,而是博尔都寄来自己的画作,曹寅就必定要自己写诗题款(曹寅的《楝亭图》友人题款就属于这种情况),倘若仍然借用他人作品,那岂不是暴露出自己的低能,为人耻笑吗?《楝亭集》中题画之作不少,此类题跋却不用己作,而只显示风雅情趣。这说明曹寅对于风雅交往的应酬很能把握到位。从曹寅题跋的遭遇——后

---

① 博尔都有许多文学交往,如与汉族文人石涛、王煃、王士禛、毛奇龄、汪琬等,但未见与曹寅诗文交往。参见石艺、黄斌《康熙宗室诗人博尔都生平及诗歌创作考论》,载《关东学刊》2016年第12期。

② [清]张英《文端集》有《上真定梁公》《蕉林书屋图》等多篇诗文。

③ 参见李虹霖《鉴藏大家梁清标与历代名迹》,载《中国文化报》2015年8月24日。

④ 参见李秀婷、刘友恒《正定隆兴寺清代行宫考述》,载《文物春秋》2003年第1期。

⑤ [清]卞永誉《式古堂书画汇考·画十五》,(台湾)正中书局1958年影印本。

来为内府收藏并录载于《石渠宝笈》，可见宗室诗人博尔都是完全认可和欣赏的。

不过，在这段跋文中，的确有一个需要辨识的问题，这就是曹寅自称"漫得一律"。张文认为，这就是曹寅把仇远之诗作为己诗的"剽窃"证据。此论看似有理，细辨不确。"漫得一律"不应解释为"随意（漫不经心）写作一首律诗"，只能解释为"随意找到一首律诗"。"得"作为动词，语意宽泛而模糊。《玉篇》云："得，获也。"《韵会》："凡有求而获皆曰得，赋受亦曰得。"用于写作，也有获得、得到之意。如唐贾岛诗："两句三年得，一吟双泪流。"（《题诗后》）唐周贺诗："成家尽是经纶后，得句应多谏净余。"（《上陕府姚中丞》）清李振钧诗："得句每疑前辈有，感怀半为少年存。"（《检诗稿偶成两首》）曹寅亦有"得句闻敲钵，逃禅愧闭关"（《秋日过访岕公》）之句。不过都用于"得"句，从不用于"得"全诗（篇）。

写作全诗，与"漫"字连用，则有"漫成"，如杜甫有《漫成一首》（"江月去人才数尺"），李商隐有《漫成五章》（"沈宋裁辞矜变律"等），又有《漫成三首》（"不妨何范尽诗家"等），王安石有"关外寻春信马蹄，漫成诗句任天倪"（《出城访无党因宿斋馆》）句。又有"漫题"，如唐司空图《退居漫题七首》（"花缺伤难缀"）、《漫题》（"无宦无名拘逸兴"）、《漫题三首》（"乱后他乡节"），宋方岳《漫题》（"投老自山林"），明杨基诗句"春衣禁酒聊存着，诗句怀人每漫题"（《感春》）等。

这里，笔者想特别指出，作为修饰词的"漫"字，当它从"水满外溢"引申出随意、随便甚至不受约束、放纵等含义时，往往成为文人风雅情趣的表意词。杜甫的"漫卷诗书喜欲狂"和前文所引诸例即是。至于作为词语的"漫得"（或中嵌字"漫赢得""漫引得"等，另"漫"有"徒然"等义不论）则运用广泛，如唐吴融诗"接鹭陪鸾漫得群，未如高卧紫溪云"（《闲书》），王安石诗"春风渺渺乌塘尾，漫得东来一纸书"（《次韵酬吴彦珍见寄二首》），元袁士元《贺新郎》词"风动翩翩素羽，漫引得，人人争睹"等等，但没有自我写作称"漫得一诗（律）"的说法。曹寅在这里用"漫得"，确实有卖弄风雅、炫耀才学的意思，似乎他用别人诗作并不费力，信手拈来，但绝非说是自己随意写了这首诗。包括于林钟跋文少数字句有所借用，也是如此。

以上从题款风雅观念的历史认知和曹寅的风雅应酬、风雅表意三方面的辨析表明,曹寅乐于炫耀和应酬风雅是实,但绝不能冠以"剽窃"恶名。

三

张文的另一个论据,是关于曹寅"作伪"的记载。顾文对此没有作出回应,留下了论辩空白。要"还原一个真实的曹寅",就不能不面对这一记载。

此记载出于程廷祚《先考祓斋府君行状》(以下简称《行状》)。由于某种原因,张文引用存在缺失,现依《青溪文集》将相关段落照录如下:

> (程祓斋)中年后屡迁城,隅隘巷,居破屋数间。缊袍疏食之外,辄自谓天空海阔。辄厌世俗酬应,尤不乐结交显者。晚节愈自韬晦,足不逾户限者,凡三阅寒暑。先是,管理织造栋亭曹公,主持风雅,四方之士多归之。求见府君,府君闻其疏于礼貌,不往。又尝遣所亲谓府君曰:"诚能为我假托董华亭墨迹,吾当任其终岁之计。"府君答以"平生不能作伪"。曹公闻而惮之。及公辖盐务于两淮,金陵之士从而渡江者十八九,惟府君不可强致。曹公尝语人曰:"诸君自以为高,如真高者不造吾门矣。"意盖有所谓也。①

《行状》是程廷祚为亡父程京萼(字韦华,一字祓斋,1645—1715)所写。祓斋父程任之,明诸生,明亡不仕。祓斋"自少体亲意,绝意进取,湛深古学,为诗文俱度越流辈,而兼长于书法","议论风生,纵横曲折,一准于道义"(《行状》)。可见他的儒学修养和崇儒心态。廷祚是祓斋次子,清初颜李学派的代表人物,吴敬梓的挚友。由于《行状》作者的正面人格及其与传主的父子关系,我们可以相信材料的真实性,虽恐难免有对其所亲的溢美之词。它叙述了一则关于曹寅与程祓斋关系的故事,有一条过程相对完整的话语链。从写作角度说,作者意图是以曹寅映衬祓斋;而从其思想内涵看,则是意味深长地写出了两种人格——君子型人格与风雅型人格的一次碰撞。解读这段文字,也许能获得比本论题更多的意义。

这条话语链的端点,是祓斋拒绝与曹寅见面交往,其原因,是"闻其疏于礼貌",这明白显示了两种人格和个性的距离。曹寅虽然也在"程朱理必

---

① [清]程廷祚《青溪文集》卷十二《先君祓斋府君行状》。

探"①的家庭中长大,却有着深受"越名教而任自然"的魏晋风度影响的自由不羁个性,自称"我本放诞人"②,曾写过"礼法谁尝轻阮籍"③的诗句,有过以"避热"为由拒客的行为④,朋友也曾描写他"永日谈谐宽礼节,高怀真率见风骚"⑤。恪守儒道、以礼为上的袚斋对此不满,拒绝交往,是可以理解的。用今天的眼光看,二者并无是非之分。

但下一件事,依其所叙,曹寅以"终岁之计"为诱饵,请袚斋伪造董其昌墨迹,遭到严词拒绝,却似乎立见两人高下,这也是张文责曹寅"作伪"的依据。张文且加以推想,因康熙爱好董体,故曹寅有进奉取媚之嫌。

不过,细读之后,也难免生疑:请人作伪是一件很隐秘的事情,其本质是明知故犯、密谋为非。作伪者之间必定存在特殊关系和利益关联,才有可能合作,特别是作伪进奉皇帝这种有极大政治风险之事。而这一话语链的端点却显示,曹寅与袚斋之间由于存在人格距离而素无来往,依常理推断,在这种情况下,他即使有为非作伪的企图,也绝不敢贸然行事,自讨没趣,甚至坏己名声,招来灾祸。那么,这是否可能是曹寅在求见被拒,被对方高傲所激,心有不平的情况下所做的一次对其人格的有意试探呢?

我们相信《行状》所叙的真实性,但它毕竟是一面之词,而且提供的细节有限。由于此事并非在两位当事人之间直接发生,既有第三者("所亲")转述(曹寅之意),又有第三者(程廷祚)听闻(袚斋之言)这两个因素掺入,因而就存在误解和误读的多种可能。《行状》云:"府君蕴德怀才而惟以书法见重于世,操金帛而前者得其片楮只字,莫不视为片玉隋珠,而府君因用以自食其力。"在这种情况下,如果事实是曹寅本因出于仰慕想请袚斋摹写董其昌墨迹,袚斋却因心存成见看作有意作伪而加以斥责,那岂不是完全误解?更不用说存在"所亲"转述和作者听闻记忆的可能误差了。("曹公闻而惮之"即推想之词。)

---

① 《诗别集》卷四《辛卯三月二十六日闻珍儿殇书此忍恸兼示四侄寄西轩诸友三首》。
② 《诗别集》卷三《冬来为凤通所累拉霅翁曝日堂前出扇得画图思世情不觉失笑即以奉赠以为开岁笑柄》。
③ 《诗钞》卷四《读洪昉思稗畦行卷感赠一首兼寄赵秋谷赞善》。
④ 《诗钞》卷七《避热》序云:"今岁入秋旱热尤甚,客有责余不亟答拜者,于是嘱阍者以病辞……"按此诗作于康熙四十九年(1710)初秋。袚斋或闻其事。
⑤ [清]梅文鼎《同昆山徐道积编修维扬鹿卓墟萧征纳凉于栋亭曹银公真州寓楼》,载《绩学堂诗钞》。

如此看来,"求假托墨迹"之事虽真,读解却可能有多种:一是企图作伪,一是存心试探,一是误听误解,可分别谓之"作伪说""试探说"和"误解说"。既然细节有限,至今又找不到可以推断或肯定曹寅作伪的其他事例作为旁证,客观稳妥的态度只能是,姑且诸说并存。这样做,不是曲为辩护,而是要尽量还原真相。既然如此,张文只凭此事便断定曹寅曾经作伪就不能成立了。当然,就《行状》作者而言,无论曹寅出于何种动机,也无论后人作何种解读,都不影响其对祓斋人格的表现。"平生不能作伪",义正词严。但作者的目的却不在把曹寅钉在耻辱柱上,看后文便知。

前面指出,作者的叙述是一个完整的话语链,任何割裂和舍弃都是对其完整性和本意的破坏。所谓"作伪"只在中端。这条话语链的尾端,是叙述金陵之士十之八九追随曹寅,只有祓斋"不可强致"的事实后曹寅的一段话,奇怪的是,这段话却是持"作伪说"者有意掩盖或回避的,本人愿意再次引述:

> 公尝语人曰:"诸君自以为高,如真高者,不造吾门矣。"意盖有所谓也。

应该说,这才是画龙点睛之笔,也是这段叙述的落脚点。其高明处在于一笔两用,从主旨看,它通过曹寅的折服给此次两种人格碰撞做了结论,显示了君子型人格的真正崇高,和传主祓斋人格的征服力;而从另一方面看,它又展示了曹寅的坦荡胸怀和君子人格。《论语·子张》云:"君子之过也,如日月之食焉。过也,人皆见之;更也,人皆仰之。"即使"作伪说"能够成立,即使曹寅曾经有过这种未遂的邪念,他对此事的自省态度和对祓斋的真诚膺服赞扬也足以显示其人格的崇高。不知张文为何要删去这几句,也许有了这几句,曹寅是"假正人"的论断就不攻自破了吧。

这段叙述文字,虽然是为"先君祓斋"而写,但可以看出作者程廷祚对曹寅的敬重。他对"先君"充满崇敬,在映照中对曹寅虽有微词,但他绝不因此抹黑对方,给他戴上什么帽子。相反,他对曹寅"主持风雅"的贡献是完全肯定的,以至于他的这段话(除"作伪"存疑外)经常被曹寅研究者引用。以曹寅的赞誉结尾,从思想内涵看,是体现两类人格碰撞后的最终契合,风雅型人格终以君子型人格为伦理依归。这并不奇怪,崇奉原始儒家的君子型人格,与远绍诗骚传统、崇奉儒道结合的魏晋风度的风雅型人格虽然在为人态度、行事方式上有所不同——前者更重"礼",后者更重"情性";前者更讲求德行,后者更注重艺能;前者或失之严苛(如《行状》所言祓斋"疾恶太过"),后者或失之疏放(如曹寅之炫耀虚荣)——但两者都是在以儒家文化为中心的中华历史文化传统土壤上开放的精神花朵,都追求超越平庸流俗的人生和社会成就。由于前者更重现实处世,后者颇多浪漫想象,因而在人生成就上,前者多贤臣孝子、道德楷模,后者多骚人墨客、艺术巨匠。历史中竟有如此惊人的联系:君子型人格代表祓斋的儿子程廷祚是颜李学派的著名哲学家,他们父子都成为挚友吴敬梓在《儒林外史》中创造"真儒"形象的重要原型;而吴敬梓本人同曹寅的孙子曹雪芹一样,都从尊崇魏晋风度的风雅型人格,发展出吸收时代新潮的不同特色的叛逆性人格,进而写下了各自的伟大作品。[1] 祓斋和曹寅这段两种人格碰撞和契合的公案必将成为佳话。

## 四

本人不同意张文的观点,但承认它自有其意义。它提供了一件有关曹寅的新材料和"另一面"的不同视角,给了我们一个深入研究曹寅有关材料的契机。学术事业的基础是材料,任何新材料的发现都有其意义。但更重要的是以求真为目标的对材料的研究、分析和正确解读,如果偏离了这个目标,就会误入歧途。研究的态度,应该是实事求是,而不是主观臆想;正确方法应该是尽可能全面搜集和占有材料,从事实的联系中得出可靠结论,而不是以偏概全,甚至攻其一点,不及其余,上纲上线。从张文中可以看到,他也许熟悉书画,但并不很了解和熟悉曹寅(如所述曹寅采办小戏子、进贡字画等或张冠李戴,或毫无依据)[2],就事论事或可,硬要扯上曹寅的"另一面",扯上"自传说",扯上贾政,得出"假正人"的结论,倒真是"不伦不类"了。不要说曹寅是"假正人"不能成立,把贾政说成"假正人"也大违曹公本意,这已是

---

① 参见刘上生《走近曹雪芹——〈红楼梦〉心理新诠》第43—44页。

② 采办戏子是李煦而非曹寅事,见王利器编《李士桢李煦父子年谱》"李煦《弋腔教习叶国桢已到苏州折》",北京出版社1983年版,第264—265页。又,敬献字画,见于曹玺进物单,曹颙进物单有食品、纸笔等,见《关于江宁曹家档案史料》,故宫博物馆明清档案部编,中华书局1975年版,第5、154、156页。康熙四十四年(1705)南巡,曹寅曾敬献古董、樱桃等,参见周汝昌《红楼梦新证》第425—426页。未见曹寅进献字画的记载。

红学界的普遍共识了。

　　事物都是一分为二的。如同我们每一个人,曹寅的"另一面"也客观存在,问题是如何按照其本来面貌来揭示"另一面"。前述材料确实暴露了曹寅个性和风雅型人格的弱点,但绝不能作为"剽窃作伪"的依据。拙著对曹寅思想性格三个二重性的分析,也包含着对曹寅"另一面"的批评否定。"为尊者讳"是过去时代的行为准则,实事求是则是现代学术的基本要求。"死后是非谁管得,满村听说蔡中郎。"(陆游《小舟游近村舍舟步归》)当年,曹寅为了还原蔡邕和曹操的历史真相,创作与高明《琵琶记》不同的《续琵琶》,开头就说"琵琶不是这琵琶"。在好绯闻八卦、好奇谈怪论、好发人阴私的红尘俗世(这也许是张文热而顾文遇冷的社会心理背景),口舌笔墨都是过眼烟云,事实和时间才是公正的历史裁判员。我们还要继续努力深化对曹寅和包衣曹家的研究,当有人误解、误读甚或有意无意歪曲真相的时候,告知人们:"曹寅不是这曹寅!"

2019 年 11 月于深圳

(本篇原载《红楼梦学刊》2020 年第一辑)

# 第二章　包衣曹家先辈及传承考论

## 第一节　远世记忆和家族渊源

家族远世集体记忆——曹良臣、曹彬、曹参：谱系缺失——从曹彬
到曹俊

包衣曹家的祖辈，包括远祖和近祖。

远祖保存在家族的集体记忆中。这种集体记忆，不一定有确切的谱系
或文献依据，可能来自传闻，也可能来自某种共同信仰，为家族成员所接受，
世代相传，反映出家族精神传承的核心内容。就包衣曹家而言，关于远祖的
集体记忆，由近至远，主要是三个人。

首先是明初开国功臣曹良臣（？—1372），见于《五庆堂重修曹氏宗谱》
（以下简称"五庆堂谱"）①。辽东曹氏家族的入辽始祖是曹俊。但《五庆堂
谱》和顺治十八年曹士琦的《辽东曹氏宗谱叙言》却将明初开国功臣，谥封安
国公的曹良臣奉为鼻祖。②《叙言》云："元末群雄并起，鼻祖良臣，聚众自保，
后值明太祖起淮右，承元统，率众归附。累随征战，遂立奇功，以元勋封安国
公。……三子俊，以功授指挥使，封怀远将军，克复辽东，调金州守御，继又
调沈阳中卫，遂世家焉。"而曹俊并非曹良臣的儿子。奉良臣为鼻祖，是辽东
曹氏至为宝贵的集体记忆。它反映了经历明末民族劫难、"因辽阳失陷阖族
播迁"（曹士琦《叙言》）的曹氏家族对自己作为明朝开国功臣后裔和明代辽
东"巨族"的民族和家族自豪感，以及入清以后这种感情的挫折和失落。

---

① ［清］《五庆堂重修曹氏宗谱》（《辽东曹氏宗谱》），北京燕山出版社 1990 年影印版。
又见冯其庸《曹雪芹家世新考》附录校本《五庆堂重修曹氏宗谱》及图版，文化艺术出
版社 2008 年版。
② 转引自冯其庸《曹雪芹家世新考》附录校本《五庆堂重修曹氏宗谱》，第 570—657 页。

往前追溯，则是北宋初开国功臣曹彬(931—999)，见于康熙年间两篇《曹玺传》。康熙二十三年未刊稿本《江宁府志》卷十七《曹玺传》载："曹玺，字完璧，宋枢密武惠王裔也。"康熙六十年《上元县志》卷十六《曹玺传》云："曹玺，字完璧，其先出自宋枢密武惠王彬后。"①曹彬，北宋初大将，在协助宋太祖、太宗统一中国的战争中起过重要作用。清介廉谨，御军矜严。如灭南唐下金陵前，令诸将焚香为誓："克城之日，不妄杀一人。"逝后追封济阳郡王，谥武惠。《宋史·曹彬传》论曰："曹彬以器识受知太祖，遂膺柄用。……君子谓仁恕清慎，能保功名，守法度，唯彬为宋良将第一。"②由于上述二《志》分别成于曹玺弃世后曹寅协理江宁织造和曹颙嗣任织造之时，以及主纂者于成龙、唐开陶与曹家熟知的关系，因而"这两篇传记材料，应该说是比较可信的。其中关于曹家的家史和祖籍等的记述，其材料很有可能直接来自曹家，甚至于于、唐等人修《志》之事，曹玺、曹寅和曹颙，也完全有可能曾先后与闻其事的"③。也就是说，它们肯定反映了曹雪芹祖父辈对自己祖先的远世记忆和其中包含的民族与家族感情。

再上溯，则是汉初开国功臣，后封平阳侯的曹参(？—前190)。见于曹玺逝世后曹寅为《楝亭图》征集的题咏："平阳苗裔，谯国英雄。"(尤侗《楝亭赋》)"高门衍世泽，贵胄属平阳。"(张懿德《楝亭图跋诗》)"籍甚平阳，羡奕叶，流传芳誉。"(纳兰性德《满江红·题楝亭图》)"汉代数元功，平阳十八中。传来凡几叶，世职少司空。"(阎若璩《赠曹子清侍郎四律》)④……这种追溯称颂，当然更未必有谱系或史籍依据。就作者而论，也许还包含交际酬酢的客套成分。但指向如此一致，这就意味着一定得到了图主曹寅的认可。据《史记·曹相国世家》，曹参，沛县人，曾为沛县狱吏，从刘邦起义，屡立战功，封平阳侯，后继萧何为汉惠帝丞相。应该说，汉平阳侯曹参，这才是曹氏家族集体记忆的远祖始点、血脉源头。可以作为佐证的是自署畸笏叟的曹氏家族后人在靖本第十八回眉批中着意引用的庾信《哀江南赋序》中竟也有"平阳"一词：

是知并吞六合，不免轵道之灾；混一车书，无救平阳之祸。呜呼，山

---

① 见冯其庸《曹雪芹家世新考》影印件，第28页。
② [元]脱脱等撰《宋史》卷二五八"列传"十七《曹彬传》。
③ 参见冯其庸《曹雪芹家世新考》，第326页。
④ 参见周汝昌《红楼梦新证》，第309、336、345、389页。

岳崩颓,既履危亡之运;春秋迭代,不免去故之悲。天意人事,可以凄怆伤心者矣![1]

可以肯定,在这段包含着民族兴衰和王朝兴亡感慨的文字里,"平阳之祸"不仅是以晋喻明,而且暗寓着与民族命运相联系的曹氏家族的历史劫难[2]。而"平阳",则成为包涵曹家家族之根和民族之根双重所指的符号。

曹良臣、曹彬、曹参,作为曹氏家族的远世祖先,并非都查有实据。但是,他们又都确实活在这个家族的集体记忆中,代代相传,并且动态地向上延伸,明—宋—汉。而这三位杰出人物的共同特点,则是他们都是汉民族王朝的开国功臣,都是武将出身,都"九死一生"开创了显赫的家业。更为值得注意的是,这三位远祖的记忆都在《红楼梦》中留下了投影,在一定程度上成为曹雪芹"假语村言"创造贾府祖先形象的历史原型。赵冈先生曾指出:"《红楼梦》中的贾府上世,在某几处颇吻合曹良臣的历史,而与曹锡远等人迥异。曹良臣封安国公,是国公爷。他是开国功臣,是武人出身。当过兵,从死人堆里爬出来。曹泰袭爵后又被抄了家……"[3]至于曹玺,更多有论者指出,贾宝玉抓周与《宋史·曹彬传》记曹彬抓周的对映意义,以及曹雪芹有意按照"武惠"内涵描写贾府"祖德"(如第53回贾府祭祖描写的宗祠门联中"兆民赖保育之恩""至今黎庶念荣宁"等语)。关于曹参,笔者在《走近曹雪芹——〈红楼梦〉心理新诠》中曾举出《红楼梦》第29回"清虚观打醮"一例,作者借神前拈戏暗示贾府盛衰命运,第一本是《白蛇记》,贾珍回答贾母询问说,这个戏是写"汉高祖斩蛇方起首的故事"[4],绝不可能以刘邦创帝业隐喻贾府祖先创业,而是"因为刘邦起义故事中必定包含曹参追随刘邦建功立业

---

[1] 陈庆浩编著《新编石头记脂砚斋评语辑校》,中国友谊出版公司1987年版,第315页。

[2] 西晋永嘉五年,匈奴人刘聪攻陷洛阳,晋怀帝被掳至平阳,遭杀害。西晋亡。这是汉民族王朝首次亡于外族。

[3] 赵冈《曹氏家谱与曹雪芹的上世》,载胡文彬、周雷编《海外红学论集》,上海古籍出版社1983年版,第200—207页。

[4] 徐扶明《〈红楼梦〉与戏曲比较研究》论述说:"早在元代,白朴写过《斩白蛇》杂剧,已佚。马廉《录鬼簿新校注》:'按,曹本作《汉高祖斩白蛇》。曹即曹雪芹的祖父曹寅。'但明清两代昆曲曲录及选集里都没有《白蛇记》的记载。我猜想,曹雪芹可能看到他祖父刻的《录鬼簿》记载白朴有《汉高祖斩白蛇》杂剧,便借用在《红楼梦》里,凑成神前点的三本戏《白蛇记》《满床笏》《南柯梦》,暗示贾府的由盛而衰。"上海古籍出版社1984年版,第69—70页。由此也可见曹雪芹用《白蛇记》剧名是有意为之的"假语村言"。

开国封侯之事。按照曹寅时代对始祖曹参的追溯，这正是曹家创业之始，曹氏'祖功宗德'之始。曹雪芹同祖父曹寅一样，把家族集体记忆和祖先崇拜，一直追寻到了汉初曹参"①。这些材料表明，包含深厚民族情感和家族自豪感的远世记忆已经成为后世子孙浃骨沦髓的遗传基因。

当然，对于包衣曹家，在上述三位远祖记忆中，最具有文献价值的是出自两篇《曹玺传》的"曹彬后裔"说，它为考证包衣曹家的远祖谱系提供了可靠依据。然而，原籍河北真定灵寿的曹彬的一支后裔是怎样入辽，并繁衍出曹寅祖辈的呢？没有任何谱系记载，但却由此引发出关于曹家祖籍的争论。《浭阳曹氏族谱》康熙九年曹鼎望《曹氏重修南北合谱叙》云："爰稽世系，盖自明永乐年间，始祖伯亮公从豫章武阳渡协弟溯江而北，一卜居于丰润之咸宁里，一卜居于辽东之铁岭卫。"伯亮公即曹端明，丰润曹氏之祖，其弟即曹端广。又据明正德十年曹观源《武阳曹氏源流宗谱序》，武阳曹氏源于河北真定灵寿，其始祖孝庆公系曹彬第三子曹玮的五世孙。这样，丰润曹氏与曹彬的支裔关系是清楚了。但曹鼎望《叙》所言入辽东铁岭之曹端广，是否即整个辽东曹氏之祖呢？周汝昌等持肯定意见，然《浭阳曹氏族谱》不载曹锡远一系②，这又是难以解释弥合的缺失。

20世纪60年代发现的《五庆堂重修辽东曹氏宗谱》展示了另外一条线索，该谱将明开国功臣安国公曹良臣奉为辽东曹氏之始祖，谱之二世列良臣长子泰、次子义、三子俊。"曹俊"条云：

> 良臣三子，世袭指挥使，封怀远将军，守御金州，后调沈阳。即入辽之始祖。生五子，长昇，次仁，三礼，四智，五信。

据冯其庸考证，曹良臣仅一子曹泰袭爵，后坐蓝玉党死，爵除。曹义系明扬州府仪真县人，与良臣风马牛不相及。故《五庆堂谱》的真正始祖实为曹俊。③ 从谱中可知，曹俊的第四子（辽东四房）曹智，就是曹寅一系的上祖。但谱中，曹智以下，自第四世至八世，"因际播迁，谱失莫记"，至第九世，始载曹锡远，十世振彦，十一世玺、尔正，十二世寅、荃、宜，十三世颙、頫、顾，至十

---

① 刘上生《走近曹雪芹——〈红楼梦〉心理新诠》，第79—93页。
② 参见周汝昌《红楼梦新证》第三章；《泣血红楼：曹雪芹传》第一章，作家出版社2014年版；冯其庸《曹雪芹家世新考》第九、十、十三章。
③ 冯其庸《曹雪芹家世新考》，第21—41页。

四世天佑止。这就是现存曹寅乃至曹雪芹家的谱系。《宗谱》所载曹锡远以下的曹家世系,与乾隆五年的《八旗满洲氏族通谱》所载完全相同,其真实性已无可怀疑。冯其庸依据大量史料考证了《宗谱》所记辽东三房人物的真实性,以及三房与四房人物的亲情关系。近年发现的清咸丰十一年(1861)参加拔贡考试的曹荣庆填写的《曹氏荣庆拔贡朱卷履历》(简称"荣庆履历"或"曹氏荣庆朱卷"),以"从堂支"的亲缘关系记载了曹玺以下三代八人,与《五庆堂谱》形成一种互相印证的关系,并且"至少可以证明,在咸丰同治年间,五庆堂辽东曹氏家族是认可辽东曹四房一支作为同谱至亲的"①。一百五十多年前的历史事实如此,这就不存在近人作伪的可能性了。当然,曹俊一支的上世与曹彬后裔的族系怎样联结起来,仍然是一个有待解决的问题。

由此可见,关于曹家远祖的传说和记载,从文献(谱系)学或考据学的角度看,确有若干缺失和误区,或传而不载(曹参),或载而不确(曹良臣),或载而不详(曹彬)。但以心理学的眼光看,这些传说和记载都是有意义的。可以说,它们是包衣曹家后世子孙对有关先世的传说记载的选择性获取,其心理动因,则是与家族甚至民族命运相联系的对"祖功宗德"的企慕和景仰。它们表明,这几位历史上的杰出人物、汉民族王朝(汉、宋、明)的开国元勋,都活在曹家子孙的集体记忆之中②。换言之,曹家子孙都认为自己是汉民族王朝开国元勋之后裔。这种自觉的寻根意识中所包涵的历史荣耀感和民族尊严感,民族忠诚与家族情感的融合,已成为包衣曹家世代相传的宝贵精神财富。

## 第二节　曹锡远:从指挥到包衣

曹锡远是谱系清晰的曹家近世祖辈的起点。更为重要的是,曹锡远是

---

① 《曹氏荣庆拔贡朱卷履历》见于顾廷龙主编《清代朱卷集成》(第 381 册),(台湾)成文出版社有限公司 1993 年版。参见胡铁岩《曹雪芹家世研究资料的又一新发现——〈曹氏荣庆拔贡朱卷履历〉简说》,载《曹雪芹研究》2015 年第一辑;方晓伟《〈曹氏荣庆朱卷〉刍议》,载《曹雪芹研究》2015 年第三辑。

② 此外,曹操父子作为文化远祖也为曹寅等曹家后人所景仰,或受到其友人称颂。但由于历史伦理评价的复杂原因,曹操并没有进入家族祖先记忆行列。

曹家由明入清之始祖,即包衣曹家的始祖,也是曹家历史的转折点。从一定意义上可以说,曹寅乃至包衣曹家的发展道路,就是曹锡远时代所规定了的,因而了解和研究曹锡远很有必要。

# 一　命名与任职

现存有关曹锡远的可靠材料记载,共六件,它们分别是:

1.《辽东曹氏宗谱》(《五庆堂重修曹氏宗谱》)载:

> 辽东四房曹智九世,曹锡远,从龙入关,归(后改为"分入")内务府正白旗。子贵,诰封中宪大夫;孙贵,晋赠光禄大夫。生子振彦。

2.《八旗满洲氏族通谱》卷七十四载:

> 曹锡远,正白旗包衣人,世居沈阳地方,来归年份无考。

3.《曹玺传》(见康熙二十三年未刊本《江宁府志》卷十七,以下简称"《府志》传")载:

> 曹玺,字完璧,宋枢密武惠王裔也。及王父宝宦沈阳,遂家焉。(下略)

4.《曹玺传》(见唐开陶纂修康熙六十年刊《上元县志》卷十六,以下简称"《县志》传")载:

> 曹玺,字完璧。其先出自宋武惠王彬后。著籍襄平。大父世选,令沈阳有声。世选生振彦。(下略)

5.康熙六年(1667)十一月二十六日以"覃恩"诰赠曹玺祖父曹世选资政大夫驻扎江南织造郎中加一级,妣张氏赠夫人。诰命原件今藏北京大学图书馆。

6.康熙十四年(1675)十二月,以"覃恩"诰赠曹玺祖父曹锡远光禄大夫江宁织造三品郎中加四级,妻张氏一品夫人。①

---

① 转引自冯其庸《曹雪芹家世新考》,第 80—82 页。诰命转引自周汝昌《红楼梦新证》,第 271—272、285—286 页。

《八旗满洲氏族通谱》(以下简称"通谱")纂成于乾隆九年(1744)①,是曹雪芹时代的权威官方档案,记录了包衣曹家入清始祖曹锡远以下六代11人。

这些片段材料,《通谱》和诰命提供了权威官方档案,《宗谱》为曹锡远家族之于明清辽东史提供了时空定位,正如《辽东曹氏宗谱叙言》所言:

> (曹良臣)三子俊,以功授指挥使,封怀远将军,克复辽东,调金州守御,继又调沈阳中卫,遂世家焉。历代承袭……而金州、海州、盖州、辽阳、广宁、宁远,俱有分住者。其以文武功名显耀元宗,不可胜纪。后因辽阳失陷,阖族播迁。②

这六件材料中,吴新雷、冯其庸等发现的两篇《曹玺传》无疑最具资料价值。③ 据《县志》传,曹玺"及壮补侍卫,随王师征山右有功"。曹玺"及壮"(30岁)在征山右[顺治六年(1649)平山西姜瓖之乱]前,则曹玺应约出生于明万历四十七年(1619),以二十年至二十五年为一代推算,曹锡远应生于明隆庆末至万历初(约1570—1580),逝世于顺治末康熙初,康熙六年(1667)受"诰赠"前。享年八十余岁。

以上材料的内蕴信息以前并没有被充分发掘。现就有关曹锡远生平经历的几个重要问题做初步探讨。

一是曹锡远的名字。二传分别称曹玺祖父为曹宝、曹世选。世选名与康熙六年诰命同,然康熙十四年诰命又称曹玺祖父名锡远,与《通谱》名同。这就有了三个名字,曹宝、曹世选、曹锡远,为同一人之异名。这三个名字都是真实的。为什么出现这一情况?它们之间有什么关系?笔者的推想是,"曹宝"可能是曹玺祖父在明朝任职时的名字④,所以《府志》传称"王父宝宦沈阳",入清后改名为"世选",《县志》传写作在后,故改用"世选"。按"宝""世选"二名皆出于《尚书·盘庚》篇。《盘庚下》:"无总于货宝,生生自庸。

---

① [清]弘昼、鄂尔泰等奉敕编纂《八旗满洲氏族通谱》,辽海出版社2002年影印武英殿本。

② [清]曹士琦《辽东曹氏宗谱叙言》,载《五庆堂重修曹氏宗谱》。

③ 据吴新雷《关于曹雪芹家世的新资料》,吴新雷、黄进德《曹雪芹江南家世丛考》,黑龙江教育出版社2000年版;冯其庸《曹雪芹家世新考》,第323—343页。

④ 查《通谱》,辽东长房曹昇一系与曹宝同辈的曹珮,其名也从"王"(玉),十世与曹振彦同辈的有曹邦彦。这恐怕不是偶合。

式敷民德,永肩一心。"《盘庚上》:"世选尔劳,予不掩尔善。"据孔颖达疏,"选"通"算",计数之意。原意是,(我)世世代代记住(计算)你们的辛劳,不掩盖你们的好处。这里的关键词是"劳"和"善",也就是真正"生生自庸"之"宝"(而非"货宝")。可见,"宝"和"世选"原来是名与字的关系。世选父祖为儿孙取此名字大概包含以"劳""善"为"宝"的教诲之意。入清以后,曹宝弃原名,以字为名,遂称世选,借此区分他的两朝经历。这种区分显然隐含着某种政治态度,它很容易使人联想起晋陶渊明入刘宋后改名"潜",以寓不仕的著名先例。[1] 包衣曹家命名多取自中华元典,其后代子孙十二世曹寅字子清,出自《尚书·舜典》;曹宣字子猷,出自《诗经·桑柔》;十三世曹颙字孚若,出自《易·观卦》;曹频字昂友,出自《易·系辞》;十四世曹天佑,出自《易·大有》或《诗经·信南山》;曹霑,出自《诗经·信南山》等。已有多人考证。[2] 这种重视华夏文化之根的做法,看来有很深的渊源。我们完全有理由首先追溯到为第九世曹宝(世选)取名字的其父祖(第七世、八世)两代,甚至进一步追溯到入辽始祖曹俊。《宗谱》载,曹俊五子,除长子名曹昇以寄托对未来之希望以外,其余四子分别以仁、礼、智、信为名,作为武将后裔,可见其崇儒心态。[3] 其中四房曹智一支后裔,似乎更对儒家元典情有独钟,命名也更有文化底蕴。远在明代中期的辽东边陲,就有这样一个有着鲜明民族意识和儒家文化传统的武官世家。而这一传统又直接为曹宝(世选)所继承。曹宝儿子命名为振彦,内涵深厚(见后论);值得注意的是,曹宝的孙子也有两个名字。曹玺原名"尔玉",曹尔正谱名"鼎"。新发现的《曹氏荣庆拔贡履历》就是直接把"玺""鼎"二人名字并列的。[4] 祖父曹宝与孙曹玺、曹鼎的名字,"世选"所出《尚书》"尔劳""尔善",与孙"尔玉""尔正"的名字,都具有一

---

[1] 《尚书·盘庚》孔传:"选,数也。"孔颖达疏:"选即算也,故训为数。"

[2] 参见朱淡文《红楼梦论源》,江苏古籍出版社1992年版,第128—129页;周汝昌《红楼梦新证·人物考》,第65—66页;王利器《马氏遗腹子·曹天佑·曹霑》,《红楼梦学刊》1980年第四辑。

[3] 又如《宗谱》载三房曹礼(三世)一系七世守位之六子,依次以效思、效周、效孔、效闵、效张、效冉命名,另有效曾、效孟等,均以效法孔孟大儒为名。但曹宝(世选)一系引用典籍,更见文化素养,且沦为包衣后仍以命名坚持民族本根。

[4] 曹玺原名"尔玉",曹尔正一名"鼎",见周汝昌《红楼梦新证》第42、43页,冯其庸《曹雪芹家世新考》第92、97页。按照事理,应该"尔玉""尔正"相对,"玺"与"鼎"相对。

脉相承的内涵。当这个家族沦为满洲包衣之后,他们拒绝旗人姓氏满洲化的潮流,坚守汉姓,并坚持从汉文化元典为儿孙择名,绝非偶然。

至于"世选""锡远"二名,周汝昌分析很有道理①:

> "世""锡"音近,"选""远"则不独音近,形亦相类。二者当有一讹,盖内务府原始文件皆用满文,礼部笔帖式人员只凭音读而悬拟汉字以当之,致有此种现象。如诰命中"曹玺"又作"曹熙","曹振彦"又作"曹振严",皆此类。

由于《通谱》《宗谱》所载皆为"曹锡远",虽然是与"世选"音近所致,但已成为人们公认的曹雪芹入清始祖的名字了。按字义,"锡远"有赐福后人之意,也许是这个因音近误读的名字终于为曹家人接受的原因。

弄清名字,不止是识别身份的基础性工作,而且由命名缘由,可以探索家族的某种文化渊源,这就有不同寻常的意义了。

二是曹锡远的祖籍和在明朝的任职。

从二《曹玺传》可知,曹锡远是在沈阳为官,并把全家迁到了沈阳。("及王父宝宦沈阳,遂家焉。")迁沈阳之前,祖居辽阳,"著籍襄平"②。故辽阳为曹家祖籍所在地,有大量的材料可资证明。如康熙《山西通志》卷十七"吉州知州"条:"曹振彦,奉天辽阳人。""大同府知府"条:"曹振彦,辽东辽阳人。"康熙《浙江通志》卷二十二"两浙都转运盐使司盐运使"条:"曹振彦,辽东辽阳人。"曹寅手定《楝亭集》每卷之首皆署"千山曹寅子清撰"。千山是辽阳名胜,故邓之诚云:"自署千山,其先为辽阳人。"(《清诗纪事初编》卷六"曹寅"条)③这与《通谱》所云锡远"世居沈阳地方"等并不矛盾,下文将论及。

关于任职。《府志》传称"宦沈阳",《县志》传称其"令沈阳有声",都明确肯定了曹锡远任职于沈阳。但明代沈阳置卫所,而非府县。那么,所谓"令沈阳"具体是何官职?这是一个必须弄清楚的问题。冯其庸认为:

---

① 周汝昌《红楼梦新证》第二章"人物考",第40—41页。

② 襄平为辽阳旧称。襄平县,战国时燕置。东晋时高句丽攻占襄平,改为辽东城。唐贞观十九年(404),收复辽东城,改为辽城。辽会同元年(938),置辽阳府并辽阳县。参见康熙《辽阳州志》。

③ 参见刘世德《曹雪芹祖籍辨证》,中国大百科全书出版社1998年版,第72—73、76页。

所谓"令沈阳"，在明代应该就是沈阳中卫指挥或大体相当于这一地位的官职。古文讲究简古，所以就笼统地用了一个"令"字——"令沈阳有声"，当是指在降金以前任沈阳中卫指挥。"指挥使"是世职，这就与曹俊有了世袭承传的关系。①

冯其庸在这里指出，所谓"令沈阳"实际上是担任武职，是符合历史实际的。但是否就是"中卫指挥或大体相当于这一地位的官职"，有待说明。明代辽东实行都司卫所制度，以都司—卫—所的军事体制兼行原来府—州—县的行政管理职能，形成独特的军管型政区。军户世袭、家属同守、寓兵于农是卫所制的特征。② 与文官科举取士不同的武官世袭更成为酬劳功臣，巩固边防武人集团的制度。③ 曹士琦《叙言》所说的曹俊调沈阳中卫"遂世家焉"，"历代承袭""世职"，就是这种情况。曹锡远究竟任何种职务，尚未发现记载。单就世袭而言，曹俊的"指挥使"应当由嫡长子继承。④ 曹俊五子，《宗谱》中只有长子曹昇及其后裔嫡长子有"袭指挥使"的记载，其他四子均无此记载。按，辽东都司下领二十五卫，并安乐、自在二州。《明史·地理志二》："沈阳中卫，元沈阳路，洪武初废，三十一年闰五月置卫。"《全辽备考》则谓："明洪武二十年建沈阳中卫。"据《明实录》，沈阳中卫有指挥使、指挥佥事、指挥同知等职。但《全辽备考》引《松漠纪闻》云："明洪武二十年建沈阳中卫，领所五，设指挥使三十二员、千户二十一员。（百户五十七员，镇抚、经略各一员。）"《柳边纪略》卷一所记相同。刘晨《明代辽东沈阳中卫研究》考证，千户、百户等与定额一致，"指挥的数量则与卫所的武官定额，即指挥使一员、指挥同知二员、指挥佥事四员的规定相差较大"⑤。这不是沈阳的个例，据于

---

① 冯其庸《曹雪芹家世新考》，第 82 页。

② 郭红、于翠艳《明代都司卫所制度与军管型政区》，载《军事历史研究》2004 年第 4 期。参见顾诚《明帝国的疆土管理体制》，该文指出，明帝国的疆域管理可分为六部—布政司—府—县和五军都督府—都指挥所司—卫（守御千户所）—千户所两大系统，载《历史研究》1989 年第 1 期；"军管型政区"，参见周振鹤《体国经野之道》，（香港）中华书局 1990 年版。军户世袭，参见李龙潜《明代军户制度浅论》，载《北京师范学院学报》1982 年第 1 期；于志嘉《明代军户世袭制度》，（台湾）学生书局 1987 年版。

③ 参见于志嘉《明代军户世袭制度》第三章《武官的世袭与武选》。

④ 《明太祖实录》洪武四年三月丁未条："诏凡大小武官之职，悉令嫡长子袭职，有故则次嫡承袭，无次嫡则庶长子孙……"转引自于志嘉《明代军户世袭制度》，第 144 页。

⑤ 刘晨《明代辽东沈阳中卫研究》，辽宁大学 2016 年硕士论文。

志嘉引述川越泰博氏的《三万卫选簿》统计资料，"该卫在隆庆年间任官者人数，计指挥使二十人、指挥同知十九人、指挥佥事四十九人⋯⋯较原额超出数倍"，"可知明代卫所官多于职的情形非常严重"①，"军职升授渐多，卫所员额不足以容，乃有见任、带俸之别。历年愈久，员数愈多，遂至带俸官员，不知加几倍于原额"②。仅从人浮于事的情形看，卫所官员的腐败情况已见一斑。

从现有材料无法确定曹锡远的具体任职。"宦沈阳，遂家焉"是卫所军户武官世袭，家属同守的规定。那么，究竟是从曹锡远开始"宦沈阳"，"遂家焉"，曹家至此（从祖籍辽阳）迁入沈阳？还是曹锡远承袭在沈阳的父职，"遂家焉"，在沈阳安家呢？两种解释似均可通。从儿子曹振彦系"奉天辽阳生员"的记载分析，曹锡远原在辽阳旧籍为官，后调任沈阳，"遂家焉"更符合实情。这样，与前引《康熙通志》等档案关于曹振彦系"奉天辽阳人""辽东辽阳人"的记载才吻合。刘晨据资料分析："武官世袭制度的长期实施必然导致辽东各个卫所内部形成若干实力强大的武官家族，而这些家族通过袭职和通婚世代把持辽东各个卫所，成为卫所之内的特殊阶层、辽东卫所之下的既得利益者⋯⋯在沈阳中卫便长期存在有曹、田、李、崔、祝、王等武官家族。"他以现存资料较多的田家为例说明了这种世袭和通婚把持的情况。居于第一位的曹家肯定也是如此。《通谱》中曹俊长房曹昇第九世（相当于四子曹智九世曹锡远）曹珮就是直接"袭指挥使"，三房曹礼八世曹效冉"世袭指挥佥事指挥使"，至十世绍中"指挥佥事"，权中"指挥使"等，明显皆为世职。可见世袭制既然有利于武官家族利益，它就完全可能突破单一的嫡长子继承制而通过各种亲缘渠道形成利益集团的关系网络和势力圈。从沈阳"指挥"官多于职的情况看，辽东四房的曹世选（锡远）很可能因长房曹珮的亲缘关系（与曹宝名同从"玉"）从辽阳调任沈阳，并获得"指挥"职衔，而且不会是"带俸"的虚衔，而是有具体职务的"见任"，且能勉力勤政，所以才会"有声"。所谓"令沈阳"，应该就是军政一体化体制的管理职务的简古而又漂亮的说法。它表明，曹锡远是一位以武职代行行政管理的官员（令），大概干得不

---

① 于志嘉《明代军户世袭制度》，第146—147页。

② 霍韬《禋治疏》，《霍文敏公文集》，《皇明经世文编》卷一八六，中华书局1962年影印云间平露堂刊本。

错，口碑比较好。刘晨引《辽东志》中关于沈阳中卫指挥方盛的记载说："届时清平，惟以课农为务，按行阡陌，督责勤惰，在任二十余年，野无剽盗，庭无争讼。"[①]这里所叙是永乐年间卫所初建，天下承平的情况。至曹锡远所处晚明万历、隆庆以后，卫所日趋腐败，曹锡远能做到"令沈阳有声"，就更不容易了。至少可以看到，这是一位坚持儒家操守的武官，从传承角度看，正是曹家远祖曹彬的"武惠"遗风。入清以后，此风又为"仕至浙江盐法道，著惠政"（《府志》传）他的儿子曹振彦所继承。

## 二　教子和家学

曹锡远所承武官世家，是曹家习武家风的渊源。曹寅以"执射吾家事，儿童慎挽强"教育后代（《栋亭诗钞》卷五《途次示侄骥》），曹家有"射圃"，织造府有"射堂"，曹寅诗作多述习武，曹雪芹也多次描写贾府先人武事基业和子弟习武。

但是，曹家的家学家风，显然比单纯习武丰富得多。《江宁府志·曹玺传》云："公承其家学，读书洞彻古今，负经济才，兼艺能，射必贯札。"这里的"家学"，明显把读书之事置于武艺之前，与一般武官世家传统不一致，这就很值得研究了。

曹家从尚武到尚文的转折点正在曹锡远时代，这不但体现于他以武职从事民事管理的实践中，更表现在他对儿子曹振彦的期望和教育安排上。

以"振彦"为独子命名，隐含着父亲曹锡远的苦心。"彦"字屡见于元典。《诗经·羔裘》："彼其之子，邦之彦兮。"《尚书·太甲上》："帝求俊彦，启迪后人。"《礼记·大学》："人之彦圣。"《说文解字》释"彦"曰："美士有文，人所言也。"段玉裁《说文解字注》："《释训》曰：'美士为彦。'……《郑风》传曰：'彦，士之美称。'人所言，故曰彦；有文，故从彣。"振，有扬起、奋起、显扬之意。武事有"振武""振旅"等词，如《诗经·小雅·采芑》有"伐鼓渊渊，振旅阗阗"之句，《国语·晋语》有"振武于外"之语，很适合武官世家。但曹锡远却都弃之不用，而以强调"美士有文"的"振彦"二字为儿子命名，显然有其深意。这表明，他并不满意于武官世家的处境和未来，而希望儿子有更好的发展和更大的

---

① ［明］毕恭《辽东志》卷五，辽海书社 1985 年版，第 42 页。

作为。他的实际行动就是把儿子送进卫学而成为习文或文武兼习的"生员"。

现存曹振彦档案,康熙《山西通志》《浙江通志》,乾隆《大同府志》,嘉庆《山西通志》等均载其为"贡士",唯《重修浙江盐法志》卷二十二"职官"载:

> 曹振彦,奉天辽阳生员,顺治十三年任。

二者并不矛盾。曹振彦的"生员"资格也许正是他于顺治初年能参加"贡士"考试的一个条件。既然曹锡远系调任,"宦沈阳,遂家焉",可知曹振彦入卫学为"生员"必系幼年之事。据张东冬《明代辽东卫学初探》①研究,卫学根据所学课业不同,分为文武两类。文生员的资格须通过入学考试获得,武生员即武官子弟。课业,文生员修习四书及五经中的一经,习八股;武生员"正定初,奏定教案,幼官及武职子弟所读之书,小学,《论语》《孟子》《大学》内一本,《武经七书》《百将传》内一本,每日总授不过二百字"。武生喜好儒学,有志参加科考者亦不拘。还率领武生演习弓马。②

曹锡远送儿子入学,所学何业?从"振彦"之命名就可知必非一般武学,而是属于"喜好儒学,有志参加科考者"一类,至少是文武兼修。本来,作为独子,振彦袭父职为宦,是顺理成章的事,但显然无论锡远的期望,还是振彦的志向,似乎都不在此。盖因武官世袭制度固然能提供某些既得利益,但随着边防腐败,其流动性固化导致的各种矛盾也日益突出。比较之下,文官的科举选拔制度显然提供了更大的能力发展空间。这一点似乎已成为辽东曹氏的共识。仅以《五庆堂谱》所记载,有世袭资格的长房十世就有庠生曹邦助、贡生曹怀仁,十一世有举人曹天锡等,并无世袭资格的三房更有四世曹彪,太学生;五世曹珄,廪膳生,曹琏,太学生;六世曹杲,贡监生;七世曹瀛,廪膳生;八世曹行,举人;九世曹养直,进士……都是走世袭之外的科举之路。同样无世袭资格的四房曹智后人曹锡远在得到"宦沈阳,遂家焉"的机会之前,就安排独子曹振彦早入辽阳卫学为"生员",打算让他走科举之路,这也正是辽东曹氏的崇儒传统的延续。

曹锡远更有其独特的"家教"传统。从前引《曹玺传》关于曹玺"承其家学"的记载,可以看出这一"家学",并非无源之水,正是由其祖父锡远、父亲

---

① 张东冬《明代辽东卫学初探》,东北师范大学 2009 年硕士论文。
② 《明会典》卷一五六,中华书局 1989 年版,第 800 页。

振彦及其上世一脉相传的;更可以看出,这种"家学"的目标和内容,远远超出了卫学"生员"之要求。振彦要走科举之路,当然不能不读"四书""五经",习八股,接受理学教化;但是,曹家特别是曹锡远的培养目标,是使儿子成为"负经济才",即能经世济民的有用人才,而不仅仅是怀银纡紫,食禄庙堂。为此,就需要从"读书洞彻古今"入手,"兼艺能",成为有知识、有眼光、有抱负的文武兼能之材。显然,这种学识和才干绝非卫学所能培养。锡远的"家教",必有比卫学丰富得多的内容,这才能够从对振彦的教育实现武官世家尚武向重文的转变。可以肯定,锡远在世时,这种家教,不仅施之于儿子振彦,而且必定施之于孙子玺、鼎。曹玺的"少好学,沉深有大志"(《县志》传)也必定包含着祖父的心血和期望。

从这个角度看,前面所列举辽东曹氏长房、三房后裔虽然也多有走科举之路者,但实际上有成就的不多,这又说明,不走武官世袭之路,在八股取士制度下,科举也未必能成材,关键在于正确的立志和教育的目标与内容。曹家"读书洞彻古今,负经济才,兼艺能,射必贯札"的"家学",既继承了古代经世致用的优秀教育传统,又包含着纠"理学"教条和"心学"空疏之偏的实学时代思潮内容,它最终孕育出文化文学巨人,乃是历史的必然。

当然,曹锡远当时绝不可能想到,时势完全改变了他的初衷,从明朝武官沦为包衣奴仆后,在新朝初建急需人才的关键时刻,居然因为曹振彦的"生员"资格和杰出才能而"教官"而"贡士"而知府,直至盐法道,成为曹家入清后重新创业的第一人。正是他的"家学",为子孙未来打下了基础。然而满清包衣奴役制度的压抑,却又使他们再也无法挣脱枷锁,实现"负经济才"的怀抱,只能把"无才可去补苍天"的"不材之愤"化作如椽彩笔,成就"红楼一梦"。

## 三 被俘、拒仕和为奴

明末,在后金崛起、清代明兴的过程中,明代号为巨族的辽东曹氏经历了一场巨大的历史劫难,曹锡远及其子孙就是遭遇沧桑之变最为剧烈惨痛的一支。前引曹士琦《辽东曹氏宗谱叙言》叙辽东曹氏发展史时称"辽阳失陷,阖族播迁",指的是明天启元年(1621),努尔哈赤攻陷辽阳,并迁后金都城于辽阳之事,此为明清鼎革之始,《叙言》暗示此亦为辽东曹氏劫难之始。

曹锡远是怎样从一位明朝的沈阳中卫指挥"来归",以致全家成为满洲正白旗包衣的？《通谱》云：

> 曹锡远，正白旗包衣人，世居沈阳地方，来归年份无考。

黄一农在《〈八旗满洲氏族通谱〉中的"世居"和来归》中统计分析："《通谱》卷 74 至 80 中列有 883 个满洲旗分内尼堪（满语'汉人'）家族，其中共有813（92％）家为包衣。……'来归年份无考'749 家。其中所称之'来归'，应多属官方冠冕堂皇的修饰语，实情常是遭掳掠。"并列举《八旗通志初集》中所记正白旗包衣佐领诸官员为例，"《通谱》称其先祖高文举、曹世选、郑朝辅等人均'世居沈阳地方，来归年份无考'，此应指他们多在天命六年三月沈阳失陷时或俘或降"①。

史景迁在《曹寅与康熙》一书中据《通谱》统计，"列册为奴的'尼堪姓氏'总计有 813 人，其中有 531 人住在沈阳，82 人住在辽阳，66 人住在抚顺。满人是在 1618 至 1621 年间攻占这三大城的。大多数汉人奴仆可能是在这段期间沦为包衣身份的"。他特别指出：

> 曹寅的高祖曹锡远可能是在沈阳被满人俘虏，而成为正白旗包衣。曹氏这一支随战胜的满人入关。曹氏其余分支并未沦为包衣。而部分迁居辽东的曹家人并未被缚，以自由之身住在辽东地区。——所以，曹家仅有一支成为包衣。②

这是一个有重要意义的发现。可惜他没有进一步探究其中的原因。本人在写作《走近曹雪芹——〈红楼梦〉心理新诠》时，意识到这一问题与后金俘奴政策和曹锡远政治态度的关系，做了初步分析。③ 今天，当对曹锡远其人进行专题研究的时候，认识又有了进一步深化。

改变曹锡远和曹家命运的关键事件当然是后金与明的沈阳之战。后金天命六年（明天启元年，公元 1621 年），努尔哈赤趁明朝皇位更迭、辽帅易人、人心不定之机率兵进攻沈阳，明军亦调集来自内地各镇及援辽募兵总计辽东兵员十万以上，"挑濠掘堑"，层层防守。然而由于用将不当、轻敌寡谋、军心不齐等原因，遭受惨败。驻沈阳总兵官贺世贤、尤世功，援辽总兵童仲揆、

---

① 黄一农《二重奏：红学与清史的对话》，中华书局 2015 年版，第 28—30 页。
② （美）史景迁《曹寅与康熙》，温洽溢译，广西师范大学出版社 2014 年版，第 13、19 页。
③ 刘上生《走近曹雪芹——〈红楼梦〉心理新诠》，第 170—174 页。

陈策,副将戚金,参将张名世、吴文杰,游击周敦吉,守备雷安民,都司袁见龙、邓起龙等一大批将领战死。[①] 据《满文老档》(卷十九),是役明兵被杀者有七万人,康世爵《通州康氏世谱》[②]载,城陷时,"城中男女老弱自縻于西城,尽坠于城底,或死或伤,委积没城之半"。我们无法了解曹锡远父子在这场惨烈战役中的具体表现,只能从结果来推断,在生死抉择中,他们没有尽节死难,而是当了俘虏。实际情况也许复杂得多。从已知事理分析,曹锡远虽为武官,但"令沈阳"时以武职理文事,儿子振彦欲以"生员"入仕途,已离开军事岗位;同时晚明卫所体制由卫戍制改为镇戍制,下设游击将军和各城备御负责地区防御,沈阳中卫仅存内地州县的行政职能,在地区管理、兵员募集、后勤保障上协助地区的军事防御[③],军政管理与军事指挥分离,"当卫所军队被征调作战时,其军士便脱离了卫所军官,由都督府指定的总兵官统领"[④]。在这种情形下,锡远父子似也无法进入第一线指挥或参加战斗,从而失去了"提携玉龙为君死"(李贺《雁门太守行》)的尽节机会。当战局败乱、沈阳陷落之时,又不愿主动投降,保护个人和全家性命便是当务之急。锡远"宦沈阳,遂家焉"时曹家起码有五人,即曹锡远和妻子张氏,曹振彦和妻子欧阳氏,以及甫及幼年的曹玺(按曹玺顺治五年前"及壮",此时应已出生)。如上述推想不误,锡远父子及全家很可能是在逃难时被掳掠成为俘囚的。[⑤]

按照后金当时的政策,主动投降而获得"恩养"是完全可能的另一条路。"恩养"(满文"乌吉黑")是努尔哈赤为吸引汉人投降而实行的政策,他宣称:"若有人怨恨其国,来投我等,且尽心效力,我等必不使其为奴仆、小人。"[⑥]降则不至为奴,而且降官还能得到任用。(一般职位较原职为低,然后以功升迁。)

---

① 参见孙文良《论明与后金的辽沈之战》,《社会科学辑刊》1980 年第 5 期。
② 转引自何龄修《朝鲜族〈通州康氏世谱〉中的明满关系史料》,《清史资料》第一辑,中华书局 1980 年版。
③ 刘晨《明代辽东沈阳中卫研究》。
④ (美)魏斐德《洪业——清朝开国史》,陈苏镇、薄小莹译,新星出版社 2013 年版,第 19—20 页。
⑤ 周汝昌认为曹世选及其儿子振彦是在后金屠铁岭时被俘的,至迟不晚于天命四年(1619),此后因才干被任命为后金治沈阳之官。见《泣血红楼:曹雪芹传》,第 33—35 页。
⑥ (美)罗思·李《早期满洲国家》,转引自(美)委斐德《洪业——清朝开国史》第 42 页。

　　沈阳陷落之后，"子孙蕃盛，在沈阳者千有余人，号为巨族"①的原沈阳中卫的武官世家大族曹氏各家的命运怎样？现存资料极少，仅能就《宗谱》所载提供的线索试做解析。

　　长房曹昇一系。九世曹珮，"袭指挥使"；十世曹懋勋，"袭指挥使，降千户"。按九世曹珮与曹锡远同辈，十世与曹振彦同辈，从"降千户"可知已降清，按规定降官降一级使用。又，十世曹永安，"仕乌林哈番"。哈番，满语官员之意，多用于中下级官员，可见已仕清。至十二世曹宏业仍袭千户，无嗣。他人失考。从上述材料，可见曹昇一系乃降清入仕者。

　　三房曹礼一系。这是《宗谱》谱主一系，冯其庸多方搜集材料与谱记印证，第十世曹绍中，《宗谱》记任"指挥佥事"，显系中卫世袭武官，与同属三房的曹得先、曹得选，均随明将孔有德降后金，见《清史稿·孔有德传》所附孔有德携降官名单。曹纯中，顺治五年与左良玉子梦庚降清，世袭阿达哈哈番（轻车都尉）。曹得功，官游击，原为孔有德部将，随孔有德叛明，后随祖大寿降后金。曹得爵，辽东岁贡生，康熙五年知云南临安府。唯有沈阳指挥使曹全忠（权中）未载明情况。第十一世曹士琦，贡生，顺治二年任徽州府婺源县知县。德先，绍中长子，从龙授阿思哈尼哈番（男爵）。仁先，绍中次子，从龙累授甲喇章京。义先，绍中三子，从龙入关，授梅勒章京。第十二世，盛祖，德先长子，顺治二年应选二等精奇尼哈番（子爵），特命驻广西总兵。其中绍中、德先、盛祖祖孙三代，均在鼎革之际效力清廷。②

　　四房曹智一系。九世曹锡远，《通谱》："正白旗包衣人，世居沈阳地方，来归年份无考。"冯其庸考证道："我们仔细检查天命、天聪、崇德这一段时期的《清实录》，凡明朝的降将降官，一般都有记载，独不见曹锡远。这可能是因为他归附后金后没有再做官或者官职不高。"③可以与冯先生结论相印证的是，据魏斐德《洪业——清朝开国史》引述的资料，在征服辽东后任命的汉族官吏中，就有 11 人是明卫所军官，而曹锡远不与其列，足可证明他决非降官。

<hr />

① ［清］曹士琦《辽东曹氏宗谱叙言》，载《五庆堂重修曹氏宗谱》。
② 冯其庸《曹雪芹家世新考》第五章，载《五庆堂重修曹氏宗谱》"人物考（三房诸人）"，第 45—78 页。
③ 冯其庸《曹雪芹家世新考》，第 82 页。

这里不应该有"或者官职不高"的推论,可以肯定地说,曹锡远被俘归附后金后没有再做官。而这种不合作态度也许就是他和他全家成为满洲世代包衣的重要原因。主动投降出仕和俘虏后被迫归附,政治态度显然不同,所以遭遇和命运也就大不一样,正如《宗谱》所载,在"辽阳失陷,阖族播迁"的历史劫难中,曹俊后裔唯独四房曹智以下曹锡远一支沦为包衣,而其他各房(升、仁、礼、信)皆未罹此厄运。

曹锡远父子从被俘到成为包衣的具体经历,张书才论述道:"后金天命六年(明天启元年,1621)努尔哈赤率八旗军攻占沈阳、辽阳地区,曹雪芹的太高祖曹世选、高祖曹振彦父子被俘归旗,沦为满洲贵族的包衣,编入正黄旗包衣旗鼓牛录。大约在天命十一年六七月间,清太祖努尔哈赤把自将的两黄旗六十个牛录,分给他的三个幼子阿济格、多尔衮、多铎各十五个牛录,曹家由此分隶多尔衮属下……"①黄一农关于曹锡远父子天命六年沦为包衣的观点相同,其论曹氏父子天命八年归旗主阿济格后又改归多尔衮旗下的情况有异,详见所著。②冯其庸则认为曹氏父子被俘后,先被编入佟养性的"汉军",曾任教官,于天聪八年前全家成为"墨尔青贝勒"多尔衮的"包衣"。③诸家所论各异,但均承认曹锡远全家沦为包衣这一基本事实。

昭梿《啸亭杂录》卷二:"国初时,俘掠辽沈之民,悉为满臣奴隶。文皇帝悯之,拔其少壮者为兵,设左右两翼,命佟驸马养性、马都统光远统之。……盖虽曰旗籍,皆辽沈边氓及明之溃军败卒。"

福格《听雨丛谈》卷一:"内务府三旗,分佐领、管领。其管领下人,是我朝发祥之初家臣;佐领下人,则当时所置兵弁。"

曹家是旗鼓佐领下人,可见曹锡远及其子振彦是被俘掠后成为"当时所置兵弁"的。按前述年龄推算,曹锡远被俘时(1621年)大约在四十至五十岁之间,尚在年壮有为之时,曹振彦则是二十余岁。但锡远无所作为,并未出仕或任职。所以《通谱》中只有锡远"来归年份无考"的模糊叙说。而《清太

---

① 张书才《曹雪芹家世生平探源》,白山出版社2009年版,第34—35页。此条写于2008年12月。

② 黄一农《二重奏:红学与清史的对话》,第32—34、58—67页。

③ 冯其庸《曹雪芹家世新考》据天聪四年《大金喇嘛法师宝记》碑阴题名,认为时任"教官"的曹振彦在"驸马总镇佟养性"属下。天聪六年佟养性死后,归属多尔衮。第90—91页。

宗实录》中已有天聪八年（1634）"包衣佐领曹振彦有功"的记载，此时振彦三十来岁。两篇《曹玺传》都说振彦"从入关""扈从入关"，不及锡远。可见曹振彦的政治态度与乃父已大不相同。以曹家之理学家教，振彦绝不可能违背父命，他的所为，必定是曹锡远默许甚至支持的。

以上事实说明了什么呢？它表明，曹锡远的政治取向发生了二重分裂。即一方面，他以拒仕而非对抗表明了一位明朝武臣对个人节操的坚守；另一方面，他归附并让儿子效命满族主子，则表明了对时势的顺应和为家族未来利益的谋划。这种身处逆境而坚守个人节操与谋划家族未来的"两全"安排，是大势已去时的面对现实的选择，将对家族后人产生深刻影响。

康熙六年（1667），曹锡远（世选）以孙赏诰命赠资政大夫职。按，凡诰命已故者曰赠。可见他已于此前去世。曹振彦于顺治十五年浙江盐法道任满即去职，未见另任，可能是因父老侍养，如此推论不误，则锡远应于顺治末康熙初辞世。

## 四 "活着"的二元选择

曹家命运的转折点在曹锡远，曹锡远命运的转折点在被俘为奴。战争时代的生死抉择也许并不完全取决于主观意志，但就传统政治伦理的要求而言，死节肯定高于苟活，何况俘因为奴以致世代为奴？这种包衣曹家百年之痛，肯定令后代子孙曹雪芹难以释怀。今天看来，他不但在《红楼梦》第63回专门写了俘因为奴的"土番家奴"的悲剧，而且在第36回借贾宝玉之口平添了一段关于"文死谏武死战"的议论，显然绝非等闲之笔：

> 人谁不死，只要死的好。那些个须眉浊物，只知道"文死谏武死战"，这二死是大丈夫的名节，竟何如不死的好！必定有昏君他方谏，他只顾图名，猛拚一死，将来弃君于何地！必定有刀兵他方战，他只顾图汗马之名，将来弃国于何地！所以这皆非正死。——还要知道，那朝廷是受命于天，他不圣不仁，那天也断不把这万几重任与他了。可见那些死的都是沽名，并不知大义。

"文死谏武死战"，过去被视为"封建社会臣子效忠君国、保持名节的最高道德教条"①,但此语并无经典上的出处,可能就是曹雪芹的"创造"。评论者认为是其叛逆言行的表现,渊源或是李贽对"死谏"的批判。② 但"武死战"难道也错了吗? 为什么要借贾宝玉之口加以批判,还说"皆非正死"呢?

就情节叙事而言,这段议论,与贾宝玉年龄经历并不相称,也无前后事理联系,其中"君""国""朝廷"等概念的内在逻辑联系也欠清晰,给人以孩子气的强词夺理之感,但却明确地传达出两个观点,这就是对"昏君""愚忠"的否定和对"受命于天"的朝廷合法性的认可。了解曹家历史的用心的读者可以推想到作者这种"溢出性议论"的别有用意:它是否包含着对明清易代时势的评述,特别是包含着对先祖曹锡远父子未能死节并且被迫归附满洲这一抉择的辩解? 后裔子孙曹雪芹借未成年的小说人物贾宝玉之口所发议论当然不能等同于先祖曹锡远面临关键抉择的思考,但其中显然有一种一脉贯通的东西,那就是,其生命价值观和"天命"历史观与正统的理学教化观拉开了距离。晚明政治腐朽黑暗而失尽人心是王朝覆亡和曹氏家族遭遇劫难的根本原因,这在辽东之败中显示得格外清楚。"天视自我民视,天听自我民听"(《尚书·泰誓》),正是这种反映人心的"天命"变迁导致理学生命价值观的崩溃,不为昏君而死,甚至也不为一姓之君王尽忠,这是曹锡远终于归附满族政权,并且让儿孙效命新朝,使家族走上新路的根本心理动因。

明王朝与后金的战争,本来是包含民族矛盾内容的中央政权对反叛的地方割据势力的战争,但努尔哈赤及其后代的十几万八旗军居然打败了拥有数百万军队和上亿人口的中央王朝,并最终取而代之,这不能不使人们感到震惊。包括沈阳陷落的辽东之战正是失败的起点。历史学家分析指出,古代社会防御外侮的长城阻隔,使得辽东汉人(明代称为"辽人")和武人,有着不同于内地汉人的文化心理,"存在地域情感部分地取代了种族的或民族的情感的情况"③,明朝廷对辽人的错误政策和压迫(如太监高淮之祸),更助长了离心倾向。④ 天启元年时任山西道御史的毕佐周上书析辽人"四恨"云:

---

① 冯其庸、李希凡主编《红楼梦大辞典(增订本)》"文死谏,武死战"条,文化艺术出版社2010年版,第22页。

② 参见李贽《焚书》卷二、《初潭集》卷三十。

③ (美)拉铁摩尔《满洲里——冲突的发源地》,转引自(美)魏斐德《洪业——清朝开国史》,第25页。

④ 参见李洵《论明朝的全辽政策》,载《郑天挺纪念论文集》,中华书局1990年版。

"军兴以来援卒之欺凌诟谇，残辽无宁日，辽人为一恨；军夫之破产卖儿，赔累车牛，辽人为再恨；至逐娼妓而并及张、刘、田大族，拔二百年难动之室家，辽人为益恨；至收降虏而杂居民庐，令其淫污妻女，侵夺饮食，辽人为愈恨。有此四恨，而冀其为我守乎？"①熊廷弼巡按辽东，忧心忡忡："民穷思乱而欲投虏。""辽军自东征骚扰以来，复遭高淮毒虐，离心离德，为日已久。"②竟至于他奉旨还未入辽，"据经臣揭报，沈阳之民逃军又逃矣，而辽沈何可守也"③。以至于辽东首府辽阳城破时，竟出现辽人"多启扉张炬以待，妇女亦盛饰迎门"④的局面。这就是曹锡远父子未能尽节，被俘后归附的历史背景。在这种腐败政治"为渊驱鱼"式的压迫乱局面前，君臣伦理甚至夷夏大防都在实际的生存危机中退居其次了。个人和家族命运——个体和种族的生命本能"活着"成为第一要义。这就是在历史转折关头，除了少数舍身取义的殉道者，绝大多数人会作出"活着"抉择的原因。

但即使如此，怎样"活着"的生命价值观仍然是一个基本的意义问题，摆在被俘囚的明武官曹锡远面前，就是如何对待和处理王朝兴亡与人心取舍、伦理"名节"与"天命"趋向、夷夏大防与生存危机的矛盾的问题。以当时的艰危处境，他不愿做"贰臣"，也做不了遗民。比起明末大批投降的辽东"贰臣"，他守住了最后的尊严⑤；比起后来的遗民，他付出了失去自己和全家自由的沉重代价。但"活着"才有未来的信念支撑着他最后做出了二元选择：个人坚守臣节，而家族归附满族政权，让儿子跟随新朝主子建功立业，在取代旧王朝的战争中创造家族的未来，同时尽可能保存家族的民族文化之根。这当然需要忍辱负重，包括剃发易服、为奴侍主这种极其伤害民族和家族自尊心的世代屈辱，但已别无选择。以今天的历史眼光看，也许当年令曹雪芹

① 《明熹宗实录》卷四"天启元年四月壬午"条。
② 熊廷弼《审进止伐虏谋疏》《务求战守长策疏》，《筹辽硕画》卷一，转引自王廷元《试论人心向背与明末辽东战局》，载《安徽师大学报（哲学社会科学版）》1984年第4期。
③ 《明神宗实录》卷五八三"万历四十七年五月己卯"条。
④ 《明史》卷二九五《袁应泰传》。
⑤ 据王蕊《明末清初辽东贰臣研究》统计，在《清史列传》中《贰臣传》所收录125名贰臣中，辽东籍27人，占第一位，超过江西、四川、湖北等十省区总和，而且多为崇祯自缢前的降臣。在顺治朝府级官吏中，辽东贰臣占四分之一。哈尔滨师范大学2017年硕士论文。

困惑并力图做出解释的俘因为奴"来归"事件,正是其先祖做出的"识时务"的明智抉择。其意义远远超过"活着"才有未来的生命哲理。王朝兴亡的民族冲突最后导致中华民族的融合形成,而主奴关系联系的政治风云则直接影响曹家的百年盛衰。否则,哪有伟大的曹雪芹? 哪有不朽的《红楼梦》?

这就是曹锡远。从历史记载所留下的模糊影子里,人们可以相当清晰地看到,他出生在关外辽东一个保有深厚儒家文化传统的明朝武官世家,又以具有远大抱负的"读书洞彻古今,负经济才,兼艺能"的"家学"教育子弟。在明清易代的早期战争带来的家族劫难和民族劫难中,他表现出迥异于同时代同家族的三房和其他各房绝大多数降清仕清者的思想性格,这是一位并不很刚烈(刚烈者多死节)却很有个性并顽强地保持自己的尊严节操的人。但他又是一位洞察人心和天命攸归的智者,在艰危处境中为家族选择了顺应时势、保全生命、创造未来的发展道路,这是一种极具二重性矛盾的政治人生态度。从后来他的子孙既效忠新朝,又强固地保持民族本根意识的表现看,他的思想性格,对包衣曹家"政文异向的双重忠诚"的家族精神传承,显然有着深刻影响。从这种选择看,说包衣曹家或者曹雪芹有"反清复明"的思想是没有根据的,但民族意识的坚守又是根深蒂固的。许多遗民及其后裔后来成为包衣织造曹家的座上客,甚至忘年之交①,绝不是偶然遇合,也不能用为康熙皇帝做"统战"工作来解释,他们有着深相契合的心灵沟通和互补需求。就曹家祖孙父子来说,他们敬重遗民的民族气节,也许能弥补内心的某种缺憾;就遗民来说,曹家顺应历史的政治态度和事业发展,也许有助于调整他们内心的某种偏执②。而致力于民族未来和中华文化的保存发展则是其共同心愿。如此看来,作为入辽始祖的曹锡远既不做"贰臣"又归附新朝的二元选择,虽然充满矛盾,但在当时历史条件下,也具有某种范式意义。

---

① 参见本书第四章第一节"'身世悲深麦亦秋'——曹寅的民族意识"。

② 这种偏执,特别表现在一些遗民的"世袭"意图,企图迫使子孙后人接受自己的道德律令。比较起来,曹锡远对后代的态度,显然明智得多。参看赵园《明清之际士大夫研究》第七章《实践中的遗民现象》,北京大学出版社 1999 年版。

## 第三节 曹振彦:从生员到贡士

包衣曹家的入清始祖是明"令沈阳有声"的武官曹世选(锡远),但曹锡远被俘后并没有仕清(后金)的记载,以至全家没满为奴。他的儿子曹振彦却走了另外一条政治和人生道路,从明奉天辽阳生员到清包衣佐领和府道官员,成为包衣曹家家业的开创者。

据康熙六十年《上元县志·曹玺传》,曹玺于清顺治六年(1649)前"及壮"(30岁)时补侍卫之缺,则曹玺应出生于明万历四十七年(1619)。以此上推,其父振彦应生于明万历二十年(1592)后,不会迟于万历二十八年(1600),于康熙十四年(1675)诰赠光禄大夫前逝世。

曹振彦所处的时代,历明天启(1621—1627)、崇祯(1628—1644),从后金到清,历努尔哈赤(1616年建立后金,至1626年在位)、皇太极(1626至1643年在位)、顺治(1644—1661)三朝,至康熙初①。其间经历了明清之间的二十余年激烈战争和清初的艰难奠基岁月,经历了清朝统治集团内部包括旗主多尔衮死后论罪夺爵和府主阿济格获罪赐死这样的巨大政治动荡,但曹振彦并没有受到牵连,反而以其忠诚和能力,逐步升迁,为包衣曹家入清的重新振兴打下了基业。虽然以后曹家的鼎盛具有某种偶然性(主要是其儿媳孙氏成了康熙的乳母,孙子曹寅与康熙有着特殊情谊),但可以肯定,如果没有曹振彦时代的基础,没有他因为忠心耿耿而获得的最高信任,后来的一切都不可能发生。这就使得研究曹振彦的人生道路,特别是与此相关联的包衣曹家的政治取向,具有重要意义。

## 一 皇太极时代的命运转折

明武官曹锡远为独子命名"振彦",并在任职沈阳前,即令其入学,获得辽阳"生员"身份,不但实现了曹家从习武到重文的转变,也为儿子以后的发展准备了条件。当明天启元年(1621)年轻的曹振彦随父亲和全家一起被努尔哈赤军队俘获而沦为包衣时,前途却变得一片黯然。

---

① 据康熙十四年诰命,以"覃恩"诰赠曹振彦光禄大夫江宁织造三品郎中加四级,可知曹振彦必于此年以前去世。参见周汝昌《红楼梦新证》,第285—286页。

有记录的曹振彦人生道路,是从皇太极时代开始的。在此以前的遭遇,只能推想。但有一点可以确定,即曹振彦及其全家的命运,与后金至清初统治者的政策息息相关。

从后来成为多尔衮属下旗鼓人可以推知,曹振彦父子在 1621 年沈阳之战中被俘,最初成为大汗努尔哈赤正黄旗下的包衣,而且不久之后就遇上了努尔哈赤后期的乱局。

后金迁都辽阳以后,满人大量南迁,努尔哈赤推行"计丁授田""按丁编庄"的政策,与原住民发生尖锐的生存矛盾,导致 1623 年以来频仍的满汉冲突,以至于 1625 年的汉人反叛。努尔哈赤又采取了错误的对策,他严厉镇压,大肆屠杀,还特别把矛头指向"昔为明国秀才、大臣而今无官者"①。《清太宗实录》"天聪三年九月"条记载:

> 乙丑年(1625)十月,太祖令察出明绅衿,尽行处死。谓种种可恶皆在此辈,遂悉诛之。其时诸生隐匿得脱者,约三百人。②

曹振彦父子作为"明国秀才、大臣而今无官者"肯定也在审查处置对象之中,但他们终于逃过了这一劫,而迎来了皇太极时代的政策反转。现在所见的曹振彦任职都是天聪年代的事。

天聪四年(1630),曹振彦的名字出现在《大金喇嘛法师宝记》碑阴题名,列于"教官"中。这是迄今发现的有关曹振彦也是包衣曹家的最早文物,极为宝贵。而此时离他们天命六年(1621)被俘已近十年。这是偶然发生的吗?只要我们联系上一年皇太极首次考试生员的盛举,就一目了然了。

《清太宗实录》天聪三年载:

> 上谕曰:自古国家文武并用,以武功戡祸乱,以文治佐太平。朕今欲振兴文治,于生员中考取其文艺明通者优奖之,以昭作人之典。诸贝勒府以下及满、汉、蒙古家所有生员,俱令考试。于九月初一日,令诸臣公同考校,各家主毋得阻挠。有考中者,仍以别丁偿之。九月壬午朔,考试儒生。……至是考试分别优劣,得二百人。凡在皇上包衣下、八贝

---

① 参见(美)魏斐德《洪业——清朝开国史》,第 29—33 页。
② 《清太宗实录》卷五,转引自(美)魏斐德《洪业——清朝开国史》,第 136 页。

勒等包衣下及满洲蒙古家为奴者，尽皆拔出。①

有理由认定，曹振彦就是通过此次后金对儒生的考试而担任"教官"的，时间应在天聪三年十月以后，这才会出现在天聪四年四月的碑阴题名上。所谓"凡在皇上包衣下、八贝勒等包衣下及满洲蒙古为奴者，尽皆拔出"，应该是本人拔出奴籍进入仕途的意思，至于全家的包衣身份，并未也不可能改变。

几年之后，崇德三年（1638）祖可法、张存仁等上疏，论及礼部谕令生儒满洲蒙古汉人家仆皆不准应试，受到皇太极训斥：

> 上览毕，谕可法等曰："前得辽东时，其民人抗拒者被戮，俘取者为奴。朕因念此良民在平常人家为奴仆者甚多，殊为可怜，故命诸王等以下及民人家有以良民为奴者，俱着察出，编为民户，又两三次考试将少通文义者即拔为儒生。……尔等所奏，止知爱惜汉人，不知爱惜满洲有功之人与补给为奴之人也。"

可见开考取士固然是皇太极重视文治、重视人才的表现，但准奴仆应试只是权宜之计，改变奴籍是触及满洲贵族利益的大事，即使个人获得"拔出"都有赖于机遇。曹振彦是幸运的，他赶上了皇太极上位之初急于笼络安定人心和急需"文治"人才的特别班车，奠定了此后进入仕途的基础，这对于包衣曹家由明入清的政治转向具有重要意义。从此，曹振彦就列名臣下效忠于后金（清）王朝了。然而，这种机遇，他的后人再也无法得到了。奴仆不得应试改变奴籍，成为包衣曹家永远的心结。

对于"教官"究竟是武职还是文职，学界尚有争议，冯其庸认为是"武职"："曹振彦一直在军中任武职。""被俘前应是相当于教官的军官。""归附后金以后暂时没有升迁。"②这里有一些主观推断。李广柏则认为军中无"教官"之职，教官应为"文职"："曹振彦所担任的官职，当然是后金官学的教官，他大概是通过天聪年间的考试由包衣拔出当教官的。"③黄一农观点近似，他认为曹振彦或初以原明生员的身份在八旗官学中担任教习汉文的外郎，天

---

① 《清太宗实录》卷五"天聪三年九月"条。
② 冯其庸《曹雪芹家世新考》，第 105、435 页。
③ 李广柏《曹雪芹评传》，南京大学出版社 1997 年版，第 17 页。

聪三年(1629)可能因通过皇太极对全国儒生的考选而升授教官,天聪四年以娴习满汉文且办事干练,获得从政所需之实习资格,而成为所谓的"致政"。[1] 如果从前面所论曹锡远的"家学"着意培养和曹振彦的学习取向看,这一观点似更为合理。当然,曹家"家学"注重文武"兼能",振彦也有适应需要的全面能力。天聪四年《大金喇嘛法师宝记》碑阴题名,"教官"前后之总镇、副、参、游、千总均为武职,"教官"亦可能为武职,或兼顾文武,一切尚待实证。从皇太极选拔人材的目的看,更可能是文职。但这并不影响曹振彦日后凭借他文武兼能的多方面才干担任旗鼓牛录章京这一包衣汉人基层军政长官要职。

天聪四年九月前,曹振彦"致政"(据天聪四年辽阳《重建玉皇庙碑记》碑阴题名)。"致政"即致仕、辞职或解除职务之意[2],署"致政"显然意味着已不再任"教官"。玉皇庙碑阴题名者武将未署官职,仅列侍奉香火道士、致政、助工信士、画匠、泥水匠、木匠、镌匠等名目,可见"致政"也许是泛称参与立碑的闲职(退职)人员。振彦在年内职务变动的原因是什么,不得而知。冯其庸先生的解释是:

> 在这里还不是真正的退休,只是表明他已不做教官,暂时还没有确定的职衔,所以就用"致政"两字。以后转到多尔衮属下,就当了旗鼓牛录章京了。[3]

由于两次题名都由后来成为汉军总管的佟养性领衔,可以推测"教官"之职是为建立汉军临时设立的。因为次年汉军就正式建立了,而曹振彦并没有出现在汉军军官名单里,可见他所担任的是临时职务,职务完成后就"致政"了,他仍然回到多尔衮旗下做旗鼓人。既然天聪八年曹振彦能以"旗鼓牛录章京"之职因功"奖半个前程",说明此职务绝非新任。从旗鼓人到旗鼓佐领(章京),更不是一蹴而就之事。既然多尔衮是从天聪二年起,才开始接替其兄阿济格的旗主之位,那就说明,曹振彦至迟从阿济格任镶白旗旗主

---

[1]　黄一农《二重奏:红学与清史的对话》,第 66 页。按黄一农对"致政"有自己的理解,但该书也承认"发现明代文献中以'致政'表示退休的例子至少数百例",见该书第 44 页。

[2]　《礼记·王制》:"七十致政。"郑玄注:"还君事。"《国语·晋语五》:"余将致政焉。"韦昭注:"致,归也。"参见王利器《李士桢李煦父子年谱》,第 237 页。

[3]　冯其庸《曹雪芹家世新考》,第 90 页。

时就是旗鼓人，其时是天命十一年十一月，努尔哈赤刚去世，皇太极即位，为显示自己继承了君王权威，把两黄旗与两白旗互换，将自己的旗纛改为正黄旗，而阿济格和多尔衮、多铎兄弟则分领镶白、正白两旗。至于阿济格何时开始任旗主，黄一农认定为天命八年正月以前①，但张书才认为，努尔哈赤是在天命十一年六七月间才给三兄弟各分十五牛录②，那么，很可能曹振彦父子在努尔哈赤时代就是旗鼓人。

学界研究认为，后金八旗旗鼓牛录是模仿明朝旗鼓部队而设立的，它是军事统帅的直辖部队，其职务是擎旗搔鼓，发布军令，平时则作为仪仗鼓乐，护卫随行。努尔哈赤初建旗鼓时，多用熟悉这种仪注的俘获投诚汉人担任，故"旗鼓牛录"就成为包衣汉人牛录的代称。福格《听雨丛谈》云："旗鼓，多系左近长白山辽金旧部，有汉姓之人，盖久家朔方者也。"③

曹振彦和包衣曹家入清后的十余年奋斗终于迎来了结果。《清太宗实录》"天聪八年"载：

> 墨尔根戴青贝勒多尔衮属下旗鼓牛录章京曹振彦因有功加半个前程。

这是有关包衣曹家的第一条记载。颇有意味的是，就在此年三月，皇太极有一条对官名城邑名统统改用满语的上谕：

> 凡我国官名及城邑名，俱新易满语，勿仍袭总兵、副将、参将、游击、备御等旧名……若不遵我国新定之名仍称汉字旧名者，查出决不轻恕。

皇太极此举，当然是为了防止政权汉化，以维护后金王朝的满族利益，这与崇德元年上谕令废旗鼓称号一样。"已故牛录章京布颜图子多礼喀袭

---

① 参见黄一农《二重奏：红学与清史的对话》，第 59 页。黄著未说明依据。查《清实录·太祖实录》卷七天命八年正月与喀尔喀蒙古誓词，有"吾子孙大王、二王、三王、四王、阿巴泰台德格台吉、齐桑古台吉、济尔哈郎台吉、阿济格台吉、杜度台吉、岳托台吉、硕托台吉——共十台吉"语，这是阿济格任职的首见。台吉，蒙古贵族称呼，早期满洲贵族亦用此称。
② 张书才《曹雪芹家世生平探源》，第 34、35 页。
③ 参见赵凯《清代旗鼓佐领考辨——兼论清代包衣的若干问题》，载《故宫博物院院刊》1988 年第 1 期。

职"和曹振彦因功受奖的两条记载紧随其后①,很有象征意味地显示了君王对基层官员任命和管理的权威,同时也很有象征意味地显示了包括包衣曹家在内的被征服汉人对满族政权及其君王的忠诚。它是包衣曹家政治转向完成的标志。

在《清太宗实录》里,对官员的升迁奖赏和惩罚缘由都有详细的记载。特别是战功,凡登城夺地、杀敌俘虏,点滴不漏。"加半个前程"是功劳很大的奖赏。卷二十三载天聪九年"荆古尔代征阿库里克满部落有功,原系半个牛录章京,复加半个前程,升为牛录章京,准再袭二次"。如以一牛录三百人计算,加半个前程就是管理四百五十人了。但曹振彦因何事有功,并未载写,可见并非征战登城杀敌之类的武事。黄一农依据此前不久有孔有德等归降之事,推测"很可能是因其在处理孔有德、耿仲明及尚可喜率众投降的过程中发挥了重大作用"②。

不过,此后曹振彦在此职位上再无升迁的消息。他自然不属于皇太极谕吏部"将国家开创以来诸功臣,其祖父以部落来归,及身历行间,率先攻城,著有战绩者……撰给世袭敕书"这一类,而只能"因才授职及因管牛录事授职者,撰给不世袭敕书",也不属于按照吏部各官三年考绩可分别升授官职那一类,他的包衣佐领之职至迟到顺治元年(1644)就由高国元取代。其原因,可能是"缘事革退"。在从天聪八年(1634)到顺治元年的十年时间里,他作为镶白旗长史和武英郡王阿济格的管家,在崇德元年(1636)和崇德三年(1638)还曾因过错两次受到"鞭八十"的处罚。③

## 二 "贡士"命官

曹振彦的又一次机遇来自清政权入关之后由于占领大片中原土地而对行政管理人才的急切需要。据中国第一历史档案馆所藏《顺治朝现任官员履历册》记载:

> 大同府现任知府曹振彦,正白旗下贡士,山西吉州知州,顺治九年四月升山西大同府知府。

---

① 《清太宗实录》"天聪八年四月辛酉"条。

② 参见黄一农《二重奏:红学与清史的对话》,第34—39页。

③ 参见黄一农《二重奏:红学与清史的对话》,第47—55页。

　　　　阳和府升任知府曹振彦，正白旗下贡士，山西吉州知州，顺治九年
　　四月升山西阳和府知府（按：即原大同府），十二年升两浙运使。

　　曹振彦能以"贡士"资格出任地方官，缘自顺治六年的廷试。据光绪《钦定大清会典事例》卷一一三六，顺治六年（1649），八旗汉军中通晓汉文者，奉旨参加廷试："文理优长者，准作贡士，以州县用。"按"贡士"之名出自《礼记·射义》："诸侯岁献贡士于天子。"自唐以来，朝廷取士，由州县者曰乡贡，经乡贡考试合格者称贡士，由州县送京参加会试。《清史稿》卷一〇八《选举志》及《清会典事例》卷七四"吏部除授"条："会试中式者为贡士。"显然，顺治六年的廷试中，"文理优长者，准作贡士"是一次特例，曹振彦又一次赶上了机会。顺治七年，他就来到刚平定姜瓖之乱的山西省，任平阳府吉州知州。如果说，皇太极时代的"牛录章京"还只是当时军政合一体制下的基层头领，那么，顺治时代，曹振彦已正式进入清朝国家机器，成为官僚队伍的一员。

　　由于资料的缺乏，过去对曹振彦入关以后的经历研究不够。其实，这段经历对包衣曹家是至关重要的。可以说，没有曹振彦的以"贡士"入仕，就不会有包衣曹家后来的发达。这是奠基之事。

　　这是鼎革之初政局未稳，各种矛盾错综复杂，人才成为焦点的时代。曹振彦以"贡士"入仕的历史背景：一方面，满族入主中原以后急需大批地方管理人才，特别是大局未定之时所任用明降官往往降而复叛（如山西姜瓖叛乱时，大多州县"反正"），忠诚干练的可用之才对于当时渡过难关、巩固政权是极其重要的。另一方面，顺治帝幼年登基，多尔衮摄政，最高统治集团内部各种势力觊觎较量，隐性的权力斗争日趋激化，各方都希望把可用之才争夺到自己手里，作为亲信的包衣头领更成为控制和笼络的对象。多尔衮属下的曹振彦的儿子曹玺"及壮补侍卫"，很明显就是一种在帝王身边的着意安排，因为他随后就"随王师征山右有绩"（多尔衮曾于顺治六年两次带兵到山西平乱），可见还是在多尔衮属下。但其后"世祖章皇帝拨入内廷二等侍卫，管銮仪事"，却显然出自皇帝谕旨。曹振彦父子当然不可能料到事变如此之快，顺治七年冬多尔衮病逝，当年以帝王礼下葬，次年就论罪夺爵，阿济格赐死，正白旗并入内务府。包衣曹家从贝勒贵族家奴改属皇帝。在这场清皇室的重大政治斗争中，曾任包衣佐领亲兵护卫长官管家长史的曹家似乎并没有受到牵连，甚至反而因祸得福，受到顺治皇帝的赏识信任，曹振彦官位

升迁。这种升迁,与曹振彦君王至上的政治取向、"臣道加奴道"的双倍忠诚是分不开的。而曹振彦提升的两个职务,都是具有战略意义的安排。

曹振彦首任职的吉州,地处山西西南,"带于黄河,有龙门、孟门之险,为河东之巨防、关内之津要"。山西经战乱初定,朝廷派振彦出任,当然是对他的看重。他的这段经历,史志没有留下更多记载,周汝昌考知其有重修城隍庙之举。①

顺治九年,曹振彦升任阳和府即原大同府知府。大同是平定姜瓖之乱的重点战区,也是清兵屠城的重灾区。以姜瓖降而复叛为起点,几乎席卷山西全境的北方军民抗清斗争,严重威胁着清政权,多尔衮两次带兵出征,几乎动员了全部八旗力量。攻破大同后,多尔衮施行了疯狂报复,下令除投降官兵外,"官吏兵民尽行诛之",据说只留下狱中重案犯五人,毁城墙五尺,撤大同府治,移至阳高卫,改称阳和府,直到顺治九年重建后才搬回来,重称大同府。战乱和清兵屠杀造成了极大的破坏,顺治七年十二月清宣大山西总督佟养量揭帖报告:"大同、朔州、浑源三城,已经王师屠戮,人民不存。"田地大片荒芜,如浑源州原额地(明代册额)七千九百九十五顷四十九亩零,战后成熟地仅八百三十二顷三十六亩;大同、朔州、浑源三州县户口一万八千余丁,现存者仅五千四百余丁,所遗荒田一万三千五百余顷,该粮二万七千八百余两。② 可以想见曹振彦面对的现实环境的复杂和艰难。

现存包衣曹家的最早档案史料,是清顺治九年十二月九日曹振彦任阳和府知府的一件奏本。1980 年,中国历史博物馆张书才最早以"曹振彦档案史料的新发现"为题,披露了在《顺治朝揭帖奏本启本》档案中发现的顺治九年十二月初八日署"山西等处承宣布政使司阳和府知府臣曹振彦谨奏为朝觐事"的奏本,并进行了初步解读。③

按,顺治二年闰六月,通政使李天佑以诸司章奏过繁,曾疏请严赐申饬。世祖谕旨:"在内六部文武衙门,在外督抚镇按道府州县营卫等官,均属政事之司,果能矢忠矢公,清廉勤慎,各尽职业,天下自致太平。若乃舍己职掌,

---

① 周汝昌《红楼梦新证》,第 245—246 页。
② 参见《清代农民战争史资料选编》第一册,中国人民大学出版社 1984 年版,第 135—155 页。
③ 张书才《曹振彦档案史料的新发现》,《红楼梦学刊》1980 年第三辑。

越俎出位,妄言条奏,徒博虚名,贻误政事,实心为国之人,断不如是。……"①严格限制臣工题奏权:"其无言责者固不准动辄具本陈奏,至于监司等员俱无题奏权,总镇诸臣除事关军机及兵马钱粮外,其余悉归督抚具题。"②曹振彦身为普通的四品知府怎么能"越俎上位"上奏本呢?王先谦《东华录》有如下记载:

> (顺治九年四月己未)吏部奏:朝觐计典三年一行。旧例:府州县官入觐,势必委署。但署官害民,反为地方之累。今议:止令藩臬各一员、各府佐一员代觐。从之。③

曹振彦顺治七年任职,至九年恰好三年,故奏本开头即写"阳和府知府曹振彦谨奏为朝觐事",但因吏部奏议改由"府佐一员代觐",振彦此次并未成行,故奏折后面有"差吏刘生浩亲赍,谨具奏闻"之语。从奏本内容可见,阳和府当时不但辖应、蔚二州和阳和、怀仁等七县,还管辖战祸最严重的朔州、浑源州。而曹振彦也如实禀报了"顺治六年,因城破民屠,本年钱粮无向追征"的情况,与前引佟养量揭帖所报告事实一致。奏本也反映了曹振彦的严谨工作作风,如以下一段:

> 该臣谨将阳和、左卫二道,分辖中、南二路管粮通判,各该州县岁额完欠、经征各官职名汇册具奏外,原系朝觐钱粮事理,既经各州县造报前来,理合差吏刘生浩亲赍,谨具奏闻。

把有关钱粮交(各州县)收各方(军所、卫、道路三级)及差吏缘由全部报告清楚,点滴不漏。

这份奏本不但是曹振彦也是包衣曹家现存的唯一奏本。他的后人,只能在皇帝主子特许下密折奏事。虽然题奏与奏折并行是康雍以后清代君王控制外廷内府的一种统治术,密折奏事也反映了一种特殊关系。不过有题奏权终究意味着进入了较高层次的官僚队伍,这正是包衣曹家梦寐以求却

---

① 《清世祖实录》卷十八"顺治二年闰六月壬辰"条。
② [清]王先谦《东华录》"顺治二年闰六月癸未"条,上海古籍出版社2007年影印撷华书局本。
③ [清]王先谦《东华录》"顺治九年四月"条。

没能得到的。①

顺治十三年，曹振彦升任从三品的两浙都转运盐使司盐运使（简称"盐运使"，又称"盐法道"）。清代共设长芦、两淮、两浙等十一盐区，其中两浙有三十二处盐场，供应浙江、江苏、安徽、江西四省一百二十五个府、州、县的民生需要。两浙的盐课收入是重要的财政来源，清初尤其"为军国急需"。但由于战乱，社会秩序在重建之中，户口凋残，"浙东海贼出没靡常"，加之盐政缺乏治理，"灶户缩首，诸商裹足"，官员怠惰，私贩横行，严重影响课税收入。如顺治六年，额征盐课三十一万余两，实际只解送二十万一千余两。为此，清初历任巡盐御史多次上奏，提出治理建议，并强调选定运使的重要："运使一官，总盐课之出纳、专引目之编派，实臣臂指相倚、朝夕共事者也。"曹振彦就是在这样的历史背景下赴任的。

清制，盐政（巡盐御史）掌盐务大权，盐运使是各省盐务管理机构都转盐运使司的最高长官，职掌考核所属盐官，征收盐税，监督盐的生产、销售、缉私等事务，"凡引票行销、课税完欠，皆由运司督催。其收兑钱粮、考课运销、办解京边各饷，一切盐政，分别经理，而上之巡盐御史，以达于内部。其地方利害所系、官司所守、刑名所系，则协谋于藩臬，而兼禀其成于督抚。事例甚繁"②。自顺治七年巡盐御史裴希度上奏要求"严定考成之法"，循例举劾有司，官员的实绩受到严格考核。现在还没有发现曹振彦在职的具体材料，但可见《两浙盐法志》载巡盐御史祖建明上奏题稿中的评价：

  曹振彦，任两浙都转运使。恤灶抚商，疏引裕课。顺治十三年巡盐御史祖建明题稿。③

巡盐御史的考核评价极为正面，可见曹振彦处理盐业生产者（灶民）、销售者（盐商）和管理者（官）三者之间的关系是很得当的，既能安民惠商，又能为朝廷增加收入。实际情况也是这样。据林永建《清初两浙运司盐政》提供的资料，顺治十三年（1656），两浙巡盐御史祖建明奏称：两浙盐课原额岁征三十一万四千七百七十一两零，该年曾先后五次差官解楚饷银、闽饷银，通

---

① 参见庄吉发《清朝奏折制度》，第41、65—85页。

② （乾隆）《山东通志》卷十三"盐法志"。参见《清代盐运使的职掌与俸银、养廉银及盐务管理经费——清代盐业管理研究之四》，载《盐业史研究》2016年第4期。

③ 《钦定重修两浙盐法志》卷二十三"职官"三，转引自周汝昌《红楼梦新证》，第258—259页。

共解送银四十二万两，较之岁额透解十万五千余两。顺治十六年（1659），两浙巡盐御史迟日巽奏称：当年两浙运司应须征正杂盐课并加引调银共三十六万二百八十九两，又应征实核带征银一万五千余两，而当年实解过正杂各项并在库课银，通共四十五万五千三百三十六两，计之岁额有逾无欠。①

顺治十三年，是曹振彦就任盐使的第一年，盐课就有了出色的成绩。这种五次解银送军饷的做法，与前引曹振彦奏折一样，都是谨严尽职的表现。顺治十六年，曹振彦已经离任，仍可见这种成效的延续。

四十余年后，康熙皇帝委任曹寅和李煦轮流担任两淮巡盐御史，如果没有曹振彦当年的盐差业绩，是不可能获得如此信任的。这种一脉相承的联系，过去却很少为人提及。

## 三　包衣曹家的政治转向

从曹锡远被俘后的不合作，到曹振彦的勉力效忠和步步上升，包衣曹家完成了从明到清的政治转向，并且奠定了此后百年盛衰史的家业基础。包衣曹家的政治转向，不是孤立发生的，它既是明清鼎革之际女真民族与辽东汉人冲突融合形成命运共同体的历史潮流中的一朵浪花，也是包衣汉人在清廷统治和"恩养"政策下精神奴化的一个缩影。

后金与明的战争，就其性质而言，当然是满族地方割据势力与汉族中央政权的斗争。其中既包含政治伦理（忠逆），也包含民族文化因素（所谓"夷夏"），而野蛮掠杀对农耕文化的破坏尤其使之遭到汉民族的顽强抵抗。但如果用大历史观念，或者说，用从当时最先进的顾炎武的"天下"观念看，却包含着相反的因素，即一种以反抗压迫和争取民心为号召的新兴势力与一种在内外矛盾中走向没落的腐朽势力的斗争，及促进民族融合与新生的历史潮流与坚持民族文化界限的保守观念的斗争。这就使其内容和过程显得特别复杂。努尔哈赤本人就精通满汉两种语言，对于学习先进汉文化有着极大的兴趣与自觉。他赖以起家的东北地区，混杂着满、汉、蒙古、朝鲜多个民族，特别是人口和文化都处于优势的汉族，这就使他在实现个人野心和民

---

① 档案《敬陈循序行引解完盐课数目以济军需以尽职业仰祈睿鉴事》，顺治十三年七月十日祖建明奏；《为敬陈完解盐课银两以明职业以副考成事》，顺治十七年三月二十日车克等奏。参见林永建《清初两浙运司盐政》，载《浙江学刊》1984年第1期。

族利益的同时,不能不重视通过整合民族关系来笼络人心。而长期生活在关外的"辽人",也具有某种地域文化的"另类"特色。一方面经济往来、通商通婚及各种语言文化交流,导致民族界限的模糊化;另一方面,明中央政府的错误对辽政策,特别是万历年间宦官残辽乱辽,导致辽人的边缘化和严重的离心倾向。① 明政府的"为渊驱鱼",给努尔哈赤的崛起以可乘之机。努尔哈赤提出"恩养"政策,宣扬"凡有来者,皆善加豢养之",宣称:"我的国人,过去分别住在各自的地方。现在,诸申(女真)、蒙古、尼堪(汉人),全部住在一域,像一家人一样生活。"罗友枝指出,这一时期,"满族统治者致力于在东北地区建立多民族联合体。民族界限在旗人中变得模糊而有弹性,主要的机制在于把各种各样的族群融合成一个高效率的军事组织"②。努尔哈赤这样说和做,当然意在笼络人心,却也有着促使各民族融合的历史作用,是符合中华民族形成和发展趋势的。极少数具有远见的"辽人",已能重新界定和审视"我者"与"他者",在努尔哈赤攻占抚顺以后前往投效,并帮助三代满族统治者完成定鼎中原大业的范文程就是这样一位杰出人物,他自称"大明骨,大清肉",表明这位北宋名臣范仲淹后裔身上正有着祖先以"天下"为己任的血脉,而突破了传统意识形态的藩篱。③ 曹振彦为代表的包衣曹家走的也是这一条路。不同的是,他不可能像范文程那样主动追求,而只能被动地等待机遇。他们一家是俘囚,沦为包衣。从明生员到后金"教官",他不仅要跨越政治伦理和民族文化这两条传统界线,更要承受作为尼堪(汉人)包衣奴仆的民族和身份地位屈辱。从被迫归附到主动效忠,还有一个思想感情的完全转化问题。机遇的到来,既有偶然性,也有必然性,其必然性在于满族统治者为实现其政治目标对促进民族融合和网罗人才的需要,在于包衣曹家"家学"培养与这一需要的契合。这个机遇终于在皇太极时代到来。

面对努尔哈赤后期的尖锐民族和社会矛盾,皇太极采取了明智的和缓政策。较之乃父,他更多地接受了汉文化的儒家思想,重视人心和人才。他

① 参见刘上生《走近曹雪芹——〈红楼梦〉心理新诠》,第11—13页。

② (美)罗友枝《清代宫廷社会史》,周思平译,人民大学出版社2009年版,第68页。参见何博《民族整合与文化认同:努尔哈赤汉人"恩养"政策》,载《贵州文史丛刊》2014年第2期;朱诚如《努尔哈赤时期的"满汉一体化"政策》,载《辽宁师大学报(哲学社会科学版)》1985年2期。

③ 参见颜廷瑞《范文程》,解放军出版社2006年版,第18—31、221—252页。

在即位之初，就宣称"满汉人民，均属一体"，"恩养"成为上谕中的高频率用词；

> 朕于旧人新人皆不惜财帛以养之，欲使人心倾服。若人心未和，虽兴师动众，焉能必胜？

> 皇考所遗人民能爱养之，使渐富庶，此即为臣子之孝思也。……朕常以为仰承天眷，致此之休，凡新旧归附之人，皆宜恩养。……苟于归附之人，不能抚育，后虽拓地开疆，亦何以安缉之哉？

> 不但尔等归顺官员，即阵获之人，亦时加恩养。

所谓"恩养"，当然是在"顺者以德服，逆者以兵临"①，服从统治的前提下，给予恩惠，满足其基本生存条件和一定程度的发展需求，也是儒家"仁政"思想的体现。较之导致民不聊生的晚明苛政，和过去的残酷野蛮杀掠，的确是一种舒缓和进步。读《清太宗实录》或《东华录》，能鲜明地感受到这位尊号文皇帝的皇太极"孜孜以善养人为要务，招携怀远，筹及身家，降将俘民，均加鞠育"②，既出于敬天安民的真诚信仰，也是一种高明的政治智慧和感情投资。包衣曹家由明入清的政治转向，在很大程度上是"恩养"政策感化的结果。

努尔哈赤开创、皇太极继承和大力推行的"恩养"政策，与汉族王朝开国帝王的"仁政"惠民政策相比较，有其鲜明的特色。汉族封建帝王的惠民仁政，是为了重新振兴旧王朝衰落的安土重迁的小农经济；而满洲贵族基于落后的渔猎经济和奴隶制度发动的战争，最初却是以掠夺人口牲畜财物而非农业土地为目标的。这种人口掠夺和奴化，在关外的战争中从未停止，而且总是作为战果来计算的。满族统治者日渐意识到，作为一个人数较少的民族，要战胜一个人数大过自己数十百倍的民族，单靠武力是不够的，必须有一种笼络人心的柔性政策。这种政策，要减少杀戮和对抗，有利于增加劳动力和战斗力，有利于吸引和利用人才，又能维护固有的奴役制度和特权制度，应该说，这才是"恩养"政策的政治背景。它既吸收了汉族王朝惠民的仁

---

① 《清太祖武皇帝实录》，潘喆等编《清入关前史料选辑》第一辑，中国人民大学出版社1984年版，第301页。
② 《清太宗实录》卷六十五"崇德八年"条。

政举措,又包含着以满驭汉的深隐用心。赐予养育对象的,是至高无上的满族君王的"恩"。所以,"恩养"政策具有笼络人心和奴化人心的双重功能。从积极方面看,它促进了满汉融合的命运共同体的形成,有利于清朝一统大业的完成;从消极方面说,它帮助完成了从精神上对汉族的奴役。这是清王朝的特色制度。

皇太极的"恩养",既是一种感化手段,也是一种奴化教育。天聪八年,一批汉官上诉"差徭繁重",户部调查的结果是"所言皆虚",皇太极"命集众官于内廷"传达了他的长篇谕旨,用大量事实说服他们,指出其错误之所在,但并没有追究惩办进言者。这些汉官非常感动,表示:

> 臣等更有何言?臣等以濒死之身蒙上生全,另立旗分,得叨宠遇,凡此衣食、奴仆、马匹,孰非上之恩赐?果计功之大小,颁行爵赏,拨给人丁,不特官爵非所敢望,更有何物是臣等所应有者?……此豢养之恩,虽肝脑涂地,实难报称万一也。

天聪九年,都司陈锦奏言:"臣蒙皇上豢养数载,图报无地,今荷皇上虚诚下询,敢不竭诚上陈。……"镶蓝旗梅勒章京张存仁奏言:"臣自大凌河慕德来归,五年于兹矣。蒙皇上豢养之恩,解衣推食,恩同覆载。臣非草木,岂不知报?"[①]

这类"豢养之恩""虽肝脑涂地,难报万一"的感激效忠语言,后来成为几乎所有官员奴才奏折的通用话语,这不是偶然的。"恩养"政策笼络了人心,也最终奴化了士心和吏心。这样的话语,在包衣曹家的留存奏折里俯拾即是,作为皇家奴仆,更多一层感激涕零的豢养之"恩",浃骨沦髓,成为世代相传的集体无意识:

> 臣寅蒙皇上天恩,生全造就,虽捐糜难报万一。
> 臣曹寅世蒙豢养,生殁殊荣……臣捐糜莫报。
> 窃臣系家奴,自幼荷蒙圣恩豢养,涓埃莫报。
> 窃念臣从幼豢养,包衣下贱,屡沐天恩,臣虽粉身碎骨,难报万一。
> 奴才身家性命,实蒙恩赐,即粉身碎骨,肝脑涂地,莫能仰报万一。[②]

---

① 《清太宗实录》卷二十三、二十四"天聪九年"条。
② 《关于江宁织造曹家档案史料》,第 22、25、64、78、103 页。

包衣曹家的这种奴性,发端于曹振彦时代。因为曹振彦经历了最复杂的时代环境和人生考验。

在进入内务府之前,包衣曹家的主奴关系,包含了大汗(君王)—旗主—府主多个层次。他们是满洲贵族的世代奴仆,以旗下牛录的编制形态从属于旗主,而其具体领属,则是府主。在清政权军民合一、军政合一的体制下,他们又是大汗(君王)的子民。由于包衣主要来自掠取俘获,是作为战利品分配或奖赏赐予的,它也可以因为旗主和府主的罪错而被剥夺或转移(另行分配),因而,从根本上说,包衣与旗主、府主的主奴关系来自于最高统治者(大汗)的恩赐。这种恩赐,与君王之于普通臣民的关系一样,也是"恩养"的表现。从包衣奴仆的身份地位而言,主人对其全家的"恩养"必然导致主奴关系的深化。但更重要的是,这种主奴关系是从属于君臣(民)关系的。在女真民族从部落联盟发展到封建集权制(这在皇太极时代已经完成)以后更是如此。

天聪三年,皇太极有谕旨:"八贝勒等包衣牛录下食口粮之人及奴仆之首告离主者,准给诸贝勒家。"天聪五年,进一步议定离主条例。六年,再谕评告诸贝勒离主之例。这显然是为了限制府主对包衣奴仆的控制权。同年处置阿敏案,"夺所属人口奴婢财物……所属人口奴仆牲畜俱给济尔哈朗"。硕托贝勒案,"夺所属人口给其兄岳托,止给硕托在外一牛录人及食口粮牛录下奴仆"。这表明君王对贝勒所属人口奴仆财物拥有最高处置权。同年,皇太极宣告:"朕蒙天眷佑,缵承丕基,国中人民财物,皆吾所有。"[1]崇德七年上谕:"此后新旧人等有因不沾恩养自行陈诉者,所告皆实,该管主贝勒皆坐罪。……盖善养人者,国之要务,不可忽也。"[2]

人们注意到,《清太宗实录》记载了曹振彦有功受赏:"墨尔根戴青贝勒多尔衮属下旗鼓牛录章京曹振彦因有功,加半个前程。"[3]显示了君王对所有基层官员(牛录是旗下基层)任命、袭职、奖励的绝对权威。哪怕是旗主所属的包衣奴仆头领,"恩养"也来自君王。而且表明,就连旗主多尔衮的职权和封号,也来自于皇太极。天聪二年,皇太极借故革阿济格贝勒,移交给多尔衮。年仅十七岁的多尔衮随皇太极出征察哈尔有功,《清太宗实录》卷四载:

---

① 《清太宗实录》卷五"天聪三年"条、卷七"天聪五年"条、卷十一"天聪六年"条。

② 《清太宗实录》卷六十五"崇德七年"条。

③ 《清太宗实录》卷十七"天聪八年"条。

上谕曰："蒙天眷佑,初次令两幼弟随征远国,克著勤劳,克期奏凯,宜赐美号,以示褒奖。于是赐贝勒多尔衮为墨尔根戴青(按:意为聪明主)。"①

在清朝体制下,包衣奴仆连同旗主和府主的命运都操纵在君王(大汗)手中,"奴道"和"臣道"实现了一体化。"恩养"的结果,就是造就了忠于旗主更忠于君王的死心塌地的奴性。从沈阳被俘起,包衣曹家的旗籍和府主发生了许多变化。从努尔哈赤的正黄旗,转到阿济格的正黄旗,到阿济格的镶白旗,到多尔衮的镶白旗,到多铎的镶白旗,到多尔衮的正白旗,最后成为皇家的内务府正白旗包衣人,其间甚至包括多尔衮死后论罪夺爵和阿济格获罪赐死这样的重大政治动荡,作为旗主和府主的亲信,都并没有受到牵连,说明自从政治转向以来,包衣曹家对清王朝一直忠心耿耿地履行着奴道加臣道、臣道(君臣伦理)至上的道德信条。这正是当年皇太极"恩养"所期盼的结果。

## 四　救助王鼎吕事件的深隐意义

以上有关曹振彦的史料,全部来自官方文书。它们展示了曹振彦包衣—仕宦道路的人生轨迹和政治面貌。其内容是真实的,却难免流于表面。曹振彦没有留下任何个人材料,这使人们很难像对曹寅那样了解其内心世界。因而,来自非官方的真实民间材料所包含的信息就弥足珍贵了。它们不但是对官方材料的重要补充,甚至可能成为研究的突破口。在曹振彦研究中,就存在这种机遇。

近年,在曹寅研究中,曹寅的老友王煐的《挽曹荔轩使君十二首》被披露。其中最后一首回忆两家订交往事时,涉及曹振彦,但人们过于关注曹寅,却忽视了这位事主。此诗全文及作者自注如下:

三世论交七十年,君家祖德古名贤。感知未报虚生命,徒来生刍哭几筵。(注:国初,先大人于患难中获交令祖,转运公为护持指示,得归民籍。其详见乙丑病后寄公诗注中。)

①　《清太宗实录》卷四"天聪二年"条。

这里说的是曹振彦（后任两浙都转运盐使司盐运使，故称"转运公"）救其父王鼎吕于患难中的往事。王鼎吕，字翼明，河北宝坻人。顺治丁酉选拔贡生，曾做过知县。计六奇《明季北略》卷十二"清兵入塞"条，记明崇祯九年（清崇德元年，1636）七月"初六丁未，清兵深入，掠山西。初八己酉，间道过昌平，降丁内应，城陷。……十六丁巳，攻宝坻，入之，杀知县赵国鼎。……都城戒严"①。这次入侵的清兵统帅是阿济格。据蒋良骐《东华录》卷三："（崇德元年）五月，上命武英郡王等率师伐明。……九月，武英郡王阿济格等奏：'我兵入长［城］，过保定，至安州，克十二城，五十六战皆捷，生擒总兵巢丕昌等，获人畜十八万有奇。'"②各处情况不一，宝坻是用重兵攻取的。王先谦《东华录》对宝坻之战的叙述：

> 两黄、两红、两白、镶蓝旗，白奇超哈、乌真超哈，满洲、蒙古、汉人十固山合攻宝坻县，叶臣穴其城，取之。③

"乌真超哈"是满语音译，意为"重兵"，最早建立"乌真超哈"，与后金炮兵的建立有很大关系，故常用指炮兵。"白真超哈"无考，可能是指满洲最精锐的"白甲兵"。总之，攻宝坻可能使用了大炮和其他重兵，可见抵抗之激烈。据有关资料，宝坻城被攻破，城内官员和民众被杀数千人，是为宝坻历史上死于战乱人数最多的一次。史称"丙子之难"。

而王鼎吕和他的父亲正是这场战事的参与者。乾隆《宝坻县志》记载了其父亲即王煐祖父王溥协助知县赵国鼎抗清以至全家殉难之事：

> （王溥）字德涵，万历己酉乡举。甫读书即慨然以忠孝自命。垂髫失恃，哀毁如成人……崇祯九年，大兵猝至，溥助县令赵国鼎死守。城破，或劝溥去，溥曰："奈何负赵公？"但挥其子鼎吕去，曰："先人一脉汝延之，吾毕命于此矣。"阖门男女凡殉者二十余人。事定，鼎吕归，乃号哭营葬。

姜宸英《翼明王君墓表》中叙及王鼎吕出逃的过程：

---

① ［清］计六奇《明季北略》，中华书局 1984 年版。
② ［清］蒋良骐《东华录》，中华书局 1980 年版。
③ ［清］王先谦《东华录》"崇德元年九月己酉"条。

及明末被兵故城陷,公一门自父通判以下,数十口尽罹其难,而王氏几不祀,独公与其从侄烈跳身得免……当城陷时,公母李孺人先殁矣,通判公急命公出,公哀恋不忍,固遣之,不得已,携幼弟缒城,遁伏潴田中三日,免,而幼弟竟失。归则号哭,营葬事。①

由于涉及所处时代的敏感话题,各条记载事有隐显,从中可以看到一个非常悲壮动人的满门忠烈的抗清志士故事。王鼎吕在父亲的催促下"跳身得免",留得一命,然而并没能就此逃出虎口。至于从被俘到得曹振彦"护持指示",以"归民籍"的经过,也许同样由于涉及敏感话题,甚至关系到曹振彦的安全,各种记载均避而不提。幸好他的儿子王煐不忘救父之恩,特地在悼念曹寅的诗中叙及,否则,曹振彦的义举就会永远湮灭了。

"护持指示,得归民籍",这是值得大书特书的八个字,它包含着异常丰富的信息内容和意义。从字面上说,"护持",即保护扶持照料;"指示",即具体指点教导。由此四字,可知曹振彦对王鼎臣的态度和作为。"得归民籍"四字极为重要,"奴籍"和"民籍"对于王鼎吕,是除了生死之外的命运界限。而对于曹振彦,使王鼎吕免于为奴,回归家乡,就是他努力的目标和结果。但在当时环境下,这不但是极其困难,也是有极大风险的事情。因为这次清兵入关,意在骚扰、破坏和掠夺,获取人畜财富是其最重要的战略目标。皇太极在有关此次战事的上谕中特别提到,所俘获人畜"除粗恶外,已令人籍之以归"②。"籍",就是登记造册。对于所俘获人口,就是载入"奴籍",而后再作为战利品,分配给贵族将士作为奖赏,成为"佐领下人""辛者库人"或其他庄奴。像王鼎吕当时那样的年轻男子,尤为奴役之急需,而要使王鼎吕逃脱为奴的命运"得归民籍",是与此次用兵的掠夺目标完全背道而驰的。《大清律例》规定:"(俘囚)放纵者,不分官役,各与囚之徒、流、迁徙、充军同罪。"③在清初急需补充战斗力和劳动力的时代,私纵俘囚肯定罪罚更重。天聪元年,有生员岳起鸾上书,主张"与明和,应将汉人速行放还,否则亦当归其绅士",遭到皇太极痛斥:"至俘获,士民之所与,岂可复送还敌国耶?"结果

① 参见宋健《王南村年谱》,天津古籍出版社 2017 年版,第 5—8 页。
② 《清太宗实录》卷三十"崇德元年"条。
③ 《大清律例》篇"徒流人逃"条,参见杜军强《私放在押人员罪法律适用探究》,郑州大学 2007 年硕士学位论文。

是"群臣力请曰:'此等之人,蓄谋向敌,不可不诛。'上从之"①。只不过提了不合时宜的建议,就被扣上"蓄谋向敌"的可怕罪名而杀头。而曹振彦有着更实际的救援行动,这样做,要冒着极大的政治和个人风险,弄得不好,会给自己和全家带来不可承受的灾祸。

要分析曹振彦为什么能这样做,了解他的心理动机和过程是困难的,但却依然有迹可循。一个素昧平生的被俘获的宝坻年轻人的命运,甚至是敌对的抗清志士的遗子,为什么能引起一位依附满人已久的包衣汉人头目曹振彦的深切关怀和同情,以至于使他敢于冒着风险给予救助?他们的情感契合点在哪里?王煐的诗注可以给我们提供答案。这个答案就是"得归民籍"所包含的信息内容。我们可以想象,这位17岁的少年为抗清全家殉难的身世,一定很深地触动了曹振彦的隐痛,因为十几年前的后金天命六年(1621),努尔哈赤攻破沈阳城时,二十来岁的振彦正是同样被俘,与全家一起成为满洲包衣,而且世世代代无法改变其"奴籍"的。可以说,"得归民籍"正是包衣曹家的心结和梦想。他不忍也不愿这位年轻人遭受像自己一样的为奴之苦。也许正是自己和全家浃骨沦髓的为奴之痛,和"己所不欲,勿施于人"的仁爱情怀,以及血脉命运相连的民族同胞情感,驱使他做出了救助王鼎吕的义举。

在包衣曹家家世材料极其缺乏的今天,救助王鼎吕,使其"归民籍"是一个重要的补充和突破口,它揭示了曹振彦隐秘的精神世界和人格修养的一个重要闪光点。过去,人们只看到曹振彦这位前明生员,入清后,历任"教官"、佐领,以"贡士"任州府官员,直到从三品盐运使,忠心耿耿而步步上升的一面,曹振彦救助王鼎吕的事件被发现,把他长期压抑掩藏的痛恨奴役、向往自由的内心隐秘追求和敢作敢为的义勇精神推向了前台,闪耀出真正的人性光辉。按照这种思路,可以推想,也许曹振彦救助的并不止一人一事,可惜留下的历史记录太少太少,王煐诗及注的发现,已经弥足珍贵了。同时,这一材料也佐证了曹振彦与阿济格的部属关系,既然此次清兵统帅是阿济格而非旗主多尔衮,这就证明了作为多尔衮镶白旗下包衣佐领的曹振彦,确实是家主阿济格府中的长史,所以这次才能跟随阿济格出征到

① 《清太宗实录》卷二"天聪元年"条。

宝坻。虽然我们无法了解曹振彦"护持指点"而使王鼎吕"得归民籍"的详情,但如果曹振彦没有一定的地位和职权,纵有热心,也是断不能有所作为的。

作为包衣曹家入清百年史的创业者,曹振彦在异常复杂的民族斗争与融合的时代环境中,在满族统治者的"恩养"政策下,以"奴道加臣道"的政治忠诚完成了家族的政治转向。但同时,他仍然坚守着一份民族情怀,并深隐着为奴之痛和"得归民籍"的家族梦想。这种具有内外二重特点的思想性格是包衣曹家精神传承的重要内容,对其后代有着深刻影响。

## 第四节 曹玺:从侍卫到织造

曹寅之父曹玺,字完璧,约生于明万历四十七年(1619),卒于清康熙二十三年(1684),约享年66岁。

康熙二十三年未刊本《江宁府志》卷十七《曹玺传》(以下简称"《府志》传")和康熙六十年刊《上元县志》卷十六《曹玺传》(以下简称"《县志》传")提供了现存最早可靠的曹玺的传记材料。据二传记载,曹玺"少好学,沉深有大志"(《县志》传),"承其家学,读书洞彻古今,负经济材,兼艺能,射必贯札"(《府志》传)。但不幸的是,他出生不久(天命六年,1621)家庭就遭到劫难,祖父和父亲战败被俘,全家成为包衣世仆。曹玺只能作为年轻的奴仆子弟寻求实现自己"沉深大志"的特殊道路。

清顺治元年(1644),年约26岁的曹玺随其父振彦"从龙入关",参加了清王朝消灭李自成起义军和南明政权的战斗。顺治帝在北京登基后,摄政王多尔衮遣其弟多铎率两白旗(正白旗、镶白旗)军南下,至次年十月班师。大概是在这次南下进军中,曹玺得到了被清军俘掠的顾氏(顾景星族妹),纳为妾。顺治十五年九月七日,顾氏产下一男,是为曹寅。

大约在顺治五年(1648)或六年,曹玺30岁时,被挑选为宫廷侍卫。此时,山西总兵姜瓖反叛,多尔衮率兵出征,曹玺在平叛战争中立了功。《县志》传:"及壮,补侍卫,随王师征山右有功。"战争结束后,曹振彦以"贡士"被委任吉州知州,曹玺则被顺治帝亲自提拔为二等侍卫,管理銮仪卫。此后曹玺任此职直到顺治去世。

顺治十八年,康熙帝即位,四辅臣执政,清代内务府机构进行了重大改革。是年,有旨裁撤依明太监机构建立的十三衙门,以内务府总管皇宫事务。曹玺此时升任内务府营造司(简称内工部)郎中。大约也在此时,曹玺娶曾为康熙保母、康熙帝即位后出宫的孙氏为继室。是时,曹玺约43岁,孙氏30岁。这一婚姻,开始了此后曹家与康熙帝的特殊关系。

康熙二年(1662)上谕:"停差江宁、苏州、杭州织造工部,拣选内务府官各一员,久任监造。"(《清圣祖实录》)原隶属工部的三织造改隶内务府,专为皇宫事务服务,曹玺以内工部郎中出任江宁织造,成为此职务专任久差的第一人,直到康熙二十三年(1684)夏卒于任所,在职二十二年。

根据两篇《曹玺传》及曹玺逝世后熊赐履所作《曹公崇祀名宦序》的记载,在织造任上,曹玺尽职尽责,并为当地做了一些好事。在明代,江南织造太监与矿监、税监等衔命恣睢,恶行昭著,"江淮坐困,杼轴其空……有不仅花石纲之为厉三吴者矣"(熊赐履《曹公崇祀名宦序》),至万历年间,更爆发了苏州织工葛贤等领导的市民暴动。曹玺到任之后,采取了切实措施,以清积弊,纾民困。《府志》传载:

> 江宁局务重大,黼黻朝祭之章出焉,视苏杭特为繁剧。往例收丝则凭行会,颜料则取铺户,至工匠缺,则佥送,在城机户,有帮贴之累。众奸丛巧,莫可端倪。公大为厘别。买丝则于所出地平价以市。应用物料,官自和买,市无追胥,列肆案(安)堵。创立储养幼匠法,训练程作,遇缺即以补,不佥民户。而又朝夕循抚,稍食上下有经,赏赉以时,故工乐且奋。天府之供,不戒而办。岁比祲,公捐俸以赈,倡导协济,全活无算,郡人立生祠碑颂焉。

平价和买,以打击奸商,安定市场;储养幼匠,以免除民户额外负担;捐俸赈灾,倡导协济。这些措施,有效地缓解了社会矛盾,既保证了朝廷需求,又改善了织工生活。看来,从曹振彦任盐法道"著惠政"(《府志》传),到曹玺在织造任上的德政,都是对他们的远祖曹彬当年攻灭南唐下金陵时不妄杀一人的"武惠"遗风的继承,也是对汉民族儒家文化传统的继承。

综观曹玺一生,如下两个方面值得注意。

## 一　政治忠诚与民族情感

曹玺作为一名内臣，政治上绝对忠诚于清王朝；作为一名包衣，绝对忠诚于满族主子。这种"臣道加奴道"式的忠诚，是他的最高行为规范。清初宫廷权力斗争复杂激烈，包衣曹家亦屡易其主，自后金天命六年（1621）被努尔哈赤俘虏入旗至顺治初，先后属阿济格、多尔衮。入关后曹玺随摄政王多尔衮及其弟多铎征战建绩，顺治五年补侍卫，可见备受多尔衮信任。顺治七年，多尔衮死，被论罪夺爵，其所将正白旗归属皇帝，内务府三旗正式形成，曹家入为内务府包衣，而曹玺为"世祖章皇帝"（顺治帝）拔入二等侍卫，管銮仪事，升内工部。顺治帝死，康熙亲政前，四辅臣执政，鳌拜专权，曹玺被委派为专任久差之江宁织造第一人。康熙亲政，除鳌拜，曹玺以其织造任内之表现获得康熙帝的高度赞许："是朕荩臣，能为朕惠此一方人者也。"（熊赐履《曹玺崇祀名宦序》）这表明曹玺始终怀有对清王朝而不仅仅是对主子个人的政治忠诚。这种臣道加奴道、臣道重于奴道的忠诚使他在清初统治集团惊心动魄的权力争斗和更迭过程中，立于不倒之地，且地位逐渐上升，这也许是康熙御书"敬慎"匾额以赐的缘故吧。

曹玺从随父振彦"扈从入关"，任侍卫至织造期间，是明清鼎革和清初政局的多事之秋。顺治入京初，前明旧部的反叛，江南的抗清、反剃发和反清复明斗争如火如荼，前仆后继地一直延续到康熙初年。任职织造以后，又遇上了"三藩之乱"这场延续八年、席卷江南、震荡大半个中国的严重政治军事斗争。但从"从龙入关"起，曹玺始终把自己的命运同新建立而并不稳定的清政权联系在一起。所谓"随王师征山右建绩"（《府志》传），即平定姜瓖之乱，其实是一场多尔衮率领的八旗军与大同总兵姜瓖为代表的山西反清军民的极为艰苦残酷的战争。由于久攻不下，大同城破后，多尔衮下令屠城，除降将家属外，"官吏兵民尽行诛之"，并将城墙拆除五尺以泄愤。不知曹玺在这场战争中建立的是何种功绩。康熙十三年，三藩叛乱初起，他立即率领子弟组建队伍参加了防守扬州的战斗。此事后来记载在曹寅的文章里："贼逆构变，摄提之岁。侨寄广陵，驱子若弟。补伍编行，以御疆埸。"①更值得注

① 见《文钞·祭郭汝霖先生文》。

意的是两篇《曹玺传》都提到的"陛见"之事：

> 丁巳、戊午两督运,陛见,天子面访江南吏治。乐其详剀,赐御宴,蟒服,加正一品,更赐御书匾额手卷。(《府志》传)

丁巳(康熙十六年,1677)、戊午(康熙十七年,1678)之际,清廷与吴三桂战事激烈,局势动荡,康熙面访"江南吏治",显示出他对这一地区官心民心的极大关注。曹玺两次陛见,汇报"备极详剀"(《县志》传),说明他平时很注重收集这方面的情况,于织造职责之外自觉充当皇帝的耳目,由此大得康熙的欢心,受到特殊赏赐,这正是奴才对主子的特殊忠诚的表现。曹玺历事四主,作为多尔衮包衣,只知行"奴道";任顺治侍卫后,始知"臣道"重于"奴道";任康熙朝的江南织造,终于在这位理想的"圣主"(君王兼主子)那里完成了他的"臣道"加"奴道"的政治伦理追求。曹玺不但以自己的所作所为,确定了织造在皇室事务和内务府官员中的特殊功能和地位,而且以这种"臣道"加"奴道"的忠诚建立起与最高统治者的特殊个人关系。

现存江宁织造曹家档案史料,有关曹玺的仅三件,其中《江宁织造曹玺进物单》一件特别引人注目。进物单未标时间,但开头有"江宁织造理事官加四级臣曹玺恭进"字样。现存曹锡远二件诰命中,康熙六年一件称"驻扎江宁织造郎中加一级曹玺之祖父",而康熙十四年诰命则称"江宁织造三品郎中加四级曹熙(玺)之祖父",可知曹玺在康熙十四年之前方得"加四级",但此时仍称"郎中"。又康熙十六年内务府奏折尚称曹玺为"管理江宁织造郎中",而康熙十七年七月《巡抚安徽徐国相奏销江宁织造支过俸饷文册》则已称"江宁织造官曹玺",表明至十七年曹玺虽仍任织造但官位已升迁,或即两篇《曹玺传》中所叙两次陛见后"加正一品"之事。故此进物单很可能就是曹加官后为感谢皇恩和表达自己忠诚的一个重要实际行动(或即曹玺十七年戊午第二次陛见时之献礼)。

现将进物单全文录下①

---

① 《关于江宁织造曹家档案史料》,第5—6页。

## 江宁织造曹玺进物单

江宁织造理事官加四级臣曹玺恭进

计呈：

轿一乘、铁梨案一张、博古围屏一架、满堂红灯二对、宣德翎毛一轴、吕纪《九思图》一轴、王齐翰《高闲图》一轴、朱锐《关山车马图》一轴、赵修禄《天闲图》一轴、董其昌字一轴、赵伯驹《仙山逸趣图》一卷、李公麟《周游图》一卷、沈周山水一卷、《归去来图》一卷（御书房收）、黄庭坚字一卷（御书房收）、《淳化阁帖》二套、天宝鼎一座（自鸣钟收）、汉垂环樽一座（自鸣钟收）、汉茄袋瓶一座、秦镜一面、珐琅象鼻炉一座（自鸣钟收）、珐琅索耳炉一座（自鸣钟收）、珐琅花觚一座（自鸣钟收）、宋磁菱花瓶一座（自鸣钟收）、窑变葫芦瓶一座、哥窑花插一座、定窑水注一个（自鸣钟收）、窑变水注一个（自鸣钟收）、汉玉笔架一座（自鸣钟收）、英石笔架一座（自鸣钟收）、汉玉镇纸一方（自鸣钟收）、紫檀镶碧玉镇纸一方、竹镇纸一个、竹臂阁一个、竹笔筒一个（自鸣钟收）、竹笔二枝、竹香盒一个、雕漆香盒一个、竹匙箸瓶二副、太极图端砚一方、程君房墨四匣（自鸣钟收）、桑林里墨二匣（自鸣钟收）、吴去尘墨二匣、龙葱一座、竹箭杆十根

（宫中·物件·进贡单）

关于这份进物单的价值，周汝昌先生评述道："一次进献，多达四十五项，此乃大庆典之贡物单也。其中名书画至十一件。王齐翰，南唐画院待诏（见《图画见闻志》）。朱锐，宣和画院待诏（见《图绘宝鉴》）。吕纪，弘治锦衣指挥（实亦画待诏）。赵修禄，明画家，工画马。赵伯驹、李公麟、黄庭坚、沈周等（按：应补入董其昌），更无待言，皆声价极大之名书画家也。桑林里，明嘉、万间人，万寿祺《墨表》有录；吴去尘，明启、祯间人，始为博古新样，见张人熙《雪堂墨品》、麻去衡《墨志》。要皆名贵难得之品。"[①]这批无价之宝，如果是皇家，用皇室银两购买，则不能称为"曹玺进物单"，如果是曹个人购买进献的，那么，据前述康熙十七年（1678）安徽巡抚奏折，曹玺年俸一百三十两，除参捐银六十五两不支外，实支俸银六十五两，月支白米五斗，以这样低

---

① 周汝昌《红楼梦新证》，第 301 页。

的俸银绝无可能购买上述国宝级珍品。它们的来历也许永远是谜，但曹玺能将这批物品不论贵贱悉数进献，可见其确无私己之心。当然，在"朕即国家"的专制王朝，向皇家进献珍宝，实际上也就是对皇帝本人尽忠的表演。在经历明清鼎革和数十年战乱之后，曹玺能在江南搜罗到这样一批珍贵文物进献给爱好风雅的康熙皇帝，自然会受到青睐。曹玺去世后，康熙"特遣内大臣以尚尊奠公"（熊赐履《曹公崇祀名宦序》），追赠工部尚书衔，这种出色表现肯定也是一个重要原因。

不过，"臣道加奴道"的政治忠诚并不是曹玺的全部。有限的资料表明，在任织造的二十余年间，曹玺与一批隐居南京一带的明遗民和其他汉族文人有密切交往，表现出包衣汉人的鲜明民族情感。与曹玺交往密切的汉族文士有顾景星，马銮，杜濬、杜岕兄弟等。

顾景星，是曹玺妾顾氏之族兄、曹寅之舅。曹玺与顾氏的结合，很可能包含着民族情感内在沟通的因素（见后文）。有学者仅根据顾景星自撰《家传》中未述及有妹嫁曹玺来否定或怀疑两家的亲戚关系，未必恰当。从顾景星康熙十八年（1679）为曹寅诗集《荔轩草》作序时，用李白《赠别从甥高五》诗中句，云"谓其价重明月，声动天门，即以赠吾子清"①，暗示两人亲谊，到康熙三十九年曹寅作《舅氏顾赤方先生拥书图记》直称"舅黄公先生"②，以及顾景星之孙顾湛露为其父顾昌所作《行略》中"（曹寅）前与征君（指顾景星）燕台雅集，舅甥契谊"等文字，皆可确证。顾景星《家传》中不提，可能是出于理学观念讳言有妹为旗人妾之事，对此，朱淡文女士论之甚详。③ 这里要说的是，曹玺莅任江宁不久，就与寓居昆山（顾氏祖籍）的顾景星认亲并来往。顾景星经常带着儿子顾昌来织造衙署，与幼年曹寅嬉戏，二人成为好朋友。后来曹寅在诗文中对此有过美好回忆（见本书第三章第一节）。从中可以看出，曹玺与顾景星交往相当密切。顾景星是一个很重气节的人，如果与曹玺没有共同语言，他是绝不会认此亲戚并交往的。

马銮，字伯和。南明兵部尚书马士英之子。明亡后隐居金陵，为曹玺所延聘，任曹寅的蒙师。这位亲切和蔼的长者给曹寅留下了很深的印象。关

---

① 《栋亭集》顾景星序。

② 《文钞·舅氏顾赤方先生拥书图记》。

③ 朱淡文《红楼梦论源》，第46—53页。

于曹玺与马銮的关系,下节专论。

杜濬(于皇)、杜岕(些山)兄弟,时隐居南京鸡鸣山十庙东,可能因顾景星的关系而同曹玺相识。阎若璩在《赠曹子清侍郎》四律诗注中称杜于皇为曹寅之"父执"。方苞曾描述其峻厉品格云:"茶村先生(杜濬)峻廉隅,孤特自遂,遇名贵人,必以气折之。"(《杜苍略先生墓志铭》)"金陵为四方冠盖往来之冲,诸公贵人求诗名者凑至,先生不与通。惟故旧或守土吏迫欲见,徒步到门,亦偶接焉。门内为竹关,先生午睡或治事,则外键之。关外设坐,约客至,视键闭,则坐而待,不得叩关。虽大府至亦然。"(《杜茶村先生墓碣》)这样的人居然能和曹玺成为朋友,并在玺故世后兄弟二人皆与曹寅成为至交,是耐人寻味的。

除明遗民外,曹玺与清初江南其他汉族文士也有密切交往。曹寅谓著名文人周亮工监察十府粮储(任督理江南十府粮储道)时与"先司空"(曹玺)交最善:"以余通家子,常抱置膝上,命背诵古文,为之指摘其句读。"(《楝亭文钞·重修周栎园先生祠堂记》)吴之振《题曹子清工部楝亭图》诗:"画舫听歌记夜分,深杯絮语霭春云。"注:"两晤尊公于胥关,谭饮甚畅。"禹之鼎《楝亭图》题语:"余向游白门,曾客斯亭,坐卧其下。"方仲舒《题楝亭二首》诗云:"昔闻舅氏马秋竹,盛称知己曹司空。十年晤对儒生似,一树摩挲宾客同。"都留下了一些珍贵的回忆片断。

"云间已应修文召,石上犹传锦字诗。"(熊赐履《挽曹督造》)这些材料表明,曹玺不但礼交文士,而且他的来自家教渊源的文化修养和文学才能在这类交往中也有表现。可惜由于种种原因,其诗文未能留传,这使人们无法了解曹玺与明遗民及其他江南文士交往的具体内容。但有一点大体可以肯定,即这种交往是情感的、文化的而非政治的。至今还找不出任何证据表明曹玺曾受命于清皇室和康熙皇帝,执行软化顽梗以安反侧的政治策略。只有一种解释,这种交往是由于包衣汉人曹玺与明遗民及其他汉族文士民族情感的相通。质言之,它源于曹玺对自己民族命运的关切和民族文化传统的忠诚。这一点,与他在织造任上行"德政"以保护江南织户的用心也是完全一致的,后来在他儿子曹寅那里,更可以得到充分的证明。而曹寅与明遗民的许多关系,正来自于曹玺。曹玺启其端,而曹寅扩其流,父子一脉相传。或谓:曹玺既对清皇室竭尽忠诚,何以又有民族情感不能释怀?答曰:这正是包衣曹家精神传承的一大关键，以后，它在曹寅身上发展成为政文异向的双重忠诚。下文将详论之。

## 二　内府包衣的人生道路

综观曹玺一生，从包衣子弟到侍卫，到内府郎官，到专任织造，走的是一条非常独特的人生道路。曹玺"沉深有大志"，负经济才，兼艺能，但他既没有能走传统儒生（包括他的父亲"贡士"曹振彦）"学而优则仕"之路，也没有能走武将的建功立业之路。他"读书洞彻古今"而无科举功名，他随王师征山右建绩而只能内拔侍卫，他被康熙赞许为"荩臣"而终未摆脱包衣奴才的身份，还要将这一衣钵传之子孙后代，这不能不说是一种悲剧。其根本原因，在于包衣奴役制度的限制和剥夺。这种限制和剥夺，使他只能走一条规定了的人生之路。后来，他的儿子曹寅，孙子曹颙、曹頫，也都是走的同一条路，不过略有幸与不幸之分罢了。关于这条道路，昭梿《啸亭杂录》"续录"卷四说得明白：

> 内府人员惟充本府差使，不许外任部院。惟科目出身者，始与搢绅伍。

内府人员，指的是组成内务府的上三旗（正黄旗、镶黄旗、正白旗）包衣。内务府包衣除了由科目出身者外，都只能作为皇家仆役充任内务府差使。很明显，这是为了限制内府包衣改变自身地位，以便永远奴役。按清代官制，内务府官员主要由内务府包衣充任，即设置专门的"内务府包衣缺"作为他们的升迁道路，曹玺及其子孙走的就是这样一条道路。

从理论上说，清代内务府包衣有与其他八旗子弟一样参加科举考试的机会，在特殊条件下，也可以通过科举考试改变身份地位。如天聪三年（1629），后金建国初，为在有限的汉人中选拔人才，曾考试儒生，"凡在皇帝包衣下、八贝勒等包衣下，及满洲、蒙古家为奴者皆拔出"。但不久之后，这种机会就消失了。清崇德三年（1638），礼部谕令儒生应试，"满、汉、蒙古家仆俱不准与试"。祖可法、张存仁等谏请仍准旗奴应试："皇上前科取士，有奴仆中式者即行换出，仁声远播，今忽改此制，诚恐多费更张。"遭到皇太极的驳斥："尔等止知爱惜汉人，不知爱惜满洲有功之人及补给为奴之人也。"入关以后，关于八旗子弟（包括内务府包衣人）参加科举考试的问题从政治需要出发屡有反复,曹玺的父亲曹振彦就是在顺治六年那次出于特殊需要的选拔中有幸成为"贡士"出任州官的。但总的来说,限制多于开放。如顺治八年准考,十三年以"八旗各令子弟专习诗书,未有讲及武事者",命礼部"酌量每牛录下当读满汉书子弟几人,定为新例具奏,凡应试及衙门取用均在定数之内,其定数外读书子弟,各衙门无得取用,亦不许应试"。十四年以八旗人民崇文学、息于武事停试。康熙六年复准与试,十五年又暂停,至康熙二十九年才重准举行。包衣子弟比一般八旗子弟受到更严的限制,因为科举中式,满、蒙、汉军皆有定额,而隶属满洲旗分的内务府包衣汉人原先归并满洲八旗考试,中式者占满洲额,这就势必与参试的满洲子弟发生矛盾。至乾隆三年方谕令归并汉军八旗考试,严禁内务府包衣汉人冒籍满洲,在满额内中式,可见这一矛盾已相当尖锐。① 总之,包衣子弟应试既受到八旗子弟的一般限制,又受到八旗内部矛盾的特殊限制,即使是如曹玺这样"沉深有大志"的杰出人才,在"定数外读书子弟,各衙门无得取用,亦不许应试"的谕旨下,也只能徒唤奈何,至多只能走终身做皇室奴才的补内务府包衣缺的仕进之路,不许外任部院,不得与搢绅伍。这不仅仅是人身限制,更是一种屈辱。清代内务府本是从满族包衣奴役制度转化而来的内廷机构,清初统治者鉴于明代太监乱政之弊,裁革明后宫太监二十四衙门及后立之十三衙门,以包衣奴仆取代宦官,以内务府管理皇家事务,如织造即取代明之织造太监。故内务府与二十四衙门的地位并无区别,包衣与太监也同为"微末小人",即使在内府任职,也不等于真正进入了官僚机构(朝廷,亦即部院),而内府官员由于其包衣奴仆身份,也不可能在精神上与官僚士大夫平等。按,搢绅(亦作缙绅、荐绅)本为古代仕宦者之佩饰(插笏于绅带以朝见君王),后即以为士大夫之代称,他们不但有受人尊敬的社会地位,而且是精神文化传承的公认代表。《庄子·天下》:"其在于诗书礼乐者,邹鲁之士,搢绅先生多能言之。"《史记·五帝本纪》:"百家言黄帝,其言不雅驯,荐绅先生难言之。"进入"搢绅"阶层,是传统儒学之士的功名目标,也不可能不是父亲为"贡士"、家有儒学渊源,自身又"读书洞彻古今,负经济材"的曹玺的人生目标。但由于不能获得从科目出身的机会,不能改变包衣奴仆的地位,他就只能以

---

① 参见《东华录》"天聪四年"条、"崇德三年"条;[清]福格《听雨丛谈》卷四;商衍鎏《清代科举考试述录》第一章,三联书店 1958 年版;张书才《曹雪芹旗籍考辨》。

相当于明代"织造太监"的内府织造郎中的官职终老，这不可能不在他心中引起强烈的压抑感和屈辱感。归根结底，这反映了他所接受的相对先进的汉民族文化与落后的满洲奴隶制文化的矛盾。

过去，研究者很少注意到内府汉姓人因不能从科目出身而仕途受压抑的情况。据祁美琴《清代内务府》一书提供的资料（材料来源《八旗通志》）①，内三旗有包衣佐领36个，所属佐领下人10800名，其中旗鼓佐领（包衣汉人佐领）18个，所属佐领下人5400人。其中有记载的由科目出身者，顺治年间仅两人：一是李士桢，内府正白旗汉姓人。顺治四年（1647），八旗抡才，李士桢廷对，以十六名中选，授长芦运判，六年任安庆府知府，后升至广东巡抚。（据杜臻《广东巡抚都察院右副都御史李公士桢墓志铭》）另一位即曹振彦，顺治六年贡士，任山西省吉州知州，后至浙江盐法道。康熙六年始准八旗人民与汉人一体考试，但康熙六十一年间，无内府包衣人中式之记录。至雍正十年，始有内务府镶黄旗汉姓人英廉乡试中举，乾隆初外任江宁布政使兼织造，后擢至协办大学士，补授汉大学士。乾隆元年（1736）丙辰博学鸿词科，内府正白旗汉军长住与试（未取），这是内府包衣被荐举鸿词科的第一人。乾隆十七年（1752）壬辰经学制科，内务府监生永宁被荐。内府三旗出身的官僚渐多，有称世家者。内务府三旗汉姓人授汉大学士，自英廉始。② 这恐怕也是内务府汉姓包衣人通过科举改变自身命运的起点。乾隆以后，情形才有较大改变："内务府三旗出身的（按：包括满洲、蒙古、汉人）京卿，有累官至内务府大臣、六部尚书或大学士（一、二品）的，代不乏人。"③可见，对内府汉姓人的仕途压抑，自清初至中叶，至少有一百多年。这些包衣汉人，虽接受了先进的本民族文化（包括儒家的仕进用世之道），却处在落后的满族奴隶制压迫之下。处在这种矛盾中，一部分汉姓人放弃了本民族文化，完全满化了；另一些坚守民族本根者则因此反而更加强化了对本民族文化的回归情感，并与其对满族皇室的奴性忠诚形成了"政文歧向"的双重心理。

由此，我们就不难明白曹玺为何既表现出"臣道"加"奴道"的政治忠诚，又保持着认同、亲和于本民族文化的强烈情感。这对他的儿子曹寅的影响

---

① 祁美琴《清代内务府》第三章，中国人民大学出版社1998年版。
② 王钟翰《内务府世家考》，载《郑天挺纪念论文集》。
③ 同上。

将是巨大的。

# 第五节　"石上犹传锦字诗"
## ——以曹玺与马銮关系考察为窗口

虽然康熙二十三年《江宁府志》和六十年《上元县志》中两篇《曹玺传》的发现,填补了曹玺本人和包衣曹家研究的一大空白,但由于曹玺本人留下的资料稀少,这位曹家鼎盛时期开创者的精神世界还是一个"谜",远不如他留下《棟亭集》等著述和若干奏折的儿子曹寅那么清晰。但我们又明显感到,曹玺对曹寅及其后世有重要影响。因此,充分利用现有材料,进一步深入研究曹玺,很有必要。

马銮与曹玺的关系就是一个有意义的窗口。虽然马銮是曹寅的蒙师、曹寅对马銮怀有很深的感情,这些早已为人熟知,但马銮系曹玺所聘、曹玺与马銮的具体关系如何、这一关系对后世有何影响,还有专门探讨之必要。

## 一　马秋竹即马銮考

研究马銮与曹玺关系,最珍贵可靠的信息来自方仲舒的《题棟亭二首》,全诗如下:

> 昔闻舅氏马秋竹,盛称知己曹司空。十年晤对儒生似,一树摩挲宾客同。遥想层阴作新语,至今密叶含清风。难忘手泽佳公子,索取诗篇传阿翁。

> 公子如公官白门,起家侍卫皇恩繁。筚道经过慨召伯,衮职似续嘉平原。思亲交好访幽逸,爱弟策励忘寒暄。孝友文章棟亭里,宁侯建立声名喧。①

《棟亭图》题咏固多风雅应酬,但也不乏真情实感之作,一些友人留下了与曹玺父子交游的记忆片段。方仲舒以一国子监生的身份地位淹没于名流

---

① 《棟亭图》第二卷,转引自周汝昌《红楼梦新证》,第 304—305 页。《棟亭图》四卷,现藏国家图书馆。本书所引《棟亭图》题咏,均转引自周汝昌《红楼梦新证》。

之中,但他这两首题跋诗却显得很特别,以后他成为曹寅的重要友人,赠诗多次见于《楝亭集》,也许与此不无关系。①

这是为数很少的涉及曹玺生前交游和日常生活的题跋诗。二诗前后连贯,前首着力于曹玺,后首着力于曹寅,父教子承,子继父志,一脉相通。值得注意的是前诗的独特视角,作者本人似乎并不熟悉曹玺,他的认识全部来自"舅氏马秋竹",而这位马秋竹"盛称"曹玺为"知己",他们之间有"十年晤对"的长期亲密相处关系。从"一树摩挲宾客同"语意看,曹玺在楝亭树下教子,这位宾客在树下摩挲盘桓,关系融洽。颈联承第三句"十年晤对","新语"反用杜甫《解闷》诗"即今耆旧无新语,漫钓槎头缩颈鳊"语意,"含清风"用《诗经·大雅·烝民》中"吉甫作诵,穆如清风"的典故,此联意谓曹玺在楝亭谈吐不凡,听者(当然包括马秋竹)深受教益。尾联承第四句发挥,从回忆中写到一个难忘细节,马秋竹把"佳公子"曹寅写的诗篇给"阿翁"曹玺看,共同欣赏。这不是很清楚地表明,马秋竹就是曹寅的业师,所谓"宾客"就是"西宾"(塾师)吗?

那么,马秋竹是否就是马銮呢? 曹寅两首有关诗作都称马銮为马伯和。有关史料也记载,马銮,字伯和(见卓尔堪《明遗民诗》卷二、《黔诗纪略后编》等),没有提及他有秋竹之号。曹玺的交游中难道另有一位曾担任过曹寅塾师的马秋竹吗? 在此之前,引证过此诗的人似乎没有做过探究,留下了一个空白。

但这一问题是不能回避的,因为它对研究曹玺父子乃至包衣曹家具有重要意义。本人依据有关资料,可以做出肯定回答:马秋竹即马銮(伯和)。

按,《题楝亭二首》的作者方仲舒(1638—1707),字南董,号逸巢。安徽桐城人。方苞之父。仲舒祖父方象乾明末避乱,侨居江宁府上元县。仲舒父方帜(1615—1687,字汉树,号马溪)与寓居南京的明遗民杜濬(1611—1687,字于皇,号茶村)、杜岕(1617—1693,字苍略,号些山)兄弟有密切来往。二杜去世后,方苞撰有《杜茶村先生墓碣》《杜苍略先生墓志铭》,记叙了这些交往经过:"初余大父(方帜)与先生(杜岕)善,先君子(仲舒)嗣从游。""先生(杜濬)居北山,去先君子居五里而近,以诗相得,且晚过从。"②另一方

---

① 参见朱洪《方苞父亲方逸巢与曹寅关系考》,载《学术界》2012 年第 2 期。

② 《方苞集》卷十三,上海古籍出版社 1983 年版,第 374 页。

面,同时寓居南京也同样坚持遗民立场的马銮也是二杜的朋友。于是,我们在他们留下的诗文中就可以发现交集。潘江编《龙眠风雅》收集了方帜与杜濬等的交游唱和之作,其中有些提到"秋竹"同游,如方帜诗《于皇秋竹见过典琴沽酒采庭前芜菁作供分得歌星二字》《重阳前五日同孟新过秋竹不值茶村出蟹酒孟新复邀同北山寻菊留饮冠山堂限衣字》等。《国朝金陵诗征》则收录了方仲舒的诗《郑岩听留饮西园怀杜茶村先生》等。而《明遗民诗》所录马銮(伯和)诗中则有《冬日偕汉树岩听散步芦渡桥书感》《茶村见过小饮》《春日同郑岩听杜茶村小桃源饮》等。① 马銮诗明确提到他与"汉树"即方帜同游,及与杜濬交游之事。两相对照,可见与"汉树"(方帜)"茶村"(杜濬)交游的"秋竹"就是马銮(伯和)。"秋竹"是马銮的号。盖"秋竹"与"马"密切相关,典出杜甫诗《李鄠县丈人胡马行》:"头上锐耳批秋竹,脚下高蹄削寒玉。"写骏马之姿,耳锐蹄坚,筋胜于肉。《齐民要术》卷六:"耳欲小而锐如削筒。"即"批秋竹"之意。后人多用此典,如宋韦骧诗《咏马》:"耳批秋竹薄,蹄蹴水云轻。"洪适《广东秋教致语口号》:"耳批秋竹图骐骥。""銮",本义为车驾铃铛,元毛直方《独骏图》"一洗凡马銮锵锵"句即用此意。马銮以"秋竹"为号,乃顺理成章之事。或许亲友皆以"秋竹"相称,如前引方仲舒父方帜诗题即是。

马銮即秋竹即伯和,已可确定无疑了。那么,方仲舒何以称"舅氏马秋竹"?查方苞《大父马溪公府君墓志铭》,方苞祖父为方帜,祖母吴孺人早世,庶祖母为王氏②,则其父方仲舒应没有马姓的"舅氏"。但诗中所写舅甥关系很明确,且前引诗中方帜与秋竹(马銮)同游的信息也很清晰,有人推断"马秋竹或为方仲舒的表舅"③。贵阳马氏与桐城方氏的亲情关系如何发生的,尚待谱系确证。据现有材料,桐城方氏来自桂林方氏,与桐城马氏、姚氏、张氏、左氏称五大望族,之间多有交往和联姻。明末,桐城马氏也有人来金陵避难④,很可能与贵阳马氏马銮连宗,故方仲舒对马銮以舅氏相称。犹如顾景星并无胞妹嫁与曹玺,很可能是族妹,而曹寅对顾以"舅氏"相称,曹寅与

---

① 参见任雪山《方仲舒交游考及其遗民情结》,载《合肥学院学报》2018 年第 4 期。
② 《方苞集》卷十七,第 490 页。
③ 参见朱洪《方苞父亲方逸巢与曹寅关系考》,载《学术界》2012 年第 2 期。
④ 参见盛婷婷《明代桐城马氏家族文学研究》,安徽师范大学 2015 年硕士学位论文。

丰润曹钤、曹铨兄弟相称，又称安徽贵池曹曰瑛为"渭符侄"一样，符合当时流行的称谓习惯。不论怎样，都不影响方仲舒所知直接得自马銮，而非间接听闻，因而其信息之确凿可靠应无疑问。

## 二 "十年晤对"称"知己"

方仲舒的题跋诗，有关马秋竹对曹寅的印象，除了动人的生活细节，有几个关键词：一是"知己"，这是对他们关系的定位和评价；二是"十年晤对"，这是对他们关系延续时间、基本情境的描述和概括；三是"儒生似"，这是马銮对曹玺人格风神的总体印象和评价。由于作者与述者的亲情关系和诗作的朴实笔触，我们可以相信这种感知和描述的完全真实。这是笔者考索的认知逻辑前提。

康熙二年（1663）曹玺奉命来到江南任职时，作为入满洲旗已近半个世纪的包衣汉人，历锡远、振彦至曹玺已是第三代。按照一些学者的看法，长期生活在旗人社会里，他们从习俗到思想观念，都已经满化了。何况这次江宁织造"专差久任"，他是内务府派出的第一人。为什么一来到江南，他就会同明遗民马銮成为"十年晤对"的人生"知己"？

曹玺幼年遭受家国之难，三岁时沈阳沦陷，全家没满为奴，随后又因战乱破坏和努尔哈赤屠杀士绅的政策，失去入学机会。他的成长，完全得力于"读书洞彻古今，负经济才，兼艺能，射必贯札"的"家学"，所以，就任江宁织造以后，在相对安定的环境里，他不但高度重视对后代教育，而且特别重视为儿子选择蒙师。曹玺离开京城携家来到南京任职，举目无亲。大概最早来到身边的，应该是姜顾氏族兄顾景星，他带着儿子顾昌同曹寅嬉玩，"花裆获戟，颇忆嬉庭中"[①]。通过顾景星结识了寓居南京的明遗民杜濬、杜岕兄弟，由此得知与他们交游的马銮。也许这是曹玺与马銮相识并聘任其为蒙师的人脉因缘。

但马、曹二人能成为"知己"，显然有深刻的内在沟通和共鸣，这就是马銮的高尚人格和民族气节。

"十年晤对"，在曹玺外放江宁织造的二十一年里，是将近一半的岁月。

---

① 《诗钞》卷四《夜饮和培山眼镜歌》。

马銮进入曹府,应该是康熙二、三年的事,其时曹寅尚幼小,"忆昔提携童稚年,追欢多在小池边"。后曹寅于康熙八年赴京当差,历六年之久。曹寅每次回家省亲,归京时马銮必依依相送:"苦忆白眉叟,频来送我归。空江停去棹,老泪落吾衣。"①此后,曹玺继续聘马伯和担任次子曹宣蒙师,至康熙十二三年。在这十年时间里,马銮是极少能与曹玺父子朝夕相处的外人。杜濬虽然被阎若璩称为曹寅的"父执"②,但因为居处偏隅,事实上很少来往。能够日常晤对、亲密接触的,才可能成为"知己"。由此看来,曹玺与马銮的十年之交,绝不寻常。

马銮是南明权臣马士英之子,"壮岁值南都新建,执政者纷张,进言不听,常怀忧郁,遂绝意仕进。及国破家亡,君子亦深谅之。晚年垂帘白下,有咏美人三十六绝句,寓意有在",最终"卖卜以死"③。人格气节,俱为时人敬重。虽然马士英之死有不同传说,不肯投降被杀应属事实,他的儿子马锡、妹夫杨龙友等多位家人殉难。④ 马銮国恨家仇郁结于心,倾之于笔,渗透字里行间:"父老几回悲北雁,风雷长是傍南枝。我生宋后元无预,话到中原两泪垂。"(《过岳鄂王墓》)"秋风吹泪堕梅间,郊外依稀古战场。野火不烦悲逊国,公心可复怨文皇。"(《过正学先生祠有感》)"此地今虽有,无情草自芳。前人迷岁月,我辈见悲凉。"(《东园有感》)他的咏美人绝句,很多借古讽今,特别是指向鼎革之际屈身变节之徒:"泉台犹著楚宫罗,垓下同歌不再歌。若问野鸡当日事,可怜当日愧颜多。"(《虞姬》)"朝为俘妾暮承恩,此际悲歌岂易论?国破幸留颜色在,楚宫衾枕一般温。"(《息夫人》)由于国破家亡,也由于父亲马士英当权误国的阴影,以及穷愁潦倒中不屑攀附仕清新贵的倔强,马銮的心境是很孤独的:"心心随雁远,步步避人行。急返吾庐卧,风尘梦里轻。"(《冬日偕汉树岩听散步芦渡桥书感》)

现在没有具体材料显示,马銮的具有强烈民族情怀的故国之思,在曹玺心中引起了怎样的反响,但是从其子曹寅对老师的追怀和悼念中,可以看到父子两代的共鸣:

---

① 《诗别集》卷一《哭马伯和先生》,《诗别集》卷二《见雁怀马伯和》。
② [清]阎若璩《潜邱札记》卷六《赠曹子清侍郎四律》其二自注,乾隆十年眷西堂刻本。
③ 参见[清]卓尔堪《明遗民诗》卷十二,[清]朱绪曾编《金陵诗征》卷四十。
④ 参见李芳《贵阳马士英及其家族之兴衰》,载《贵州文史丛刊》,2014年第4期。

半醉怜携锸,长歌羡采薇。

《见雁怀马伯和》(《诗别集》卷二)

魂归故国青山晚,梦绕枫林白雪深。几见文章甘没齿,谁知蒙难苦伤心。

义熙老尽江门柳,姑苏新添括陇烟。天地以私贫一老,烽烟何日返山川。

《哭马伯和先生》(《诗别集》卷二)

诗中所用伯夷、叔齐不食周粟(采薇),陶潜不仕刘宋(义熙)的典故包含的对马銮气节的称颂,显然与曹玺父子效命清廷的政治立场相扞格,但这却是事实。这说明,在曹玺父子的内心深处,有一种与马銮相通的东西,它可以超越双方不同的政治立场,这就是热爱和固守本民族历史文化的情感。如果说,曹寅的民族情感,可能得益于蒙师的言传身教,那么,曹玺的民族情感,则完全来自包衣曹家曹锡远、曹振彦以来的精神传承①和"读书洞彻古今"的"家学"渊源。可以说,一旦脱离了长期受奴役的旗人社会而回归本民族社会,包衣曹家被压抑的民族情感就得以复活和释放。② 正是在这里,我们不但发现了曹玺与马銮"知己"相通的民族情感内涵,而且看到了包衣曹家精神传承与民族文化传统的内在联系。

"十年晤对儒生似",过去,人们太看轻了这句话的分量,以为不过是对曹玺文质彬彬风度的描述。绍兴人士吴文源的题跋更称曹玺"蔼然称为儒者宗",马銮的感受应该更为真切而无客套成分。在中华文化史上,居于主流地位的儒家始终具有符号和代表意义,因此,明遗民儒者马銮面对一位满洲内府旗人产生"儒者似"的印象,显然绝不只是一种风度欣赏,还表明两人对价值观和文化传统一致性的认同。

## 三 "石上犹传锦字诗"试探

除了民族情感的相通,马銮与曹玺"十年晤对"的知己之交是否还对曹

---

① 参见刘上生《曹锡远论略》,载《曹雪芹研究》2020 年第 4 期。曹锡远任明武官时原名曹宝,改名曹世选(锡远)很可能是被俘入满之后的事,与陶渊明"义熙"后改名为"潜"相似。

② 参见刘上生《走近曹雪芹——〈红楼梦〉心理新诠》,第 11—24 页。

玺有其他影响？这是一个前人未曾探讨的问题。笔者想提供一种思路，即马銮不仅是曹玺的挚友、所聘蒙师，还是对曹玺有重要影响的诗友。

曹玺没有留下任何创作，但他富有文艺修养应是事实，这是"兼艺能"的"家学"教育的结果。熊赐履《挽曹督造》诗云：

> 天家工作重咨垂，水部持衡慎所司。黼黻九重劳补衮，杼机二月念新丝。云间已应修文召，石上犹传锦字诗。配食瞽宗堪不朽，东南涕泪堕丰碑。①

熊赐履（1635—1709）是曹玺友人，也是曹玺挚友杜濬的忘年交②，曾任康熙经筵讲官。曹寅当时"佩笔侍从"康熙，对熊一直执弟子礼。③ 康熙十五年熊因过免官，寓居江宁，曹玺"式庐"相交。曹玺逝世后，邑人奉祀名宦祠，熊作《曹公崇祀名宦序》及挽诗，是现存最早的曹玺史料。中二联是对曹玺的全面评价，而以颔联叙职事，颈联专叙文事，可见特别推崇之意。古代有地下修文郎之说④，此处结合李商隐《李长吉小传》中李贺临终前梦见天帝建白玉楼相召的典故。"石上犹传锦字诗"用"石上题诗"典故，白居易《送王十八归山寄题仙游寺》："林间暖酒烧红叶，石上题诗扫绿苔。"写其风雅兴致。

曹玺喜好文艺，"楝亭"也就成为文人聚集之所。《楝亭图》最早的题诗者之一张芳有"雅集命俦丝竹外，高亭待暇弈樽中"之句（《寄题内司空完璧曹公楝亭诗》）⑤，回忆楝亭有过的丝竹弈樽等各种娱乐，和雅集命俦的盛事。与曹玺有过多次交往的吴之振（1640—1717）在《题曹子清工部楝亭图》诗中回忆道："画舫听歌记夜分，深杯絮语蔼春云。文章重见波澜阔，骙橐行空更不群。（自注：两晤尊公于胥关，谭饮甚欢。）""文章波澜阔"出杜甫《追酬故高蜀州人日见寄》诗"文章曹植波澜阔，服食刘安德业尊"句。吴之振同吕留良共同编辑《宋诗钞》，于康熙十年刊行。曹玺同他两次见面都在苏州，而且

---

① ［清］熊赐履《经义堂集》卷十八，《曹公崇祀名宦序》载卷四。
② 参见廖宏春《杜濬年谱》"康熙十五年"条、"康熙廿三年"条，广西师范大学 2010 年古代文献学专业硕士论文。
③ 参见本书第三章第三节。
④ 《太平广记》卷三一九引王隐《晋书》："颜渊、卜商，今见在为修文郎……鬼之圣者。"
⑤ 转引自周汝昌《红楼梦新证》，作者自署"甲子至前三日仁垒张芳"。甲子即曹玺去世之康熙二十三年。此跋诗在《楝亭图》第二卷。

是在夜半时分"画舫听歌""深杯絮语"，的确相处甚欢。第二首写楝亭道：
"追凉大好茅亭坐，强半寻诗到此中。"可见，吴之振也曾被曹玺邀入江宁织
造府，把楝亭作为"寻诗"之所。余怀追怀时还提到曹玺的诗句："司空名德
在千秋，画罶传闻出石头。谁咏君家华屋句，白杨风起恸西州。"（《寄题楝亭
二截句》）①在曹玺所推动的这种风尚下，可以肯定，作为"十年晤对"的知交，
马銮不仅经常参与这些诗文盛事，而且还会有唱和之作。

那么，熊赐履推崇的"锦字诗"又是什么呢？按，"锦字"作为典故的最早
出处，应是窦滔妻苏蕙织锦回文诗寄丈夫，故"锦字"或"锦字书""锦字诗"皆
由此而来，指闺情闺思之作。如唐李频《古意》："虽非窦滔妇，锦字已成章。"
温庭筠《咏寒宵》："上郡归来梦，那知锦字诗。"元徐再思《春情》："烧残锦字
诗，似人肠断时。"由此引申，"锦字"也可指华美的文辞，如唐卢照邻《乐府杂
诗序》："霜台有暇，文律动于京师；绣服无私，锦字飞于天下。"明练子宁《重
午日答友人》："青鸟新传锦字诗，高情非是故相违。"（《练中丞集》）当然，由
于曹玺所任织造之事，"亦犹前代文思绫锦之余意，而职任则加重焉"（熊赐
履《曹公崇祀名宦序》），"锦字"也可以巧含织造职务内容。

过去，对"锦字诗"内涵人们只从应用酬酢角度单纯把它看作称颂华美
文辞之语，现在看来，失之肤浅了。以熊赐履之高才和对曹玺的熟悉了解，
锦字诗应有一语"三关"之妙。

这就不能不联系到曹玺的十年知交马銮。马銮作品现存不多，卓尔堪
《明遗民诗》选录了五十首，是较多的一位，特别全选了他的咏美人三十六绝
句，指出其"寓意有在"的特点。卓尔堪，清康熙时人，曾与孔尚任（1648—
1718）、梅文鼎（1633—1721）等交游，辑《明遗民诗》十六卷，录诗近三千首。
他如此看重和评价马銮咏美人诗，可见当时的声名影响。这三十六位女性
是西子、息夫人、如姬、虞姬、李夫人、卓文君、赵飞燕、明妃、绿珠、张丽华、侯
夫人、梅妃、杨太真、班婕妤、冯小怜、红拂、乐昌公主、任夫人、关盼盼、莫愁、
李势妹、桃叶、木兰、投梭女、漂母、文姬、阿娇、琵琶妇、聂隐娘、铜雀伎、苏
蕙、曹娥、濡口女郎、七岁女子等，各诗寓意颇复杂，有如《西子》《息夫人》《虞
姬》《绿珠》等时政讽刺诗，也有对卓出女性的赞扬，在这一主题中，作者选取

---

① 周汝昌《红楼梦新证》，第334—335、368页。

的对象并非着眼于年轻貌美,而是德行才华甚至超乎男性的普通女子,如木兰、聂隐娘、漂母、曹娥、濡口女郎、七岁女子等。但更多的则是通过不同地位身份遭遇的女子表达对女性命运的关注,而其焦点多集中在爱情婚姻上。作者常能抛弃传统的男性视角,即使是前人熟用的女性故事,也能翻出新意,如写嫔妃内心愁苦:"啄尽王孙不解愁,掌中去来爱轻柔。未央前殿丝丝柳,亦喻君心舞不休。"(《赵飞燕》)"临春高阁忽栖鸦,香作飞尘玉委沙。偿却井中无限意,方知仆射解怜花。"(《张丽华》)司马相如与卓文君的故事,他写出弃妇之苦:"白首相看能未能,琴心误听岂堪凭? 当垆几日芙蓉老,又有如花在茂陵。"王献之与桃叶的故事,他想象成爱情悲剧:"古今只似去来潮,桃叶王郎两寂寥。渡口不须重问渡,试看人倚夕阳桥。"(《桃叶》)文姬故事,他发现了女性不能自主之悲:"月下清箫欲别难,归来又促嫁衣看。自怜薄命单眠怯,阅遍桃花尚觉寒。"(《文姬》)甚至"投梭折齿"这样表现女性抗拒诱惑的故事,他也发现被压抑的女性的爱情追求:"感郎欲向花前死,唐突聊窥意若何? 早识春蚕丝易尽,当时应悔误投梭。"(《投梭女》)

笔者不拟全面评述马銮诗作,但可以做一个基本结论:咏美人绝句组诗当称得上"为闺阁昭传"之作。作者对女性的态度是严肃的,对其"薄命"有一种真挚的人道情怀,甚至表达了鼓励女性自主追求爱情的观念,而绝无亵玩轻薄之意。可以想见,在曹玺与马銮"十年晤对"的知己岁月里,他们之间绝不只有民族情感和民族文化命运的交流,马銮组诗也必定引起曹玺的浓厚兴趣,女性命运会成为他们的又一共同话题,并由此发生审美艺术交流,甚至在楝亭"雅集命俦"的时候会有唱和之作。如果这一推断可以成立,那么,我们就可以进一步推定,熊赐履所述的曹玺的"锦字诗"并非一般的文辞华美之作或关联织造事务之作,而是以女性命运为主题或借此生发感想有所寄托的闺情诗,甚至可能是与马銮相似或相和的"为闺阁昭传"之作。

事实上,从《楝亭图》题跋中,熟知或了解曹玺的友人已经明确地描述了他们对其创作内容和风格特点的印象。在纳兰性德于康熙二十四年春写下《楝亭记》和《满江红》词题跋的时候,最早为《楝亭图》题跋的步韵者就有如此回忆:

> 今共昔,思还慕。有香班艳宋,彩毫曾赋。(邵陵《满江红·奉和楝亭原倡韵》)

"香艳",是过去文人对女性题材的惯用词语,它不包含价值判断。正如后来的《香艳丛书》，其中既有"为闺阁昭传"，关注女性命运的严肃作品，也不乏男权审美的亵玩之作。"香班艳宋"的说法未必准确，语意所指却是明白可知的。另一些步韵词则以形象描写，基调一致："重见天孙机上锦，仍传谢氏庭前树……倩丹青绘影，芳传词赋。"（许孙蕑《满江红》）"忆当年，看制翠云裘，低回处……但把篇章珠玉满，只疑庭榭烟云护。"（袁瑝《满江红》）袁瑝词中的"惠穆流徽"现在经常被学者用以考证曹家远祖曹彬以来的世系，可见他对曹玺是相当熟悉的。友人韩菼则用作品的具体意境描述其内容风格："五月江干插满头，盈盈笑语木兰舟。那知官舍摩挲日，别有茱萸一段愁。（原注：楝子原名石茱萸。）""江干莺花付阿谁？使君奕叶播华滋。更凭方法传荒氏，说就天孙五色丝。"后一首还涉及这种风格对曹寅的影响。与曹玺"谭饮甚欢"的吴之振则在跋诗中如此描写："条桑树底亲提唱，更向横塘勘验来。（原注：星期。按，"星期"为诗人叶燮字。）""横塘"是南京地名，诗词（如李白、贺铸、吴伟业等人的名篇）所用多与闺情有关，人们早已熟知了。

从以上几个方面的探索分析，应该可以得出结论：熊赐履的"石上犹传锦字诗"，所指确实是曹玺的以女性为主体的闺情之作，其主题，很可能也是"为闺阁昭传"。

## 四 从"锦字诗"到《红楼梦》

曹玺与马銮关系研究的意义不止于二者自身，它是一个窗口，这种超越政治界限的"知己"之交、他们关注民族命运和女性命运的共同话题，可以让人们透视曹玺与时代环境和思潮联系的更广阔内容。

从现有资料看，曹玺在江宁织造时期有两个朋友圈，一个是遗民文人圈，一个是仕清官僚文人圈。遗民圈的主要人物有马銮，顾景星，杜濬、杜岕兄弟及方仲舒等；仕清官僚圈的主要人物有周亮工，徐乾学、徐元文兄弟、熊赐履等。此外还有游离于二者之间的士绅吴之振、张芳等人（进入官场不久即退隐）。曹玺同他们都有很好的关系，马銮是"知己"，杜濬被称为曹寅"父执"，与周亮工则有"通家"之谊。事实上，这两个圈子也并非隔绝对立，清初遗民与仕清文人之间多有交集,周亮工、熊赐履就都与杜濬有密切往来①。
他们各坚持其忠于旧王朝或效忠新王朝的不同政治立场,但民族与文化情
感又是相通的。前者更重气节,即"非如此,则道不尊";后者更重现实,即
"非如此,则道不行"。但在维护"道"即民族文化理想和传统的根本态度上
又是一致的。从这个意义上看,入旗数十年仍然固守民族本根的包衣曹家
虽然在身份上更认同于后者(实际上,由于世代包衣的卑贱地位,它与官僚
贵族集团又始终存有鸿沟),但在情感上显然更靠近前者,这就是曹玺与马
銮、杜濬等能成为知己至交的根本原因,是被俘后被迫归附的曹锡远及其后
裔血脉相传的情感基因,它与包衣奴役制度培养的"臣道加奴道"的政治和
个人忠诚一起,形成了包衣曹家"政文异向的双重忠诚"的精神传承。曹玺
所处的时代,政治形势极为复杂,他能"敬慎"处世,随父亲"从龙入关",到
"随王师山右建绩"有功,到三藩之乱中率子弟参加防守,做"惠此一方"的康
熙"荩臣",对清王朝忠心耿耿,但又丝毫不影响他对于明遗民的敬重亲近。
这不是政治上的"贰心",而是可贵的民族文化情感忠心。从另一方面说,清
朝统治者在政治上专制高压的同时,在思想文化上包容吸收的双重政策,也
有利于人心凝聚、民族融合和政权稳定,包衣曹家的双重忠诚与统治者的双
重政策相吻合,成为尖锐政治对抗的缓冲润滑剂,有利于软化明遗民的抗拒
心理、巩固新政权;而新政权的巩固,又有利于民族文化的保存发展。这是
一个双赢的过程,曹玺父子为此做出了贡献;而曹雪芹得以创造《红楼梦》,
更是这一过程结出的硕果。

　　女性话题看来与民族话题并无关联,但在民族命运处于弱势地位的特
定历史条件下,对男权时代处于弱势地位的女性群体命运的关注,就具有了
某种同一性,甚至成为前者的寄托。也许这就是明清之际女性题材受到关
注,遗民马銮写作咏美人绝句和曹玺写"锦字诗"的内在原因。鼎革之际一
些女性的杰出表现更使得男权观念受到冲击,女性价值重估成为进步的社
会思潮。马銮咏美人绝句,涤尽了脂粉气息,充满着人性关怀,就是这一思
潮的表现。还有另外一些作家,虽无强烈的时事情感寄托,但也从亵玩淫靡
之风中挣脱出来,寻求升华两性关系的境界,与曹玺有密切交往的张芳就是

---

① 　参见张代会《杜濬研究》,华东师范大学 2008 年硕士论文。

值得注意的一位人物。康熙二十三年冬至前三日为《楝亭图》作题跋的张芳,在《红楼梦新证》所引题跋中,排序第一,紧承熊赐履挽诗和李渔挽联之后,可能事实上他也是最早的一位,比纳兰性德康熙二十四年夏写作的《楝亭记》和《满江红》词更早,可以看出他与曹玺的不一般关系。正是在其题跋中,人们知道了曹玺在楝亭除了课子读书还有"雅集命俦丝竹外,高亭追暇弈樽中"的闲适艺文生活,而张芳正是"雅集"中的一位常客。

张芳何许人?《续纂句容县志》载:"张芳,字菊人,一字鹿床,又字澹翁,号裓庵拙叟。顺治辛卯(九年,1653)举人,壬辰(十年,1654)进士。历官宜江等县,以宽简为治,旋引疾归。筑园亭于县治东南,竹树池塘,密迩城隅。有紫绵书屋、哲喜楼之诸胜,偕邑中耆宿,觞咏其中。精神矍铄,望之若仙。诗古文辞,直造古人堂奥。远近纂修邑志家乘,辄走书币延聘,求指义法。"[①]至于著作,《句容县志》云:"著述甚富,缘乏嗣,多所散佚。所传有《燕台联句》《宜江唱和诗四集》。"[②]很奇怪的是,这位句容名人却有一部康熙年间刊行的著述《裓庵黛史》,因为笔涉闺阁,为方志所不述。但这部书,后来却被收入《香艳丛书》第一编而广为人知[③]。

"黛"的本义是画眉的青黑色颜料,引申出"黛眉"指所画眉,"黛娥"指画眉美女,古代诗词运用不计其数。《黛史》实际上是以疏解"黛眉"为名,写出作者理想中女子的形象、气质和精神生活,作者把它概括为六条:"一曰厚别,一曰养丽,一曰静娱,一曰一仪,一曰炼色,一曰禅通。"总的看来,作者的思想观念并没有突破礼教传统,但也有所创新,就是把"黛"从单纯容貌概念升华为精神审美概念,在一定程度上把女性性感从"肉"提升到"灵"或"灵肉合一"。作者更注重"远观而不可近亵"的高雅生活和精神享受,如论"静娱"云:"今夫黛之为娱也,春烟可怀则敛裳修禊,夏草未歇则约带倚风,闲轩秋爽则角茗雠书,曲室冬清则然灯弄翰。"论"一仪"云:"喜颦语默,黛之四仪。心止于所,可以有仪矣。……喧景含黄,黛之喜也;微云拂汉,黛之颦也;朱弦拂袖,黛之语也;清月翳林,黛之默也。"论"禅通"云:"形坠即欲,情超即

---

① 《续纂句容县志》卷二十一"拾补",据杨芳芳《宣颖〈南华经解〉研究》,华东师范大学2008年硕士论文。下引同此。

② 《句容县志》卷九"人物志"。

③ 《裓庵黛史》,《香艳丛书》第一集卷一,上海国学扶轮社1909年版。

禅。……如登山然,晓则堆蓝,曛则架紫。当其渐远,苍苍横翠;已而遥辨,一抹螺黛,邈若云霄,不知其同在地上也。"形象的语言里透射出某种哲理。借用曹雪芹的语言,作者似乎向往着一种"意淫"而非"皮肤滥淫"的审美境界,虽然这里并没有对女性的同情体贴,不过把女性美当作欣赏物,与曹雪芹相距甚远,但对于男权社会中纵欲享乐的淫滥之风,的确是一种超越。

可以推想,张芳之能够成为曹玺府上的常客和诗友,一定有其共同语言。善写"锦字诗"的曹玺很可能见过《黛史》文本,至少了解其女性观和审美趣味,以及其与马銮咏美人绝句的相通之处。

于是,人们看到,曹玺的两位诗友之佳作,可视为失传的曹玺的"锦字诗"的两翼:马銮的咏美人绝句,初露"为闺阁昭传"的意向,而张芳的《黛史》则追求有似"意淫"的审美境界。它们的思想价值各有不同,前者更多表现关注女性命运的重大社会课题,而后者则显示出高雅文化对低俗纵欲享乐之风的矫正,但都反映出晚明以来冲击传统男权文化、重估女性价值的进步思潮影响,和他们站在一起的曹玺显然也沐浴着时代新风。

这两部著作与《红楼梦》的某种联系对于熟悉相关文献的学人而言并不算新发现。[1] 其实不止曹雪芹,在曹雪芹写黛玉《五美吟》之前,曹寅就以红拂、文姬为主角创作戏曲,二"美"均见于马銮组诗;而在黛玉别号"颦颦"和高雅超逸风度,或取法《黛史》之前,就有曹寅专咏黛眉的《眉峰碧》词:"感得郎先爱,谁假些儿黛。凭你秋来那些山,不敢向,奁前赛。扫尽从前派,秀色真难改。喜浅愁深便得知,天教压在秋波外。"这说明曹寅、曹雪芹祖孙都取法于前代著作,而曹玺正是这一吸收的中介和桥梁。然而单纯如此理解,是否过于皮毛?只有把它们与包衣曹家精神传承的链条连接起来,才能看到一脉贯通的继承发展和创新的思想及艺术链条。

在曹玺时代,有"石上犹传锦字诗"留存的信息。"石"和"锦字诗"是这一信息的两个关键词。现在我们还无法破解曹玺藏在"石"中的心灵秘密,也许是寓体(家业或个性),当然也许只是一种风雅兴致。至于"锦字诗",已很清楚,其中对女性命运的关注和对高雅两性境界的追求,成为包衣曹家写"情"传统的源头,并以其友人的作品滋养后辈。不过,无论是曹玺还是友人

---

[1]　如潘承玉《林黛玉创作〈葬花吟〉〈五美吟〉有借鉴》,载《东岳论丛》2001 年第 1 期。

的此类作品,似乎都还没有自叙因素,它也许反映了曹玺"敬慎"性格和处世态度所导致的主体介入局限。

"冬官相继使江乡,父子同披锦绣裳。"(毛奇龄《楝亭诗和荔轩曹使君作》)曹寅对父亲职任和文艺传统的继承是很自然的,但已有了自己的发展。曹寅有强烈的爱石情结,借"石头"寄寓"不才之愤"和自由心性追求。(从《楝亭集》的卷首诗中的"爱此一片石"到晚年的《巫峡石歌》即例证。)①个人情感经历直接显露和介入,他的包含着个人爱情追求切身感受的"秦淮风月怅蠢缘"诗作,和关注女性命运的咏红悼红之作(以《咏马湘兰画兰》三首为代表),对曹雪芹产生了直接影响。②

曹雪芹对"石头"的自我人格化和哲思寓体化,"嶙峋更见此支离"的叛逆"傲骨","尝遍情缘滋味,历尽风月波澜""燕市哭歌悲遇合,秦淮风月忆繁华"的个人情感遭遇,与家族命运进而与时代环境息息相通,进而由此把个人感受与"千红一哭,万艳同悲"的女性历史命运和人类精神命运的博大人道关怀和哲理思考融合为一个整体,创作出以"石头"为寓体构思作记的《石头记》——"为闺阁昭传"的《金陵十二钗》即《红楼梦》。

从"石上犹传锦字诗"到《红楼梦》,相同的符号、共同的话题,家庭和时代,民族与两性,是一脉相传的精神链条、发掘不尽的文化文学宝库!

## 第六节　包衣曹家的"家学"传承与新变

包衣曹家的"家学",是其精神传承的重要方面,它是成就曹雪芹的伟大和《红楼梦》的不朽的不可或缺的源泉。由于包衣出路的被严重压抑和堵塞,"经济才"的抱负无从实现,曹家后人转向"艺能"目标。从曹振彦、曹玺的文武兼能,到曹寅兄弟的拓展和文化多能,到曹颙、曹棠村等与曹雪芹创造中华文化集大成的艺术宝典,和以"艺能"谋生济世,可以看到一条鲜明的"家学"传承创新链条。

---

① 参见刘上生《〈楝亭集〉与〈红楼梦〉》,载《红楼梦学刊》1998 年第三辑;本书第六章第二节。

② 参见刘上生《秦淮风月怅蠢缘》,载《红楼梦学刊》2000 年第三辑;本书第八章第三节。

# 一 "家学"考述

关于包衣曹家的"家学",有两种不同的记载。康熙二十三年《江宁府志》卷十七《曹玺传》云:

> 公承其家学,读书洞彻古今,负经济才,兼艺能,射必贯札。

康熙六十年《上元县志》卷十八《曹玺传》则云:

> 公(曹玺)少好学,沉深有大志。……(曹寅)与弟子猷讲性命之学。

这两种记载,前者是对"家学"的完整表述,包括学(读书)、志(经济,即经世济民)、才、能(艺能)、武五个方面。从性质上说,大体属于经世致用的"实学"范畴;从内容上看,则近于兼收并蓄的"杂学"。后者没有这种表述,关于曹玺,只提到学和志两个方面,而且很抽象,却在叙述曹寅时强调了"性命之学"即儒学(主要是指理学)。

康熙《江宁府志》是康熙名臣于成龙(1638—1700)在江宁知府任上编纂的。成龙字振甲,号如山,汉军镶黄旗人。康熙二十一年莅任江宁,二十三年十一月离任。康熙帝于二十三年南巡至江宁,嘉成龙廉洁,亲书手卷赐之,超擢安徽按察使。① 《江宁府志》卷十七《曹玺传》叙及曹玺二十三年六月病卒,天子南巡派员致祭,并亲临抚慰诸孤,又命寅"缵公绪"。这是于、曹两人的很大荣耀。《曹玺传》必成于于成龙离任前,所记自然详尽真实,可信度极高。徐复、季文通主编《江苏旧方志提要》评述云:"其增补康熙七年陈《志》之后史事,史料价值极高。"②

康熙六十年《上元县志》,唐开陶等纂修。唐开陶于康熙二十五年莅任上元知县,此时县志自明万历后已历一百三十余年未修,开陶惧"文献日就淹没",遂"延邑之名儒,设馆于冶山之麓,咨访旧闻,搜罗遗事","而于《人物传》《民赋志》考之必精,记之必详,增益最丰"③。所撰《曹玺传》应该说也是真实可信的。

---

① 参见《清史稿》卷二百七十九"列传"六十六"于成龙"。
② 徐复、季文通《江苏旧方志提要》,江苏古籍出版社2008年版。陈《志》,指康熙七年陈开虞修、张怡纂《江宁府志》,有康熙七年刻本。
③ 徐复、季文通《江苏旧方志提要》"上元县志"条。

　　但二传所记显然有明显差异。出现这种差异，首先是由于关于曹玺的材料来自于直接听闻和间接传闻的不同。于成龙与曹玺是同僚，虽然一在外廷，一在内府，曹玺先逝，但都对康熙忠心耿耿，并为康熙所倚重，很可能有"惺惺相惜"之感。《曹玺传》材料不但来自于直接见闻，而且表明他对曹玺所承"家学"和事迹的认同与欣赏。从于成龙后来成为治河名臣的经历看，曹玺"家学"内容与其"实学"观念是完全一致的。而成书于康熙六十年的《曹玺传》除了继承前传，只能得之于间接传闻，同时因为后传需要补充曹玺逝世后（康熙二十三年至六十年）子孙曹寅至曹颙、曹頫的材料，反而对曹玺的事迹有所删略。其次，是因为所记材料时间段的差异。前传只记到康熙二十三年曹玺逝世，而后传则记到康熙六十年曹頫在职。故后传反映出在曹玺去世后曹家"家学"内容的某些变化也应当是真实的。此外，前后传多少反映出某种不同取向，恪守程朱的县令唐开陶和参加纂修的"名儒"似乎有意要强调理学的方面，故于曹玺"家学"所叙从略，反而添加了曹寅兄弟"讲性命之学"的内容。这显然包含着对前传的某种"修正"。

　　由此，我们可以得出如下结论：包衣曹家"家学"的基本内容，是"读书洞彻古今，负经济才，兼艺能，射必贯札"的"实学""杂学"要求，在康熙年间，发生了向"性命之学"即理学的某种迁移，但其基本内容和精神是一贯的、完整统一的。

　　得出上述结论，不但是通过对前后《曹玺传》的考辨分析，而且可以从其家学传承实践中得到印证。

## 二　"家学"内涵及渊源

　　包衣曹家的"家学"，有着鲜明的家族利益印记，又是对古代"家教""家学"传统的吸收继承。

　　曹锡远父子是被俘沦为满洲包衣的。在努尔哈赤时代，"战俘中的工匠和手艺人通常都被赦免，并得以免除租税和徭役，获得足够的食物和奴仆"。这反映了落后的满洲贵族对先进技艺的实用主义要求。① 以后，皇太极为了开创帝王大业，进一步提出重视文治，并一再要求选拔"才全德备""通文史"

―――――――――

① （美）魏斐德《洪业——清朝开国史》第一章"北部边防"注 55 引（美）托伯特《清朝的内务府》。

"文艺明通"的人才,表达了对有先进文明背景的人才的需要。① 这些需求,必然成为包衣曹家"家学"的某种导向。

包衣在社会地位上,虽然是高于民人的旗人,但又是旗人的下层和奴役对象。"尼堪包衣"(包衣汉人)的地位更在满蒙包衣之下。在清代"严主奴之分"和"严满汉之分"的国策之下,其社会流动性即向上的发展空间是极其有限的。② 虽然曹振彦作为贝勒下奴仆在天聪三年得以参加皇太极的儒生考试,但那只是适逢其时,崇德三年就明令禁止奴仆应试。③ 成为内务府包衣之后,更难通过科举进入仕途,除了受帝王垂青的偶然机遇,内府的技能施展和职务升迁便是主要途径。但包衣曹家是一个不甘屈辱的家族,即使空间有限,也要为家族的生存发展谋划未来。由于包衣的出路被严重压抑和堵塞,"不材之愤"郁积于心,因而包衣曹家的"家学",不是强调以服从忠诚为中心的道德伦常和"学而优则仕"的科举目标,而是突出学、志、才、艺、武的全面禀赋,特别是强调"兼艺能",就是从包衣家族的现实处境出发的对策。试简析之。

首先是"读书洞彻古今"。所谓"经书括根本,史书阅兴亡"(杜牧《冬至日寄小侄阿宜诗》),包衣曹家的"家学",不强调读经,而强调读史,意味深长。在明清易代的历史背景下,史书的"究天人之际,通古今之变",可以明华夏文化的历史传承,这很明显包含着对"满化"的反拨和对民族之根的坚守。

其次是"负经济才",即确立人生志向和基本修养。以经世济民为抱负,这就超越了这个前明武官到清朝旗籍包衣身份转换的政治忠诚门槛,摆脱了程朱理学的狭隘僵化观念。"负经济才"的"实学",否定了作为"敲门砖"的无用的八股帖括之学,也否定了空谈心性修养的"心学"。

再其次是"兼艺能",即具备谋生技能和精神修养。"艺能",应源于孔门之"六艺"(礼、乐、射、御、书、数),即原始儒家强调的六种基本技能。《史记·龟策列传》:"至今上即位,博开艺能之路,悉延百端之学。"《资治通鉴》

---

① 分见[清]王先谦《东华录》"天聪十年二月"条,《清太宗实录》卷二十七"天聪十年"条、卷五"天聪三年"条。

② 参见张书才《曹雪芹旗籍考辨》。

③ 《清太宗实录》卷四十"崇德三年"条。

"汉献帝建安二十二年"："（曹）植性机警，多艺能，才藻敏赡，操爱之。""艺能"，从低层次说，是生存技能、谋生本领；从高层次说，是文化艺术、精神修养。

最后是"射必贯札"，即有健康体魄和高超武艺。贯札，指箭矢能贯穿铁甲上的叶片。"执射吾家事，儿童慎挽强。"①武艺当然是武官世家传承，但满洲尤重骑射，因此，包衣曹家"家学"的这一内容，明显具有满汉文化融合的特色。

概而言之，包衣曹家的"家学"是以"学"（读书）为基础，重立志（经济），重才艺（艺能、武艺）的"家学"，是以"实学""杂学"为特色的"家学"，其"兼艺能"尤其具有包容性和开放性，包括与异族文化的融合和对外来文化的吸收。这是它的突出特点和优点。

从历史渊源看，包衣曹家"家学"是对孔子"六艺"全面才能素质教育思想和墨子实用文化思想的自觉继承②，又是对古代重经世重艺能的非主流"家教""家学"传统的吸收。中国古代有两条鲜明区别的"家教""家学"线索。中央集权稳定并强调儒家思想一统的时代，读书人发展出路明确，"家教"偏重伦理，重仕途，以儒学为正统。汉代就兴起了教子读经热，明清则是科举八股热，这是适应大一统王朝的主流"家学"传统。而在政局动荡更迭、家族生存发展面临较大威胁的时代，家教则明显偏重实学和艺能，思想上兼收并蓄。这是"家学"的非主流传统。春秋战国时期如此，魏晋南北朝时期更加如此。诸葛亮在《诫子书》中强调成大器者志、学、才缺一不可："才须学也，非学无以广才，非志无以成学。"③曹操"唯才是举"，其家教也重才，重能力培养。他喜爱的儿子曹植"多艺能"，甚至包括对通俗文学和表演艺术的热爱。他要求儿子和后人提升综合才能，不仅包括文武两方面的才干，还包括谋生技能。④ 这对以曹操父子为文化远祖的包衣曹家有深刻影响。经历坎坷，历仕南北朝四朝（梁、北齐、北周、隋）的颜之推，特别强调技艺教育的生存意义："有学艺者，触地而安。谚曰：'积财千万，不如薄技在身。'"他举

---

① 《诗钞》卷五《途次示侄骥》。
② 参见吴恩裕《曹雪芹佚著浅探》，天津人民出版社 1979 年版，第 294—300 页。
③ ［三国］诸葛亮《诸葛亮集》，中华书局 1974 年版，第 28 页。
④ 陈天顺主编《中国古代家庭教育史》，河南人民出版社 2014 年版，第 85—86 页。

例说："自荒乱以来,诸见俘虏,虽百世小人,知读《论语》《孝经》者,尚为人师;虽千载冠冕,不晓书记者,莫不耕田养马。以此观之,安可不自勉耶?"（《勉学》）①这里所叙,包衣曹家显然有切身感受。在某种意义上,以曹锡远、曹振彦、曹玺为代表的三代人所处时代及世家大族命运的动荡剧变,与魏晋南北朝极为相似,故其"家学"从那个时代更多继承借鉴。从时代思潮看,包衣曹家"家学"与明末清初"实学"思潮有着内在联系。清初颜李学派提倡实学、实事、实体、实用,主张兴学校,授以礼、乐、射、御、书、数六艺之学,培养懂经济、习武备、谙艺能、身强健之有用人才。颜元（1635—1704）主持漳南学院,实行分斋教学,"艺能"就是六斋之一。这是一种对时代的呼应。

在动乱时代,家学还不止关系家族的未来,更牵系着中华文化之命运。陈寅恪曾深刻指出这一深层意义："中原经五胡之乱,而学术文化尚能保持不坠者,固由地方大族之力,而汉族之学术文化变而地方化及家门化矣。故论学术,只有家学可言,而学术文化与大族盛门常不可分离也。"②明代"号为巨族"的辽东曹氏,在易代之际,"阖族播迁"③,而包衣曹家陷身满洲家奴,劫难尤为深重。入清以后,包衣曹家能重新创业而至于极盛,"家学"传承的意义绝不可忽视,它牵系着清朝统治下包衣汉人的民族情结,与中华文化的民族命运息息相通。

曹寅之后的康熙盛世,理学作为意识形态的统治地位更加巩固,曹家地位也处于极盛,"家学"内容有所迁移,同宋明理学（"性命之学"）相衔接,无论从顺应时势还是家族生存看,都在所必然。但由于包衣曹家的"家学"立足于家族的根本利益,它立足于"实学""杂学"的基本精神传承始终未变,"理学"始终处于次要地位。

## 三　从曹振彦到曹玺

要具体研究包衣曹家的"家学"传承,揭示传承链条的每一环节,最大的困难在于存在许多材料空白。如果把上一代（或两代）的"传"（教育）视为因,下一代（或两代）的"承"视为果,那么,大多因果联系并不清晰,往往只能

---

① 　马镛《中国家庭教育史》,湖南教育出版社 1997 年版,第 99—100、165 页。
② 　陈寅恪《陈寅恪史学论文选集》,上海古籍出版社 1992 年版,第 214 页。
③ 　参见［清］曹士琦《辽东曹氏宗谱叙言》,载《五庆堂重修曹氏宗谱》。

做由果溯因的推论。好在两篇《曹玺传》提供了重要基础和线索，可以随时校正思路，并且帮助我们揭示已有材料的内蕴信息。按照这一基本思路，本著拟以曹家三祖（曹锡远、曹振彦、曹玺，以曹玺为主要代表）、曹寅、曹霑（雪芹）为三个点，阐述包衣曹家"家学"传承从创始到拓展到新变的阶段性特征。

包衣曹家是明代辽东武官世家曹俊的后裔沦落为满洲皇室家奴的唯一一支。这个武官世家具有崇儒重文心态，其入辽始祖曹俊的儿子除长子曹昇外，其余四子依次以仁、礼、智、信等儒学基本范畴命名，即可为证。而三子曹智九世曹锡远一系，多从中华元典取字命名，显示了更为深厚的文化底蕴和民族文化情结。曹锡远为儿子取名"振彦"，明显表达了向重文转变的取向，他在赴沈阳任职前，送儿子入辽阳"卫学"成为"生员"，期待儿子有更长远的发展。① 而曹振彦也果然不负所望，在被迫归附后，重新为曹家创业。清天聪四年（明崇祯三年，1630）四月前，这位曾为明朝"生员"的年轻人已任"教官"之职②，天聪八年（明崇祯七年，1634）前已任多尔衮旗下包衣佐领。③ "从龙入关"后，曹振彦于顺治六年（1649）参加朝廷选拔汉军旗人充任州县官员的考试，"文理优长者，准作贡士"，次年，即以"贡士"身份出任山西吉州知州。顺治十二年（或十三年），任两浙都转运盐使司盐运使（从三品），"著有惠政"。没有出众的"经济"抱负、才干和实绩，是不可能如此飞黄腾达，并改变包衣曹家的卑贱地位的。而由果溯因，与来自父亲曹锡远的家教培养必不可分。

由此看来，包衣曹家的"家学"传统，其读书、立志和文武兼能的内容，在武官世家曹锡远时代必已基本定型。沦为满洲皇室包衣之后，在当时体制和政策下，为了生存和改变命运，曹锡远进一步帮助儿子培养和发展了各种实际才能，包括通晓汉满两种语言文字的能力和行政治事能力，以及其他"艺能"，这样，到曹振彦教育培养儿子曹玺的时代，曹玺所承的"读书洞彻古今，负经济才，兼艺能，射必贯札"的"家学"传统就更加完整成熟了。

在包衣曹家六代中，曹玺（1619—1684）的成长教育环境最为曲折艰难。1621年，年甫二岁的曹玺就随同祖父曹锡远、父亲曹振彦成为后金军队的俘

---

① 参见刘上生《曹锡远论略》。

② 据天聪四年辽阳《大金喇嘛法师宝记碑》碑阴题名。

③ 《清太宗实录》卷十八"天聪八年"条。

房,开始尝到家难和为奴的痛苦,在幼小的心灵上投下浓重的阴影。历史资料的缺乏,使我们很难想象当时情景,熟悉沈阳历史的董志新先生如此描述:

> 天命十年,七岁的曹玺随父祖从辽阳迁回沈阳,他到了开始读书学习的年龄。"家学"可以做两解:(1)家塾就学。因为五年前的明清(后金)沈阳之战破坏了沈阳官学的设施……疮痍满目,已无法教学。后金还在忙于战争,还没考虑兴办学校,曹玺只能在家塾就学。(2)家人授学。这时,极难找到教学先生。天命年间,努尔哈赤执行了错误的知识分子政策……一次就杀掉数百读书人。曹玺的读书,只能由家人讲授。①

由于包衣曹家"家学"文字出自于《曹玺传》,毫无疑问,曹玺本人就是这一传统的实践者和体现者。从去世后友人的悼怀中,可以看到他除了文武兼能之外,还有不一般的文艺才能和文化修养。曾经写《曹公崇祀名宦序》历叙曹玺业绩又与曹寅颇有交往的熊赐履《挽曹督造》诗中二联云:"黼黻九重老补衮,杼机二月念新丝。云间已应修文召,石上犹传锦字诗。"②后二句显然是称颂其个人文化文学修养。古代有地下修文郎之说③,此处结合李商隐《李长吉小传》中李贺临终前梦见天帝建白玉楼召李贺上天为记的典故,谓曹玺逝世为上天所召。"锦字诗"不单喻指美好的诗句,其丰富内涵前文已经考证阐析。从这两句诗包含的信息看,曹玺不但已有佳作为人传诵,而且很有"修文"④贡献。这显然是织造职务外的事情。吴之振《题曹子清工部楝亭图》:"画舫听歌记夜分,深杯絮语蔼春云。"附小字注:"两晤尊公于胥关,谭饮甚畅。"是回忆与曹玺的交往印象。化用韩愈《醉赠张秘书》诗中"君诗多态度,蔼蔼春空云"句赞扬曹玺的诗歌和文化修养,又有刘应时诗"蔼蔼春空云,聚散无根蒂"(《投魏先辈》)的对逝者的感叹意味。听歌,吟诗,对饮,絮谈,显然,这里写出了曹玺"敬慎"职事的另一面。现存的《江宁织造曹玺进物单》⑤罗列那么多古代名人字画,包括赵伯驹、李公麟、黄庭坚、沈周、王齐翰、朱锐、吕纪等南唐、宋、明各代书画家,没有很高的鉴赏能力是不可

---

① 董志新《"沉深有大志"的青年曹玺》,载"沈阳人在广州"新浪博客 2007 年 9 月 17 日。
② [清]熊赐履《经义堂集》卷四,参见周汝昌《红楼梦新证》,第 302—304 页。
③ 《太平广记》卷三一九引王隐《晋书》:"颜渊、卜商,今见在为修文郎……鬼之圣者。"
④ [清]吴之振《黄叶村庄诗集》卷七,参见周汝昌《红楼梦新证》,第 334—335 页。
⑤ 《江宁织造曹家档案史料》,第 5 页。

能搜集到的。所有这些,都证明了曹玺的"艺能"。只是在那个相当复杂甚至动荡的时代环境里,为了尽瘁职守,这位"沉深有大志"的人有意压抑和掩藏起来。

曹玺非常重视对儿子的教育,在曹寅童幼时代,就为他请了富有民族气节的马銮为蒙师,在织造署建凉亭,植楝树,亲自课子督学。曹玺的遗民至交杜濬曾经用"味可明忠鲠,阴能广孝思"揭示其植楝教子坚守民族文化传统的深意。在曹寅稍长时,他还送儿子进"社学"。多年以后,曹寅还有诗回忆这段经历:"石桥执经予最少,十年同社夜台多。""十月相思乌桕树,浓油高拨勘书灯。"①按,清因明制,令各直省的府州县置社学。社师择"文义通晓,行宜谨厚"者充任,以教化为主要任务(如清代社学生徒须读《圣谕》《圣训》等)。② 曹玺命曹寅入社学"执经",说明他很重视对儿子的伦理教化,这种重视"经义"的教育肯定对曹寅有重要影响,它是曹家"家学"向理学迁移的信息端倪。

但曹玺仍然给儿子未来发展以足够个性空间。康熙二十三年《曹玺传》述:"寅,敦敏渊博,工诗古文词。仲子宣,官荫生,殖学具异才。"曹宣的"异才",现在所知,最著名的是绘画。康熙二十一年曹宣即绘有《洗桐图》,寅有题诗,后翁方纲有追和题诗。曹宣尤其擅长画梅花。康熙三十四年,寅作诗盛赞曹宣画梅技艺已所不及:"我行石城东,每拟写横幅。远惭北枝妙,把笔手先缩。"③可惜作品没有留存。曹宣康熙二十九年(时年 29 岁)已任"南巡图监画",直至康熙三十四年。他的画梅技艺为第三子曹颀所继承。康熙四十六年,曹寅为三侄�颀所作之画题绝句四首,赞扬其逼真传神:"墨渖鳞皴蛰早雷,后生蜂蝶尽知猜。""八尺能伸自在身,好花长是要精神。"并由树及人,感慨家族蒙劫衰而复振:"妙香一树画难描,泪洒荒园百草稍。此日天涯深庆喜,也知历劫见冰消。(自注:子猷画梅,家藏无一幅。)"④曹宣也能诗,今

---

① 《诗钞》卷三《戏送钱穆孙》。
② 参见丁志军《自在囚——明清塾师的生存状态》,巴蜀书社 2020 年版,第 110—111 页。
③ 参见《诗钞》卷三《朱园看梅忆子猷次同人韵》;方晓伟《曹宣生平主要活动系年》,载《曹雪芹研究》2013 年第一辑。
④ 参见《诗钞》卷五《喜三侄颀能画长干喜题四绝句》、方晓伟《曹宣生平主要活动系年》。

仅存曹寅诗所引"水动渔舟出"一句。① 近年顾斌发现的康熙三十三年曹宣序注《四言史征》②,表明他在史学即"读书洞彻古今"方面的修养已很深厚。他的仕途并不顺意,40 岁(康熙四十年)时还只是六七品的内务府会计司物林达,又英年早逝。③ 但其绘画艺能传世,不仅哺育了儿子曹颙,更为孙辈"工诗善画",为"门外山川供绘画,堂前花鸟入吟讴"④的曹雪芹创作巨著《红楼梦》提供了丰厚艺术基因。而曹寅则因其特殊经历不仅把家族事业推向顶峰,也把家族"艺能"传承推向文化多能的新阶段。

## 四　曹寅的"艺能"拓展和文化多能

"故园何所有,白石与苍苔。寂寞终无用,婆娑岂不材!"⑤在清廷制度下,包衣曹家仕途出路被严重压抑和堵塞的情况,曹玺时代"从侍卫到织造"的人生道路即已彰显,曹寅一代愈发感受强烈,曹寅在作品中一再抒发"不材之愤"。⑥ "负经济才"而"无从施展","家学"的实现转向"艺能",就是在所必然了。这种转向,不但改变其知识结构,甚至对人格模式和个性发生影响。曹寅继承魏晋风度的风雅"放诞",就是这样形成的。

这里重点探讨曹寅对包衣曹家家学"艺能"的拓展。从舅父顾景星《荔轩草序》记载曹寅"自幼即以诗词经义惊长者,称神童",可知这个家庭雅文化的正统教育内容和氛围,但"家学"的包容性、开放性导向,和重视"兼艺能"的传统,给予了曹寅学习和发展多方面才能的空间。当年少赴京入侍,新的环境和机遇出现之时,它就可能转化为热烈的兴趣和追求了。正是这位顾景星,在相隔十年后进京,竟发现曹寅有了那么大的变化:

> 晤子清,如临风玉树,谈若粲花。甫曼倩待诏之年,腹娜嬛二酉之秘。贝多金碧、象数艺术,无所不窥;孤骑剑槊、弹棋擘阮,悉造精

---

① 《诗钞》卷七《渔湾夜归忆子猷弟句凄而有作》。从《楝亭集》可知曹宣还有《仲夏喜雨》《看菊诗》《芷园消夏十首》等诗,为曹寅所和。

② 顾斌《曹荃序注〈四言史征〉的发现及其意义》,载《曹雪芹研究》2011 年第一辑。

③ 参见方晓伟《曹宣生平主要活动系年》。

④ 参见张宜泉《题芹溪居士》诗并序,转引自一粟编《古典文学研究资料汇编·〈红楼梦〉卷》,第 8 页。

⑤ 《诗钞》卷二《闻芷园种柳》。

⑥ 参见本书第五章第三节。

诣……予益叹其才之绝出也！①

这已经不是一般的文武兼能了，它显示出一种开阔的文化胸怀、眼光和修养。这时曹寅的内在文化结构并非单一的儒学中心，而具有复合多元特点。笔者已经论述，在"佩笔侍从"康熙期间，他还在"西学东渐"之风中进一步吸取了外来文化的滋养。②

特别值得注意的是，顾景星序把曹寅与曹植联系起来：

> 昔子建与淳于生，分坐纵谭，蕉杖起舞，淳于目之以天人，今子清何多逊也！

这里包含着邯郸淳见曹植的典故："时天暑热，植因呼常从取水自澡讫，傅粉，遂科头拍袒，胡舞五椎锻，跳丸击剑，诵俳优小说数千言讫。"③曹寅的友人常在文学才华的意义上把他与曹植并提（或者把曹寅兄弟与曹植兄弟并提），而顾景星却有不同的切身感受，典故的运用暗示曹寅有像曹植一样对通俗文学和表演艺术的喜爱，尤其是后人简化为"粉澡"的化装表演。前引曹植"多艺能"，正包含了这种惊世骇俗的内容。以后，"粉澡"一词在曹寅诗歌中多次出现，说明他也把这种爱好看作"艺能"。笔者曾有文考证过这与曹寅在宫中可能有过"侲童"的表演经历有关系，并认为这是曹寅后来热爱和创作戏曲的渊源。④ 在当时社会里，戏曲表演流行，也有些文人从事戏曲创作，优伶即表演者却是为人所轻的，官员作优伶之乐甚至为君王所斥责、朝廷所禁止。⑤ 但曹寅却对表演艺术情有独钟，年轻时任宫中侍卫就如此不避嫌疑，出任织造后，更蓄养家班，他的戏曲欣赏和创作，无论是改编还是原创，都特别重视舞台表演，并自我评价其创作成就"吾曲第一，词次之，诗又次之"⑥，而曹家却并无表演艺术和戏曲创作传统。虽然曹寅藏书把通

---

① 《楝亭集》顾景星序。
② 参见刘上生《佩笔侍从——曹寅"为康熙伴读"说辨正》，载《湖南师范大学学报》（哲学社会科学版）2000 年第 6 期。
③ 《三国志·魏书·王粲传》注引《魏略》。
④ 参见刘上生《曹寅童奴生涯探析》，载《曹雪芹研究》2018 年第一辑。
⑤ 《清太宗实录》卷四十六"崇德三年"条，皇太极批评多铎"披优人之衣，学傅粉之态，以为戏乐"。
⑥ 《词钞》王朝璥序。

俗小说排除在外，但据蒋瑞藻《小说考证》记载，曹寅友人沈滕友"病《封神传》俚陋，别创一编，以大禹治水为主……卷分六十，目则一百二十回。曹公楝亭寅欲为梓行，滕友以事涉神怪，力辞焉"。可见他对通俗小说不但并不排斥，还能接受推广。① 这些事实说明，包衣曹家的"家学"中的"兼艺能"内容到曹寅一代已经有了拓展，更丰富也更有时代内容了。正是这种向通俗文学艺术的拓展，给后代以巨大影响。

曹寅对"兼艺能"家学拓展的另一方面，是对实用文化的浓厚兴趣。康熙四十五年，他在刊刻《全唐诗》之际，刊刻《楝亭十二种》五十九卷，包括《都城纪胜》《钓矶立谈》《墨经》《法书考》《砚笺》《琴史》《梅苑》《禁扁》《声画集》《后村千家诗》《糖霜谱》《录鬼簿》等书。又刻《楝亭音韵五种》六十五卷。《楝亭书目》还附有曹寅编撰《居常饮馔录》，编以前代所传饮膳之法，汇成一编："一曰宋王灼《糖霜谱》，二、三曰宋东溪遁叟《粥品》及《粉面品》，四曰元倪瓒《泉史》，五曰元海滨逸叟《制脯鲊法》，六曰明王叔承《酿录》，七曰明释智舷《茗笺》，八、九曰明灌畦老叟《蔬香谱》及《制蔬品法》。"②不但保存了大量古籍，而且可以看出刊刻者在书画、音乐、音韵、树艺、戏剧以及饮馔等精神文化和物质文化方面的丰富知识和高度修养。

曹寅的文化成就是多方面，甚至是全方位的。他是清初包衣汉人的杰出作家，留下了《楝亭集》和多部戏曲作品。

他"擅才艺"，"善书"，"明画理"，所制"贡墨"为清初罕见精品。③ 他是一位文学活动家，人称"管理织造楝亭曹公主持风雅，四方之士多归之"④。他是康熙年代著名的刻书藏书家，他奉康熙之命主持刊刻了影响深远的《全唐诗》和《佩文韵府》（去世前未完成），参与了康熙皇帝规模宏大的文化工程建设。他还自己捐资刊刻了顾景星、施闰章、朱彝尊等家境贫寒或衰落的著名作家文集，使其得以流传后世。他性耽书籍，有"书淫"之目，积书十万卷。海内大藏书家季振宜、徐乾学所藏书籍，不少为曹寅所

---

① 蒋瑞藻《小说考证》卷六"大禹治水第一百十九"引《燕居续语》，古典文学出版社1957年版。

② 《四库全书总目提要·谱录类·食谱之属存目》。

③ 方晓伟《曹寅评传年谱》"附录：曹寅研究资料选辑"，广陵书社2010年版，第559、565、570页。

④ ［清］程廷祚《青溪文集》卷二十《先考被斋府君行状》。

得。他结交朱彝尊,曝书亭藏书,皆抄录副本。① 据《楝亭书目》,曹寅共有藏书 3287 种。

文学和艺术全才历代皆有,但能作出包括创作、传播在内的多方面文化贡献则需要更多的主客观条件,曹寅能成为文化多能者,与康熙时代的文化全盛和"家学"赋予他的丰厚营养与开阔空间是分不开的。

## 五 曹雪芹的继承和突破

包衣曹家既重视"家学"传承又保护个性发展的传统在曹寅一代得到延续。"(寅)偕弟子猷讲性命之学。"在康熙盛世和曹家极盛时期,"家学"内容已经有了"趋时"的变化。从康熙二十五年《蝶恋花》词的"晚塾儿归,列坐谈经义",到二十五年后给侄儿写诗谆谆嘱咐:"经义谈何易,程朱理必探。"②但《楝亭集》等有关材料表明,曹寅的家教环境还是比较宽松的,兄弟子嗣的才艺大多获得比较健康的发展。③ 康熙对曹颙的印象:"朕所使用之包衣子嗣中,尚无一人如他者。看起来生长的也魁梧,拿起笔来也能写作,是个文武全才之人。"④曹頫承父画技,深得曹寅赞许。

至于曹頫,康熙六十年《曹玺传》评论:"(頫)好古嗜学,绍闻衣德。识者以为曹氏世有其人云。"曹寅对他寄以厚望。但他似乎颇有个性。康熙四十六年曹寅友人梦庵禅师有《曹公子甫十二龄天性醇淑不乐纷华因作俚语聊当劝戒》诗,题中固多赞语,但既为"劝戒",恐怕并非无的放矢。诗云"我固进言直",首先就提"戒之在放逸",这使人联想到曹寅自诩的"我本放诞人"之语,可见,曹寅对这位在他身边长大的四侄的个性发展也是相当宽容的。曹頫能诗擅文⑤,屡次批评他的雍正帝也不能不赞赏他的奏表"文拟甚有趣。

---

① 参见《曹寅的楝亭藏书集散始末》,载《东方收藏》2014 年第 12 期。
② 见《词钞》及《诗别集》卷四《辛卯三月二十六日闻珍儿殇书此忍恸兼示四侄寄西轩诸友三首》。
③ 参见黄一农《二重奏:红学与清史的对话》,第 136—174 页。
④ 《关于江宁织造曹家档案史料》,第 125 页。
⑤ 梦庵禅师《曹公子甫十二龄天性醇淑不乐纷华因作俚语聊当劝戒》诗,转引自樊志斌《曹頫生年考》,载《红楼梦学刊》2012 年第二辑。曹頫能诗,见袁枚《随园诗话》卷十六"丁未八月"条。

简而备，诚而切，是个大通家作的"①。尤其重要的是，后文将论及，曹頫的
"艺能"观应该是相当开放的。不论曹雪芹是不是他的儿子，作为曹寅的嗣
子，他对曹雪芹的教育和影响不可忽视。这既包括"理学"家教保守的一面，
也包括"艺能"观开放的一面。而后者，正是曹雪芹继承家学传统而实现新
变的内在环境。

这种新变，是通过"家学""艺能"内容的突破实现的。

它包括两方面，一是突破"家学"的雅文化传统，二是突破"艺能"的精神
享受传统，这两方面的突破，导致《红楼梦》的创作传世和曹雪芹晚年的以艺
济世。

曹雪芹继承了"家学"的杂学传统，祖父曹寅的丰富藏书给他打开了知
识宝库，"读书洞彻古今"的"家学"训导指引他读书的方向，但他不为所限。
小说中贾宝玉的"杂学旁搜"就是作者自我的投影，《楝亭书目》中没有的古
今小说、传奇角本，贾宝玉在书童的帮助下读到了，尽管良莠不齐，但肯定在
他面前展开了一个新世界。薛宝钗回忆小时候背着父母读"杂书"，也反映
了当时的现实。这对儿童的影响是极其巨大的。更不用说祖父曹寅、叔祖
曹宣的多方面艺能修养给他的熏陶了。

显然受祖父影响，曹雪芹也热爱戏曲艺术，有他曾经"杂优伶"而受到家
庭惩处的传说，他甚至最初想用传奇写作心中的故事②，但终于放弃而改写
小说，作出勇敢的突破。

从人格范式看，曹雪芹继承了祖父的"放诞"而发展成为具有某种叛逆
色彩的"诞狂"，这为他的突破准备了个性条件。③

曹寅对"家学"的拓展，蕴含着某种新变信息。他的"曲第一，词次之，诗
又次之"的顺序排列，已经完全颠倒了传统观念"词为诗余，曲为词余"的价
值观排列。但是，这种颠倒还只是在传统的雅文化文学圈子里进行的。虽
然他已经走到了雅俗之交，甚至有"欲为梓行"沈滕友《封神传》之事，然而

---

① 《关于江宁织造曹家档案史料》，第 158 页。

② 参见周汝昌《曹雪芹小传》，百花文艺出版社 1980 年版，第 82—88 页；《周汝昌校订批
点石头记》，译林出版社 2011 年版，第 283 页。

③ 参见刘上生《走近曹雪芹——〈红楼梦〉心理新诠》，第 35—44 页；《论曹寅的童奴生
涯和〈红楼梦〉的反奴文化创造》，载《红楼梦学刊》2018 年第一辑。

《楝亭藏书目》又表明曹寅的文学观念仍然具有相当的保守性。在连朋友都叹息"吾为斯人悲，竟以稗说传"①，世俗严重轻视通俗小说的时代，祖父不敢跨越的边界，孙子大步跨过来了。

长篇说部早已有之，曹雪芹的贡献在于他将这种体制的文化整合（包括文体、语体、内容、观念、手法、思想资源以及各种物质和精神文化因子等等）和文学融合功能发挥到了极致，在于把这种新兴的俗文化体制与"家学"的雅文化传统接轨，创造出雅俗融合的崭新境界，在于他进行了"把传统的思想和写法都打破了"的独一无二、可空百代的审美艺术创新。他使《红楼梦》成为了真正的艺术圣典和文学文化百科全书。

人们注意到，在曹雪芹的创作过程中，署名"畸笏叟"的长者写下了数十条批语，未署名的批语也可能有他的笔墨。这些批语，流露出强烈的家族意识和哀挽情绪，甚至了为家族利益干预创作，这当然是出于保守观念，但从另一角度看，在那个"稗官野史"还被人轻视的时代，他的关注又是一种难得的支持。而且，他对曹雪芹通过贾宝玉表达的反传统思想如对"仕途经济"的批判，以及对个性自由的追求，从未在批语中表示异议，这至少表明，他和曹雪芹一样，都具有某种背离传统的倾向，都是雅文学传统藩篱的突破者。如果可以确证畸笏叟就是曹𫖯的化名，那么，曹寅时代"性命之学"的被抛弃和曹雪芹时代的"艺能"观念变革就是从曹𫖯开始启动的了。况且，根据脂批，曹雪芹的《风月宝鉴》旧稿还有其弟棠村为序，棠村还在《石头记》上留下了署名的批语。这更说明，曹雪芹的突破，不仅仅是他个人的，也是包衣曹家末世的集体行动。② 他们要求用这种创新的艺术体制，留下家族的百年兴衰和世代梦想。只是曹雪芹的笔墨情怀，已经远远超越了这种狭隘意图。

曹寅对实用文化的兴趣和传播，是"家学"的拓展，但都还属于上层社会物质享受的精英文化范畴，是曹雪芹使它们回归物质财富的创造者，成为大众文化，造益普通民众，他自己也是其中一员。前者是锦上添花，后者才是雪中送炭。家庭的败落，使曹雪芹面临着拮据的生活处境，以至于"饔飧有

---

① ［清］程晋芳《勉行堂诗集》卷二《怀人诗》之十六，《清代诗文集汇编》影印本。

② 陈庆浩编著《新编石头记脂砚斋评语辑校》，第 12、234 页。有人认为曹𫖯是《石头记》的原始作者，因缺乏足够论据，本书不取。但可以肯定曹𫖯是小说创作的参与和支持者之一。

时不继"①,他只得以"艺能"作为谋生和济世手段。从朋友的诗句可以知道,他不愿去朝廷画院忍受屈辱("苑召难忘立本羞"),而宁可以画养生糊口("卖画钱来付酒家")。② 他儿时爱放"纸鸢",在织造署,他曾经观看工人织锦,并学习风筝扎糊技术,迁居北京西山以后,他不但用此技术帮助过穷苦的残疾人,而且于乾隆二十二年收集风筝图谱、做法编了一本《南鹞北鸢考工记》,并为此写了自序,使"今世之有废疾而无告者,谋有以自养之道"③。为了把更多的技艺传之于人,有益于世,他还在妻子的帮助下,编撰了《废艺斋集稿》八册,包括治印、风筝扎糊、编织、脱胎、织补、印染、竹制品和扇骨雕刻、园林设计、烹饪等诸项技艺。④ 吴恩裕、胡德平等正确指出,在曹雪芹所向往的古代和当代先贤中,除了祖辈"家学"所系,还有先秦墨家"兼爱"和重视技能的实用文化思想的影子。⑤

包衣曹家的"家学"终于结出了硕果,以"艺能"实现了科举仕途不可能实现的"负经济才"目标,登上了历史的巅峰。

# 附　曹雪芹家世史料(四件)

## 1. 钦定四库全书《八旗满洲氏族通谱》卷七十四
### 附载满洲旗分内之尼堪姓氏(摘录)

曹氏

曹锡远

正白旗包衣人,世居沈阳地方,来归年份无考。其子曹振彦原任浙江盐法道。孙曹玺原任工部尚书,曹尔正原任佐领。曾孙曹寅原任通政使司通

---

① ［清］敦敏《瓶湖懋斋记盛》,转引自吴恩裕《曹雪芹佚著浅探》,第 252 页。

② 敦敏《赠芹圃》、张宜泉《题芹溪居士》,转引自一粟编《古典文学研究资料汇编·〈红楼梦〉卷》,第 7、8 页。

③ 参见吴恩裕《曹雪芹佚著浅探》;樊志斌《曹雪芹传》,中华书局 2012 年版,第 106、217—221、283 页。

④ 樊志斌《曹雪芹传》,第 269—272 页。

⑤ 参见吴恩裕《曹雪芹佚著浅探》,第 283—306 页;胡德平《说不尽的红楼梦》,中华书局 2004 年版,第 13—20 页。

政使,曹宜原任护军参领兼佐领,曹荃原任司库。元孙曹颙原任郎中,曹𫖯原任员外郎,曹頫原任二等侍卫兼佐领。曹天佑现任州同。

(据《钦定四库全书》文津阁本)

## 2.《五庆堂重修曹氏宗谱》(摘录)

三世

智　辽东四房,俊四子。

(四世至八世,因际播迁,谱失莫记。)

九世

锡远　从龙入关,归内务府正白旗。子贵,诰封中宪大夫。孙贵,晋赠光禄大夫。生子振彦。

十世

振彦　锡远子。浙江盐法道。诰授中宪大夫。子贵,晋赠光禄大夫。生二子,长玺,次尔正(一谱作鼎)。

十一世

玺　振彦长子。康熙二年任江南织造,晋工部尚书。诰授光禄大夫。崇祀江南名宦祠。生二子,长寅,次荃。

尔正(另谱名鼎)　振彦次子。原任佐领。诰授武义都尉。生子宜。

十二世

寅　玺长子。字子清,又字楝亭。康熙三十一年督理江宁织造,四十三年巡视两淮盐政,累官通政使司通政使。诰授通奉大夫。汇编有《楝亭藏书十二种》,计《法书考》八卷、《琴史》六卷、《钓矶立谈》一卷、《梅苑》十卷、《禁扁》五卷、《砚笺》四卷、《墨经》一卷、《声画集》八卷、《录鬼簿》二卷、《糖霜谱》一卷、《都城纪胜》一卷、《后村千家诗》廿二卷。著有《楝亭集》等。崇祀江南名宦祠。生二子,长颙,次𫖯。

荃　玺次子。原任内务府司库。诰授奉直大夫。

宜　尔正子。原任护军参领兼佐领。诰授武功将军。生子顾。

十三世

颙　寅长子。内务府郎中督理江宁织造。诰授中宪大夫。生子天佑。

𫖯　寅次子。内务府员外郎督理江宁织造。诰授朝议大夫。

颀　　宜子。原任二等侍卫兼佐领。诰授武义都尉。

十四世

天佑　　颀子。官州同。

### 3.《曹玺传》(康熙二十三年未刊稿本《江宁府志》卷十七)

曹玺,字完璧,宋枢密武惠王裔也。及王父宝官沈阳,遂家焉。父振彦,从入关,仕至浙江盐法道,著惠政。公承其家学,读书洞彻古今,负经济才,兼艺能,射必贯札。补侍卫之秩,随王师征山右建绩。世祖章皇帝拔入内廷二等侍卫,管銮仪事,升内工部。康熙二年,特简督理江宁织造。江宁局务重大,黼黻朝祭之章出焉,视苏杭特为繁剧。往例收丝则凭行侩,颜料则取铺户,至工匠缺则金送,在城机户,有帮贴之累。众奸丛巧,莫可端倪。公大为厘别。买丝则必于所出地平价以市。应用物料,官自和买,市无追胥,列肆案(安)堵。创立储养幼匠法,训练程作,遇缺即遴以补,不金民户。而又朝夕循拊,稍食上下有经,赏赍以时,故工乐且奋。天府之供,不戒而办。岁比祲,公捐俸以赈,倡导协济,全活无算,郡人立生祠碑颂焉。丁巳、戊午两督运,陛见,天子面访江南吏治,乐其详剀,赐御宴、蟒服,加正一品,更赐御书匾额手卷。甲子六月,又督运,濒行,以积劳感疾,卒于署寝。遗诫惟训诸子图报国恩,毫不及私。江宁人士,思公不忘,公请各台崇祀名宦。是年冬,天子东巡,抵江宁,特遣致祭。又奉旨以长子寅仍协理江宁织造事务,以缵公绪。寅,敦敏渊博,工诗古文词。仲子宣,官荫生,殖学具异才。人谓盛德昌后,自公益验云。

### 4.《曹玺传》(唐开陶等纂修,康熙六十年刊《上元县志》卷十六)

曹玺,字完璧。其先出自宋枢密武惠王彬后。著籍襄平。大父世选,令沈阳有声。世选生振彦,初,扈从入关,累迁浙江盐法参议使。遂生玺。玺少好学,沉深有大志,及壮补侍卫,随王师征山右有功。康熙二年,特简督理江宁织造。织局繁剧,玺至,积弊一清,干略为上所重。丁巳、戊午两年陛见,陈江南吏治,备极详剀。赐蟒服,加正一品,御书"敬慎"匾额。甲子卒于署,祀名宦。子寅,字于(子)清,号荔轩。七岁能辨四声,长,偕弟子猷讲性命之学,尤工于诗,伯仲相济美。玺在殡,诏晋内少司寇,仍督织江宁。特敕加通政使，持节兼巡视两淮盐政。期年，疏贷内府金百万，有不能偿者，请豁免，商立祠以祀。奉命纂辑《全唐诗》《佩文韵府》，著《练［楝］亭诗文集》行世。孙颙，字孚若。嗣任三载，因赴都染疾，上日遣太医调治，寻卒。上叹息不置，因命仲孙頫继织造使。頫字昂友，好古嗜学，绍闻衣德，识者以为曹氏世有其人云。

（据《金陵全书》甲编所收影印本）

# 第三章　曹寅生平事迹考索

曹寅(1658—1712)字子清，号雪樵、荔轩、楝亭，还有棉花道人、柳山居士、紫雪庵、紫雪庵主、西堂扫花行者、鹊玉亭等别号，晚年还曾号盹翁、柳山聋叟等。

寅字子清，出《尚书·舜典》："夙夜惟寅，直哉惟清。"雪樵，最早见于康熙十七年邓汉仪编定之《诗观二集》卷十三作者小传："曹寅，子清，雪樵，奉天辽阳人。"又见于《八旗文经》卷五十七等。可知，这是他早年的别号。荔轩，最早见于康熙十八年四月顾景星所作《荔轩草序》、康熙二十四年五月杜岕《思贤篇送荔轩还京师》诗，以及康熙二十五年蒋景祁编定《瑶华集》卷首之词人名录："曹寅，子清，荔轩。"应为其在京任侍卫和郎官时的别号。荔轩，应是其北京住处斋名，与曹寅弟宣号芷园，取号方法相同。楝亭之号，则在其出任苏州织造之后，寓纪念其父生前曾构楝亭课子读书以示继承家业之意。玺、寅父子都把楝树当作家世情感的寄托。(见后文)紫雪庵、紫雪庵主等别号都与楝树、楝亭相关。(楝树开紫花，曹寅《题楝亭夜话图》有"紫雪冥蒙楝花老"之句。)楝亭之西有柳树、山石，周汝昌引张云章《奉陪曹公月夜坐柳下》诗"柳山先生性爱柳，山坳一树百年久。西遮炎影桃笙凉，东望浓阴楝花偶"，证此即为别号"柳山"所由来。曹寅曾借"柳"寄寓自己的不材之愤，见《楝亭诗钞》卷二《闻芷园种柳》及本书第五章。西堂是曹家北京住处堂名，曹寅经常与朋友宴饮于此，见《楝亭诗钞》卷一《西堂饮归》等诗。后南京织署也有西堂。鹊玉亭也在北京住处，见《楝亭诗钞》卷一《送桐初》诗。"棉花道人"仅见于曹寅题姚潜(后陶)小像诗，见《雪桥诗话》三集卷三。曹寅晚年喜瞌睡，又曾耳闭，故有盹翁、聋叟等号。

从侍卫到织造，曹寅重走了他父亲的人生之路，不同的是，他生活的时代,清朝政局已逐步从安定走向繁荣。他的一生,几乎历康熙一朝,为臣为奴,均从康熙帝一人,成为康熙时代政治和文化中有影响的人物。

曹寅的生平事迹,前辈学者和同仁颇有论著,其中周汝昌先生《红楼梦新证》奠其基,朱淡文女士等继其后,贡献尤大。但尚有若干模糊空白及不确之处。现本人依据《楝亭集》及其他有关文献考索综述于下,并对一些有争议的问题提出自己的看法。由于曹寅生平前期(任织造前),过去研究较少,且存在一些认识盲点和误区,而这些问题对于全面了解曹寅其人,关系甚大,故本章所述,有所偏重,并与以下各章相互补充。

## 第一节　少年入侍和佩笔侍从

### 一　童稚时代

顺治十五年戊戌(1658)九月初七日,曹寅出生于北京。据周汝昌考证,他家当时住在紫禁城西筒子河的西边,中海的蕉园附近,这里靠近内务府诸司,为赴任所方便,这时可能已升内工部的曹玺便把全家从原贡院附近的芷园(曹家入关后所分,在原正白旗驻地)搬了过来,新宅也叫芷园。曹寅应出生在这个新芷园里。他的生母是顾景星之妹、曹玺之妾顾氏。顺治十八年或康熙元年,曹玺娶出宫的康熙保母孙氏为继室,是为曹寅之嫡母。

曹寅自云:"吾少寄名浮图氏。"(《重葺鸡鸣寺浮图碑记》)寄名是一种迷信习俗,因怕幼儿夭亡,将其寄于寺庙佛名下做弟子,寺庙则给寄名弟子以"寄名锁"或"寄名符"作为庇佑。这种仪式一般在孩子出生以后不久进行,故曹寅的寄名,应在北京寺庙。

康熙元年壬寅(1662),曹玺奉差到南京,曹寅随父南下。次年癸卯(1663)二月,朝廷决定原隶属工部的江南三织造改隶内务府,曹玺被任命为久任专差的江宁织造第一人。

按,曹寅《重葺鸡鸣寺浮图碑记》(此文写于康熙五十年)云:"某自康熙壬寅岁(康熙元年,1662)侍先大人奉差至此。"《重修二郎神庙碑》(此文写于康熙四十九年,1710)云:"予自六龄侍先公宦游于此。"按:曹寅6岁时为康熙二年癸卯。二文写作时间仅一年之隔,所述旧事不应有误记偏差,故本书据此认为，曹寅随父壬寅年"奉差"，癸卯年"宦游"，年龄均依旧俗，以出生之年为一岁。

康熙二年（癸卯，1662）二月十二日，曹寅之弟曹宣出生，生母为孙氏。宣字子猷，取《诗经·桑柔》"秉心宣犹"之意，后因避康熙帝玄烨之音讳改名荃。以后，曹寅仿苏轼对弟苏辙的称呼之例，在诗歌中，把这位出生于卯年卯月的弟弟称为"卯君"，如《和芷园消夏》诗（《诗钞》卷二）："卯君茶癖与吾同，对客长愁放碗空。"《十五夜射堂看月寄子猷二弟》（《诗钞》卷四）："侍香班散联吟去，疏柳长窗坐卯君。"

按："卯君"典出苏轼《子由生日以檀香观音像为寿》诗："东坡村里寿卯君。"自注：卯君，子由也，子由己卯生，故名。又，冒襄次子冒丹书，字青若，因生于己卯年，亦号卯君。前人据康熙二十九年《总署内务府为曹顺等人捐纳监生事咨户部文》中"三格佐领下南巡监图画曹荃，情愿捐纳监生，二十九岁"等语推断曹宣生于康熙元年，与寅称宣为"卯君"不合，可见咨文所载有误，曹宣时年二十八岁。

曹玺重视对儿子的教育，在织造署书斋外，他亲手栽了一株楝树，树旁修葺了凉亭，名楝亭。夏天，楝树开满了紫花，曹玺就在书斋或亭子里课子读书。以后，楝树和楝亭就成为曹寅兄弟对父亲亲情与孝思的寄托。曹寅在父亲逝世后即请人绘楝亭图遍征题咏，并别号楝亭，自编诗文集命名为"楝亭集"，都是这种情感的流露。

除了父亲，曹寅还受到塾师马銮的良好教诲。马銮是一位忠厚长者，尊重儿童的天性，使曹寅在严格管教之外，还能享受天真的童稚情趣。马去世后，他对这位蒙师充满了怀念："忆昔提携童稚年，追欢多在小池边。"（《哭马伯和先生》，《别集》卷一）这对曹寅热爱自由的个性之形成有着良好影响。曹寅在诗中回忆："昔我发未燥，游戏穷崖巅。生憎圉人控骄马，绝爱牧儿放纸鸢。"（《三月六日登鼓楼看花》，《诗钞》卷三）

除了家塾，大约十一二岁时，曹寅还曾进入"社学"学习。按，清初承元明之制，令各直省的府州县置社学，每乡置社学一所。社师择"文义通晓，行宜谨厚"者充任，以教化为主要任务，这是当时公众办学的一种形式。凡近乡子弟,年 12 岁以上、20 岁以下,有志学文者,皆可入学肄业,来去自愿。①
曹家向有重视理学传统,故玺命曹寅入社学。但曹寅 12 岁以后即赴京入侍,
在社学时间不长。多年以后,他与几位学友相聚后写过三首诗回忆社学生
活,其中第二首:"石桥执经予最少,十年同社夜台多。西州便是香河水,荒
草频添驻马坡。"②怀念近十年来去世的学友。"执经",即"执经叩问",宋濂
《送东阳马生序》:"又患无硕师名人与游,尝趋百里外,从乡之先达执经叩
问。"第三首中还有"十月相思乌桕树,浓油高拨勘书灯"之句,描写这位少年
学子与同学添油"勘书"的情景。可见他早年的学习生活内容也很丰富。

　　同幼年时期的曹寅一起玩乐过的,还有他的表弟顾昌和甘国基。顾昌
(培山)是顾景星的儿子,常随父亲来织造署与曹寅玩耍。四十余年后,顾昌
为父刊《白茅堂全集》重来江宁织署,曹寅写诗回忆道:"与君半百皆称翁,花
裆获戟,颇忆嬉庭中。"(《夜饮和培山眼镜歌》,《诗钞》卷四)裆,儿童穿着;获
戟,儿童玩物。可见康熙初景星携家至南京,两家来往密切。

　　甘国基,曹寅称秋原表兄、鸿舒表兄,包含着对辽东曹氏远祖的确认。
甘国基是死难于三藩之变时的云贵总督甘文焜的第三子。甘文焜的堂兄甘
体垣,娶明沈阳中卫指挥曹权中(一名全忠)之女。曹权中(全忠)是《五庆堂
谱)三房曹礼之后(十世),与四房曹智之后(十世)曹振彦同宗同辈,曹玺与
甘体垣、文焜同辈,故曹寅称文焜之子国基为表兄(实际上曹寅稍长,国基生
于顺治十八年,1661),曹、甘两家来往并认亲,应在曹玺和文焜均在京任职
时期。康熙七年,文焜赴贵阳云贵总督任,可能于此时路过江宁,曹寅得与
国基有童稚之交。甘国基后为山西太原知府,曹寅《送余九迪之介休》(《别
集》卷三)诗有句:"获戟嬉游如昨日,修髯不见又多年。"自注:"忆秋原表兄。
太原太守。"文焜殉难后,曹寅有《过甘园》诗(《别集》卷二)伤悼:"一二年间
春更好,八千里外恨难沉。"自注:"总制公死难滇南。"并寄慰国基:"已是杜
鹃啼不尽,忍教司马重沾襟。"自注:"谓鸿舒表兄。"足见二人情谊之深。国
基卒于康熙四十四年乙酉(1705)。

---

① 　参见《辞海》(音序缩印本)"社学"条,上海辞书出版社 1999 版,第 1862 页。
② 　《诗钞》卷三《戏赠钱穆孙》,诗作于康熙三十七年秋。当天似有钱穆孙等数位学友聚
　　于织造府署。参见胡绍棠《楝亭集笺注》,第 135—136 页。有人把此诗理解为曹寅
　　曾在社学读书十年,是误读。

曹玺在北京任侍卫和内府郎官时，与丰润人曹鼎望交往，两家都以宋武惠王曹彬为远祖，二人年辈相近（鼎望长一岁）。曹鼎望是顺治己亥（1659）进士。康熙五年丙午（1666），奉命典湖广乡试。六年丁未（1667）擢徽州知府。（据《曹鼎望墓志铭》）大约在此时，两家又以同宗密切来往，鼎望三子，长子钊、次子钫、三子铪，都自童年起与曹寅结下了深厚的兄弟情谊。三人均长于寅，寅分别称钫、铪为宾及二兄、松茨（冲谷）四兄。钊、钫早逝，铪与寅交往尤久。儿时的欢乐情景，曹寅多次形诸笔下："况从卯角游，弄兹莲叶碧。"（《松茨四兄远过西池诗十首》，《诗钞》卷二）"春风苦楝树，夜雨读书床。"（《西轩赋送南村还京兼怀安侯姊丈冲谷四兄》，《诗钞》卷四）这些事情，大约都在康熙八年曹寅进京入侍之前，入京之后，曹寅于闲暇时也到曹铪家乡丰润松茨别墅去过，在浭水边钓鱼，一起喝用孤竹泉水酿造的浭酒，留下了美好记忆。

曹寅自小聪慧，又受到良好的家庭和塾师教育，熟读经书，爱好诗词。曹玺又教以骑射，使他的知识才能得到比较全面的发展。《上元县志·曹玺传》称他"七岁能辨四声"，张伯行称其"幼而岐嶷颖异，通经史，工诗文，虽老师宿儒，已惊叹为雄才之倒峡，而邃学之渟渊"（《祭曹荔轩织造文》），顾景星称他"束发即以诗词经艺惊动长者，称神童"（《荔轩草序》）。这里所说的"老师宿儒"和"长者"，即指景星、马銮及曹玺的朋友杜濬、杜岕兄弟，周亮工，郭汝霖等。周亮工于康熙六年任江安十府粮储道时与曹玺交好，"以余（曹）通家子，抱置膝上，命背诵古文，为之指摘其句读"（曹寅《重修周栎园先生祠堂记》）。郭汝霖康熙十三年在扬州见到随父参加防守三藩之乱的曹寅，"时予成童，绡角嶷嶷。先生嘉我，说诗秉礼"（曹寅《祭郭汝霖先生文》）。这时曹寅早已是侍卫了。从这些培养教育获得的禀赋中，可以看出曹寅在继承家庭文武兼备的传统时进一步向着重文的方向发展，也可以看到曹寅在继承民族文化传统时，既深受儒家文化熏陶，又广泛吸收和学习各种文化艺术遗产。

## 二　少年入侍

康熙八年，曹寅12岁时，他的生活发生了重大变化。他被刚亲政不久的康熙皇帝选拔进京入侍，充任哈哈珠子（满语，侍从幼男之称）。从此，他告别了快乐自由的童年,告别了他依恋的父母兄弟和深深热爱的明媚江南,独自去往北京,进入森严阴冷的紫禁城。这件事对于他本人、他的家庭和他未来的子孙的巨大意义,要在若干年后才会逐步显现出来。当时,年少的曹寅心中一定充满了无奈。不管怎样,他的独立的人生道路从这里开始了,而起点同他父亲曹玺一样,也是入侍主子——君王。

曹寅何时离家赴京入侍康熙,是一个尚有争议的问题。邓之诚先生在《清诗纪事初编》卷六"曹寅小传"称:"(康熙)十年,寅年十三,挑御前侍卫。"由于邓先生的权威性,此说(以下简称"十年说")曾为学者广泛引用,但邓先生未列出依据。按古代以出生之年为一岁(虚岁)的惯例(曹寅也是这样计算自己的年龄的,见后引《句容馆驿》诗注),康熙十年,曹寅应为十四岁(寅生于顺治十五年)。邓先生所谓"年十三",是指周岁。

周汝昌先生在《红楼梦新证·史事稽年》中的"康熙八年"条,推断曹寅为哈哈珠子(侍卫男童),"疑与擒鳌拜不无关涉","是年曹寅十二岁,似可定为康熙八年"(以下简称"八年说"),惜无论据。

李广柏先生在《曹寅"伴读"之说不可信》一文中,除否定"伴读"之说外,还对曹寅入侍的年龄及年代作了考证:曹寅大概十七八岁时离开江南,上京做了侍卫。至于年代,李先生认为:"大概就在康熙十三年,或者稍后。"此说(以下简称"十三年说")的主要论据,是《文钞》中《祭郭汝霖先生文》关于"摄提之岁"(康熙十三年,1674)曹寅在广陵见到郭先生的记载及《楝亭诗钞》卷四《句容馆驿》"余十七岁侍先公馆此"的诗注。

"八年说""十年说""十三年说",几种说法究竟何者为是?这也许不仅仅是个年代问题,还牵涉到康熙帝对曹寅的态度。如果曹寅只是按照包衣子弟的通例,于十七八岁方才赴京当差,那表明康熙此时对他并无特殊好感;倘若是在十三四岁即成童时或稍前被挑任,那就表明,少年时代的曹寅就引起了康熙帝的注意。这对认识曹寅与康熙帝的关系有重要帮助。当然,这种辨析,必须以材料为依据,尊重客观事实,而不能凭主观臆想。

**(一)曹寅自述与他述**

曹寅及其亲友对于他入侍康熙帝一事的记忆是相当深刻的,曾多次述及此事。曹寅有关这段经历的自述性材料,包括两个部分,一是给康熙皇帝的奏事密折,二是个人及友人的作品。

曹寅的奏事密折中,多次回忆自己自幼入侍的经历,这些自述性材料在研究中具有基础意义。

密折奏事制度始创于康熙皇帝。他特许宠信的臣下不经外廷,直接上书,由内务府上呈皇帝,借以了解世情宦情民情,并以之为与亲信沟通的特殊渠道。因此,密折奏事除了一般奏议的官方文书特点外,还具有一定的私人隐秘性,留有一些个人信息空间,也多一些人情味。由于所有奏折皆经御览,且多蒙御批,必然要求内容的绝对真实和措辞的精准稳妥,特别是涉及个人与君王关系的敏感话题,必须慎之又慎,决不可有片言只语的虚妄。理解这一语境非常重要,它使我们可以确认其作为研究曹寅生平经历的第一手资料的意义。现将涉及曹寅年幼侍上情况的主要材料列举并简论如下:

1. 康熙四十二年《奏闻江南秋收丰登情形折》①:

> 臣寅自幼蒙豢养,得备下走之任,仰见我皇上轸念民生,宵衣旰食,无一刻不以水旱荒歉为急务。

这是现存曹寅奏折中第一次涉及他与康熙帝的特殊关系,片言只语,却提供了清楚全面的信息。曹寅说,自己从小侍奉皇上,亲眼见到皇上挂念百姓,日夜勤政,无时无刻不把农业收成、水旱灾害的事放在心上。不能否认曹寅奏折有奉承动机和夸饰谀词,但同样不能否认的是曹寅在这里陈述的"自幼"侍奉皇上的基本事实。这种侍奉,显然是有相当密切接触的日常生活服务,否则,不可能产生如此见闻感受。

2. 康熙四十三年《奏谢钦点巡盐并请陛见折》②:

> 念臣于稚岁备犬马之任,曾无尺寸之效。愚昧椎鲁,不学无术。

3. 康熙四十九年《奏设法补完盐课亏空折》③:

> 窃念臣从幼豢养,包衣下贱,屡沐天恩,臣虽粉身碎骨,难报万一。

4. 康熙五十年《奏设法补完盐课亏空折》④:

---

① 此奏折见于易管《江宁织造曹家档案史料补遗(上)》,载《红楼梦学刊》1979 年第二辑。
② 故宫博物院明清档案部编《关于江宁织造曹家档案史料》,第 23 页。
③ 《关于江宁织造曹家档案史料》,第 78 页。
④ 《关于江宁织造曹家档案史料》,第 82 页。

　　　　臣自黄口充任犬马，蒙皇上洪恩，涓埃难报，少有欺隐，难逃天鉴。

　　"黄口"指年幼无知的小孩。《淮南子·氾论训》："古之伐国，不杀黄口，不获二毛。"高诱注："黄口，幼也。"十岁以下儿童皆称"黄口"。曹寅奏折用"黄口"一语，显然表明其离家"充任犬马"时年龄稚幼，既非束发少年，更非弱冠成年。

　　依据上述自述性材料及其分析，我们不难得出结论：曹寅是年幼时进宫入侍的。当然，依例，包衣子弟年满十八岁当差。但皇室（以及王府）往往依据皇子幼主侍从陪伴的需要，征选幼童，也成惯例。清初鉴于晚明阉党乱政的教训，汰除太监，顺、康弱龄即位，尤其有此需要。这就出现了包括内务府包衣子弟在内的被称为哈哈珠子的年幼侍从群体。其底层，是担负最低贱差事的幼童包衣人，如康熙二年内务府满文题本提及的二十多个"打扫庭院之哈哈珠子"，其中常保者，不满十二岁进宫。其上，则有作为幼主侍卫和皇子伴读的哈哈珠子。[①] 福格《听雨丛谈》卷十二"哈哈珠子"条，谓"皇子及诸王侍从小臣中有曰哈哈珠子者，满语为幼男之称"[②]。《中国历史大辞典》中释"哈哈珠子"曰："满语男童之称，汉译小厮。清制，凡京旗子弟，年满十一或十三岁以下者，得选入皇宫或上书房，轮日入值，从事杂役。"[③]曹寅母舅顾景星《怀曹子清》诗首句"早入龙楼傱，得观中秘书"（《白茅堂集》卷二十二），所描写的正是曹寅幼年御书房入值的情景，可为参照。这条释文所提及的哈哈珠子的年龄区间（十一至十三岁）与拙著论证的曹寅入侍年龄也正相吻合。说白了，曹寅就是被选拔来当少年康熙童仆的，这就是所谓进宫入侍的实质。在这一点上，十二岁进京入侍的曹寅既不同于十四岁以大臣子弟身份入侍禁近的宋荦[④]，也不同于因父亲为帝师，自己又与康熙帝同龄而陪伴

----

① 转引自李文益《清代哈哈珠子考释》，载《清史研究》2016 年第 1 期，第 59—60 页。李文对哈哈珠子问题做了较深入研究，认为至迟在康熙十二年，哈哈珠子变为专指由伴读出身的皇子侍读及侍卫。

② ［清］福格《听雨丛谈》，中华书局 1959 年版。

③ 郑天挺主编《中国历史大辞典》（音序本），上海辞书出版社 2007 年版，第 884 页。

④ 《清史稿》卷二百七十四《宋荦传》："宋荦，子牧仲，河南商丘人。……顺治四年，荦年十四，应诏以大臣子列侍卫。"

他读书的丁皂保①，他是以包衣子弟身份"充任犬马"，侍候少年皇帝的。嫡母孙氏曾经担任幼年康熙的保母，以及曹寅本人"以诗词经艺惊动长者，称神童"的美誉可能是他得以入选的条件，但我们切切不能忽视曹寅这一基本身份地位对他一生的影响。

当然，"稚岁""黄口"只是指称少儿年龄段的模糊词语，并不表示具体年龄。曹寅在写于康熙五十一年的《正月二十九日随驾入侍鹿苑二月初十日陛辞南归恭纪四首》（《诗钞》卷八）其四则有句云：

> 束发旧曾充狗监，弯弧中岁度龙城。

狗监，《史记·司马相如列传》："蜀人杨得意为狗监侍卫。"此处取其"侍上"之意。曹寅在束发之年入侍康熙，这在曹寅亲友的文字中也得到了证实：

> 自结发侍内直。
>
> 郭振基《楝亭诗别集序》

结发，此处意犹束发。郭振基自称"受业"（弟子），与曹家"通门三世"，当然十分了解曹寅，他的说法与曹寅自述一致。不过，在古代，束发只是男子从童年进入少年时代的一种发饰变化，它并不像标志男子成丁的"冠礼"和女子成年的"笄礼"那样有着严格的时间规定。它可能在成童之年（15岁），也可能稍早。所以，单纯从"束发"（结发）一词还难以确定曹寅入侍的年龄。曹寅舅氏顾景星的说法略有不同，作于康熙十八年的《荔轩草序》云：

> 束发即以诗词经义惊动长者，称神童。既舞象，入为近臣。

这里把"束发"与"舞象"作为两个年龄点，可见"束发"比"舞象"之年小。《礼记·内则》："成童，舞象，学射御。"成童之年始舞象（文舞）。陈皓注："成童，十五以上。"有些论者遂据此认定曹寅 15 岁以后才入侍康熙，这显然是把入侍与入为近臣两个概念混淆了。入侍，即曹寅所谓"充狗监"，郭振基所谓"侍内直"，只是侍卫当差，以后地位上升，进入品秩行列，才能说"为近臣"。《礼记·礼运》云："仕于公曰臣。"顾景星的序多处称扬其甥，他这句话的意

---

① 丁皂保是康熙帝师丁应元之子，正黄旗包衣。丁应元为康熙伴读，皂保五岁，侍帝前。见盛煜辑《雪屐寻碑录》载丁皂保《恭志追赐御书奏对始末》碑文。

思是曹寅十五六岁以后就在天子身边当侍从官,也就是他另一首诗《赠曹子清》中的"官阶内府除"之意。他没有提到束发入侍,却说"束发即以诗词经义惊动长者,称神童",与"既舞象,入为近臣"一样,都是一种"有选择的褒扬"(拣最好的说)。可以肯定,从"充狗监""侍内直"到"为近臣"之间必有一个时段、一个过程,而"束发"(结发)则是这一时段的起点。曹寅入侍必在"舞象"之年即15岁之前,这样,就与他奏折中自称"黄口充任犬马"等语大体相一致而不矛盾了。

如此看来,曹寅入侍康熙的时间,以曹寅自述的话语为准的,"十三年说"似太迟,"八年说"或"十年说"近是,但缺乏文献依据。那么,能否找到比较有说服力的可大体确定年代的依据呢?

### (二)"康熙八年入侍"考证

研究曹寅入侍的年代,最好的办法是从可以确定创作年代而又与入侍时间较近的曹寅诗文中寻找线索。在我看来,《诗别集》卷一中的《和桐初谷山署中寄怀原韵》一诗就是这样的作品:

> 朱夏盛炎燠,客怀杂悲喜。望云眼已穿,剖鲤心先拟。开心读素书,目击存深旨。故人怜我瘦,三载隔烽垒。空求豫章材,未吊湘江芷。懵腾天地中,潦倒干戈里。游咏盈篇章,愁积何时已。嗟予归故乡,索居近一纪。萧条金台树,泱漭浑河水。轮蹄白日逐,税驾安所止?劳生多一官,神交寄千里。悠悠汶上人,不见征尘起。

桐初,即叶藩,是曹寅的朋友,曹玺挚友杜濬的女婿。杨钟羲《雪桥诗话》三集卷三谓曹寅在北京期间,与姚潜、宜兴陈枋、昆山叶藩、长沙陶煊、邗江唐祖命有"燕市六酒人"之目。《楝亭集》中述及与叶藩的交谊之作颇多。谷山在山东,阳谷县因此山得名,疑即指阳谷。从诗末用"汶上"之典(出《论语·雍也》)看,叶藩当时任职于山东县署是不错的。诗从"故人"与"予"两面写,"故人怜我瘦,三载隔烽垒",是分别三年,战事阻隔;"懵腾天地中,潦倒干戈里",是战事未毕,时局未稳。这里所说的"懵腾天地"的"干戈",只有一件事,就是爆发于康熙十二年(1673),至康熙二十年(1681)才完全平定的震动全国的"三藩之乱"。"三藩之乱"虽未及山东,但在平叛战争中,山东是康熙倚重的战略要地,尤其是阳谷所在的兖州。康熙十二年十二月,吴三桂

刚发动叛乱,康熙帝就作了部署:

> 谕议政王大臣等,大兵进征楚蜀,若须援兵,自京发遣,难以骤至,
> 且至士马疲劳,兖州地近江南、江西、湖广,太原地近陕西、四川,均属东
> 西孔道,可发兵驻防,秣马以待。

叶藩既任职县署,戎务倥偬,诸事不顺,所谓"潦倒干戈"是也。叶藩曾拟南游,湖南、江西皆战乱重地,自然不得而往,此即"空求豫章材,未吊湘江芷"二句诗的意思。(豫章与湘江对举,可知指地名,即南昌,代赣地。)从此诗叙述所用的"现在进行时"语调看,当时战争并未结束,故由此可断定,本诗必写于康熙二十年十月清军攻陷昆明,吴世璠自经之前。从首句"朱夏盛炎燠"所显示的季节看,至迟应作于康熙二十年夏天。又由于《诗钞》所收作品大体以编年为顺序,而置于本诗前的《闻恢复长沙志喜四首》作于康熙十八年春(此年二月清军收复长沙),另一《喜雨纪事》诗描述康熙帝祈雨,"焚香毕祝御衣湿,雷电皆主天下观"的情景,与《康熙起居注》康熙十八年四月十一日己卯"上躬诣天坛祈雨……致祭读祝甫毕,甘霖随降"的记载正相符合,可知该诗必作于康熙十八年夏。而由于从《喜雨纪事》诗到本诗之间,还依次编集了一些描述秋事秋景(如《奉使送桂花置潭柘竹亭下二首》《宿西内寄怀范次丞》等)及(次年)春事春景之作(如《春日感怀二首》《苔》《箨》等),故可以断定,《和桐初谷山署中寄怀原韵》一诗的创作时间,不可能早于康熙十九年夏。又由于至康熙二十年,平叛已近尾声,故此诗极有可能作于康熙十九年夏天。

诗的后一部分从自己方面写。"嗟予归故乡,索居近一纪",这是说自己离开江南回到北京独居的时间将近一纪(十二年)。曹寅出生于北京,六岁时随父亲曹玺任江宁织造到南京,这里的"故乡"当然是指北京。从下文"萧条金台树"四句,可知"归故乡"后是在服役当差。金台即黄金台,古燕地名,战国时燕昭王求贤所筑。《水经注·易水》:"濡水……其一水东出注金台陂……陂北十余步有金台。"浑河,即流经山西、河北的桑干河,因流浊易淤而得名,后更名为永定河。"轮蹄白日逐,税驾安所止",二句是说任职侍卫,扈驾巡游,四处奔走,劳碌不息。不直接说侍卫巡游,表明青年曹寅相当厌倦这种"王事靡盬,不遑启处"的生活。曹寅在他任侍卫期间的诗作,曾多次流露出这种情绪。如《诗钞》卷一的《读梅耦长西山诗》《卧龙岭》《不寐》《人

日和子猷二弟仲夏喜雨原韵》《葛渔城》《赵北口》《黄河看月示子猷》以及《诗别集》卷一《恒河》等。"金台""浑河"就是这类侍卫巡游等差役的标志性地点。而作者告诉我们,这种"索居"生活已"近一纪"了。一纪是十二年,"近一纪"则不应少于十年。十年以下就不好说"近一纪"而只能说"近十年"。也不会是整十年或十二年,那样就可以直截了当地说"十年"或"一纪"。这就是说,到写这首诗的时候,曹寅离家索居已经十年以上至十一年,或者说,已经十一年左右了。

前文已论,本诗写作时间可定为康熙十九年炎夏或至迟为康熙二十年炎夏,由此上推,则可断定,曹寅离家入侍的时间,不会是康熙十年(离家已整十年或近十年),也不会是康熙十三年或以后(离家不到十年),而应在康熙八年或九年。康熙八年,曹寅十二岁;九年,曹寅十三岁。近成童之年,故可以"束发""结发"等词语描述。据福格《听雨丛谈》卷十二"哈哈珠子"条述及"国初大臣子弟以童稚侍禁近者,不必尽是旗人",可知旗人子弟颇有"童稚入侍"者,曹寅正在此列。至于入侍后是否曾"伴读",笔者另有论述。但不论如何,曹寅少年入侍康熙帝,这肯定是年轻的康熙皇帝破例挑选的结果。从此曹寅与康熙帝建立了主奴之间密切的私人关系,并对曹家盛衰产生了深刻影响,这是确实无疑的。

### (三)佐证与余论

如果说"近一纪"对"康熙八年说"的论证尚嫌单一薄弱,则《楝亭诗钞》卷二的《松茨四兄远过西池用少陵可惜欢娱地都非少壮时十字为韵感今悲昔成诗十首》其一可作重要佐证。诗云:

> 西池历二纪,仍爇短檠火。簿书与家累,相对无一可。连枝成漂萍,丛篁冒高笴。归与空浩然,南辕计诚左。

此诗写作于康熙三十三年(1694)[①]。松茨四兄即曹钤,为丰润曹鼎望之子。曹寅赴京前曹钤曾随父亲到曹玺任职之江宁织造府,成为曹寅儿时玩伴。曹寅于康熙三十一年(1692)十一月以苏州织造兼任江宁织造,次年李

---

① 《楝亭集》以编年为序,此诗见于《诗钞》卷二,其后一首诗《铜鼓歌》作于康熙三十四年春,其后卷三第一首诗《朱园看梅忆子猷次同人韵》也作于康熙三十四年春,由此可推定写作年代。参见胡绍棠《楝亭集笺注》,第101—105 页。

煦接任苏州织造，故自康熙三十二年起，曹寅乃专任江宁织造，回到当年父亲衙署及住地。"西池"与其诗作中"西堂""西轩"等词语一样，代指织造府景物。康熙三十三年，曹铨来访，曹寅感今思昔，而有此诗。这首诗感慨自己重返离开二十多年的旧地，事业无成，家境如昔，有后悔南下为宦之意。历二纪，即经过二十四年。曹寅于康熙三十二年回归江宁，倒推二纪，正是康熙八年(1669)离家赴京。诗句不是很清楚地证明着他的这段人生经历吗？

"索居近一纪""西池历二纪"，曹寅的这种对于包含长时段意义的"纪"一词的多次运用，恐怕不只是用语习惯，更不是偶然巧合，它表明，幼年长期离家服役，从康熙皇帝的角度来说，自然是特殊恩典，对曹家也确是一种荣幸，但对一个远未成年的孩子，特别是世代包衣子弟，充当童奴童仆，在曹寅的潜意识中却是一种刻骨铭心的隐痛。

曹寅入侍康熙年代的另一个重要佐证，是收在邓汉仪所编《诗观》二集中的曹寅少年诗作《岁暮远为客》。全诗共八句：

> 晓灯寒无光，驱马别亲故。残月挂枫林，荒烟白山路。
> 十年游子怀，惜此岁华暮。载咏无衣诗，何以蒙霜露？

诗意其实是很显豁的，从标题中的"远为客"到诗中的"别亲故""游子怀"至篇末的"蒙霜露"，一脉相通，表达离家思亲之情，"十年"则从时间上突出了别情的强度和长度。可证写于康熙十六年(见后文)的"十年游子怀"诗句所透露的曹寅离家年龄，与《和桐初谷山署中寄怀原韵》"索居近一纪"的时间意义是相吻合的。诗中用《诗经·无衣》之典("王于兴师，修我戈矛")暗示自己时任侍卫君王之武事。曹家入关后，以北京为故乡，但此处的"游子"情怀却并非思乡，而是离家思亲。古代农业社会家乡一体，游子怀乡即念亲，但如果家与乡分离，游子情中的思家念亲之情就会自然凸现出来，这是人性本能。著名的《游子吟》"慈母手中线，游子身上衣"，就是这种情感的最动人展现，其中并无怀乡内容。曹寅写于北京时期的另一首诗《葛渔城》(《诗钞》卷一)同样用了"游子"一词："清秋野色旷，游子不能止。落日下高原，驱车见墟里。"葛渔城位于曹寅故乡北京附近①，是他任侍卫扈从康熙行

---

① 史为乐主编《中国历史地名大辞典》："葛渔城，亦名葛城，宋朝所建，古城在今河北省廊坊市东南二十四里葛渔城镇。"中国社会科学出版社 2005 年版，第 2506 页。

经之地。作者同样以"游子"自称，与《岁暮远为客》"十年游子怀"一致，只是具体情境不同，王事靡盬，有家难归。此诗更多一些无可奈何的排遣，而思亲之情只能隐含不发了。

"十年"是个约数，如果能推知《岁暮远为客》一诗大概写于何时，曹寅入侍的年代就清楚了。刘世德先生在介绍《诗观》一书的编辑时说：

> 《诗观》，又名"天下名家诗观"，有《初集》《二集》《三集》之分，《诗观初集》十二卷，《诗观二集》十四卷，《诗观三集》十二卷，邓汉仪评选，现有康熙年间邓氏慎墨堂刊本。《初集》"凡例"的末尾，署"壬子初冬，邓汉仪书于慎墨堂"，"壬子"即康熙十一年（1672）。《二集》"凡例"的末尾"戊午七夕，慎墨堂自述"，"戊午"即康熙十七年（1678）。可知《初集》和《二集》分别定稿于康熙十一年和十七年前后。①

《诗观二集》既定稿于康熙十七年，那么，曹寅的《岁暮远为客》的写作时间就不可能晚于康熙十六年末，而且很可能就在此年（更早则不合理，见下文）。由此上推，则自称"十年游子"的曹寅的离家时间有康熙六年、七年、八年（整十年或近十年）几种可能。但如定为康熙六、七年，则与前文所引作于康熙十九年的《和桐初谷山署中寄怀原韵》诗中"嗟予归故乡，索居近一纪"的记事时间相矛盾，且曹寅在《重修周栎园先生祠堂记》中曾回忆康熙六年周亮工监察十府粮储，"以余通家子，常抱置膝上命背诵古文"之往事，可确证此时他尚未离家。两诗所述时间相互参照，则只有康熙八年最为恰当，既大体符合《岁暮远为客》诗"十年游子怀"之意（离家已九年），又符合《和桐初谷山署中寄怀原韵》诗"索居近一纪"之意（离家十一年）。

综上所述，曹寅离家入侍康熙的年代，应以"八年说"为是，其余诸说均缺乏依据。

曹寅担任侍卫之后，曾几次离开京城回到江南，第一次在康熙十二年（1673）秋。这一次在南京，他登临古迹，写了《登鸡鸣寺》一诗，这是现存《楝亭集》中可考创作时代最早的诗篇。（康熙四十三年甲申，他偕友重游鸡鸣寺，所写《孟秋偕静夫子鱼尊五殷六过鸡鸣寺诗三首》自注"甲申重过，又三十一年"可证。）就在这一年冬天，平西王吴三桂发动叛乱，次年（十三年，

---

① 刘世德《曹雪芹祖籍辨证》，第62页。

1674)三月,靖南王耿精忠反叛。三藩之乱初起,局势紧张,曹寅随父亲一起参加防守叛军的战斗:

> 昔我先司空,秉节东南。……贼逆构变,摄提之岁(康熙十三年甲寅,1674)。侨寄广陵,驱子若弟。补伍编行,以御疆隧。时予成童,绾角嶷嶷。先生嘉我,说诗秉礼。……

《祭郭汝霖先生文》(《文钞》)

这里说的"驱子若弟,补伍编行",显然是由于兵力不足而采取的临时措施。证以《清圣祖实录》"康熙十三年四月己酉":"谕议政王大臣、江宁满兵,既派千人援浙,恐江宁兵单,可拨包衣佐领兵千名、八旗每佐领骁骑二名,往守江宁。"曹寅在京任侍卫,其军事编制又属所在正白旗包衣佐领,后来曾兼任正白旗包衣第五参领第一旗鼓佐领(《八旗通志》卷七"旗分志七")。当"包衣佐领兵千名"奉康熙之命南下增援时,尚未北归的曹寅理所当然要留在江南参加平叛战斗。这也可以回答为什么曹寅早束发入侍,而到康熙十三年又在曹玺身边并见到郭汝霖先生的问题了。这与本节阐述的康熙八年入侍的观点并不矛盾。

## 三　佩笔侍从

曹寅少年入侍,最初的职事起点是什么? 他与康熙是怎样建立起亲近的主奴关系的? 这对曹寅一生有着怎样的影响? 过去,长期流行的曹寅曾为康熙"伴读"的说法,其实是值得质疑和辨正的。

### (一)"伴读"说质疑

"伴读"说的来源,是周汝昌先生引述他所听到的邓之诚先生亲口告诉他的话,最初见于1953年版《红楼梦新证》。1976年版《新证》修订本第七章《史事稽年》"康熙十一年"条下列"寅幼侍皇帝读"一事并重申:

> 寅自幼侍皇帝读,邓之诚先生见告出某书,惟以书名失记,待检。

本来这里周文和周引邓的原话都是"幼侍皇帝读",但周氏随即就将此同古代的伴读制度挂上了钩。下文云:

> 皇帝幼学伴读,在明代由小太监充之,谓之小伴当。①

"侍"与"伴"一字之差,本来意义有很大不同,但这样一来,二者界限就模糊起来,"侍读"就等于了"伴读"。此说一出,引述者颇多。

朱淡文女士在《曹寅小考》《红楼梦论源》等论著中进一步论证了"伴读"说。她为"伴读"说找到的主要根据,是曹寅的朋友纳兰性德所写的《曹司空手植楝树记》一文中用了"伯禽抗世子法"的典故,典出《礼记·文王世子》"成王有过,则挞伯禽",并引溥仪《我的前半生》中回忆自己年幼读书时设有伴读之事为证。朱淡文云:

> 身为康熙帝伴读的曹寅从少年时代就日侍帝侧,代康熙帝挨骂受训,与康熙帝结下了亲密的感情。人们总是难忘自己的少年友伴,皇帝又何尝例外?②

朱淡文对典故的阐释无疑加强了"伴读"说的说服力。

但近年"伴读"说颇有人质疑。李广柏先生《曹寅"伴读"之说不可信》一文可为代表。李广柏除认为周、邓口耳之传不足为据以外,主要理由,是他考证曹寅在康熙十三年后即十七八岁时才离家入京任侍卫,因而不可能为少年康熙伴读③。但此论据颇为脆弱,本人已据曹寅本人作品所述论证,曹寅确在康熙八年即12岁左右即离家入侍康熙④,这样,李先生的质疑就难免落空。何况,简单的否定也难以解释曹寅与康熙的特殊关系。因此,对"伴读"说仍有继续研究之必要。

"伴读"说是否正确,先要弄清楚伴读的来由和性质。伴读是为年幼的君王或皇子而设的陪伴读书人员。《礼记·文王世子》云:"成王有过,则挞伯禽。"伴读或古已有之,清代的伴读制度,不见于正式记载,唯有末代皇帝溥仪的回忆录《我的前半生》对自己幼年读书设"伴读"之事进行过具体描述。溥仪回忆,他6岁开始读书,但极不用功,学业很糟,于是:

> 我九岁的时候,他们想出一条促进我学业的办法,给我配上伴读的

---

① 周汝昌《红楼梦新证》,第 279 页。
② 朱淡文《曹寅小考》,载《红楼梦学刊》1992 年第三辑;《红楼梦论源》,第 19—20 页。
③ 李广柏《曹寅"伴读"之说不可信》,载《红楼梦学刊》1997 年第四辑。
④ 刘上生《曹寅入侍康熙年代考》,载《中国文学研究》2000 年第 1 期。

学生。伴读者每人每月可以拿到按八十两银子折合的酬赏,另外被赏"紫禁城骑马"。虽然那时已进入民国时代,但在皇族子弟中仍然被看做是巨大的荣誉。得到这项荣誉的有三个人,即溥杰(引者注:溥仪之弟)、毓崇(引者注:溥伦的儿子,伴读汉文。溥伦系御前大臣)、溥佳(七叔载沣的儿子,伴读英文,从我十四岁时开始)。伴读者还有一种荣誉,是代书房里的皇帝受责。"成王有过,则挞伯禽",既有此古例,因此,在我念书不好的时候,老师便要教训伴读的人。

溥仪还描写了上课时进殿的次序和座位:

> 进殿也有一定程序:前面是捧书的太监,后随着第一堂课的老师傅,再后面是伴读的学生。

> 桌子北边朝南的独座是我的,师傅坐在我左手边面西的位子上,顺他身边的是伴读者的座位。这时太监们把他们的帽子在帽筒上放好,鱼贯而退,我们的功课也就开始了。①

以上回忆说明:

1.清代皇宫伴读是根据需要临时设置的,设置的原因,是年幼的皇帝不认真读书,故设伴读以强化教学环境,督责皇帝学习。

2.充当"伴读"的是皇族子弟,而不可能是皇宫奴仆。

3."伴读"不是"侍读",他们的任务是陪伴皇帝读书而不是为皇帝服役,所以他们有座位,也有小太监服侍,他们是皇帝的"同学"。

对照上述描述和分析,曹寅"伴读"康熙说就显然难以成立:

第一,康熙自幼好学,无设置"伴读"之必要。

第二,曹寅是包衣子弟,只能为康熙服役,而没有资格充当"伴读"。

康熙二十三年十一月初四日,康熙皇帝南巡泊舟燕子矶,读书至三鼓,侍臣高士奇请求:"圣躬过劳,宜少节养。"康熙帝自述其幼年读书经历道:

> 朕自五龄即知读书。八龄践祚,辄以《学》《庸》训诂询之左右,求得大意而后愉快,日所读者必使字字成诵,从来不肯自欺。……必心与理

---

① 溥仪《我的前半生》,东方出版社1999年版,第66—68页。

会,不使纤毫扦格,实觉义理悦心,故乐此不疲。①

这说明,康熙本人自幼有极高的学习热情和主动精神,根本不需要用伴读督责。而且,曹寅于康熙八年 12 岁进京入侍时,康熙帝早已于六年 14 岁时亲政,并于 16 岁时即康熙八年除权臣鳌拜,既不同于未曾亲政即已退位的小皇帝溥仪,也不同于年幼即位而尚由叔父周公摄政的成王。"成王有过,则挞伯禽",这一条,完全不适用于早已君临天下、乾纲独断的康熙皇帝。

由此可见,所谓曹寅充当康熙"伴读",甚至"代康熙帝挨骂受训","成为康熙帝少年友伴"云云,都是研究者的主观想象,既无此事实,也不合情理。曹寅虽然年幼,也只能是康熙身边的包衣奴仆,根本不可能获得与皇帝"同学"的地位。朱淡文所引纳兰《楝树记》以楝树比甘棠,即以曹玺(司空)比召伯,期待曹寅日后"建牙南服,踵武司空",其意甚明,并没有以"伯禽抗世子法"比曹寅伴读之意。"伴读"说本为无根之谈,从"侍(皇帝)读"的传闻生出,人云亦云,遂为成说,又加寻绎,几成定论,这真是一件耐人寻味的事情。

### (二)关于"佩笔侍从"的考证

曹寅并非康熙的"伴读",但确实是康熙帝早年的读书侍从,以后又成为御前侍卫,以文武兼材确立了"天子近臣"的特殊地位,这才是历史的真实。

应该说,邓之诚所云曹寅"自幼侍皇帝读"确有其事,只是未能准确表述曹寅充当学习侍从的情况。用曹寅自己的话,他是"佩笔侍从"。

现列举有关材料如下:

一、曹寅晚年所作《避热》诗其三。该诗约作于康熙四十九年初秋,《避热》是七律组诗,以"避热"为名,实际上语带双关,包含对家世、个人经历的感慨,兼及时政,内容丰富。其三以咏银杏为名,回忆生平经历,末四句云:

> 佩笔六番充侍从,筹更五夜坐将军。只今草碧滦京路,梦绕龙媒万马群。②

这四句诗,首句言文事,次句言武职,末二句言侍卫出行之壮观景象,都是作者年少时最难忘之事,故以"梦绕"为结。从"充侍从"到值夜护卫"坐将

---

① 《康熙起居注》,中华书局 1980 年版,第 1249—1250 页。
② 《诗钞》卷七《避热》。

军"，到"龙媒万马"扈驾，可以看得出地位有所升迁，叙事显然是以时间顺序排列。"佩笔"一词原指古代佩挂在腰带上以便随时记事的毛笔。《旧唐书·李彦芳传》谓李靖五世孙彦芳进家藏太宗笔迹于唐文宗，文宗宝惜，不能释手，"其佩笔尚堪书，金装木匣，制作精巧"。此词语后人少用，但曹寅却用过两次，另一次见于《雨夕偶怀桐皋僧走笔得二十韵却寄》诗："佩笔二十年，画字苦不了。"（《诗钞》卷四）①指内府官事，似有厌倦之感。而《避热》诗中的"佩笔""充侍从"，却是一种美好回忆。"佩笔侍从"显然是指入侍之初事。"佩笔"代指文事，与"佩剑""执戟"相对，但从此词出处及用法看，又明显带有纪实性质。三层次的排列又体现了曹寅入侍后从文事到武事（侍卫）的变动顺序。曹寅"于稚岁备犬马之任"②，但他系康熙保母孙氏之子，又有"自幼即以经艺诗词惊动长者，称神童"的美誉，佩笔充当康熙帝的学习侍从，自然是最为合适的。"六番"表明曹寅曾多次任此差使，但佩笔侍从肯定是其入侍的起点。

二、曹寅舅氏顾景星所写《怀曹子清》诗云：

> 早入龙楼傈，还观中秘书。凤毛拟王谢，辞翰比应徐。伐阅东曹冠，官阶内府除。文章光黼黻，宾客满簪裾。爱汝金蝉贵，偏当绣虎誉。周旋逢辇下，导引谒宸居。（自注：尝为余引龙尾道。）绮席邀春雪，雕鞍散直庐。情亲何缱绻，俄别倍踟蹰。老我形骸秒，多君珠玉如。深惭路车赠，近苦塞鸿疏。启箧长篇在，看云短发梳。日边人近远，离思可能摅？③

此诗写于康熙二十一年，是顾景星被迫赴京应己未博鸿试回家后思念曹寅所写的诗，回忆在京期间与曹寅之交往及他们的舅甥情谊，语多称颂，但以他与曹寅的特殊关系和对曹寅经历的了解，其内容应真实无疑。就全诗构思线索看，从"早入龙楼傈"到"官阶内府除"到"导引谒宸居"等，是在按时间顺序叙述曹寅入侍后职位上升的情况，以示颂扬。

"早入"二句必为入侍初之事。官员上值曰"傈"，曹寅"早入龙楼傈，得

---

① 此诗作于康熙四十年夏初。"佩笔二十年"，似指在内府衙门为官，以笔"画字"处理公文，而非"佩笔侍从"。

② 曹寅《奏谢钦点巡盐并请陛见折》（康熙四十三年七月二十九日）。

③ ［清］顾景星《白茅堂诗文全集》卷二十二《怀曹子清》。

观中秘书",说明他的入值必在书房,与读书有关。如果是一般侍卫,绝不可能"得观中秘书"的,只有在御书房侍从,才可能得到这种机会。证以顾景星《荔轩草序》中"甫曼倩待诏之年,腹娜嬛二酉之秘"之句,"娜嬛二酉",指传说中的神仙藏书洞府娜嬛福地及大小酉山(出伊世珍《娜嬛记》及《荆州记》),即喻指"得观中秘书"之龙楼。"龙楼",天子所居。唐王建《元旦早朝》诗:"龙楼横紫烟,宫女天中行。"南唐李煜《捣练子》词:"凤阁龙楼连霄汉,玉树琼枝作烟萝。"此特指天子藏书处。曹寅词作《明月逐人来·自御园与高渊公踏月归村寓》中有句云:"长念龙楼,待漏一丸冷雪。"是任侍卫时随康熙西郊避暑,寓郊外功德寺所作,回忆侍从康熙夜读于"龙楼",月下待漏往事,可为佐证。① 顾诗以"早入龙楼儌"为起点的叙事时序,与前引《避热》诗以"配笔六番充侍从"开始的回忆时序完全一致,正可互相印证。

三、熊赐履《曹公崇祀名宦序》中云:

> 公长子某,且将宿卫周庐,持橐簪笔,作天子近臣。

康熙二十三年夏曹玺故后,邑人祀曹玺于江宁县学名宦祠,并有诗歌付梓。时熊赐履革职后寓居金陵,为之序。② 赐履曾任康熙侍读学士、经筵讲官,对康熙与曹寅的关系十分了解。序中"宿卫周庐,持橐簪笔"之语是从武事和文事两方面称誉曹寅"作天子近臣"之职责。

古代书史小吏,手持橐囊,插笔于头颈,侍立于帝王大臣左右,以备随时记事,称持橐簪笔,简称橐笔。《汉书·赵充国传》:"(赵)卬家将军以为(张)安世本持橐簪笔事孝武帝数十年。"注:"张晏曰:'橐,契囊也。近臣负橐簪笔,从备顾问,或有所纪也。'师古曰:'橐,所以盛笔也。有底曰囊,无底曰橐。簪笔者,插笔于首。'"元马祖常《奏对兴圣殿后诗》句:"侍臣橐笔皆鹓凤,御士囊弓尽虎罴。"橐笔与囊弓系文武对举,其义甚明。故后人又以代指笔墨生涯(文事)。熊序中的"持橐簪笔",正与曹寅诗中的"佩笔侍从"相合,表明"佩笔侍从"之事亦为赐履所知。而且曹寅在任侍卫("宿卫周庐")之后仍然有持橐簪笔的任务。这种文武兼材,正是他深得康熙宠信,能"作天子近臣"的重要原因。

---

① 参见《词钞》,胡绍棠《楝亭集笺注》,北京图书馆出版社 2007 年版,第 536 页。
② [清]熊赐履《经义堂集》卷四,参见周汝昌《红楼梦新证》,第 302—304 页。

上述三个材料,皆极确凿,又互相印证,故可深信无疑。

### (三)"西学"新知和经筵听讲

曹寅的"佩笔侍从"究竟包含哪些内容?

"伴读"说把曹寅"伴读"或"侍皇帝读"同康熙举行经筵日讲甚至设置南书房联系起来,但康熙诏开经筵在九年冬十月,日讲则至十年四月才开始,南书房之设立更在十六年,而曹寅自康熙八年即已入侍。这说明,在举行经筵之前,康熙不但有日常的读书生活,必定还有某种听讲的学习安排,这使他需要佩笔侍从。

本人认为,在康熙八、九年间这种听讲学习,最重要的,是他向西洋传教士学习自然科学知识之事。

康熙帝兴趣广泛,求知欲强,自云除传统儒家文化外,"《史》《汉》以及诸子百家、内典、道书,莫不涉猎"①,而引起他对自然科学兴趣的则是他亲政前后的中西历法之争。他后来回忆:"康熙初年间以历法争识,互为评告,至于死者不知其几(按,指康熙四年杨光先攻讦汤若望等制造的冤案)。康熙七年闰月颁历之后,钦天监题欲加十二月又闰,因而众说纷纷,人心不服……举朝无有知历者,朕目睹其事,心中痛恨,凡万几余暇,即专志于天文历法二十余年。"②康熙七年,他通过亲自主持杨光先与南怀仁的当场日晷试验,认识到欧洲天文学、数学知识的精确实用。八年除鳌拜后,代表保守势力的钦天监正杨光先革职,南怀仁任钦天监副。从这时起,康熙皇帝开始了对西方自然科学的学习。时间尚在九年冬诏开经筵之前。曾经给康熙讲过课的法国传教士白晋在他给法王路易十四的报告中这样描述康熙的学习内容:

> 虽然在皇帝所处的时代里,大臣和亲王们一点也不想致力于学习,而他却连续两年如此专心致志,以致把处理其他事务以外剩下的几乎全部时间,都花在学数学上了。同时他把这个学习当作他最大的乐趣。

> 在那两年期间,南怀仁神父给他讲解了一些主要数学仪器的应用,

①　《康熙起居注》,第 1249—1250 页。

②　[清]《康熙御制文集》第三集第十九卷,转引自宋德宣《康熙思想研究》,中国社会科学出版社 1990 年版,第 168 页。

并讲解几何、静力学、天文学中最有趣的和最容易理解的东西，还专门编写一些最通俗易懂的书籍。大约也就在这个时候，他想学我们的乐理，为此，他就起用了徐日升神父。这个神父，就为他用汉文写了有关这方面的著作，并叫人为他制作了各种乐器，甚至还教他用这些乐器来演奏一些乐曲。①

西洋传教士的最终目的，当然是宣扬基督教义，但他们的确带来了当时先进的欧洲自然科学知识，少年康熙目光敏锐地抓住了这一求知机会，他所进行的学习，包括书本知识和实践（如使用仪器等），当然就需要小臣佩笔侍从，曹寅"早入龙楼"应该就是从这时开始的。由于这种学习，因三藩之乱等原因几度中断，而又恢复延续（经筵日讲情况相同），故寅诗称"佩笔六番充侍从"。

白晋是在康熙二十七年入京并在此后几年里与另几位传教士为康熙帝讲解自然科学的，他所描述的康熙学习情景可为了解"佩笔侍从"提供真实生动的佐证：

> 他还下令侍从，每天清晨把马从他的马厩里牵出来，接我们到皇宫里，晚上又把我们送回住所。皇帝委托他皇室里两个精通满语和汉语的大臣来帮我们写讲稿，并指定专人加以誊清。每天他还叫我们为他口述这些文章。他整天和我们一起度过，听课，复习，并亲自绘图，还向我们提出随时发现的疑问。然后，我们将文章留给他自己去反复阅读。他同时练习计算和一些仪器的使用，经常复习一些最重要的欧几里德定理，以便更好地记住那些论证。②

少年康熙肯定也是这样学习的：听讲、复习、操作、指定专人誊抄讲稿。在这一学习过程中，佩笔侍从接送教师，携带用具（仪器等），当然更要记录、誊抄（讲稿），与少年皇帝形影不离，紧相追随，充当学习助手，这就是曹寅的职责和作用。

曹寅侍从康熙向西洋传教士学习自然科学，这在他的一生中留下了深刻的印记。康熙三十四年，他得到一个雅州铜鼓，在仔细观察后，他推断：

---

① （法）白晋《康熙帝传》，译文载《清史资料》第一辑，中华书局1980年版。

② （法）白晋《康熙帝传》。

> 鼓面若仪器，四纽峙立，疑可测验水土，以待知者。（《铜鼓歌》自
> 注）

并作《铜鼓歌》（《诗钞》卷二）。这种视角，与只知吟弄风雅的传统士大夫文人很不相同，没有对自然科学仪器的兴趣和知识便不可能有如此认识。他于康熙四十三年所作的《砚山歌》（《诗钞》卷四）中有"泰西郭髯持赠我，十砚陪列如排星"之句，可见他与西洋传教士一直保持着交往。《玻璃杯赋》赞美西洋科技工艺产品之精美，他所接受的耶稣会教士宣扬的"天国"观念，也成为了艺术想象的材料：

> 彼西隅之蠢生，睹三辰而立法。……信天国以为巧，渺炎海而来
> 航。（《文钞》）

直到晚年患疟病危，他还特地托李煦向康熙乞求"圣药"：

> 必得主子圣药救我……若得赐药，则尚可起死回生。①

这里所说的"圣药"，就是康熙从传教士手中得到的治疟有特效的西洋化学药物"金鸡纳霜"（奎宁）。可惜康熙派驿马星夜兼程，药未到，曹寅已经病故。但由此可见他对西药的认识。在17、18世纪守旧的中国，曹寅有幸同他开明的主子康熙皇帝一起，成为西方先进的自然科学技术的接受者，具有较为开阔的眼界。康熙一生提倡实学，重视实践，曹寅受康熙实学思想影响，刊刻《楝亭十二种》。曹寅任织造期间，在中西、中日经济文化交流中发挥过特殊作用，都与此有密切关系。

然而这一重要事实过去却完全被忽视了。

无庸否认，作为佩笔小臣的曹寅，"侍皇帝读"，当然也包括充当康熙经筵听讲时的侍从。

康熙八年四月，给事中刘如汉请举行经筵，上嘉纳之。五月除鳌拜后，熊赐履上疏，以上即位后，未举行经筵旧典，谓宜慎选儒臣，以资启沃，并请备记言记事之职，设起居注官。九年冬十月，谕礼部举经筵，以熊赐履为翰林院掌院学士、起居注官，又充经筵讲官。十年四月，开经筵日讲。② 曹寅于

---

① 《关于江宁织造曹家档案史料》，第98—99页。
② 蔡冠洛编纂《清代七百名人传》"熊赐履"条，中国书店1984年版。

康熙八年被选拔入侍,恰值康熙帝准备举行经筵之时,绝非偶合。

曹寅与熊赐履的关系也因此不同一般。熊赐履因充讲官,于少年康熙帝有师生之谊。康熙帝在熊赐履退休回家之后,非常关注熊的情况,还委托曹寅执行一些特殊使命,其中包含着对于曹寅向熊赐履执弟子之礼的要求。特别是康熙四十八年九月曹寅奏报熊赐履病故,康熙朱批:"尔还送些礼去才是。"十月奏报熊临终情形,曹寅报告:"臣于前月已送奠仪二百四十两祭过,其子已收。"十一月有奏报熊家家产及生活情形,五十五年有曹頫遵旨照看熊赐履之子情形折①。这些奏折及朱批,反映出康熙帝与曹寅对熊赐履的特别关注和礼仪,如果不是因为经筵听讲时曹寅曾侍从康熙,因而也对熊执弟子礼,是无须如此作为的。(周汝昌最早指出这一点。②)此外,康熙十六年设南书房,命侍讲学士张英、中书高士奇入直进讲,曹寅也可能还有佩笔侍从之事。现存《栋亭集》和《栋亭图》题咏中与二人的诗文交往,或也从此时开始。

无疑,"佩笔侍从"对于曹寅一生具有重要意义,它是曹寅人生事业的起点。康熙酷爱学习,曹寅佩笔跟随,主仆密迩,较之一般的侍卫甚至大臣,有着更多的个人接触,康熙与曹寅的特殊关系,及对曹寅的宠信由此开始。

它深刻影响了曹寅的思想性格和知识视野。曹寅是理学信徒,讲性命之学,这既来源于家教,显然也是经筵侍听濡染的结果。曹寅有较开放的眼光,知识广博,素质全面,也与侍从康熙,得以广泛学习中外各种知识,视野得以开拓有密切关系。曹寅舅氏顾景星曾称赞寅自幼"长江南佳丽地,束发即以经艺诗词惊动长者,称神童",但当他于康熙十七年应征来京城重见到已任御前侍卫的外甥时,仍不能不惊叹曹寅的知识才能的巨大进步,他用传统话语描述出这种包含文化新因子的变化:

> 甫曼倩待诏之年,腹嫏嬛二酉之秘。贝多金碧、象数艺术,无所不窥;弧骑剑槊、弹棋擘阮,悉造精诣。与之交,温润优爽,道气迎人。予益叹其才之绝出也。③

---

① 《关于江宁织造曹家档案史料》,第 65、74、138 页。

② 周汝昌《红楼梦新证》第 483 页。

③ 顾景星《荔轩草序》。

由于所接受的传统文化以及传教士神学观念的局限,曹寅没有能够在思想上走得更远。但曹寅在"佩笔侍从"经历中所获得的精神财富,却成为他后来成就的基础并为曹雪芹所继承和超越。

## 第二节 侍卫岁月和"伥童"经历

### 一 侍卫岁月概述

根据《楝亭集》及其他有关曹寅生平事迹的材料,曹寅在京入侍康熙期间的任职情况大致如下:

康熙八年(12岁)"早入龙楼偁",多次"佩笔侍从"。

康熙十一年(15岁)"既舞象,入为近臣",任康熙侍卫。(顾景星《荔轩草序》)曾在养鹰鹞处(一称鹰犬处)当差,即所谓"束发旧曾为狗监"。

康熙十五年(19岁),与当年中进士,后授为三等侍卫,入上驷院的纳兰性德相交,两人"马曹狗监共嘲难"。(详后文)

康熙十六年(20岁)"比冠而书法精工,骑射娴习。擢仪尉,迁仪正"(张伯行《祭织造曹荔轩文》)。任銮仪卫侍卫,提升为治仪正,成为御前侍卫官。

康熙二十三年(27岁)前,兼任内务府正白旗第五参领第一旗鼓佐领。(《八旗通志》卷七)

可见曹寅在入侍康熙的十余年间,大体经历了佩笔侍从—鹰鹞处侍卫—御前侍卫—侍卫官兼佐领的升迁过程。此外,他也许还临时性地做过一些其他工作,例如下文将论及的伥童表演。

"侍卫品级既有等伦","而职司尤有区别","以侍卫之秩,别充尚茶、尚膳、尚虞、鹰鹞房、鹘房、十五善射、善鹄射、善骑射,悉如古人侍中、给事之任"(福格《听雨丛谈》卷一)在养鹰鹞处当差,是康熙帝为培养锻炼少年侍卫吃苦耐劳品质而采取的一种措施。白晋在《康熙帝传》中曾这样描述康熙皇帝对于少年侍卫的培养和使用:

> 对于官廷大臣,鞑靼人中最富贵显赫的官员以及鞑靼化了的汉人即已经站到鞑靼人旗帜下的汉人的孩子,因怕他们放纵在萎靡和奢侈之中,他惯常的做法是叫这些孩子中的大部分去承担最疲劳、最艰苦的

事务。当他们一到服役年龄时，他就叫有些人去养狗，打猎时牵去放猎；另一些人去喂鹰鹞，打猎时擎鹰跟着他；有些人为他准备肉和茶，服侍用膳；还有一些人去制作弓箭，并携带皇帝和幼年皇子使用的弓箭。那些最受器重和最受宠爱的孩子，被安排到他的卫队军官的行列中去，而卫队的生活也同样是疲劳的，因为他们每天一清早就要到皇宫里去，他们必须日夜值班，至少六天就轮一次（引者按：此即曹寅诗句"筹更五夜坐将军"之意），皇帝每次旅行也都得跟随。①

从曹寅后来升迁的情况来看，他显然属于因能吃苦耐劳而"最受器重和最受宠爱的孩子"之列。"自是勤劳防逸乐，西南兵甲渐销磨。"（《冰上打球词》，《别集》卷一）他是很懂得康熙皇帝培养锻炼人才的用意的。然而，更为重要的是，那种呼鹰走狗、从猎行围的生活，最符合少年曹寅热爱和渴望自由的天性。他写下了《鹿苑行猎歌》《冰上打球词》等作品，留下了生动的画面："千乘万骑从东来，旗奋马怒声正开。选肥择肉心合手，空皮攫翩真良材。""青靴窄窄虎牙缠，豹脊双分小队圆。整结一齐偷着眼，彩团飞下白云边。"中年以后还常常充满感情地回忆起这些日子。

比起后来充任御前侍卫，"御殿则在帝左右，从扈则给事起居"（福格《听雨丛谈》卷一）的荣耀，这时的他虽然地位较低，却留下了更为刻骨难忘的记忆：

> 我亦蹒跚负奇癖，短衣徒手逐黄獐。
>
> 《辛巳孟夏江宁使院鹤舫先生出张见阳临米元章五湖烟雨图遍示坐客命题漫成三断句》（《诗钞》卷四）

辛巳为康熙四十年。张见阳，即张纯修，与纳兰性德同为曹寅担任侍卫时代的同伴。故此诗必为回忆侍卫生涯之作，有学者以为暗指曹寅参与擒鳌拜，似无依据。《熙朝新语》载孙在丰充讲官时扈驾南苑，围内有獐突出，孙射得之，"上大喜，顾大臣曰：'孙在丰，文武材也。'"②曹寅既能佩笔侍从，又能徒手逐獐，其"文武材"当更在孙之上。

---

① （法）白晋《康熙帝传》。
② ［清］余金《熙朝新语》卷二，上海古籍出版社1983年版。

野山礧礧草飕飕,遥指飞云入宿州。头白舆厮相顾笑,马蹄不似少
年游。

> 《南辕杂诗》(自注:"夹沟诸驿呼鹰
> 处,来往廿七八年矣。")(《诗钞》卷五)

乞活城西白草稍,平原一派响鸣骹。金弰玉勒无停迹,风卷寒沙上
乌巢。

> 《南辕杂诗》(自注:"过河间大风,
> 少时曾游猎于此。")(《诗钞》卷八)

只今草碧滦京路,梦绕龙媒万马群。

> 《避热》(《诗钞》卷七)

宝勒金鞍少年事,只应茕火伴寂寥。

> 《畅春苑张灯赐宴归舍荣纪四首》(《诗钞》卷八)

曹寅担任御前侍卫后,多次跟随康熙出巡京畿及长城塞外,出猎回中
(今陕西陇县西北。曹寅《送桐初南归三首》有"年年待猎出回中"句),最远
到达乌喇(今吉林省吉林市北松花江南岸)。康熙二十一年二月,"上以云南
底定,海宇荡平,前诣永陵福陵昭陵告祭"(《康熙起居注》),出关至奉天旧
京,直到乌喇巡行。曹寅写有《满江红·乌喇江看雨》词(载《词钞别集》),记
述此次巡行的壮观场面:

> 鹳井盘空、遮不住,断崖千尺。偏惹得,北风动地,呼号喷吸。大野
> 作声牛马走,荒江倒立鱼龙泣。看层层春树女墙边,藏旗帜。　蕨粉
> 溢,鳇糟滴,蛮翠破,猩红湿。好一场莽雨、洗开沙碛。七百黄龙云角
> 矗,一千鸭绿潮头直。怕凝眸,山错剑芒断,斜阳赤。

当年曾跟随康熙皇帝东巡的南怀仁在他的《鞑靼旅行记》中曾写到这次
乌喇之行:"皇帝在吉林休息两天,然后率领二百多艘船和几名贵戚,顺江到
乌喇。……可是不巧昼夜连下大雨,江水不顾他的尊严继续地涨着,无法战
胜水势,皇帝不能有所活动了。"在接着描述返程泥泞跋涉的狼狈情景后,这
位西洋传教士心有余悸地总结道:

> 此次鞑靼之行,特别是东部旅程的艰难辛苦,在宫廷三十多年的人

都说,这样事还是第一遭。①

对照之下,曹寅却充满着不畏艰难的豪情和活力。这次巡行途中,他的朋友纳兰性德写下了满怀感伤无奈之情的词句:"山一程,水一程,身向榆关那辞行,夜深千帐灯。"(《长相思》)曹寅的精神面貌则要好得多。

不过,这只是事情的一方面。康熙是一位奋发有为的皇帝,他为了帝业而不辞辛劳,并不是他的臣下和侍卫们都能理解和接受的。白晋写道:

> 不论到哪里,皇帝总是比任何人不惜疲劳,跟随的人也就不得不以皇帝陛下为榜样而不怕疲劳了。在这些旅行中,他穿的是极为普通的野外服装,整天骑在马上,不歇地奔驰在山地丛林之中,不停地猎取野味,甚至一天之内使九到十匹马被骑得疲惫不堪,必要时,他还经常徒步行走很长时间。……这样的生活对他来说不是四五天,而是连续二三个月,其中往往连一两天的松懈都没有。②

曹寅这样一个从十二三岁就离开父母亲人去服役当差的孩子,不能不在这种无休止的奔走中感到厌倦和疲劳。特别是当他意识到自己的包衣奴仆的卑微地位和终身为皇室服务的规定命运,意识到这种驱遣使唤是对人身自由的剥夺之后,他对自己的处境和使命就会有一种发自内心的反感。这常常使他同他的主子康熙皇帝产生极大的心理距离:"轮蹄白日逐,税驾何时止?"(《和桐初谷山署中寄怀原韵》)"回身感旅宦,辕辙何时休?"(《赵北口》)然而,这正是他人生觉悟的真正起点。从《栋亭集》中,可知他还曾奉康熙之命参与考察黄河源头。在两首与朋友的和答词作中,他曾言及此事,但是否参与了全过程,则不得而知。词中云:

> 念当日,也有濯髻江水,岸帻关山。早炎沙合杳,轮涩葭蕟间。翾翾孤挛出城翼,应莫比,问石河源。

> 《高山流水·和裔堂韵》(《词钞别集》)

> 问浊源枉溯是何时,凉色到花门。总并刀代马,居然意气,也倦沙

---

① (比利时)南怀仁《鞑靼旅行记》,译文载杜文凯编《清代西人见闻录》,中国人民大学出版社 1985 年版。

② (法)白晋《康熙帝传》。

昏。剩否障风方曲,回向北窗论。川远见迷垒,淡崎吟魂。

《八声甘州·和初明菊圃分

路芦沟桥咏》(《词钞别集》)

康熙曾"遣使臣至昆仑西番诸处,凡大江、黄河、黑水、金沙,澜沧诸水发源之地,皆目击详求,载入舆图"①,这是一项对中国地理学有着重大意义的实证工作。但曹寅感受到的似乎主要是它的艰辛,远不像回忆鹰鹞处游猎生活那样兴致盎然。不仅如此,在曹寅当时所写的随驾出行的大量作品中,他都流露出一种"王事靡盬,不遑启处"的强烈感叹。只有在京城稍微闲暇的日子里,他才比较轻松愉快,写出《瀛台泛舟曲》等情调明朗的作品。这种叹行役之苦的作品情感表达的深刻意义,以及对曹寅思想人格的影响,后文将专门论述。

曹寅担任侍卫期间,康熙王朝经历了三藩之乱的严重考验,康熙坐镇北京指挥平叛,曹寅未能上前线,只在康熙十二年第一次回家省亲时,参加了次年的广陵防守战事。②康熙十六年,曹寅再次回家省亲,并于年底返京赴职,写有《岁暮远为客》诗。次年即康熙十七年(1678)春天,曹寅南下江浙公干。这年正月,康熙帝诏开博学鸿词科,命在京三品以上及科道官员和在外督抚布按各举所知,于次年进京考试。有人认为曹寅此行或许与此有关。他的舅舅顾景星即在征聘之列,于十七年冬应召进京。从曹寅这次旅途中所写的《江行》诗(《别集》卷一)中"缅企征君宅,迟我招提游"之句,可以看到他同明遗民征君情谊相契的情况。同杜岕等的忘年之交,就是从这时开始的。由于已经成年(21岁),这次江南之行在曹寅的人生阅历和情感生活里留下了深刻的影响。曹寅手定的《楝亭诗钞》所选诗作就是从这一年开始的,而且前面几首可以肯定就是这次南下时所作。《别集》卷一也还有几首诗,可以大体推断为此时期的作品。从这些诗作看,他到了浙江,上了钱塘江边的来青阁观潮。当时海盗猖獗,他写下了"安能满挽水犀弩,直射山阴白马回(自注:时马寇猖獗)"的诗句。他游览了燕子矶,在弘济寺旁的石壁前流连忘返,接连写了《坐弘济石壁下及暮而去》和《暮游弘济寺石壁回宿观

---

①　《清圣祖实录》卷二百九十。

②　参见《文钞·祭郭汝霖先生文》。

音阁中》二诗,前一首被他列为《诗钞》的开卷诗。他还写了一首爱情诗《梦春曲》,这是集中第一首情诗,从这首诗中所写,可知他在某次酒宴上邂逅了一位歌女(从后来的作品,还可知邂逅之地在扬州),尽管只有一个晚上的短暂相处,两人之间也只有目成心许的情感交流,但这次相会却给他带来了终身缠绵的恋情。(后文详论。)

康熙十八年己未(1679)三月,博学鸿词科考试在北京举行。曹家老宅芷园内有一个小小的奎星阁,"邻试院,寓公多利"(《送王竹村北试二首》自注,《诗别集》卷四),吸引了一批前来应试的士人。爱好风雅的曹寅更得此机会与他们广泛交往,除舅氏顾景星外,还有施闰章、王士祯、尤侗、朱彝尊、陈维崧、黄庭、陈枋、蒋景祁、邓汉仪等前辈及同辈著名文人,曹寅门人王朝璨《栋亭词钞序》描述当时情景道:

> 当己未庚申岁,陈(维崧)、朱(彝尊)两太史同就征入馆阁。而公以期门四姓,官为天子侍卫之臣。入则执戟螭头,出则影缨豹尾,方且短衣缚裤,射虎饮獐,极手柔弓燥之乐。顾每下直,召两太史,倚声按谱,拈韵分题,含毫邈然,作此冷淡生活。每成一阕,必令人惊心动魄。两太史动以陈思天人目之。时又有陈检讨从子次山(枋)、阳羡蒋郡丞京少(景祁)、长洲黄孝廉蘵山(庭)相与赓和,所作甚夥。[1]

曹寅勇武飒爽,而又妙思泉涌。这是他进入文坛的起点。

康熙二十三年(1684)夏,曹玺病重,曹寅南下回家侍父病。六月,曹玺病故。十一月,康熙帝第一次南巡,到达南京,曾亲自来到江宁织造署看望慰问曹玺的妻子孙氏和正在守灵的曹寅、曹宣兄弟,并派遣内务府大臣祭奠曹玺,晋赠工部尚书衔。在此之前,康熙诏升曹寅为内务府慎刑司郎中(见《江宁府志》《上元县志》中的两篇《曹玺传》),不过,从当年熊赐履《曹公崇祀名宦序》称"公长子某,且将宿卫周庐,持橐簪笔,作天子近臣"看,此时的曹寅尚未离开侍卫之职。他的正式履任郎署,是在次年扶父枢回北京之后。

## 二 "伥童"经历探析

曹寅早期生平,从年幼入侍到成长为少年侍卫这一段人生经历,由于同

---

[1] [清]王朝璨《栋亭词钞序》。

康熙的密切关系,过去人们只看到其光鲜亮丽、春风得意的表象,而忽视了其作为清代包衣奴役制度和童奴制度双重受害者的本质内容。通过对曹寅"倡童"诗句的解读和"倡童"经历的探析,可以看到包衣幼童曹寅入宫后与"侍卫"之职相对照的"童奴"生涯的另一面。

### (一)"倡童"诗句的自述性内容

曹寅的童奴生涯经历,是一个有待通过搜集和考证材料更加充分和深入研究的问题。曹寅留下的自述性材料并不多,在时段上也还缺乏连贯性。本人根据对《诗钞》卷五《南辕杂诗》其二"旧日倡童半服官"[①]自述性内容的解读,发现曹寅曾有参加宫内娱乐表演的"倡童"活动以及养马服役的经历。这一材料表明,曹寅的童奴生涯有着远比我们所知丰富复杂得多的内容。[②]

《楝亭集》中有两组《南辕杂诗》,各二十首。编入《诗钞》卷五的这组诗写作于康熙四十七年初。上年末,曹寅轮管盐差任满,进京复命。十二月十八日陛见,曹寅具折条陈织造事宜六款。四十七年二月初三日面奉圣谕,除修理机房、船只和停支买办银两三项准行外,另三项须核实再奏。曹寅奉命于二月十一日自兖州启程返江宁[③],组诗即途中所写。应该说,曹寅的心情是颇为复杂的。本来,能够面圣并具折条陈,是很难得的机会,皇帝如果看重自己的意见,也许对曹寅个人及其家庭未来是大有好处的事情,但结果并不如人意,所以曹寅肯定有一种失落感,走得也就相当冷落凄清。这组《南辕杂诗》就是在这样的遭际和心理背景下写作的,这从开头布局就可以看出。作为纪行组诗,作者不从自己离京写起,第一首写的是"宋蔡挺学士事"(自注),构思就颇耐人寻味,因为它与第二首正面写自己出行在气氛上形成鲜明对比。北宋熙宁五年,龙图阁直学士蔡挺知渭州,守边有方,神宗皇帝召见,有所垂询,"善之,下以为诸郡法"[④]。曹寅在诗中描写蔡挺出京时的情景:"金鞍夹道拥朱轮,饯饮茶酥胜一时。解道玉关人易老,倩谁檀板播新词。"这不是自喻,而是与自己相形:蔡挺是学士大臣,曹寅是内府包衣;蔡挺面圣得到赏识,曹寅条陈一半未许;蔡挺出京荣耀而又热烈,曹寅返回疲惫

---

① 《诗钞》卷五。
② 详见刘上生《曹寅童奴生涯探析》。
③ 参见《江宁织造曹家档案史料》,第47、53、55页。
④ 参见[元]脱脱等撰《宋史》卷三百二十八"列传"八十七,中华书局2011年版。

而冷清。只有蔡挺"知渭久，郁郁不自聊，寓意词曲，有'玉关人老'之叹"的那首《喜迁莺》词能引起他抱负未就、年华老大的共鸣。然而，蔡挺能够享有"中使至，则使优伶歌之，以达于禁掖。神宗愍焉，遂有枢密之拜（按：指拜为枢密副使，见《宋史》本传）云"①的优渥宠信，曹寅却无法改变自己和家庭世代包衣的命运。这使他在字里行间，歆羡之余不胜感叹。何况，京城的王公贵族享受不尽皇上给予的种种特权和赏赐，而为主子终生卖命的奴才却只落得"残年北去南来雁，过日东流西上鱼"（《可亭过访即事口占》，《诗钞》卷八）。位卑命贱，种种不堪，对自己身份地位特别敏感的曹寅在"留别亲友"之际面对现实，不由自主地回想起自己的人生历程，于是写出了第二首诗：

> 五侯恩例尽珠玑，旧日伥童半服官。
>
> 疲马屈长贪路远，菰芦丛里伴渔竿。（自注：留别亲友。）

从全诗看，主旨是"留别亲友"，却为何从"五侯"说起？这就很耐人寻味。"五侯"源于汉成帝、桓帝等多次一日封五侯的典故，指世袭豪门贵族②。"五侯恩例尽珠玑"写的是皇帝对贵族的赏赐，这与包衣曹家毫不相干，也是曹寅无法享受的。起笔明显语带婉讽。三四句写自己赶远路，人马疲惫，夜伴芦苇渔翁歇宿，才落到诗意本旨上来。此诗在构思上仍用对照手法，以王侯贵族所受赏赐的丰厚反衬内府官员包衣奴才往返奔波的辛劳，彰显出世事的不公和自己内心的不平，从而与第一首在情感脉络上紧密衔接。那么，第二句"旧日伥童半服官"是写什么人呢？似可作自述与他述两种理解。从诗意上看，如前两句均作他述，则与后两句自述内容和语气都脱节，无法形成结构整体。相反，如果作自述理解，首句写"五侯"与后三句的自我描写构成鲜明对照，京城官场如此不堪，自己于种种无奈中凄然南下，"留别亲友"的诗意就豁然贯通了，这才是作者此诗的意旨所在。从语言艺术看，全诗四句，首二句用典，且均用汉代之典。首句写"五侯"，次句写"伥童"，自成对照。"旧日伥童半服官"一句有两个关键词，"伥童"和"服官"，都是用的汉代故事，作者正是以古喻今，写自己曾有的童奴经历和当前处境，从而与后二

---

① 参见《宋史》卷三百二十八"列传"八十七。蔡挺《喜迁莺》词全文见《全宋词》，中有"岁华向晚愁思，谁念玉关人老"句。

② 见《汉语大词典》第一卷，第 368 页。

句的写实笔墨自然衔接。

先说"服官"。"服官"一词除了做官的常用意义外，还有一个特殊意义，就是汉代专掌宫廷服装供应的官职。《辞源》"服官"条云："汉代官名。汉齐郡临淄产纨縠，陈留郡襄邑产锦缎，在两地设服官，掌管宫廷服用的供应。在临淄者也称三服官。"①《汉书·元帝纪》颜师古注引如淳曰："服官主作文绣，以给衮龙之服。"很明显，这就是清代织造署和织造官员的职责。曹寅用"服官"一词，自指的用义很清楚。曹寅的朋友，清代考据学大家阎若璩《赠曹子清侍郎四律》诗就曾用"冰纨重汉官"之典称颂曹寅身任织造，并用"女勤襄邑杼，贡胜兖州丝"称颂其父子业绩，都是以汉官代指，语出同一典故②。但不同的是，汉代服官是朝廷命官，而织造署是清代内务府派出机构，由包衣奴才充当，只能说是"内（务府）服官"，其地位根本不能与缙绅官僚同列。当时有些官僚文士就曾以"粗官"讥之。所以曹寅这里以"半服官"自称（当然诗中不好说"内服官"），其内心确实是很辛酸的。③"半"有"不完全"之意，这里显然是用自嘲语气写出内府官员与朝廷命官的地位区别。④

"侲童"，又作"侲子""侲僮"，二词俱见于张衡《二京赋》。《说文解字》："侲，僮子也。"《康熙字典》释"侲"字，引《集韵》等书曰："音震，童子也。"又引张衡《东京赋》，《文选》注引薛综曰："侲之言善也。善童，幼子也。"⑤在古代，"侲子""侲童（僮）"都是有特定所指的语词。"侲子"特指参与大傩驱疫仪式的儿童。张衡《东京赋》如此描写："尔乃卒岁大傩，驱除群厉。方相秉钺，巫觋操茢。侲子万童，丹首玄制。桃弧棘矢，所发无臬。飞砾雨散，刚瘅必毙。煌火驰而星流，逐赤疫于四裔。"⑥《后汉书·礼仪志》则记载云："先腊一日，

---

① 《辞源》，商务印书馆 1980 年版，第 1479 页。

② ［清］阎若璩《潜邱札记》。

③ 参见方晓伟《曹寅评传年谱》所引宋荦、赵执信诗句，第 219、232—233 页。赵升《朝野类要》："粗官，武官及军官之自谦，或以为讥。"唐代重文轻武，不经台省而出为节镇者，人称"粗官"。参见《辞源》，第 2385、3560 页。

④ "半"又可读 pàn，通"畔"，有"界限"之意。见《汉语大词典》，汉语大词典出版社 1993 年版，第 707 页。"半服官"或可解释为任职织造即为其仕途上限，不可能升迁。写出内府包衣之受压抑。

⑤ 见［汉］许慎《说文解字》卷八"人"部"侲"，中华书局 1963 年版；《康熙字典》子集"人"部"侲"字条，中华书局 2004 年版。

⑥ 张衡《东京赋》，见《文选》卷三，中华书局 1977 年版，第 63 页。

大傩，谓之逐疫。其仪：选中黄门子弟年十岁以上、十二以下，百二十人为侲子，皆赤帻皂制，执大鼗。"在中黄门化装为"黄金四目，蒙熊皮，玄衣朱裳，执戈扬盾"的方相氏及十二兽带领下，逐恶鬼于禁中。并随中黄门舞蹈，欢呼，唱和，声势雄壮。① 之所以用"侲子"，包含古人童婴崇拜、驱疫保护之意。"黄门"即宫禁之门。《汉书·霍光传》颜师古注："黄门之署，职任亲近，以供天子，百物在焉。"清代设内务府，即以代黄门宦者侍卫从事之职。"中黄门子弟"，在清代就是内务府包衣子弟了。

张衡《西京赋》中又有"侲僮"一词，指早期从事戏剧杂技表演的儿童。在描写百戏《东海黄公》后，有这样一段文字："尔乃建戏车，树修旃。侲僮程材，上下翩翻。突倒投而跟挂，譬陨绝而后联。百马同辔，骋足并驰。橦末之伎，态不可弥。"②这种纯技艺表演与傩祭无关，历代相传不衰，也作"侲子""侲童"。明唐顺之《轵架》诗之一："却讶缘橦诸侲子，倒投绝足试轻蹻。"清陈维崧《贺新郎·初夏城南观剧并看小儿作偃师幻人诸杂戏》词中"曲终杂爨，喧阗奏。有侲童，交竿缘橦，巧将身漏"的描写，都是儿童杂技表演。随着社会的进步，原来傩戏的巫术迷信观念逐渐消退，其中"侲子"的化妆假面表演等娱乐成分为城市戏剧舞台的"侲童"表演所吸收。钱谦益的《冬日观剧为徐二尔作》诗中的"侲童"表演就更赏心悦目："侲童当筵广场舞，安西狮子金涂眦。掷身倒投不着地，寻橦上索巧相背。须臾技尽腰鼓退，西凉假面复何在？险竿儿女心犹悸，满堂观者争愕眙。"③这里"侲子"已与"侲童"（"侲僮"）合二为一。

以上引述，目的还在弄清曹寅诗句中"侲童"一词的实际含义。

从前引"旧日侲童半服官"诗句看，由于"服官"的自指意义已很清晰，因此，我们完全可以确认"旧时侲童"是自述性质，因而"侲童"也可以肯定是指作者幼年的宫内活动而非宫外戏剧表演，只是由于时代变迁，宫内"侲童"活动也带有戏剧表演的特点。

还要指出，作为一个多义词，"侲"除了上述意义以外，还有另一所指语

① 《后汉书》卷九十五"礼仪志中"，中华书局2011年版。
② 张衡《西京赋》，见《文选》卷二，中华书局1977年版，第49页。
③ 钱谦益《牧斋初学集》卷九，上海古籍出版社1996年版。

义是养马人。《康熙字典》释"佞"又曰:"扬子《方言》:'燕齐间谓养马者为佞。'"①《汉语大辞典》释"佞"亦曰:"养马人。《后汉书·文苑传上·杜笃》:'虏数佞。'李贤注:'《方言》:佞,养马人也。'"②现已知曹寅曾在养鹰鹞处当差,并与在上驷院当值的纳兰性德有交集,曹寅有"束发旧曾为狗监""马曹狗监相嘲难"的回忆诗句。养马当然是更低层次的服役,曹寅的诗句里即有"呦呦驲卒谁可拟"的感叹。③《说文解字》:"驲,厩御也。"即养马(兼驾车)之人。他还自称过"杂遝马曹官"④。《红楼梦》第 63 回写到贾府的早期"土番家奴",系"先人当年所获之囚赐为奴隶,只不过令其饲养马匹,皆不堪大用"。本人已有论述,认为这是借"土番家奴"暗写包衣曹家当年被俘没满为奴的历史。"饲养马匹",既暗用《西游记》"弼马温"故事喻写因身为包衣而受歧视被压抑,又可能包含写实内容。⑤ 曹寅诗句自述是"旧日佞童",能否据此推断曹寅曾有过养马童奴的经历呢? 当然不能排除。也许作为包衣幼童,参加表演和养马两种经历都有,因而曹寅巧妙地运用了"佞童"所指多义的表意功能,一语双关。这一点,也更可证明推断"旧日佞童半服官"之为自述绝非凭空臆想,而是言之有据。本节论述更注重"佞童"表演的经历,是因为"马曹"已有迹可寻,而"佞童"表演经历是以前曹寅研究所不曾发现的事情,更值得深入探讨。

曹寅有"佞童"经历,这一结论也许会使人惊诧和质疑,但的确是事实,因为这是事主的自述。我们不能因为过去未曾发现而否定这一事实。相反,如果我们能重新研究过去的材料并努力发掘新材料,曹寅的"旧日佞童"经历,就可能获得更多的佐证,曹寅研究就有可能由此引向深入。

**(二)"佞童"经历的影响**

就对曹寅生平研究的价值而言,本人认为,"旧日佞童半服官"诗句具有以下两个方面的重要信息:

一是佐证了曹寅年幼入宫当差的事实。"佞童"是年幼童子。《后汉

---

① 《康熙字典》子集"人"部"佞"字条。
② 《汉语大辞典》第一卷,汉语大词典出版社 1993 年版,第 1369 页。
③ 《诗别集》卷三《邀曲师小饮和静夫来诗用东坡韵》。
④ 《诗别集》卷二《送袁士旦游吴下二首》:"五湖归亦好,杂遝马曹官。"
⑤ 参见刘上生《贾府最早的家奴和包衣曹家之痛》,《曹雪芹研究》2017 年四辑。

书·礼仪志》已记载,充作侲子的宫中子弟年龄在十岁至十二岁之间。前引钱谦益《冬日观剧为徐二尔作》中的小伶,包括表演导致"当筵广场沸"的"侲童",都是"十三不足十一零"的儿童[①]。这一年龄区间,与有关文献关于清代宫廷哈哈珠子 11 至 13 岁轮值的记载相近[②],也与本人考证的曹寅于康熙八年 12 岁时进京入侍的年龄区间一致。可以说,曹寅自述"侲童"经历是对年幼入宫当差事实的进一步确认。因为对此论述材料已相当充分,此处不再赘言了。附带提一下,曹寅的"侲童"经历是不可能发生在受家庭理学传统影响和父母直接管教下的孩提时代的,而只可能发生在进宫后失去人身自由、任凭长官支配的包衣子弟童奴身上,这个道理应该是显而易见的。

二是对其"侲童"经历的关注将丰富我们对曹寅宫中童奴生涯的认识。过去,我们的研究只限于曹寅入宫当侍卫以及"佩笔充侍从"等材料,现在看来是很不够的。当然,这里有两个问题需要解决:一是清代宫廷中是否有"侲童"的活动,这是确认曹寅"旧日侲童"事实的基础;二是曹寅"侲童"经历是否对他的人生造成影响,这是研究"旧日侲童"问题的意义所在,实际上也就是对"侲童"经历的佐证。本人认为,虽然目前资料有限,但对这两个问题却都可以做出初步的肯定回答。

先说第一个问题。清代宫廷节庆筵宴祭祀仪式繁多,入关后虽然极力保持本民族特色,但在文化融合大势下,满族萨满教的仪式和宫内娱乐活动对汉族傩戏及其他戏剧表演的吸收,都使得"侲童"表演成为重要角色。兹举数例。清初,满洲民间乐舞"莽式"(玛克式)在宫中十分流行。康熙皇帝曾谕称:"玛克式乃国家筵宴大礼,典至隆重。"并为皇太后七旬大寿亲舞称觞。而康熙三十三年(1694)十二月十四日时任翰林院编修的汤右曾观看礼部排练乐舞《莽式》后所作长诗《莽式歌》,称其"如古者百戏之属"。可以看到已经大量融入汉族傩戏、杂技及诸少数民族乐舞形式。与此处所论相关的是,此诗可以证实清宫满族乐舞对汉代傩戏和侲子表演的吸收。全诗开篇即是"季冬腊日烹黄羊,傩翁侲子如俳倡。喷拳杂技闹里社,细腰叠鼓喧村场",显然远承《后汉书》所记腊日大傩,但庄严的仪式感已被浓厚的民间娱乐色彩所替代,"傩翁侲子"的地位已降如"俳倡"。而儿童表演的精彩令

---

① 参见钱谦益《牧斋初学集》卷九。
② 参见郑正挺主编《中国历史大辞典》(音序本)"哈哈珠子"条,第 884 页。

人叫绝："盘空筋斗最奇绝，如电礮碿星光芒。解红俄作小儿舞，文衣绎缲颜
椢霜。""双童夹镜技浑脱，晚出绝艺惊老苍。弄丸一串珠落手，舞剑百道金飞
铓。"诗人以"我闻殿前陈百戏，缅昔制作传汉唐"二句，概括传承，画龙点
睛①。所以，这首诗完全可以当作曹寅宫中"旧日伥童"生活的有力佐证。此
外，作为辅证，还可以举出赵翼在《檐曝杂记》卷一记述乾隆十六年（1751）皇
太后六十寿辰盛况时所记："自西华门至西直门外，每数十步间一戏台。伥
童妙伎，歌扇舞衫，后部未歇，前部已迎。左顾方惊，右盼复眩。"②时任驻藏
帮办大臣和宁（和瑛）写于嘉庆二年（1797）的《西藏赋》中有"伏腊岁时""吹
竽人之云箫，声喧兜率；舞伥童之月斧，乐奏侏离。此元旦之宴众番也"③的
描写等，都可见"伥童"仍然充当着节日庆典乃至宫廷娱乐舞台的重要角色。
据《皋兰县续志》记载，远在西北的甘肃兰州，明清时"元宵前后四日，作粉
粂，馈元宵，夜烟灯、箫管、彩帐、锦屏、秧歌、社火、伥童、番鼓，侈丽甲于陇
右"④。"伥童"表演已深入边远民间了。

　　可以想见，作为包衣子弟，曾经充当伥童的曹寅有过怎样的活动，这种
童年经历对他有着怎样刻骨铭心的影响。

　　这就联系到第二个问题，曹寅及其友人曾经多次提到他对表演艺术的
热爱。作于康熙二十四年任职郎署期间的《贺新郎·与桐初夜话分韵》词，
值得重视。全词如下：

　　　　澡粉移床话。晚亭前，商今略昔，一茶一蔗。世味堆盘谁借箸，除
　　了犀杯玉斝。还除了，豆棚瓜架。千里吴莼凉沁肺，论掇皮，真可成风
　　雅。幽州月，楼角挂。　　细腰鼓子骑梁打。笑当年，城南拉饮，城东
　　走马。此日多愁兼善病，闲煞勾栏京瓦。争忘却，江山如画。回首清光
　　天眼老，况诸君巷尽乌衣者。酒已罄，问鲑鲊。⑤

　　叶藩是曹寅至交，但并非曲坛中人，此词中却有三处与表演有关的描
述。其中两处（澡粉、打腰鼓）是曹寅自为（"澡粉"借曹植故事自喻，见下

①　［清］汤右曾《怀清堂集》卷五，《四库全书》集部七。
②　［清］赵翼《檐曝杂记》卷一，湛贻堂《瓯北全集》本。
③　池万兴、严寅春校注《西藏赋校注》，齐鲁书社 2013 年版。
④　转引自《兰州晚报》2011 年 2 月 15 日报道。
⑤　见《词钞》。

文),另一处(勾栏京瓦)是常到之娱乐场所。显然,这不是一般的兴趣,而是积习形成的癖好。朋友亲密"移床话"很自然,但"澡粉"即化妆表演显然是曹寅所好。词中的"细腰鼓"正是前引《莽式歌》中的"细腰叠鼓"(也见于前引钱谦益《冬夜观剧为徐二尔作》中的侲童表演),也就是曹寅童年曾参加过类似演出的节目。可见"商今略昔,一荼一蔗",这种抚今思昔,不是感叹与叶藩的交往,而是自己的人生经历,包括从"侲童"到郎官的苦和甘。"澡粉"("粉澡")一词被曹寅多次运用,也绝非偶然。"澡粉"典出《三国志·王粲传》裴注引《魏略》述邯郸淳见曹植故事:"植初得淳甚喜,延入坐,不与谈。时天暑热,植因呼常从取水自澡讫,傅粉。遂科头拍袒,胡舞五椎锻,跳丸击剑,诵俳优小说数千言讫。谓邯郸生:'何如耶!'于是乃更著衣帻,整仪容,与淳评说混元造化之端,品物区别之意;论羲皇以来圣贤、名臣、烈士优劣之差,次颂古今文章赋诔及当官政事宜所先后,又论用武行兵倚伏之势。乃命厨宰,酒炙交至,无与伉者。及暮,淳归,对其所知叹植之材,谓之天人。"①借曹植自喻,本为美誉。然而,他的《病中冲谷四兄寄诗相慰信笔奉答兼感两亡兄四首》中却有这样的诗句:"漫兴诗篇余竟病,伤心粉澡杂俳优。枣梨将馨头将雪,身世悲深麦亦秋。"②单纯用典故本事是无法解说"伤心粉澡杂俳优"的,因为曹植"粉澡"并无伤心之处。但如果联系前引《莽式歌》所写清宫乐舞"傩翁侲子如俳倡"的地位和表演性质,以及曹寅"旧日侲童"的童奴经历,那么这种"伤心"的实际内容就容易理解了。"粉澡"一词之用还见于《题赠吴开益三首》诗③。从"故人零落独高闲,绝艺曾随供奉班"诗句,可知吴开益是曹寅当年任职侍卫时的友人,曾以绝艺供奉内廷,也因此而相交。重逢之际,曹寅用"中年陶写竹与丝,粉澡何妨坐上施"二句描写当时的情景,丝竹是吴开益所长,"粉澡"则是曹寅所为,以艺会友,相得甚欢。在此时刻,当然暂时忘却了"伤心"之情。"粉澡(澡粉)"一词在不同场合的多次运用,绝非简单的借曹植自诩,而是一种对化妆表演艺术情趣的执着,从这里完全可以看到与"旧日侲童"经历的潜在联系。

再从知己亲友记述看,舅氏顾景星应是最了解曹寅人生经历的,其为曹

---

① 见《三国志·魏书二十一·王卫二刘傅传第二十一》。
② 见《诗别集》卷二。
③ 见《诗别集》卷三《题赠吴开益三首》之三。

寅早年自编诗集《荔轩草》所作序不但以"甫曼倩待诏之年，腹嬛嬛二酉之秘"之典，赞曹寅"早从龙楼僾，得观中秘书"即幼年佩笔侍从的经历，而且还特地写下："昔子建与淳于生（按：应为邯郸淳），分坐纵谈，蔗杖起舞。淳于目之以天人。今子清何多逊也？"①用曹植见邯郸淳的故事，暗示所谓"天人"，除文武全能外，还包括言谈表演的才能。另一友人张大受在《赠曹荔轩司农》诗中还直接描述曹寅"有时自傅粉，拍袒舞纵横"②的兴致，并多次用"跳丸"之典以曹植喻曹寅的表演才能③。这种才能和兴致显然都与"旧日倡童"的表演经历和训练密切相关。

总之，曹寅入宫后的童奴生涯肯定比人们现在所知丰富复杂，既不是传说的"年十三，挑御前侍卫"（邓之诚《清诗纪事初编》）那样风光，也未必是"既舞象，入为近臣"（顾景星《荔轩草序》）那样快捷，甚至也不能用"佩笔侍从"或侍奉皇上简单概括。在十余年的侍卫岁月里，他侍从过康熙，也离开过康熙，并非始终做皇上的亲随。作为一名包衣子弟或曰幼童包衣人，他肯定要经历种种磨难。曹寅虽名隶侍卫处，但"侍卫品级既有等伦，而职司尤有区别"。福格曾列举种种低级杂务："又有上驷院司鞍、司辔二十七人。又有以侍卫之秩，别充尚茶、尚膳、上虞、鹰鹞房、鹘房、十五善射、善鹄射、善骑射，悉如古人侍中、给事之任。至善扑、善强弓两职，尤与内廷侍卫区别，几等于材官武士之列矣。"④"倡童"表演很可能从有一技之长的包衣子弟中临时选拔充任。何况康熙皇帝为了培养少年侍卫吃苦耐劳的品质还有意识地让他们进行各种锻炼。曹寅幸运地经受了这些磨炼，后来地位逐渐上升。可以想到，"旧日倡童"中还有多少终身默默无闻者。当然，要完全弄清楚这个问题，既有线索可寻，也还有若干困难。现在可以肯定的，只能是曹寅有"旧日倡童"的经历这一基本事实。

现代心理学认为，童年的经历和记忆对人一生的影响是至深至巨的。

---

① ［清］顾景星《荔轩草序》。

② ［清］宋荦编《江左十五子诗选》卷六张大受《清溪集》。转引自周汝昌《红楼梦新证》，第488页。下一条同。

③ ［清］张大受《匠门书屋文集》卷四《书楝亭银台诗后》："跳丸家法斗量才。"《清溪集》中《赠曹荔轩司农》二首之一："跳丸击剑讫，何如邯郸生？""跳丸"是古代百戏之一，以掷丸上下挥舞为戏，多见于杂技艺人表演。

④ 见［清］福格《听雨丛谈》卷一"侍卫"条。

曹寅弟子王朝瓛在《楝亭词钞序》中引述："公尝自言,吾曲第一,词次之,诗又次之。"看来,曹寅的这种自我评价绝非随意和偶然,曹寅对"曲"的钟情其来有自。曹寅的戏剧创作从种类到具体内容都有自己的特色,他对戏曲的欣赏、对表演艺术的热爱,乃至出任织造后虽然收入有限,常"公私困窘",却长期蓄养家伶的事实等等的心理原因都有必要联系"旧日伥童"的经历进一步探讨。

## 第三节 任职郎署

康熙二十三年夏,在江宁织造任上专差久任的曹玺因劳瘁病逝。回家侍父病及治丧的曹寅已被安排协理织造事务,但次年五月,曹寅却携全家扶父柩北归并奉旨回京任职,至康熙二十九年二月外放苏州织造止,先后在内务府任慎刑司员外郎、广储司郎中等职四载有余。这是曹寅人生经历中一段虽然短暂却极不寻常的时期。在此之前,曹寅从康熙八年童稚入侍,至任侍卫官员,扈从康熙皇帝十五年,深得宠信。然而,在这一段时期,曹寅与康熙之间却出现了某种信任危机。它虽然并未改变二人关系的性质,但对曹寅的思想乃至包衣曹家的精神传承却产生了深刻的影响。曹寅的忘年挚友明遗民杜岕于康熙二十八年在为其诗集《舟中吟》作序时,曾谓其"魁垒郁勃于胸中"①,所指就是这一时期创作的精神状态特征②。

### 一 人事变故与信任危机

对于曹寅本人和曹家,本时期最重要的事件是江宁织造继任的人事变故。据康熙二十三年未刊《江宁府志》中的《曹玺传》,曹玺于是年六月"以积劳感疾,卒于署寝","是年冬,天子东巡抵江宁,特遣致祭,又奉旨以长子寅仍协理江宁织造事务,以缵公绪"。康熙六十年《上元县志》中的《曹玺传》

---

① 见《楝亭集》杜岕序。

② 《楝亭集》中,《诗钞》卷一系曹寅康熙二十九年四月出任苏州织造以前的作品。其中《黄河看月示子猷》《北行杂诗》以下,可以确定为康熙二十四年五月离开江宁（返京）后至任职郎署时期的作品。另外,《诗别集》卷一、卷二中,也有一部分是本时期的作品。本人对这些作品的创作时间均做过考证。

云："甲子卒于署，祀名宦。子寅……玺在殡，诏晋内少司寇，仍督织江宁。"两传均记载曹寅在父亲逝后奉旨协理江宁织造事务，可见确有其事。内少司寇，即内务府慎刑司郎官。清代内务府中有相当于外廷刑部的慎刑司。古代"司寇掌邦禁"（《尚书·周官》），有大司寇、小（少）司寇等职。此以古官称呼。由侍卫官升任内府郎官，是康熙的精心安排。按清制，八旗文武各官遇有父丧，例于持服百日后，即入署办公。[①] 依此规定，任侍卫的曹寅必须在父丧百日后回京任职，这对一个接受了父丧守制三年的礼仪传统的汉人是非常痛苦和难以承受的。所以，康熙命曹寅在父故后以郎中职协理江宁织造，必是一种便其守丧尽哀的照顾性的临时委任。据祁美琴编《清代内务府三织造官员表》[②]，是年（康熙二十三年）江宁织造由江苏巡抚余国柱署理。但曹寅既升内府郎官，即取得了出任织造的资格，这又未必不包含着康熙让曹寅继任曹玺的明显用意，也是已在江南生活了二十余年并置有产业的包衣曹家的心愿。以曹寅在康熙身边的地位，和康熙对曹寅的宠信，这种继承安排似乎也是顺理成章之事。然而次年，内务府郎中马桑格出任江宁织造（马桑格，满洲正白旗包衣人，其父马偏额于顺治十三年、十五年，康熙五年三次任苏州织造）[③]，而曹寅则奉命回京任郎官。发生这种变故的原因是什么，不得而知。但此事对曹寅和曹家的打击肯定是沉重的。曹寅写于此时的《放愁诗》（《诗别集》卷二）坦露了他的心曲。放愁，即驱逐愁苦。这是《楝亭集》中情调最为沉重的一首诗。诗全文如下：

> 哀兹渺身，包罗百忧。膏煎木寇，日月水流。我告昊天，姑为放愁。天净如镜，明含万蠢。仰呼不应，口枯舌窘。摩抚劬劳，泣涕星陨。五脏六腑，疮痍未补。芒刺满腹，荼蘗毒苦。反照四顾，觅愁何所。南山有松，脊令于飞。我今褰裳，采蕮采薇。白发坐堂，绿发立阶。良食衎尔，含饴哺孩。手足辑睦，琴瑟静偕。千春相保，咫尺莫乖。丰获勤耤，饘粥伛偻。偶有旨酒，爰念好友。三簋相享，薄醉携手。俯察濠梁，傍嗤乌狗。骑马食肉，转背枯骨。仙人羡门，披叶跨鹿。菖蒲紫茸，金丹红熟。饱食生翼，风雷捧足。抱一以终，反魂于屋。千年万年，愁不敢出。

① 郭柯义等《清朝典制》，吉林文史出版社 1993 年版，第 295 页。
② 祁美琴《清代内务府》第八章。
③ 参见冯其庸《曹雪芹家世新考》，第 403—404 页。

诗中"愁"的内涵并不显豁，但抒情重心很清晰："我告昊天，姑为放愁。"是"昊天"与"我"的"愁"的关系。诗中运用了含义明确的象征符号。"星陨"喻父亡，古人云郎官上应列星，而曹玺是以内府郎官外任织造的。与此相应，"昊天"既指皇天上帝，又隐喻当今皇上，观"天净如镜，明含万蠢"等诗句可知。而"仰呼不应，口枯舌窘"则是指皇上的不理解使自己与家庭陷入极度困境："摩抚劬劳，泣涕星陨。"劬劳，指嫡母孙氏，典出《诗经・凯风》"母氏劬劳"句。这是"放愁"的情感高潮。"疮痍""芒刺""荼蕖"所喻，不仅是丧父之痛，还另有所指，综合其他材料，我推测很可能是曹玺故世后在继任织造问题上的不利于曹家和曹寅的种种流言，因此在曹寅心中引起了恐惧痛苦。所谓"仰呼不应"，恐怕正是曹寅或曹家向康熙帝告诉未果情景的写照。其中隐含着对"昊天"的深深失望。正因此，诗的后部分才以大量篇幅表达保身养家退隐的消极思想。由此看来，在曹玺故世之后，康熙与曹家和曹寅的关系确曾出现过某种紧张。这种紧张，大概在康熙南巡至江宁，曹寅奉旨协理织造而继任人事未定时最为突出。

但康熙皇帝显然也有他的考虑。一方面，他对曹玺的忠诚干练给予充分肯定，这才有南巡江宁时派人祭奠并追赠工部尚书衔之事。但另一方面，关于曹家的流言并不一定都是不根之谈。明朝织造太监徇私作弊者代不乏人，清朝改派内府司员兼任织造，多有人因经济犯罪受到查处。曹玺任织造二十余年，在江南颇有产业，未必能两袖清风、一尘不染，仅就现存的《江宁织造曹玺进物单》[①]，一次向内廷进献那么多国宝级文物，就可见他的搜求能耐。当然，曹玺把这些无价之宝都进献给了皇帝，可见他的忠心，但这种"能耐"很可能成为嫉恨者或怀疑者制造"流言"的一个凭据。特别是"织造"一职，位卑而势重，向来被视为"肥缺"，"昏夜乞怜，钻营奔竞"者大有人在。曹玺故世后，内务府中竞相觊觎，散布不利于曹家的流言，正可阻碍其子曹寅继任织造。面对上述种种复杂情况，康熙皇帝不能不心存疑虑，谨慎处置，至少需要一段时间的"审查"。这恐怕就是康熙最终决定让曹寅回京任职而由马桑格继任织造的原因。

---

① 《关于江宁曹家档案史料》，第5—6页。这一《进物单》未署年月，但有"江宁织造理事官加四级臣曹玺恭进"字样，置于康熙十七年《巡抚安徽徐国相奏销江宁织造支过俸饷文册》后。

但这对曹寅的打击肯定是巨大的。从康熙的角度来说,这是服从于政治利益的人事安排;而在曹家方面,却深感"信而见疑,忠而被谤"(《史记·屈原列传》)的专制政治厄运降临的紧张恐惧。这就导致了《放愁诗》中"千年万年,愁不敢出"的最终情感压抑。有研究者把这首诗解释为曹寅协理织造时遭遇家庭矛盾时内心痛苦的表达①,这是不正确的。曹寅之弟曹宣一直在家侍父,尚未去内府当差,根本不具备继任曹玺的资格。因而认为曹寅任职会招致母亲孙氏与弟弟曹宣不满,纯系无稽之谈。

如果说,由于《放愁诗》语意隐晦,上述分析中不能不包含着某些推断,那么,此后曹寅及其友人的一系列诗作则可以证明这种推断之不误。

康熙二十四年五月,曹寅扶父柩携家北归,杜岕赶来送行,登舟之时,作长诗《思贤篇》以赠。诗中以季札北游和曹植谒帝比曹寅此次进京之行,其述曹植云:

> 又有魏陈思,肃诏苦行役。翩翩雍丘王,恐惧承明谒。种葛见深衷,驱车吐肺膈。

前四句诗化用曹植《应诏诗》"肃承明诏,应会皇都",《赠白马王彪》"谒帝承明庐",又特别添加"恐惧"二字,表明杜岕对曹寅心态有着深刻的了解。《种葛》《驱车》是曹植政治失意,受君王曹丕猜忌时写作的两首诗。《种葛》以夫妻离异比喻自己与君王关系的变化:"种葛南山下,葛藟自成阴。与君初婚时,结发恩义深。……弃置委天命,悠悠何可任?"《驱车》诗借求仙之题材寄托失意后欲高蹈弃世之意。"种葛见深衷,驱车吐肺膈"正是用曹植诗意暗写曹寅的"深衷"和"肺膈",这在前引曹寅的《放愁诗》中可找到印证。可见,作为曹寅好友的杜岕,已清楚地意识到了曹寅与康熙的关系中出现了某种信任危机,所以才在诗中谆谆劝诫曹寅"保身谓明哲","素位即自得","置身富贵外,遽几何通塞","经纬救世言,委蛇遵时策"。这些劝诫,决非一般的处世箴言,而是包含着作者对专制皇权下"伴君如伴虎"的君臣主奴关系的深刻认识,因而深得曹寅之心,曹杜遂成知交。

在乘舟北归的路上,曹寅写作了《北行杂诗》二十首和其他一些诗歌,表达了他对现实政治的感受。他尖锐地指斥:

---

① 朱淡文《红楼梦论源》第一编第三章。

尘面由来假，秋光即此真。云霾深地肺，虎豹据天津。

这近乎对现实政治的全盘否定。而关于皇帝，他只写了一句：

行在天山外，西风玉帐寒。

按，康熙二十四年并无御驾亲征边疆之事（仅有巡幸塞外之举），曹寅此语，似乎有某种"高处不胜寒"的寓意，既表达忠诚而又充满畏惧。

回京之后，有关曹家的流言在相当长的时间里并未得到澄清，曹寅和全家的处境一度相当困难，曹寅此时期的诗作可资为证。其一，是现存《楝亭诗钞》别集卷二的《子猷摘诸葛菜感题二捷句》，这两首小诗的重要意义，是把曹家遭际的真实原因作了更明确的喻示：

春阑青紫漫墙隅，蔓青敷花味始腴。忽念南中桑叶长，错将薏苡谤明珠。

谱疏相因旧不差，情亲小摘慰年华。长安近日多蓪草，处处真花似假花。

诗当写作于康熙二十五年春，此时曹寅任职郎署，曹宣（子猷）则任职侍卫，兄弟二人相聚于北京，故有"忽忆南中"之语。此诗最值得注意的，是薏苡明珠的典故的运用。按，薏苡明珠之语出马援故事。《后汉书·马援传》载，马援南征交趾，回师时载薏苡种实一车，"时人以为南土珍怪，权贵皆望之。援时方有宠，故莫以闻。及卒后，有上书谮之者，以为前所载还，乃明珠文犀。马武（马援部将）与於陵侯昱等，皆以章言其状。帝益怒。援妻孥惶惧，不敢以丧还旧茔，裁买城西数亩地稿葬而已，宾客故人莫敢吊会。严（马援兄弟马严）与援妻子草索相连，诣阙请罪"。曹寅用此典故，很明显是暗示曹玺在江南久任织造，曹家遭人嫉妒诽谤，及玺殡北归后，仍蒙此辱。这与《放愁诗》中的"芒刺满腹，荼蘖毒苦"所指是一致的。曹寅二诗又暗用刘伯温《家居危疑九日诗》"薏苡明珠千古恨，却嫌黄菊似金钱"句意。刘伯温曾受胡惟庸谗害，曹寅从一己一家之遭遇，观察历史和现实，得出了某种普遍性的结论："长安近日多蓪草，处处真花似假花。"蓪草，即木通，两头相通，又称通脱木，可做假花。此二句既讽刺京城官风多伪，更慨叹是非混淆、真伪莫辨，正所谓"假作真时真亦假"。怨怼所指，似在"今上"。

《楝亭集》中还有一首写于此时期的引人注目的诗《题来鹤亭图》，题注：

"为石廪内兄赋。"见于《诗别集》卷二。全诗如下：

> 李君话鹤双泪垂，命予更作来鹤诗。禽鸟得气义如此，侧死横生空
> 尔为。徘徊不得意，翻身归故园。园中二子抱鹤泣，遂以此鹤名其轩。
> 古时感恩鹤最少，徐家哭吊丁家老。今世应惭有此禽，携归莫傍长安
> 道。余家紫楝摇天风，婆娑略与此鹤同。锦衣再拜伤局促，往往疾首呼
> 苍穹。此树安能青万代，君家鹤亦磨人代。呜呼，人代磨灭今不可期，
> 幸勿折我楝树枝。请君纵鹤向空去，决漭白云无尽期。

石廪内兄，即曹寅之继室李氏之兄李煦。曹寅前妻早故，续娶当在父丧
守制三年之后，即康熙二十六、二十七年间。这两年李煦家庭遭遇了两件大
事：一是其父广东巡抚李士桢因左都御史王鸿绪疏参其贪污不法、年老昏愦
各款，于二十六年十一月奉旨"以年老例休致"，实即罢官回京。二是任宁州
知府的李煦于次年奉旨去职返京，充任内务府畅春苑总管，从此结束了包衣
李家在朝廷（外廷）担任官职的历史。（这一历史，包衣曹家早在曹寅祖父曹
振彦去职时即已结束。）这两件事对于李煦和李家的打击，同曹寅与曹家所
受的打击颇为相似，这才有"李君话鹤双泪垂"并引起曹寅强烈共鸣而作此
诗之举。诗中的鹤与楝分别暗喻两家遭际的用意十分明显："我家紫楝摇天
风，婆娑略与此鹤同。"所谓"楝摇天风"，所谓"折楝树枝"，都暗示来自宫廷
乃至最高层对曹家的打击，而"疾首呼苍穹"，则又是《放愁诗》中"我告昊天"
"仰呼不应"情感的继续。不同的是这首诗中包涵着更深沉的身世之感。
"锦衣"即"锦衣卫"，"锦衣再拜"喻指曹玺、寅父子两代都曾充任皇帝侍卫之
职，"伤局促"，则喻指包衣世仆身份所造成的人身自由和仕途进取限制。①
由于曹、李两家包衣身份相同，现实遭际相似。（李士桢本姓姜，山东昌邑
人，崇祯十五年清兵破城时被俘，归李西来，即以李为氏，"从龙辽左"，与曹
寅同为内务府正白旗包衣人。）②故曹寅敢于在此诗中流露这种更深的悲痛。
诗中对长安道的痛恨与前引《子猷摘诸葛菜》诗中"今日长安多蒮草"的指斥
又是一致的，表明作者由一己一家之命运推及对现实政治的否定性认识已

---

① 清制："内府人员惟充本府差役，不许外任部院。惟科目出身者，始与搢绅伍。"（《总
　管内务府现行则例》）这是对内府包衣仕宦的明显限制。
② 王利器《李士桢李煦父子年谱》，第 237 页。

十分坚定而强烈。

总之,《放愁诗》—《子猷摘诸葛菜感题二捷句》—《题来鹤亭图》三点一线,连贯呼应,展示出这一时期曹家遭际和曹寅心灵世界的如下重要内容:

1."错将薏苡谤明珠"。曹家遭遇到严重的谤言,在相当长一段时间内未能澄清而陷于困境,这直接影响了康熙对曹寅的任用。

2."往往疾首呼苍穹",但"仰呼不应,口枯舌窘"。曹寅与康熙之间出现了某种紧张关系和信任危机。它不但造成了曹寅的恐惧心理,而且导致他对专制皇权下的现实政治,特别是京城(以"长安"为代称)的宫廷政治和险恶世情的怀疑和否定。

3."锦衣再拜伤局促"。曹家的现实遭际加深了他对包衣奴仆地位和屈辱家世的认识,加强了他对所效忠的清皇室及其最高主子的离心倾向和摆脱现实束缚、实现自由心性的追求。

## 二 离心:民族情感的复活

从曹寅自身来说,任职郎署,也是他人生道路的一大转折。因为这意味着他脱离了充当侍从和侍卫期间与最高主子的特殊的个人联系,而作为一名普通的郎官进入了内务府官僚衙门;意味着他从此失去了皇帝的直接庇护,也因曹玺故世而失去父亲的教诲指导,而不得不独自面对现实环境,在内务府衙门这个等级社会里谋求自己的生存和发展。对曹寅来说,这是一种可怕的"边缘化"。

清代内务府等级森严,最高长官是总管内务府大臣,下设内务府堂及所属七司、三院等五十多个部门。内务府堂是内务府及总管大臣的办公处,设堂郎中、堂主事、委署主事等职。七司(广储司、都虞司、掌礼司、会计司、庆丰司、慎刑司、营造司)各设郎中、员外郎、主事等。三院(上驷院、武备院、奉宸院)衙门,分别设立总理或兼管王大臣管理,下设卿、堂郎中、主事等。其品秩从二品至九品及未入流。总管大臣为正二品,三院卿为正二品,郎中为正五品。内务府官员除了内务府包衣缺,专门给内府奴仆提供仕进机会之外,还有一些职务特别是高级职位并不由或不能由内府包衣人担任。如总管内务府大臣,多由满洲侍卫、宗室王公等特简;府属郎中,特别是广储司六库郎中,也派部院官员"兼管",实际上是监督内务府的工作。这些非包衣缺官员除了权力和品秩之外,对于内务府包衣缺出身的官员,还有一种身份地位和心理上的优势。① 曹寅身为郎中,职位和品秩都是中级官员,并不在底层,但作为"包衣下贱",他也备尝等级压迫的滋味。《诗别集》卷三有《与曲师小饮和静夫来诗次东坡韵》诗,应作于康熙三十九年前后,其中有句云:

> 来朝欠伸过早衙,廿年幸脱长官骂。

可见,二十年前的"长官骂"的创伤一直是心中隐痛。

来自家庭和个人遭际两个方面的现实压迫,使曹寅置身于一种前所未有的与周围环境的冲突之中。在此以前,从自幼称"神童",到少年"佩笔侍从",到成长为年轻的御前侍卫官和包衣佐领,他一直在君父的双重庇护之下,一帆风顺,包衣曹家也呈蒸蒸日上之势。而自曹玺故后,"荼蘖毒苦"接踵而至,这使曹寅开始清醒认识到现实的阴暗和作为包衣汉人的自我与家庭地位的脆弱。

《病中冲谷四兄寄诗相慰信笔奉答兼感两亡兄四首》(《诗别集》卷二)很能表达他此时的处境和心情。其一云:

> 频拈柔翰怜生事,枉忆茅斋款段留。漫兴诗篇余竟病,伤心粉澡杂俳优。枣梨欢馨头将雪,身世悲深麦亦秋。往往人群避僚友,就中惟感赋登楼。

诗中以曹植、王粲自比。《三国志》裴注引《魏略》"植因呼常从取水自澡讫,傅粉。遂科头拍袒……诵俳优小说数千言",与邯郸淳为戏。王粲《登楼赋》:"虽信美而非吾土兮,曾何足以淹留。""冀王道之一平兮,假高衢而骋力。惧匏瓜之徒悬兮,畏井渫之莫食。"都是不得志的情态。但更值得注意的是"身世悲深麦亦秋"等句中流露的"家国同恨"的身世之感。(按:"麦秋"即"麦秀"之隐语,"麦秀"与"黍离"一样,都是古代寄寓国事兴亡的著名典故。)这实际上表明了自曹锡远被俘而归附为奴以来包衣曹家沉睡的民族情感和家族情感的强烈复活。

这种民族情感复活的重要表现,是在这段时间里,身居北京的曹寅与江南的一批明遗民志士的密切的情感沟通和交往。这种交往虽然早在曹玺在

---

① 祁美琴《清代内务府》第四章。

世和曹寅少年时代即已开始，但应该说直到此时，他们中一些人才真正成为曹寅的知已。

曹寅对比自己年长四十余岁的杜岕（些山）满怀仰慕崇敬和强烈思念之情。曹寅返京任职后，杜岕的儿子杜琰（亮生）与杜濬的女婿叶藩先后来京，成为曹寅的挚友。曹寅同杜琰谈起对些山先生的思念，声言多次在梦中见到他。些山闻知，即作《琰儿书来述荔轩屡梦予感赋奉怀即以代柬》一诗寄曹寅，诗中以"异姓交情笃，惟君知我心"表达挚情。寅收到诗柬，即写《些山有诗谢梦奉和二首时亮生已南旋》相寄：

> 述梦龙城雪，予惭尚有心。书来期不见，形在觉何深。荐甲敷春老，疑蕉数叶吟。俗情占反复，草阁倘重寻。
>
> 首夏江流稳，吴帆望不孤。归翻先客梦，杖只倩孙扶。隐几余清昼，乘车合异途。蘧然如可待，还写扫花图。

对"俗情占反复"的丑恶世态的深切体验，使他倍加珍惜同这位遗民老人难得的人间真情，并在诗中表达了强烈的认同感："乘车合异途。"据诗人自注，后一首诗运用了诗人过去赠杜岕的留别诗中"愿为筇竹杖"之句及些山集青莲句"闲为仙人扫落花"之句意，以表达他对这位人格如仙人般高蹈的老人的深挚敬仰之情和追随之心。

康熙二十七年，曹寅将自己的诗集《舟中吟》编定寄给二千里外的杜岕，请为作序。次年序成，曹寅极为珍视。晚年寅编写《栋亭诗钞》，仍将杜岕《舟中吟序》与另一遗民诗人顾景星《荔轩草序》置于卷首。

曹寅对坚辞己未博学鸿词科考试并归隐黄冈家乡的舅舅顾景星同样不胜怀念。这时期写的《送程正路之黄陂丞兼怀赤方先生》诗中写道：

> 嗜交尤念旧，吸引愧为郎。举缪黄州近，全身问楚狂。

末句以隐士楚狂接舆赞誉保持民族气节的舅氏顾赤方（景星）老人。

这一时期写给他所崇敬的另一遗民诗人杜濬（茶村）和朋友寒士吴炯（初明）的《腊十六夜玩月偶读茶村初明和诗寄怀次原韵》诗中有句：

> 风流开幕府，倔强卧云根。五字真强敌，天涯怅举樽。

"倔强"句，正是杜茶村坚贞气节的写照。末句表达了无尽的异地相思之情。

他的另一位遗民朋友姚潜（后陶），时在北京，是曹寅酒友。此时期曹寅写给他的《咏后陶香炉》借物咏其志：

> 鼓铸旧型终不改，熏当小炷与谁同？可怜羔袖龙钟后，家世风棱画省东。

后陶原名景明，字仲陶，歙县人。后改名潜，字后陶，是仿效陶潜不仕刘宋之志。姚潜是明末大臣东林党人姚思孝之子，故以"鼓铸旧型终不改"喻其坚持节操的"家世风棱"。姚潜后由曹寅奉养二十余年，至85岁卒，又由曹寅为其办理后事，成为曹寅与明遗民情谊善其始终的佳话，这已是曹寅任织造之后的事了。

上面所述，只是几个典型例证。曹寅在此时期交往的前明遗民，还有胡静夫、释大健（蒲庵）、朱赤霞等人。过去，有的研究者把曹寅与明遗民的交往，说成是奉康熙意旨而做的笼络对方、软化其反清意志的"统战"工作。事实证明了这种说法的荒谬。上述事例表明，正是康熙对曹家的信任危机和曹寅的现实困境，导致了他与清皇室的疏离和民族意识的复苏，推动了他和明遗民的接近和情感沟通。当然，这并没有改变他对清王朝及其最高主子的政治忠诚，但却强化了他关注本民族命运的文化忠诚心理。这种政文异向的双重忠诚后来成为曹寅最重要的思想人格特征之一。随着曹家与清朝最高统治者关系的变化，它必然地进一步发展为向着本民族文化的强烈回归情结。[①]

## 三　个体意识的觉醒

杜岕等明遗民以外，这一时期，与曹寅交往颇多的还有一批流离京都的贫寒失意之士，他们是曹寅的酒友和诗友，又是其知己。曹寅在与他们的交往、诗文酬酢中倾诉着自己的积郁。

据杨钟羲《雪桥诗话》三集卷三记载，曹寅与姚潜、宜兴陈枋、昆山叶藩、长沙陶煊、邗江唐祖命"有燕市六酒人之目"。姚潜已见前述。陈枋字次山，是著名词人陈维崧的再从侄，寅赠诗有"车似鸡栖屋似车，胡琴撞碎兴何如"句，用李贺诗句及陈子昂故事，写其坎坷失意之愤。叶藩是曹寅的至交，据

---

① 参见刘上生《走近曹雪芹——〈红楼梦〉心理新诠》第三章第一节、第三节。

曹寅《送桐初南归》诗句"江南野客倦京华，秋色先严易水车"，可知其在京城的遭际。陶煊、唐祖命事迹，据胡绍棠考证，长沙陶煊，字石溪，又字奉长，出身于文学世家，与门人张璨合辑《国朝诗的》，其"盛京"二卷选有曹寅诗十五题，人称"足迹遍天下"，或在京城时结交曹寅；唐祖命，字允甲，号耕坞，明季中书舍人，入清不仕，有《耕坞山人集》，曹寅与其交往，可能出于共同的民族情感。① 另有吴炯（字初明）兄弟，曾为曹寅的邻居，寅赠诗有"季子能贫道气矜"之句，又以"秃笔垂囊见，颠毛戴雪来"喻其赴边塞入幕无成，后与曹寅为终生之交。田登，字春帆，又字梅岑，江都人，家贫游于四方。（《清初纪事初编》卷一）程令彰字麟德，曹寅誉其"人品古淡"（《和程令彰十八夜饮南楼》）而引为同道，有《高山流水》词相赠。曹寅与上述诸人（这些人无一旗人，都是汉人，很值得注意）的交谊显然有着共同的思想与心理基础，在燕市酒楼、深巷陋室，是他们倾听着曹寅的心声，而曹寅又把这一切形诸笔墨，留下了可贵的真实的生活和情感记录。

现以《一日休沐歌》（《诗钞》卷一）为例：

> 一日休沐无所为，槽头马鸣草满墀。一日休沐无所向，森森潘陆随车障。我名何幸入通籍，我胸何苦抱岑寂？君不见瓮城东出河桥滨，天街新雨道少人。右邻季主左白堕，中有深巷无嚣尘。巷深地僻青苔绿，常时问饮不问卜。但闻剥啄即同心，何况往来僮仆熟。先生倔强复迂徐，先生好客唯蔬鱼。清时低赁伯通庑，残年尚枕瞿昙书。叶子同居好心事，精思妙语摩金翅。程君磨盾亦奇才，一挥万汇驱风埃。人生友多不为过，床前莫叹青毡破。人生闲少不须愁，眼中西北有高楼。高楼酒热禺中巳，五年落叶君须记。高楼人冷日垂申，十日一别君休嗔。诸君诸君慎相见，长安容易改头面。隐囊纱帽吾何恋，不惜频来布亲串。江南稻蟹饶西风，暂时摆脱嘲吴侬。蒲帆数幅非难计，且看芙蕖映水红。

这首诗相当全面地描述了曹寅在京都的休闲生活。内务府压迫暂时得以解脱的"十日一休沐"的难得闲暇，他是在和隐居的"先生"（疑即姚潜，潜后皈禅）及叶藩、程令彰等朋友的相聚中度过的。"我名何幸入通籍，我胸

---

① 参见胡绍棠《曹寅与"燕市酒友"》，载《红楼梦学刊》2005 年第二辑；《楝亭集笺注》"前言"。

何苦抱岑寂",概括了曹寅的尴尬处境和内心痛苦。他对友情的看重、聚饮的酣畅,是与他对"长安容易改头面"的政治与世情的险恶感受联系在一起的。

这一段时间,曹寅的饮酒诗很多,并且毫不掩饰他的人生和世事感慨:

> 已分云霞成过客,漫将屠钓劝闲人。……从此预饶休沐暇,与君唯有瓮中春。
>
> 《喜叶桐初至》(《诗钞》卷一)
>
> 十年披素纨,相顾半老丑。……磨刓肘后章,莫易杯中酒。
>
> 《五月十一日夜集西堂限韵》(《诗钞》卷一)
>
> 离乡浑识飘零雁,在世宜看早晚鸦。能置岁华勺里,一帆终古浩无涯。
>
> 《和程令彰十八夜饮南楼》(《诗钞》卷一)
>
> 沉湎滑稽内,适俗恒浇漓。……所以寄末世,嗑嗑尤恐迟。
>
> 《饮浭酒》(《诗钞》卷一)
>
> 荣枯会游戏,末路难为行。劝君一杯酒,旷达万古情。
>
> 《饮酒四首》(《别集》卷一)
>
> 寂寞一杯酒,消磨万古才。短歌送春日,步绕黄金台。
>
> 《与从兄子章饮燕市中》(《别集》卷一)
>
> 枯目睨饮器,放诞为伴狂。……怜生捐死不旋踵,何以解忧惟杜康。……锯檐作椁眠几人,长安游客大可畏。
>
> 《哭醉行》(《别集》卷二)

酒诗中显露出曹寅真实的自我,而这个"自我"平时是用皇室包衣内府郎官的外衣严密包裹着的。在酒诗中,他发思古之幽情,抒不遇之愤懑,放诞伴狂,视京城为畏途。甚至把当时的康熙盛世斥为"末世",把宦途称为"末路",确是"魁垒郁勃",喷薄而出,这位康熙亲手栽培的内府郎官已颇有些"另类"气味了。

这是曹寅人生道路上一个觉醒的阶段。康熙对曹家的信任危机所暴露的封建政治痼疾,曹寅因仕途挫折所感受到的世态炎凉,从反面推动了这位满洲旗分内的包衣汉人被压抑的民族意识的觉醒,和受到主奴、君臣双重伦理压抑的个体意识的觉醒。虽然这种觉醒的萌芽是微弱的,其时间也是短暂的，但其意义和影响却至为深远。

## 四　沉重的精神创伤

康熙二十九年二月，曹寅出任苏州织造。五年京都郎官生活终于结束，这也标志着康熙皇帝对曹家的信任危机的终结。曹寅轻松愉快，感激涕零，重新向其主子靠拢。但是，这一段生活时常给他带来噩梦般的回忆，留下了沉重的精神创伤。

他对自己和包衣家庭的地位有了更清醒的认识，大约作于康熙三十九年的《闻蛙》一诗中，他从秋夜蛙声，写到蛙的命运，联想到自己，借物咏怀，深自警醒：

> 长竿投罦媒，随手堕笭箵。贪残实口累，塞渊忌心秉。谁能犯虎乙，终是掣鱼丙。一鸣胸已竭，合群气方骋。我官同蝈氏，清夜听闲冷。忽忆寒蝉号，西风发深警。

贪残固然是祸，塞渊（诚实渊默，见《诗经·燕燕》孔疏）和杰出超群也容易遭忌。不可冒犯上司，也不可得罪同僚。虽身居织造，实为"微末小人"（包衣奴仆）；居官虽可得意于一时，然处处危机潜伏，西风示警，好景不长。这正是曾经沧桑、至今心怀怵惕的诗人以蛙自喻之用意所在。（蝈氏，官名，见《周礼》"秋官蝈氏"，掌清除蛙类动物。）

直到康熙四十年，曹寅任江宁织造，备受康熙皇帝宠信之时，他在康熙南巡御赐匾额的"萱瑞堂"之西轩写作《东皋草堂记》，还发出如下感喟：

> 嗟乎仕宦，古今之畏途也。驰千里而不一踬者，命也。一职之系，兢兢惟恐或坠，进不得前，退不得后，孰若偃仰箕踞于籧篨被禭之上之为安逸也；纡黄拖紫，新人满眼，遥念亲故，动隔千里，孰若墦间之祭，挦鸡渍酒，于荒烟丛篆之中谑浪笑傲、言无忌讳之为放适也。

表现出浓重的宦途危机感和对"安逸""放达"的自由生活的向往。"一职之系，兢兢惟恐或坠"云云，正是过去遭际留下的恐惧心理的投影。

如果说，上述感叹只是一种纯粹的个人得失，那么，在康熙五十一年，即曹寅去世当年所写的另一首长诗中，更有忧愤深广的意味了：

> 时豪侈狂谵，犄角自枝柱。卖威走群狐；塞穴多倖鼠。畴起往拯

之，播祸及毂乳。盲瞽践轵甿，暗残茹奇蛊。经义与治事，枘凿两锄铻。

《书院述事三十韵答同人见投之作兼寄前诗<br>局诸君及汇南于宫绮园》（《诗钞》卷八）

这里表露的认识，与二十多年前《北行杂诗》中所云"云霾深地肺，虎豹据天津"一致。不同的是那时掺杂着家庭和个人遭际的愤懑，此时心态较为平和，却因其超越个人得失而更具有普遍性，也更为深刻沉重。"经义与治事，枘凿两锄铻"，儒家政治理想与封建政治现实总是发生冲突，这种冲突所暴露的黑暗现实和封建政治危机，即使在康熙盛世也依然存在。可贵的是，曹寅作为英明的康熙皇帝的宠信，对此保持着清醒的理性和忧思，并敢于在诗歌中予以直接的揭露，这显然得益于前述任职郎署时期的事实教育和思想觉醒。

封建政治的危机感和个人命运的危机感，使曹寅最终成为一位智者。曾于康熙四十六至四十七年在曹寅幕府校雠其祖父施闰章《学余全集》（由曹寅出资刊刻）的施琇在怀念曹寅的《病中杂赋》诗自注中记载：

> 曹楝亭公时拈佛语对坐客云："树倒猢狲散。"今忆斯言，车轮腹转。

按，"树倒猢狲散"一语出禅宗语录，又见宋庞元英《谈薮》："曹咏侍郎以秦桧之姻党而显，方盛时，乡里奔走承迎惟恐后，独其妻兄厉德新不然。……桧殂，咏贬新州，德新遣介致书于咏。启封，乃《树倒猢狲散赋》一篇。"曹寅引此语，似有以曹咏喻己家之意，是在曹家全盛时有预衰之隐忧。施琇诗句"廿年树倒西堂闭，不待西州泪万行"，即以"树倒"喻曹家之败。按，康熙四十六、四十七年是包衣曹家的巅峰时期，其时曹寅已连续接康熙南巡驾幸四次，擢授通政使司，兼两淮盐政，又奉旨与平郡王联姻，乃有"树倒猢狲散"之预言，可见其对政局及家运始终保持极为清醒的头脑。而此语，遂成为对曹氏家族的警语。《石头记》庚辰本第13回眉批：

> 树倒猢狲散之语，全（"今"）犹在耳，屈指三十五年矣，哀哉伤哉，宁不痛杀。①

批者似直接听过曹寅之语，故云"今（余）犹在耳"，时间当然在康熙五十

---

① 陈庆浩编著《新编石头记脂砚斋评语辑校》，第232页。

一年曹寅去世之前,可见曹寅生前多次讲过,令家族中人印象甚深,而为尔后衰败事实所证实。

正是由于"树倒猢狲散"一语在曹家精神承传中的特殊意义,以家族盛衰史作为重要"真事"素材的曹寅孙子曹雪芹才会在《红楼梦》中赋予此语神秘的预言功能。第13回秦可卿托梦给王熙凤道:

> 如今我们家赫赫扬扬,已将百载。一日倘或乐极悲生,若应了那句"树倒猢狲散"的俗语,岂不虚称了一世的诗书旧族了?

第22回"制灯谜贾政悲谶语",贾府诸人第一个灯谜即是贾母制的"猴子身轻站树梢",谜底是"荔枝"(谐"离枝"),庚辰、有正本皆有夹批:

> 所谓"树倒猢狲散"是也。①

可见贾母之谜也是因寓有曹寅的预言而成为谶语的。

经历或见证了曹家衰败的友人和亲人们都把曹寅当作一位智者。其实,曹寅并非先知,但他确实有着某种对未来的感悟。这种感悟能力追根溯源,是得益于任职郎署时期的政治和人生经历。这一经历导致他民族意识和个人意识的觉醒,使他即使后来成为康熙的宠信,仍然能冷静地保持距离,洞烛世事,殷忧未来,并让这种睿智之光照耀着不朽的《红楼梦》。

## 第四节　织造生涯

### 一　苏州织造时期

康熙二十九年(1690)四月,曹寅奉旨以内务府广储司郎中出任苏州织造。至三十一年(1692)十一月,调任江宁织造,仍兼苏州织造。次年三月李煦接任苏州,始专任职江宁。至康熙五十一年(1712)七月病逝,共任织造二十三年,其中任苏州织造三年(含兼任)、江宁织造二十年。

出任苏州织造,是曹寅也是曹家命运的新起点。因为这不但显示了曹寅地位的上升,更重要的是表明了康熙帝恢复了对曹家和曹寅本人的特殊

---

① 陈庆浩编著《新编石头记脂砚斋评语辑校》,第 423 页。

信任。自此,他才可能接续父亲在江南的事业,把曹家推向入清以后的繁华鼎盛时期。

《重建苏州织造署记》:"康熙十二年,以葑门内明嘉定伯周奎故宅为苏州织造衙门。"据徐恭时、吴新雷等考证,苏州织造府大门在今带城桥下塘街,南临葑溪,北边界孔副使巷为织局(工场)。[1] 康熙时有织机八百张,织造的品种有绫、绸、锦缎、纱、罗、缂丝等,尤以宋式锦著称,供宫廷所需。

曹寅到任之后,继承父亲"敬慎"(康熙赐曹玺匾额)供职的遗风,以"勤政恤民,公私两利"为宗旨,既保质保量地完成皇宫对织品的需要,又尽力减轻机户的负担,关心其生活的改善,同时谨慎处理与地方官府的关系,不请托徇私,亦不干扰滋事,深得各方好评,特别是受到机户百姓爱戴。曹寅离苏州赴江宁织务之后,吴人立生祠于虎丘。尤侗作《司农曹公虎丘生祠记》(《艮斋倦稿》卷十)述曹寅在苏州织造之德政云:

> 其御下宽简,百执事之在公者,鞭扑不施而工程办。既廪常给,而刍牧有余,公私便之。然严于律己,绝无苞苴请谒入台使之门。号令所至,虽铃驺走卒,无敢过市廛而问酒食也。即吾侪小人,聚庐马足之下,但见早衙晏罢,有闻无声,若未有寅府之署存焉者。是以家被其德,户服其教,乐公之来如乐岁焉,思公之去如思父母焉。[2]

织造事务比较单纯,有充足的闲暇时间。正如姜宸英诗云:"开府清风满洞庭,早衙人散阁常扃。"(《赠曹工部》)但更重要的是,他从此摆脱了他所痛恨的京城官场的恶浊空气和内府衙门等级奴役的抑郁生活,也摆脱了京都旗汉分居所造成的与汉族友人自由来往的诸多阻隔限制(这从《诗钞》及《别集》卷一中《胡进也木孩将移居南城》《初明调玉移居》等诗中可以看出),来到了他所热爱和留恋的江南。虽然此前他在这里不过生活了几年(康熙二年至八年),但他却有一种强烈的回归感。这里是他的民族之根、家业之根和人生之根。他有一种如鱼得水的感觉。康熙二十九年四月初八日《射堂晨霁》诗:"独来堪脱帽,四月不飞蝇。"同年五月《渔村》诗:"麦熟午风轻,轻舟信水行。野农时一饷,渔父久相迎。"《十三夜南楼看月》诗:"水乡月色

---

① 参见徐恭时《那无一个解思君》,载《红楼梦研究集刊》第五辑。
② [清]尤侗《艮斋倦稿》卷十五,《清代诗文集汇编》影印本。

真娟妙，独夜东吴静赏偏。澹处只容山濯魄，秋来方信客登天。"（以上诗皆见《诗钞》卷二）这些诗都不仅仅是赏鉴风光，更是他与现实的关系趋向亲和融洽的写照。

最令他高兴的是，"故人连袂至"（《东署饮竹下喜上若自维扬来》），"佳晨得群游"（《泛舟虎丘观获得菊字》）。这些朋友包括杜岕、姚潜、胡静夫等遗民旧友，以及叶藩、吴炯、田梅岑、汪上若等京城契交。74岁的杜岕于九月初自金陵来吴，行前有《将之吴门述怀呈荔轩》诗相寄。重阳日，曹寅同他一起偕友人泛舟虎丘，并冒雨登高观看郊野已获之稻田，二人有诗唱和。杜岕大概住到初冬才回去。汪上若从扬州来，胡静夫、吴炯从金陵来，曹寅都以诗相迎。程正路从歙县来。挚友叶藩则被留在曹寅官署中任事，朝夕过从。

在吴期间，曹寅还与当地一些退职官僚和名士文人密切往来，其中颇有京城旧交。如韩菼（1634—1704），字元少，号慕庐，长洲人。康熙十二年状元，授翰林院编修，充日讲起居注官。其时曹寅正"佩笔待从"康熙读书，故菼曾谦称"余与使君同自出也"（《织造曹使君寿序》）。康熙二十六年，告退还乡。曹寅莅吴后，曾夜诣韩庐拜访，同步至清溪，访张大受，置酒联吟，竟夕别去。据顾诒禄所撰张大受行状：大受名日容，经学家，人称履素先生，后来也成为曹寅朋友。韩有《和曹荔轩使君渔村三首》（《有怀堂诗稿》卷二）等诗记二人交游。《诗钞》卷二有《渔村》三首，即曹寅原作。渔村在娄门东侧，曹寅来吴不久就发现了这一胜地，常来此游玩，且尝欲"小筑于此"。这里环境清幽，民风古朴，曹寅与友人时有吟咏："孤村独倚郭，侧径少人行。踪迹泥涂好，风波欸乃轻。"（韩诗）"草木深相引，衣裳野莫论，频来何所事，湿足卧云根。"（曹寅诗）显然，渔村之游往往能暂时满足曹寅回归自然和田园生活的渴望，使他的精神得到完全的放松。

来往最密切的两位长者是尤侗和叶燮，他们一个成为曹寅的艺术交契，一位成为曹寅的精神知己。尤侗（1618—1704），长洲人，字同人、展成，号悔庵，是年龄最长的己未博学鸿词科受荐人，康熙十九年与曹寅相识。曹寅来吴时，尤侗已辞职家居，曹寅当时32岁，尤侗已72岁，但二人甚为相得。曹寅诗云："篱落不妨骑马客，郎官原近老人星。"（《尤悔庵太史招饮挹青亭即席和韵》）曹寅多次应邀到位于新造桥苏家巷的尤侗宅第，在挹青亭、水楼轩、亦园等处会饮，尤侗多有诗记其事。同游的除叶藩、朱赤霞等老友外，还有众多名士：余怀（1616—1698），字澹心，明国子监生，明亡后寓南京，时居尤侗处；徐釚（1636—1708），字雷发，己未博鸿科授翰林院检讨，时辞官归里居吴江；彭定求（1645—1719），字勤止、访濂，康熙十五年状元，时因父丧居家（常州）；郭鉴伦，原在江宁织署曹玺门下二十余年，精于图案设计，曹寅来吴后招入幕中（据尤侗《郭迪功诔》）。曹尤之交一直延续到康熙四十三年尤侗 87 岁去世。但与同样年长曹寅四十余岁的杜岕不同，曹尤之交主要是在文学和戏剧艺术方面，下文将加以论述。

叶燮（1627—1703），字星期，号己畦，吴江人。康熙九年进士，康熙十六年以伉直不容于上官罢职，遂绝意仕进，寓居吴县之横山，修二弃草堂，堂名取鲍照《咏史》诗"君平独寂寞，身世两相弃"之意。叶燮是叶藩之叔。曹寅到吴后，即前往拜访。《诗钞》卷二有《过叶星期二弃草堂留饮即和见赠原的》三首。叶燮《己畦诗集》卷七存《曹荔轩内部过访有赠即和韵答》三首，为和韵诗。叶应先有赠诗，曹寅和诗，叶又和答。曹寅对叶燮之人品极其推崇仰慕："高士今谁在？深杯问素心。"并在诗中流露出自己的身世之感。这表明他与叶燮相见即能相知，这种相知之深，超过了吴中的其他新交。

在吴期间，曹寅的一个重要举动，是在织造署筑"怀楝堂"，并以《楝亭图》遍征题咏。《楝亭图》的绘制和题咏始于康熙二十三年冬，然仅有纳兰性德、张芳、程正路、尤侗等少数友人题咏，这与前述曹玺逝后曹家和曹寅的处境有关。曹寅出任织造后，"海内贤大夫士名公卿至传观为盛事，咸作诗歌以称述之"（叶燮《楝亭记》）。这固然表现了曹寅地位上升后世风的趋奉，也未尝不是曹寅的有意张扬之举。曹寅这样做的目的，主要是在曹玺及曹家遭到薏苡明珠之谤后重振家声，为父亲恢复名誉，也为自己塑造孝子形象，同时，借此风雅盛事，与东南士大夫广泛交游。

据周汝昌先生考证，可定为在苏州时期所征咏者，除前述叶燮等人，还有高士奇（字澹人，号江村、竹窗，浙江钱塘人，曾任翰林院侍讲，康熙二十八年奉命休致）、王鸿绪（字重友，华亭人，曾任《明史》总裁，康熙二十八年革职回乡）、王丹林（字赤抒，钱塘人，官中书舍人）、吴之振（字孟举，贡生，曾受知于曹玺，与吕留良合编《宋诗钞》）、姜宸英、戴本孝（字务旃，和州人，布衣画家）、陆滮（字其清，吴门医士，善画）、潘江（字蜀藻）、吴暻（字元朗，吴梅村子，康熙二十七年进士）、张渊懿（字砚铭，青浦人，顺治举人）、严绳孙、徐乾学（字原一，昆山人，曾任《明史》《大清一统志》总裁，刑部尚书，康熙二十八年解职回乡）、徐秉义（字彦和，乾学之弟，康熙十三年探花）、徐林鸿（字大文，海宁人）、冯经世（字纬人，松江人）、潘义炳（字蔚友，桐城人）、万嵩年（桐城人）、林子卿（字安国，华亭人，监生）、石经（字汉昭，桐城人，钱澄之弟子）以及已佚之钱澄之（字秉镫，号田间，著名遗民）等近二十人题跋。①

上述材料表明，曹寅在任苏州织造期间，明显地扩大了交游圈子，所交往的对象除原来的遗民朋友和京城旧友外，增加了一批家居或旅居吴地的文士和退职官僚，但在职官员，特别是本地地方官员不多，反映了作为内府官员的曹寅当时的实际社会地位。这与他后来任江宁织造时与抚道官员如施世纶、宋荦等有着密切往来是大不相同的。

但悠游闲散只是曹寅思想的一个方面，独处之时或在知己之间，他不时透露出内心的沉重抑郁。"二弃君何取？孤踪我自浮"（《过叶星期二弃草堂留饮即和见赠原韵》），曹寅对叶燮以"二弃"名草堂颇有共鸣，以彼之"二弃"之怨与己之"孤踪"之感相联，这说明曹寅来吴任织造时并未携家眷，与他父亲曹玺康熙二年携全家南下专差久任江宁织造不同。这使他感到自己此时得到的信任是有限的，地位也是不稳固的。他此时留下的诗句还有：

> 此地还为几姓留，悬知种竹不须求。（《题堂前竹》）

苏州织造曾屡易其人，他自己也有危机感。质言之，这是对官场浮沉、仕途命运不可把握的潜意识表露：

> 我官同蝈氏，清夜听闲冷。忽忆寒蝉号，西风发深警。（《闻蛙》）

秋夜蛙鸣将歇，引起他官位危殆的联想，正所谓战战兢兢，如履薄冰。

但曹寅此时最主要的心境，还不是孤独与危殆感，而是由于投闲置散而产生的"不材"之愤。正是从苏州织造时期开始，曹寅明白流露出这种包含着身世和时事感愤的内心不平。康熙三十年（1691）他写给弟弟曹宣的《闻芷园种柳》中有这样的诗句：

> 故园何所有，白石与苍苔。寂寞终无用，婆娑岂不材。

这是后来贯穿曹寅一生的"不材"之愤第一次明朗地形诸文字。它与前

---

① 参见周汝昌《红楼梦新证》第七章，第 324—353 页。

述悠游闲适心境形成鲜明对比,反映出曹寅人格和心态的复杂。事实上,地位上升、境遇改善并没有改变他皇家包衣奴仆的身份,反而使他更强烈地意识到自己人生的有限发展空间,以及与缙绅仕宦的根本差异,这才使他在这一时期写下了《北院鹤》《粤中丞送孔雀感其远怀留止官舍作诗寄之》等借咏物以抒发为奴羁囚之悲的作品(详见第五章第二节),也使他能在该时期反复表露事业无成、人生落寞的虚空无聊:

> 中年心事只看云。(《十五夜射堂看月寄子猷二弟》)

李贺《致酒行》:"少年心事当拿云,谁念幽寒坐呜呃?"曹寅"拿云"不得,只能"看云"。还有:

> 身无凤德难谐俗,日对云心与逝波。(《移竹东窗和高竹窗学士来
> 韵》)

> 星星非残火,虚白浩吾生。(《秋霁》)

这里的"虚白",不是心灵的清净,而是一无所有、一无所成之空虚。庾信《长孙俭神道碑》:"一室之中,未免虚白;日膳之资,三杯而已。"①即此"虚白"之意。

曹寅的这种不材之愤,引起了友人的关切。与曹寅相知甚深的叶燮,在其《楝亭记》中,一反《楝亭图》题跋之虚应客套,特别写了一段深得曹寅之心的意味深长的话:

> 夫亭以木名,而木维楝……其为物盖处乎才与不才之间。不与物竞,殆全其天而保其真者也。人之才不才,相去固不可同日语矣。不才者无论,其以才见者,古今来成事功者固不乏,然或不克成,既成矣,而多鲜克终者,如汉韩、彭,如关、张,如唐李光弼,如李德裕,如宋南渡一二将相,是皆以才见而为后人所叹息者也。若能处乎才与不才之间,然后为善用其才而才始大,古之人,帝王则汉高,人臣则诸葛孔明、郭子仪之类是也。功成而天下晏如,身同于磐石之安,为不可及。……司农公曰:"善,此吾先司空之心也。"

对照杜岕《思贤篇》,二者实有异曲同工之妙,可见曹寅在前一时的"魁垒郁勃"并未因出任织造而消解。

---

① [南北朝]庾信《庾子山集》,《四部丛刊》本。

这种心境,在他任江宁织造初期还在继续发展。康熙三十三年,他奉差去苏州,在途中作了一首解梦之诗《甲戌仲夏二十二日有吴门之役午憩句容驿院梦为投琼之戏予素不解此醒与客论其祯祥真不异梦中说梦也又记欧公札闳洪休语几于脱颐因题数语命客书于壁以为他日来往笑柄》(《诗钞》卷二)中云:

> 意于将化胥,反为蚁斗争。……平居澹志虑,怀抱鲜经营。造物适为戏,得丧安足惊。

一个掷骰子的梦,居然引起他对"南柯梦"的联想和对人生与官场的哲思。"得丧安足惊",这显然是怀抱不展、不得其志后的自我宽解。

同年,曹铨(冲谷)来访,曹寅作《松茨四兄远过西池用少陵可惜欢娱地都非少壮时十字为韵感今悲昔成诗十首》(《诗钞》卷二),直接吐露了人生的失落感:

> 西池历二纪,仍爇短擎火。簿书与家累,相对无一可。连枝成漂萍,丛篆冒高笴。归与空浩然,南辕计诚左。(其一)

"二纪"是指从曹铨上次(童年时,见前文)来西池(在织署内)至此次之时间段,从父到子,继承家业的愿望已实现,但人生事业却落空了,他因此产生了末路的悲哀:

> 曩年拓强弓,齿牙一何少!肠肥脑复满,猛敢过鹰鹯。轩起触四隅,周肢不可趭。茫茫红尘中,末路炳龟燋。

移任江宁织造后,随着康熙皇帝对他的信任与日俱增,他的心绪也渐好起来。然而,他既然无法根本改变自己的包衣奴仆命运,也就无法解决这种命运带给他的痛苦,这种痛苦将伴随他的终生。

## 二　江宁织造时期

康熙三十一年(1692)十一月,曹寅调任江宁织造,回到了八年前因父亲去世而离开后魂牵梦萦的织造署故地,真正成为父亲事业的继承者。父亲生前的教导之恩和逝后的"艰难"往事,一齐涌上心头,他不禁感慨万端:

> 在昔伤心树,重来年少人。寒厅谁秣马,古井自生尘。商略童时

乐，微茫客岁春。艰难曾足问，先后一沾巾。

再命承恩重，趋庭训敢忘。把书堪过目，学射自为郎。手植今生柳，乌啼半夜霜。江城正摇落，风雪两三行。

《西园种柳述感》（《诗钞》卷二）

据《闻芷园种柳》诗中的"射圃空心柳，他乡也自生"句，种柳或即为习射之用。继承家庭武教和以武建功的传统，曹寅始终不忘习武，这或许表明他胸中时时涌动着一颗渴望创造人生辉煌事业的心吧。

江宁如同苏州一样，"官闲一日幽，竟日可淹留"（《治亭后竹径和牧仲中丞韵》），"出寺复入寺，一年困马蹄"（《由善德至天界寺入苍翠庵看梅曾为郑谷口别业漫题二首》），他不但可以寻找当年与杜岕、吴炯等已逝的知交聚会同游的旧迹（《集余园看梅同人限字赋诗追忆昔游有感而作》），不但可以同胡静夫、姚后陶等南京老友经常来往，而且还与当地一些著名官员诗酒唱和，结下了深厚的情谊。

现举出最重要的两位：

施世纶（1659—1722），字文贤，号浔江，福建晋江人，著名将领施琅次子，隶汉军镶黄旗。为官清廉，有"天下第一清官"之誉。康熙三十二年任江宁知府。三十五年丁父忧，在此期间与曹寅多所唱和。康熙三十二年春，作《楝亭》诗（《南堂诗钞》卷七），但此诗不涉曹家，不似《楝亭图》题跋之作。三十三年，施有赠几之事，寅赋诗致谢，施有和诗《曹水部子清以余赠几赋诗见掷和韵答之》（同上，卷七），但寅诗今不存。三十三年秋，张纯修来访，与曹、施夜话，绘《楝亭夜话图》，三人各有题诗。施诗作《楝亭夜话同水部曹子清庐江郡守张见阳分咏》（同上），曹寅诗《题楝亭夜话图》（《诗钞》卷二）深切怀念好友纳兰性德，以及与纳兰、纯修的十年情谊。康熙三十八年施任江苏淮徐分巡道，与曹寅等友人有彭城之会。四十一年，施调任湖南布政使，曹作诗为别（《送施浔江方伯之任湖南》），施有《次韵奉别水部曹子清》（《南堂诗钞》卷八），寅又有《施浔江和诗留别兼饷荔枝酒作此志谢》《浔江以夜坐诗见寄兼饷武夷茶》等诗。

宋荦（1634—1713），字牧仲，号漫堂、绵津山人、西陂居士，河南人，大学士宋权之子。顺治四年，年十四，以大臣子列侍卫。康熙三十一年任江苏巡抚，在职十四年，三次接驾。康熙四十四年，入为吏部尚书。康熙四十七年告老还乡，建西陂老圃以会聚文人。① 宋荦是一位官僚型文人。曹寅于康熙三十一年任江宁织造后，在南京与宋荦共事十余年，多有诗文来往。康熙三十一年（依周汝昌说），荦有《寄题曹子清户部楝亭三首并序》（《绵津山人诗集》卷二十），序称"予与子清雅相善也"，可见二人早已相交。曹寅有《茸治亭后竹径和牧仲中丞韵》《归舟口号和宋中丞后园六绝句》《雨霁过沧浪亭迟悔庵先生不至和壁间漫堂中丞韵》等诗，上述诸诗约作于康熙三十二年至三十六年间，多表现曹寅对宋的敬慕或受到款待时的欣幸，如："中丞独儒雅，示抚无弦琴。明承郎舍旧，许阑文字林。"（《宋牧仲中丞见招深静轩轩旧为官厨中丞新辟以款客奉和二首》）所作多主动和韵，有些甚至是与两人交往并不相关的题材，如《归舟口号和宋中丞后园六绝句》。曹寅是宋荦的晚辈，内府郎官的实际地位，也不能与巡抚相比，产生这种攀附心理是可以理解的。但曹寅与宋荦的关系一直长久保持，直到康熙五十一年，宋早已告退，仍有往来，寅有《商丘宋尚书寓近书院往来甚适漫志三首见订平山之游》，诗中"幽怀动千里，执手复邗城""韦庵文宴罢，无梦入沧浪（沧浪亭在苏州，宋任苏抚时修以为文士集会之用）""乞身荣莫逮，情话老相将"等句，都包含对过去交游的回忆，又订未来之约。不过，诗中的语气，反映出一种较为平等的情感变化。大约因宋已告退，而曹擢升通政使司，地位上升，二人心理距离拉近了吧。

从京都时期的遗民群体、布衣寒士群体，到吴中官员及名士群体，再到南京的官僚文人群体，曹寅交游圈子的变化，是与他的地位、境遇和思想的变化相联系的。但即使在地位上升之后，曹仍重故交，"爱才恤士，更所性生"（施瑮《四君吟序》），这又表现了他思想品格的一贯性。

江宁织造府建于清初江宁府上元县地界，北对两江总督府衙门。（康熙七年《江宁府志》："织造府在督院前。"）因康熙南巡时驻跸于此，乾隆十六年，大吏改建行殿，故其遗址即今南京大行宫。吴新雷先生考证："织造府结构分三个层次：东路是办公的衙署，深六进；中路是住家的府第，有内宅五进；西路则是戏台、射圃和花园（西园），楝亭即在西园内。"②

在苏州织造任内取得政绩之后，曹荃任南京，他自觉继续父亲的德政，

---

① 参见（美）A. W. 恒慕义主编《清代人物传稿》"宋荦"条，青海人民出版社 1995 年版。
② 参见吴新雷、黄进德《曹雪芹江南家世丛考》，第 23—24 页。

敬职恤民，任职二十年内、留下了很好的声誉。康熙《江宁县志》"曹寅传"载：

> 寅字子清，号荔轩。以银台督江宁织造，四视淮盐，一切恤商惠民之政，无不悉心奉行。奉旨平粜，厘剔弊端，存活甚众。

嘉庆《江宁府志》卷十五"拾补"记载：

> 江宁机房，昔有限制，机户不得逾百张，张纳税当五十金，织造批准注册给文凭，然后敢织，此抑兼并之良法也。国朝康熙间，尚衣监曹公深恤民隐，机户公吁奏免额税，公曰："此事吾能任之，但奏免易，他日思复则难，慎勿悔也。"于是得永免，机户感颂。遂祀公于雨花冈，此织造曹公祠所由建也。①

曹寅逝后，当时督理两江总督的江西巡抚郎廷极曾代江宁士民、机户、车户、匠役、丝商人等题请以曹寅之子连生（曹颙）继任织造，其折云：

> 今有江宁省会士民周文贞等，并机户经纪王聘等、经纬行车户项子宁等、缎纱等项匠蒋子宁等、丝行王精如等、机户张恭生等，又浙江杭嘉湖丝商邵鸣皋等，纷纷在奴才公馆环绕具呈，称曹寅善政多端，吁恳题请以曹寅之子曹颙仍为织造，此诚草野无知之见……亦足征曹寅之生前实心办事，上为主子，下为小民也。②

由此看来，张伯行《祭织造曹荔轩文》中对曹寅任两地织造作为的评述，并非溢美之词：

> 初莅姑苏，则清积弊，节浮费，其轸匠而恤民者，盖颂声洋溢，而仁闻之昭宣。继调江宁，则除帮贴之钱，使民不扰；减清俸之入，俾匠有资。其采办而区画者，尤公私两便，而施恩用爱之无偏。③

曹寅逝后，机户多处立像祭祀。曾在道光年间任职江宁织造局的陈坦园（1812—约1883）在《如我谈》中即记载南京雨花台侧曹公祠、神帛堂、延寿庵三处供奉曹寅画像或塑像。此外，曹寅还因有功德于民，于"康熙五十二

---

① 参见吴新雷、黄进德《曹雪芹江南家世丛考》，第38—39页。
② 《关于江宁织造曹家档案史料》，第101页。
③ ［清］张伯行《正谊堂文集》卷二十三，《清代诗文集汇编》影印本。

年祀名宦"（乾隆《江都县志》"曹寅传"），又被列入青溪之东的先贤祠。①

康熙三十八年（1699）是曹寅人生道路的一个重要节点。在此以前，曹寅除织造事务外，也奉康熙旨意完成过一些特殊使命，如康熙年三十六年淮河水灾，曹寅押送赈米到扬州、淮安，发放赈济，并有奏折。康熙三十七年秋，曹寅奉旨赴京陛见，得以晋爵加薪："蒙恩擢阶正三品食禄。"（《支俸金铸酒枪一支寄二弟生辰》诗注）康熙三十八年四月，康熙帝第三次南巡，驻跸江宁织造署，曹寅第一次接驾，以后又连续三次接驾，直至六次南巡结束。这两件事及此后的变化标志着康熙对曹寅宠信的加强和曹寅地位的进一步提高，也使曹家达到了入清来的全盛，对曹寅的生活思想和创作发生了重要影响。

据现有资料，在这段时间，曹寅的主要活动有如下一些：

1. 四次接驾及有关奉旨事宜

康熙帝一生南巡六次（自康熙二十三年至四十六年），以考察黄淮水患，及江南之吏治民情。

第一次在康熙二十三年十一月至南京，驻跸江宁将军衙门，因曹玺故世，特遣内务府大臣祭奠，赠以工部尚书衔，并亲临曹玺衙署，抚慰诸孤。

第二次在康熙二十八年二月，驻跸织造署，由织造郎中马桑格接驾。

第三次在康熙三十八年四月，驻跸江宁织造署，曹寅接驾。康熙帝接见保母，即曹寅嫡母孙氏，称"此吾家老人也"，御书"萱瑞堂"三字以赐。陈康祺《郎潜纪闻三笔》卷一："考史，大臣母高年召见者，或给扶，或赐币，或称老福，从无亲洒翰墨之事。曹氏母子，洵昌黎所云'生祥下瑞无休期'矣。"十五日，御书明陵"治隆唐宋"匾额，有旨命曹寅会同江苏巡抚宋荦监修明陵。十六日，寅送御匾置于明陵殿额。五月，奉旨议修明陵，寅有奏折《奏与督抚会议明陵俟秋凉修补折》。②

康熙四十年正月，奉旨与苏州织造李煦、杭州织造敖福合公同会议，派杭州织造乌林达莫尔森去东洋考察，有李煦奏折。

---

① 冯其庸《曹雪芹家世新考》，第 321—325 页。

② 以下所引奏折及朱批，俱见故宫博物院明清档案部编《关于江宁织造曹家档案史料》，中华书局 1975 年版；易管《江宁织造曹家档案史料补遗》，载《红楼梦学刊》1979 年第二辑，1980 年第一、二辑。

康熙四十二年,第四次南巡,二月二十六日驻跸江宁织造署,曹寅第二次接驾。

康熙四十三年二月初七日,奉旨与江宁将军马三奇将御赐"动静万古"匾额悬于金山寺大殿。十五日,曹寅有《奏谢赐金山匾额折》。十二月,率属官商民人等,迎接御书扬州天旻寺碑文,并奉旨遴选匠工善于摹勒者,又与李煦迎请高僧纪荫主持天旻寺,并有折。本年,又奉旨同李煦监造江船及内河船只,预备年内竣工,似为来年康熙南巡备用。寅有奏折。

康熙四十四年,第五次南巡。三月十四日,曹寅先至金山寺接驾。十八日,康熙帝御书"万重春树合,十二碧云峰"联以赐寅。四月二十四日,驻跸江宁织造署,寅进宴,进献樱桃。复进宴演戏,廿七日回銮。四月初一日,曹寅率扬州盐商至二十里铺叩请圣驾,初二至初六日,盐院进宴演戏。初三日,因曹寅、李煦等捐银修建宝塔湾驿宫有功(寅、煦各捐银二万两),传谕议奏给以虚衔顶戴。五日,内务府奏请给曹寅以通政使司通政衔,李煦以大理寺卿,奉旨依议。五月,康熙帝巡幸塞外,赐御书旧扇一柄给远在江南的曹寅,又御赐鹿舌、鹿尾、鹿肉条等,曹寅均有折谢恩。

康熙四十六年,第六次南巡。二月,御舟泊滕县新庄桥,江宁将军请满汉官员及三织造来朝。三月十六日,驻跸江宁织造署,曹寅第四次接驾。

2. 兼两淮盐差及办铜斤

康熙四十二年第四次南巡后,有旨着曹寅和李煦轮管盐务。四十三年七月,第一次钦点曹寅为两淮巡盐御史,十月十三日到任办事。次年十月任满。四十五年八月,第二次钦点巡盐,十月十三日到任,至次年十月。四十七年冬,三兼盐差,至次年冬。四十九年冬,四点盐差,至五十年十月任满。五十一年秋,曹寅病逝,有旨命李煦代管盐政。从康熙四十三年至五十二年,曹寅、李煦轮管盐政,曹寅四次,李煦六次(内代曹寅一次)。

曹寅深知"盐政虽系税差,但上关国计,下济民生,积年以来委曲情弊"(《奏谢钦点淮盐并请陛见折》),颇有身荷皇恩、立意革新之心。四十三年上任伊始,从十月十三日至十一月二十二日,即连进四折(《奏报禁革浮费折》《奏陈盐课积欠情形折》《奏查过盐商借帑情弊折》《奏为禁革两淮盐课浮费折》),向康熙帝陈述所查弊端,指出"浮费之革,必清其源",其源则在"上自督抚,下及州县,内外过往官员"各种名目(院费、省费、司费、杂费等)的勒索侵吞，造成"朝廷正项钱粮未完，此费先已入己"，国家财税大量流失，而又商困民贫的严重局面，并提出具体改革建议。但他的想法未能得到康熙帝的支持，康熙晚年唯思宽仁安宁，不愿触动长期形成的腐败官风，批示曹寅"生一事不如省一事"（曹寅《奏报禁革浮费折》朱批），"必深得罪于督抚……何苦积害"（曹寅《奏为禁革两淮盐课浮费折》朱批），曹寅的计划落空，但仍"悉心经理，尽力缉私，诸如请蠲逋、议疏通，绰然有赋充商裕之机权"（张伯行《祭曹荔轩织造文》曹寅在《真州述怀奉答徐道积编修玩月见寄原韵》一诗中自述其尽职情景："东行迫瓜期（按：指该年盐差任满），车马未尝出。褒衣对衡称，匝月困已极。宿逋因之清，豪猾横不得。"

除了奉旨兼盐差，曹寅还曾承办经营铜斤。铜为铸钱原料，朝廷设十四关，交由商人采买。康熙四十年，曹寅请求将十四关铜斤完全接办采购，并承诺八年节省银两一百万两。奉旨，十四关之五关（龙江、淮安、临清、赣关、南新）铜斤交由曹寅及其弟曹荃（宣）承办八年。康熙四十八年期满，寅按其承诺将所节省银两上交。但内务府请求再交曹寅承办八年，未得谕允，铜斤仍交由各关监督接办。按，康熙四十八年四月十三日内务府奏折上朱批："曹寅并未贻误，八年完了。今若再交其接办八年，伊能办乎？"对曹寅办铜斤的实绩予以肯定、回护，但因"关监督购铜可得余利"（《内务府奏议复五关铜斤仍交各关监督接办折》），康熙仍从朝廷经济利益出发，同意收回，这样也避免了曹寅与他人尤其是皇商为此发生利益冲突。

### 3. 密折奏事及晋京述职

密折奏事，系清初统治者为广耳目视听而设，康熙极为重视，将此当作"王者不窥牖户而知天下"（《汉书·食货志》）的重要手段，特谕三织造可密折奏事。现存曹寅密折，共计108件，始于康熙三十五年，但三十八年以前仅4件，自三十八年特别是四十三年兼盐差以后显著增多，仅四十七年至五十年这四年间即有64件之多。可见随着曹寅晚年之益受宠信，他充当康熙耳目之自觉意识愈发增强。这一问题，下文专门论述。

据现存资料，曹寅在江宁织造生涯内，共进京六次。康熙三十七年秋赴京，途中有《经郯城从行摘柿偶题》《过沂水有怀芷园弟》《九月七日蒙阴晓发》《过溪》等诗。康熙三十八年二月初二以前返京，有《支俸金铸酒枪一支寄二弟生辰》诗。从诗中可知，这次进京，曹寅蒙圣恩得擢阶增俸。（据《九月七日蒙阴晓发》诗中"出门青草路,马齿又三年"句,似曹寅在三年前,即康熙三十四前曾过此,不知是否进京,未见其他记载。)

康熙四十四年十月底或十一月初,曹寅盐差任满,与李煦交结后赴京。四十五年正月二十八日出京,二月十八日至江宁。次日至扬州,向李煦及众商人传谕康熙训旨,并有奏折报告。在京期间,康熙帝有旨命曹寅将女嫁与平郡王纳尔苏为福晋,并命寅妻八月奉女北上。

康熙四十五年十月,曹寅再次赴京,为母营葬(嫡母孙氏于八月之前病故),并为女完婚。十一月二十六日,纳尔苏王子迎福晋过门。十二月初六,曹寅启程南返。

康熙四十六年冬,曹寅盐差任满后,再次赴京复命。十二月十八日陛见康熙帝,具折条陈织造事宜六款。次年二月初三日,康熙帝召见曹寅,就其条陈发出谕旨。二月十一日离京,三月初一日至江宁后,有《奏报自兖至宁一路闻见情形折》,归途有《南辕杂诗》二十首。

康熙四十八年冬,盐差任满后第五次赴京,途中有《滁州清流道中》《涞水》《唐县开元寺》等诗。曾赴五台山,有《中台》《栗花歌》等诗。归途有《途次折杏花置舆中怀广陵诸子》《舍骑至韩庄登舟》《顺风宿迁有感》等诗。次年春回江宁。

康熙五十年冬,盐差任满后第六次进京述职。次年正月十九日,畅春园张灯,康熙赐宴群臣,曹寅与宴,有诗《畅春苑张灯赐宴归舍恭纪四首》。又随驾入待鹿苑,寅有诗《正月二十九日随驾入侍鹿苑二月初十日陛辞南归恭纪四首》。归途有《南辕杂诗》二十首。

由上可见,曹寅六次进京,除葬母嫁女外,其余五次均曾面见康熙皇帝。而自康熙四十四年至五十年,这种面圣述职是每两年一次,即每次盐任满后即行进京,至次年初南返。这一方面可见康熙帝对盐差一职的重视远过织造,也说明曹寅自兼任盐差后愈受康熙帝宠信,而主奴关系更加密切。

4. 奉旨刊刻《全唐诗》和《佩文韵府》

从康熙四十三年到五十一年,在这段不到九年的时间里,除了织造、盐务与南巡接驾,曹寅还完成了康熙交给他的许多重要文化工程任务。

首先是组织刊刻《全唐诗》(康熙四十四至四十五年)。四十四年三月十九日,曹寅得旨,主持刊刻《全唐诗》。五月,在扬州天宁寺开设刊刻书局,侍郎彭定求等九人校订。曹寅于是年五月一日、七月一日、十月二十二日三次上折汇报进程。四十五年九月，《全唐诗》刊刻完成。十月，以校刻完全的《全唐诗》进呈御览。康熙皇帝均有朱批，特殊朱批三次，称赞"凡例甚好""刻的书甚好"，并为之作序，特将曹寅列衔名。康熙五十一年三月，曹寅奉旨开工刊刻《佩文韵府》，仍在扬州书局。① 因七月去世，此项任务在他生前未能完成。刊刻《全唐诗》和《佩文韵府》，是康熙朝整理古代文献和进行基础文化建设的两项重要工程，由曹寅主持此二事，也足见其受到的倚重。

除此之外，曹寅还奉旨刊刻《钦定历代题画诗类》《钦定佩文斋咏物诗选》《御选历代诗余》《佩文斋书画谱》《渊鉴类函》《钦定全金诗》等，自刻《楝亭十二种》《楝亭五种》，捐金刊刻顾景星《白茅堂全集》、施闰章《学余全集》，手自编定《楝亭集》《楝亭藏书目》等等②，可以说，曹寅是在为主尽忠、为传播民族文化尽忠中积劳成疾而过早献出生命的。

## 第五节　主奴之间
### ——晚年曹寅与康熙

曹寅只活了55岁，除前四年在顺治朝外，都在康熙朝度过。他的人生道路几乎全部与康熙皇帝直接联系。康熙对曹寅的宠信和曹寅对康熙的忠诚，构成了曹寅晚年与康熙关系的基本内容，呈现出政治、经济、人性、人情的多重亮色和复杂内涵。这里所说的"晚年"，当然是就其本人生命阶段而言的。

### 一　康熙的精心布局

作为一位君临天下的有为君王，康熙皇帝在通过封建政治伦常驾驭朝廷官僚的同时，充分利用满族奴隶制残余的包衣制度，建立起一支亲信队伍，内外有别，相互为用，表现出很高的政治智慧，曹寅便是康熙这盘棋局中一个得心应手的卒子。

曹寅与康熙的关系，大体可分作三段：康熙八年12岁"佩笔侍从"，建立了亲近的奴主个人关系，甚至包括少年情谊；青年曹寅"擢仪尉，迁仪正"，成

① 《曹寅全集·奏疏卷》"曹寅自署奏折题本"，第27、30、31、32、33、34、98、111件。
② 方晓伟《曹寅评传年谱》，第437、450、464、486、488、502、515、518页。

为内府官员、包衣佐领，以"奴道加臣道"奉主，个人间的主奴关系淡化甚至中断，原因之一是一度出现的包衣曹家遭受的"信任危机"；直到康熙完成以曹寅、李煦为核心的江南三织造布局，随后赋予其密折奏事的特许，这种个人关系得以恢复，并在委任盐差后迅速强化，曹寅成为名副其实的"宠臣"。

江南三织造，自康熙二年归属内务府，派内府官员出任，原来并无相互关连。据祁美琴《清代内务府》一书附表提供的资料，江宁织造由曹玺专差久任二十二年（康熙二年至二十三年），后马桑格继任五年（康熙二十四年至二十八年）；杭州织造金遇知任二十三年（康熙八年至三十年），敖福合十四年（康熙三十一年至四十四年）；苏州织造则曾屡易其人。但自曹寅出任织造后，情况有了变化。康熙二十九年寅出任苏州织造二年，即调任江宁织造，苏州织造一职自康熙三十二年起由李煦继任。曹、李二人皆康熙保母（寅嫡母孙氏、煦生母文氏）之子，曹、李又是姻亲，曹寅于康熙二十四年娶李煦之族妹为继室，而李煦的舅表妹王氏（李士桢的内侄女）又是康熙的密嫔，后来改封为顺懿密妃，则康熙帝又成为李煦的舅表妹夫。康熙四十五年，谕旨平郡王子（其先祖为努尔哈赤长子代善）纳尔苏（后袭封）娶曹寅长女为福晋（嫡妻），在康熙亲自撮合下，寅"二女皆为王妃"（萧奭《永宪录续编》）。通过上述婚姻关系，康熙把他所宠信的包衣奴仆曹寅、李煦完全纳入清皇室的亲情人伦网络。康熙四十五年，康熙帝罢杭州织造敖福合，委派曹寅保举过的老人孙文成出任杭州织造，并由孙文成传谕曹寅：

> 三处织造，视同一体，须要和气。若有一人行事不端，两个人说他，改过便罢，若不悔改，就会参他。不可学敖福合妄为。①

孙文成或来自曹寅嫡母孙氏一族，倘如此，康熙所谕江南三织造曹、李、孙三人"视同一体"，确是包含着三家"联络有亲"而又同皇室沾亲带故因而主奴之间有着诸多共同利益的深意了。当然，在三人之中，康熙帝更看重的是曹、李二人，他曾说过"孙文成年纪已老，对曹寅、李煦也很无益"的话（见康熙五十二年《内务府总管赫奕等题孙文成请兼盐差应勿庸议本》），而对李煦的朱批则切嘱"曹寅与尔同事一体……惟恐日久尔若变了，只为自己，即犬马不

---

① 《江宁织造曹寅复奏奉到口传谕旨折》，《关于江宁织造曹家档案史料》，第41页。

如矣"(《曹寅身故请代管盐差一年以盐余偿其亏欠折》朱批)①,即此可见。

康熙帝利用他精心构建和控制的江南三织造(特别是曹、李)利益共同体,充当背负皇室特殊使命的钦差,其中最重要的使命是曹寅、李煦兼管两淮盐政(共十二年),同时充当了解江南社情、吏情、民情的耳目,并对江南的朝廷官僚集团(督、抚、道、府)进行监督,其重要手段之一,便是命曹、李以密折奏事。织造、盐差和密折奏事构成了曹寅后期与康熙关系的基本内容,特别是康熙四十三年轮管盐差以后,至五十一年七月病逝,晚年曹寅与康熙声息相通,主奴之间亲近密迩,更对包衣曹家命运产生深刻影响。因此,这应该成为曹寅晚年与康熙关系的研究重点。

两淮是清代盐税重地,收入占全国盐税百分之五十二,而且历来积弊甚多,盐政屡易其人,即使在康熙三十年(1691)以后多起用内三旗包衣佐领担任,任期也不超过一年。② 康熙何以做出让曹寅、李煦两织造轮流管理两淮盐政十年的重大决定? 史界认为,是"因为他们在江南织造任上已经证明了自己的能力和忠心,对江南很熟悉,可以靠他们增加余银的收入,以支付经办织造和皇帝公开和私下交办的差事"③,应该更准确地说,首先是支付南巡等奢靡花费的需要。

从曹寅奏折可知,以江宁、苏州织造兼管盐差的决定康熙四十二年就已做出,四十三年付诸实施。④ 为何发生在这个时间点? 张书才研究指出,这与康熙第三次南巡后发现的一件摊派案有关。此前康熙曾有严旨:"若有私行派差,谄迎扈从臣工者,以军法处治。"但由于实际需要导致的财务困境,安徽仍发生了挪用库银,再由官员分摊补还的事件,还牵扯到曹寅取走银两使用之事。康熙四十一年七月,皇帝对此作了严厉批示:

> 又言曹寅取走银两等语。曹寅系织造官,与地方事务不相干。朕驻跸江南时,以备办行宫华丽颇费,朕即降旨:"朕幸南方视察民生,仅

---

① 故宫博物院明清档案部编《李煦奏折》,中华书局 1976 年版,第 119—129 页。
② (美)史景迁《曹寅与康熙》,第 177—178 页。
③ (美)史景迁《曹寅与康熙》,第 171—172 页。
④ 《江宁织造曹寅奏谢钦点巡盐并请陛见折》(康熙四十三年七月二十五日):"去岁奉旨着与李煦轮管盐务,今又蒙钦点臣寅本年巡视两淮。"见《关于江宁织造曹家档案史料》,第 22—23 页。

驻跸二三月,尔等备办太过。"时三织造奏曰"我等乃皇帝家奴,我三处公同备办"等语,事遂了结,未言地方官员捐务,故朕未降旨。诚知地方官员备办,朕决不驻跸。地方官若仍此状,以后朕将不驻跸城内。曹寅等欺诳之罪,可憎之极,决不宽宥。①

但曹寅等并未因"欺诳之罪"受到惩处,一年后又迎来了十年兼管两淮盐务的重任。这两件事看似并无联系,实际上反映了康熙的重要思考和布局。也许康熙由安徽摊派案看到了地方官员的困境,而靡费又不可避免,遂把两淮盐务交由自己亲信的内务府官员长期管辖,正可以解决这一两难问题。十年盐差,曹、李轮管,相互配合,又有所制约,而以曹寅为首任,也可以看出康熙的特别倚重。②

然而,康熙并没有向曹、李二人明白宣告自己的意图。曹、李于感激涕零之际当然也无从领会皇帝重用的深意,但知税差"上关国计,下济民生","惟有督销额引,清查积弊,充实国帑,抚恤商民,勤慎臣职守而已"。康熙四十三年,曹寅首任盐差,接连上了六份奏折,其中《奏报禁革浮费折》《奏报盐课积欠情形折》《奏查过盐商借帑情弊折》《奏为禁革两淮盐课浮费折》四件,都是对盐课积弊的调查和具体改革建议。曹寅很想有所作为,但并没有得到康熙的支持,朱批中还一再提示:"生一事不如省一事。""亦非久远可行,再留心细议。""此一款去不得,必深得罪于督抚,银数无多,何苦积害?"给他泼冷水。然而却在第一份奏折上告知"明春朕欲南方走走"的计划,这实际上就是暗示曹寅要在用费上提前做好准备。③

事实表明,曹寅并没有能够禁革"浮费",也没能改变他指出的"历年积欠,皆由御史怠忽,互相容隐,求一年回差之轻便,不顾库藏之盈虚"的积弊,他和李煦终于懂得了主子的内心秘密:"这步棋史无前例,皇帝借此既可稳定两淮税收,又可握有更多的权力和银两。"④

---

① 《两江总督阿山奏请圣安折》朱批(康熙四十一年七月初四日),《曹寅全集·奏疏卷》附录一。
② 论年龄,曹寅小于李煦;论资历,李煦在此前曾任韶州知府、宁波知府、畅春园总管,也比一直在内务府任职的曹寅更丰富;且李煦密折奏事早于曹寅,见后文。
③ 以上引文见《关于江宁织造曹家档案史料》,第22—28页。
④ (美)史景迁《曹寅与康熙》,第185页。

## 二　兼管盐差的难题

兼管盐差，实际上是让曹寅、李煦去解决一个不可能解决的矛盾：有限的盐税收入既要满足小金库即皇家奢靡享受的需要，又要保证大金库即国家财税的盈余（至少不至亏空），而由至高无上的皇权左右一切。何况，曹、李还接手了一个由于官吏营私和官商互相勾结以牟利而造成的巨额亏空①，还要面对康熙晚年倦勤和众皇子内斗的复杂政治局面。显然，他们只能以"大"补"小"，以"外"补"内"，更大的亏空乃不可避免。

直到十余年后曹寅去世，李煦也去职盐差，康熙才一改前规，重新启用进士出身的官员巡盐。康熙五十九年，继任的巡盐御史张应诏如此陈述曹、李之所为：

> 该臣查得：淮商按引办课，并无余银。盐差衙门除应得经解费外，别无应得之项。从前亦无余银名色。自曹寅、李煦兼任盐差，始称在应得银内解送江宁、苏州织造银二十二万七千余两，又铜脚费五万两，实俱商人照引派纳，并非盐差解送。此外，因事派商完补，亦皆指称应得。如曹寅、李煦因补历年积欠借帑等项，则称所得银二十四万两；李陈常因补江宁、苏州织造亏空，则称三十一万两；李煦丙、丁两纲，又奏余银四十四万九千两。前后多寡悬殊，非果有一定余银为盐差应得可知。且查李煦报完织造亏空疏称"此后盐商惟办正供及织造额银，再无补亏之项"等语，则派商代补，非盐差应得之银明矣。两淮止此商力，多加派之余银，则亏额办之正课。②

这就是说，曹寅、李煦所为，就是在盐差应得余银的名目下，加商派纳，解送织造银，以及弥补历年积欠。前者是为供皇帝南巡，后者则是弥补以往南巡靡费等因所致亏空。（据曹寅康熙四十三年奏折，按照规定，御史有"院费"一项充织造衙门钱粮，每年约三十万两。③ 张应诏所述曹、李所为，显系

---

① （美）史景迁《曹寅与康熙》，第172页。

② 《两淮盐政张应诏奏陈两淮盐课余银始末折》（康熙五十九年六月二十日），中国第一历史档案馆编《康熙朝汉文朱批奏折汇编》第8册第2876件，中国档案出版社1985年版。

③ 《兼管巡盐御史曹寅奏报禁革浮费折》，《关于江宁织造曹家档案史料》，第24页。

额外加收。）

康熙阅后，朱批：

> 此折所奏，甚是明白。当具题。

他完全明白和认可张应诏所奏事实和分析，这也就是说，曹寅、李煦盐务之所为，康熙是知道和同意的，甚至可以进一步说，这正是康熙要二人轮管十年盐务的原因，这才出现了康熙四十四年第五次南巡、四十六年第六次南巡"金钱滥用比泥沙"（张符骧《竹西词》十首其六）的空前奢华。而对这场繁华贡献最大者，正是"欲奉宸游未乏人，两淮办事一盐臣"（张符骧《后竹西词》十首其四）的曹、李二位，尤其是这两年兼管盐务的曹寅。曹、李于第五次南巡后分别获得"通政使司""大理寺卿"的头衔赏赐，绝不只是因为他们各捐出二万两银子修建宝塔湾行宫，和接驾的"勤勉劳敬"，主子和奴才都心中有数。

但危机也从此隐伏并最终爆发。商力有限，"多加派之余银，则亏额办之正课"，曹、李所为，满足了皇帝个人和皇家的需要，却造成了税额即国库的严重亏欠。虽然，从本质上说，如同《红楼梦》中借赵嬷嬷的口所说的，不过是"拿着皇帝家的银子往皇帝身上使"，但皇帝也必须兼顾小家（宫廷内府）和大家（朝廷国家）的双重利益。康熙是重视解决亏欠问题的，康熙四十五年，他就指示："昔之两淮御史但自计其所得规礼，不严催正项钱粮，以致积欠甚多。""着（曹寅、李煦）将彼每年所得银内絮取十万两，以补旧欠，数年之间可完其额。"[1]但皇家特权和糜费，使这些计划都难以实行；而两淮盐政由内府官员掌权，必然引起朝廷官僚集团的不满。康熙四十八年十二月，两江总督噶礼《奏覆访查两淮亏欠情形折》，就直指"曹寅、李煦、李斯佺及为首商家肆意侵用国帑"，致亏欠三百万两。康熙朱批曰：

> 尔这奏的是。皇太子、诸阿哥用曹寅、李煦等银甚多，朕知之甚悉。曹寅、李煦亦没办法。现曹寅尚未到京城，俟到来后，其运使库银亏欠与否之处，朕问毕再颁旨于尔。[2]

① 《谕着会议曹寅李煦将所得银内挈取十万两以补旧欠》，《康熙起居注》，第 2043—2045 页。

② 《两江总督噶礼奏覆访查两淮亏欠库银情形折》，中国第一历史档案馆编《康熙朝满文朱批奏折全译》第 1529 件，中国社会科学出版社 1996 年版。

　　他还替曹、李解释说，亏空"不至三百万两，其缺一百八十万两是真"，极力阻止了噶礼参奏。① 康熙是一位老到的政治家，他利用朝廷和内府两种力量，相互制约，在小家和大家两种利益间谨慎平衡。一方面信用曹寅、李煦等包衣亲信，一方面又让噶礼、张应诏等调查参奏，以了解实情（又用李煦密探李陈常、张应诏等）。② 噶礼的奏折显然引起了康熙的警惕，他既要通过曹、李掌控两淮盐政，又不能因为曹、李的失误给自己带来用人不当的恶名。于是，不久，他就分别对曹寅、李煦两人发出了前所未有的警告和催促：

　　　　风闻库帑亏空者甚多，却不知尔等作何法补完？留心，留心，留心，留心，留心！③

　　　　两淮情弊多端，亏空甚多，必要设法补完，任内无事才好，不可疏忽。千万小心，小心，小心，小心！④

　　其实曹寅已有安排，据佶山等撰《两淮盐法志》记载，康熙四十九年二月，户部就已议覆曹寅处理两淮从前积欠办法，"分作五年带纳，则旧课即可督催，而新课亦不致交混，如此一二年，即可以年运年销"⑤。康熙不会不知道，但仍如此催促，曹寅显然极为紧张，"不胜惊悚感泣"，立刻两次上呈《奏设法补完盐课亏空折》（康熙四十九年十月初二日、康熙五十年三月初九日），并在后一奏折附上《钱粮实数单》，详细列明所该欠一百九十万两库银项目和查催办法。康熙再次批示：

　　　　亏欠太多，甚有关系，十分留心。还未知后来如何，不要看轻了。

　　可以想见，曹寅承受着多大的经济压力和心理压力。康熙四十九年十

①　《上谕着李陈常巡视盐差一年清补曹寅李煦亏欠》，《关于江宁织造曹家档案史料》，第124页。

②　康熙命李煦密探李陈常，见《李煦奏折》第196、202页。在张应诏任职前和参奏后，康熙曾命李煦多次调查张应诏之为人。见《李煦奏折》，第220、263、283页。

③　《盐法道李斯佺病危预请简员佐理折》（康熙四十九年八月二十二日）。又见《苏扬田禾收成折》（康熙四十九年九月十一日）朱批："每闻两淮亏空甚是厉害，尔等十分留心。后来被众人笑骂，遗累子弟。都要想到才好。"《李煦奏折》，第89、90页。

④　《江宁织造曹寅奏进晴雨录折》（康熙四十九年九月初二日），《关于江宁织造曹家档案史料》，第77、78页。

⑤　［清］佶山等修撰《两淮盐法志》卷一"恩纶"、卷四十"优恤"，转引自方晓伟《曹寅评传年谱》，第491、492页。

月,他奏报"臣归江宁,卧病累月"①,接到五十年三月奏折朱批,马上向主子表白,深感"两淮事务重大,日夜悚惧,恐成病废,急欲将钱粮清楚,脱离此地"②。然而,身心劳瘁之下,他终于没能等到这一天,带着织造钱粮亏欠九万余两,及代商认补二十三万余两,"无赀可赔,无产可变,身虽死而目未瞑"的遗恨离世。

应该说,康熙是完全意识得到曹、李盐差亏空的缘由和自己的责任的。康熙四十九年十月,他在同大学士九卿等谈到清查江南藩库亏空时,自陈:"朕屡次南巡,地方官预备纤夫,修理桥梁,开浚河道……必然要借用帑银。""朕意概从宽免,不更深究。"③但为了表明自己"公私分明"以"使人不疑",他并未宽免曹、李的亏空,而是在曹寅逝世后,先后令李煦、李陈常(九卿公议人选)继任盐差,代完曹寅所欠,特别是李煦总共八任巡盐,直到补完所有亏欠,还要求按例对曹、李完欠议叙奖励。曹寅故世,李煦加户部右侍郎。④由于停止了南巡,胤礽被废后,其他皇家勒索也有所收敛,康熙高度重视,一再催促,到康熙五十六年李煦任期结束,终于可以宣告"今年任内补欠已完,而将来巡盐御史无欠可补"⑤。康熙任用内府官员巡盐,历尽曲折,还是取得了成果,补亏画上了句号。曹寅付出了生命代价,李煦怀着"茫茫大海,正不知何时得以全身到岸"的"中心忧惧"捱完了任期⑥,总算为主子挣回了面子。

---

① 《江宁织造曹家奏设法补完盐课亏欠折》(康熙四十九年十月初二日),《关于江宁织造曹家档案史料》,第78、79页。
② 《关于江宁织造曹家档案史料》,第78、79、82、83页。
③ 《清圣祖实录》卷二百四十四,转引自方晓伟《曹寅评传年谱》,第490页。
④ 《苏州织造李煦奏蒙代管盐差一年偿还曹寅亏项折》(康熙五十一年九月初六日)、《苏州织造李煦奏请再排盐差以补亏空折》(康熙五十三年七月初一日)、《上谕着李陈常巡视盐差一年清补曹寅李煦亏欠》(康熙五十三年八月十二日)、《苏州织造李煦奏谢再监察两淮盐课一年折》(康熙五十五年十月二十一日)、《再留巡视盐课一年谢恩折》(康熙五十六年十一月初二日)、《上谕曹寅李煦清还历年积欠着交部议叙》(康熙五十六年十月十九日),见《关于江宁织造曹家档案史料》,第104、122、123、134、143、147页;李煦《加户部右侍郎谢恩折》(康熙五十六年十二月十七日),《李煦奏折》,第240页。
⑤ 《巡盐任内补欠已完听部拨解折》(康熙五十六年七月十三日),《李煦奏折》,第227、228页。
⑥ [清]李煦撰,张书才、樊志斌笺注《虚白斋尺牍笺注》卷一《致安徽刘大中丞》《寄曦陆大弟》,中华书局2014年版。

织造、盐差,把曹寅、李煦的身份地位和曹、李两家的荣华富贵推向了顶峰,也埋下了跌落的危机。当然不能简单地说康熙南巡和盐差亏空就是导致曹、李两家败落的原因。本来,"钱粮亏欠,例应变产赔补,本身仍置重辟,此煌煌国法也"①,但在康熙晚年比较宽松的吏治环境下,所谓"补亏",很少进行法律和经济惩处,特别是对于曹、李,康熙曲意回护,经过李陈常和李煦几任巡盐,"补亏"到康熙五十六年就完成了,并没有对曹、李两家造成冲击。曹寅在得到康熙警示后,战战兢兢地申述"身内债负,皆系他处私借,凡一应差使,从未挂欠运库钱粮。臣自黄口充任犬马,蒙皇上洪恩,涓埃难报,少有欺隐,难逃天鉴",应该不是假话。但南巡接驾和织造、盐务膨胀起来的奢靡恶习,肯定对家庭(家族)经济造成了严重不良影响,无论是盐差亏空还是织造职务亏空,甚至在补完亏空后又产生新的亏空,恐怕都与此有关。对此,康熙是很清楚的,他曾严正警告李煦:"再以银两馈送亲朋,分给兄弟,以致钱粮积欠不得补完,罪不容于死,绝不饶恕。"②据李煦康熙六十一年《请再赏浒墅关差折》自陈,"因历年应酬众多,家累不少",尚该欠织造银三十二万两有零③,李煦奏请兼管浒墅关还欠不得实现,康熙驾崩,雍正元年整顿吏治,清查亏空,李煦以三十八万余两的亏欠被办罪抄家。雍正五年十二月,曹頫以骚扰驿站获罪时,"织造款项亏空甚多"仍是一大罪名。④ 在这一方面,曹、李家族不尽相同,李煦家族的挪用挥霍似乎更甚于曹寅家族。从《虚白斋尺牍》中的许多书信可以看到,李煦"京中诸弟"的大肆索取令其困顿不堪,而他的儿子李鼎"性奢华,好串戏,延名师以教习,梨园演《长生殿》传奇,衣装费至数万,以致亏空数十万"⑤,这大概就是《红楼梦》所说贾府"安富尊荣者尽多,运筹谋画者无一,外面的架子虽未甚倒,内囊却也尽上来了"的重要素材。⑥ 事实上,到抄家的时候,李家财产已经所剩无几了。末世子孙曹雪芹

① 《李煦奏折》,第166页。

② 《虚白斋尺牍笺注》卷二《寄京中诸弟》。

③ 《请再赏浒墅关差折》(康熙六十一年三月初八日),《李煦奏折》,第287页。

④ 《上谕着江南总督范时绎查封曹頫家产》(雍正五年十二月二十四日),《关于江宁织造曹家档案史料》,第185页。

⑤ [清]顾公燮《顾丹五笔记》,转引自徐恭时《红雪缤纷录》,第181页。

⑥ 参见皮述民《苏州李家与〈红楼梦〉》,(台湾)新文丰出版公司1976年版,第115—176页。

没有见过祖辈南巡接驾的风光,把其笔墨集中于他有直接或间接经验的贵族家庭内部奢靡腐朽的描写是很自然的。这种"真事隐去,假语村言"的转移,使《红楼梦》在揭示历史变易之道、盛衰之理上达到了空前的深度。

## 三　从密折奏事看曹寅

作为专制君王,康熙为实现人主"明目达聪"之意,推行密折制度,内府织造官员和督抚等官员特许密折奏事。此"和科道之具本题请,大不相同,盖科道为朝廷之耳目,而织造则为皇帝一人之耳目也"(王利器《李士桢李煦父子年谱前言》)。现存最早的朱批密折就是康熙三十一年十一月调任苏州织造的李煦于康熙三十二年六月的《请安折》,折云:"臣本包衣下贱,蒙恩特用,竭蹶有心,报称乏术。身虽在外,神恋阙廷。"从康熙在其七月的《苏州得雨并报米价折》留下的朱批"凡有奏帖,万不可与人知道"[1],可知李煦能上奏帖是康熙特许的。这显然与他在京原任畅春园总管,与康熙密迩有关。同他相比,曹寅现存的第一份奏折迟了三年,是康熙三十五年六月的《奏贺圣祖荡平噶尔旦事折》。在这三年中,李煦除报告雨水米价及其他奏事外,也还通过奏折给康熙帝进献物品。而同一时期曹寅有所进献,都需通过内务府。

密折奏事,使曹寅与康熙之间建立了个人联系和情感交流的通道。现存118件个人奏折(另联署6件)[2]表明,随着康熙宠信的加深,曹寅奏折的密度和长度不断加大。大体而言,曹寅在康熙四十三年兼任盐差以前(康熙三十五年至四十二年),奏折较少,总计12件,平均每年1.5件,其中三十九年、四十一年0件;最多的是康熙三十八年,第三次南巡前后,有5件。康熙四十三年至五十一年间总计106件,平均每年约12件,其中四十三年13件,四十四年7件,四十五年8件,四十六年4件,四十七年20件,四十八年17件,四十九年12件,五十年14年,五十一年七月去世前11件。从上述统计可见,就密折奏事而言,几乎与委任兼管盐差同步,康熙四十三年是两人关系的一个节点。

康熙四十三年七月二十九日,曹寅上《奏谢钦点巡盐并请陛见折》,回忆

---

① 《李煦奏折》,第1—2页。
② 张书才主编《曹寅全集·奏疏卷》。

"稚岁备犬马之任"的往事，表达"无任顶戴悚息激切屏营之至"的感激忠诚和陛见谢恩愿望，这无疑唤起了沉睡多年的主奴少年情谊，很快得到康熙朱批：

> 朕体安善，尔不必来。明春朕欲南方走走，未定。倘有疑难之事，可以密折请旨。凡奏折不可令人写，但有风声，关系匪浅。小心，小心，小心，小心！

这个朱批具有标志性意义，它所透露的机密信息，表明康熙把曹寅纳入了特许密折奏事的核心亲信圈。从时间上看，它比前引康熙三十二年对李煦奏折的类似嘱咐迟了十一年。在此之前，康熙明显主要倚重李煦，包括赐物及宋荦等地方官员的奏折都由李煦代转，对曹寅奏折则几无特殊批示；而在此之后，曹、李的奏折地位已经并列，奏折的机密性大大加强，而同时以曹寅为盐差首任，这都是耐人寻味的事情。

从密折奏事的内容和康熙特殊朱批（除"知道了""朕安"等一般批语外）看，曹寅向康熙报告最多最勤的是康熙帝最为关心的农业生产和人民生活问题（晴雨、粮价等）。特殊朱批共 17 件，重在社情民情的报告，因为人心的安定关系到政权的稳定。康熙四十七年三月曹寅《奏报自兖至宁一路闻见事宜折》报告路途见闻、民情琐细，尤使康熙感兴趣，特朱批："已后有闻地方细小之事，必具密折来奏。"同年五月，《奏报上江米禁已开暨洪武陵冢塌陷折》，不但报告了陵冢塌陷引起的人心浮动，还报告了自己的处置措施和效果，得到康熙的好评："知道了。此事奏闻的是。尔再打听，还有什么闲话，写折来奏。"①地方盗案，也是曹寅密折的一个重要内容，康熙曾于曹寅密折朱批中多次提示。四十六年朱批："今岁闻江南干旱，朕心甚是不安。又闻盗案甚多，钦此。"五十年九月朱批："风闻江浙盗案甚多，未知是否？"曹寅自当关心。密折中曾呈报浙江审张廿一案、朱三太子在鲁获解事、僧念一缉获事、江西地方盗案等。此外，对江南地区吏情方面的一些重大事件，也及时密报，如康熙五十年、五十一年，奏报江南科场案的密折即有 7 件之多，康熙对此十分满意，在密折上多次朱批："再打听，再奏。"曹寅真正发挥了耳目作用。又如康熙颇关注已退休的大学士熊赐履的在家情况，曾嘱曹寅打听，曹

---

① 张书才主编《曹寅全集·奏疏卷》"曹寅自署奏折题本"第 45、57 件。

先后以四折奏报，并在熊赐履病故后按康熙所嘱送礼金祭奠，这是完成康熙委托的特殊使命。熊赐履是康熙少年时代的经讲官，曹寅其时"佩笔侍从"，康熙对熊的关注，或有特别用意。

曹寅的奏折，涉及地方官员的很少，为此，还受到康熙的批评。如康熙四十八年七月初六日江南总督邵穆布病故，七日曹寅密折奏报，康熙朱批："总督之死，早已闻知，此折迟了，当病重的时候奏闻才是。"这实际上反映了曹寅处事之谨慎和为人之宽仁。康熙五十年十一月《兼两淮盐课曹寅视盐期满查无举劾之员本》中的一段话可为证："查册内所开各官，于盐政事务，类皆平常供职，并无异等堪荐，亦无不肖可劾之员。"但事实上，曹寅并非无是非善恶之心，关键时刻，亦能仗义执言。如康熙四十三年甫任盐政，他即在《奏报禁革浮盐折》中指斥"前总督阿山名为禁革浮费，独不自禁及所属"之过；康熙四十四年南巡，又有寅免冠叩头为江宁知府陈鹏年请之事。时鹏年因亢直得罪总督阿山及太子胤礽，礽欲杀之，宋和《陈鹏年传》记其事：

> 织造曹寅负冠叩头，为鹏年请。当是时，苏州织造李某伏寅后，为寅婿，见寅血被额，恐触上怒，阴曳其衣警之。寅怒而顾之曰："云何也？"复叩头，阶有声，竟得请。出，巡抚宋荦逆之曰："君不愧朱云折槛矣！"①

陈鹏年与曹寅平时关系并不好，而曹寅竟能冒着触怒康熙帝的危险救助陈鹏年，袁枚《随园诗话》卷二亦记：

> 康熙间，曹栋亭……素与江宁太守陈鹏年不相中，及陈获罪，用密疏荐陈，人从此重之。②

密疏，即上密折，此折今未见。曹寅为鹏年请之事，又见钱仪吉《碑传集》中余廷灿《陈恪勤公鹏年行状》《陈公神道碑》及杨钟羲《雪桥诗话》等，他所表现的勇气和正直受到时人和后人的一致推重。

曹寅奏折涉及官情最多的是康熙五十年由科场案引起的督抚互参。总督噶礼与巡抚张伯行分别是满汉大臣，这一冲突显然包含着远比个人矛盾复杂得多的内容（包括事实、伦理、民族等等方面），如何对待和奏报，这对曹

---

① ［清］李桓纂《国朝耆献类征》卷一百六十四，广陵书社 2007 年影印广绪刻本。
② 转引自周汝昌《红楼梦新证》，第 431—433 页。

寅的能力、品行和智慧都是一个考验。张伯行与曹寅素有交谊。先是康熙四十五年任江宁按察使，后抚闽三年，四十九年调抚江苏。寅逝后，张伯行有《祭织造曹荔轩文》叙述二人之交契："畴昔之日，余秉臬篆，实与公同舟而共济。公披肝膈而款款，我则忧悃之戈戈。……何期镇抚吴会，重侍几筵。三载相依，挹汪洋之伟度；一心如结，信胶漆之能坚。"但曹寅关于此事的密折，却并未偏袒张伯行，而是首先尊重事实，立足公正，同时不为复杂形势所迷惑，也不畏惧利益集团的权势，敢于表达自己的意见。关于督抚互参，他从事实出发，各有所批评："众人议论……督抚二臣不体贴圣衷，安静保护，徒博虚名，各为己私，互起朋党，殊失大臣之体。"（《奏报江南科场案督抚互参情形折》）"打听所审督抚互参一案……彼此互赖，均难输服。"（《奏报江南科场案督抚互参暨张鹏翮审事情形折》）但对于督抚解任后，一度出现的所谓百姓罢市，"绅衿呈请留任噶礼"和另一些士民请求留任张伯行的乱象，他又做了实事求是的调查和分析："臣到时，保留总督及保留巡抚者，各衙门俱有呈纸。为总督者大半，为巡抚者少半。其乡绅及地方有名者，两边俱着名保留。兵为总督者多，秀才为巡抚者多。或是偏向，或是粉饰，或是地方公祖借保留完其情面，纷纷不一。"（《奏报江南科场案内买举情形折》）认为"皆以下官吏粉饰曲全，殊无真爱戴之者"。但对于所拟处分，却明确表示不公："督抚互参一案，总督噶礼降一级留任，巡抚张伯行革职问徒。外论谓此二人均有不平，降革不一。"又明白指出主审此案的钦差张鹏翮"在江南声名大损，人人说其糊涂徇私"（《奏报江南科场案定拟及人心不能悦服情形折》）①。按，此事过程极为曲折复杂，"督抚不和，人所共知。一个是一钱不要清官，一个是事体明白勤紧人物"②，牵涉诸多矛盾。康熙曾要曹、李反复打探奏报。接奏后，切责张鹏翮、赫寿，命尚书穆和伦、张廷枢复讯，讯如前，噶礼免议，张仍革职，部议亦如之。康熙帝切责诸臣变乱是非，命九卿、翰、詹、科、道再议，并谕诸臣"宜体朕保全廉吏之意，使正人无所畏忌，庶海内长享升平之福"。命复张伯行职，黜噶礼。在康熙的强力干预下，有"天下清官"之名

---

① 张书才主编《曹寅全集·奏疏卷》"曹寅自署奏折题本"第 104、110、113、114、115、117 件。

② 李煦《会审科场案情形折》朱批（康熙五十一年正月十六日），《李煦奏折》，第102—103 页。

的张伯行方得到保护,可见朝廷袒护噶礼的势力之强大。而噶礼,正是继阿山之后,又一位迫害陈鹏年并欲置其于死地的满人总督(康熙五十年,噶参劾陈写《虎丘》诗,心怀怨望,被康熙驳回)。他对张伯行的参劾,就是这一过程的延续。但这次曹寅并没有如同六年前为陈鹏年请命那样去做,因为他面对的形势严峻和复杂得多,使他不能不改变策略。然而从后来康熙处理这一事件的态度,可以看到曹寅对张鹏翮、赫寿审案过程和处置降革不一的批评明显起了很正面的推动作用,也可以看出他曲意保护张伯行的良苦用心。所以,张伯行在祭文中这样赞扬他:

> 况复荐达能吏,扶植善良,凡所陈奏,有直无隐。天子鉴其诚恳,时赐曲从,以故沉下僚者蒙迁擢,罗文网者获矜全。

曹寅在督抚互参事件中的表现,与他冒风险援救陈鹏年的正直勇敢是完全一致的。比较起来,处在事件爆发地苏州的李煦虽然较早报告了此事,且有关奏折前后多达 13 件,但从《绅衿呈请留任噶礼折》《张伯行意有不平折》[①]等可以看出,他不但缺乏曹寅的分析能力和直陈勇气,还暴露出曲意阿从满洲贵族权势的庸俗畏葸。曹、李的这种性格和人格差异,作为君王主子的康熙当然是看在眼里的。

## 四　坚持自我和主奴情义

晚年曹寅与康熙的关系,很值得注意的一点,是曹寅对自我的坚持和康熙对曹寅个性的一定程度的尊重,以及在此基础上形成的君臣主奴情义。

康熙了解和尊重曹寅的个性,这对于一位以至尊君临天下臣民和所有内府奴才"微末小人"的帝王是很不容易的。人们可以对照李煦与曹寅的奏折和康熙朱批流露的感情分量。李煦曾在私人信件中批评曹寅"性情行事,每多孩气"[②],实际上就是反映出曹寅比较真率、坚持自我个性的特点,与曹寅自称"我本放诞人"[③]一致,而相比之下,李煦就要老练世故得多。仕途经

---

① 《李煦奏折》,第 100、102、105、107、108、113、114、120—126 页。
② 《虚白斋尺牍笺注》卷一《为申说与曹寅用人行政不谐事致李斯佺函》(康熙四十五年四月)。
③ 《诗别集》卷三《冬来为夙逋所累拉髯翁曝日堂前出扇得画图思世情不觉失笑遂题画端此紫雪庵主得力之偈也即以奉赠以为开岁笑柄》。

历更丰富的李煦显然熟谙官场潜规则,他批评族弟姜焯"将事上道理全不讲究",并告诫说:"须晓得上司性情,窥其眉目。""官场中须要行得活泼,若一味率真任性,随你十分是处,断然行不通,做不开。"①对读曹、李两人奏折,虽然同为包衣微贱,尽忠侍主,也可以看出两人性情人格的差异。李煦礼节周到,每逢康熙生辰必有祝寿折,又有贺元旦等节令折(现存 15 件,另存贺元旦折 10 件,应有遗漏),曲尽谀辞;而曹寅直到康熙四十八年才呈《奏请圣安并恭祝万寿圣节折》,这是因为前一年发生了皇十八阿哥薨逝和胤礽被废太子的"异常之变",康熙心情受到沉重打击,曹寅此后多有奏折请"圣安",主子的健康显然也与他息息相关,但祝寿仍仅此一折,也不见节令贺折。② 李煦向康熙贡物的奏折多达十余件,如康熙三十二年即进献精巧漆器两次③,而曹寅无此类奏折。史景迁说,曹寅只在康熙三十四年有一次贡"兰台精英墨","除此以外,没有记载曹寅曾献礼给皇帝"④。虽然康熙第六次南巡,曹寅也有进献"古董"之事,但那像是"跟风",曹寅不屑以此媚上,不但比李煦,甚至比父亲曹玺、子嗣曹頫都做得好。李煦善于抓住一切机会献媚表忠,而曹寅只在极感动时有所表述。⑤ 同样御赐匾额,曹寅仅报告恭敬悬挂(《江宁织造曹寅奏谢赐金山匾额折》),李煦还要恭维御书"龙飞凤舞之奇,云丽霞蒸之彩""辉煌天地"(《御书天宁寺匾额现如式制造折》),多次称颂"日月凝光,云霞聚秀,本心之法为书之法,遂集千古大成"(《悬挂普济寺御赐匾额情形折》),甚至"自昔帝王,未有及我万岁之御笔"(《与官绅观看奉发诗扇情形折》)云云,此皆曹寅之不屑为者。⑥ 史景迁甚至注意到如下细节:

> 奏折每一行应为十八个字,书及皇帝时须抬头两格,而使每行为二十个字。但曹寅的折子并不依通政司的规定,曹寅每列写二十个字,书及皇帝即抬头两格,使得每行二十二个字,甚至还有每行写二十二个字,遇抬头而成为每行二十四个字的情形。

---

① 《虚白斋尺牍笺注》卷二《寄徐州大弟》。
② 张书才主编《曹寅全集·奏疏卷》"曹寅自署奏折题本"第 63、64、66、94、95、100、101、103、114 件。
③ 《李煦奏折》,第 2、3 页。
④ (美)史景迁《曹寅与康熙》,第 112 页。
⑤ 《李煦奏折》,第 1、2、5、6、7、16、17、18、20、21 页。
⑥ 《关于江宁织造曹家档案史料》,第 22 页;《李煦奏折》,第 35、114、197 页。

至于措辞方面，曹寅更视自己为"汉人"，因而自称"臣"，而他的两个儿子则以满人自居，总是自称"奴才"。李煦显然是摇摆在两者之间：1715 年之前，他自称"臣"，1715 年至 1716 年夏这段期间，交替使用"臣"与"奴才"，之后就一直用"奴才"的措辞。①

"于细微处见精神"，这些细节反映出曹寅内心世界的某些隐秘和个性特质，康熙似乎都能加以包容。

李煦对密报官情积极主动，而曹寅却比较被动，似乎并不愿以此邀功。康熙在李煦奏折上每每提出打探官情的具体要求，如："凡苏州来的各行人等，倘有多事者，尔察明即当奏知，不可少懈，不时访访才好。""近日闻得南方有许多传言，无中生有，议论不少事，朕无可以托人打听，尔等受恩深重，但有所闻，可以亲手书折奏闻才好。""近日造言生事之徒，比先如何？南方安静否？尔亲手写奏帖来。"所以李煦奏折中受命或主动报告官情、臧否官员甚多。② 而曹寅只奉命打听过熊赐履，因为熊、曹有过师生之谊。可见即使二人都可作为"密探"使用，康熙对曹寅的使用也是极有分寸的。曹寅个性有相当率真倔强的一面，正是从这一面，康熙看到了曹寅可贵的人格尊严和透骨的无私忠诚，他对此是由衷喜爱和敬重的。而李煦却喜欢各处打点、交结。康熙批评说："以后凡各处打点费用，一概尽除，奉承上司部费都免了，亦未必补得起盐差之亏空。若不听朕金石直言，后日悔之何及。尔当留心身家性命、子孙之计可也。""尔向来打点处太多，多而无益，亦不自知。"③所谓"打点"，实际上就是钻营，是在"臣道""奴道"之外的结党营私。康熙五十二年，李煦还曾因为和商人贿赂太监而受到革职留任的处分。④ 但康熙对曹寅从未有过类似批评，大概除了被迫应付，曹寅无"打点"之病。曹寅敢于在康熙面前坦陈自己的心态："两淮事务重大，日夜悚惧，恐成病废，急欲将钱粮清楚，脱离此地。"这与刚接手盐差时感激涕零已成鲜明对比，他毫不隐瞒自己对"钦差"职事的恐惧厌倦之情；而李煦即使有类似心态，也只敢向少数友人倾吐。可见，在真诚坦率度上，曹寅优于李煦。在人格上，曹寅比李

---

① （美）史景迁《曹寅与康熙》，第 225 页。
② 《李煦奏折》，第 26、76、88 页。
③ 《李煦奏折》，第 86—87、143 页。
④ 《李煦奏折》，第 149—150 页。

煕更少一些媚态，而多一份骨气。在这一点上，曹寅奏折虽然不可避免地带着官方话语性质和奴性口吻，但其流露的人格风骨与《楝亭集》的自由心性、反奴人格追求仍有某些共通之处。康熙对曹、李二人奏折的朱批，可以明显感觉到口气的差异：对李煦更像主子对奴才的使唤，甚至训斥；①而对曹寅更像君王对宠臣的关爱，有的朱批口吻甚至像对同忧乐的朋友："朕览此折，自觉精神百倍。况畿内雨旸时若，麦秋已熟，人民安乐，特命尔知之，无复挂念也。"（《奏报雨水粮价并呈晴雨录折》康熙四十九年五月初二日）这种真情流露在李煦奏折中是看不到的。雍正上台后，惩办李煦时牵连"奸党"，而曹家却幸免于祸，可能因为他也能看出曹家骨子里的忠诚（虽然他也警告过曹頫"不要乱跑"）。曹、李都是康熙的可靠亲信。作为密探耳目，善于钻营和奴性十足的李煦自有其不可代替的价值。现存李煦奏折，无论数量还是内容，都为曹寅所不及，曹寅逝世后，康熙对李煦极为倚重。这都是事实。② 但专制君王不但需要驯仆谀臣，也需要才士直臣。曹寅的风雅才识、声誉影响本已令人瞩目，为陈鹏年请命及在督抚互参等事件中的人品表现更使得康熙另眼相看。在英明杰出的君王眼里，其实这是更为难得的宝贵品质。这样，康熙对曹寅的特殊情义表现也就好理解了。

康熙理解曹寅作为包衣的卑微地位和内心屈辱，他亲自出面主持了曹寅两个女儿的婚事，让其长女成为纳尔苏王妃（福晋即嫡妻），这在那时是绝无仅有之事，次女也嫁给了侍卫王子。这虽然不能解决"抬旗"或除包衣奴籍的问题，却也极大地提高了曹家的身份地位。雍正至乾隆初，曹家不至一败涂地，与康熙安排他们与贵族联姻有很大关系。

康熙对曹寅的身体和病情十分关心。康熙四十九年四月，曹寅奏折报告"臣今病目始愈，今方手书"，康熙即有朱批：

> 尔南方住久，虚胖气弱，今又目疾，万不可用补药。最当用者，六味地黄汤，不必加减，多服自有大效。

---

① 如《江南提督张云翼病故折》朱批斥李煦："请安折子，不该与此事一处混写，甚属不敬。尔之识几个臭字，不知那去了？"见《李煦奏折》，第 71 页。

② 这一点，在曹寅逝世后，尤其可以看出。《李煦奏折》共 413 件，其中康熙三十二年至五十一年近二十年间有 149 件；康熙五十一年曹寅逝后至康熙六十一年康熙逝前十年间有 264 件。

同年十月曹寅折报告"臣归江宁,卧病累月",即有朱批询问:"尔病比先何如?"在曹寅奏病已渐愈并报告服药情况后,康熙又有朱批:

> 惟疥不宜服药。倘毒入内,后来恐成大麻风症。出(除)海水之外,千万不能治。小心,小心! 土茯苓可以代茶,常常吃去亦好。

嘱咐细心备至。康熙五十一年七月,曹寅患疟病重请李煦向康熙禀报:"必得主子圣药救我……若得赐药,则尚可起死回生。"康熙闻报,惟恐迟延,即特赐专治疟病之西洋药奎宁(金鸡纳霜)派驿马星夜赶去,并在李煦奏折上详批用药方法及注意事项:

> 疟疾还未转泄痢,还无妨。若转了痢,此药用不得。南方庸医,每每用补济,而伤人者不计其数,须要小心。曹寅元肯吃人参,今得此病,亦是人参中来的。金鸡纳专治疟疾,用二钱末,酒调服。若轻了些,再吃一服,必要好的。往后或一钱,或八分,连吃两服,可以出根。若不是疟疾,此药用不得,须要认真,万嘱,万嘱,万嘱,万嘱!

由此可知康熙不但深通医理,对曹寅的生活习惯也很熟悉。驿马送药,嘱咐备细,可惜药未到时曹寅已经病故。

康熙对曹寅的后事做了尽可能周到的安排。曹寅刚身故,他就在李煦请代管盐差以偿其亏欠奏折上批示:

> 曹寅与尔同事一体,此所奏甚是。惟恐日久尔若变了,只为自己,即犬马不如矣。

这是告诫,也是警示。因为他深知人性之恶,也了解李煦的自私一面。在康熙告诫和直接干预下,李煦和李陈常相继代曹寅还清了亏欠,曹颙得以主事衔继任织造,两年后曹颙故世,李煦又主持挑选曹𫖯继嗣之事,康熙又使曹𫖯得以继任织造以延续曹寅事业和保护曹家家产。虽然这种破例世袭并不符合内府任职规定,他也并不可能像当年在侍卫内府培养曹寅一样让其后人锻炼成材,但在那个历史条件下,康熙已是尽心尽力了。他对曹寅的所作所为,对曹寅的理解和对其个性的尊重,不仅显示了一位英明睿智君王和主子的宽仁情怀,甚至包含着真诚的朋友情义。

康熙对曹寅的宠信和曹寅对康熙的忠诚都是不争的事实,但主奴君臣仍是根本的伦理界限,作为政治家的康熙对曹寅的使用和爱护从未逾越界限，无论是为了表示"公私分明"还是"使人不疑"，都是宠奴以侍主，护奴以利己，利益分明。而作为包衣汉人的曹寅，对君王主子也必然存在着情感与理性的距离，从少年的"行役之苦"、中年的"羁囚之悲"，到伴随终生的"不材之愤"，甚至化为"魁垒郁勃"之气，直到去世之年，他对屡次进京述职，在外过年，而不能与家人团聚，还发出"残年北去南来雁，过日东流西上鱼"的感叹（《可亭过访即事口占》），毫不掩饰心中的不满，但这又丝毫不曾影响他对康熙"之死靡它"的个人忠诚，丝毫不曾影响他对康熙的个人感情。也许是出于对生命终点的某种神秘预感，极少颂圣的曹寅在自编的《诗钞》的最后一卷写下两首诗，回忆"束发旧曾充狗监，弯弧中岁度龙城"的往事，发出"拖玉廿年空皓首，衰残何以报吾君"的肺腑之言。① 这种交织着体制与个体复杂关系的情感是耐人寻味的。不管怎样，君臣伦理和主奴关系已经把他和康熙捆绑在一起。这是由清朝特有的包衣制度决定的，他和他的家族有幸遇上了一位伟大英明的君王主子，但其好运也仅此而已。他侥幸逃过了李煦那样被新主抛弃的劫难，但他的包衣家族逃不过。他生前"树倒猢狲散"的忧思预言，也终于在其后世子孙身上成为了残酷的现实。这是一切依赖主子的奴才的宿命，不管他们曾经怎样优秀和忠忱。

---

① 《诗钞》卷八《畅春苑张灯赐宴归舍恭纪四首》《正月二十九日随驾入侍鹿苑二月初十日陛辞南归恭纪四首》。

# 第四章　政文异向的双重忠诚

　　曹寅效忠康熙皇帝与他对清王朝的忠诚是一致的,这是一种"奴道"加"臣道"的伦理忠诚。但他和他的家庭从来没有舍弃自己的民族本根,并且始终保持自觉的民族意识。他的政治伦理情感与文化本位情感是分离的,这是曹寅最突出的思想人格特征。这种二重性,在明清易代之后的民族斗争和民族融合中具有特殊意义。

## 第一节　"身世悲深麦亦秋"
### ——曹寅的民族意识

### 一　民族情感之根

　　曹寅的亲友,喜欢称颂他的家世:"子清门第国勋,长江南佳丽地。"(顾景星《荔轩草序》)"家世通显,为天子近臣。"(毛际可《楝亭诗钞序》)这里指的是曹振彦、曹玺等入清以后的曹家近世先辈。还有一些则追溯古代曹姓杰出人物,作为曹家的远祖:"籍甚平阳,羡奕叶,流传芳誉。"(纳兰性德《满江红·为曹子清题其先人所构楝亭亭在金陵署中》)"平阳苗裔,谯国英雄,承天子命,作服江东。"(尤侗《楝亭赋》)"高门衍世泽,贵胄属平阳。"(张渊懿《楝亭图跋诗》)这些诗词中的"平阳",指汉初丞相平阳侯曹参;谯国,指曹操。曹寅时期的《江宁府志·曹玺传》(康熙二十三年未刊本)则称曹家为"宋枢密武惠王裔"。武惠王,指史称"宋良将第一"(《宋史·曹彬传》)、曾任枢密使、卒追封济阳郡王谥武惠的曹彬。而载有曹寅家谱的《辽东曹氏宗谱》则将明初安国公曹良臣奉为始祖。这些杰出人物,肯定在曹寅心中激起过强烈的家族荣誉感和自豪感。但是，《楝亭集》中并没有这种情感的表露。相反，却有种悲凉的身世之感充溢其间，形成与他的康熙宠信身份反差颇大的不谐和音。

这种身世之感，在康熙二十九年曹寅出任织造之前最为强烈。特别是在任职郎署（康熙二十四年至二十八年）期间，由于某种严重的人生挫折感，曹寅"魁垒郁勃于胸中"（杜岕《舟中吟序》），或纵之于酒，或发之于诗①。下面两首诗，就都作于这一时期：

> 白日无根月有窟，奕世身名悲汩没。

《呼卢歌》（《诗钞》卷一）

> 枣梨欢馨头将雪，身世悲深麦亦秋。

《病中冲谷四兄寄诗相慰信笔奉答<br>兼感两亡兄四首》（《诗别集》卷二）②

奕世即累世。"奕世身名"显然不是个人而是家族的集体荣耀，但这种值得引以为荣的"奕世身名"却不幸"汩没"（埋没），这让诗人深感悲伤。"汩没"之由，这诗中没有说，但后一首诗中的"身世悲深麦亦秋"，却作了透露。此句诗颇有费解之处："身世"与"麦秋"有何关系？细思，才悟出"麦秋"即"麦秀"之隐语，而"麦秀"则是与"黍离"并称的表达亡国之痛的著名典故。《史记·宋微子世家》载，箕子朝周，过殷故墟，感宫室之坏、禾黍之生，心伤之，而作《麦秀之歌》。向秀《思旧赋》云："叹黍离之悯周兮，悲麦秀于殷墟。"改"麦秀"为"麦秋"，当然不仅是为了适应平仄格律，主要还是为掩饰这一典故包含的敏感内容而进行的艺术包装。

要揭示"身世悲深麦亦秋"的情感内涵，不妨读一读顺治十八年曹士琦为《辽东曹氏家谱》所写的序言。在序言里，曹士琦叙述了明代辽东曹氏的历史遭遇：

> （曹）俊（按：俊为曹氏入辽始祖）以功授指挥使，封怀远将军。调金

---

① 参见刘上生《曹寅生平研究的一个盲区——任职郎署时期的遭际和思想》，载《红楼梦学刊》2001年第三辑；本书第三章第三节。

② 按《楝亭集》的编排顺序，《诗钞》卷一为康熙二十九年任织造前的作品，《呼卢歌》作于康熙二十四年北归后；《诗别集》卷二中的《病中冲谷四兄寄诗相慰信笔奉答兼感两亡兄四首》与卷一中的《冲谷四兄寄诗索拥臂图并嘉予学天竺书》应作于同一时期。

州守御,继又调沈阳中卫,遂世家焉。历代承袭,以边功进爵为指挥使,世职者又三四人。子孙蕃盛,在沈阳者千有余人,号为巨族。而金州、海州、盖州、辽阳、广宁、宁远,俱有分住者。其以文武功名显耀元宗,不可胜纪。后因辽阳失陷,阖族播迁。①

这是一段从光荣变为屈辱的历史,其盛衰的转折点在明朝末年,是由于汉民族统治的明王朝的崩溃和女真(满洲)民族统治的清王朝的兴起。明沈阳中卫指挥使曹锡远和他的儿子曹振彦在后金军队攻陷沈阳时被俘,后来成为满洲贵族的包衣,又转为内务府包衣,曹家从此失去自由,沦为皇家的世代奴隶,并且永远不可能改变这种卑微身份和地位,处于阶级与民族的双重压迫之下。这才是曹寅所谓"奕世身名悲汩没"的真正缘由。正因如此,对于包衣曹家来说,家族命运与国家民族命运的休戚与共、家族劫难与国家民族劫难的紧密联系,质言之,家国(民族)同根、家国同恨,就成为曹家子孙家世情感的根本特点。"身世悲深麦亦秋",就是对这种家国同恨的复杂情感的深刻概括。

"身世悲深",就曹寅个人,还有一重特殊涵义,那就是他的生母顾氏以及族舅顾景星全家,都是明末和易代之际历史劫难的受害者。据顾景星自撰《家传》中《先妣明孺人行状》所述崇祯十六年张献忠攻蕲及次年清兵南下时一家辗转流离之状:

> 既避居鸿宿洲,徙西塞山,饥困,仆婢三四人叛去,母偕吾妹撷野蔌,汲爨,不孝与大人采薪(指患病)两阅月。秋,至汉宁,寓上清河,贞节病卒,母粒米不入于口四日。冬,抵昆山。明年,皇清下江南,昆山坚拒,清兵屠其城,予家先避地淀湖,丙戌,湖兵起,予家又先入城。②

有学者认为,在《家传》中有意避而不提的顾氏(景星之妹,曹寅的生母),很可能就是在避难途中被清兵俘掠,而后成为曹玺之妾的。③ 曹玺与顾氏的结合,也许就有某种同命相怜的情感因缘。一位来自明代辽东巨族,一

---

① [清]曹士琦《辽东曹氏宗谱叙言》,载《五庆堂重修曹氏宗谱》。
② [清]顾景星《白茅堂集》卷四十六。
③ 关于曹寅生母顾氏与顾景星的具体亲缘关系,参见朱淡文《红楼梦论源》,第46—53页;黄一农《曹寅乃顾景星之远房从甥考》,载《文学遗产》2012年第6期;《二重奏:清史与红学的对话》,第106—124页。

位来自湖北蕲州大族，他们的家庭在同一场民族劫难中都有着不幸的遭遇，因而"家国同恨"的共同情感正是维系他们婚姻的最重要的精神纽带。曹寅秉受了来自父母两边的家族传统，他的身世之悲特别强烈，家国之恨深隐其中，也就是可以理解的了。

曹寅"长江南佳丽地"，他一生的大部分时间（除入侍康熙到任职内府郎署的二十年外）是在江南特别是南京度过的。南京是六朝古都，在公元4至6世纪，长期成为与占据中原地区的北方少数民族政权对峙的汉民族政权的都城，公元12世纪时是南宋政权凭借长江天堑抗击金兵的前线，明朝国初（洪武、建文两朝）和末世（南明弘光朝）又一次成为京城。清江宁织染局（即织造府工场）就位于称为汉府的明汉王朱高煦的旧第。曹家远祖北宋大将武惠郡王曹彬破南唐后施仁惠于此，《辽东曹氏宗谱》奉为始祖的明安国公曹良臣投奔朱元璋于此。虽然清兵南下时，南京不战而降，但清初的政治军事斗争，特别是汉族军民的抗清斗争在江南进行得最为激烈惨酷。郑成功、张煌言的隆武水师在顺治末年曾一度进军石头城下，而清统治者在江南的血腥镇压从强迫剃发到制造奏销案、科场案，更激发了这里的士大夫和民众的长期民族仇恨。南京又是明遗民最为集中的地方，曹寅的蒙师马銮就是一位"长歌怀采薇"（《诗别集》卷二《见雁怀马伯和》）的气节之士。他的舅氏顾景星应召而不仕，"全身问楚狂"（《诗钞》卷一《送程正路之黄陂丞并怀赤方先生》），深受时人敬重。这种政治文化环境对专任江宁织造的曹家和曹寅本人都产生了深刻影响。曹寅父子长期生活任职于此，实际上是得到了一个离开满汉分离的旗人社会回归汉人社会的机会，而这种分离自从曹家没满为奴入旗之后，从辽东到北京已经几十年了。可以想见，江南特别是南京这个积淀着民族历史和曹氏家族远祖记忆的地方，定会唤起他们由明入清所经历的家族和民族劫难的痛苦回忆，激荡起他们被压抑的沉睡的内心情感，产生一种如鱼得水的强烈的民族回归心理。然而，随着曹寅任职郎署，举家北归，曹家又被迫从江南汉人社会回到京城旗民分治的旗人社会，复活了的民族情感又将受到压抑。撇开宦途中的个人得失不说，即此一端，也使曹寅极为不快。身世悲深、家国同恨，充溢在《楝亭集》中的这种情感就是在上述主客观环境中形成的。

## 二　寓古吊亡之怀

曹寅的民族情感，在他与明遗民的交往和情感关系中得到充分表现。他对蒙师马銮（伯和）的伤悼和怀念，他对舅氏顾景星的关心和敬仰，他与杜岕及其兄长杜濬动人的忘年之交，他与姚潜、胡静夫等人的终生为友，以及他与吴秋屏、潘雪帆、钱澄之、朱赤霞等的来往，都留下了动人的故事和丰富的诗文记录。对于这些，后文将专门探讨论述。

这里着重研究《楝亭集》中另一些个人抒情，特别是怀古吊亡之作的情感内容。

康熙十二年，年方 16 岁的曹寅登临南京鸡鸣寺，写下了现存《楝亭集》中最早的一首诗：

> 我爱齐梁之古寺，每探遗迹一登临。城连蔓草寒云换，塔涌荒江佛火沉。秋色岂知兴废久，钟声时觉喜悲深。浮生回首真堪悟，日暮凭栏不尽吟。
>
> 《登鸡鸣寺》（《诗别集》卷一）

按：鸡鸣寺原为六朝梁普通八年（527）所建同泰寺，寺毁于兵火，后复有建迁，明洪武二十年（1387）在同泰寺旧址建鸡鸣寺。故"鸡鸣寺"实非"齐梁之古寺"，而为前明古寺。称"齐梁之古寺"，是讳言之也。这实际上是一首吊明亡之作。"城连蔓草""塔涌荒江"，正是经历兴亡之变后的典型意象。如果说，这首少年时代旧作的情感表现还比较模糊，那么，三十一年之后，康熙四十三年，他和朋友一道重游鸡鸣寺，写下律诗三首，所指就很清晰明确了。其二云：

> 飙轮飞十代，秋草属前朝。圣蜕随迁化，凡情堕寂寥。颓城疑护堞，老树强题萧。淘滤河沙在，能忘爪发销？（自注：甲申重过又三十一年。）
>
> 《孟秋偕静夫子鱼尊五殷六过
> 鸡鸣寺得诗三首》（《诗钞》卷四）

"十代"指齐梁以来，"前朝"则明显是指前明。特别值得注意的是诗注"甲申重过"四字，表面看来，是说重游鸡鸣寺的年代（康熙四十三年甲申，公元 1704 年）。但生活于清初时代的汉人，没有谁会忘记"甲申"这一纪年的特殊意义。因为前一个甲申即明崇祯十七年（1644），正是发生崇祯自缢、清兵入关、顺治北京登基等明清兴亡大事之年。江山易主、民族劫难，都以"甲申"作为标志。曹寅"甲申重过"，会唤起怎样的回忆和联想，所谓"圣蜕"所指为何，也就不言而喻。需要指出，康熙四十三年，正是曹寅一生和曹家的鼎盛时期。除久任织造外，又钦点盐差，算是官运亨通。然而，明亡之痛却不能去怀："淘滤河沙在，能忘爪发销？"情感何等执着而沉重！

还要指出，在这里，曹寅特地以"爪发销"之意象，隐喻亡国之痛，还大胆触及了一个禁忌性的民族话题。按，清初曾数度下"剃发令"，强迫汉人接受满俗，放弃自己的文化传统，这种严重的民族奴役政策曾激起汉族人民特别是江南士民的猛烈反抗，而清廷则施以残酷屠杀，所谓"留头不留发，留发不留头"，结果，汉人虽然被迫以剃发留辫换取了民族生存，然而，发式的改变，却从此成为刻骨铭心的全民族屈辱的标志。清初遗民志士对此尤其痛心疾首，黄宗会深憾"髡钳为异类"（《王卤一传》），黄宗羲谓"自剃发令下，士之不忍受辱者，之死而不悔"（《两异人传》），屈大均更直接表达复仇意志："异时横草，野死不埋。誓将腐肉，以饱狐狸。惟留爪发，以镇月氏。"（《藏发赋》）①这里也用了"爪发"二字。不能说曹寅诗之"爪发"即由屈赋而来，但可以肯定，这是他潜意识里无法忘怀的民族历史创伤记忆的表露。

"每探遗迹一登临"，抱着并非一般的怀古之情，曹寅写了不少咏史、凭吊、登临之作。在看似模糊的时空背景之下，他的感情指向却清晰可辨。不过，这些作品绝大多数都见于《诗别集》《词钞别集》，可见曹寅当年编辑诗集、词集时并未将它们收入，或者说，是有意剔除了。剔除的原因，不在艺术的不足（其中有不少优秀之作），而是因为这种情感所触及的敏感的政治话题使作者有所顾忌。但曹寅究竟写了，并且容许他的门下收集刊刻，这就表明，他始终承认并珍惜这些作品的价值。在今天看来，曹寅之举正是欲盖而弥彰，暴露了他在这些作品中隐藏的真正的情感秘密：

> 长江幻风烟，渺渺千里秋。波澜无端倪，微茫动群洲。鱼龙足芳夜，凫雁增新俦。悠悠石头城，不见旌旗浮。遥峰上朝曦，钟声辨来舟。缅企征君宅，迟我招提游。畅领白云妙，高卧缴山幽。所历争一瞬，踪迹

---

① 参见赵园《明清之际士大夫研究》第五章。

焉可求？茫茫鸿蒙开,排荡万古愁。苻坚一何愚,投鞭思断流。高呼韩将军,横空建长矛。奇功虽不立,已洗东南羞。荒残铁瓮城,繁华古扬州。英雄不复作,流光难暂留。……

《江行》(《诗别集》卷一)

吴楚设天堑,峭壁为之门。飞烟自上下,怒潮啮其根。艨艟剪江来,风力厚且屯。一入吞吐中,屹然不可扪。遂令山气壮,荫彼神州尊。淹塞十年后,连巅跨兵垣。云涛忽自静,杉桧无复存。芳洲遍芦荻,租税及鱼豚。仰念齐梁人,负此白日温。流风日以远,货殖毋乃繁。东上万里台,四望绝攀援。惟托山水音,一写中心烦。

《登燕子矶》(《诗别集》卷一)

二诗应均写于曹寅康熙十七年南行之时。《江行》诗被编为《别集》卷一之首。航行于被称为天堑的长江之上,回想起发生在这里的历代战争,诗人心潮澎湃。而这种缅怀显然具有鲜明的情感指向。从东晋淝水之战、宋金之战到清初扬州之战,都是民族战争,而非民族战争例如赤壁之战、隋灭陈、宋灭南唐等却一字不提,可见激荡其心胸的乃是民族情感。作者对狂言"投鞭断流"消灭南方汉族政权的苻坚和金主完颜亮加以讥讽,对在长淮间抗击金兵而屡获大捷的南宋名将韩世忠予以热烈颂扬,流露出炽烈的民族自尊感。"荒残铁瓮城"二句暗写清兵江南屠城和江南的抗清斗争(铁瓮城,古镇江子城)。"英雄不复作",既包含着对谢安、谢玄、韩世忠、史可法等历代民族英雄的追慕,又表露出对今日民族命运的沉重感慨。在追昔怀古中关注民族兴衰,正是《江上》一诗的主旨。《登燕子矶》诗则在同一主题表现中带有更多伤今成分。"连巅跨兵垣""杉桧无复存""芳洲遍芦荻,租税及鱼豚",明白指斥清初江南严重的战争破坏、经济压迫和民族奴役的现实。由于江南军民激烈抗清,故清初江南所受的压迫远甚于北方。"仰念齐梁人,负此白日温",即寓此意。作者所欲摆脱和倾泻的"心中烦",不是一种个人牢骚,而是家国同恨而又无可奈何的命运感。

在任职侍卫期间,曹寅还曾凭吊过一些前明古迹。集中的《旋马台》《龟趺山》《流觞亭》《光明殿》一组七律,都是感叹兴亡之作,情思忧愤,格调悲凉:

晚风吹树动苍凉,揽辔当时抚八荒。

《旋马台》(《诗别集》卷一)

一曲缑笙人跨鹤,空余禾黍怨离宫。

《龟趺山》(《诗别集》卷一)

这种每遇登临则汹涌而来、挥之不去的情感,常在与现实环境的冲突中带给他无穷的痛苦,以至于想要竭力摆脱它,而这正是他执着于此的证明:

都莫管兴亡事如何,但助我乘风,一鞭东去。

《洞仙歌·三屯道上题龙女庙》(《词钞别集》)

曹寅对明朝历史,特别是明亡的历史教训进行过严肃的反思。这种反思,不是后世史家和学者超然的冷静的理性审视,而是包含着对过往沧桑的沉重悲哀:

闻道前朝清净居,白头宫监语唏嘘。英雄力结金滕誓,神鬼灵回玉匣书。云拥旌旗还动荡,月明簪佩自森疏。诸天不动调元化,惆怅丹砂事总虚。

《光明殿》(《诗别集》卷一)

孙承泽《天府广记》卷五云:"乾清宫后……嘉靖中玄修之所。"(有大光明殿。)可见此诗即讽刺嘉靖皇帝迷信道教,"白头"句出元稹怀念玄宗的《古行宫》,而"语唏嘘"却是作者曹寅主体情感的投射。

船纲发卒屯田废,冏牧征金马政荒。太息前朝根本地,不将余力教农桑。

《南辕杂诗》(《诗钞》卷五

这是曹寅于康熙四十六年春从京城南归,经过某"荒庄"所写,感叹前朝经济政策之失误。

白头朱老。把残编几叶,尤耽北调。事去东园钟鼓散,司马流萤衰草。燕子风情,春灯身世,零落桃花笑。当场搬演,汤家残梦偏好。

高皇曾赏琵琶,家常日用,史记南音早。误国可怜余唾骂,颇怪心肠雕巧。红豆悲深,氍毹步却,昔日曾年少。鸡皮姹女,还能卷舌为啸。

《念奴娇·题赠曲师朱音仙朱老<br>乃前朝阮司马进御梨园》(《词钞》)

词借前朝曲师朱音仙的身世寄托故国之思,重点却在指斥阮大铖以声色取悦弘光帝导致南明灭亡的罪行，而以高皇（朱元璋）赏《琵琶记》为"家常日用"对照，又明显有责讽弘光耽于淫乐之意。词笔犀利，与同一题材之作比较，它不同于王士禛《秦淮杂诗》"新歌小字写冰纨"那样含蓄、淡远，却与孔尚任《桃花扇》的批判锋芒相近，这正是曹寅心中涌动的强烈情感使然。

在曹寅伤悼明亡的诗文中，最有余不尽意味的，当为写于康熙四十六年（1707）的《复社姓氏说》，全文仅 103 字：

> 合复社姓氏，共二千二百五十五人为一卷。竹垞太史曰，是得之于樵李士人家，知而记之者如此，其后附会增益与脱落者不知凡几也。丁亥十月退院，考阅姓氏，知者什不能一；求其所以合立社之本意者，什一之中又无几焉。呜呼，即二千二百五十五人，而明亡矣。

《复社姓氏说》（《文钞》）

按：复社成立于崇祯二年，张溥与诸从学者立条规曰："自世教衰，士子不通经书……溥不度德量力，期与四方之士共兴复古学，将使异日者务为有用，因名曰复社。"复社的口号是"兴复古学"，结社目的主要是切磋时文，以应科举，和进行诗文创作。其政治主张继承自东林党。又有几社，实为复社的分支。几者，绝学有再兴之几之意。复社（包括几社）"兴复古学"的意旨和活动与明亡并没有直接联系。曹寅此文，本有感于复社之事已渐为人淡忘，而结尾忽然感叹："呜呼，即二千二百五十五人，而明亡矣。"十分突兀，如江流滚滚，忽被大山截住，令人惊警。细思之，复社之"兴复古学"，实为针对明末颓风，改变"诗书之道亏，而廉耻之途塞""人材日下，吏治日偷"的可忧局面，在天启年间阉党乱政后，于新天子（崇祯）即位，"临雍讲学，丕变斯民"之际，希望通过改造思想文化环境，以挽救社会政治危机。故复社诸人，大都积极关心时政，与魏忠贤阉党余孽进行斗争。明亡后，又积极进行抗清复明斗争，或隐遁山林市井，拒绝仕清，涌现出一大批以民族气节彪炳史册的志士仁人，如陈子龙、夏允彝、夏完淳、史可法、何刚、侯峒曾、黄淳耀、杨廷枢、周铨、祁彪佳、陆培、黄道周、刘宗周、姜曰广、陈朱明、左懋第、杨廷麟、杨以任、刘曙、张肯堂、朱永祐、徐孚远、张煌言、熊开元、方以智……①从这个角度说，"复社"之"复"，未必不包含复兴国运（民族命运）的政治意义。但他们

---

① 参见廖可斌《明代文学复古运动研究》第十章，上海古籍出版社 1999 年版。

的所有努力，都归于失败。很显然，曹寅把复社同"明亡"相联系，说明他是从政治而非单纯文化角度去认识这个诗文社团的存在意义的。他的感叹，既表明他对明朝政权腐朽性的深刻认识，又寄托着对复社诸子高风亮节特别是其民族气节的缅怀仰慕。（其中有些人后来还成为曹寅的忘年之交，如杜濬、余怀等。）在沉重的感叹中，我们可以感知曹寅与已逝的复社之间有一种"同声相应，同气相求"的内在沟通，这种沟通的渠道，就来源于曹寅家国同恨的民族感情。此文的写作动因从字面看，是与朱彝尊（竹垞）从檇李某士人家得复社名录有关，但考阅姓氏者为曹寅，合为一卷者也是曹寅，则此文之作，不是应人之请（如作序），而是自己收集整理后有所感。这就是说，写作此文是由于内心的驱动，而非外界的索求，它的私人话语性质是很清楚的。考写作时间，为康熙四十六年丁亥，其时曹寅已接连完成四次康熙南巡接驾大典，与李煦轮流兼任两淮盐政多年，擢授通政使司，奉旨刊刻《全唐诗》，恩宠有加，对康熙感激涕零。而于退院之暇（按：此院似为仪真使院。本年八月李煦任盐政，曹寅是时应已交差，"退院"或即此意）乃致力于收集整理复社姓氏，寄怀故国之思，这种二重人格心态很令人寻味。它表明曹寅的民族意识的深隐与强固。他的《楝亭藏书》中专列"明史"一类，显然不是无心之举。

### 三　政文异向的双重忠诚

但是，曹寅诗文中的民族感情，并没有导致他政治上的离贰心理。相反，他对康熙皇帝的个人忠诚和对清王朝的政治忠诚都是显而易见的，并且同样出自情感的真诚。

青年时代的曹寅有着强烈的报国志向和在报国中建功立业的个人诉求。他心中的国，就是清王朝及其君王康熙皇帝。特别是在关系到君国安危的重大斗争中，他的态度是鲜明而坚定的。康熙十二年，三藩之乱爆发，情势紧急，曹寅立即随同父亲参加了扬州防守。几十年后，他还充满感情地回忆往事：

> 贼逆构变，摄提之岁。侨寄广陵，驱子若弟。补伍编行，以御疆埸。时予成童，绾角岿岿。……

《祭郭汝霖先生文》（《文钞》）

康熙十七年,他南下江浙,当时叛乱尚未平定,海盗又猖獗骚扰,他登来青阁观潮,写下了忧思深远壮怀激烈的诗句:

> 襆被香寒夜气浓,五更月出海门红。愁人遍听荒鸡唱,烽火无边归梦中。
>
> 晓起云峰雾不开,怒潮卷雪蔽天来。安能满挽水犀弩,直射山阴白马回。(自注:时马寇猖獗。)

《宿来青阁》(《诗钞》卷一)

古代以白马形容潮水,见枚乘《七发》。这里说的"马寇"是指常乘潮水入侵之海盗,以"白马"双关。《清圣祖实录》"康熙十七年三月癸卯":"浙江总督李之芳疏报,浙省陆地逆贼虽经剿抚,而沿海一带郑克塽贼船风潮来往,不可胜计。"《清史稿·圣祖本纪》载,康熙十七年三月,"海寇犯石门"。这正是曹寅所指。

康熙十八年二月,清军收复湖南长沙,平定"三藩之乱"取得决定性胜利,捷报传来,他当即写下《闻恢复长沙志喜四首》(《诗别集》卷一):

> 捷奏湖南至,长安二月初。将军敬拜表,天子喜披书。庙算无遗失,妖氛快扫除。日高开彩仗,春色满皇居。(其一)
>
> 七载经烽火,强兵怯战场。铁衣包白骨,宝马载红妆。精力疲吴越,精魂泣汉湘。太平当此日,圣德自遐昌。(其二)

诗中可以看出,战争对国家安定的破坏和给人民造成的苦难牺牲,是曹寅反对这场叛乱的出发点。

康熙二十年十月,官军破云南,吴世璠授首。曹寅的《唐多令·登边楼作》(《词钞别集》)可能即作于次年春,词云:

> 无处觅封侯,西南战马收。抚危楼,万里边愁。碧草黄花春一片,望不到,海东头。

他为自己没有机会建功立业而深感惘怅,而这种报国的赤子之心,时时在他的胸中搏动。应作于此后的《宿卢沟题壁》(《诗别集》卷一)诗云:

> 十年马上儿,门户生光辉。明朝挟弓矢,应射白狼归。

至于他对康熙的出于"臣道"加"奴道"的个人忠诚,那更有大量的密折、

言行为证。康熙五十一年初,《正月二十九日随驾入侍鹿苑二月初十日南归恭纪四首》其二(《诗钞》卷八)云:

> 一层宫树一层云,五柞长杨望不分。旧属伏飞能搏虎,分番郎舍尽攻文。濡毫乙夜酬封事,列陛辛盘赐禁军。拖玉廿年空皓首,衰残何以报吾君?

诗中回顾了在康熙身边当侍卫和郎官到任织造二十余年所受恩宠,满怀报主之悃忱。写此诗时,他当然没有想到,这是他生命的最后一年。七月三日曹寅病故。李煦和曹颙,后来这样叙述他的临终情景:

> 当其伏枕哀鸣,惟以遽辞圣世,不克仰报天恩为恨。

《苏州织造李煦奏请代管盐差
一年以盐余偿曹寅亏欠折》①

> 至父病临危,频以天恩未报,垂泪谆谕,命奴才尽心报国,又以所该代商完欠及织造钱粮,捶胸抱恨,口授遗折,上达天听。气绝经时,目犹未瞑。

《曹寅之子连生奏曹寅故后情形折》②

正如同不能否认曹寅民族情感的真实性,也不能否认曹寅政治忠诚的真实性,人们也许难以理解,这两种矛盾甚至对立的情感,如何能并存于曹寅之一身呢?归根结底,这是由曹寅的满洲旗人和包衣汉人的双重身份及其政治地位决定的。君臣之道和主奴之道要求他的政治忠诚,民族文化传统和家国同恨的身世遭遇强化他的民族忠诚。前者是由于接受某种社会规范而形成的伦理情感,后者则是植根于本民族历史土壤深层的文化情感。在本民族王朝下,这两种情感是可能融合统一的;但在异民族王朝下,它们分离而又并存于同一个人身上就是难以避免的了。面临民族斗争失败、民族生存环境受到严重威胁的关头,以接受异族统治为代价换取民族生存和民族文化传统的保存,往往成为一部分知识分子痛苦而理性的政治—文化二元选择。回顾历史,由宋入元之际,北方知识分子中曾经出现过以同为理

---

① 故宫博物院明清档案部编《关于江宁织造曹家档案史料》,第99页。

② 故宫博物院明清档案部编《关于江宁织造曹家档案史料》,第103页。

学家的刘因、许衡为代表的两种政治态度。被称为"不召之臣"的刘因拒绝与元代统治者合作,说"非如此,则道不尊";许衡则应召出仕,说:"非如此,则道不行"。在明清鼎革之际,这两种态度的对立,又作为一种范式在拒绝与清廷合作的明遗民和出仕新朝的知识分子之间延续和重现。不能否认许衡们的个人功利动机,比起刘因们的民族节操,他们确实逊色得多,但同样不能否认,许衡的"非如此,则道不行",是一种以屈求伸的民族生存和发展策略。然而,一旦接受异族统治,就会造成君臣之道的"异化",导致政治伦理规范与民族文化情感的分离,以及政治忠诚与文化忠诚的分离。

较之一般由明入清的汉族仕宦之家,曹寅的家庭更有其特殊性。到他出生时,他的曾祖父曹锡远"来归"(被迫归附),全家入旗成为满洲人包衣已经三十余年,从曹振彦任多尔衮包衣佐领立功,"从龙入关",到曹玺受顺治、康熙二代君王器重,直到曹寅自己成为康熙宠信,包衣曹家已经与皇室主子建立起了世代相传的密切主奴关系。在某种意义上,"臣道"加"奴道"已融入血液之中,成为一种内在的伦理情感,而非仅仅是强加的行为规范。它们与同样融入其血液之中的家国同恨的民族情感同体并存,政治取向的一面性与文化取向的一面性同样鲜明而坚定。这就是曹寅具有"政文异向"的双重忠诚的来由。这种双重忠诚使得他既在政治上深得康熙帝的信任,又能在情感上实现与许多遗民志士和广大汉族知识分子的沟通和认同。

曹寅的"双重忠诚",并没有为曹雪芹全盘继承。他对满洲主子"臣道加奴道"式的政治忠诚,已被曹雪芹所抛弃,并转化成为对以清廷为代表的封建专制政治的叛逆和批判,而家国同恨、家国同根的民族情感,对民族文化传统的热爱与忠诚,却成为曹雪芹所接受的宝贵精神遗产和《红楼梦》创作的重要驱动力。这是由曹雪芹所处的时代和他的个人遭遇所决定的。

在曹雪芹的时代,曹家的命运发生了又一次巨变,这就是康熙时期三代四人连任江宁织造而鼎盛至极的包衣曹家终至一败涂地的"末世"之变。这是与其祖父曹寅曾沉重感叹的"奕世身名悲汩没"的曹家先世所经历的"末世"之变不同的又一场历史悲剧。两度"末世",相隔百年,但却前后呼应关联。没有曹家由明入清、没满为奴的包含着民族兴衰的家族劫难,就不会有这个包衣仕宦之家因满洲主子之好恶变化而"树倒猢狲散"的最终结局。从某种意义上说,后者正是前者的历史延续和逻辑必然。既然《红楼梦》"作者之意原只写末世"（甲戌本第 2 回脂批），曹雪芹在对家族末世悲剧的反思和回溯联想中，就不可能不触动"家国同恨"这根为时间尘土掩埋的敏感政治神经。难怪甲戌本第 1 回癞僧指甄士隐抱英莲说"你把这有命无运、累及爹娘之物"一段处，有如此政治色彩浓厚而又意旨鲜明、借题发挥的脂批：

> 看他所写开卷之第一个女子便用此二语以订终身，则知托言寓意之旨，谁谓独寄兴于一"情"字耶？
>
> 武侯之三分、武穆之二帝、二贤之恨，及今不尽，况今之草芥乎？
>
> 家国君父事有小大之殊，其理其运其数则略无差异。知运知数者则必谅而后叹也。①

在曹雪芹所处的时代，包衣汉人所受到的民族歧视和阶级压迫更加深重。"由于清代是一种主奴之分、民族等级都异常森严的封建制度，这就决定了内务府汉军旗人（按，即包衣汉人）的身份地位不仅低于身为国家平民的满洲、蒙古、汉军旗人，而且低于同为皇室家奴的内务府满洲和蒙古人，受着双重的歧视和压迫。一方面，他们是'内府世仆''包衣下贱'，处于旗人社会的底层，既受着皇室主子的剥削与压迫，又受到平民旗人的'贱视'；另一方面，他们原系汉人，并非满洲，在满、蒙、汉三种旗人中等级地位最低，受到民族歧视与压迫。"②这种情况，雍乾两朝变本加厉。

曹雪芹与他的祖父辈不同，他无缘像曹玺、曹寅、曹颙、曹頫一样，由侍卫内官到织造，走皇室主子亲自栽培选拔的包衣仕宦之路。少年时代他的家庭已经衰败，他只能作为普通的包衣子弟（甚至作为罪人家属），为皇室服役当差。他早已无缘感受"天恩"，他所亲身感受的，是雍乾两朝天子对他的包衣家庭的严厉打击和主奴关系的严酷现实。曹寅由郎官到织造后，曾庆幸自己"廿年幸脱长官骂"（《诗别集》卷三《与曲师小饮和静夫来诗次东坡韵》）曹雪芹连郎官都没有做过。据考，他只当过右翼宗学的职员。那么，可以想见，他所受到的"长官骂"之类的压迫、凌辱一定更加不堪。他的朋友张宜泉《题芹溪居士》诗中就有"苑召难忘立本羞"的话，从句意看，他也许还受过当年阎立本奉召作画"名与厮役等"的羞辱（见《新唐书·阎立本传》）。这一切，都

---

① 陈庆浩编著《新编石头记脂砚斋评语辑校》，第 22 页。

② 参见张书才《曹雪芹旗籍考辨》。

必然导致他与前辈在对待皇室的情感方面,发生根本的变化,疏离代替了亲近,憎恶代替了忠诚。

由此看来,摆脱了"双重忠诚"的桎梏,曹雪芹较之乃祖,民族情感是更强而不是更弱了,更自觉而不是更淡漠了。它导致曹雪芹产生摆脱满洲旗人包衣身份,回归自由,回归本民族的强烈愿望,并最终选择了宁可困穷也要坚决与皇室主子决裂的"出旗为民"的人生之路。"借问古来谁得似? 野心应被白云留。"(张宜泉《题芹溪居士》)这也导致他在创作《红楼梦》时以石头下凡与回归作为寄寓回归自由、回归民族情结的总体构思象征,并用多种方法表达和寄托自己的民族情感。至于用了哪些方法,有哪些具体表现,拙著《走近曹雪芹》已做了初步探索,人们还将对此继续研究。[1] 但是,有一点可以肯定,这就是,"身世悲深麦亦秋"的"家国同恨"之情,从曹寅到曹雪芹,从《棟亭集》到《红楼梦》,是一脉相承、一以贯之的。

## 第二节　能是风流任来往
### ——曹寅与明遗民

曹寅系皇室包衣、康熙宠臣,然而与前明遗民却有着广泛密切的交往。交往人数之多、关系之深、延续时间之长,均极引人瞩目,成为那个时代一道亮丽的风景线。如何认识这种奇特"景观"? 以往论者多从政治着眼,认为这是曹寅秉承康熙皇帝旨意,充当康熙的"统战"工具。朱淡文女士在《红楼梦论源》中以专节论曹寅的"统战"工作,文云:

> 曹寅与明遗民及江南上层知识分子之诗酒流连绝不能仅以文人积习视之,亦绝非曹寅个人之礼贤下士所能涵盖,此乃康熙帝笼络南方士子、磨灭其反清意识之政治决策,曹寅等则为具体实施之臣僚而已。[2]

祁美琴《清代内务府》一书论及曹寅时说:

> 康熙利用曹寅在江南文人中的威望,令他以织造的公开身份,拉拢收买人心。……他遵照康熙的旨意,修明陵,建旌忠庙,还写《复社姓氏

---

[1] 参见刘上生《走近曹雪芹——〈红楼梦〉心理新诠》第三章。
[2] 参见朱淡文《红楼梦论源》第一编第二章。

说》一文，迎合明遗民的怀旧心理，博取他们的好感，为统治者披锦挂彩。[1]

这些论述，具体评价不尽相同，但指认曹寅自觉奉命于康熙而建立与明遗民的联系是一致的，似可谓之"使命说"或"工具说"。

周汝昌先生在《红楼梦新证》中肯定"使命"说，但又认为尚可深究：

> 以诗文风雅联络东南遗民乃至一般文士，乃寅为织造所兼负政治使命之一，寅与遗民之关系实又并不如此简单。

如寅与杜岕之交，周认为"二人非泛交，而曹寅等人当时之实际政见何若，似可全面研究"。又如《楝亭图》题跋，"综计流品，前明遗民颇在搜集，其次则多系戊午岁博鸿所举名流，再次则不甚显达而文名籍甚之士……图咏征题，当时风气，殆可谓为风雅俗事，本无足奇，然于此亦可觇交游趋向，未宜置而不论也"[2]。

周先生是在肯定"使命说"的前提下提出"非泛交"的观点或曰"趋向说"，但他却启示了某种研究方向，可惜周先生只是点到为止，没有对此做进一步探究，得出明确的结论，给曹寅研究留下了一个疑点和空白。朱淡文等人研究在后，反而抛弃了"趋向说"而片面地强化了"使命说"的政治内涵。

近年，李广柏先生在《曹雪芹评传》中提出了不同的看法：

> 近年有人认为，曹寅奉有康熙皇帝"密旨"，有意为清廷笼络文士。目前我们所见史料，尚不足以证明这一点。即使康熙皇帝的确曾授意曹寅做这种拉拢工作，曹寅热心交接文士遗民的主要动机也不在这里。从曹寅的实际交游来看，他很敬重文人学士；特别是对于身世坎坷的寒士、遗民，极为尊重、同情，并尽力予以照应。[3]

李广柏的说法，实际上是周汝昌"非泛交"观点的延续，可惜他并没有具体阐明曹寅的"主要动机"究竟是什么，因而这个问题，实际上仍然没有解决。

---

① 祁美琴《清代内务府》，第 267—268 页。

② 参见周汝昌《红楼梦新证》，第 313、374 页。

③ 参见李广柏《曹雪芹评传》，第 37 页。

曹寅与明遗民的关系，是一个有价值的研究课题，这一问题的解决，不仅对于全面深入认识曹寅其人，而且对于全面深入认识清初政治文化环境和社会心理趋向具有重要意义。因此本书拟用较大篇幅进行探讨，尽可能充分地搜集材料，尽可能具体地展开论述，尽可能准确地得出结论。由于前人论述往往失之笼统而难免片面模糊，本人将分别进行个案研究，特别是典型个案研究，如对曹寅与二杜，主要是与杜岕的友谊交往进行重点考察，在此基础上进行综合，以得到较令人信服的结论。

## 一　曹寅与杜濬——个案研究之一

杜濬（字于皇，号茶村，1610—1687）与杜岕（字苍略，号些山，1617—1693）兄弟，人称二杜，是侨居南京的著名遗民。湖北黄冈人。父杜祝进，字退思，明进士。二杜均为明季诸生，崇祯七年（1634）为避张献忠乱离家，流转至金陵，明亡后即隐居于此，住鸡鸣山尾之十庙。

二杜行事略同，两人都坚持民族气节，不阿权贵，始终拒绝与清廷合作，但待人接物态度则表现出不同个性。方苞在《杜苍略先生墓志铭》中说：

> 茶村先生峻廉隅，孤特自遂，遇名贵人必以气折之，于众人未尝接语言，用此丛忌嫉。然名在天下，诗每出，远近争传诵之。先生（按：指杜苍略，即杜岕）则退然一同于众人，所著诗歌古文，虽子弟弗示也。方壮，丧妻，遂不复娶。所居室，漏且穿，木榻敝帷，数十年未尝易。……客至，无水浆，意色间无几微不自适者。间过戚友，坐有盛衣冠者，即默默去之。……①

但这样两位骨气奇高的遗民老人却与曹玺、曹寅父子有交往。具体而言，杜濬是曹玺的朋友，而杜岕则成为曹寅的忘年交。阎若璩《赠曹子清侍郎四律》其二："亭可名孝思，最赏杜陵诗。"自注："谓父执杜于皇二丈。"（《潜丘札记》卷六）阎若璩题诗赠曹寅，称杜濬为其"父执"，绝非无稽之言。所谓"最赏杜陵诗"，则指曹寅最欣赏杜濬题《楝亭图》四首，其中"味可明忠鲠，阴能广孝思"二句，即阎诗句之所本。现引第一首全诗如下，试作解读：

---

① ［清］方苞《望溪先生文集》卷十。方苞之父方南董与二杜交厚，方苞有《杜茶村先生墓碣》《杜苍略先生墓志铭》记二人事迹。

> 楝树亭何在？江南父老知。闻名先觉苦，结实不周饥。味可明忠鲠，阴能广孝思。甘棠同勿剪，正看长孙枝。①

杜濬强调楝树的"忠""孝"比德之义。阎诗只取"志孝思"之意，当然是就父子关系而言，而杜诗是"忠""孝"并提。"味可明忠鲠"，其意谓何？按：杜濬另有《古树》诗（副题"为四明匠氏作，李杲堂记云'家亦有古楝树，与丘松柏相望'"），诗云：

> 闻道三株树，峥嵘古至今。松知秦历短，柏感汉思深。用尽风霜力，难移草木心。孤撑休抱恨，苦楝亦成阴。

三树并咏，歌颂坚持民族气节的孤忠之心十分鲜明。我以为，此诗可为前诗"忠鲠"之注脚。曹寅之所以"最赏杜陵诗"，显然不只在"孝思"方面，同时也在"忠鲠"，即杜诗之于楝树之全部而非部分比德含意。退一步说，"孝思"是曹寅在曹玺死后于楝亭所寄之情，而曹玺当年亲手植苦楝或许正有杜濬所谓"明忠鲠"的苦心。这种"忠"，当然不是奴才事主（清帝）之"忠"，而是没满为奴的包衣汉人家国同恨的民族忠诚。唯有这种"忠鲠"，才能得到遗民志士杜濬的称扬。曹寅在《题来鹤亭图》（题注"为石廪内兄赋"，载《诗别集》卷二）诗中将楝树与辽东鹤并提：

> 我家紫楝摇天风，婆娑略与此鹤同。锦衣再拜伤局促，往往疾首呼苍穹。

又在《尤悔庵太史招饮揖青亭即席和韵》（《诗钞》卷二）中称楝树为"身前树"：

> 三秋鹣实身前树（注：亭侧有大楝合抱）。

联系曹寅多次表露的"身世悲深麦亦秋"（《病中冲谷四兄寄诗相慰信笔奉答兼感两亡兄四首》）的家国同恨之情，可知曹玺、曹寅父子是把苦楝树当作易代之际没满为奴的家世之苦的某种象征。而杜濬题诗所赋予苦楝之忠孝一体的比德之意正是包衣曹家家国同恨的民族感情的深重寄寓。正因曹玺视杜濬为知己，这才有阎若璩的"父执"之说；正因杜濬深会"楝亭"之意，

---

① 本文所引杜濬作品，据杜濬《变雅堂集》和卓尔堪编《明遗民诗》卷二；所引杜岕作品，据《明遗民诗》卷十及王葆心辑《些山集》。

这才有曹寅之"最赏杜陵诗"。由此说明，二杜与曹玺、曹寅父子之交，其思想基础乃在民族感情之沟通与相契。曹寅为二杜所知，应在其幼时，顾景星《荔轩草序》所谓"（寅）束发即以诗词经艺惊动长者，称神童"。二杜应即在"长者"之列，杜濬成为曹寅之"父执"，杜岕则给予了曹寅更多的注意。杜岕于康熙二十四年写的《思贤篇》中有"曹子在金陵，游宦同世籍。读书二十载，与我倾盖立"的话。康熙二十四年，曹寅 28 岁。所谓"读书二十载"即从曹寅幼年跟随塾师马銮（伯和）发蒙，"束发即以诗词经艺惊动长者"之时算起。马伯和也是遗民志士，是二杜的朋友。杜濬《变雅堂集》卷三有《马伯和宅海棠分得醒字》《伯和落一齿有诗为余诵之复用其才字》《雨中酌和伯和斋》等诗，描述他们之间的频繁来往和融洽情谊。同时，曹寅的舅氏顾景星也是二杜的朋友，顾景星与二杜同为湖北人，顾籍蕲州，杜籍黄冈，两地相近，顾景星与杜濬同以诗名，人称"杜顾"（见袁枚《随园诗话》、朱庭珍《筱园诗话》、徐世昌《晚晴簃诗话》、邓之诚《清诗纪事初编》等）。后两家同因避乱流寓江苏，顾景星曾为杜濬子杜湘民《断雁吟》作序，称"老友杜于皇，才情妙天下"。康熙元年又有《闻杜于皇几以文字得罪》诗，云："杜生久不见，嘤鸣空有声。"用杜甫《天末怀李白》诗意。又有《寄余澹心》诗，有"往来可有茶村在"句，极表同情挂念。凡此种种，可见交谊之深。

由以上及其他有关材料可以推知，顺治康熙年间，南京及其附近有一个包括二杜、马銮、顾景星、胡静夫（其毅）、姚潜（后陶）、余怀（澹心）、蒲庵（释大键，住弘济寺）、钱澄之（住安徽桐城）、方象乾（自桐城迁居南京，其孙方仲舒字南董，与二杜交厚）等人的遗民文人群体。

曹寅曾多次拜访杜濬。屈复《弱水集》中有《曹荔轩织造》诗：

> 直赠千金赵秋谷，相寻几度杜茶村。诗书家计俱冰雪，何处飘零有子孙？（注：荔轩康熙间织造江宁，颇礼贤下士，当时称之。）

按：杜茶村逝于康熙二十五年丙寅，则曹寅之"相寻几度"，自应在任织造前，即曹寅幼年随曹玺以及任侍卫于内廷，在康熙十六、十七、二十三年几度回江南时。二杜流寓南京时，住城外鸡鸣山尾之十庙。杜濬《别兴三十首序》云："杜子城北之寓斋，斋在鸡鸣山尾之右，所谓十庙西门者，京城近日之极远僻处也。"在言及他之所以不迁闹市时，濬云："不知杜子力不能迁，亦阴利客之不能至焉耳。"可见杜濬僻居隐处，是有意回避达官贵人。时有蒋前民者，曾连续二旬过访杜濬，濬极为感动，赠诗三十首，为终生交。曹寅作为年轻的御前侍卫、织造公子、满洲旗人，特地几度寻访，当时即传为美谈。杜岕《琰儿书来述荔轩屡梦予感赋奉怀即以代柬》诗云："茅屋来拘促，华筵惮共吟。"也可证明曹寅曾访二杜于十庙"茅舍"，又曾宴请于织府"华筵"，而为二杜所难忘。《楝亭集》中少有与杜濬直接唱和之诗，可能因为曹寅始终以茶村先生为"父执"而敬重，不像杜岕（些山）之为忘年交而亲近。但从仅有之作已可见曹寅对茶村之深挚情感。《诗别集》卷一有《腊十六夜玩月偶读茶村初明倡和诗寄怀次原韵》一首：

> 月知今夕老，皎皎出江门。诗与清辉苦，交凭梦寐敦。风流开幕府，倔强卧云根。五字真强敌，天涯怅举樽。

初明（吴炯）也是曹寅的朋友，二人多有唱和，颔联合咏吴杜友情，颈联盖分咏二人作为及性格。"倔强卧云根"，正是"茶村先生峻廉隅，孤特自遂"，拒绝与清廷合作的节操及倔强个性的形象描述，这与曹寅赞马銮、顾景星等人民族气节之语异曲同工（见后文）。《诗别集》卷二还有《微雨窗蕉绿甚漫成二首》其二云："矮窗支睡有藤轮，梅忆茶村五字真。"自注："茶村寄梅叶诗未和。"可见茶村先生对这位比自己年幼将近五十岁的织造公子也很看重，曾专门寄诗交往。又，茶村婿叶藩（桐初）是曹寅挚友，两人唱和很多，曹寅在赠桐初诗中还不时流露出对茶村先生的敬重与思念：

> 年年待猎出回中，憔悴文园短鬢蓬。近日浣花无恙否，为予传语到江东。（自注：桐初为杜茶村佳婿。）
>
> 《送桐初南归三首》之三（《诗别集》卷一）

诗中用杜甫寓居成都浣花溪故事，是以茶村比少陵，以上《诗别集》卷一之二诗，应皆作于茶村康熙二十六年去世之前，时曹寅正在京任内府郎官。《诗钞》卷六有《真州寄题朱林修青溪书屋依茶村格时林修方葺青溪志》诗，作于康熙四十八年，这时茶村已去世二十余年，但寅仍仿"茶村格"（杜濬创造的一种组诗形式）为诗，可见他对茶村人品及诗品怀念仰慕之深。

## 二　曹寅与杜岕——个案研究之二

曹寅与杜岕的关系，是最引人注意和耐人寻味的。杜岕长曹寅四十二岁,曹寅生于清顺治十五年(1658),岕生于明万历四十五年(1617),老少几同祖孙,两人身份和政治态度大异,"譬如两琪树,出处各岩峦"(杜岕《思贤篇》),然而,两人却成为忘年知己,相契久要,留下了时间绵延十余年,多达数十首(篇)的诗文记录,真可谓"异姓交情笃,惟君知我心"(杜岕《琰儿书来述荔轩屡梦予感赋奉怀即以代柬》)。并且这种交往并非一种孤立的特殊现象,它是曹寅与明遗民广泛密切交往的突出个例。对这一个例的探究,有助于揭示曹寅的思想性格和曹氏家族的精神传承。

曹杜之交,可按时间划分为四个阶段:

1. 第一阶段(康熙十七年春以前至康熙二十三年前)

曹寅虽在幼时即与杜岕相识,但二人始交契,应在其青年时代。康熙十七年春,寅奉命南下江浙,其时所作《江行》诗中有"缅企征君宅,迟我招提游"之句,可见曹寅与这批拒绝朝廷征聘出仕的"征君"已建立了亲密的情感联系。这一年,曹寅21岁,杜岕63岁,《诗别集》卷二的《自润州至吴门行将北归杜些山程令彰作诗见寄奉和二首》,应是这种情谊的最早记录:

　　迟客能无酒,长游不出吴。风涛宜此世,花鸟合为区。划指千人和,浮看一榜孤。向来真草率,白帢漫江湖。

　　莽莽开帆雨,初残见月生。山前无定宅,筐里尽长城。活火谙泉味,清眠称橹声。莼羹吾岂厌? 未拟换桃笙。

《诗钞》卷首诗《坐弘济石壁下及暮而去》首句"我有千里游"与本诗中"长游"意同,可知作于同时。诗中"向来真草率,白帢漫江湖"之句有相知恨晚之意。"白帢",是古代未仕者戴的白帽,正喻杜岕不仕之志。此次曹寅南下,杜岕可能伴随同游,临别寄诗,可见感情已相当深厚。曹寅对江南风物的依恋(风涛、花鸟、莼羹、桃笙)已经同难舍的友情联系在一起。后来,程令彰(麟德)到了北京,与寅多有唱和,而杜岕则一直隐居南京。

这一段留下的材料较少,从上述有限的文字材料中,可见看出,曹、杜初交之际曹寅已明确意识到所交游对象的身份特征(征士、白帢),但却流露着强烈的亲和感,或者说,这是一种有意超越现实界限而具有强烈趋同心理的交游。曹寅对遗民节操的仰慕(参见《江行》全诗)和对自由生活的向往(参见同时期所写《坐弘济石壁下及暮而去》等诗,后文有详论),是这种趋同心理的主要内容。但此时尚未显示出曹、杜之交的个性内容，只能视为曹杜交契的起始。

2. 第二阶段（康熙二十三年——二十四年五月）

康熙二十三年夏，曹玺病逝于南京织署，曹寅南下侍父病及治丧，至次年五月携家扶父柩北上。在滞留南京的一年多时间里，两人过从频繁，并留下了一些动人篇章。康熙二十三年（1684），曹寅 27 岁，杜岕 69 岁。

康熙二十三年秋，杜岕偕胡静夫夜访曹寅，这当是对此前曹寅前去拜访的回访。曹寅有《杜些山胡静夫过访》诗（《诗钞》卷一）：

> 坐讶分床惯，跏趺不异僧。清欢唯故麈，久约亦寒灯。柝冷司人唱，尊余酿者矜。长街何以赠，霜月白棱棱。

一般朋友见面，亲密之际，有"同床""连床""对床"等情状。杜岕、曹寅二人则异于是，分床而坐，跏趺盘膝，对饮清谈，富有个性而脱略行迹的随意和自在，既显示出他们不媚权门的傲骨，也表明与主人相知之深。"故麈""久约"，说明相知已久，这又证明了前面的推断，即曹寅与杜岕的友谊至迟在曹寅前一次南下即康熙十七年已经开始。

这一年冬天（或次年初春），曹寅与杜岕曾以"雪霁"为题往返唱和。先是寅有《雪霁》诗，随即岕有《和雪霁》诗，用寅诗原韵。寅又有《雪霁次些山韵》二首，则岕应有原韵诗二首在前，今集中不见，但卓尔堪编《明遗民诗》中有杜岕《自责》一首，其韵部及多数韵字与寅诗第一首相同，很可能即为寅诗所本，至少是同一时期之作，而与寅诗有关。这一组唱和诗，表现了二人友谊的新发展。下面将曹、杜二人之诗依次列出。

曹寅《雪霁》诗（《诗别集》卷二）：

> 漫漫谁复辨茅茨，内外皆寒鸟起迟。小苑调驹宜此日，颓城倚杖亦多时。铜龙飞去钟犹吼，玉笋排来山自知。何意东风偏潋荡，不教一片接燕支。

寅诗显然有见景而想念杜岕之意。"茅茨""倚杖"，皆就杜岕而言，杖是老人之倚靠，曹寅给杜岕的另一首诗中有"愿为筇竹杖"之句（见后文），可见对些山老人情感之真挚。

杜岕《和雪霁》诗：

毵毛初熨倚山茨,极北峰高独上迟。万户寒云流涧水,一檐玉树及花时。瓦抛鸹鹊黄犹辨,草发卢龙绿可知。最喜开窗迎夕照,老无筋力向条支。

岕诗借雪景以赞曹寅年轻有为,用《世说》记何曾与夏侯玄并坐,时人谓"蒹葭倚玉树"。末句字意似自叹老大,实则表明对政治的淡泊,寓坚持节操之意。

杜岕《自责》诗:

作客淮南岁暮归,老亲犹未返荆扉。天风淅淅沙棠树,雨雪萧萧莱子衣。谋食儿孙空长大,论交裘马各轻肥。杜藜何处窥高鸟,啜菽深知抱膝非。

《自责》诗并非为曹寅而作,但诗中的人生感慨肯定刺痛了曹寅。特别是"论交裘马各轻肥",这一句包含的因贫富穷达而导致朋友交疏的世态炎凉,仿佛是一种警示。曹寅于是借"雪霁"之题再有和诗。

曹寅《雪霁次些山韵》二首(《诗钞》卷一):

春城人未着春衣,玉塔微澜半夕晖。桃叶有情依旧冻,梅花无主不须归。盘风雏鸽悬铃出,闹雪寒蛾应火飞。能是风流任来往,五陵从此尽轻肥。

江山何许未凋残,啾唧墙头有纥干。十日归鸿迷建业,万行疏柳梦长安。花灯杂路迎春色,酒帜排空起暮寒。寄语群儿休踏尽,好留明月尽情看。

第一首诗实际上是曹寅的回答,尾联语句从杜甫《秋兴八首》之二"同学少年多不贱,五陵衣马自轻肥"中化出,但更重要的是暗用了《论语·公冶长》中孔子所赞赏的子路"愿车马,衣轻裘,与朋友共,敝之而无憾"的话,表明曹寅渴望摆脱身份地位的束缚限制与朋友自由来往,并共享富贵的真诚态度。虽然现实的束缚限制使他无法实现这一理想,但作为御前侍卫、织造公子的曹寅,能同一介布衣的前朝遗老如此诚挚相待,确非易事。"能是风流任来往,五陵从此尽轻肥"句,集中表达了曹寅期求与他敬仰的遗民志士超越现实的界限实现人生理想的心声。

曹杜的深交,在康熙二十四年五月曹寅北归时杜岕所赠别诗中得到充分体现。诗题为"思贤篇送荔轩还京师时乙丑五月登舟日也"，全诗如下：

> 昔有吴公子，历聘游上国。请观六代乐，风雅擅通识。彼乃闻道人，所友非佻达。又有魏陈思，肃诏苦行役。翩翩雍丘王，恐惧承明谒。种葛见深衷，驱车吐肝膈。古来此二贤，流传著史册。曹子在金陵，游宦同世籍。言非父母邦，眷恋朋友契。读书二十载，与我倾盖立。举目判关河，携手百端集。君洵旷代才，学问密且汤。贻我诗三章，篇中涵泳出。仰观石头垒，巉峭去天尺。下有长江水，菰芦映之碧。折柳等浮云，班荆但倏忽。纵敛青瞳光，已瞻钟阜屺。宿离恒不贷，忧患亦难述。伊余既缔交，宁禁弹清瑟。摆脱优游谈，欲宽行者恤。我观古人豪，保身谓明哲。其道无两端，素位即自得。置身富贵外，遽几何通塞。譬如运瓮者，醯鸡非所屑。外身身始存，老氏养生术。恭寿缅箕畴，柔顺探大易。康衢本平坦，骄吝途乃窄。闻君有野航，荡荡春水宅。想陈箧中书，努力崇著述。经纬救世言，委蛇遵时策。奇文君能赏，疑义君能析。蒲帆饱顺风，一夕千里驿。代鸟且望南，越鸟岂忘北。俯仰今古贤，愿思季与植。

此诗之主旨及意义，论者颇有歧解。周汝昌认为"诗中竟涉及政治态度，足见二人非泛交。而曹寅等人当时之实际政见何若，颇可全面研究"[1]。朱淡文则认为，此诗"最早暗示"曹寅与孙氏（嫡母）、曹宣（异母弟）之间关系不很融洽，曹寅因兄弟不和而苦闷，杜岕以诗劝慰。不和的原因则是康熙命寅"协理江宁织造事务"[2]。这两种读解，前者过于政治化，且周先生后来并未深入研究，所论也不了了之。后者过于家庭化，且不尽合乎事实。事实是，康熙虽在曹玺故后命寅协理织造，但次年却命马桑格接任江宁织造，曹寅返京任职郎署。曹家被迫离开居住二十余年的江南。在这种突如其来的打击和变故面前，作为利益共同体的曹家有何内部不和可言？倒是曹寅因此事而产生的强烈情绪波动引起了杜岕的关注。面对复杂的政局和险恶的世情，杜岕以《思贤篇》赠别，深致嘱诫。

思贤，是劝慰曹寅效法先贤，慎身处世。先贤二人，一为吴公子季札，一

---

① 周汝昌《红楼梦新证》，第 313 页。
② 朱淡文《红楼梦论源》，第 55—57 页。

为曹公子子建。曹寅北上赴京,以"季札历聘游上国"比,特别用"闻道人"相勉,以去其抑郁;曹寅奉旨任职内府,以曹植奉诏谒帝相比,其中化用曹植《应诏诗》(肃承明诏,应会皇都)、《赠白马王彪》(谒帝承明庐)、《种葛》、《驱车》等诗,尤有深意。寅本为曹氏公子,其文才向有"绣虎"之誉(见顾景星《赠曹子清》诗),即比为曹植,但此诗中以植比寅,更包含杜岕对曹寅与康熙皇帝关系的深刻了解。在杜岕看来,这种关系颇可以从当年曹植谒帝的处境和心态中找到相似点。曹植的"肃诏苦行役",也正如同曹寅作为皇室包衣的当差之苦(曹寅诗多叹行役之苦,参见本书第五章)。曹植的"恐惧承明谒",也正是曹寅的深层心态。诗中提到的曹植《种葛》诗,以夫妻离异,比喻自己与君王(曹丕)关系的变化:"种葛南山下,葛高自成阴。与君初婚时,结发恩义深。弃置委天命,悠悠安可任。"《驱车》诗,借求仙之题材,寄托政治失意后欲高蹈弃世之意,其中又有"探策或长短,惟德事利贞"的明理之言。诗云"种葛见深衷,驱车吐肝膈",既借曹植之诗表明对曹寅处境与心情的理解,又希望曹寅效法曹植,于君臣关系中慎于自处。全诗以思贤起,以思贤结,既以称誉曹寅,又寄以期待和勉励。杜岕更在诗的主体部分,直接对曹寅进行规劝,其主要内容是素位自得,明哲保身;淡泊名利,力戒骄吝;委蛇随时,经纬救世。这些话语重心长,既充溢着知己朋友间的理解和同情,又闪耀着一位深谙封建政治和世态险恶的长者的睿智和志士的坚贞。他极力开导年轻的曹寅摆脱个人得失,学会生存发展,着眼于长远抱负和事业目标,所谓"经纬救世言,委蛇遵时策",即他这次思贤赠别的主旨。其意义已经远远超出了个人友情,而且有某种政治内涵。在清朝统治已经全面巩固、复明无望的形势下,即将退出人生舞台的这批前朝遗民,把实现"救世"(而非一般"济世")理想的希望,寄托在与他们有着情感共鸣的仕清汉人甚至旗人身上。这种"救世",并非反清复明,而是在民族斗争失败之后保护民族生存和民族文化传统。正是在这里,杜岕与经历了家族没满为奴的历史劫难而具有强烈民族情感和用世之志的包衣汉人曹寅找到了共同语言,实现了心灵的完全沟通。

《思贤篇》很重要,它揭示了曹、杜之交的思想基础和情感内容,他们绝非一般的诗友文友,而是从不同道路走到一起的人生知己。难怪曹寅在留别杜岕的诗(见后文)中,写下了"愿为筇竹杖"的动人诗句。事实证明,后来曹寅的所作所为,正是按照"经纬救世,委蛇遵时"这八个字做的。在那个经历了改朝换代的民族兴衰巨变的特殊历史时刻,一对政治上各忠其主的旗人和汉人成为忘年之交,是一件具有足够政治意义和文化意义的事情。从清朝统治者(康熙)的角度看,这也许是消除了一种敌对势力;而从遗民的角度看,却是在新朝中找到了自己人,一种保存和延续汉民族文化传统的可靠力量;而从曹寅自己的角度说,则是实现了政文异向的双向忠诚。也就是说,在不改变政治忠诚的同时,为自己的民族忠诚找到了情感寄托。

3. 第三阶段(康熙二十四年五月后——二十九年四月)

康熙二十四年五月至二十九年四月,曹寅在京任内府郎官。这段时间里曹、杜南北暌隔,反而加深了二人之间特别是曹寅对杜岕的思念。

曹寅任职郎署后,杜岕的儿子杜琰(字亮生)和杜濬的女婿叶藩(桐初)先后来京,与寅交往密切。杜琰成为寅与杜岕的信使,曹寅《题杜亮生钓竿吟》赞扬杜琰能继父志隐居不仕:"五十未改沧浪心,孤生之竹独丝茧,披裘泽畔空澳涩。"以古代渔父及夷齐作比。(杜琰在杜岕死后,曾以年老之身赴江阴秀才考试,此事曾受到曹寅善意的揶揄,见《诗别集》卷三《送杜亮生江阴补试二首》。)曹寅还曾经同杜琰谈起对他父亲的思念,以至于多次在梦中见到他。杜琰将此事告知杜岕,杜岕乃有《琰儿书来述荔轩屡梦予感赋奉怀即以代柬》一诗:

> 异姓交情笃,惟君知我心。形疏千里外,梦寄一灯深。茅屋来拘促,华筵惮共吟。人生原栩栩,觉路总难寻。

周汝昌先生认为,诗中"异姓云云,隐谓满汉出处,身份迥异,非张王姓氏之义",即杜岕是从某种政治的而非单纯个人的角度来评价二人交情的意义。这一看法很有见地。曹寅收到诗柬,即写二诗奉和:

> 述梦龙城雪,予惭尚有心。书来期不见,形在觉何深。甲荇敷春老,疑蕉数叶吟。俗情占反复,草阁倘重寻。
>
> 首夏江流稳,吴帆望不孤。归翻先客梦,杖只倩孙扶。隐几余清昼,乘车合异途。蘧然如可待,还写扫花图。(自注:予留别有"愿为筇竹杖"之句,些山集青莲句有"闲为仙人扫落花",故及之。)

《些山有诗谢梦奉和二首时亮生已南旋》(《诗钞》卷一)

在此之前,杜琰已经南归,曹寅有诗相送,并寄呈杜岕:

> 风廊微照两衔怀,能待城闉簇骑回。娄尾易消为别酒,隔年不卸有函梅。园摇素柰辞春艳,舵捩清江下浍回。山步若邀斑杖健,北湖长望惜莓苔。

《送亮生南还即和留别诗兼寄些山先生》(《诗钞》卷一)

对于友情,曹、杜二人心态并不完全一样。对杜岕来说,他固然感动于曹寅"异姓"而"知心"的诚挚,但又意识到双方境遇与地位悬殊所可能带来的隔阂("茅屋来拘束,华筵惮共吟");在曹寅这方面,却全然没有任何优越心理,而始终表现出强烈的归属认同感("乘车合异途")。虽然他年轻得多,但处于内廷政治中心,他对"俗情占反复"的丑恶世态的现实体验显然比隐居白下的杜岕要多,因而他更加珍惜这人间难得的真情,也更尊崇些山的人格:"蓬然如可待,还写扫花图。"他对这位仙人般高蹈浊世的遗民志士只有敬仰之意、奉献之心。还要特别指出,这个出自李白诗而为杜岕集句、曹寅采用的著名的"扫花"典故,后来在曹雪芹笔下(《红楼梦》第 63 回)又出现了一次,其独特用意和丰富内涵将在后文详述。[①]

康熙二十七年,曹寅将自己所作《舟中吟》一卷寄给二千里外的杜岕,请他作序,杜岕很激动,"为之旁皇抚卷而不能已"。次年序成,曹寅极为珍视。康熙五十一年初秋,曹寅最后编定《诗钞》,特地将顾景星《荔轩草序》及杜岕《舟中吟序》置于卷首。《舟中吟序》是证明曹、杜友情的又一珍贵文献,其文曰:

> 与荔轩别五年,同学[②]者以南北为修途,以出处为户限。每搔首曰:"荔轩何为哉?"既而读陈思《仙人篇》,咏阊阖,羡潜光,乃知陈思之心,即荔轩之心,未尝不爽然自失焉。徂岁荔轩寄《舟中吟》一卷,读之如对馨欬欠伸而握手留连也。盖至今日始得叙曹子之诗。诗者,曹子不可须臾离者也。曹子以诗为性命肌肤,于是导之、引之、抑之、搔之,辗转反侧,恒有诗魁垒郁勃于胸中。此"精微烂金石",视陈思何异哉!昔吾

---

①　参见本书第八章第四节。

②　魏斐德指出,17 世纪 60 年代以后"同学"一词代替了过去的"盟弟"等词,与清廷禁绝晚明以来士人会盟结社之风有关。参见《洪业——清朝开国史》,第 679 页。

与论诗,有才焉,有学焉,有识焉。……荔轩知之,宜乎不可须臾离诗。然有说于此,雍丘之赠友也,有刘桢、王粲、丁廙为唱酬,有白马彪为友于,其求知己易易耳。今曹子二千里外寄讯于予,如鱼山天乐写为梵音,此予所以欲笺释要眇,为之旁皇抚卷而不能已也。荔轩之奇怀道韵,又宁独才学识而已乎!昔人品诗,谓建安齐梁诸才人皆有君子之心焉。请以相曹子,庶几孟氏诵诗知人之旨。使徒赏其诗渊渊尔,铿铿尔,非曹子所以命予者已。些山学弟杜岕书,时年七十有三。

杜岕对曹诗的读解,表明他不愧为曹寅的知音。杜岕是第一个也是唯一一个揭示了曹寅诗歌"魁垒郁勃"的内在情感即私人话语特征的人。是杜岕反复将曹寅与曹植(陈思、雍丘王)相比(序中六次提曹植),意味深长地指出"陈思之心即荔轩之心",是杜岕以孟子"诵诗知人之旨",全面评价曹寅诗歌的思想艺术价值。序中特别提到曹植《仙人篇》,所谓"咏阊阖,羡潜光",即出自诗中"阊阖正嵯峨,双阙万丈余""潜光养羽翼,进趋且徐徐。不见轩辕氏,乘龙出鼎湖。徘徊九天上,与尔长相须"等句。据黄节注引朱嘉征说,前者叹君门万里,功业不就,后者"托意仙人,意在养晦待时,意必有圣人如轩辕者,然后出而应之,所谓达可行于天下而后行之者也"[1],这与《思贤篇》中"经纬救世,委蛇遵时"之嘱同一机杼。由此可知,《舟中吟》的"魁垒郁勃",必多愤激不平,杜岕的"陈思之心即荔轩之心"的读解,是再一次以"养晦待时"劝勉和期待曹寅。

曹寅没有辜负朋友的期望,杜岕作序的次年,即康熙二十九年四月,他终于奉旨外任苏州织造,等到了一个"达可行于天下而后行之"的时机,从此步入了他人生也是整个家族的辉煌时期。

4.第四阶段(康熙二十九年四月后——三十二年七月杜岕卒)

康熙二十九年四月,曹寅莅吴任苏州织造。九月初,年已74岁的杜岕自金陵来吴,他对曹寅外任织造非常高兴,认为这是实现救世抱负的好机会。途中,他写了长诗《将之吴门述怀呈荔轩》。此诗与五年前的送别诗《思贤篇》堪称杜岕为曹、杜之交所创作的诗歌双璧,表达了一位遗民老人的全部心声:

---

[1]　据《曹子建诗集》黄节注,人民文学出版社1957年版,第64—65页。

畴昔钓海水,籧籧青竹竿。心慕列仙人,邂逅浮云端。我友在霄汉,讨论尝未殚。忆与订久要,契阔江之干。鸣钲送远行,握手起长叹。迢递俟五载,重来续交欢。此事诚旷典,私庆如还丹。譬喻两琪树,出处各岩峦。上枝承雨泽,六根快游盘。游盘夫如何?鼓枻秋水澜。八月候雁飞,吴门心所攀。千人石上月,九月零露溥。延龄振芬葩,服之生羽翰。遥望莫厘峰,如授风雅坛。木樨香满路,洞庭多橘官。君撞万石钟,我歌唯一箪。更拟窥溟渤,晞发于洧盘。人生苦局促,胸次不得宽。谁知梅花洁,谁念瑶草寒。泛览人境外,学道唯两端。寂寞叩名理,沈瀯纵奇观。太湖只杯水,历历穷星滩。倘遇盖公辈,苍生可以安。场藿谢知己,松云豁肺肝。书此志远游,取琴重为弹。皪哉匡时略,谅弗弃猗兰。

李白尝自称"海上钓鳌客",喻其大志。《诗·竹竿》:"籧籧竹竿,以钓于淇。岂不尔思?远莫致之。"朱熹注谓卫女出嫁而思故国之诗。杜岕诗不说钓鳌而云钓海水,又用《竹竿》诗句,当自喻隐士身份,而与曹寅"在霄汉"相对。诗中在回忆与曹寅"订久要""送远行"之往事、庆幸今日之重逢后,表露出一种比较复杂的心态。一方面是"重来续旧欢"的愉快,另一面则是对"出处各岩峦"的差异的担忧。而且这种差异随着曹寅地位的变化而愈为显著("君撞万石钟,我歌唯一箪")。现在是轮到他来倾吐"人生苦局促,胸次不得宽。谁念梅花洁,谁念瑶草寒"的孤寂心曲了。一方面,他热心地向曹寅进"图时"之略:"倘遇盖公辈,苍生可以安。"以汉初隐士盖公自比,而以寅比曹参。(曹参一直被曹寅的友人视为曹家远祖。)《史记·曹相国世家》记曹参为齐相,问治世之术,盖公为言治道,贵清静而民自安,参用其言,民果大治。区区织造何能比于相国?杜岕的目的当是表达"安苍生"的政治主张,而非汲汲自引,这正是遗民志士"经纬救世"的抱负所在。现在,他期待着通过年轻的旗人朋友曹寅加以实现。但另一方面,他也不免担心发达以后的曹寅会忘记和抛弃自己的遗民朋友,"皪哉匡时略,谅弗弃猗兰"。按,猗兰,指《猗兰操》,相传孔子所作。孔子自卫反鲁,于隐谷中,见香兰独茂,自伤不逢时,乃托辞于香兰。(《乐府诗集》卷五十八《猗兰操》引《琴操》)

这首诗的语调,较之《思贤篇》有明显差异,同为友谊之歌、知己之言,但五年前曹寅自感失意时杜岕的那种以前辈自居的某种优势心理被意识到现实变化的弱势心理所取代，未来的曹寅如何对待忘年老友，显然面临着考验。

任织造后的曹寅的确与过去不同了，一到苏州，他就忙于各种交游应酬，新朋旧友，纷至沓来，生活的优裕、境遇的舒适、地位的上升，都无形地拉开了这一对忘年之交的情感距离。九月重阳，曹寅邀杜岕及诸友人泛舟虎丘观获稻，并分韵和诗，寅有《泛舟虎丘观获得菊字》（《诗钞》卷二），岕有同韵之《九日荔轩招次虎丘观获》。对读这一组唱和词，曹寅的雍容与杜岕的寒酸表现得何等清晰！寅诗如下：

> 佳属得群游，即事异辀轴。坐持一杯酒，移赏竟云木。兹丘不厌登，城郭已回瞩。清欢寄人表，今日寡丝竹。秋旻易暧曘，宾主共沾漉。回舟看稻穗，岁事喜初熟。登登场杵鸣，霭霭茅檐簇。还剥长荡菱，思把故园菊。

岕诗如下：

> 勾吴本乐郊，一水灌林麓。揭来稔岁时，风土散丝竹。眷兹九日宴，谁秉风雅轴？司农设舼船，匕箸不烦督。胸中奇趣翻，厌寻繁与簇。石湖路非远，亦屏窠白熟。望望虎丘侧，登高舣渔屋。买菱充野膳，结荷将水宿。拥楫数回转，松桱变寒燠。俄顷得稻田，肆瞻果丽瞩。秭稑刘如云，桔槔以崖腹。吾侪野人辈，想见涤场福。是日值微雨，千林尽膏沐。缓带倾庶馐，高言及采菽。胜游但如此，何减东篱菊。

不知为什么，在京城屡次梦见杜岕的曹寅并没有对杜岕的到来表现出特别的热情，至少是没有留下这类作品。（但同时却有《东署饮竹下喜上若自维扬来》《清明日雪篷自白门来分得仙字》等写与老友重逢之作，见《诗钞》卷二）在《泛舟虎丘》诗中，杜岕只是"佳晨得群游"中的普通一员，所以诗中没有特殊的友情表白。但杜岕似乎已经满足，诗中不乏有意抬高对方身份和自感微贱的用语，完全是仰视心态。从杜诗的末句"胜游但如此，何减东篱菊"看，他似乎竟得意到连自己的隐士生活也否定了。当然，这只是表现他对参与朋友曹寅"胜游"的陶醉，对于一般的官府之邀，他是不至如此受宠若惊的。

但曹、杜之交终究经得起考验，这在曹、杜直接交游留下的最后一份文献,曹寅的《和些山冬至前三日咏东轩竹见寄八首》中有鲜明体现。此时杜岕应已离开苏州,但东轩在织造府署,并不在杜岕家,那么,杜岕住在曹寅府邸时当有咏东轩竹之组诗,或者是回南京后回忆住东轩往事而以"咏东轩竹"为题作诗寄送曹寅,惜原诗不存。曹寅诗今存《诗别集》卷三,从诗中所提及的事件时间,大体可以推知,这一组诗作于康熙三十年。现选录数首如下:

> 癖宇东头修竹枝,抽空绿影自曲奇。冬来解带围加长,客为凌云苦构思。蒙密窗间无面势,萧疏梅外有丰姿。南行岁月书详记,欲写清光已后期。(其一)

> 吴竹冬郎手自栽,缭垣周肤网莓苔。旧阴独许藜床设,新径那移锻灶来。碧玉根芽深不见,黄云捧戴望难开。可怜一线愁牵处,除待麻姑海上回。(其二)

> 玉管殷勤记栋亭,谁将遗恨洗空青?七年墨沉文光动,一半秋声俗耳听。翠足粉胸清有自,成茶散茧巧难馨。杜陵句法磋磨得,朝夕还同座右铭。(其四)

> 玉削参差玉戛寒,柯亭千古选才难。可堪飏穴乘车入,却借西山挂笏看。琼粉雕墙新垞宇,绿沉打枣故园竿。迦陵不响鱼音响,把手天台路未漫。(其六)

> 忆从锡麓望铜官,归去深栖类栅翰。免俗只教谋肉食,耽幽谁得解眉攒。篮舆异代真同调,渔笛邀人亦古欢。眼底烟波三万顷,何时长篁展琅玕。(其八)

这八首诗的内容相当丰富,概而言之,第一首,点题,咏东轩竹;第二首,叙东轩竹的来历,并及与杜岕的特殊友情,对杜岕的孤怀深表理解;其三,写自己的读书和人生趣向;其四,赞杜岕(二杜)诗文,并及对父亲的怀念;其五,写任苏州织造的感受;其六,借竹暗讽世事;其七,忆子猷兼及京城府第南轩竹;其八,对杜岕的怀念和追随其志的想象。这一组诗,比较全面地反映了曹寅的思想、心境和才学(包括咏物诗的写作才能),也是对曹、杜之交的总结。其中特别值得注意的有以下几点:

1. 对杜岕遗民节操的理解。诗咏东轩竹,实际上在第一首中已隐含以竹喻杜岕人格之意。"欲写清光已后期",似乎包含某种歉疚之情。故第二首在叙友情时重点赞其节操"旧阴独许藜床设,新径那移锻灶来",以管宁、嵇康比杜岕。庾信《小园赋》:"况于管宁藜床,虽穿而可坐;嵇康锻灶,既燠而堪眠。"管、魏皆汉魏时有节操之士,管宁反对曹氏篡汉,嵇康反对司马氏篡魏,其影射意义很明显。但杜岕复明之志已经不可实现,"黄云捧戴望难开""可怜一线愁牵处,除待麻姑海上回",用《神仙传》"沧海桑田"之典,喻江山已改,其中流露出明显的同情和叹息。在曹寅赠杜岕诗中,这是政治内涵最显豁的一首,曹寅并不掩饰他对遗民节操的敬重,而民族情感正是曹、杜之交的政治基础。

2.个人郁勃之情的抒发。任苏州织造,就他人观之,是康熙的宠命优渥;就曹寅而言,还包含着对京城官场政治的回避。"乐天出处似东坡",以白、苏外任苏、杭相比,深意在此。曹寅的不满现实,从其六"选才难"之咏,可以看到。"可堪鼯穴乘车入,却借西山挂笏看""迦陵不响鱼音响,把手天台路未漫",鼯,竹鼠;迦陵,仙鸟。鼯鼠乘车,迦陵不响,这种美丑材用颠倒所显示出的政治昏暗,以及个人的不材之愤,是曹寅作品重要的社会批判内容之一。

3.对友情的回忆珍重和追随杜岕的愿望。此意散见于各首。其四"玉管殷勤记楝亭""七年墨沉文光动",应是杜岕七年前(康熙二十三年)曾作《楝亭记》,他可能是最早为楝亭作记以褒扬曹玺、曹寅父子的人之一。记今不存,仅存杜濬(茶村)《楝亭诗四首》。阎若璩诗"亭名志孝思,最赏杜陵诗",正与其四"杜陵句法磋磨得,朝夕还同座右铭"相应,故此诗或因而及濬,表达对二杜之尊崇。第八首集中写友情,"异代真同调",即杜岕诗"异姓交情笃"之意,一方面是对杜岕的想念("归去深栖类栅翰"),另一方面则是对自己处境的不满("免俗只教谋肉食"),最后归结到追随杜岕,共游烟波,以遂素志的心愿。可以说,诗中所描写的这种自由生活的心态乃是他对曹、杜之交前景的美好想象。

曹寅的愿望并没有付诸行动,包括他在京期间"愿为筇竹杖""还写扫花图"的承诺都没有兑现。从根本上说,这是因为包衣身份剥夺了他的人身自由,不允许他这样做。其次,也因为曹寅自身始终存在着谋道与谋食、追求自由心性与追求功名利禄的矛盾。而儒家的用世抱负和杜岕等遗民志士所寄托的"救世"期待,也要求他不放弃现实的努力。但他留下的心声,毕竟是真诚的。这表明，织造的地位和优游的生活，并没有改变他与杜岕情谊的思想基础和感情分量。

杜岕于康熙三十二年七月辞世，终年77岁。时曹寅已在江宁织造任上，现存《楝亭集》中没有见到曹寅的悼念诗文，应当是写了的。杜岕之子杜琰继续与曹寅交往。《楝亭诗钞》卷三有《送亮生游闽》七绝四首，按编排时序，应作于康熙三十五至三十六年间。《楝亭诗别集》卷三有《题吹箫美人图赠亮生二首》《送亮生江阴补试二首》，为游戏之作。《送亮生江阴补试二首》似讽亮生既无意仕进，则不应以科第为念：

> 试看华阴仙班上，头衔谁写秀才官？

还有与亮生《鬣几联句》一首，凡二十韵。

杜岕逝后，曹寅与杜岕的朋友遗民志士胡静夫、姚潜等人继续交往至终老。详见后文。

笔者不恤繁琐，尽可能充分地搜集列举和分析曹、杜之交的文献材料，是为了通过这一典型个案，探究曹寅与杜岕及其他明遗民关系的真实底里，准确揭示其性质和意义。我以为至少可以得出如下结论：

1.曹、杜之交是双方情感的自然契合，不是任何外力干预或推动的结果。它的形成和发展过程，都是纯粹私人性而非政治性的。所谓"使命说"（曹寅负有康熙使命）、"工具说"（曹寅充当"统战工具"），是毫无根据的。

曹寅于幼年为二杜所知，青年时期始与杜岕交游，但会少别多。曹、杜相知最深之时，正是曹寅宦途受挫，"魁垒郁勃于胸中"，任职内府郎署之际。康熙二十九年曹寅出任苏州织造时，杜濬已去世。康熙三十一年，寅任江宁织造不久，杜岕逝世。哪里有一点奉康熙"使命"，充当"统战工具"的影迹？难道任侍卫时屡叹"行役之苦"，任郎官时常怀"不材"之愤的曹寅，可能成为这样的"工具"吗？曹任织造之际，或可接受"使命"，奈二杜已逝何？不仅"二杜"，此时绝大多数遗民均已辞世。

2.曹、杜之交的思想基础是共同的民族感情和关心民族命运的"救世"抱负。曹寅对杜岕等明遗民的民族气节和由此体现的儒家文化的道义尊严，表现出强烈的景仰。而杜岕等遗民志士则对曹寅"经纬救世"寄予厚望。

3.曹、杜之交的另一思想基础，是对疏离政治和官场的自由生活方式的认同。当然二者的出发点不同，杜岕等是出于对旧朝的忠诚，而拒绝与新朝合作的政治对抗；而曹寅则是企图挣脱包衣奴役和官场等级压迫，以获得人身解放和精神自由，它包含着曹寅对现实政治的某种批判态度。因而二者又有着内在的沟通。但由于曹寅的愿望不可能实现，因而，曹、杜之交在形式上多表现为曹寅的归属心理即对遗民隐士生活和自由心性的向往，这与曹寅在其他方面所表现的自由心性追求是一致的。

4. 曹、杜之交在一定程度上超越了当时的旗汉分野和地位、境遇甚至年龄的巨大差异，成为清初前朝遗老与满洲旗包衣汉人的友谊典范。这种友谊，对于促进旗民、满汉融合，消弭明清之际存留的民族敌对心理具有积极意义。

## 三　曹寅与顾景星、马銮及其他明遗民

顾景星、马銮是与曹寅有特殊关系和情感的两位明遗民。顾景星是曹寅舅氏，马銮是曹寅蒙师。此外，与曹寅保持长期交往情谊的明遗民还有胡静夫、姚潜等人。

### 1. 曹寅与顾景星

顾景星（1621—1687），字赤方，号黄公。湖北蕲州人。弘光时试流寓生贡，举第一，廷试授推官，剀切上疏被抑，又不愿依附马士英，力辞不就。明末避难，流寓江南。入清后，屡拒征聘。① 因生计艰难，游食各地。康熙戊午（1678）诏试鸿儒，力辞不获，己未（1679）春，始遂愿。顾景星曾悲痛自述这段被地方官员逼迫应试到幸得放还的经历：

> 抚军即差送咨文檄府州，星夜催迫，扶病上车。十一月途次内黄，眩仆车下，折断右肩骨，死而复苏。冀得还辕，而内黄令李君不敢出结。沿途呻吟，今年灯节后始抵都。诣部验患，不允代奏。及入觐保和殿，天恩隆重，赐坐赐茶馔，徐蒙放还。②

顾景星虽被迫应试，却丝毫没有改变其遗民立场，只因"放还"对康熙颇有好感。回家后，景星"杜门息影，翛然遗世"。著有《白茅堂集》四十六卷及

① 顾昌《皇清征君前授参军顾公黄翁府君行略》，载《白茅堂集》，《清代诗文集汇编》影印本，上海古籍出版社 2010 年版。
② 顾景星《答徐季重》，《白茅堂集》，《清代诗文集汇编》影印本，上海古籍出版社 2010 年版。

《黄公说字》二百余卷等。

曹寅与顾景星的情感关系包括两方面,一是舅甥亲情,一是顾景星作为明遗民与曹寅的民族情感。这两方面是有联系的,血缘情感加深了民族情感联系。关于前一方面,事实确凿,但材料有限,后文还将论述。[①] 大约在康熙七年,顾景星游食到金陵。[②] 可能在这时进入曹府,与曹寅生母顾氏叙亲,开始了两家的交往。幼时曹寅与景星子顾昌曾一同嬉戏,曹寅"束发即以诗词经艺惊动长者,称神童"(顾景星《荔轩草序》),可能就是这时留给顾景星、周亮工等长辈的印象,景星"脱帽论文"的豪爽也使曹寅记忆深刻。曹寅于康熙八年进京后,两人有近十年没有见面。至康熙十八年春,景星抵京赴鸿博试,才得以再次见面。得知景星伤病,曹寅曾多次看望,以俸金相赠,并有诗作《春日过顾赤方先生寓居》(《诗钞》卷三):

> 见因季子到阶前,台上先生尚晏眠。逆旅药香花覆地,长安日暖梦朝天。开轩把臂当三月,脱帽论文快十年。即此相逢犹宿昔,频来常带杖头钱。

顾景星步韵作《曹子清馈药》诗,有"世情交态寒温外,别有曹郎分俸钱"表示赞许和感谢(《白茅堂集》卷二十)。景星和博鸿诸文士谒见康熙皇帝时,时任侍卫的曹寅还在前引路。景星还带曹寅去参加己未文士的聚会,结识一些前辈作家,并为曹寅诗集《荔轩草》作序,以曹植比拟曹寅的才华和发展前途,这对曹寅是很大的鼓励。此序一直被置于曹寅自选的《楝亭集》之首。康熙二十一年,顾景星有《怀曹子清》五言排律,怀念两人情谊:"深惭路车赠,近苦塞鸿疏。"(《白茅堂集》卷二十一)曹寅对顾景星的民族气节十分敬重。康熙二十七年,他在送友人程麟德的诗中特别嘱咐:"举篮黄州近,全身问楚狂。"(《诗钞》卷一《送程正路之黄陂丞兼怀赤方先生》)但由于旗汉分隔和某种顾虑,他相当长时间还不敢公开这种特殊亲情关系。

康熙三十九年(1700),曹寅作《舅氏顾景星先生拥书图记》(《文钞》)首次以"舅氏"称呼顾景星,以感人笔触叙写瞻拜舅氏遗像,回忆往日情景,此时顾景星已逝世十四年:

---

① 参见本书第八章第八节"'师楚'与'用楚'"。
② 参见高军《清初遗民文人顾景星研究》第一章,南京师范大学 2019 年硕士论文。

　　　　八月十七日夜，晚厅画诺毕，振衣屦，秉烛炬，出像瞻拜，颧颊宛然，
馨欬如在，第须鬘苍白，稍异前时。……然至今以往，得观此卷者尚有
日，虽寿至耄耋，子孙满前，终拳拳于二十二年之前也。

　　康熙四十一年，曹寅决定个人出资刊刻《白茅堂全集》，至康熙四十三年
完成。顾景星孙湛露《皇清拣授文林郎公培山府君行略》记载顾昌编辑父亲
遗著后，"家贫不能授梓，乃遍谒诸名公交好"：

　　　　去止金陵，晤银台曹公。公时织造江南，兼盐务察院。前与征君燕
台雅集，舅甥契谊，遂捐千金，代梓《白茅堂全集》，府君一手校正。历癸
未甲申，剞劂告成，征君诗文始大行于世。①

　　癸未甲申即康熙四十二、四十三年。其时曹寅尚未兼盐差，有"公私逋
负"之累，仍毅然为此义举。在这两年，曹寅与顾昌多有唱和，有《西轩唱和
集》。《楝亭集》今存《答顾培山见嘲》《舟中望惠山举酒调培山》《虎丘僧轩坐
雨迟培山未至漫成》《归舟和培山见答韵》《过祈泽寺与培山并舆行三十里》
《夜饮和培山眼镜歌》《砚山歌》《黄山松歌和培山韵》《送培山之鹿城》《登署
楼适培山至用东坡真州诗韵同赋》等十余首。其中《登署楼》表达了强烈的
身世共情之感。其时顾昌因生计竭蹶，教授生徒，取资馆谷，而曹寅却正兼
盐差。此诗用苏轼《至真州再和二首》原韵，却一改原诗唱和的闲适情调，倾
吐与顾昌表兄弟的知己同道之情："与君同雪涕，何术不霜颠？蕉叶难为梦，
桃花旧有泉。服官愁过日，识字悔终天。奴马移家乘，庖厨载野烟。莫劳问
行馆，窗月正清娟。""奴马"二句尤其含义复杂，它也许包含着对顾景星甚至
生母顾氏当年遭难的回忆，甚至包含对自己家世的联想。曹寅与顾昌相见，
完全改变了服官悠游的心境。

　　从某种意义上说，曹寅对顾昌的情谊，乃是与顾景星舅甥情谊的延续。
曹寅与明遗民后代多所交往，有的成为密友，如杜濬女婿叶藩（桐初）、杜岕儿
子琰（亮生）、马銮之甥方仲舒（逸巢）等，实际上都可看作与明遗民情感的延续。

　　2.曹寅与马銮

　　马銮是曹寅塾师。马銮，字伯和，号秋竹。② 卓尔堪编《明遗民诗》卷十

① 　参见周汝昌《红楼梦新证》，第422、423页。
② 　参见本书第二章第五节"石上犹传锦字诗"的有关论述。

二,谓马銮"壮岁值南都新建,执政者纷张,进言不听,常怀忧郁,遂绝意仕进。及国破家亡,君子亦深谅之。晚年垂帘白下,有咏美人三十六绝句,寓意有在"。朱绪曾编《金陵诗征》卷四十"明寓贤"所记同,言"晚年垂帘金陵,卖卜以死"。约生于明万历末,卒于清康熙十六年前。

大约在康熙二年,曹玺聘马銮为曹寅蒙师。马銮与二杜有密切交往,现存《变雅堂集》有杜濬赠马銮诗三首,《明遗民诗》存马銮与二杜交游诗二首。马銮或由二杜引进,加上随后来到曹府叙亲的顾景星,形成曹玺父子周围的一个特殊的遗民文人群体。关于曹玺与马銮即马秋竹的"十年晤对"的"知己"之交,前文已有论述。

曹寅与塾师之间有深厚感情。进京入侍后,寅每返家,师生必相聚,銮必相送,又常寄诗慰勉,寅亦苦怀塾师。銮逝后,寅作诗伤悼,诗极深挚沉重:

> 苦忆白眉叟,频来送我归。空江停去棹,老泪落吾衣。半醉怜携锸,长歌羡采薇。忍看霜后雁,日日向南飞。

> 《见雁怀马伯和》(《诗别集》卷二)

白眉叟用马良典。《三国志·马良传》载,马良眉有白毛,时人语云:"马氏五常,白眉最长。"马銮是明末权臣马士英之子,士英专权倾国,士林痛恨。马銮独以南都建言和民族气节为人敬重,故"白眉叟"不只是写马伯和年老,更有推重之意。颈联用刘伶、王绩故事,更直接用"采薇"之典,颂伯和遗民气节。

> 五十飘零霜鬓侵,旧时颜色杳难寻。魂归故国青山晚,梦绕枫林白雪深。几见文章甘没齿,谁知蒙难苦伤心。而今更有遗诗在,读向天南泪满襟。

> 忆昔提携童稚年,追欢多在小池边。义熙老尽江门柳,姑熟新添栝陇烟。天地以私贫一老,烽烟何日返山川。忍闻风雨秦淮上,六尺孤儿守旧毡。

> 《哭马伯和先生二首》(《诗别集》卷一)

前一首用楚辞《招魂》语,《招魂》王逸注谓宋玉为屈原伤楚自沉而作。后一首用陶渊明隐居事,义熙为晋安帝年号。昔人有谓晋亡后陶作《五柳先生传》,绝不复出。可见二诗的重点均在赞扬马銮的节操。曹寅不仅在怀念恩师，更是在伤悼一位民族志士。可以想见，马伯和先生给予曹寅最深的影响是什么。

3. 曹寅与胡其毅

《明遗民诗》卷十三载："胡其毅，字致果，号静夫。江宁人。平生谦谨自持，至老不变，学诗亦尚冲淡。有《静拙斋稿》。"曹寅《题胡静夫小照》诗集引钱谦益赠胡诗"卞家园内浇花了，闲向城东说斗鸡"句，说明他以前曾过着放浪的富贵公子生活，明亡后境遇与作风都有了很大改变。

曹、胡两人交往时间很长。寅诗所记，始见于康熙二十三年，最后可考年代为康熙四十九年，寅赠胡诗达十一首，《明遗民诗》存胡其毅《宿曹公西轩送秋作》一首，又有为寅《北红拂记》题跋。从两人诗中，可见相知甚深。寅《题胡静夫小照诗》（《诗钞》卷五）云："斗鸡还是城东去，莫对时髦说旧京。"是对其亡国隐痛的理解。《孟秋谐静夫子鱼尊五殷六过鸡鸣寺得诗三首》（《诗钞》卷四）更是曹寅自抒兴亡之感的诗篇（参见本章第一节）。曹寅还经常向静夫吐露内心深处的痛苦：

> 逼仄人间世，逍遥未有期。
>
> 《闻静夫伤臂口占二诗慰之》（《诗钞》卷三）
>
> 寻常极品锡青奴。
>
> 《戏和静夫咏竹夫人用韵》（《诗别集》卷三）

在《与曲师小饮和静夫来诗次东坡韵》（《楝亭诗别集》卷三）更以曲折之笔写出对包衣奴役的不满和对内府压迫的痛恨："呶呶驺卒谁可拟。""醉睡差堪傲茅舍。""来朝欠伸过早衙，廿年幸脱长官骂。"此诗表达的平等理想追求在曹寅诗歌中占有重要地位。[1] 胡其毅父亲胡曰从是明末清初著名刻书家，以《十竹斋书画谱》《十竹斋笺谱》闻名于世，静夫是其继承人。他与曹寅颇有书画交流，还有藏书馈赠。[2]

4. 曹寅与姚潜

姚潜（1626—1710?），《明遗民诗》卷十三："姚潜，字后陶，原名景明，一

---

[1]　参见刘上生《曹寅平等理想的闪光》，载《曹雪芹研究》2023 年第二辑。

[2]　参见李军《胡其毅与曹寅交游考略》，载《曹雪芹研究》2015 年第三辑。

字仲潜。歙县人,家于江都。前廷尉讳思孝仲子也。少为博士弟子,甲申后弃举子业,以诗酒自豪。值其妹家被祸,没入戚里为奴。不惜罄毁家赀,走京师,极尽谋虑,赎妹氏及孤甥以归。中年妻子俱丧,不叹无家,遨游自适,世称达者。晚年曹公馆于幸舍二十年,年八十五终。复赠金命其从孙慕远迁其妻方孺人梾,合葬于京口山中廷尉冢侧。有遗稿一卷。"

曹寅对姚潜的情谊是他与明遗民关系和高尚人格的又一著名佳话。曹、姚之交始于曹寅在京城任内府郎官时,姚潜是"燕市六酒人"之一。姚潜的民族气节,和他毁家资赎妹奴籍的事迹,与曹寅的民族情怀和反奴心性内在相通,所以赢得曹寅的尊敬和终身奉养。

曹寅赠后陶诗现存十首,始于康熙二十三年,至姚卒(约康熙四十九年)。后陶与二杜、田梅岑、吴秋屏、朱赤霞等曹寅友人均有密切交往,所作诗多故国之思,如:"地经劫火春无草,歌到伊凉夜有霜。""莫向隋堤高处望,增人惆怅数帆亭。"(《明遗民诗》)作为前明执政大臣东林党人姚思孝的儿子,他的民族节操是很突出的。曹寅曾用比兴之体赞颂:

> 鼓铸旧型终不改,熏当小炷与谁同?

> 《咏后陶香炉》(《诗钞》卷一)

曹、姚是京都酒友,曹更视姚为师长。经历丧乱后,姚皈禅,为比丘居士。曹对姚极为敬重,为其在南京建香河书屋。在赠诗中,常以色、空两种境界的对照,表达自己的愧疚与崇敬:

> 惭愧香河老摩诘,诸天一粒绝烦忧。

> 《读朱赤霞寄后陶诗漫和》(《诗别集》卷三)

寅欲参禅而不能,自然感到与后陶的差距,他对后陶的情谊是真挚动人的。

### 5.曹寅与其他明遗民

#### (1)蒲庵(释大键)

《明遗民诗》卷十六:"释大键,字蒲庵,六合人。住金陵弘济寺。著《花笑轩集》。"他与二杜关系密切,《楝亭集》卷首诗《暮游弘济寺石壁及暮而归》所云之"爱此一片石",正是蒲道人隐居之弘济寺石壁。寅另一首《暮游弘济寺石壁归宿观音阁中》(《诗别集》卷二):

中有百岁僧,诵经不下席。举手招我言,此中足休息。

此僧盖即蒲道人,他唤起了曹寅对包衣行役之苦的厌倦和对自由心性的追求。《诗钞》卷一又有《花笑轩步月留别蒲庵》诗:"钟声尘外梦,花笑静中情。"可见曹寅对其身归尘外、心系世情是很理解的。

(2)田登和潘问奇

《清诗纪事初稿》卷一有田登小传:"田登,字春帆。江都人。家贫,游食四方。三藩之变,尝从军湖湘者数年。撰《埋照集》二卷。傅泽洪以与潘问奇合刻为二家诗。登与问奇其穷而后工同,远游及所主同。《丁卯客都门值予初度示姚叶二子》云:'百战乾坤剩此身,今宵重对启祯人。白头红烛千行泪,重向樽前话甲申。'"即此引诗就可看出春帆的炽烈民族感情。

《明遗民诗》卷六收潘问奇诗。小传云:"字雪帆。钱塘布衣,一生孤寂如僧。诗与田梅岑合刻。又著《拜鹃堂草》。客死扬州天宁寺。太守傅讳泽洪重其人,葬之平山堂侧,为文志其墓,查士标书丹。"《清诗纪事初编》卷一小传谓其诗"多异代黍离之悲""眷恋先朝,至欲祝发夭寿"。

田、潘皆是布衣遗民诗人,而曹寅与其交厚,皆有诗酬和。田梅岑(即春帆)在京都时即与曹寅相交,雪帆逝后,梅岑携二人合刻诗集来访,寅有《三月九日田梅岑携二家诗见访集后陶寓斋梅岑有作和之兼伤雪帆》一首(《诗钞》卷三):

酒面沤吹睫上尘,云霞势合眼前人。寒分白晓黄昏雨,老看吴头楚尾春。关塞招魂埋宿草,江湖余润泛枯蘋。(自注:雪帆殁,傅君营其丧。)扬州太守怜才旧,生死论交谊独真。

傅泽洪是汉军旗人,能够如此怜才尽义,殊为难得。但综前述种种看来,曹寅对遗民和布衣寒士的情谊更为可贵。

(3)钱秉镫

钱秉镫(1612—1693),著名抗清志士,遗民诗人。字幼光,改名澄之,号田间。桐城人。曾参加永历政权,后归里居。田间与二杜交厚,与曹寅交当在康熙二十九年任苏州织造时。《田间尺牍》卷三《与曹子清书》(写于康熙三十二年)云:"花溪促膝,芝阁衔杯,弹指已是三年。"曹寅曾以《楝亭图》托其征求题咏,田间除遍请当地名流之外,还命儿、孙、曾孙"各勉一首应命,以志通家之谊"，并云："弟老矣，与先生后会何期？此辈少壮，趋风有日，车笠相逢，陈述旧好，兹诗其张本也。"(同上)是明以子孙相托，可见对曹寅的信任。

　　曹寅与明遗民的深厚交谊，显然决非"统战工具"论所能解释，这是在真正的民族情感共鸣与沟通的根叶上开出的绚烂之花。

# 第五章　身心相悖的双重人格

曹寅的人生角色是双重的：一是为臣为奴的"非我"，一是开始觉醒为"人"的自我。

曹寅的生命历程是双重的：一方面，从侍卫、郎官到织造，他忠心耿耿地为臣为奴，走着被规定的内务府包衣汉人的仕宦之路，并到达了可能的顶点；另一方面，他在顽强地保持着的自我精神世界里，怨愤、追求、抗争，直到人生的终点。

曹寅的话语是双重的：既有以至今保存的大量密折和职事活动为代表的官方话语，更有以流传至今的《楝亭集》（以及集外的作品）为代表的私人话语。

曹寅的声音是双重的：他是熙朝雅奏，又是盛世悲音。

《楝亭集》不仅是一位清初重要作家的作品集，更以其突出的私人话语特征留下了一位屈身为奴而又自觉为人的包衣汉人的"心比天高，身为下贱"的心灵记录。

## 第一节　盛世别调
### ——《楝亭集》的私人话语特征

相较于其他文体而言，具有"言志""缘情"传统的中国古典诗歌无疑是最具私人性的语文工具。（散文中的书信也具私人性，然而书信有时会被公开甚至使写信人遭到不测之祸，如杨恽《报孙会宗书》。）但并非所有的诗歌都是私人话语。话语，从根本上说，是一种语义体系。私人话语是相对于官方话语、公众话语而存在的。官方话语，是最主要的权力话语，它传达统治阶级的意志、利益和为其认可的意识形态(正统思想),它的主要形态,当然是官方文告文书(包括奏折)和经过官方诠释的古典文献。但诗人如果自命或自居为正统文化的代言人,歌功颂德、感恩献忠、点缀太平,以迎合取悦于君王和统治集团,那么,这一类作品实际上也是官方话语。公众话语,是内涵较为含混的概念,大体而言,是指以公众生活和利益为内容,表达公众普遍接受的思想观念,或在一定公众范围内流行的语义体系。古代那些为民请命的作家,那些面向现实、描写时事、关心国运民生的诗歌,就是公众话语的典范。(如《国风》和乐府民歌中"劳者歌其事""刺美见事"或"因事立题"的乐府讽喻诗。)另一类公众话语,它们主要利用话语的交际功能,以实现某种公众群体("亚公众群")的交流亲和,其内容、形式、观念、情感,为群体所接受,如公开出版演出的小说戏剧作品、古代诗歌中大量的唱和应酬之作。公众话语,也可能表现某种私人话语因素,如作家对社会生活的独特感受,或为"亚群"认同的与社会规范、官方话语的分离倾向等。因而公众话语,有时也可能成为私人话语的借用形式,但它还是不同于私人话语。私人话语,无论从其写作动机、环境、方式、内容(人、事、情感、观念)乃至存在形态(非流通、非观赏性),都是完全个人化的。自我抒情诗是它的范式,它以承认个体自我的存在为前提,承认个性和个体情感表现的必要与合理为基本价值尺度。这种个性或个体情感,可以是较为公开的为社会规范和公众心理所能接受的,也可以是隐秘的,为社会公众所难以认同的,"非礼"的、悖逆的、幻异的或其他独特的心理体验,即它可能与公众话语相容或不相容。但从根本上说,它与否定个体价值与个性追求的官方话语是相对立的。对于专制君主及其正统意识形态,私人话语总是具有某种离心的、批判的甚至叛逆(异端)的色彩。正因为如此,在专制政治之下,私人话语总是需要某种包装,尽量减少或掩盖它同官方话语的对抗锋芒,以寻求其生存空间,在存在政治与文化高压的社会环境里尤其如此。所以,揭示私人话语的特征,并由此认识其与官方话语的分离对立的实质内容,乃是了解一个作家的思想人格和内心世界的最佳途径。

不美不刺、面向个体自我的创作取向,是《楝亭集》突出的私人话语特征。

绝非偶然,也绝非无意,曹寅手定的《诗钞》卷首诗《坐弘济石壁下及暮而去》首章即云：

> 我有千里游，爱此一片石。

《说文》段注："用己厕身于众中而自称，则为我也。""我"是表明个体与群体分离的自称。以"我"开启全卷全集，表明诗人置身于群体社会和规范中，有一种强烈的疏离群体，突现个体行为和自我情感体验的欲望（关于此诗对于表现诗人思想人格的意义，下文还要论述）。这也正是《楝亭集》的基本创作取向。

面向自我，是为了同现实和官方话语拉开距离。毛际可《楝亭诗钞序》称：

> 荔轩先生家世通显，为天子亲臣，乃被服儒素，黾勉尽职，不涉户外一事，故发之为言，苍然以朴，澹然以隽，悠然以远……

"不涉户外一事"，或如曹寅自己所说的"绝口不谈门外事"（《诗钞》卷七《避热》），确是曹寅处世乃至作诗取材态度的一个重要方面。因而不干时政，少写时事，绝无杜甫、白居易一类的写实讽喻之作，但也绝少阿时颂圣之作，就成为《楝亭集》的一个重要特点。

曹寅忠于清廷，但他似乎不屑以诗为美颂之词。他自幼入侍康熙，从康熙八年至二十三年，从佩笔侍从到侍卫扈跸出巡，历时十六年。但对这些旁人以为极大荣耀的经历，他的同期诗歌中几乎没有记录，更没有荣宠心理表露。可以作为对照的是他的朋友纳兰性德，性德于康熙十五年殿试二甲选授三等侍卫，与曹寅同事，二人"马曹狗监相嘲难"，甚为相得（见《诗钞》卷二《题楝亭夜话图》诗）。性德以入侍郁郁不得志，但观其诗集，仍有《扈从圣驾祀东岳礼成恭纪》《驾幸五台恭纪》《扈跸霸州》《兴京陪祭福陵泰山曲阜》《扈驾西山古北口》《扈驾马兰峪赐观温泉恭纪十韵》等及其他应制诗[1]，而曹寅无一此类诗篇。又如曹寅舅氏顾景星，这位曾被曹寅称扬"全身问楚狂"的以气节著称的明遗民，康熙十七年应聘赴己未博鸿试后因骨折辞归，仅被康熙帝召见了一次，他当时就写下了一首《三月朝觐保和殿》（《白茅堂全集》卷二十）以为纪念。几年之后，康熙二十一年，他还在《赠曹子清》一诗中对此

---

① 参见［清］纳兰性德《通志堂集》卷四，上海古籍出版社 1978 年据康熙刻本影印。

事念念不忘，并谀词称颂曹寅侍卫君王的荣耀，而这种荣耀感，在当时曹寅笔下是找不到的：

> 早入龙楼儤，还观中秘书。凤毛拟王谢，辞翰比应徐。阀阅东曹冠，官阶内府除。文章光黼黻，宾客满簪裾。爱汝金蝉贵，偏当绣虎誉。周旋逢辇下，导引谒宸居。（自注：曾为余引龙尾道。）

这种典型的官方话语，出自一位遗民口中，可见其亦难免媚世之诮。

不是说《楝亭集》中绝无颂圣之作。他对康熙帝和清室的政治忠诚是很鲜明的，尤其是在关系国家（政权）安危、民生疾苦的大事上。如三藩之乱期间，他就有《闻恢复长沙志喜四首》《喜雨纪事》（《诗别集》卷一）等关心时事之作。晚年，他还写过一些感恩表忠的文字，如卷八的《畅春苑张灯赐宴归舍恭纪四首》《正月二十九日随驾入侍鹿苑二月初十日陛辞南归恭纪四首》，及《诗别集》卷二中为尤侗感恩康熙题匾而作的《鹤栖堂诗》，以及《文钞》中几篇公开刊刻的碑记（《重葺鸡鸣寺浮图碑记》等）。它们同曹寅的奏折一起，构成了他的全部官方话语。但这些诗文（尤其是诗歌）在《楝亭集》千余首作品中，仅占不过百分之一。

曹寅极少美颂之词，但也极少刺世之作。他的“不涉户外一事”，并非冷漠避世，而是不把现实时政作为诗歌关注的重点。

曹寅生活在清初，从顺治到康熙前期，是一个充满着各种矛盾、冲突、动乱和民生疾苦，并且在当时诗歌中留下了大量记录的时代。邓之诚概括叙述道：

> 此八十年间，南明弘光、隆武、永历相继搘拄者十八年，台湾郑氏康熙二十二年始绝。其间若李赤心，若交山，若其他连仆继起者，更仆难数。康熙中叶以后复用兵西北。盖兵革之事，未尝一日或息。党争则满汉有争，南北有争，废太子之争，几亘三十年。当玄黄未判之际，为商遗殷顽者，不能无恢复之望，因以事以文字获罪死徙者多矣。兵饷不继，胥吏苛求。更若水旱地震之灾、奢侈贪黩之习、商贾之操纵盈绌、巨室之为患乡里。是时兵刑河漕，号为大政，而不能无得失利病。又值海通，梯航远至，西学西器，渐入中土。书史但称是时之盛，民生疾苦，不

能尽知，唯诗人咏叹，时一流露。读其诗而时事大略可睹。①

但曹寅诗中却少有这种"时一流露"。邓集录曹寅诗六首（《菜花歌》《铜鼓歌》《诸敏庵弹平调琵琶手法特妙无和之者感赋长句》《夜饮和培山眼镜歌》《望雨谣》《寄洋茶半开戏题》）基本为咏物之作，不涉时事。

曹寅并非不以民生为念，他是儒家仁政思想的信奉者和实行者，有着关心民瘼的悲切情怀。《望雨谣》（《诗钞》卷五）中他写到天旱酷热："苍生垂头望苏息……赤子嗷嗷亦可哭。"康熙三十六年十月，他奉旨赴淮赈灾，途中写下了《赴淮舟行杂诗十二首》（《诗钞》卷三），其中有句云：

> 炬火明津驿，貂褕满座床。黔黎正艰食，举酌莫相忘。（其五）
>
> 失薮哀鸣叫，抟空黄鹄劳。蓬窗漫抒笔，何处写逋逃？（其六）

康熙四十五年洪水期间，寅有《雨中病起读诗馆诸公见寄篇什有作》（《诗钞》卷五），中云：

> 凡民困时疴，展转无簟簴。俯视不能救，四野皆停潴。

是年秋，盐差任期将满，他在《真州述怀奉答徐道积编修玩月见寄原韵》（《诗钞》卷五）中云：

> 东行迫瓜期，车马未尝出。褒衣对衡称，匝月困已极。宿逋因之清，豪猾横不得。

可见他不辞辛劳与豪猾官吏斗争的勇气和负责精神。康熙四十八年秋，寅作《尚中索书真州东园予有愧焉作诗留别情见乎辞》（《诗钞》卷六）述及在任的作为和心情：

> 转运愧承乏，交征动棰鞭。幸谢私门宾，久捐公帑钱。

这使人想起高适《封丘行》中"拜迎官长心欲碎，鞭挞黎庶令人悲"的名句。

这些诗句所表现的曹寅的仁爱情怀，与张伯行《祭曹荔轩织造文》中所述"其轸匠而恤民者，盖颂声洋溢而仁闻之昭宣""请蠲逋，议疏通，绰然有赋

---

① 邓之诚《清诗纪事初编》"序"，上海古籍出版社 1984 年版。

充商裕之机权"①等政绩政声是完全一致的。这种可贵的仁爱情怀,加上他自己身受包衣制度的奴役和官场等级的压迫,使他极为痛恨残民以逞的暴政,目睹"普天横吏,骀虞绝少"的现实,他不禁"怒发森然"(《西平乐·圈虎》)。但除了自己在职务范围内力苏民困之外,他只能把仁政理想的实现寄托在诗情的想象之中。晚年所写的《巫峡石歌》(《诗钞》卷八)中,他悲切地呼唤这一天的到来:

> 惟愿耳不闻哀号之声,目不睹横亡夭折,百姓安乐千亿樃。

这种真切动人的感情,与杜甫、白居易何其相似!

然而,如此关心民瘼而又洞悉时弊的诗人,却并不像他的前辈那样,讽谕时政。我们在《楝亭集》中,可以看到诗人忧思关注的目光,却看不到他忧思关注的民生痛苦的现实图画。他只是通过个人的感受或态度,暗示某种社会问题的存在,其重点不在记事,而在抒情,其目的不在讽世,而在遣怀,表达情不能已的关切。他能写出"麦熟午风轻,轻舟信水行。野农时一饷,渔父久相迎"(《诗钞》卷二《渔村》),"平分千巷画船闲,农家儿女无拘束""含哺鼓腹是吴侬,菜花中朝菜花暮"(卷二《菜花歌》)的太平熙和之乐,却从未正面去写他所知晓的"艰食""逋逃"之惨和"豪猾""棰鞭"之恶。我们可以指责诗人仅有推己及人的仁怀,却缺乏为民请命的勇气。因为就在《清诗纪事初编》中,不难找到曹寅同时代各派诗人的刺时讽世之作,如王士禛《沙民叹》《养马行》《彰义门》,赵执信《纪蝗》《后纪蝗》,刘廷玑《劝农行》,尤侗《漕船行》,叶燮《纪事杂诗》之《御马来》《军邮速》《荷锸夫》等等。但对曹寅这种写诗"不涉户外一事"的做法和心态进行深入准确的探索,却并非易事,可以做种种推断,或确有种种原因。我倾向于认为这是一种自我保护策略、一种把诗歌作为私人话语的安全包装。曹寅是一位包衣汉人、皇室仆役,较之一般汉人,被更彻底地剥夺了人身和精神自由。如果说,封建伦理还容许臣下以一定方式批评(讽谏)君王,那么,奴隶哲学是绝不容许议论批评主子的。何况清初的政治环境一直比较紧张,统治者对异端异己思想相当敏感,言者不慎,动辄招罪。康熙元年,曹寅舅氏顾景星有诗《闻杜于皇几以文字得罪》讽刺当时文字狱的情况:"吹毛非大雅,曷遂野人情?"(《白茅堂全集》卷十

---

① 　[清]张伯行《正谊堂文集》卷二十二,《清代诗文集汇编》影印本。

三)于皇(杜濬)是曹寅的"父执"，其弟杜些山(杜芥)后来成为寅忘年之交。杜濬以何事几罹罪狱，详情不明。从康熙初的庄廷钺《明史案》看，大体是恶人告讦，官府"吹毛"。这类事情，必定给曹寅投下浓厚的心理阴影，"不干时政"，正是为了生存和创作安全，为了保护诗人在私人话语中的自我表现，它是消极的，但也是积极的。

曹寅的"不美不刺"而面向自我的创作取向，在一定程度上反映了清初诗坛(文坛)风气的转移，但又有诗人私人话语的个性特点。

这种转移大体可以己未(康熙十八年，1679)博鸿科作为分水岭。康熙初明永历政权灭亡和康熙二十年三藩之乱彻底平定，标志着清政权在全国范围内的巩固和社会安定局面的形成。在政治军事斗争取得完全胜利后，清朝统治者的思想文化政策的重点，也从高压转为笼络，己未博鸿试就使一大批汉族知识分子放弃反清立场走向北京。与此同时，那些在易代之际主盟骚坛的贰臣诗人(钱谦益、吴伟业、龚鼎孳)和"遗民诗人"(顾炎武、屈大均、杜濬、钱澄之等)先后辞世，一批虽在思想感情上与前朝仍有瓜葛，但在政治上已完全接受和服务新朝的仕清诗人取而代之，所谓"南施(闰章)北宋(琬)""北王(士祯)南朱(彝尊)"即是其代表。其中多数都是己未博鸿科人物。其创作倾向，也从前期(己未前)突出反映民族矛盾、民生动荡的慷慨悲凉的社会纪事和政治抒情，转向后期(己未后)追求神韵、才学的个人抒情。马积高先生用"渐趋平和"概括这一诗风转移，并指出后期不同于前期的以下特点：

(1)描写时事或抒发对时事的感慨的作品有所减少，即或写及，取材及表现的态度也与某些遗民诗人不同。

(2)山水游览、题画、咏名物等反映文人生活的诗大量增加，而咏史之作则颇略近事而转向古代，即使写到近事也较为谨慎或轻描淡写。

(3)在崇雅的总风格下，追求个人风格的独创性。①

这种"渐趋平和"的诗风，显然正是那个渐趋安定繁荣的康熙盛世的投影。它表明诗人私人话语对官方话语的妥协，话语形式或许是个人化的，其内容却公众化、正统化了。

---

① 参见马积高《清代学术思想的变迁与文学》，湖南出版社 1996 年版，第 63—75 页。

《楝亭集》的主要写作时代在己未诗风转移之后。《楝亭诗钞》录诗以康熙十七年戊午为起点，恐怕不是巧合。它自然很明显地打上了这种"渐趋平和"的"崇雅"的时代印记。他的"苍然以朴，澹然以隽，悠然以远"的诗风，尤其是后期（任织造后），描写个人闲适生活、主客酬酢、咏物题画之作明显增多，都表明他身处顺境的平正心态和身当盛世的雍容谐和。这种谐和，多少使他远离时弊和他所关切的民生疾苦，或者至少是不愿正视现实的这一面。

但曹寅毕竟不同于后期（己未以后）的官僚诗人和布衣诗人。他不但因独特身世深受明清易代的影响（参见前文"身世悲深麦亦秋"一节），而且在情感上与前期的遗民诗人有着密切关系（参见前文"能是风流任来往"一节），尽管他忠心耿耿地效力于皇帝主子和清皇室，却无法解决他的包衣汉人身份地位与他所效忠的清皇权及其奴役制度，他的个性气质、理想抱负与现实环境的矛盾，虽然任织造后他的境遇与心态有了很大改变，但这一矛盾仍未从根本上解决，也不可能解决。由是，行役之苦、羁囚之悲、不材之愤、"末世"之叹、家国之恨、作为青春隐私的风月之情，以及前述的痛愤时弊的悯民之心，种种与其官方身份和正统意识相悖离、对立的，甚至异端的情感蓄积于中，形成一种与盛世不谐和的内在压抑的"魁垒郁勃"之气。作为内府仆役、天子近臣，他很难找到宣泄和释放的途径。在京期间，他既难以完全和朋友一起"沉湎滑稽"，借酒浇愁；外放织造之后，除了公私酬酢，他也很难像一般地方官吏或风雅士人，徜徉山水，纵情啸傲。在这种种限制下，以诗歌作为写情寄怀的私人话语，便成了唯一的选择。不美不刺、面向自我，正是使私人话语有效而安全的创作原则。如果说"不刺"（不干时政）是为了在现实中生存的自我保护策略，那么"不美"（不顺时阿世）便是对现实有意疏离以显示真实自我的基本态度。正是以"不美不刺"作为创作原则，曹寅找到了他的独特的话语方式，这使他的《楝亭集》成为与其官方话语完全分离的"另一半"，即隐秘的自我，成为他的二重人格中的真实灵魂的艺术写照，这在清初诗坛，乃至整个古代作家中，都是很突出的。

## 第二节　反奴人格和自由心性

对包衣奴役制度的愤恨和对个体自我价值实现的追求，概言之，反奴人格—自由心性表现，是《楝亭集》的突出私人话语特征。

曹寅及其家庭的包衣奴才身份，和康熙帝对其父子的宠信任用，形成了他对清朝君主和皇室的臣道加奴道式的绝对依附和忠诚。这种奴性忠诚，不但表现为行动，也见之于文字，特别是在曹寅向康熙帝上奏的大量密折这类典型官方话语中。试举数例：

> 念臣寅于稚岁备犬马之任，曾无尺寸之效，愚昧椎鲁，不学无术，蒙皇上念臣父玺系包衣老奴，屡施恩泽，及于妻子，有加无已。
>
> 《奏谢钦点巡盐并请陛见折》
>
> （康熙四十三年七月二十九日）
>
> 窃臣寅身系家奴，蒙圣恩擢任，虽竭犬马之诚，难报高厚于万一。
>
> 《奏谢钦点淮盐并到任日期折》
>
> （康熙四十三年十月十三日）
>
> 臣寅蒙皇上格外施恩，举家顶礼，虽粉身碎骨，难报万一。惟有敬诵训旨，勉力自慎，以仰副皇上生成之至意。
>
> 《奏传谕李煦并报校修唐诗今年可以
>
> 竣事折》（康熙四十五年二月二十八日）
>
> 恭惟皇上万几清暇，俯念群隐，形之歌咏，远布遐荒。宸章宝翰，照耀尘寰；天语恩纶，深垂训诰。凡在臣民，自应洗心涤虑，尽力致身，以不负皇上教养之隆恩。真旷代未有之殊典也。
>
> 《奏奉到御书恳请勒碑折》
>
> （康熙五十一年六月初三日）①

然而，在《楝亭集》中人们听到的，却是另一种声音，痛苦而无奈，悲愤而沉重。这种声音，表现了曹寅对奴性的背弃和作为"人"的觉醒。

## 一 叹行役之苦

曹寅少年入侍康熙，历十余年，人以为荣，而寅以为苦。入侍虽系破格选拔，就曹寅而言，实际上是包衣子弟提前服役当差。既要忍受自小与父母亲人的离别之苦，又要长年扈驾随行，风尘劳碌。他的早期诗作，反复慨叹行

---

① 《关于江宁织造曹家档案史料》，第 23、24、37、97 页。

役之苦,不同于一般的客子宦游的一时辛劳,而是一种与生命相终始的永无休止也无法摆脱的奴役痛苦。这种奴役对亲情的剥夺乃是反人性的罪恶:

> 晓灯寒无光,驱马别亲故。残月挂枫林,荒烟白山路。十年游子怀,惜此岁华暮。载咏无衣诗,何以蒙霜露?
>
> 《岁暮远为客》

此诗不见于《楝亭集》,今存邓汉仪所编《诗观二集》、陈以刚编《国朝诗品》、沈德潜《国朝诗别裁集》。邓编诗集《凡例》写于康熙十七年,此诗当成于此前。据诗中"十年游子怀"之句,应作于康熙十六年岁暮。曹寅康熙八年入侍,至此首尾将近十年,故以"十年"概言之。沈德潜曾高度评价此诗,谓:"起手十字,写尽辞家之苦,可与《别赋》并读。"其实他还并不真正了解曹寅"十年游子怀,惜此岁华暮"的深重苦痛。如果不是被迫服役,毫无人身自由可言,何至于"十年游子"一旦回家看望父母,佳节不能团聚,又要岁暮别离?诗中用《无衣》"王于兴师,修我戈矛"之典,既暗示自己时为侍卫武事,其意更在谓王命所召,不得不"岁暮远为客",这当然不是一般的游子情怀所能比拟,所写的正是皇家仆役之苦。

据邓汉仪《诗观二集》所载,曹寅当时的诗集名"野鹤堂草",这大概是其康熙十七年前诗集的名字。(康熙十八年曹寅有《荔轩草》诗集,顾景星为序。)"野鹤堂",当是曹寅在北京的书斋之名,其中可能暗用"辽东鹤"的典故,因寅为辽东人,"野鹤"又寓飘泊之意。其意与"十年游子怀"一致,由此可以推断,曹寅早年之诗,必多同类作品,惜今皆不存。也许因为《岁暮远为客》等诗怨及君王的情感指向过于直露,这类优秀诗篇竟被曹寅"手自刊落",弃于集外。但现存《楝亭集》中,尤其是其前期之作仍然可以发现类似感情的强烈流露。例如:

> 晓车如秋潮,雷鸣过空堂。尘役苦无厌,俯躬自彷徨。
>
> 《不寐》(《诗钞》卷一)

> 我诵残春篇,慨焉叹行役。风露卧中宵,车马日枕藉。慨与名山邻,羞践世人迹。郁郁黄尘间,狂吟聊自适。
>
> 《读梅耦长西山诗》(《诗钞》卷一)

按:西山有康熙行宫。《日下旧闻考》记乾隆云:"昔我皇祖于西山名山古刹,无不旷览游观,兴至则吟赏托怀,草木为之含辉,岩谷因而生色。恐仆从侍从之臣,或有所劳也,率建行宫数宇于佛殿侧,无丹腹之饰。质明而往,信宿而归。"此诗叹行役,盖指侍卫康熙驻跸西山,看来曹寅的感受与乾隆所述完全相反。

> 五年不梦长江水,胸中忽作波涛起。揽尽悠悠一片心,谁怜弃置风尘里?今夜天涯何处归,三屯塞上行人稀。马疲道远日投岭,解鞍枵腹风吹衣。……何当买此百绳地,还如谷口人号愚。朝看晴霞漾疏翠,夜弄素月凌清辉。
>
> 《恒河》(《诗别集》卷二)

此诗前有小序云:"恒河在滦河之北,水冽而深,岭环之,中有人家,鸡犬肥驯,黍稷在场,解鞍坐息其侧,陶然有余乐也。因悲世路之险,嗟行役之苦,遂赋此篇,以期异日云尔。"依诗首句所述,曹寅此时已连续五年未能回家。考康熙八年入京,十二年、十六年、十七年均曾南下,则此诗当作于十七年回京之后五年,应为康熙二十二年。此时曹寅已升任銮仪卫治仪正、包衣佐领,竟直书"悲世路之险,嗟行役之苦",希望于山谷中作"秦时避世人",其内心痛苦可知。

> 回身感旅宦,辕辙何时休?
>
> 《赵北口》(《诗钞》卷一)

> 清秋野色旷,游子不能止。
>
> 《葛渔城》(《诗钞》卷一)

> 回首见长河,波涛正汹汹。昼夜逝不息,车马纷交冲。惜兹白日晚,怅望抚孤筇。
>
> 《卧龙岭》(《诗钞》卷一)

> 萧条金台树,泱漭浑河水。轮蹄白日逐,税驾安所止?
>
> 《和桐初谷山署中寄怀原韵》(《诗别集》卷一)

按,三屯营、赵北口、葛渔城、卧龙岭、黄金台、子牙河均为曹寅随康熙出巡所经之地,见《康熙起居注》及前文有关考证。

> 风尘令人老,终日竟忘餐。会当谢奔走,逍遥咏考槃。
>
> 《白塔晓望》(《诗别集》卷一)

《诗经·考槃》朱熹注："诗人美贤者隐处涧谷之间,而硕大宽广,无戚戚之意。"咏《考槃》与《恒河》(《别集》卷一)诗中羡深山人家之乐,含义相同,都是表达摆脱行役之苦的愿望。

> 浊浪无时休,逆旅如烦冤。……莫叹无荣名,要当出篱樊。

《黄河看月示子猷》(《诗钞》卷一)

> 屈指炎凉千里别,何时来往一身轻?

《人日和子猷二弟仲夏喜雨原韵》(《诗钞》卷一)

按,以上二诗为赠和其弟子猷作。兄弟之间倾诉真情,所谓"出篱樊""一身轻",都是渴望获得摆脱包衣苦役之自由。"篱樊"喻意见下文阐述。

任织造以后,曹寅地位上升,生活也趋于安定。但这种行役之苦仍不时见于笔底。盖因仍为皇家包衣,永无休息之日,不过心态较为平和,表达较为含蓄罢了。

> 老傍期门队,归乘使者车。南辕兼北辙,筋力竟何如?

《和同人东村招饮见怀三首》(《诗钞》卷七)

> 残年北去南来雁,过日东流西上鱼。

《可亭过访即事口占》(《诗钞》卷八)

> 飘泊,怎忘却?算乌绕江门,柳围京洛。红尘绿水,三生各是,少年蹭蹬,风流担搁。头颅尚在,且掉臂,共横槊。

《兰陵王·九日诸君子登高索和》(《词钞》)

考曹寅晚年,虽专任织造,并兼盐差,仍数次奉命于岁暮离家赴京述职。康熙四十五年、四十七年、四十九年、五十一年的除夕都是在外面过的,年初才能回家。所谓"南辕兼北辙""北去南来雁"云云,都是指这种往返奔波。筋力耗尽,"头颅尚在",只能无奈自嘲。从早年"岁暮远为客",到"残年北去南来雁",终其一生,他都是皇室奴仆,无法挣出这一"篱樊",这正是其悲剧命运所在。

## 二　抒羁囚之悲

曹寅把包衣奴役制度及社会对自由的压制视作"篱樊"。因此,他对羁囚之物特别敏感,诸如病鹤、羁马、笼鹰、圈虎,甚至画里孤鹿、手中风筝,都会引起他的强烈共鸣。他常以此作为题材写咏物诗。在这些拟人化的借物言志之作里,曹寅揭示出人的自由理想与人格尊严同环境的冲突。他不仅渴盼人身自由,更渴望精神自由和人格独立,而这些,在包衣奴役制度、礼法等级制度乃至封建专制制度下是无法实现的,这就使他的私人话语获得了普遍性的意义。这是真正的自由心性之歌,也是不甘为奴的奴隶反叛之歌。在这些作品中,曹寅不但完成了从奴到人的觉醒,而且开始了个性意识的觉醒。

这类咏物诗,前后期都有,表明羁囚之悲是伴随曹寅一生的感愤。

他的笔下,一只病鹤失去了自由,但却倔强地保持着自己的高洁品格:

> 白鹤翔高天,不受绊与羁。有时息毛羽,终焉触藩篱。哀鸣尔何为,纵步不能移。声随霜月苦,身被秋风欺。固知江海心,况乃云霞姿。忍饥已倔强,延颈还高窥。缟裳污泥土,朱冠暗胭脂。虽曰神色丧,未觉品格卑。亭亭空庭内,君子为之悲。

《病鹤》(《诗别集》卷一)

他的笔下,在园囿中驯养的鹤群同样向往野外的自由世界:

> 四鹤不同致,脩然神迥超。送鸣如在野,群谪未归霄。深恨羽毛贵,谁加园囿遥? 几时移密竹,休沐静相招?

《北院鹤》(《诗别集》卷一)

这两首咏鹤诗使人联想起他的第一本诗集《野鹤堂草》的命名。看来,曹寅确已把鹤当作自己的人格和自由理想的象征物。这正是"心比天高,身为下贱"的反奴人格的写照。

他用"圈虎"为题材,既写诗,又填词。诗写圈虎之苦,词抒圈虎之愤:

> 危机忌一踏,密网结千层。困极声犹厉,耽余气忽腾。阴风枯壁树,斜日射池冰。豢食同供急,应惭上苑鹰。

《圈虎》(《诗别集》卷一)

上苑鹰虽同为豢食,但尚可腾飞;而虎自坠入网中圈养,却连这一点有限的自由都没有,"危机""密网"隐喻包衣奴役和官场政治的"世路之险"。下一首词见于《词钞别集》:

倚柱眈眈眦决，必上腾其气。咄汝黄章黑质，盍向遐方服猛，日食大官生虺？线移亭育技痒，空跧跧，掉长尾。终不若，为鼠死。飒杳冰池枯树。返照严城百坂，清啸悲风起。休寂寞，遗名李耳。普天横吏，驺虞绝少，怒发森然蒩。一餉凭陵饱看，也应胜对，千岁狐狸夜语。

《西平乐·圈虎》（《词钞》）

词在刻划虎的英雄气概和被圈而无所逞其技的悲壮情怀时，毫不掩饰对"普天横吏，驺虞（古代传说中的仁兽）绝少"的愤世之情，直可视为对"康熙盛世"的批判，而其对自由的呼唤则与诗一样。

他要把朋友远道馈赠的孔雀放回森林，唯一的原因是希望孔雀重获因被网罗而失去的自由：

中庭矩步意难安，墙角梳毛雨渐干。不用襜襦夸组绣，还因罗网念鹓鸾。眵盲空谢西施赠，点染徒烦荔子丹。他日翮全应放去，郁呷绰彩戏林端。

《粤中丞送孔雀感其远怀留止官<br>舍作诗寄之》其二（《诗钞》卷二）

其诗作于任苏州织造时。此时他圣眷方隆，生活安定，已无行役之苦，但仍无法消释内心的隐痛。同情及于笼中的孔雀，就曹寅而言，当然不只是一种博爱之心的表白。难怪他毫不客气地回复朋友："何事投栖来万里，故人情好未相宜。"（前题其一）

他对八大山人笔下的野鹿不胜感慨，借题画歌颂自由和独立人格追求：

丰草长林独离群，四时风角祝朝昕。何因不画青田鹤，叱咤双双礼白云。

久识山中猿鸟性，孤踪不用狎林泉。西风秃尾田间道，亦解掀唇鸣向天。

《题马竹溪藏八大山人画鹿》（《诗钞》卷三）

他痛恨一切羁囚之事，喜爱一切自由之物：

生憎围人控骄马，绝爱牧儿飘纸鸢。

《三月六日登鼓楼看花》（《诗钞》卷三）

孤村流水连翩意，绣幕金笼那易知？

《鸦鸣歌》（《诗钞》卷五）

自由与人格尊严是不可分割的。追求自由，是为了人的尊严，即使失去自由，也不能失去尊严，这就是曹寅的价值观。

## 三　自由心性追求

曹寅曾宣称"我本放诞人"（《诗别集》卷三《冬来为夙逋所累拉髯翁曝日堂前出扇得画图思世情不觉失笑遂题画端此紫雪庵主得力之偈也即以奉赠以为开岁笑柄》），"人生惬所好"（《诗别集》卷二《春日轩下种秋花》），他把自由心性当作最根本的人生追求。这表明，曹寅不仅具有反奴人格，而且有了一定的个性自觉。包衣奴役制度催化了曹寅的自由意识，但在那个由礼法规范和等级制度构筑起来的现实"篱樊"里，他是找不到理想的自由世界的，甚至连改变自己和家庭的包衣身份也不可能。于是，他就只能把目光投向大自然，在自然中寻找自由精神的寄托。但自然界也存在对生命的剥夺和统治，如弱肉强食、疾病死亡等，那么，真正的自由之物，便是那无知无识、无喜无忧而被认为是永恒存在的石头了。"丘壑随天便"（《换巢鸾凤》，《词钞》），这就有了曹寅的爱石情结。

被曹寅置于《诗钞》第一卷的第一首诗是《坐弘济石壁下及暮而去》，诗云：

我有千里游，爱此一片石。徘徊不能去，川原俄向夕。浮光自容与，天风鼓空碧。露坐闻遥钟，冥心寄飞翮。

曹寅爱石情怀如此强烈突出，其内涵似不易把握。幸好，在他删落的诗中，另有一首《暮游弘济寺石壁回宿观音阁中》长诗，载《诗别集》卷二。从抒情基调、意象创造和语词运用看，二诗应作于同时，唯情感更为鲜明沉重。诗云：

羁身婴世网，高兴久淹积。此行抱奇怀，遥见一片石。浮光逐清景，荡漾欣所适。逼近觉水低，仰望碍飞翮。天风豁疏翠，鞺鞳潮声发。耽奇竟忘险，兴激凌苍壁。回峦隐别峰，鸟道贯罅隙。接手上巉崖，宛转几千尺。杳冥人语洪，空洞闻水脉。草木潜幽光，烟霞无定迹。极巅

险忽平,来路云已隔。返照射空江,波涛潋金碧。睹兹移我情,顿觉烦
尘释。下方暮钟动,急转心促迫。向南得微径,盘折不容展。溪水自澄
鲜,藤花青可惜。铁锁悬一楼,虚敞户常辟。冷风吹我面,飒飒动毛发。
中有百岁僧,诵经不下席。举手招我言,此中足休息。

同游一地(石壁),连作二诗,一存一删,耐人寻味。这使我们有必要考
察它们的写作时间、地点、诗人的境遇,由此探寻其诗句的情感隐秘。

这两首诗均作于康熙十七年。是年春,曹寅奉命南下至江宁、苏、杭及
临海一带。弘济寺、观音阁都是南京燕子矶附近的名胜,所谓"弘济石壁"即
燕子矶石崖。清余宾硕《金陵览古》"燕子矶"条云:"弘济寺,殿宇廊舍,负山
横起。……巨石临危,若坠复倚,游者凌风欲仙,不知此身之在人世矣。"此
即二诗中"一片石"之所指。由于作于此次南行之时,故前诗有"我有千里
游"之句。其时,寅父曹玺正任江宁织造,曹寅却在御前当差。张伯行《祭曹
织造荔轩文》云:"比冠而书法精工,骑射娴习,擢仪尉,迁仪正。"可知曹寅在
20岁(康熙十六年),已被康熙提升为銮仪卫侍卫,接着又升为治仪正,正五
品。"御殿则在帝左右,从扈则给事起居。"(福格《听雨丛谈》)康熙十七年,
他21岁,正值青春年少又深荷恩宠之时,且得以在奉使南行之时回家省亲,
心境应十分愉悦。但细读二诗,乃觉大不然。从意象看,二诗均以"一片石"
为中心和标志,与浮光、天风、飞翩组合,构成一幅开阔自由的自然图景。巨
石临空,"游者凌风欲仙",很容易产生摆脱一切现实羁束的天人合一的情感
冲动和幻想,它与作者的现实人事处境形成强烈的映照:

1. 千里游(奔走之象)——一片石(止息之象)

2. 婴世网(羁束之象)——一片石(自由之象)

如果我们不是只看到曹寅受宠的表面境遇,而是联系到他作为一名内
务府包衣——皇家奴仆的实际身份地位,联系到他在《楝亭集》中反复抒写
的"行役之苦"和"羁囚之愤"去思考,那么,上述意象的情感内涵并不难理
解。在第一组对照中蕴含的正是为奴的"行役之苦",第二组蕴含的正是"羁
囚之愤"。后诗"羁身婴世网"一句,似从陶渊明《归园田居》"误入尘网中,一
去三十年。羁鸟恋旧林,池鱼思故渊"诗句化出。陶诗以"尘网"喻官场,以
"羁鸟"等喻失去自由的痛苦和对自由的渴望。曹寅的情感,显然沉重得多。
"世网"乃是一种从入世以来即被注定且无法摆脱的命运。这一种命运是从

他的先世曹锡远及其子振彦被俘没满为奴之后就开始了的。按照清代法律，包衣的奴籍是子孙相续的："主仆之分一定，则终身不能更易……而且世世子孙，长远服役，亦当有不敢纵肆之念。"（《清世宗实录》卷五十）这就是曹寅内隐的深哀巨痛。他对"一片石"的流连眷恋，他对石崖、浮光、天风、飞翮等自然美景、自由物象的徘徊沉醉，展示着生命的自由本性与生存的不自由状态的冲突。"下方暮钟动，急转心促迫"，这正是现实压迫的精神投影。质言之，这两首游弘济石壁的诗，乃是一位被剥夺了人身和精神自由的奴隶追求自由心性的理想之歌、反抗奴役命运的不平之鸣。曹寅的爱石情怀，首先就是这种自由心性的寄托。他之所以把表达"爱此一片石"的《游弘济石壁诗》置于卷首，且于同时同地同一事件同一主题连作二诗，就是因为，包含反奴意识的自由心性，乃是这位内务府包衣的最根本的人格理想，而他的痛苦，正是来自现实的不自由。

## 第三节　"不材"之愤

曹寅幼负神童之誉，长蒙圣主之知，一生似乎春风得意，但事实上，《楝亭集》中始终蕴含着一种有志难骋、有才难用、为世所弃的积郁，用他自己的语言，谓之"不材"之愤。只不过到后期，随着仕宦生涯的变迁和对官场认识的深化，这种情感变得更复杂更有内涵罢了。

曹寅的"不材"之愤，是以中国古代知识分子传统的"遇合""际会"的用世观念为出发点的。最初，他雄心勃勃地认为自己有（君臣）"遇合"之幸，惜无"际会"之时。任职侍卫，唯一的建功立业机会是遇有战事，随驾出征。但康熙二十年三藩之乱平定后，国势太平，连这一机会也失去了。写于此后不久的词《唐多令·登边楼作》（《词钞》）表达了这种感慨：

> 无处觅封侯，西南战马收。抚危楼，万里边愁。碧草黄花春一片，望不到，海东头。　　天尽水还流，安期今在否？叹浮生，负却扁舟。莲匣无光衣有垢，千古下，我来游。

既无用武之地（"莲匣无光"），又不得不仆仆于风尘之中（"衣有垢"），更不用说实现那种神往的功成身隐的理想抱负了（"负却扁舟"），其关键似乎是不得其时。

犹伤髀里肉,三月舵楼前。

《北行杂诗》(《诗钞》卷一)

诗写于康熙二十四年。这里用三国刘备伤髀肉复生叹功业未建之典故,诗中又有"行在天山外,西风玉帐寒"之句,盖当时康熙有巡幸塞外之举,曹因治父丧未能与行,在想象中他似乎感到又失去了一次良机。尽管当年并无战事,但由此可见他期望实现功业抱负的心情之急迫。

但他终于意识到不仅仅是时机问题,还有更大更根本的限制,这就是他的包衣奴仆身份和包衣奴役制度给他规定的人生道路。同他的父亲曹玺一样(曹玺还是有战功的),他只能从侍卫到内府官员,终生为皇室服役,既被排斥于科举功名之外,也无法进入朝廷正常仕途之中。早期那些叹行役之苦、羁囚之悲的作品,表明他早已感觉到这种限制的严重性,因而,他把实现功业抱负与追求自由理想化为一个完整的人生目标:

莫叹无荣名,要当出篱樊。

《黄河看月示子猷》(《诗钞》卷一)

但现实的回答是他无法脱出"篱樊",这就不免使他转为激愤。在这方面,他与同为侍卫的朋友纳兰性德的苦闷有相通之处。康熙十五年,纳兰中进士后被康熙帝拔入内廷任御前侍卫,与曹寅共事,从康熙九年至二十四年纳兰去世。康熙三十四年,曹寅在《题棟亭夜话图》诗(《诗钞》卷二)中回忆道:

忆昔宿卫明光宫,楞伽山人貌姣好。马曹狗监共嘲难,而今触痛伤枯槁。

"马曹狗监共嘲难",不是一般的互相取笑(曹寅曾在鹰狗处或称养鹰鹞处当差,纳兰曾在上驷院当值),还用了东方朔《答客难》和扬雄的《解嘲》两篇著名的关于人才问题的辞赋。二文描述人才在专制统治下身不由己的命运:"尊之则为将,卑之则为虏;抗之则在青云之上,抑之则在深渊之下;用之则为虎,不用则为鼠。虽欲尽节效绩,安知前后。"(《答客难》)"当途者升青云,失路者委沟壑,且取权则为卿相,夕失势则为布衣。……岂其人之胆智哉?亦会其时之可为也。"(《解嘲》)这些现象肯定引起了两人的强烈共鸣,但曹寅还不同于纳兰,纳兰是贵族公子,曹寅是包衣奴仆。纳兰进士出身,曹寅无任何功名。清朝不是没有由侍卫擢升大臣之前例,但即使有这种机会，也只可能属于纳兰，而不可能属于曹寅，曹寅连参加科举考试的机会都没有得到。而按清制：

> 内府人员惟充本府差使，不许外任部院。惟科目出身者，始与搢绅伍。①

这才是包衣曹家仕进途中最大的悲哀。正因如此，康熙二十九年四月，曹寅在出任苏州织造前，特地给弟弟曹宣、儿子曹颙等捐纳了监生。② 与此同时，他对自己和包衣曹家的政治前途也有了清醒的认识，作为标志的作品是康熙三十年他写给曹宣的《闻芷园种柳用少陵春日江村五首韵寄子猷》（《诗钞》卷二）。他在诗中写道：

> 故园何所有，白石与苍苔。寂寞终无用，婆娑岂不材？柔丝青可把，愁絮拨难开。惆怅横戈地，秋风拂马来。

按：康熙二十九年，诏亲征噶尔丹。七月，康熙帝亲巡塞外，子猷时为侍卫从征。这是曹寅当年任侍卫时，梦寐以求的"封侯"机会。但诗中除了思念，没有表达任何对子猷的功业期待。不但于此，后来康熙三十五年、三十六年曹宣扈驾亲征噶尔丹，真正上了前线，但曹寅所写的有关诗文，除了亲情，也毫不涉及建功立业内容：

> 念我同胞生，毡裘拥戈寐。
>
> 《松茨四兄远过西池用少陵可惜欢娱地都非少
> 壮时十字为韵感今悲昔成诗十首》（《诗钞》卷二）
>
> 与子堕地同胚胎，与子四十犹婴孩。囊垂秃笔不称意，弃薄文家谈武备。伏闻攘狄开边隅，闻子独载推锋车。回忆趋庭传射法，平安早早寄双鱼。
>
> 《闻二弟从军却寄》（《诗别集》卷三）

看来，曹寅这时对当年的"无处觅封侯"之叹，已作了重新的解读，不是无此机遇，而是无此前途。后一首诗借用韩愈《毛颖传》典故，直写"不称意"

---

① ［清］昭梿《啸亭续录》卷四。

② 《总管内务府为曹顺等人捐纳监生事咨户部文》（康熙二十九年四月初四日），转引自冯其庸《曹雪芹家世新考》，第 141 页。按：这一咨文中所列亲缘关系不尽准确。

的郁愤。对于包衣曹家而言，无论事文谈武，他和曹宣二人的命运是一样的。他已经摆脱了自古以来乃至同时代其他才志之士的传统幻想和怀才不遇的不平，产生了一种独有的内心激愤。在前引《闻芷园种柳》诗中，他以"无用""不材"的反讽（自嘲）语气，揭示了现实社会环境对他的才能与用世抱负的绝对排斥，以无人问津的故园白石绿柳作为他为世所弃的寂寞即精神孤独命运的艺术象征。这标志着曹寅私人话语重要内容之一的"不材之愤"的形成，为世所弃的"石头"则成为其话语符号。传统的士不遇，话语指向"遇合""际会"等外在环境的偶然内容（如是否遭逢明主或"伯乐"贤臣，是否有功业机会等），而曹寅的"不材之愤"，却指向外在环境的某种必然性（等级的种族的压迫奴役制度等），这样，他的私人话语就获得了特殊深刻的社会批判内涵。

曹寅抒写不材之愤，总是把个人命运投射到广阔的历史背景之中，借以批判埋没人才的制度和现实：

> 白日无根月有窟，奕世身名悲汩没。……谷量牛马岂能计？蓬藋英雄多白头。
>
> 《呼卢歌》（《诗钞》卷一）

《史记·货殖列传》："畜至用谷量马牛。"谓数量之多。充斥于世的"谷量牛马"显然是蓬藋英雄（被埋没英才）的对照形象。

> 寂寞一杯酒，消磨万古才。短歌送春日，步绕黄金台。
>
> 《与从兄子章饮燕市中》（《诗别集》卷一）

> 古来贤豪士，怀抱恒不平。贵贱使之然，区区无近名。
>
> 《冬来为凤逋所累拉聱翁曝日堂前出扇得画图思世情不觉失笑遂题画端此紫雪庵主得力之偶也即以奉赠以为开岁笑柄》（《诗别集》卷三）

> 玉削参差玉戛寒，柯亭自古选才难。可堪飏穴乘车入，却借西山揩笏看。
>
> 卷三《和些山冬至前三日咏
> 东轩竹见寄八首》（《诗别集》卷三）

末一首以咏竹寓意。柯亭竹，即制笛之上等竹，见《后汉书·蔡邕传》。

鼲（竹鼠）乘车，正是对选材不当现实的讽喻。

晚年的曹寅，圣眷日隆，地位上升，生活闲适安定，应该不会有什么不平之气了。但事实不然，内府官员、包衣奴才不得"与搢绅伍"，不能进入传统士大夫行列，不能进入仕宦正途，因而也不能真正用世济民的悲哀始终像一块大石压在他的心头。他也无法驱除那种为世所弃的孤苦之感，作为"不材之愤"的话语符号的石头形象在他的笔下屡屡出现，而且被赋予更明确的内涵，这种爱石情结对后来曹雪芹创作《红楼梦》有着深远影响。

曹寅有多首题赠朋友的咏石诗。在康熙四十年作的《寄题顾书宣编修赒酒石》（《诗钞》卷四）这首游戏之作中，他别有用意地将奇石嘲为"无用"之材，又明示自己嗜石之癖，借石自喻：

> 顽荒一剖绝无用，兴云出雨腾蛟螭。吾生有癖亦嗜此，大车捆载罗阶墀。……玉堂窅窅天门深，他日者，思踅屏颜不可得。

末二句显然在感叹人生遭际。诗中已暗用女娲炼石补天之典故。康熙四十九年，他为朱赤霞作《浮石山歌》（《诗钞》卷七），诗中云：

> 故园千里足归兴，白石崚嶒漫碧苔。

很明显，此诗有意重现了《闻芷园种柳》中"寂寞终无用"的"白石与苍苔"的形象，又一次暗示石之"无用"而被弃的命运，成为对二十年前的"不材之愤"的强烈呼应。

他也直接倾诉内心的悲凉：

> 平生道路无车舟，雨虐风欺到白头。纷纷尽让千帆去，指点厽犹上驿楼。

> 《顺风宿迁有感》（《诗钞》卷七）

"千帆去"，用刘禹锡"沉舟侧畔千帆过"诗意，流露出的正是为世所弃的孤苦。

甚至康熙帝赐宴这样的恩宠，也不能消除他的寂寞：

> 幸无邻比喧腰鼓，懒逐游人上堍桥。宝勒金鞍少年事，只应凫火伴幽寥。

> 《畅春苑张灯赐宴恭纪四首》（《诗钞》卷八）

这是他生命最后一年(康熙五十一年)的心态记录。这一年中他最重要的作品是《巫峡石歌》(《诗钞》卷八)。这首长诗把巫峡石想象为女娲补天所弃之顽石,用自嘲方式吐尽了作者一生为世所弃而不得其用的悲愤:

> 巫峡石,黝且烂,周老囊中携一片,状如猛士剖余肝。……娲皇采炼古所遗,廉角磨礧用不得。……嗟哉石,顽而矿,砺刃不发硎,系春不举踵。矸光何堪日一番,抱山泣亦徒浑浑。……

几个月之后,曹寅就因病辞世了。据李煦的奏折称,曹寅临死时,“当其伏枕哀鸣,惟以遽辞圣世,不克仰报天恩为恨”[①],这或许是真的,但他没有也不会提到的另一面的真实,即曹寅至死还怀抱着从早年的《闻芷园种柳》到暮年《巫峡石歌》的那种以“石头”为话语符号的“不材之愤”,他对现实乃至对“圣主”的怨恨。《巫峡石歌》是曹寅爱石情结的艺术终点,在某种意义上,又成为曹雪芹《石头记》构思的起点。

曹寅的“不材之愤”的认识终点,则是在超越自我之后达到的对封建政治下人才命运的了悟:

> 世运陶轮镈,材不材,羽恒就脯,鳞恒就鲊。
>
> 《贺新郎·午间小憩耳闭少愈序皇
> 已豁然又昭则如旧三叠前韵》(《词钞》)

《贺新郎》五首,本是曹寅晚年(康熙四十八年以后)写的一组游戏唱和之词,用韵步迦陵词。迦陵词《贺新郎》叠韵十五首,完全是逞才之作。曹寅的朋友,淮南文士鲍又昭有十叠迦陵词韵之作。曹寅五叠,为迦陵词的三分之一,可见主要已无逞才之意,大体是借戏言以寄意。叠韵需苦思,苦思则不免对人生和现实有所了悟。在这首词中,他把封建政治下人才的处境比喻为在运转的陶轮的缝隙中生存,“材”或“不材”(就其社会评价而言),命运都是一样。鸟都要被制成干肉,鱼都要被制成鱼干。《庄子·山木》篇云,“雁以鸣烹,不鸣而得免”,说明“不材”可得其天年。曹寅则认为,为世所弃(“不材”者)是不幸,因为它造成才能的浪费和生命价值的毁弃,且不免受役

---

① 《曹寅身故请代盐差一年以盐余偿其亏欠折》(康熙五十一年七月二十三日),《李煦奏折》,第119—120页。

于人，如己之终生劳碌而不得享其天年；为世所用（"材"者）也难免祸，因为"兔死狗烹""蛾眉招妒"，历史上的杰出人材即使成就功业，也常成为政治斗争的牺牲品。总之，人才的命运不能为自己把握，人不能成为自我。"世运陶轮鞴"，人才都将为世运"陶轮"所支配，所役使，所碾压，所扭曲，所吞没。这样，曹寅就超越了个人在包衣奴役制度下的特殊的"不材之愤"，接触到了具有普遍意义的封建专制政治（世运）下人的价值和人的生存命运的根本问题。这是一种可贵的认识飞跃。

## 第四节　末世之叹

曹寅身怀"不材"之愤，慨叹为世所弃。但事实上，作为一名内务府包衣，从少年入侍起，他就深深地进入了清初的政治生活。一方面，他因幸遇最高统治者个人宠信而能仕途通达；另一方面，他却不免在包衣制度的压迫和密迩皇室的内务府官场倾轧中饱经风霜，这就使他对现实拥有了一种独特的视角。他难以从下层体察民生，却可以在宦途中洞悉世情，发现理想政治与现实社会的距离和矛盾。他深感世路之险，并因此发出末世之叹。这种末世之叹使他的私人话语隐含着丰富的现实批判内容，成为康熙盛世的不和谐音。

《楝亭集》不重写实，不干时政，然而却大量涉笔世情。在这些抒发自己对现实独特感受的文字里，宦途（官场）是他明确无误的批判重点。

> 嗟乎，仕宦，古今之畏途也。驰千里而不一踬者，命也。一职之系，兢兢惟恐或坠，进不得前，退不得后，孰若偃仰箕踞于簠簋被褥之上为安逸也；纡青拖紫，新人满眼，遥念亲故，动隔千星，孰若墦间之祭，持鸡渍酒，倾倒于荒烟丛筱之中，谑浪笑傲言无忌讳之为放适也。

《东皋草堂记》（《文钞》）

这篇文章写于康熙四十年，时曹寅45岁，文末特别标明"记于萱瑞堂之西轩"。"萱瑞堂"是康熙三十八年第三次南巡，曹寅第一次接驾，驻跸织造署时，御赐曹寅嫡母孙氏之匾额。冯景《御书萱瑞堂记》云："尝观史册，大臣母高年召见者，第给扶称老福而已，亲赐宸翰，无有也。"这当然不只是康熙帝对其保母孙氏的慰劳，更是曹寅及整个曹家的莫大荣耀。对于曹寅的宦途，这应是一件具有标志意义的大事。然而，除了奏折，至今没有发现曹寅为御赐宸翰所写的感恩表忠诗文,而两年之后作于"萱瑞堂之西轩"的《东皋草堂记》却明白表达着对宦途的批判和否定。虽然字面是慨叹古今,但所表达的感受和认识,却完全来自当时现实。这种否定性认识,甚至主要不是缘于对官场浮沉不定、富贵难保的恐惧(虽然文中流露了这种忧惧),也主要不是缘于小人当道、世道不公的愤慨(这是文中有意回避未及的),而是着眼于封建政治(权力结构、礼法制度及政治风险等)对人的生存自由和个性情感("安逸""放适")的剥夺,这就相当深入地接近了对封建专制政治权力压迫本质的认识。身在仕宦而否定宦途,处境通达而自觉艰危,这正是曹寅二重人格心态的典型表现。而其清醒与深刻,很容易使人们联想起《红楼梦》中元春省亲时对父亲的含泪倾诉:

> 田舍之家,虽齑盐布帛,终能享天伦之乐,今虽富贵已极,骨肉各方,然终无意趣。(第 17 回)

话语何其相似! 可以说,曹寅的畏途之叹,正是《红楼梦》皇权批判的先声。

曹寅对宦途的认识,几乎是与他进入官场同时开始的。

曹寅正式进入官场,应在他由侍卫升任内府郎官之时,在此之前曹寅身在禁中,所作多叹行役之苦(见前文),而不及世情。康熙二十三年夏,曹玺病故,"奉旨以长子寅仍协理江宁织造事务,以缵公绪"。同时,康熙为使曹寅可正式任职,"诏晋内少司寇"(指内务府慎刑司郎中,因当时织造例由内务府郎中外任)。但康熙二十四年夏,内务府另派马桑格接任江宁织造,曹寅则扶父枢北归并任职郎署。这一变动的内情是什么,至今不得而知。但它确使曹寅产生严重的挫折感,并且第一次清醒地认识到世路(宦途)险恶、人生多忧。他在此时写的《放愁诗》(《诗别集》卷二)以从未有过的强度抒发内心激愤:

> 哀兹渺身,包罗百忧。膏煎木寇,日月水流。我告昊天,姑为放愁。天净如镜,明含万蠢。仰呼不应,口枯舌窘。摩抚劬劳,泣涕星陨。五脏六腑,疮痍未补。芒刺满腹,荼蘖毒苦。反照四顾,觅愁何所?

所谓"芒刺""荼蘖",盖喻指父丧期间("疮痍未补")发生的不利于曹寅和曹家的谣诼之言(参见第三章第三节)。它可能是最终导致康熙帝调整原先的安排的原因。"昊天""天净如镜"均有指君王之意。曹寅显然认识到,君王的个人宠信并不一定能保证自己免于宦海浮沉,而现实政治也比他原来感受的昏暗得多。在康熙二十四年五月北上途中所作的《北行杂诗》(卷一)中,他第一次用比兴手法正面写出这种感受:

> 蛾眉不自爱,扑暗一篷灯。火猛何如吏?心安即是僧。(其十三)
> 残杯浇浊浪,滚滚散清愁。虫鸟谁先得,蛟龙难共游。(其十四)
> 尘面由来假,秋光即此真。云霾深地肺,虎豹据天津。(其十九)

这些隐喻的内涵后人未必能够了然。从曹寅后来的作品中看,其中最重要的批判内容一是世情虚伪,一是世运遭迍。前者是政治生活中人性真诚的沦丧,后者是权力结构中伦理理想的失落。总之,诗人的社会政治理想与现实发生了尖锐冲突。这导致他剧烈的心灵震荡。

关于世运及政局,他继续不断用比兴手法加以揭露:

> 恶马踏铁蹄,破枥如斧门。饥蚤鼓长喙,哀鸣彻耳根。二物愤一食,讵识冤与恩? ……虫畜苟知分,世运宁遭迍?

《不寐》(《诗钞》卷四)

诗中的"恶马""饥蚤"喻贪酷官吏,他们的当道作恶正是世运遭迍的原因。

> 时豪侈狂谵,犄角自枝柱。卖威走群狐,塞穴多倖鼠。畴起往拯之,播祸及鷇乳。盲瞽践轵虺,喑残茹奇蛊。经义与治事,枘凿两鉏铻。

《书院述事三十韵答同人见投之作兼寄<br>前诗局诸君及汇南于宫绮园》(《诗钞》卷八)

此诗写于康熙五十一年。它仿佛是康熙晚年官场政治的一幅图画。可以看到诗人的忧心与失望。尤令他失望的是,现实政治与儒家用世理想的背离,儒家理论教条("经义")在应对现实矛盾(治事)时的无能,这使他在潜意识中产生了信仰危机。

> 湖海又闻收赤帜(自注:竹垞去年下世),岩廊谁合铸黄金?

《避热》其九(《诗钞》卷七)

> 春秋霜露天何惨,道义文章世反疑。

《避热》其十(《诗钞》卷七)

"赤帜"喻诗文自成一家。王世贞《艺苑卮言》:"迨于明兴,大约立赤帜者二家(指虞集、杨维桢)而已。"元好问《论诗绝句》:"论功若准平吴例,合着黄金铸子昂。"前二句借哀悼已去世的朋友诗人朱彝尊,在对照中反斥"岩廊"之人。岩廊古代指庙堂朝廷,如此看来,"岩廊谁合铸黄金"一语,其锋芒是相当大胆尖锐的。后二句用董仲舒故事。董仲舒忠于汉室,倡"大一统","罢黜百家,独尊儒术",然因"著灾异之征"被疑为"有刺讥"而下狱,几乎被处死。(见《史记·儒林列传》)"道义文章世反疑",正是作者所看到的儒家理想精神的现实命运。

世路之险,还在于人心。正是人心叵测导致世情反复无常。他尤其痛恶和忧惧充斥于京城官场的虚伪险恶。从《北行杂诗》中的"尘面由来假,秋光即此真"开始,"真""假"在他笔下已成为区分善恶的标志,"长安"(京城)则是世情险恶的渊薮:

> 诸君诸君慎相见,长安容易改头面。
>
> 《一日休沐歌》(《诗钞》卷一)
>
> 锯檐作樟眠几人,长安游客大可畏。
>
> 《哭醉行·为萝山哭劲飞作》(《诗别集》卷二)
>
> 京华重叹僦居难,来往须期把臂欢。
>
> 《病中冲谷四兄寄诗相慰信笔奉答
> 兼感两亡兄四首》(《诗别集》卷二)
>
> 长安近日多蒲草,处处真花似假花。
>
> 《子猷摘诸葛菜感题二捷句》(《诗别集》卷二)

这些诗大多作于任职郎署期间。诗中反复言长安(京华),视其为可畏之地,盖因他有切肤感受,其中显然隐藏着某些给他和他的家庭带来严重伤害的使他愤慨甚至战栗的往事。末二句尤为沉重。在同一诗作《子猷摘诸葛菜感题二捷句》中还有"忽念南中桑叶长,错将薏苡谤明珠"二句,可以联系起来理解。薏苡明珠之谤出马援故事。《传》载,马援南征交趾,回师时载薏苡种实一车,"时人以为南土珍怪,权贵皆望之,援时方有宠,故莫以闻。及卒后,有上书语之者,以为前所载还,乃明珠文犀"[1]。曹寅用此典故,很可

---

① 参见《后汉书》卷二十四《马援列传》。

能暗示父曹玺在江南久任织造，遭人嫉忌，逝后，寅举家北归，曹家亦遭此类谤言。蕉草，即木通，古称"通脱木"，两头相通，诗中或喻见风转舵、改头换面之人，装假作真，以真为假，造成严重的是非混淆、善恶颠倒。这不仅是曹寅个人及家庭受害的原因，也折射出官场的昏暗与丑恶。

> 逼仄人间世，逍遥未有期。
>
> 《闻静夫伤臂口占二诗慰之》（《诗钞》卷三）
>
> 称心岁月荒唐过，垂老文章恐惧成。
>
> 《读洪昉思稗畦行卷感赠一首<br>兼寄赵秋谷赞善》（《诗钞》卷四）

后二句，沈德潜《国朝诗别裁集》改"垂老文章恐惧成"为"垂老文章忧患成"，殊失曹寅本意。对政治和文化环境的"恐惧""逼仄"之感，与《东皋草堂记》中"仕宦，古今之畏途也"的认识是完全一致的。

直到晚年，在那首著名的寄托不材之愤的《巫峡石歌》中，他从叙说巫峡石的险峻可能导致行船灾难，突然转到世情人事：

> 嗟哉石，宜勒箴。爱君金剪刀，镌作一寸深。石上骊球只三颗，勿平崄巇平人心！

"平人心"，这就是曹寅的结论。平，谓公平公正。他希望通过实现儒家的伦理理想来最终实现儒家的政治理想，并以此批判人心不平、世路险恶的现实政治。

在《楝亭集》中，曹寅批判现实政治达到的认识终点，是包含宇宙变易哲理的"荣枯观"和历史循环论的"末世观"。它完成了对现实政治和人生功名意义的深刻否定，然而包衣身份和忠君观念的限制使他不可能将这种否定性认识付诸行动。他最终采取了某种游离于世的态度以保持与现实政治的距离，这固然是消极的，但他所达到的批判高度却不失其理性意义。

中国古代先哲（老庄等）曾以宇宙变易观和历史循环论，作为批判现实的思想武器。作为理学信徒的曹寅，面对无法解决的"经义与治事，枘凿两龃龉"的现实矛盾，也不免改其道而用之。这种信仰的转移，在早年所写的《饮酒》四首（《诗别集》卷一）得到了纲领性的表述：

> 羲和驭六辔，流景不暂停。借问天上人，胡为亦劳生。阴阳任寰

运,绳墨无重轻。才见塞山雪,忽已芳甸晴。荣枯付游戏,末路难为行。劝君一杯酒,旷达万古情。

　　丹砂化黄金,志士鄙不为。安得酿美酒,痛饮无死期。悠悠百年内,苦乐常相违。顾此金与紫,嗟彼藿与藜。愿我甘澹泊,终老竟忘疲。

　　明月照春河,轻风扬其波。临流会心远,对酒争欢多。新声只一奏,妙舞更婆娑。俯仰天地间,今古将如何?

　　四时各代谢,兴废无日无。怡然置肥遁,又不履危途。何苦杯中物,而甘门外竽。人生贵自足,所获良不诬。

《饮酒》诗当写于曹寅为"燕市六酒人"之时。它表现了作者企图从任职郎署的"魁垒郁勃"(如前文所论之"不材"之愤、羁囚之悲、仕宦之畏等等)中求得解脱的理性挣扎,包含了宇宙观、历史观、人生观等几乎全部内容,反映了曹寅在解决内心矛盾时的思想走向,并在其他诗作中继续表现。

从阴阳寰运、四时代谢的宇宙变易规律的高度来看,包括现实政治在内的一切都要经历盛衰荣枯,而又难以把握。政治斗争的风云变幻、世道人心的险恶叵测、功名富贵的不可久恃,实际上都是这种宇宙变易规律的体现:

　　尘世难量倚伏机,静驱猫犬闭岩扉。

　　　　　　　　　　　　　　　　《游仙诗三十韵》(《诗钞》卷六)

　　人生乐事无不有,华屋高轩岂长久?援系终成车絓桑,呴濡何异鲂穿柳?

　　　　　　　　　　　　　　　　《后观打鱼歌》(《诗钞》卷六)

"车絓桑""鲂穿柳",都是比喻无法逃脱的灾难命运。[①] 在这种认识支配下,曹寅尽管怀抱积极用世之志和对康熙皇帝的耿耿忠心,也难免感到仕宦追求的无意义。一方面,他感叹"寂寞一杯酒,消磨万古才。短歌送春日,步绕黄金台"(《与从兄子章饮燕市》,《诗别集》卷一),"拖玉廿年空皓首,衰残何以报吾君"(《正月二十九日随驾入侍鹿苑二月初十日陛辞南归恭纪四首》,《诗钞》卷八);另一方面,却又直截了当地宣称:"劳生多一官。"(《和桐初谷山署中寄怀原韵》,《诗别集》卷一)"老境从君嬉墨海,宦游如我误华颠"

---

① 　《左传·成公二年》:"逢丑父与公易位,将及华泉,车絓于木而止。"陆游《幽居戏咏》:"小瓮带泥收洛笋,细鳞穿柳买河鲂。"

(《避热》，《诗钞》卷七）"贫居爱客贫多趣，生计如官大可愁。"（《读朱赤霞寄后陶诗漫和》，《诗别集》卷三）"百里娄东是近邻，少年休羡作官身。"（《送叶子山沙溪扫墓》，《诗别集》卷三）既厌恶官场又不能离开官场，既期用世又不能用世，既欲避世但又无法避世，使他经常处于痛苦之中：

> 闲居咏停云，遽若恋微官。行苇幸勿践，税驾良匪难。寸田日夜耕，狂澜无时安。
>
> 《松茨四兄远过西池用少陵可惜欢娱地都非少
> 壮时十字为韵感今悲昔成诗十首》（《诗钞》卷二）

《停云》是陶渊明"思亲友"的诗。《诗经·大雅》有《行苇》篇，朱熹注以为"祭毕而燕父兄耆老之诗"。此诗的每二句都是一组矛盾，这是亲情与仕宦的矛盾，而事实上，无论"恋官"还是"税驾"，作为包衣奴仆的他都没有选择的自由（《和桐初谷山署中寄怀原韵》中就有"轮蹄日日逐，税驾安所止"的话）。无论是理性的清醒，还是感性的追求，都处于现实困境之中。他所经受的精神磨难（"寸田日夜耕"）和心灵冲突的激烈程度（"狂澜无时安"）就是可以想象的了。

理想政治与现实的扞格难通、现实政治的阴暗可畏、个人命运的不能把握、仕宦追求的价值失落，这一切，都使曹寅与康熙盛世拉开了距离，而接受了中国古代具有强烈批判和否定现实色彩的"末世"历史观。

> 沉湎滑稽内，适俗恒浇漓。……名理迥未辨，众醒醉岂宜？所以寄末世，嗑嗑犹恐迟。
>
> 《饮涷酒》（《诗钞》卷一）
>
> 荣枯付游戏，末路难为行。劝君一杯酒，旷达万古情。
>
> 《饮酒四首》（《诗别集》卷一）
>
> 往者永嘉辈，放荡不可诣。潘石许投分，末路有垂涕。
>
> 《秋饮》（《诗钞》卷一）
>
> 长城近日无坚垒，末路相看有蔽庐。
>
> 《冲谷四兄寄诗索拥臂图并
> 嘉予学天竺书》（《诗钞》卷一）

茫茫红尘中,末路炳龟燋。

《松茨四兄远过西池用少陵可惜欢娱地都非少
壮时十字为韵感今悲昔成诗十首》(《诗钞》卷二)

各句含义不尽相同。大体而言,"末世"重在社会,"末路"重在个人(自我),二者有联系。人处末世,便有"末路"之感;人处"末路",便更深刻地感受末世。比较而言,曹寅少用"末世"而用"末路","末路"更具私人话语特征,或者说,它是曹寅"末世"历史观的私人话语形式。

"末世"观源于古代历史循环论(公羊三世说、五德终始说等),它的主要意义,不在诠释历史,而是批判现实。

末世,与盛世、治世相对,即衰世、季世,指一个朝代的末期。《易·系辞》:"易之兴也,其当殷之末世,周之盛德耶?"《史记·主父偃传》:"何谓土崩? 秦之末世是也。"也可泛指世运的盛衰兴替。按照五德终结说,历史是盛衰治乱的交替循环,衰乱则为末世。《汉书·公孙弘传》:"末世贵爵厚赏,而民不劝。"《后汉书·杜乔传》:"末世暗主,诛赏各缘其私。"对于怀抱复古(怀旧)理想的思想家,末世往往就是指与理想时代对立的现实社会。《列子·黄帝》:"太古之时,(禽兽)则与人同处,与人并行,帝王之时,始惊骇散乱矣。逮于末世,隐伏逃窜,以避患害。"这是道家以想象中的原始时代为理想社会,所谓末世,实际上是指儒家礼义社会。《淮南子·泛论训》:"先王之制不宜则废之,末世之事善则著之。是故礼乐未始有常也。故圣人制礼乐而不制于礼乐。"这是法家因时变易的改制思想,所谓末世,是针对儒家法先王的保守观念说的。同一语词符号,所指各不相同。但也有共同的内涵,即对末世现实的否定批判。

明中叶以后,"末世"观颇为流行,这一词语被一些知识分子经常性地使用,表达对现实的忧患。现将吴美渌、曾扬华论著及我本人搜集的一些例证列举于下,以见时代思潮之一斑[1]:

王阳明《寄希渊》:"圣贤处末世,待人应物,有时而委曲,其道未尝不直也。"又,《寄邹谦之》:"非天子不议礼制度,今之为此,非以议礼为也,徒以末

---

[1]　参见吴美渌《略论〈红楼梦〉里的"末世"和"无材"》,载《红楼梦学刊》1983 年第三辑;曾扬华《从末世感到〈好了歌〉》,载《北京国际〈红楼梦〉学术研讨会专辑》,1997 年。

世废礼之极,聊为之兆以兴起之。"

汤显祖《和大父游城西魏夫人坛故址诗序》:"家大父早综籍于精簧,晚言筌于道术,捐情末世,托契高云。"

冯梦龙《吴保安弃家赎友》卷首词后:"这篇词,名为'结交行',是叹末世人心险薄,结交最难。"

张鼐《读卓吾老子书述》(李贽《焚书》附):"卓吾疾末世为人之儒,假义理,设墙壁,种种章句解说,俱逐耳目之流,不认性命之源。……"

王夫之《读通鉴论》:"(范粲)子乔侍疾,足不出邑室,父子之志行,诚末世之砥柱矣。"

唐甄《潜书·得师》:"末世学者不纯,中无真得,好为大言,自信以为皋夔。"

李渔《夺锦楼》开头:"这番议论无人敢道,须让我辈胆大者言之,虽系末世之言,即使闻于古人,亦不以为无功而有罪也。"按,李渔著作曾多次用"末世"一词。

毛先舒《与洪昇书》:"末世风气险薄,笔舌专取刻摘自快,且藉之为名高,吁可怪也。"

洪昇《桃花扇小引》:"(《桃花扇》)不独令观者感激涕零,亦可惩创人心,为末世之一救矣。"

查慎行《闸口观罟鱼者》:"一钱亦征入市税,末世往往多穷搜。"

上述诸人,几乎都是站在时代前列的思想家和文学家,他们论述的具体对象和内容各不相同,但基本内涵是一致的,即以"末世"作为现实的代名词和理想政治(盛世、太平世)的对立面。"末世观"看似一种复古的历史观,实际上是一种批判的变革的现实观。曾扬华先生认为,这种"末世感"反映了自明中叶至易代之际,一些敏感的知识分子面对巨大的社会变化所引起的"内心深处的恐惧感"和"对社会前途无从把握的内心震颤"。[①] 应该补充说,更反映了他们批判和改造现实的要求。值得指出的,一是这种"末世"思潮从明中叶一直延到清代,乃至康熙盛世,也被以"末世"视之;二是作为康熙宠臣的曹寅也是其中的一员,而且他的末世感特别强烈;三是这种末世感又

---

① 曾扬华《从末世感到〈好了歌〉》。

为身处乾隆盛世的他的孙子曹雪芹所继承,并成为《红楼梦》的重要内容。但此是后话,本章只论曹寅。

从《楝亭集》所反映的社会不公、世运遭迍、世风虚伪、人心可惧、精神压抑等广泛内容,可以看到曹寅对康熙之治的独特认识和感受。他的末世观,既包含对儒家伦理理想精神失落的痛愤,也包含个人自由心性理想被压抑的痛苦,甚至也包含"奕世身名悲汨没"的家族历史特别是明末没满为奴的潜意识沉痛记忆。他的末世观既是对前代"末世"思潮的接受和继承,又带有鲜明的时代和个性特色。这一特色,就是社会末世感与家族末世感的联系、末世感与个人末路感的联系、社会政治批判与个人身世遭际的联系,以及他所体悟的康熙盛世的辉煌与沉闷社会氛围的联系。

可惜曹寅并没有能够像他的杰出前辈那样,从"末世"观获得批判和变革现实的思想动力。他的末世观更多地是面向自我,而不是面向社会,是一种私人情感体验,而非公众情感体验。他与现实的关系不是根本对立,而是具有既和谐又冲突的二重性。他不是一个能够独立思想和行动的自由人,他对清皇室的依附和皇室主子对他的宠信,都会不断削弱、磨灭他带有任何异端的反叛的思想锋芒,并且最终调整其与现实的关系,以达到适者生存。就其一生历程来看,曹寅早期的"末世"观并没有延伸发展到后期,从《饮湤酒》一诗就可以看到,他已经做出了调和与现实矛盾的处世选择:

> 荣枯付游戏,末路难为行。劝君一杯酒,旷达万古情。

而这种选择后来是愈加明确了。康熙三十三年任江宁织造后,曹寅有诗云:

> 平居淡志虑,怀抱鲜经营。造物适为戏,得失安足惊?

这是一次梦的警悟。从这首诗题很长的《甲戌仲夏二十二日有吴门之役午憩句容驿院梦为投琼之戏予素不解此醒与客论其祯祥真不异梦中说梦也又记欧公札闵洪麻语几乎脱颐因题数语命客书于壁以为他日来往笑柄》(《诗钞》卷二)中所描述的情景和心态看,这正是一个浓缩了曹寅内心欲求与现实困境的内涵同于《枕中记》《南柯梦》的游戏之梦:"意于将化胥,反为蚁斗争。……卜言胜者吉,予窳气已平。"结论便是"造物适为戏,得丧安足惊"。这种抚平内心、游戏人生的态度，与前述宇宙变易的荣枯观有着内在的沟通。"理绝智不明"，为了生存，他决定以理性的清醒处世。曹寅晚年有大量的咏物唱酬闲适之作，这既是他政治地位上升的结果，也是心理与环境调适的产物。

但他毕竟是曹寅，他是包衣奴才，又是开始觉醒的"人"，他是非我与自我二重人格的统一体。调适是以消解自我作为代价的，曹寅终于不能舍弃自我，因为"自我"比"非我"更为宝贵。尽管康熙皇帝给了他作为包衣奴才所可能有的一切享受和荣耀，但没有给他以"人"的自由和个性自由，也就无法消解曹寅的自我与现实的对立与冲突。在生命的最后一年，在他享受了康熙帝赐宴等最高荣宠的这一年，他既写了《畅春苑张灯赐宴归舍恭纪四首》《正月二十九日随驾入侍鹿苑二月初十日陛辞南归恭纪四首》这种《楝亭集》中仅有的感恩表忠诗，又写了《巫峡石歌》《书院述事三十韵答同人见投之作兼寄前诗局诸君及汇南于宫绮园》这样过去少有的锋芒尖锐、情感激烈的刺时抒愤诗，官方话语与私人话语相映并存，留下了可贵的真实的心灵记录。他是带着感激与怨愤、忠诚与疏离交织的痛苦心理离开人世的。他坚持向世人宣示，他的生命价值不仅是属于皇帝主子，更是属于自己的，这就是《楝亭集》作为曹寅私人话语的意义所在。

# 第六章　文学活动和创作

## 第一节　南北骚坛一文心
### ——曹寅的文学活动与交游

曹寅虽然"束发即以诗词经艺惊动长者,称神童"(顾景星《荔轩草序》),受到顾景星、杜濬等前辈遗民诗人的称赏,但他真正进入文坛,还是在赴京城任职侍卫,特别是康熙十五年,他与纳兰性德相识之后。从康熙十五年到二十九年二月,是曹寅文学活动的前期,即京都时期;从康熙二十九年二月外任织造到五十一年,是曹寅文学活动的后期,即江南时期。

京都时期。曹寅进入文坛的标志,是他的作品为当代文人所重视并收入文学总集。康熙十七年底,邓汉仪编成《诗观二集》①,其卷十三收入曹寅诗二首,《岁暮为远客》和《雪霁寄靖远宾及两兄》。诗前有作家小传:

曹寅,(字)子清,(号)雪樵。奉天辽阳人。(作品)《野鹤堂草》。

这是曹寅名列文坛的最早记载,时寅 21 岁。

康熙二十五年,蒋景祁编《瑶华集》,收清初顺康词 507 家,词 2467 首,其中曹寅词 9 首。并有诗人小传:

曹寅,(字)子清,荔轩。(里)长白。(爵)内部。(词集)《西农》。②

京都时期曹寅的文学活动,除了与前辈遗民诗人的交游(详见第四章)

---

① [清]邓汉仪辑《诗观初集》十二卷、《二集》十四卷、《三集》十三卷、《闺秀别集》一卷,有清康熙间慎墨堂刻本。参见刘世德《曹雪芹祖籍辨正》第四章。

② [清]蒋景祁编《瑶华集》,中华书局 1982 年影印清康熙刻本。

以外，还参加了以纳兰性德为中心的渌水亭雅集、以己未博鸿科文士为主体的京城文会，以及与都下"三曹"的诗歌唱和。其中渌水亭雅集和己未文会几乎集中了康熙时期最杰出的文学精英，形成了清初最热烈的文学氛围。年轻的曹寅与这些文士的交往，对他的一生产生了重要影响。其中有些人成为他的人生或文学知己。"三曹"原是当时人对直隶丰润人曹鼎望和他的儿子曹钊（靖远）、曹钫（宾及）的美称，而与曹寅交往的，主要是曹鼎望的三个儿子曹钊、曹钫、曹镕（冲谷）。他们的文学影响不如前两个群体，但由于京城的"丰润曹"与"辽阳曹"同姓联宗，曹寅与他们，尤其是钫、镕年龄相当，情感亲切，也相互推动了各自的文学创作。

研究曹寅前期的文学活动，必须注意上述四个群体、三次文会，而以己未文会为重点。

虽然曹寅前期文学创作已取得了重要成就（见后文），他的才华也引起前辈和同辈文人瞩目，但由于种种原因，在这一时期他还处于文坛的边缘。

江南时期。康熙年间，遗民诗人先后过世。此时期的前期即康熙四十四年（或稍前）之前，曹寅的文学活动，除继续与己未文士交往外，主要是与苏、宁地区退职和在职的官僚文人唱和。自康熙二十三年曹玺去世后，曹寅绘《楝亭图》征集题咏，在曹寅于二十九年出任苏州织造后达到高潮。此图题咏，几乎囊括了曹寅在前一时期和此时期的全部文友。以康熙四十四年奉旨设立扬州书局刊刻《全唐诗》为标志，曹寅的文学活动进入江南时期的后段。此时曹寅以织造兼理盐政，并主管书局之事，来往于南京、真州、扬州之间，广泛交结江南文人，形成一个以他为中心，包含知己文友、江淮名士和书馆编修几部分人的文学群体。此时，己未文人先后辞世，新的文学领袖尚未出现，文坛相对冷落，曹寅在他生命的最后几年，用他的文学活动、创作和文献保存刊刻的非凡业绩填补了这一时代的空白。

以下拟对曹寅的京都和江南时期的几次主要文学活动进行考索和评述。曹寅与遗民文人群体的关系，已在本书第四章专题论述。他在任江南织造时期与官僚文人（包括在职与退职官僚）的诗词唱和，更多地属于社会交往而非文学交游，则放在第三章《曹寅生平事迹考索》中叙述。本节侧重考述以下内容：京都时期的渌水亭雅集、己未文会和"三曹"文会，江南时期书局文会，以及与上述文学活动有关的人事。以此展示曹寅的文学活动环境、内容、地位和影响。

## 一　渌水亭雅集与交游

渌水亭在纳兰性德父明珠府第庭院内。性德《渌水亭》诗："野色湖光两不分，碧云万顷是黄云。分明一幅江村画，着个凉亭挂夕曛。"（《通志堂集》卷五）纳兰与其文友常聚会于此，其札记结集自题"渌水亭杂识"，故"渌水亭"就成为纳兰性德读书、会友和诗文唱和之处的代称。渌水亭雅集约始于康熙十二年癸丑纳兰因病未能参加殿试之后。是年，纳兰与姜宸英结识，并与朱彝尊开始通信来往。此后与纳兰性德结识，并先后参加雅集的文士除姜、朱外，有顾贞观、张纯修、严绳孙、梁佩兰、陈维崧、秦松龄、吴兆骞等人，大多为失意文人。①

曹寅参加渌水亭雅集，没有直接的记载，但可以找到证据。《楝亭诗钞》卷二《题楝亭夜话图》诗中有句云："忆昔宿卫明光宫，楞伽山人貌姣好。马曹狗监共嘲难，而今触痛伤枯槁。交情独剩张公子，晚识施君通纟宿绡。"《楝亭夜话图》为张纯修所绘，曹寅题诗中忆及自己与纳兰性德、张纯修的昔日情谊，对纳兰早逝，"交情独剩张公子"，触痛伤怀。张纯修是纳兰挚友，称"异姓昆弟"（张纯修《饮水词集序》），为渌水亭的常客。后来，他又受曹寅之托找渌水亭旧人姜宸英等为《楝亭图》题咏，这是曹寅曾参与渌水亭集会的明证。（时为康熙十五年或以后，见后文。）曹寅与朱彝尊、陈维崧、姜宸英、严绳孙、顾贞观、梁佩兰、秦松龄等人的结识，大概也是这时开始的。其中有些人（朱、陈），后来参加了己未博鸿试，在己未文会中与曹寅有更多的交往，将放在"己未文会"一节中叙述。渌水亭文人与曹寅交情最深者，首推纳兰性德，次为张纯修，还有姜宸英。顾贞观（1637—1714）、梁佩兰（1629—1705）、严绳孙（1623—1702）、秦松龄（1637—?）等人均有《楝亭图》题咏，但无其他文字交往记录留存。现将曹寅与纳兰等主要友人之文学交往，分叙如下。

### 1. 纳兰性德(1655—1685)

纳兰性德本名成德，字容若，号楞枷山人。满洲正黄旗人。顺治十一年

---

① 参见刘德鸿《清初词人第一——纳兰性德研究》第三章第四节，中国社会科学出版社1997年版。

生，长曹寅四岁。曹寅与纳兰之交，应始于康熙十五年。纳兰于康熙十二年癸丑科会试中式，因病未参加殿试，十五年补殿试，"天子用嘉，成二甲进士，未几，授以三等侍卫之职"（徐乾学《通议大夫一等侍卫进士纳兰君神道碑》）①。正是在此时，与早已成为康熙御前侍卫的曹寅相识，从此成为知交。《题楝亭夜话图》诗曾回忆两人"宿卫明光宫"时，"楞伽山人貌姣好"的难忘印象和"马曹狗监共嘲难"的亲近关系。按，纳兰曾入值上驷院（清制，上驷院卿一人，由侍卫担任），故戏称"马曹"；曹寅曾在养鹰鹞处（内有养狗处），故戏称"狗监"。"共嘲难"，不仅表明两人相处全无隔阂，可以随意调笑，而且暗示两人均有身为侍卫、有才不得其用的牢骚，故借扬雄之《解嘲》和东方朔之《答客难》互相取笑以为宣泄（参见本书第五章第三节），这是二人为知己的重要原因。此后，曹寅或于休沐之时，曾去渌水亭游玩或会聚，与张纯修相交，并与渌水亭常客朱彝尊、姜宸英等相识。

但曹寅与纳兰的身份和处境并不相同。纳兰是权臣明珠之子，又是少有的满族进士，"天子以君勋戚之贤，简任心膂，欲召君常在左右，遂复补珥貂贵秩，率环卫侍禁近焉"（杜臻《纳兰君哀辞》）。尽管康熙对纳兰的使用做出了违背其主观愿望的安排，但纳兰不久就被提升为二等、一等侍卫（正三品），"中外佥谓君将不久于宿卫，行付公政事，以展其中所欲施"（韩菼《纳兰君神道碑铭》）。因为满人从侍卫提升为大臣的，不乏其人。可惜纳兰早夭，未能等到以后的发展。曹寅是一个包衣汉人，在皇帝跟前服役，又没有科举功名，这就使得他与纳兰之间既有某种心灵契合，又不可避免地存在心理鸿沟。曹寅对纳兰的才华极其仰慕，甚至纳兰逝后长久思念，然而却并无唱和之作，这恐怕是一个原因。但纳兰虽为贵族公子，却从不以身份地位取人，对曹寅充满着真挚的友情。康熙二十三年冬天，纳兰随侍康熙帝第一次南巡，在南京，他见到了早已南下侍父病及守丧的曹寅。听曹寅诉说对父亲的怀念，并看到了他为纪念亡父所绘的《楝亭图》。回京后，纳兰为《楝亭图》题写《曹司空手植楝树记》一文并赋长短句《满江红》，并附有顾贞观和词一首，现存《楝亭图》第一卷，这是《楝亭图》可以考知的时间最早的题跋。《满江红·为曹子清题其先人所构楝亭亭在金陵署中》词存《饮水词集》。从词末

---

① ［清］纳兰性德《通志堂集》。以下引及纳兰性德的诗文，出处同此。

句"正绿阳青子,盼乌衣,来非暮",可知题跋应写于康熙二十四年春夏。纳兰病逝于当年五月三十一日,而曹寅扶父柩离南京乘舟北上,也是五月(见杜岕《思贤篇》序"送荔轩返京师,时乙丑五月,登舟日也"),据曹寅归途所写《北行杂诗》(《诗钞》卷一),路途荏苒至秋(有"去路秋将半""秋阳暴衣白""秋光即此真"等句),则纳兰此题跋,肯定是为履行去年在南京对曹寅的承诺而写的,其时纳兰已患病,他盼望早日见到朋友归来("盼乌衣,来非暮"),但却未能等到,题跋竟成遗文。即此一事,就可以看出纳兰之为人和他对曹寅的挚情。

前文曾论及,康熙二十三年,曹玺病故后,康熙帝曾令曹寅协理江宁织造事务,然而,次年曹寅却奉命回京任职郎署。为此,曹寅郁郁于心,"芒刺满腹"(《放愁诗》,《诗别集》卷二)。杜岕临行赠《思贤篇》即为宽解其怀。纳兰虽远在京师,似乎也能揣知朋友之愁思,在《楝树记》中,特以楝树比召伯之甘棠,预言曹寅的前途。文末谓:

> 今我国家重世臣,异日者子清奉简书乘传而出,安知不建牙南服,踵武司空。则此一树也,先人之泽,于是乎延;后世之泽,又于是乎启矣。

这显然不是一般的慰勉之词。当康熙和曹家出现信任危机和某种关系紧张之时(参见前文),以纳兰之扈从康熙的特殊身份,这段话对曹寅的精神鼓舞必定是很大的,它足以表现纳兰对曹寅的知心。曹寅处此人生关键时刻,南得杜岕之诗,北得纳兰之文,友情扶持,终于渡过难关,可谓幸事。《诗经·召伯》朱熹《诗集传》云:"召伯循行南国,以布文王之政,或舍甘棠之下。其后人思其德,故爱其树而不忍伤也。"曹玺植楝本为教子,纳兰却有意赞为南国布政之美德,这是对当时遭到打击的包衣曹家的极大支持。影响所及,以后《楝亭图》的题咏中,"甘棠"意象竟成为步和基调。①

纳兰逝世后,曹寅不胜怀念。特别是在与他们共同的朋友相聚的时候,更容易引起由此及彼的"触痛"联想。《楝亭集》中现存此类诗作三首,《题楝亭夜话图)(《诗钞》卷二)、《惠山题壁》(《诗钞》卷二)、《墨兰歌》(《诗钞》卷四),都是情深意切之作。康熙三十二年,时任庐江太守的张见阳(纯修)来

---

① 参见朱志远《楝亭图咏和清初江南诗风的嬗变》,载《文学评论》2019 年第 3 期。

访曹寅，相聚于织造署中之楝亭，同时在座的还有时任江宁知府的施世纶。张见阳为此次聚会绘《楝亭夜话图》并题诗，施、曹亦各有题诗，后来顾贞观、王概（安节）等人，亦有题诗，成为一时胜事。在这些题词中，唯独曹寅之作以大量的篇幅怀念纳兰性德：

> 紫雪冥蒙楝花老，蛙鸣厅事多青草。庐江太守访故人，建康并驾能倾倒。两家门第皆列戟，中年领郡稍迟早。文采风流政有余，相逢甚欲抒怀抱。于时亦有不速客，合坐清严斗炎熇。岂无炙鲤与寒鸦，不乏蒸梨兼瀹枣。二簋用享古则然，宾酬主醉今诚少。忆昔宿卫明光宫，楞伽山人貌姣好。马曹狗监共嘲难，而今触痛伤枯槁。交情独剩张公子，晚识施君通纻缟。多闻直谅复奚疑，此乐不殊鱼在藻。始觉诗书是坦途，未妨车毂当行潦。家家争唱饮水词，那兰小字几曾知？斑丝廓落谁同在，岑寂名场尔许时。

从当日的曹、张、施三人相聚，忆及昔日的曹、张、纳兰三人的友情，特别是自己与纳兰的交契。一首题咏楝亭夜话现实图景的诗歌，其后半部分竟然转变成为怀念故友纳兰感慨人生遭际之作。"岑寂名场"，是指纳兰于世俗的功名事业无所成就。依传统观念，士人应以立德立功为上，填词不过是末技，纳兰之词家家传唱，却"岑寂名场"，与前文"马曹狗监共嘲难"呼应，感叹纳兰有材不得其用，这正是纳兰心中的悲哀。这种感叹，又包含着作者自己"斑丝廓落"的同命之感。可见曹寅与纳兰的心始终是相通的。

康熙三十三年，曹寅因公务经过无锡顾贞观宅园，有《惠山题壁》二首（《诗钞》卷二），其一云：

> 积书岩下小池通，确荦能穿复壁中。忽辟新堂感新咏，邻家惨淡杏花红。（自注：顾梁汾小园中新咏堂乃故友成容若书。）

顾梁汾（贞观）于康熙二十年母丧归家，康熙二十三年来京，纳兰赠以所得之艺术珍品《竹炉诗画卷》（《竹炉十咏》），并作《题竹炉新咏卷》诗，又为梁汾的惠山居处题名"新咏堂"，梁汾将纳兰手书悬之堂额。纳兰逝后，梁汾回到家乡，在无锡惠山祖祠之旁修筑积书岩隐居读书。梁汾是曹寅在渌水亭认识的旧友，但曹寅之诗，重心却在触物生情，追怀纳兰。

《墨兰歌》作于康熙四十三年，离纳兰去世已二十年，此诗附论于下文

"张纯修"（见阳）条。曹寅对纳兰的思念，确是不已于怀。今虽不见曹寅与纳兰唱和之作，但《楝亭词》中之小令，明显可见纳兰影响：

　　　　小梵天西过雨痕，无穷荷叶映秋云。画轮如水不扬尘。　　　　燕市银铃呼白堕，一楼铜杵咒黄昏。江南野客竟销魂。

《浣溪沙·西城忆旧》（《词钞》）

清新自然、明朗如画，正是《饮水词》风味。不同的是，曹寅不像纳兰那样专注写情，在这方面，他的感情世界更为隐秘而曲折。

2. 张纯修（1647—1706）

张纯修字子安，号见阳。丰润人。《八旗满洲氏族通谱》载其家族："正白旗包衣管领下人。"父张滋德（一作"自德"），于顺治四年考取"贡士"，步入政坛，曾任陕西巡抚等职。（徐世昌《大清畿辅先哲传》卷三"张自德"条云其官至陕西、河南巡抚，工部尚书。）张见阳为荫二品荫生，曾为岁贡。由于张滋德与曹振彦都是以包衣考取"贡士"，同为丰润大族的张滋德与曹鼎望结为姻亲，而曹鼎望又与曹玺以同姓联宗，张纯修与曹寅很可能最早是通过曹钤、曹铨等结识交往的，而后于康熙十五年或经由曹寅而结识纳兰性德。① 纯修"束发嗜学，博览坟典，为诗文卓荦有奇气，旁及书法绘事，往往追踪古人"，极为纳兰赏识，"与长白成公容若称布衣交，相与切劘风雅，驰骋翰墨之场"②，结为"异姓昆弟"（其所编刊《饮水词》序称"容若与余为异姓昆弟"），是渌水亭的常客。黄一农指出，这三位旗人"都对汉文化中的金石书画、诗词吟咏有浓厚兴趣，又拥有'国语骑射'的相同背景，故他们不仅时相往还，更于康熙十七、十八年开博学鸿词科时，积极与应考之汉人名士交结。……通过艺文互动，相当程度地缓解了此一新兴外来政权与江南士人间的紧张与对立"③。见阳于康熙十八年（1679）出任江华县令，三人在京城相聚的时间不过三四年，但见阳却成为曹寅的挚友。后来，见阳调任安徽庐江太守，曹寅外任苏州、江宁织造，二人交往颇多。见阳工书画篆刻，"能得前人笔意"

---

① 黄一农对此研究甚详，参见黄一农、黄书梅《曹寅好友张纯修家世生平考》，《故宫学术季刊》第 29 卷第 3 期；黄一农《二重奏：红学与清史的对话》第三章"曹寅的旗人好友与成德"，第 71—102 页。

② 《张纯修墓志铭》，中国国家图书馆藏拓片。

③ 黄一农《二重奏：红学与清史的对话》，第 96—102 页。

(冯金伯、吴晋《国朝画识》卷三)。曹寅爱画,《楝亭集》中题见阳画或因画法提及见阳者多首,计有《题楝亭夜话图》(《诗钞》卷二)、《辛巳孟夏江宁使院鹤舫先生出张见阳临米元晖五州风雨图遍示坐客命题漫成三断句》(《诗钞》卷四)、《观陆史临倪高士画戏见阳》(《诗钞》卷四)、《墨兰歌》(《诗钞》卷四)等。其中《题楝亭夜话图》《墨兰歌》二首,寄托了作者对他们共同的朋友纳兰性德的怀念,也表达了作者对张见阳笃于友情的美德的称颂。《墨兰歌》题注:"为见阳太守赋,见阳每画兰,必书容若词。"诗云:

> 折扇障风花向左,鸾飘凤泊惊婀娜。巡枝数朵叹师承,颠倒离披无不可。潇湘第一岂凡情,别样萧疏墨有声。可怜侧帽楼中客,不在熏炉烟外听。盛年戚戚愁无谓,井华饮处人偏贵。饧桃敢信敌千羊,孤芳果亦空群卉。张公健笔妙一时,散卓屈写幽兰姿。太虚游刃不见纸,万首自跋那兰词。交逾金石真能久,岁寒何必求三友?只今摆脱松雪肥,奇雅更肖彝斋叟。

诗中高度评价纳兰词和见阳画,更高度评价"交逾金石真能久"的见阳之情,这正是曹寅与见阳友谊的特点。此诗写作于康熙四十三年(1704)九月,其时朱彝尊与见阳遇于南京,语及旧事,相顾嘘唏。竹垞有诗称"潭柘山游旧侣稀,每逢邻笛一沾衣"(《逢庐州守张纯修》),曹寅的《墨兰歌》也恰作于此时。它们共同形成了纳兰逝世二十余年后渌水亭旧友追怀其主人的一次情感高潮。

现存《楝亭图》题跋中,有康熙三十年五月张见阳受曹寅之托请姜宸英题写之《楝亭记》,十月,张代曹请画家戴本孝绘《楝亭图》并题诗。由此可见张见阳助人之热心和张曹关系之亲密,这实际上是渌水亭友情的延续。

3. 姜宸英(1628—1699)

宸英字西溟,号湛园,浙江慈溪人。康熙十二年与纳兰性德相识,十七年因生计窘迫访明珠府,大约在这段时间参加渌水亭雅集,并与曹寅相识。西溟于康熙十九年以母丧南归。康熙三十年五月应张纯修受曹寅之托,为《楝亭图》题跋文《楝亭记》,三十一年,有《赠曹工部》诗(《湛园藏稿》卷三)。姜宸英还写了《楝亭诗钞序》,应与竹垞序同时,作于康熙四十四年,对曹寅各体诗歌的取法成就有精辟论述,特别称许寅诗"天分过人,气格高妙","能驱策古人为我之用"。

## 二　己未文会与交游

康熙十七年戊午,诏开博学鸿词科,令在京三品以上及科道官员和在外督抚布按各举所知,将亲试录用。次年即己未三月,试于体仁阁下。这次制科考试,共举 183 人,取 50 人。这是康熙朝的一件文化盛事,具有极其重要的政治意义。一批遗民文人应征赴京,有的虽未与试或被放还(如傅山、顾景星等),却表明了其反清立场的软化;另一批曾参加过反清斗争或易代以来迟迟不愿参加科举考试以示与清廷对立的著名文士(如朱彝尊、陈维崧等)转而积极应试。这表明康熙皇帝笼络汉族知识分子政策取得了成功。试题用诗赋而不用经义八股,使这次考试具有浓厚的文学性质。学者称,康熙己未制科及乾隆(元年)丙辰、(十七年)壬申制科,"此三科得人最盛,本朝著作之家,多出于此"(福格《听雨丛谈》卷四)。"己未文会",就是概指在己未博鸿试影响下形成的京城文学活动。以己未文士为主,也包括虽未参加考试却与己未文士密切往来的在京文人;以己未年为标志,也包括始于戊午(十七年)由己未延续至庚申(十九年)及以后年代的文学活动。

曹寅在康熙四十年写作的《舅氏顾赤方先生拥书图记》(《文钞》)曾回忆二十二年前即己未年顾景星来京后,他于舅氏座中所见之人:

> 子湘(邵长蘅)亦二十二年前于舅氏坐中相识者。其云老辈,盖同就征之山西傅青主(傅山)、关中李天生(李因笃)、长洲汪苕文(汪琬)、宜兴陈其年(陈维崧)、宣城施尚白(施闰章),文采彪炳,风流映带,神光奕奕,一时皆可想见者矣。

这里所提及的李因笃、陈维崧、汪琬、施闰章都是己未试中式者,傅山、顾景星是被征入京,"临试告病"即坚持明遗民立场者。邵长蘅(1637—1704),则并未与试,因才华赡敏,"得名公卿间甚盛"(《清初纪事初编》卷四十一),来京师,擅古诗词,其古文更被王士禛称道为唐顺之以后一人而已。李因笃(1630—1698),学者,诗人,曹溶论其诗为"一代之首"。施闰章(1619—1683)是钱(谦益)、吴(伟业)之后的大家。汪琬(1624—1681)是清初"散文三大家"之一(与侯方域、魏禧齐名)。陈维崧(1626—1682)是词人兼骈文大家。己未文会人才之盛、流品之众可见一斑。曹寅与这些诗文前辈广泛交游,所获得的文学滋养当然是非常丰富的。

王朝璨《楝亭词序》则从另一个侧面记述了这一时期曹寅参加词家文会的情况:

> 当己未庚申岁,陈、朱两太史同就征入馆阁,而公以期门四姓官为天子侍卫之臣。入则执戟螭头,出则影缨豹尾,方且短衣缚裤,射虎饮獐,极手柔弓燥之乐。顾每下直,辄招两太史,倚声按谱,拈韵分题,含毫邈然作此冷淡生活,每成一阕,必令人惊心动魄。两太史动以陈思天人目之。时又有检讨从子次山、阳羡蒋郡丞京少、长洲黄孝廉葳山,相与赓和,所作甚夥……

己未文会的另一热点是康熙十七年由部曹转为词臣(翰林院侍读)、被认为是当时文坛盟主的王士禛(1634—1711)与诸文士的交往。尤侗题《楝亭图》诗序称"予在京师,于王阮亭祭酒席中,得识曹子荔轩"。王士禛于康熙十九年迁国子监祭酒,可见曹寅在此前早已与王士禛相过从,并与王士禛的甥婿赵执信及其好友洪昇等同辈文人相交(见后文)。王后来有题《楝亭图》诗,曹寅则屡有和阮亭诗,直到晚年[见《题彭秋帆图和阮亭》,《诗钞》卷七。诗作于康熙四十九年(1710)]。但曹寅与王士禛的关系不如前述江南前辈文人(顾、施、陈、朱等)那样密切。

从后来留存的诗文交往记录(包括题《楝亭图》)来看,曹寅广泛参与了己未文会的各种活动,交游文人名士数十人,其中既有他所敬重同时也器重他的才华的前辈文人,也有他后来深相交契的同辈文人。既有许多己未科文士(不下20人),也有名动京师的官僚文人和飘游京城的布衣文人。这一清朝建国以来空前的文坛盛会给他的文学创作留下了终生影响。他亲自选定的《诗钞》以康熙十七年之作为起点,他的诗集第一篇序言《荔轩草序》由己未科文士(未试)顾景星写于己未四月。这都表明,曹寅把己未文会视作自己文学事业的真正起点。

现将曹寅与己未文士之主要交往分列于下(顾景星另述,见前文)。

### 1. 施闰章(1618—1683)

闰章字尚白,号愚山,又号蠖斋,安徽宣城人。顺治元年进士。己未博鸿科中式,授翰林院侍讲。诗与宋琬齐名,人称"南施北宋"。梅庚《学余全集跋》云："戊午（康熙十七年）岁，先生以鸿博征，改官翰林。时通政公（指曹寅）方弱冠，称诗，有'寒山见远人'句，先生尝吟讽不去口。"施瑮《四君咏》中《曹通政楝亭》序云："公少时曾以诗请贽于先祖。"可见曹寅曾以诗拜访愚山并得到施的赏识。施闰章有《曹子清见过至再余偶往慈仁寺不值》（《学余全集》卷三十二），是有曹寅两访不遇之事。康熙二十三年施逝世后，寅有《读施愚山侍读稿》（《诗钞》卷一）表示悼念：

> 畴昔携尊处，斜阳依旧过。匡时闻大略，绝笔想余波。岁月穷经史，衣冠梦薜萝。九原皆故旧，添泪几人多？

康熙四十六年（1707），曹寅追念旧游，向先生同乡梅文鼎打听，得知因家境贫寒，遗集藏弃二十余年未刻，乃通过曹曰瑛致书施闰章之孙施瑮，施瑮兄弟"奉书谒公（曹寅）真州，公展卷循讽，汍澜被面，乃捐清俸，为之开雕"，并请施瑮到南京校雠。于五月经始，次年九月竣刻，共文集二十八卷、古今诗词五十卷，使先生《学余全集》得以面世流传。施瑮在《学余全集》跋中回忆往事，不胜感激："非我楝亭曹公，兹集终沉箧衍，岂得易言流传耶？"① 曹寅逝后，施瑮作《四君吟》纪念曹寅："区中噪黄金，文字辱埃壒。世情重轩冕，鄙吝根心肺。公也富贵人，寄情超物外。"并在《自题小照》《雨过扬州有感》等诗中多次深情怀念曹寅："婆娑一树犹如昔，头白羊昙泪自倾。""先集只今传宇宙，从谁更觅楝亭秋？""而今雨暮孤帆过，事事思来只怆神。"②曹寅的义举，备受时人赞许。

2. 朱彝尊（1629—1709）

彝尊字锡鬯，号竹垞，浙江秀水人。举己未博鸿科，授翰林院检讨，修《明史》。曹、朱之交，当始于渌水亭雅集，己未后以词唱和（见前引王朝瓛序），然作品未传。二人为终身之交，朱长曹三十岁，且文名藉甚，诗与渔洋（王士祯）并峙，为"南北二大宗"（《国朝先正事略》卷三十九）。又创浙西词派，与纳兰、陈维崧并称"清词三大家"，故曹寅对竹垞极为敬重。朱逝世后，寅特意在组诗《避热》第九首（《诗钞》卷七）中沉痛悼念：

---

① 《施愚山全集》，黄山书社 1992 年版。

② 施瑮《隋村先生遗稿》，齐鲁书社 1997 年版；参见方晓伟《曹寅评传年谱》，第 548、549、553、554 页。

湖海又闻收赤帜(自注:竹垞去年下世),岩廊谁合铸黄金。

竹垞是布衣诗人,曹寅却借《史记》韩信拔赵帜立赤帜之典赞其诗词卓然自成一家,在与"岩廊"(朝廷庙堂)官僚的对照中高度评价朱彝尊的文学成就,并隐批判时政之深意。竹垞长期作幕僚,以布衣中试,又不得志于仕途,康熙三十一年罢职,家居十八年,故曹寅有此感慨。竹垞晚年与曹寅交往较多,康熙四十四年十月有《楝亭诗钞序》,赞曹寅诗"无一字无熔铸,无一字不矜奇,盖欲抉破藩篱,直窥古人窔奥,当其称意,不顾时人之大怪也"。特别肯定曹寅诗歌敢于创新、直抒胸臆的特点,并非一般夸赞之词,确为的论。是年,又有《曹通政寅自真州寄雪花饼诗》(《曝书亭集》卷二十一)。四十五年,曹刊刻《全唐诗》竣,又搜集韵书刊刻《楝亭五种》,朱彝尊为作《合刻集韵类篇序》(同上书,卷三十四)。四十七年,广陵涂生为曹寅、晚研、南洲三人绘三友图,竹垞来迟不得入图,题诗于后。端午日,作《五毒篇效曹通政寅用其首句》(卷二十二)。四十八年,作《题曹通政寅思仲轩诗卷》(卷二十三)、《五月曹通政寅招同李大理煦李都运斯佺纳凉天池水榭即席送大理还苏州诗》(同上)。曹寅还曾委托竹垞编写扬州地区盐政史,但此书未刊行。曹寅在捐赀刊刻施愚山《学余全集》后,又捐赀为朱竹垞刊《曝书亭集》八十卷,但此事因寅去世而未完成。查慎行《曝书亭集序》云:"(先生)乃合前后所作,手自删定,总八十卷,更名为'曝书亭集',刻始于己丑(康熙四十八年)秋。曹通政荔轩实捐赀倡助,工未竣而先生与曹相继下世。"竹垞卒年八十一。除前引《避热》诗外,《楝亭集》中还有《题三友图序》(《诗钞》卷七)、《吴园饮饯查浦编修兼伤竹垞南洲》(《诗别集》卷四)等诗怀念伤悼。周汝昌《红楼梦新证》引朱彝尊《百字令·为曹使君题江南春图》,谓为曹寅作。按,此词手稿有"时客云中"四字(参见《曝书亭词》)。竹垞于康熙三年至四年(1664—1665)在山西大同为曹溶幕僚,该词应即于此时为曹溶题画作,非为曹寅而作。

3.陈维崧(1625—1682)

陈维崧字其年,号迦陵,江苏宜兴人。己未博鸿科中式,以诸生授翰林院检讨,修《明史》。康熙三十一年卒,时年五十八。其年长曹寅三十岁,与竹垞同为当时词坛巨擘,"尝自中州入都,偕朱竹垞合刻所著,曰《朱陈村词》,流传入禁中,蒙圣祖赐问"(《国朝先正事略》卷三十九)。曹寅也许正是在此时开始为迦陵词所倾倒。《湖海楼词》卷七有《满江红·送桐初还东阿即次其与曹雪樵倡和原韵》,雪樵,即曹寅。此词应作康熙十九年后。《词钞别集》有《貂裘换酒》(即《贺新郎》词调),题"壬戌元夕,与其年先生赋",为康熙二十一年之作,可见二人唱和之迹,惜迦陵原作未存。迦陵逝后,寅有《哭陈其年检讨》诗(《诗别集》卷二)伤悼:

> 百年重五恨,一夕上元游。岂合人间住,多应天上留。玉箫寒倚月,杨柳暮侵楼。得似辽东鹤,重来吊故丘。

次句即追忆"壬戌元夕,与其年先生赋"之事。又有《过陈次山寓居读迦陵稿有感》诗二首(《诗钞》卷一),中云"清华适俗能容啸,少壮评交实爱才。忝与周旋非一日,铜官山冷桂枝开",也是追忆作为前辈的迦陵对少壮曹寅的"爱才"之心和自己与迦陵交游的往事。铜官山在太湖,指迦陵家乡。诗末"风雅至今多绝响,迦陵遗调使人悲",在深寓哀思中表达对陈维崧文学成就的推崇。曹寅之词,深受迦陵影响,尤其是其豪情与才气。楝亭词风与陈维崧相近,其明显追步者有词钞卷首《蝶恋花》六首,题"纳凉西轩,追和迦陵"。《湖海楼词》有《蝶恋花》四月、五月、六月词,其六月词八首均用"六月荆南"开头;寅词六首,均用"六月西轩无暑气"开头,并用迦陵韵。又《词钞》有《贺新郎》五首,是曹寅晚年之作,也是和迦陵之作。查《湖海楼词》卷十九有《贺新郎》"虎丘剑池作"以下同韵十五首,曹寅之文友鲍又昭和十首,曹寅和五首。虽然这些词作都有逞才游戏的成分,但是足见曹寅一生对迦陵的仰慕。曹寅与迦陵之侄陈枋(次山)交厚。曹寅在京师期间,二人除诗词唱和外,还同为燕市酒友(见前文)。

### 4. 尤侗(1618—1704)

尤侗字同人,展成,号悔庵,晚自号艮斋,长洲人。己未博鸿科授翰林院检讨,年最长,时已62岁。康熙十九年,年仅23岁的曹寅在时任国子监祭酒的王士禛席中得识这位年长四十岁的"老名士"(康熙语),二人订交。康熙三十二年,尤侗以年老告归家居。康熙二十三年曹玺病故,曹寅寄楝树图册(即《楝亭图》)予尤侗,侗于腊月题诗,为此图最早的题诗者之一。康熙二十九年曹寅任苏州织造后,二人甚相得,"篱落不妨骑马客,郎官原近老人星"(曹寅《尤悔庵太史招饮揖青亭即席和韵》(《诗钞》卷二)。不过,与同样年龄悬隔四十岁的杜岕(1617—1693)成为曹寅的人生知己不同，尤、曹之交主要在文学和艺术方面，尤侗是诗人兼剧作家，这与曹寅爱诗并擅曲正相投合，曹寅是康熙宠信，尤侗也深以"真才子章皇天语，老名士今上玉音"（尤侗宅堂楹联）为荣，故尤对曹深相接纳，二人交往颇多。

康熙二十九年，尤侗有《八月十九日曹荔轩司农同余澹心梅公燮叶桐初过挹青亭小饮指青池韵二首》（《艮斋倦稿》卷四），寅有《尤悔庵太史招饮挹青亭即席和韵》（《诗钞》卷二）。九月初七，侗有《瑞仙词·寿曹子清织部》（《艮斋倦稿》卷四）。康熙三十年，尤侗《春朝偶成》诗（《艮斋倦稿》卷四）记曹寅赠兔羹之事。三月，应曹寅之请作《楝亭赋》。四月，有《四月十二日曹荔轩同叶桐初程正路朱赤霞过亦园小饮拈挹青二韵》（《艮斋倦稿》卷四）。六月，宴请同人于水哉轩纳凉观荷，是岁每月一会。十二月，尤侗作《曹太夫人六十寿序》。康熙三十一年，尤侗有《三月廿八日挹青亭看菜花作同曹荔轩彭访濂余广霞梅梅谷叶南屏朱赤霞郭鉴伦》（《艮斋倦稿》卷五）。是年，曹寅游越五日，成杂剧《北红拂记》，归授家伶演出，请尤侗观看，侗作《题北红拂记》于其后（《艮斋倦稿》卷五）。九月重阳，曹寅令家伶演尤侗《李白登科记》，并准备排演尤侗《读离骚》《黑白卫》诸剧，因奉旨赴江宁织造任而中止。十一月，曹寅赴江宁任，尤侗有送别诗《送曹荔轩机部移驻江宁四首》（《艮斋倦稿》卷五），其四云："间从公府叙琴樽，泉石烟霞每共论。他日青溪桥畔望，扁舟应忆旧渔村。（自注：渔村在娄关外，荔轩尝欲小筑于此。）"可见曹在苏期间与尤过往之处甚多，不止于尤侗宅第。康熙三十二年，苏州人建曹寅生祠于虎丘，尤侗作《司农曹公虎丘生祠记》，颂扬曹寅在苏州的惠政。本年李煦任苏州织造，尤亦与交，为作《东莱政纪序》。东莱公，即煦父李士桢。康熙三十六年九月，尤侗有《寄寿曹荔轩司农》（《艮斋倦稿》卷十），时侗寿八十。本年，寅有《雨霁过沧浪亭迟悔庵先生不至和壁间漫堂中堂韵》（《诗钞》卷三）。沧浪亭在苏州，盖本年寅有苏州之行，约会尤侗而不遇。康熙三十八年，圣祖第三次南巡，驻跸苏州，尤侗献《万寿诗》《平朔颂》，御书"鹤栖堂"三大字以赐，时侗年八十二。曹寅作《鹤栖堂诗》（《诗别集》卷三）颂其事，称与侗"交最善"：

> 昔多促膝今离居，相思时一登舟舆。水曹细琐官拮据，知我尘垢非清癯。新诗远寄忧可抒，固穷岂惜相呴濡。

可见二人一直保持着真挚情谊。

5.毛际可(1633—1708)

际可字会侯,号鹤舫,浙江遂安人。顺治十五年进士,授河南彰德府推官,康熙十八年博鸿科与试未中。益致力于古文。虚怀善下,尤乐汲引后进,四方从游,恒屡满户外。康熙四十七年卒。《诗钞》卷四有《和毛会侯席上初食鲥鱼韵》(康熙三十九年)、《辛巳孟夏江宁使院鹤舫先生出张见阳临米元晖五州烟雨图遍示坐客命题漫成三断句》(康熙四十年)。后诗第三首云:

> 百年文酒西轩会,素领苍颜半座中。顾盼独谁东向笑,五州烟雨片帆风。(自注:时鹤舫将东归。)

从诗意看,毛际可此次来南京,曾在织造署西轩与曹寅有文酒之会。此时,长曹寅二十五岁的鹤舫已68岁高龄。《楝亭集》有毛际可序,也应作于此时。此序虽不长,然对曹之为人处世与其诗风成就均有精到论述,非一般应酬文字可比:

> 言者心之声也,诗之为言则尤出于心之自然而不可以模拟依傍者也。荔轩先生家世通显,为天子亲臣,乃被服儒素,黾勉尽职,不涉户外一事。故发之为言,苍然以朴,澹然以隽,悠然以远。……

毛际可赞曹寅"不涉户外一事",与姜宸英《赠曹工部》诗"开府清风满洞庭,早衙人散阁常扃"、施世纶(时任江宁知府)《曹水部子清以余赠几赋诗见掷和韵答之》"客还楝亭聊试墨,公余花署日题诗"等,既是写其闲暇,又都认可其尽职而不多事(与现实政治保持距离)是一种正确的处世态度,颇得曹寅之用心。在序中,他还极为精当地评述曹寅咏物诗词的成就,"若在有意无意之间,使人一唱三叹而始遇之"。这些,都使得此序对认识曹寅文学成就具有独特意义。际可能得到了张见阳临米芾之画,表明他与曹寅的朋友张纯修有交往。毛际可还有《萱瑞堂记》(《安序堂文钞》卷十七),系康熙三十八年第三次南巡时皇帝驻跸江宁织造署接见曹寅嫡母孙氏,并赐"萱瑞堂"匾额而作,当时为此事题咏者积成卷轴,以毛际可之文为卷末题跋。由此也可见曹寅对鹤舫文字之看重。

### 6. 阎若璩（1636—1704）

阎若璩字百诗，号潜丘，江苏淮安人（原籍山西太原）。应己未博学鸿词科试未中，离京师时被徐乾学聘为文学顾问。康熙二十五年，徐奉旨主持纂修《大清一统志》，阎为其主要助手。康熙三十一年返回淮安。阎若璩与曹寅兄弟均有交往，对其父亲曹玺也有一定了解。其诗自注称杜于皇为曹寅之"父执"（见前文引《赠曹子清侍郎四律》其一注），是了解二杜与曹玺交往关系的唯一文字材料，盖因阎若璩以博学名，故杜于皇曾折辈行与交（见《国朝先正事略》卷三十二），故知此说不误。潜丘先生长曹寅二十二岁。康熙三十五年四月（用周汝昌《红楼梦新证》说，张穆《阎若璩年谱》系于三十六年）阎至南京，有《赠曹子清侍郎四律》（《潜丘札记》卷六），末句"既蒙公一顾，短褐遽忘寒"，表明他曾受到曹寅款待。康熙三十五年，曹宣奉使至淮安，阎有《赠曹子猷》诗（同上）。三十六年，曹寅押运赈米至淮，寅《赴淮舟行杂诗》中有"数拒群公钱，微吟许剑诗"句，阎有《荔轩司农有微吟许剑诗之句赋寄》（同上），中有"丈夫重然诺，宝剑等鸿毛。一片心长在，千秋义并高。顾余犹志感，于世数称豪。回忆微吟日，边淮首独搔"。不知百诗称赞曹寅重然诺是因何事，但似乎与二人交谊有关。同年，阎还有《荔轩司农属过苏州访织造李君赋赠》（同上），是以知百诗曾到南京，受曹寅之托去苏州访李煦。

### 7. 邓汉仪（1617—1689）

汉仪字孝威，江苏泰州人。布衣参加己未博鸿科，以年老，特赐内阁中书（一说正字）衔归籍。按己未试中以年老特赐内阁中书衔者共七人，据此，邓汉仪当时年龄应在七旬左右。《国朝先正事略》卷三十九载："孝威与国初诸老游，洽闻广见，所选《诗观》凡四集，投赠称盛。"可见他用心广泛搜集当代诗人创作。其《诗观二集》选曹寅诗二首，当在戊午（康熙十七年）进京与试期间编成（参见前文），在此时期与曹寅有交往。时寅年方弱冠，比孝威约小五十岁，而能得其青目。《楝亭图》第一卷有邓汉仪跋诗四章，题署"为荔轩、筠石两年先生题"，应在康熙二十四年或稍后。

### 8. 蒋景祁（1646—1695）

景祁字京少（一字荆少），江苏宜兴人。是陈维崧的同里后辈，追随陈维崧写词十余年。迦陵与己未试，京少再游京师，往还尤密，成为阳羡词派的后劲。董儒龙称其"近与迦陵伯仲"（《贺新郎》词）。但落魄不遇，以贡生终老，官至府同知，赍志以殁，有《梧桐词》《罨画堂词》。京少是曹寅参与的己未词会中的重要人物，这一胜会大约到壬戌（康熙二十一年）迦陵去世而终止。现存《瑶华集》中有京少题赠曹寅词多首，如卷十二《念奴娇·赠曹荔轩用东坡赤壁词韵》、卷三《秋蕊香·为曹子清题画》、卷五《临江仙·为曹子题唐寅美人图》。但《词钞》中未见与京少唱和之作。蒋景祁所编《瑶华集》是清初收集最为宏富、取舍较为公允的词人选集，《一氓题跋》称其"差足备顺康一代之典型"。集中收曹寅词 9 首，在所选 504 名词人中，居前 60 名之列，可见编者对这位年轻词人的重视。

9. 赵执信与洪昇

赵执信（1662—1744），字仲符，号秋谷、饴山，山东益都人。诗人。康熙十八年 18 岁时中进士，己未博鸿科诸文士朱彝尊、陈维崧、毛奇龄等重其才，定为忘年交。选庶吉士，后授翰林院检讨，迁右赞善。康熙廿八年因孝懿皇后忌日观演《长生殿》传奇案被参劾革职，时年 28 岁。时人有"可怜一曲长生殿，断送功名到白头"之叹。回乡后，秋谷曾多次到江南漫游，曾五至苏州，寓居扬州、南京等地。

洪昇（1645—1704），字昉思，号稗畦、稗村、南屏樵者，浙江钱塘人。国子监生。康熙十三年至二十八年在京，从王士禛、施闰章学诗，与朱彝尊、毛奇龄、赵执信等结为诗友。康熙二十七年创作《长生殿》完稿，次年即因演剧遭祸革国子监籍。康熙三十年南归。康熙四十三年有云间（松江）、白下（南京）之游。洪昇在这次北游中与曹寅交住，并有切磋剧艺之佳话。金埴《巾箱说》：

> 时督造曹公子清也即迎致于白门。曹公素有诗才，明声律，集江南北名士，为高会，独让昉思居上座，置《长生殿》于席。又自置一本于席，每优人演出一折，公与昉思雠对其本以合节奏，凡三昼夜始阕。两公并极尽其兴赏之豪华，以互相引重，且出上帑金赒行，长安传为盛事，士林称之。

可惜洪昇归途至乌镇，酒后登舟，不幸溺水身亡。除了高会搬演《长生殿》，曹寅还赠诗一首《读洪昉思稗畦行卷感赠一首兼寄赵秋谷赞善》（《诗钞》卷四）：

> 惆怅江关白发生，断云零雁各凄清。称心岁月荒唐过，垂老文章恐惧成。礼法谁尝轻阮籍，穷愁天亦厚虞卿。纵横捭阖人间世，只此能消万古情。

曹寅赠洪昇之诗虽仅一首，但并非一般应酬之作。因洪昇而及赵执信，不但因两人是诗友，更重要的是两人都因剧案受到严重打击。所以此诗虽题为读《稗畦集》而作，实际上包含着对剧案及两人遭际的感慨，而且明显流露出知己的共鸣之感。诗意显示曹寅与二人并非初交，首联即有老大重逢和各不称意的亲近感。从前述三人生平及文学交游情况看，他们可能在北京期间即已结识。"称心岁月荒唐过"是对剧案的反讽。洪、赵二人皆狂放自负，故以阮籍为喻。剧案是以非礼（"大不敬"）罪名处置洪、赵诸人的，故"礼法谁尝轻阮籍"句实际上是为二人辩护，反驳强加的罪名。这不但表明曹寅对朋友的同情，也表现了他的公正和胆识。颈联和尾联则透露出双方不满于时政和世情的共同心声，这也正是彼此交厚的思想基础。此诗为曹寅代表作，后来沈德潜《国朝诗别裁》收入时竟将第四句"垂老文章恐惧成"改为"垂老文章忧患成"，"礼法谁尝轻阮籍"改为"礼法世难拘阮籍"，大大磨灭了原作的思想锋芒，也歪曲了作者原意。

《楝亭诗钞》卷五还有《和秋谷见寄韵》一首，应作于康熙四十四年。《饴山诗集》卷十有《寄曹荔轩寅使君真州》，即为寅所和原诗。诗中有"唐代精灵应有属"句，注"曹寅司诗馆"，可见赵执信曾参与曹寅主持刊刻《全唐诗》期间的江南文会。又与曹之诗友王竹村善，有《题王竹村诗卷二绝句》（同上，卷十三）注"蜀游及与曹盐使唱和二集"。又与苏州织造李煦交游，有诗，都与曹寅有关。曹寅和韵诗中"频忆拏舟逐仙侣，百城烟水渺茫间"，描述了秋谷这段乘舟于江南水道和自己交往的生活。"世许蛾眉供调笑，士求龙腹卧高闲"则显然是借典故暗喻秋谷的高洁志向和所受的不平待遇。乾隆八年，屈复《消暑诗》之十二《曹荔轩织造》诗有"直赠千金赵秋谷，相寻几度杜茶村"[①]之句，表明曹寅曾有慷慨资助赵执信之事，且在当时传为美谈。但曹

---

① ［清］屈复《弱水集》卷十四《消暑诗十六》之十二。

寅逝后,赵执信曾借题王竹村诗对曹寅有所讥讽。① 数十年后,屈复有意重提此事,除了称颂曹寅和感叹曹家败落,也许还包含对赵执信受恩负义的不满。

## 三　"三曹"文会和交游

"三曹"原指建安曹氏父子,顺治末康熙初,它成为擅长文学的河北直隶丰润人曹鼎望(1618—1693,字冠五,号澹斋)与其儿子曹钊、曹钤的美称。邓汉仪编定于康熙十一年的《诗观初集》收了鼎望、钊、钤父子三人的诗作,并评述道:"都下人士,一时竟称'三曹'。'三曹'者,冠五太史及长公靖远、次公宾及也。"

据《曹鼎望墓志铭》,鼎望为顺治己未(十六年)进士,选内翰林国史院庶吉士。辛丑(十八年)散馆,授刑部主事,后升郎中。邓汉仪称"冠五太史",可见"三曹"之名在顺治末年就已经出现。鼎望第三子曹铨,年幼,成名稍后。汉仪编写于康熙十七年的《诗观二集》收父子四人诗,并有小传。同时收录年方弱冠的曹寅之诗,说明曹铨与曹寅年岁及成名时间大体相当,而略长于寅。由于有共同的远祖宋武惠王曹彬②,鼎望与曹玺联宗后,两家有较密切的往来③。曹寅与曹钊(靖远)、钤(宾及)、铨(冲谷)以兄弟相称,与曹钤、曹铨文字来往更多,诗中称曹钤为宾及二兄,曹铨为冲谷四兄。故本文所述的三曹文会,即指曹寅与曹钤、曹铨的文学活动,兼及鼎望和曹钊。

徐世昌《大清畿辅先哲传》卷十一记曹鼎望及其子钊、钤事迹云:

> (鼎望)子二钊、钤,父子皆擅诗家之胜,当时目为三曹。钊字靖远,贡生,著有《鹤龛集》。钤字宾及,号癯庵,美丰仪,善属文,尤精绘事。鼎望守新安时,钤读书黄山之桃花源,寻以贡生任内阁中书舍人。圣祖奉天南巡吴越,皆以钤从。丰润东有松茨别墅,钤作写真图。海内耆宿若

① 康熙五十九年(1720),赵执信作《题王竹村诗卷二绝句》,其二云:"横槊襟情忆阿瞒,不教词客唤粗官。庭柯引得东方凤,却与群鸥一例看。"(《饴山诗集》卷十二)关于赵执信与曹寅的关系,参见陈汝洁《曹寅与赵执信关系考辨——兼说"岩廊谁合铸黄金"用典》,载《红楼梦学刊》2013年第二辑。

② 参见《浭阳曹氏族谱》;康熙二十三年《江宁府志》卷十七《曹玺传》;康熙六十年《上元县志》卷十六《曹玺传》;冯其庸《曹雪芹家世新考》,第92—93页。

③ 参见本书第三章第一节"童稚时代"。

陈瑚、施闰章、王士祯、尤侗、朱彝尊、那兰成德、毛际可、梅庚，题咏殆遍。著有《瘦庵集》《黄山纪游》《扈从东巡纪略》……

钊、钤皆先于鼎望去世。刘世德推断曹钤约生于明崇祯十年(1637)，卒于清康熙二十八年(1689)。曹鋡，字冲谷，号松茨。贡生。曾官理藩院知事。生卒年不详。著有《雪窗诗稿》《松茨诗稿》。《曹鋡墓碑》称“皇清待赠休职佐郎曹四公讳鋡冲谷”，知曹鋡晚年退职在家。

曹氏父子的诗文集今皆不存。现存的诗文佚稿中未见与曹寅唱和之作。但《楝亭集》中却保存了许多写给钤、鋡兄弟的作品，计有：

1.《冲谷四兄寄诗索拥臂图并嘉予学天竺书》二首(七律)，《诗钞》卷一

2.《松茨四兄远过西池用少陵可惜欢娱地都非少壮时十字为韵感今悲昔成诗十首》(五律)，《诗钞》卷二

3.《西轩赋送南村还京兼怀安侯姊丈冲谷四兄时安侯同选》三首(五律)，《诗钞》卷四

4.《宾及二兄招饮时值宿未赴怅然踏月口占兼示子猷二首》(五律)，《诗别集》卷二

5.《冲谷四兄归涇阳予从猎汤泉同行不相见十三日梦中见月感赋兼呈二兄》一首(七律)，《诗别集》卷二

6.《病中冲谷四兄寄诗相慰信笔奉答兼感两亡兄四首》(七律)，《诗别集》卷二

共六题二十二首。《楝亭集》外一首《雪霁寄靖远宾及两兄》，收入邓汉仪所编《诗观二集》卷十三。《文钞》中《东皋草堂记》有人认为与曹氏兄弟有关。从以上诗题及内容，可以看出钤、鋡尤其是曹鋡与曹寅有相当多的生活和文学往来。其时间从童年、少年的“丱角游”“夜雨读书床”，延续到曹寅任江宁织造多年，曹鋡退职家居后，可见鋡、寅二人几乎是终生之交。

由于同为宋武惠王曹彬之后，又同以历史上“三曹”为其文学渊源，曹寅很重视他们共同的创作追求。第2项十首中有两首专述此事：

吾宗诗渊源，大率归清腴。叔氏振颓风，句不修廉隅。选友得关中，沉雄避时趋。会应策骒袅，历块过名都。

黄钟散为徵，太音声久希。前贤横专据，可得具体微。盲瞽不安命，小儒多腹非。有斐贵切磋，且愿诵缁衣。

按："清腴"并非前人对建安"三曹"诗的评价，而是盛唐王孟的诗风。所谓"丰缛而不华靡"（李东阳《麓堂诗话》评王维诗），"语淡而味终不薄"（沈德潜《唐诗别裁》评孟浩然诗），可见鼎望父子和曹寅都是宗唐的，这与曹寅所尊崇的前辈遗民诗人杜濬、顾景星的创作趋向一致，他们都想对晚明以来公安竟陵末流的浮浅枯瘠之病有所矫正。

曹寅赠曹钊的诗仅一首，即《雪霁寄靖远宾及两兄》：

> 积雪冻未消，林际苍烟凝。冒寒上高阁，爱此朝曦升。次第众峰出，便欲思跻登。饥乌下野树，独雁留湖冰。慨然念伯氏，岁晚愁相仍。兵戈矧未息，尺素无由凭。何时共姜被，永夕耿青灯。

诗作于康熙十七年前，其时，三藩之乱未平，鼎望任福建广信府知府，钊、钤随父，故诗中有"尺素无由凭"之语。寅弟子猷亦在江宁随父，"独雁留湖冰"即暗喻自己在京独处之苦。曹寅给钊、钤的诗歌往往忆及子猷，表明这两种不同的兄弟之情是紧密联系但又不能互相替代的。如《宾及二兄招饮时值宿未赴怅然踏月口占兼示子猷二首》就同时"忆及子猷"，诗中"骨肉应何似，欢呼自不支""却见今宵梦，先输春草池"等语，都洋溢着浓郁的亲情。此诗作于曹寅在京任侍卫时，孤单一人，钤、铪尚能相聚，自己却骨肉分离，心情不免复杂悲凉。①

曹寅赠曹钤之诗现存只有两题三首，而赠曹铪诗达二十首，曹氏父子中，寅对铪诗更为推重。在钊、钤及鼎望于康熙三十二年前先后去世后，寅更对曹铪寄以厚望："叔氏振颓波。""历块过名都。"并在与其切磋诗艺中使自己得到提高："有斐贵切磋，且愿诵缁衣。"《缁衣》是《诗经·郑风》的第一篇。朱熹《诗集传》为此篇作注时引《礼记》"好贤如《缁衣》""于《缁衣》见好贤之至"等语。曹寅"愿诵《缁衣》"，可见他对曹铪的敬重。曹寅还把冲谷视为人生知己，向他吐露心曲，这些诗歌具有典型的私人话语特征，是体现曹寅思想和文学成就的重要材料。特别是写于京都郎署时期的《病中冲谷四兄寄诗相慰信笔奉答兼感两亡兄四首》（《诗别集》卷二）更是《楝亭集》中的杰作：

> 频拈柔翰怜生事，枉忆茅斋款段留。漫兴诗篇余竟病，伤心粉澡杂

---

① 参见胡绍棠《楝亭集笺注》，第418—419页。

俳优。枣梨欢馨头将雪，身世悲深麦亦秋。往往人群避傜友，就中惟感赋登楼。

京华重叹傸居难，来往须期把臂欢。为吏何妨知米价，吾宗自古占骚坛。苹婆华卸看青果（注：大兄有苹婆书院），浧水鱼枯好掷竿。满眼风云堪慰老，要盟应任白鸥寒。

卧病经自初出户，战余寒热体差强。华编喜挦松窗绿，情思遥分蕉绪黄。自怪书空恒咄咄，古来笔阵见堂堂。中宵独立惭存答，犹恐将身入混茫。

药裹检纸题缄处，走电惊雷破柱时。拭我细斑湘女竹，忆君青草杜陵诗。终期辟地无离别，竟欲逃禅绝喜悲。何日对床听漉酒，疏花零叶绕东篱。

在组诗中，曹寅极其罕见地倾吐了自己的身世之感，包括家族民族历史劫难（"身世悲深麦亦秋"）[1]和个人童奴生涯（"伤心粉澡杂俳优"）[2]，以及当时家庭和自己的艰难处境（"往往人群避傜友""京华重叹傸居难"）[3]，发泄了内心的不平和无奈（"自怪书空恒咄咄""竟欲逃禅绝喜悲"）。诗风浓郁苍凉，是曹寅"魁垒郁勃"之情的集中抒发，具有极其珍贵的心理资料价值。"吾宗自古占骚坛"，可见曹寅始终怀着强烈的自觉意识，要同冲谷父子一起，用自己的创作在文坛占一席之地，但他们不再可能重现"梗概多气""骨气奇高"的"风骨"，而只能从愤世转向避世去寻求一份"清腴"的天地了。由于种种原因，我们也无法看到钤、铨兄弟的来诗与和诗。所谓"三曹"文会，只能是一种想象的交流。

## 四　江南书局文会和交游

赵执信《王竹村文集序》云：

昔曹楝亭通政以诗自豪，视盐扬州，延揽一时文士。……

---

[1]　参见本书第四章第一节"身世悲深麦亦秋"。
[2]　参见本书第三章第二节"'傸童'经历探析"；拙文《曹寅童奴生涯探析》，载《曹雪芹研究》2018 年第一辑。
[3]　参见本书第三章第三节"任职郎署"及拙文《曹寅生平研究的一个盲区》。

曹寅兼管两淮盐务始于康熙四十三年七月。四十四年三月,康熙帝下旨颁发《全唐诗》一部,交曹寅刊刻。五月一日,曹寅在扬州天宁寺主持开局。扬州书局成为曹寅"延揽一时文士"的中心。但事实上,曹寅刊书在三年前即康熙四十一年即已开始。这一年舅氏顾景星之子顾昌携《白茅堂全集》至南京,曹寅即捐千金代为刊刻,顾昌校对,至四十三年竣工。在这三年间,曹寅与表弟顾昌多所唱和,有《西轩唱和集》行世(据顾湛露《皇清拣授文林郎顾公培山府君行略》),其中不乏优秀之作存于《楝亭集》,但这还是纯粹的个人唱酬。扬州书局开刻后,始成群体气候,参与这一时期文学活动的,包括书局校雠官员、地方文学名士等,一时蔚为大观。《全唐诗》刻竣后,曹寅奉旨刊刻《佩文韵府》,未毕而寅逝。曹寅与书局诸君的文学交往也一直延续到生命的终点。

## (一)　江淮诸文士

### 1.吴贯勉(生卒年不详)

贯勉字尊五,号秋屏。上元人。博学能文。年八十五卒。杨钟羲《雪桥诗话续集》卷三云:"(曹寅)爱才恤士,刊《全唐诗》《集韵》等书,聘上元吴贯勉秋屏为之雠校。荔轩殁后,秋屏有'魂游好记西堂路,同觅仙花扫落芬'之句。"曹吴之交,早在京城曹寅任侍卫期间即已开始,《诗别集》卷一有《送吴秋屏南归》诗:"长安一雁一归心,何限沧波与暮岑。寄语摇鞭吴季重,拂尘休向旧墙阴。"此诗在编排上位于《和桐初谷山署中寄怀原韵》诗之前,后诗作于康熙十九年,则前诗不会早于此年。诗中以吴质(季重)比秋屏,是以三国曹丕与吴质的友谊比自己与秋屏的友情。曹寅又有《念奴娇·和吴秋屏咏秃笔》(《词钞》)取韩愈《毛颖传》文意,以秃笔喻吴秋屏不得志的命运:

> 东涂西抹,叹毛君,也被墨磨巅秃。老去闲窗余肮脏,脱帽何堪情熟。投弄由人,妍媸便了,甲乙休重辱。平生石友,依然不免尘黩。
> 年年折戟沉枪,珊瑚格满,粪壤谁搜录?几度辛夷花下望,似有精灵相属。头会从来,管城可涕,岁月空惊速。秃翁行念,举杯辄酹醽醁。

秋屏来词,肯定是以秃笔自喻。曹寅和词,对朋友遭际表示同情,并以友情慰勉对方,句句语意双关。从词意可知,秋屏科场连年失意,文才也被埋没("年年折戟沉枪,珊瑚格满,粪壤谁搜录"),而其人却深受曹寅敬重

("老去闲窗余肮脏,脱帽何堪情熟"),并以"平生石友"向他表示坚贞的友谊。前文已述,曹寅内心长期压抑着强烈的"不材之愤",这使他与秋屏能实现心灵沟通,也正是他们友情的坚实基础。这种可贵的友情一直延续到晚年。《楝亭集》中,与秋屏唱和及交游之作数量之多,在曹寅的友人中是很突出的,除上述二诗外,还有《月下和吴秋屏韵》《孟秋偕静夫子鱼尊五殷六过鸡鸣寺得诗三首》(《诗钞》卷四),《晚酌同九迪秋屏鹿墟元威又昭允文冶堂俊三序皇拈得七虞》(《诗钞》卷六),《护月与秋屏煎茶待旦》《雨后西轩与又昭蓼斋秋屏限字》(《诗别集》卷四),《满庭芳·秋屏以词问西庭梅花将申郊游之约而意不在梅也时连雨困酒不出户即韵次答并索再和》(《词钞》)等。这些诗词除表明两人文学交往之频繁外,还可以使人了解曹寅与秋屏的交游同曹寅其他文学交游的关系。作为曹寅的布衣知己,吴秋屏同曹寅的遗民友人胡静夫,以及曹寅晚年在诗局中招纳的江淮名士鲍又昭、殷蓼斋等都有密切联系,这大体展现出曹寅与文士交游的几个主要群体(布衣文人群体、遗民文人群体、官宦名士文人群体)的交叉关系。

杨钟羲《雪桥诗话三集》载:

> 曹子清以通政视盐政,理织造,兼校书局……淮南名士如王竹村、卓鹿墟、鲍远村、杨掌亭、郭双村、程蒿亭、周确斋、殷蓼斋、萧东田、唐饭山、汪木瓶皆与倡和。

查《楝亭集》中颇多群体唱和之作,也许就是曹寅与众名士交游所存留,但姓名(字号)与《雪桥诗话》所载有同有异。全同者有王竹村、卓鹿墟、程蒿亭、殷蓼斋、萧东田(诗中又作"冶堂")、郭双村(诗中一作"于宫")等,诗词中另有鲍又昭、唐序皇、王允文、余九迪、王植夫、乔俊三、已三、汇南、璪亭、杜吹万、蔗轩、元威、云村、滕友、上若、吉云等姓名或字号,且来往密切。疑鲍又昭即鲍远村,唐序皇(继祖)即唐饭山。

上述诸人,事迹大多难考。现据周汝昌《红楼梦新证》等提供和本人搜集的材料,就所知者列述如下。

2.唐继祖(1671—1733)

唐继祖,字序皇。江都人。康熙六十年辛丑进士,后官至湖北按察使。序皇与曹寅交游时尚未有功名。寅逝后,序皇搜集曹寅文稿成《楝亭文钞》。

康熙五十二年刊《楝亭集》，有《楝亭文钞序》，署"受业唐继祖题"，可见或为寅生前门客。楝亭与序皇唱和之作颇多，计共八首（诗四首、词四首）。

### 3. 杨潗（生卒年不详）

杨潗，字汇南。江都人。康熙乙酉（四十四年）南巡，以献赋取入纂修馆。辛卯（五十年）举顺天乡试。壬辰（五十一年）进士，授翰林院检讨。博闻强记，工诗文。汇南应在中举前即与曹寅交往。有《曹荔轩银台招游近郊》诗。曹寅有《书院述事三十韵》（《诗钞》卷八）寄杨汇南及前书局诸君，《诗别集》卷四有《送杨汇南入都》诗，云"词馆思殊遇"，即指入纂修馆之事。

### 4. 郭元钎（？—1722）

郭元钎，字于宫，号双村。江都人。以诸生与修《佩文韵府》，授中书。编有《金诗纪事》《全金诗》等。《楝亭集》涉及于宫诗四首。寅病耳闭，于宫赠药枕，寅以诗志谢。

### 5. 沈嘉然（生卒年不详）

沈嘉然，字滕友。山阴人。能书。蒋瑞藻《小说考证》引《燕居续语》，云沈以大禹治水为题材，创作神幻小说六十卷一百二十回，"曹公楝亭寅欲为梓行，滕友以事涉神怪，力辞焉"。后因覆舟，书沉于水。诗涉滕友者一首（《诗别集》卷四）。

### 6. 乔国彦（生卒年不详）

乔国彦，字俊三。扬州盐商乔豫之子。乔豫筑东园，曹寅为命八景之名，为题咏。《集》中涉及乔俊三者五首。

### 7. 吴尚中（生卒年不详）

吴尚中，真州人。书坊主。康熙己丑（四十八年）于真州东园为曹寅刊刻《诗钞》六卷《词钞》一卷，此为曹寅"自汰其旧刻"之精选本。

此外，另有受知于曹寅的张云章、王竹村等。

### 8. 张云章（1648—1726）

张云章字汉瞻，号朴村。嘉定县人。吴新雷依据《朴村集》及相关材料考证其生平事迹及与曹寅的关系甚详。① 张云章一生未得功名,以文才游走于达官贵人之幕。康熙四十四年入李煦幕,有诗呈李煦并及曹寅,康熙五十年(辛卯)在扬州巡盐御史公署第一次与曹寅见面,就得到赏识。云章后来回忆:"吾始谒公,辛卯之冬。我刺初入,喜动公容。遍告坐客,吾于天下士,独未识者此翁。"并挥毫书写扇面以赠。次年五月,曹寅邀至江宁织造府校订文史,"聚白下之名流,复谆谆而语之曰:'吾晚年而得此嘉宾!'"开放藏书,恣其取足,设广筵,陈家乐,而以十日之游为不足。② 不久曹寅病逝,云章极为悲痛,作祭文哀悼。《朴村集》中云章赠和曹寅的诗作有八首,其中写于康熙五十年冬的《闻曹荔轩银台得孙却寄兼送入都》(《朴村诗集》卷十)对于研究曹雪芹生平有重要价值③,他的《祭曹荔轩通政文》也已成为珍贵的曹寅史料。

### 9. 王竹村(生卒年不详)

王竹村名文范,字竹村。江苏仪真人。清乾隆《江都县志》记载:"廪贡生,行修而学邃,工文章,棘闱屡荐不售,士林惜之。"王竹村至迟在康熙四十八年已入曹寅幕。是年寅作《使院种竹》诗(《诗钞》卷六),竹村有《和银台曹公使院种竹诗》。康熙五十年,竹村赴京师应顺天乡试,曹寅作《送王竹村北试二首》(《诗别集》卷四),并安排他住在北京曹家的芷园。康熙五十一年二月,因雨寒泥泞,禄料不支,书院几乎断炊,竹村以饼肉饷,曹寅有诗《雨寒书院小酌竹村以饼肉相饷即事戏与元威云村蓼斋已山璪亭吹万共赋索竹村和用东坡集中韵》(《诗钞》卷八)。是年竹村次兄王文诰提督四川学政,竹村随入川,曹寅有诗《送王竹村入蜀二首》(《诗钞》卷八)。④ 康熙六十一年,赵执信作《王竹村诗集序》云:"曹寅楝亭通政以诗自豪,视盐扬州,延揽一时文

---

① 详见吴新雷《〈朴村集〉所反映的曹家事迹》,吴新雷、黄进德著《曹雪芹江南家世丛考》,第69—91页。

② [清]张云章《朴村文集》卷十八《祭曹荔轩通政文》。

③ 吴新雷、张书才等皆据此诗研究,认为曹雪芹出生于康熙五十年。参见吴新雷《〈朴村集〉所反映的曹家事迹》;张书才《曹雪芹生父新考》,载《红楼梦学刊》2008年第五辑;张书才《曹雪芹家世生平探源》,第190—205页。

④ 以上材料,参见胡绍棠《楝亭集笺注》,第512—513页;邹宗良、王启芳《王竹村事迹考辨》,载《红楼梦学刊》2010年第二辑。

士,以为名高,独心折竹村无后言。"①可见曹寅对王竹村的敬重,这实际上否定了赵执信此前的诗讽(见前文"赵执信"条)。

### (二)　编修诸人

**1. 彭定求(1645—1719)**

彭定求字勤止,一字南畇,别号访濂。苏州人。康熙十五年状元,翰林院侍讲。父丧乞假归,遂不复出。后奉旨参校《全唐诗》。他与曹寅的交往始于曹寅任苏州织造时(参见第三章第四节)。

**2. 汪绎(? —1706)**

汪绎字玉轮,号东山。江苏常熟人。康熙三十六年进士,三十九年廷对第一,授翰林院修撰。有《秋影楼诗集》九卷。曹寅有《题汪东山修撰秋帆图》诗(《诗钞》卷五),汪作有《次韵和徐忍斋前辈玩月怀曹荔轩使君》(《秋影楼诗集》卷九)。徐忍,即徐树本(道积)。汪参加书局一年即病卒。汪逝后,曹寅有《哭东山修撰》(同上)称其"绕席寡谐笑,弱骨惊支离",是一名志趣幽独之瘦弱书生,"名籍甚,而谦退不矜,蕴藉多风韵"(《国朝先正事略》卷三十八)。故寅深表哀恸:"徒挥清夜涕,四壁多涟洏。"

**3. 查嗣瑮(1652—1733)**

查嗣瑮字德尹,号查浦。浙江海宁人。著名诗人查慎行(原名嗣琏)之弟。康熙三十九年进士,翰林院编修,后升侍讲。有《查浦诗钞》。与曹寅唱和,有《曹荔轩之真州同晚研道积丽台三前辈及东山同年赋别》《真州使院层楼与荔轩夜话》(《查浦诗钞》卷八)。盖查浦于扬州送别曹寅后,又到真州盐院拜访,诗中称颂曹寅"乃于脂膏地,待辟冰雪府""秋来悯巨潦,心恻因目睹",曹寅以洪水灾情密折上奏,当为康熙四十四年事。曹寅有《晚晴将之真州和查查浦编修来韵》(《诗钞》卷五)、《吴园饮饯查浦编修兼伤竹垞南洲》(《诗别集》卷四),盖查与竹垞(朱彝尊)、南洲同为曹寅之诗友,故连及之。竹垞逝于康熙四十八年,此诗应作于此后。

**4. 徐树本(? —1710)**

徐树本字道积,号忍斋。翰林院编修。曹寅有《真州述怀兼答徐道积编

---

① 　[清]赵执信《饴山文集》卷一《王竹村诗集序》,《清代诗文集汇编》影印本。

修玩月见寄原韵》(《诗钞》卷五),时寅在盐院,诗中云:"况托君子交,远属凌风翼。贻我明月篇,挂在树下室。凉风入袍袴,举手绝虮虱。……"对徐诗表示激赏。道积似在康熙四十九年暑月前去世,该年曹寅作《避热》诗,其八尾联云:"从来痛极偏无泪,哭向东云立每痴。"自注:"哭忍斋编修。"可见徐已去世,诗句写悲痛之情十分沉重。

5.顾图河(1655—1706)

图河字书宣。江南江都人。康熙三十三年榜眼,翰林院编修。著有《雄雉斋集》。顾书宣有题《楝亭图》诗,但顾集中未收。惠周惕《赠淮扬顾书宣》诗,称"淮扬顾子文章雄""君言学诗二十载,前后正变差能穷",沈德潜称其"韵语都从性灵流出,无一言依傍"(《国朝诗别裁集》卷十七)。曹寅赠顾诗有《病目初愈思与书宣编修小饮时轩前玉兰将开》及《寄题顾书宣赐酒石》(《诗钞》卷四)。二诗均作于康熙四十一年,可见二人在书局前已相交。前诗有句云:"欲摘琼枝邀夜坐,共看光彩化云英。楚江鼓枻中流去,暂滞应无隔宿程。"表明二人关系较密切。在《寄题顾书宣赐酒石》诗中,曹寅明白表露了自己的爱石情结:"吾生有癖亦嗜此。"其中"顽荒一剖绝无用,兴云出雨腾蛟螭"等句,已孕育了以石寄寓"不材"之愤的意象。其影响及于曹寅晚年创作的《巫峡石歌》以至曹雪芹的石头神话构思,是了解曹寅思想与趣味之重要作品。

6.杨中讷(1649—1719)

中讷字颛木,号晚研。康熙三十年进士。杨雍建(顺治十二年进士,曾题《楝亭图》)子。曾参与《全唐诗》编校。曹寅与晚研交往多年。《楝亭集》有《雪后和晚研澄江载酒人至兼忆真州昔年声伎之乐》(《诗别集》卷四)云:"调拨吴侬旧管弦,依然衫袖感华年。歌成粉絮飘筵上,梦醒银槎卧酒边。"作于康熙四十八年。次年冬有《重题晚研跋后兼伤南洲》(《诗钞》卷七),五十年有《题三友图》(《诗钞》卷七),都是叙写友情的,兼及徐钚(南洲)、朱彝尊等①。

7.车鼎晋(1668—1733)

鼎晋字丽上,与晚研二人皆为编修。查嗣瑮有《曹荔轩之真州同晚研道

_____

① 参见胡绍棠《楝亭集笺注》,第306、322、507页。

积丽上三前辈及东山同年赋别》，晚研、丽上、道积、东山等人应也有送别之诗。

　　曹寅与上述江淮名士和编修诸人的交往和文学活动，多采用群游群和方式，由于曹寅地位较高，诸文士或为门客幕僚，或为书局校雠，或为书坊主，从而形成了以曹寅为中心的文学群体。这与以前曹寅同己未文士等社会文学名流交往，多个人唱酬，在文坛中多处于边缘地位，很不相同。如诗题《晚韵同九迪秋屏鹿墟元威又昭允文冶堂俊三序皇拈得七虞》（《诗钞》卷七），此会共十人；《雨寒书院小酌王竹村以饼肉相饷即事戏与元威云村蓼斋已山璪亭吹万共赋索竹村和用东坡集中韵》（《诗钞》卷八）诗会共八人；《六月廿五日大雨同鹿墟九迪子鱼植夫吹万滕友小酌分韵前一日允文序皇又昭上若俊三先归扬州却寄二首》（《诗别集》卷四）两次共十二人；《西轩同人将别用和蕉饮原韵醉中语无伦次兼简鹿墟右诚蒿亭元威俊三绷庵吉云尚中四首》（《诗别集》卷四）事涉有名者九人及同人若干。诗题中又多有"广陵同人""书局诸君""书局诸子""诸子"之称（如《诗钞》卷八《闻南轩书声与蕉轩赤霞东田已山分韵有怀书局诸子》《病痁诸子日夕抚视志感少愈当逐头细书以伸此意》等），作为统称，或包括或不包括前述书局编修，但从来往密切及情感自由程度看，仍多指此一群体。活动地点多在扬州（书局）、真州（盐院），少及金陵。盐院有西轩，为聚会之所，又有"渔湾"，亦在真州（仪征）。《诗钞》卷六《渔湾》诗序云："（仪征）沙漫洲有隙地，渔子多集其间，予时以酒劳之，郡人因作亭，名之曰渔湾，示不忘渔也。"寅逝后张秉彝（仪真贡生）有《渔湾》诗吊其遗迹："使君不再来，亭馆余废址。风流记昔年，托迹渔蛮子。丝竹邀清欢，壶觞集名士。……"可见当年聚会之盛。真州渔湾与苏州渔村相应，都是曹寅与友人经常流连之处。

　　这种群游群和，当然很难实现诗歌的私人话语功能，但由于曹寅在这些脱略行迹、远离官场的场合能够获得某种情感放松，因而平时被压抑的自由心性追求及其与现实环境的冲突，常得以真实表露，使他能创作出优秀作品。如《词钞》中《摸鱼子·渔湾留别诸子》：

　　　　漾晴沙一痕，莹玉凉波，堆起如许。问君可似寒江雪，好缀渔蓑诗句。重记取，截不断，断云零雁惺松语。腾腾戍鼓，早夹岸递呼。堠亭列炬，匆促又西去。　　菰芦梦，半载故家茶具，廿年饱啖烟雨。白头那恋天池钓，来与鹭鸥为侣。谁得住？任捞虾拾蛤，尽有勾留处。荒汀远渚。倩柔橹数声，暗潮拍打，寄写此情绪。

"匆促又西去"（指回南京织署），这正是曹寅的痛苦所在。"白头那恋天池钓"二句，表明他对政治权力中心的疏离，和对精神解脱的向往。曹寅在晚年，多在真州，流连渔湾，也许只有在这些地方，他才有回归自由和自我的感觉，所以他要"寄写此情绪"。

在《书院述事三十韵》（《诗钞》卷八）这首长诗中，他更以诗书风雅为准的，尖锐进行现实批判，而使此诗成为集中最具思想锋芒之作：

南辕不涉江，秣驹亦恋楚。投鞭入荒庭，丛竹欣有主。平居厌群臭，一官寄余腐。幸脱酒肉场，阑入典籍罟。此地结文缘，俯仰执眉妩。比邻二三子，夭矫簇鳞脊。知我别酸咸，老眼困针组。笋屐数过从，廓落谢城府。相将弄匏瓡，间一挥燕麈。旷放无端倪，高论穷物祖。横空盘健翮，独力鞿劲弩。搜罗极杳冥，剔剥屏解诂。有时隐春灯，待月上墙堵。哦诗达吏舍，惊起遍两庑。不审客胡为，逡巡纵奎踽。时豪侈狂谵，犄角自枝柱。卖威走群狐，塞穴多倖鼠。畴起往拯之，播锅及瑴乳。盲瞽践轵虎，暗残茹奇蛊。经义与治事，枘凿两龃龉。重茵坐堂皇，何以答恩诩？缅昔京洛旧，见面各尔汝。朴略倒瓶罌，随意摘瓜苣。风帘掷叶槁，委巷警寒杵。为欢讵在盛，寤寐今觎缕。人生富若贵，手足易惰窳。昨夜荒江云，老屋被幽雨。我怀寄渊澹，庭户久延伫。因谁作渔歌，把臂话鸡黍。庶几近俗情，斯须慰羁旅。

这首诗对于曹寅，具有多方面的重要意义，以至于本书在多处论及它。这里要强调的是，这首写于曹寅去世之年，即康熙五十一年的长诗可以视为曹寅江南诗局文会生活的总结。它告诉人们曹寅的诗局文会，并不仅仅是一种风雅之举，更是在无法解决而又必须面对的理想与现实冲突中为自己寻找精神家园。他的文学才华、精神追求和人格魅力，使他在江南文士中赢得了很高声誉。

程廷祚在《先考祓斋府君行状》中记载：

管理织造楝亭曹公主持风雅，四方之士多归之……及公辖盐务于两淮,金陵之士从而渡江者十八九。①

乾隆《江都县志》记载:

> 曹寅⋯⋯诗尤精粹。时商丘宋牧仲莘抚循三吴,寅与之建帜骚坛,名誉相埒,东南才士乐游其门。②

宋荦是著名官僚,曹寅是内府包衣,能"名誉相埒",并非易事。施瑮在《四君吟》之一《曹通政楝亭》诗中称颂:

> 区中噪黄金,文字辱埃壒。世情重轩冕,鄙吝根心肺。公也富贵人,寄怀超物外。汲古常一编,称诗得三昧。

并认为这是知名之士满集曹寅幕下的原因。在前辈遗民文人和己未文士先后辞世之后,曹寅在江南建帜骚坛,推动了康熙后期的文化事业和文学发展,是功不可没的。

# 第二节　《楝亭集》的编次

曹寅生前曾多次编定自己的诗文集。

康熙十七年戊午前,有《野鹤堂草》,见邓汉仪编选的《诗观二集》。《二集》凡例为邓汉仪戊午年七夕写,可见应编于此前。其中选录曹寅诗二首《岁暮远为客》《雪霁寄靖远宾及两兄》。此二诗皆不见于今本《楝亭集》,前诗又载于《国朝诗品》(陈以刚编选,有雍正十二年序)及《国朝诗别裁集》(沈德潜编,有乾隆二十四年序)。

康熙十八年己未,有《荔轩草》。今存己未四月顾景星序。

康熙二十五年丙寅前,有《西农词》,见蒋景祁《瑶华集》(康熙二十五年编)。《瑶华集》收曹寅词九首。

康熙二十七年戊辰(1688),有《舟中吟》一卷,次年杜岕作序。

康熙四十四年乙酉(1705)秋,曹寅兼两淮盐政,于仪真使院稍暇时,取前后诸作,录其惬心者,编定题名为"楝亭先生吟稿",有乙酉冬十月朱彝尊

---

① ［清］程廷祚《青溪文集》卷二十。
② 参见吴新雷、黄进德著《曹雪芹江南家世丛考》,第12—16页。

序。又有未写明年月的毛际可序，应作于同时。又有未写明年月的姜宸英序，而姜逝于康熙三十八年，则序应作于此前。这说明，康熙三十八年前，曹寅还曾编辑其诗集，请姜宸英作序。乙酉年的刊落者，其表弟顾昌（顾景星之子）为之收集，题名"楝亭别集"，有顾昌序。

以上几种，今均未见。

康熙四十八年己丑（1709），刊《诗钞》六卷《词钞》一卷，又有《诗钞》五卷《词钞》一卷。前者有王朝璊序，孙殿起《贩书偶记》卷十四引王序称：

> 楝亭诗集千首，自删存什之六，广陵诸同志以诗请益者既手钞付梓矣。既而楝亭重加精采，又去三分之一，并诗余一卷，命小胥录置案头，聊共吟玩。真州吴尚中力请以归，别于东园开雕，此诗钞所以有两刻也。

《四库提要》"别集"类存目称：

> 其诗一刻于扬州，计盈千首，再刻于仪征，则寅自汰其旧刻，而吴尚中开雕于东园者。

则是《诗钞》六卷本为扬州刻本，五卷本为真州吴尚中刻本。五卷本今不传。

康熙五十一年初秋，编定《诗钞》八卷，计诗共 758 首。减去康熙四十八年以后的卷七、八，共 182 首，前六卷有诗 570 余首，正是王朝璊序所谓集千首，自存十之六的数字，可见康熙五十一年编定本是在己丑刻本基础上增加卷七、卷八而成。大概此时寅已染病，故未再加削。此本刊刻时间，应在康熙五十一年秋，寅去世前后。次年，其门人弟子郭振基、王朝璊、唐继祖等录其刊落余作，及未刊之文，编为《别集》诗四卷，又《词钞》一卷后附《词钞别集》一卷，又《文钞》一卷，合已刊之《诗钞》八卷，一并刊行，此即为今之《楝亭集》全部。

顾景星《荔轩草序》云曹寅"束发即以诗词经艺惊动长者，称神童"，上面所述也表明，曹寅自青少年时代以来创作数量颇丰，从康熙十七年至二十七年即有四本诗词集问世，且为人所知。但中年以后曹寅对自己过去的作品却去取颇严，如现存《诗钞》康熙十八年前的作品只有三首，且均为康熙十七年之作。在编辑自己作品的过程中一再"汰其旧刻"，这固然有随着年事渐高，而"悔其少作"的心理，表现出其创作态度之严肃，但也反映出曹寅后期因生活历练而处事谨慎的性格。因而,他所刊落的,既未必是他不满意的,也未必是拙劣之作,有些也许是因为带有较多的私人话语性质而不便于刊刻传布。其门人郭振基在《诗别集》序中云:

> 楝亭删诗者,公手自刊落,不欲付梓,命小胥钞录,藏诸箧衍者也。

不过,事实上,郭振基等人的录遗也有疏漏,如前举《诗观二集》等所录之《岁暮远为客》二首,又《瑶华集》中所录《天香》《减字木兰花》《念奴娇》《摸鱼儿》《小诺皋》五首,《诗别集》及《词钞别集》中均阙如。又如曹寅为施闰章所称赞之"寒山见远人"诗(今佚)亦不见录。

由此看来,对《楝亭集》的研究,既要重视曹寅所录,又要重视所遗(削),录遗之间,可见曹寅的用心,也更可见到《楝亭集》的私人话语特征。

《楝亭集》共收诗词文 1273 篇(首),计诗 659 题 1187 首、词 68 首、文 18 篇(集中多有一题多首者)。《诗钞》八卷,计 412 题诗 758 首。《诗别集》四卷,计 249 题 429 首(内与《诗钞》重出 2 题 2 首)①。《诗钞》按创作年代顺序编排,这是清人自编文集的通常编排方式,所录诗最早创作年代是康熙十七年春。据本人考索,并参考胡绍棠《楝亭集笺注》,各卷创作年代大体如下:

卷一,康熙十七年春至二十八年。计诗 59 题 101 首,是在京任侍卫和郎署时期所作。这是曹寅"手自刊落"以后留存的生命前期(32 岁以前)的作品。

卷二,康熙二十九年四月至三十四年一月,计诗 47 题 99 首,主要是出任苏州织造时期(至康熙三十一年秋)的作品,自《西园种柳述感》("在昔伤心树,重来年少人")以下 18 题为至江宁织造任后作。

卷三,康熙三十四年春至三十八年夏,计 55 题 98 首。

卷四,康熙三十八年中秋至四十三年秋,计 78 题 98 首。

上述两卷收录曹寅专任江宁织造即兼任盐差前的作品。卷二、三、四,即从康熙二十九年至四十三年(33 至 47 岁),可视为曹寅生命中期的作品。

卷五,康熙四十四年五月至四十七年春,计 36 题 84 首。卷首诗《桃花泉并序》写于扬州盐署,卷末《南辕杂诗》20 首写于康熙四十七年春自京返程

---

① 参见胡绍棠《楝亭集笺注》前言,第 6 页。

途中。

卷六，康熙四十七年春至四十八年秋冬，计52题96首。从卷首《广陵载酒歌》，到卷末《广陵同人多和不寐诗再叠前韵》，颇多扬州书局唱和之作。

卷七，康熙四十八年冬至五十年冬，计60题107首。卷首《滁州清流关道中》作于四十八年盐差任满十一月进京述职途中，卷末《留别西轩》为五十年冬进京述职前作。

卷八，康熙五十年冬至五十一年初秋，计25题75首。这是曹寅55岁生命最后一年留存的作品。卷末《病疟诸子日夕抚视志感少愈当逐头细书以申此意》，当作于是年七月初一日曹寅感风寒后，是为绝笔。曹寅于七月二十三日病逝。

以上卷五至卷八，四卷皆兼任盐差及主持刊刻《全唐诗》等事务后作，曹寅往返于江宁织署、扬州书局、真州盐院以及进京述职，可视为曹寅生命晚期（48至55岁）的作品。

现存《楝亭集》中可考知创作年代最早的诗，不在《诗钞》，应为《诗别集》卷一的《登鸡鸣寺》："我爱齐梁之古寺，每探遗迹一登临。城连蔓草寒云换，塔涌荒江佛火沉。秋色岂知兴废久，钟声时觉喜悲深。浮生回首真堪悟，日暮凭栏不尽吟。"其理由是，《诗钞》卷九《孟秋偕静夫子鱼尊五殿六过鸡鸣寺得诗三首》有注："甲申重过，又三十一年。"是说甲申年重过鸡鸣寺，已在前度登临三十一年之后。甲申是康熙四十三年（1704），则前次来鸡鸣寺在三十一年前，即康熙十二年（1673）秋。《登鸡鸣寺》一诗，即应作于此时。曹寅年方十六，少年意气，而不免感慨悲凉。但此诗为曹寅"手自刊落"，而以康熙十七年春之《坐弘济石壁下及暮而去》置于卷首，此中用意，前文已论及。

《诗别集》的编排，不如《诗钞》清晰可考，总体而言，《诗别集》卷一、卷二主要为康熙二十九年南下任织造前的作品，共132题214首，即《诗钞》卷一的刊落之作。其数量为《诗钞》卷一的二倍多，可见曹寅于少作刊落之多。《诗别集》卷三、卷四为任织造后的作品，共117题（含杂句1题）215首（内与《诗钞》重出2首），为《诗钞》同一时期作品（卷二至卷八，共657首）的三分之一弱。刊削比例只有少作的六分之一。这里透露出曹寅编集时的某种心态。今天我们看来，曹寅诗歌中最有价值的，恰恰是其少作，即《诗钞》卷一及《诗别集》卷一、卷二的三百多首诗，曹寅的刊落反而凸现了《诗别集》的意义。

《诗别集》各卷内部的编年，则不一定依创作年代，有些可能是以收集到此诗的先后编列，有些则依稀可辨其年代顺序，兹举数例。

一、《诗别集》卷首诗《江行》及其后《钱塘晚潮》《登燕子矶》等诗写于康熙十七年曹寅南下江浙之时，与《诗钞》卷首诗《坐弘济石壁下及暮而去》同时，而康熙十二年秋写作的《登鸡鸣寺》却置于上述诗作之后，与《坐弘济石壁》同时写作的《暮游弘济寺石壁回宿观音阁中》却置于《诗别集》卷二。

二、《诗别集》卷二《夜泛湖至董氏园登阁和子猷二首》，同题又见《诗钞》卷二（诗不同），应作于同时，即康熙二十九年任苏州织造后。然编列于其后的《哭陈其年检讨》则作于康熙二十一年陈维崧去世之时。《恒河》诗应作于康熙十七年南下回京五年，即二十二年（诗中有"五年不梦长江水"之句）。《题来鹤亭图》诗应作于康熙二十三年续娶李氏后。《放愁诗》《楝亭留别》诸诗则作于康熙二十三年曹玺去世后、次年五月携全家扶父柩北归之前。上述诸诗均编序与时序错乱。

三、《诗别集》卷一《哭马伯和先生》与卷二《见雁怀马伯和》，依诗意，应当是《怀》诗在前，《哭》诗在后（马去世后），马伯和辞世在康熙二十年三藩之乱平定前（诗有"烽烟何日返山川"句），则《怀》诗自应为此年前之作，但又置于卷二《哭陈其年检讨》（作于康熙二十一年）之后。

如果在分析曹寅作品时，不了解《诗钞》与《诗别集》编排顺序的不同特点，就可能发生误读，故特此说明具体考察之必要。

**附：《楝亭集》中《诗钞》与《别集》各卷写作时间、诗作体裁、篇数分类统计：**

| | 五古 | 七古 | 五律 | 七律 | 五绝 | 七绝 | 其他 | 合计 | 创作时间 |
|---|---|---|---|---|---|---|---|---|---|
| 《诗钞》卷一 | 13 | 7 | 37 | 25 | | 17 | | 101 | 康熙十七年春至二十八年 |
| 卷二 | 4 | 5 | 40 | 23 | 6 | 21 | | 99 | 康熙二十九年四月至三十四年一月 |
| 卷三 | 5 | 4 | 38 | 11 | 6 | 34 | | 98 | 康熙三十四年春至三十八年春 |

续表

| | 五古 | 七古 | 五律 | 七律 | 五绝 | 七绝 | 其他 | 合计 | 创作时间 |
|---|---|---|---|---|---|---|---|---|---|
| 卷四 | 6 | 11 | 36 | 22 | 1 | 22 | | 98 | 康熙三十八年中秋至四十三年秋 |
| 卷五 | 18 | 4 | 12 | 6 | | 43 | 1(五言排律) | 84 | 康熙四十四年五月至四十六年春 |
| 卷六 | 9 | 3 | 20 | 16 | 3 | 45 | | 96 | 康熙四十六年春至四十八年秋 |
| 卷七 | 8 | 9 | 24 | 18 | 8 | 40 | | 107 | 康熙四十八年冬至五十年冬 |
| 卷八 | 1 | 2 | 11 | 13 | | 48 | | 75 | 康熙五十年冬至五十一年七月 |
| 《诗别集》卷一 | 17 | 6 | 20 | 18 | 11 | 46 | | 118 | 康熙十七年至二十九年任苏州前 |
| 《诗别集》卷二 | 4 | 3 | 47 | 18 | | 27 | 4(四言) | 96 | 康熙十二年至二十九年任苏州前 |
| 《诗别集》卷三 | 7 | 3 | 7 | 20 | 6 | 60 | 3(联句) | 106 | 康熙二十九年任苏州后 |
| 《诗别集》卷四 | | | 23 | 20 | 3 | 62 | 1 | 109 | 任苏州后 |
| 合计 | 94 | 57 | 311 | 219 | 44 | 465 | 6 | 1187 | |

## 第三节　曹寅的咏物诗词

　　咏物诗词在曹寅作品中占有相当比重,根据初步统计,咏物诗词共约 250 首,咏物文 4 篇,占《楝亭集》作品总数的五分之一。这里说的咏物作品,主要包括:1.标题明确标示咏物的;2.标题为题画,实际是咏画中之物的;3.标题中所叙人物活动为馈赠物品而作品内容主要是咏物的。

　　咏物成为曹寅作品重要内容,既是古典诗歌传统题材和手法的影响,也反映了清初诗坛风气的转移和曹寅生活趋于安定闲适的特点。

　　马积高先生在《清代学术思想的变迁和文学》一书中论及清初诗坛时指

出，康熙己未博鸿科是一个重要的诗风转折点，随着由仕明而入清的诗人
（如钱谦益、吴伟业）和遗民诗人（顾景星、杜濬等）逐渐退出人生舞台，诗坛
已由入清以后出仕的中青年诗人占领，在此种形势之下，"描写时事或抒发
对时事的感慨的作品有所减少"，"山水游览、题画、名物等反映文人生活的
诗大量增加"。王士禛的《秋柳》四首就是这一时期的咏物诗的代表作。其
特点是用优美的词藻、丰富的典故，构成一种富有神韵的悠远含蓄的意境，
表达一种朦胧隐约的感情。这样，咏物诗中传统的比兴之作少了，借物言志
的少了，而借诗以逞才炫学的多了。"王秋柳"走的，似乎是晚唐"郑鹧鸪"、
明初"袁白燕"一路（郑谷以《鹧鸪》诗"正行诘屈崎岖路，忽听钩辀格磔声"刻
画精工闻名，袁凯以《白燕》诗"月明汉水初无影，雪满梁园尚未归"用典巧丽
闻名），而晚唐和明初，正是一个文人在专制压迫下远离政治的时代。

但曹寅的咏物之作，主要走的却不是这条路子。毛际可在为《楝亭集》
作序时，特别提到他的咏物诗：

> 独是古今咏物无不以用意为工，如袁白燕之属，字字刻画，以此得
> 名，而集中咏物诸作，若在有意无意之间，使人一唱三叹，而始遇之，则
> 自少陵《促织》诗所谓"久客得无泪，放妻难及晨"外不能多也，而人犹欲
> 以模拟依傍相求，焉得乎？

毛际可提到的杜甫《促织》诗走的是另一条路子。按，《促织》诗云：

> 促织甚微细，哀音何动人。草根吟不稳，床下意相亲。久客得无
> 泪，放妻难及晨。悲丝与急管，感激异天真。

它既不追求刻画摹拟，也不刻意使事用典，而是自然联想，体物传神。
特别是客体所绘（状物）与主体感受（抒情）融合无间，若不经意，实则匠心运
作，深刻动人，这就是所谓"有意无意之间"。换言之，咏物诗词，大体有重刻
画和重感受的两类，前者以才学胜，后者以情感胜。

曹寅不是没有逞才炫学之作。他有一批咏物诗词，是讲求刻画的，例如
《诗钞》卷二中的《题堂前竹》，《诗别集》卷一中的《樱桃》《苔》《筲》等。《题堂
前竹》诗写得较好：

> 野竹垂梢暗一庭，经年坐对迥忘形。谁勤插棘防高干，近喜穿泥发
> 小丁。地缺秋穷宜长王，天寒日暮自娉婷。有时骑马街南去，遥看墙阴

接尾青。

从不同角度刻画，首联正面写全景，颔联以环境烘托，颈联写季节变化，均为近景，尾联特写远景。"地缺"双关，既指江南，用《淮南子》典，又为实景，"王"（wàng），此处义同"旺"。"天寒"句极为传神。虽景中有情，但全诗主体与客体还是分离的，并未有所寄托，是一首虽自然流露但意境单纯的咏物诗。

这种咏物之作，严格来说，并不是私人话语，而只是个人创作，是自我欣赏或供一定文化圈子里的读者礼节性地交流唱酬传诵赏玩的公众话语，因为它不表达属于自我的私人感情。曹寅是一个风雅文人，他不能没有圈子里的公众生活和公众位置，何况，他的地位上升之后，还有那么多的闲暇时间和闲情逸致，更需要打发和消磨，而逞才炫学正是一种容易被接受和认可，甚至提高自身形象的公众话语形式，这就使他把相当一部分精力浪费在并无意义也无价值的为咏物而咏物的文学游戏中。《楝亭集》中这类作品不在少数。

但是，曹寅毕竟是一个有个性有追求，并且具有鲜明二重人格特征的内府官员。杜岕所说的"魁垒郁勃"之气，并不仅是由于一时的信任危机或主奴关系紧张所致，它从根本上反映了曹寅和包衣曹家的"微末小人"的身份地位与其人格理想和功业抱负，即其现实生存环境与理想追求的矛盾。即使后来境遇有所改变，这一矛盾也没有并且无法解决。这是一种制度和命运的悲剧性矛盾，而曹寅始终不能放弃自己的理想追求，正因如此，他的二重人格便时时在冲突之中，他胸中的"魁垒郁勃"之气就总在压抑与勃发之中，这使得他不能不始终寻找着情感的投射对象和方式。除了部分知己之间的直接抒情之作外，曹寅较多地选择当时文坛流行的具有公众话语形式包装的咏物题材，就是既安全方便又可抒情寓意的私人话语形式了。他不走以使事用典为工的刻画之路，而注重"有意无意之间"的主体介入也就是必然的了。

曹寅咏物之作的主体介入方式，大体有三种：一是用比兴之体，借物言志；二是由物及事，关联抒情；三是比兴与关联相结合。下面分别论述。

1.用比兴之体，借物咏志。

如前所论，曹寅身为包衣，抒发反奴人格的羁囚之愤，多用咏物形式。

盖因包衣制度剥夺人权,极为不公,但又是清代国法,不敢非议,故只能曲折言之。《北院鹤》(《诗钞》卷二)、《病鹤》(《诗别集》卷一)、《圈虎》(《诗别集》卷一)、《西平乐·圈虎》(《词钞别集》)这些作品,因物生感而又借物喻己写怀,通过拟人手法使客体对象成为主体人格或情感的投射,因而能使主客体相合无痕。如《圈虎》:

> 危机忌一踏,密网结千层。困极声犹厉,耽余气忽腾。阴风枯壁树,斜日射池冰。豢食同供急,应惭上苑鹰。

首联写被圈之因,颔联写被圈之"愤",颈联以环境烘托被圈之苦,尾联以上苑鹰对照,突出其命运之悲。诗中命运与意志的撞击十分强烈,很富情感力度,但比兴运用相当成功。因为始终围绕客体对象进行形象刻画,而主体投射则完全通过强化客体特征体现,使之成为主体的寓体,而非直接的情感外露。当然曹寅并非总能做得这样好,有时由于主体的介入程度过深,影响了客体作为艺术对象的地位,以至于刻画太少而意旨过露,如《西平乐·圈虎》,但无论如何,其思想力量还是远胜平庸之作。

也有一些咏物诗词,并非通篇比兴,作者状物刻画之时,浮想联翩,偶有灵犀相通,触类寄情,也可妙语天成。如《诗钞》卷一《咏后陶香炉》的"鼓铸旧型终不改,熏当小炷与谁同"喻姚潜(后陶)之家风及本人气节,《诗钞》卷四《和孙子鱼食茅诗寄二弟》诗的"青青随麦陇,济济困泥涂"喻人才压抑,《诗钞》卷四《蝇》以"捉足时遭侮,攒头枉见猜"写处世之难等,均有新意。

曹寅是旗人,但又深怀民族忠诚;他是理学信徒,但又有爱情追求。这样民族情感和男女之情对他就成为了难言之隐,只能借咏物以比兴出之。后者如诗《咏荷述事》《咏红述事》(《诗别集》卷一)与词《惜红衣·东渚荷花》(《词钞》)等,本书将在第七章第三节论述。前者,如载入《瑶华集》而未收入《楝亭集》的《小诺皋·长干塔》词:

> 马度金川,江沉铁锁,旧事伽蓝谁记。问忉利相轮风转,寒铃铎语。九级支撑,佛骨一段,摩娑鲐背。想登临昔日,吴山破碎。便是铜仙也流铅水。况浪荡长干故里。生小识他名字。琉璃塔,古无比。
>
> 驯象驮来,降龙飞去,究竟何劳弹指。白毫光,观空不厌,玲珑如是。排遍犬牙雁齿,幻作惊天拔地。漫怒号,七十二门雷雨。且受飏

檀，勤施果米，放腊八红灯万蕊。任蠢动，倾城罗绮。齐膜拜，碧烟底。

长干塔即阿育王塔，在南京城外。不知始建于何时，屡经战火，历宋至明重建。词上阕追忆沧桑历史，仅从用《金铜仙人辞汉歌》的典故就可以感受到作者所寄寓民族感情之强烈。下阕写今日塔前膜拜场面之盛大，与上片相对照，正是辛弃疾词"佛狸祠下，一片神鸦社鼓"之意，感叹太平之民已忘兴亡之耻。此词并非以塔本身为寓体，而是寄情于塔之遭际，另是一种写法。由于它是《楝亭集》之佚词而又极具价值，故于此特具论之。

2. 因物及人（事），关联生情。

这一类咏物之作，以物为主，着意刻画，而不兼比兴。但作者实际上有所感悟，通过联想延伸，只在关键处（一般是篇中或结尾）发露。由于这种表达在结构和思路上显得突兀，因而同样能给人深刻印象。如《鸦鸣歌》（《诗钞》卷五）：

> 老乌巢生八九子，群栖未栖起先起。红窗梦破咿嘎哑，古树风摇毕逋尾。朝来月堕衙鼓鸣，亲切离巢三五声。东门鹳鹆还飞逐，枝上乌尼不出城。落花寒食雷塘路，回翔几触抨弓怒。多生留得众人憎，目睅灯花岂无故？雨鸣饥鸣鸦有时，累汝襁缁乳哺儿。孤村流水连翩意，绣幕金笼那易知？

全诗描写鸦鸣之景、之声、之态，特别是慈乌哺乳之苦，以及多生触怒众人，而作者为其辩护，表现其独有的同情和理解。结尾突然一转："孤村流水连翩意，绣幕金笼那易知？"用隋炀帝以及秦观《满庭芳》词写寒鸦的"流水绕孤村"意境。其主要意旨却在以鸦的清苦而自由的生活，与"绣幕金笼"之鸟的富贵而羁囚生活相对照。鸦鸣本来是一种偶然的自然现象，却触发了诗人的联想，最后纳入了诗人追求自由心性的基本私人话语主题，效果相当强烈。

曹寅惯用这种手法，他的作品中每有"突转"之笔，即中断（或截断）正常的思路，引入、插入或改造为新异的思路。就咏物诗词来说，就是由物及人的联想的飞跃。这种飞跃每在关键之处造成警语，例如《题朴仙画五毒图》（《诗钞》卷四）：

> 南虫毒头北虫尾，余虫蕴毒随方止。含牙濡吻各有营，此物不生造

物死。不聿追形岌厌毒，夜檐白鸟啾啾哭。醉乡广大归去来，凉风共倚阶前竹。

还有《再题》即前诗的续篇：

> 趿趿胍胍善缘壁，即且甘带蛛罗织。老蟆蟠腹不避人，虿尾爬沙白昼出。五虫镇恶世所传，裸虫更毒生其间。朱天长养岂无意，南华只解夔怜蚿。流铃八衢火万里，入手骚除心得已。凤毛鳞角安在哉，紫茸银艾空披靡。

前一首在咏五毒（蝎子、蜈蚣、蜘蛛、蟾蜍、壁虎）之后，插入精辟议论，谓造物生恶，而善类反无可奈何，人则避之于醉乡，以见世道不公。后首则在分咏五虫之毒后，突出揭示"裸虫（人）更毒"的命题，转入比兴议论，意味深长地表达了"人性之恶甚于五虫之毒"的愤世观点。这两首诗所咏对象相同而联想角度不同，表现了作者思维的开阔和深邃。

《诗钞》卷七的《石花鱼》和《浮石山歌》二诗则在篇末突转。《石花鱼》写一种"唼石花而肥"的鲤鱼，"贵重走京师，珍裹饷朝士。赝者虽丰庞，风采那足比"，身价甚高，然而结尾却一转：

> 楚人不食鲋，瘦瘠亦堪鄙。膏肥多杀身，书勘纨裤子。

同一卷之《竹村大理筵上食石首鱼作》则描写石首鱼之宴，"坐中饕餮皆诗人""顿饭区区醉饱深"，结尾是：

> 谓君口腹无终极，春光过眼应同惜。门外江船行且归，君不见昨夜南风吹紫雪。

由同一石花鱼引出的不同联想，却都让人看到作者独立于享乐世风之外的冷静精神和人性关怀，这正是曹寅之所以为智者之故吧。

《浮石山歌》可以探讨作者这种咏物关联想象的特点，这是他为朋友朱赤霞以琅琊山浮石所造的一区小山所写的一首长诗。诗人以丰富的想象描写这座假山的壶中天地所蕴含的神话传说人事，结尾是：

> 蚆蚄吟成江雨来，泰鸡翻忆隔年杯。故园千里足归兴，白石崚嶒漫碧苔。

朋友的浮石与故园的白石是毫无关系的，但是，由眼前的浮石想到与赤霞昔日的交情，再由此联想到与"隔年杯"有关的故园（曹寅与赤霞在京都即有交往，故园即指京都旧居），再及令自己难忘的故园景物白石苍苔。于是，浮石与白石便产生了关联，形成了映照。这是一个联想不断延伸因而诗意也不断拓展的过程，这种延伸不止是线性伸展，还包含层次的升级和思路的跳跃，其结果，不仅表明了作者在虚幻的神仙世界（以"浮石"为代表）与现实的故园之地（以"白石"为代表）之间的明确选择，而且还包含了"白石苍苔"作为情感符号的独特内涵。"故园何所有，白石与苍苔。寂寞终无用，婆娑岂不材？"使咏盆景的《浮石山歌》最终进入了"不材之愤"这一曹寅毕生诗歌创作的基本主题。由此，我们的确可以感受到曹寅"魁垒郁勃"之气的强度。

3. 比兴与联想相结合。

从联想方式看，比兴是相似联想，即以具有相似特征的事物为借喻，而关联则是由物及人、由此及彼的接近联想。前者以喻体隐含本体，后者由喻体延及本体。比兴与关联，相似联想与接近联想的结合，可以使形象思维呈现出既有聚合又有发散的复杂状态，使诗境和诗意变得异常丰富、绚烂、深邃。古典咏物诗词能到此种境界的，屈指可数，曹寅却得以成功实现，其最杰出者，当为《诗钞》卷八之《巫峡石歌》：

> 巫峡石，黝且烂，周老囊中携一片，状如猛士剖余肝。坐客传看怕殄手，扣之不言沃以酒。将毋流星精，神蜺食，雷斧凿空摧霹雳。娲皇采炼古所遗，廉角磨砻用不得。或疑白帝前，黄帝后，漓堆倒决玉垒倾，风煦日暴几千载，旋涡聚沫之所成。胡乃不生口窍纳灵气，崚嶒骨相摇光晶？嗟哉石，顽而矿。砺刃不发硎，系春不举踵。砑光何堪日一番，抱山泣亦徒潩潩。……平陂往复据定理，患去惕出天所持。俗闻呼龙有小话，米脂鱼膏餍犬马。哀多益寡古则然，黔娄岂合长贫者。嗟哉石，宜勒箴。爱君金剪刀，镌作一寸深。石上骊珠只三颗，勿平崲巇平人心。

这是《楝亭集》中篇幅最长的诗，全诗 385 字，写于康熙五十一年，即曹寅去世之年。曹寅一生二百多首咏物诗词，此诗可视为总结和诗艺之巅峰。全诗可分五层。第一层简述巫峡石之来由和形态。第二层对巫峡石来历的想象，运用了许多神话传说和典故，最重要的是女娲补天和卞和献玉，并加以改造，实际上抒发自己为世所弃的"不材之愤"，以石喻己，为比兴之体。第三层是关于巫峡石为害的关联想象，从巫峡石转入写"峡中事"，表达关怀人民疾苦和希望消除自然灾害，使百姓安乐的人道理想。第四层是关于巫峡石的哲理思考和联想，从自然界的"平崄巇"到"平陂往复"的哲理，再引申到社会中的不公现象，提出"哀多益寡"的平等理想。第五层是关于石上勒箴的想象"勿平崄巇平人心"，点明全诗主旨，是借巫峡石表达对险恶世情人心的批判。

　　全诗内容极为丰富。巫峡石从自然物到成为自我命运的象征物，又从自然物成为自然灾害的代表物，从改造险恶自然的理想到改造社会不平的理想，又以自然物之不平关联人心之不平，表达改造人心的理想。自然物巫峡石既作为相似联想比兴象征的喻体，又作为展开各种接近联想的本体，一石多用，以一石为起点向多方发散联想，各种手法综合运用，既有浪漫奇诡色彩，又有沉重悲凉的现实内容和意蕴无穷的哲理思悟。无论是思想还是艺术，在佳作如林的古代咏物之作中都属上乘。这首诗对《红楼梦》开卷石头神话的启示意义是不言而喻的（全诗及详析参见本书第八章《曹寅和曹雪芹》第二节）。

# 第七章　戏曲创作和传承

## 第一节　曹寅的戏曲渊源

曹雪芹的五世祖，曹寅曾祖父曹锡远，是明朝沈阳中卫武官，自他以下，至曹振彦、曹玺，从现存史料看，均无戏剧或表演艺术因子。从曹寅"自幼即以诗词经义惊动长者，称神童"的记载，可知这个家庭雅文化的正统教育内容和氛围。然而，包衣曹家的"家学"传统却有其独特之处。康熙二十三年《江宁府志·曹玺传》述曹玺曰：

> 公承其家学，读书洞彻古今，负经济才，兼艺能，射必贯札。

包衣曹家的"家学"内涵需要专门解读①，与探索曹寅戏曲渊源有关的是"兼艺能"的意义。因为它表明了这个家庭的教育观念突破了社会上保守僵化、空谈性理的宋明"理学"教条束缚，自觉继承了重视才能全面培养的孔子"六艺"（礼、乐、射、御、书、数）教育传统，并且吸收了实学时代思潮的新鲜滋养。清初颜李学派提倡实学、实事、实体、实用，主张兴学校，授以六艺之学，培养懂经济、习武备、谙艺能、身强健之有用人才。"艺能"重在技艺才能，《资治通鉴》"汉献帝建安二十二年"："（曹）植性机警，多艺能，才藻敏赡，操爱之。"虽然"程朱理必探"，理学还是家庭教育的主课，但重视"艺能"的培养，显然给予了曹寅学习和发展多方面才能包括俗文化的空间。当新的环境和机遇出现之时，它就可能转化为热烈的兴趣和追求实践了。舅氏顾景星在曹寅入侍十年后进京，竟发现曹寅有了那么大的变化：

---

① 参见本书第二章第六节。

晤子清,如临风玉树,谈若粲花。甫曼倩待诏之年,腹娜嬛二酉之秘。贝多金碧、象数艺术,无所不窥;弧骑剑槊、弹棋擘阮,悉造精诣。……予益叹其才之绝出也!

《荔轩草序》若隐若现写出的,是曹寅对表演艺术的热爱。这正是他日后从事戏曲创作和实践的起点,这是新的环境和机遇带来的创造力的爆发。

据现有研究材料,曹寅的戏曲渊源包含以下三个方面:年幼入宫后的"侲童经历"、宫廷和民间表演艺术活动以及艺人的影响、文化文学先祖曹植的榜样启示。

## 一　年幼入宫后的"侲童"经历

首先是曹寅年幼入宫后的"侲童"经历。

曹寅于康熙八年 12 岁被选定征召入宫后,以"佩笔侍从"开始了童奴生涯。以后担任康熙御前侍卫,兼包衣佐领,地位步步上升,风光无限。但事实上,作为包衣幼童,曹寅有比这复杂丰富得多的经历。

作于康熙四十八年的《南辕杂诗》二十首,留下了曹寅关于幼少年时代的许多回忆,其中第二首很有感慨地写道:

五侯恩例尽珠鞶,旧日侲童半服官。

笔者有专文分析,这是曹寅在进京面圣条陈,结果并不如意,回程冷落时用对照手法写下的诗句。其中"旧日侲童"是第一次也是唯一一次透露出他曾充当"侲童"的特殊经历。[①] "侲童"("侲子")本义是幼小童子,但自汉朝起,成为有特定所指的语词。"侲子"指参加皇宫内大傩驱疫仪式的儿童,其中有化装假面驱疫表演内容,见张衡《东京赋》、范晔《后汉书·礼仪志》。"侲童"在张衡《西京赋》中指代进行杂技表演的儿童:"尔乃建戏车,树修旃。侲僮程材,上下翻翻……"不论何种内容,"侲童"都具有儿童表演艺术的内涵。明清时期,原来傩戏的巫术迷信观念逐渐消退,其中"侲子"的化装假面

---

① 参见本书第三章第二节。由于诗歌抒情表现形式的特殊性,曹寅的入宫经历的透露总是随机而具有一次性特点的,又如"佩笔侍从"的经历(见《避热》其二)、在鹰狗处的经历(见《题楝亭夜话图》)。

表演等娱乐成分为城市戏剧舞台的"侲童"表演所吸收,并且进入皇宫。清代宫廷节庆筵宴祭祀活动繁多,入关以后,在汉满文化融合大势推动下,满族萨满教的仪式和宫内活动吸收了汉族傩戏和民间戏剧杂技表演的形式,使得"侲童"成为宫内娱乐活动的重要角色。如被康熙皇帝谕称为"国家筵宴大礼,典至隆重"的"玛克式"(莽式),就有精彩绝伦的"侲童"表演。康熙三十三年十二月十四日,时任翰林院编修的汤右曾在观看礼部排练乐舞《莽式》后所作长诗《莽式歌》,一开始就描述了"侲子"登场:"季冬腊月烹黄羊,傩翁侲子如俳倡。嗔拳杂技闹社里,细腰叠鼓喧村场。……"诗中着力描写侲童表演:"盘空筋斗最奇绝,如电殛礌星光芒。……弄丸一串珠落手,舞剑百道金飞铓。"从赵翼所记乾隆十六年皇太后六十寿辰京城"侲童妙伎,歌扇舞衫"的盛况,和宁《西藏赋》所写"伏腊岁时"宫廷宴会中"舞侲童之月斧,乐奏侏儸"的场面,可知"侲童"是节日庆典和宫廷娱乐舞台上的重要角色。"侲童"表演甚至深入边远民间。[①] 这当然需要有相当武艺的少年或幼童担任。

现在看来,曹寅入宫后的经历肯定比人们已知的丰富复杂。在十余年的侍卫岁月里,他侍从过康熙,也离开过康熙,并非始终做皇上的亲随。作为一名包衣子弟或曰幼童包衣人,他肯定要经历种种磨难。从"佩笔侍从"到"束发旧曾为狗监",名隶侍卫处,曹寅的经历中有一段资料空白,也许"旧日侲童"的经历就发生在这段时间(12 至 15 岁)。他后来虽然成为少年侍卫,处境也没有得到根本改变。"侍卫品级既有等伦,而职司尤有区别",福格曾列举种种低级杂务,如"又有上驷院司鞍、司辔二十七人,又有以侍卫之秩,别充尚茶、尚膳、尚虞、鹰鹘房、鹘房、十五善射、善鹄射、善骑射,悉如古人侍中、给事之任。至善扑、善强弓两职,尤与内廷侍卫区别,几等于材官武士之列矣"[②]。"侲童"表演很可能就是从有一技之长的包衣子弟中临时选拔充任。

现今资料表明,清初教坊司负责朝会飨宴各乐和演戏,教坊司由太监和乐工两类人员组成,乐工主要从各省乐户中挑选,女乐二十四名或四十八

---

① 参见[清]赵翼《檐曝杂记》卷一,池万兴、严寅春校注《西藏赋校注》。
② 见[清]福格《听雨丛谈》卷一"侍卫"条。

名，没有包衣参加演出的记载。① 但宫中临时性的服役是经常发生的。罗友枝在《清代宫廷社会史》"宫廷奴仆包衣"一节中引用大量内务府档案指出："宫中人数最多的一个团体是做日常杂役的劳工，即苏拉。苏拉是个满语词汇，意思是'无所事事的、无业的'，特指没有官职的旗人。"一年雇用的苏拉（临时工）达数万人。以负责礼仪祭祀和宫廷乐舞的内务府掌仪司而言，虽然有专供训练的筋斗房，但仅有筋斗太监十四名②，遇到盛大表演场面，就不一定够用。又，据祁美琴《清代内务府》研究，内府掌仪司下设中和乐处，负责内宫奏乐。设首领太监二人、太监八十人，还设斗人一百人（由内三旗佐领管领下闲散人挑补），承应乐伎。③ 在这些时候，曾经在筋斗房训练过的包衣幼童（也属"没有官职的旗人"和"内府佐领下人"）就可能派上用场，充当临时工"苏拉"杂役，和与戏曲娱乐表演有关的"斗人"了。这大概就是曹寅可能有"旧日伥童"经历的原因吧。

在缺乏回忆性记叙材料的情况下，片段诗句往往成为我们推断曹寅的少年宫廷生活的基本依据，"佩笔六番充侍从""束发旧曾为狗监"都是如此，"旧日伥童"诗句，只能给我们提供一个基本事实和探寻线索，要完全弄清楚这个问题，有待于更多资料的发现。现在，我们只能做一些推论。但"旧日伥童"经历的基本事实是无法否定的，这一经历奠定了曹寅终身热爱表演艺术的基础，它对于曹寅戏曲渊源研究的意义是不可忽视的。

## 二　宫廷和民间艺人的交往

可以与曹寅宫中"伥童"经历佐证的，是他与宫廷艺人的交往。这种交往对曹寅有重要影响。

《楝亭诗别集》卷三有《题赠吴开文三首》：

> 篙催黄竹斗风行，卧听前船捩笛声。惊起中流相顾语，年年堪得远逢迎。

> 故人零落独高闲，绝艺曾随供奉班。世味谁如惠泉水，人情一似虎

---

① 参见邓之诚《骨董琐记全编》"清初教坊"条，北京出版社 1996 年版，第 185 页；唐海宏《清初宫廷戏剧演出机构考述》，载《文化艺术研究》2014 年第 7 卷第 3 期。

② 参见［清］鄂尔泰编纂《国朝宫史》，北京出版社 2018 年版，第 477 页。

③ 参见祁美琴《清代内务府》，第 68 页。

丘山。

中年陶写竹与丝，粉澡何妨坐上施。试看岩峦新气象，枯杉一树李纲祠。

从《楝亭集》编序和诗的内容可知，这三首诗应写作于康熙二十九年曹寅出任苏州织造期间①，作者乘船在长江上偶遇"绝艺曾随供奉班"，现流落在外的宫中老艺人吴开文。"年年远逢迎"，回忆当年的交往。吴开文是因有绝艺而每年应召入宫供奉的苏州艺人。内务府数万人，如果不是共同的娱乐活动，少年包衣曹寅是不可能与供奉艺人相识并有"年年远逢迎"之情谊的。在感叹"故人零落"的人情世态之后，两人以表演方式重温旧情。吴开文"抌笛"奏乐，曹寅涂抹化妆，这就是第三首中陶写丝竹、粉澡施坐的意思。它不但证明了曹寅少年时代在宫中有参加"侲童"表演，并与宫廷艺人交往的经历，而且显示了一种真挚深厚的平等情谊。须知此时曹寅是以内府官员出任苏州的，而对方却是一流落艺人。曹寅赞其"高闲"，叹其"零落"，并以诗相赠，以李纲祠的枯杉隐喻其形象气节。李纲是后人纪念的宋朝抗金英雄，作为大清内臣的曹寅如此隐喻，是否另有深意，难以断言。但曹寅不以贵贱待人，对艺人的尊重可见一斑。以后曹寅在苏州和江宁有了家班和曲师，仍视曲师为朋友，《楝亭集》中也留下了印记，如《与曲师小饮和静夫来诗次东坡韵》(《诗别集》卷三)、《念奴娇·题赠曲师朱音仙朱老乃前朝阮司马进御梨园》(《词钞》)等。后文将会论述，曹寅的这种可贵态度得到了怎样的传承。

### 三 "粉澡"爱好

上述引诗中用了"粉澡"（或作"澡粉"）的典故。曹寅诗词中多次用此典故。这对理解曹寅的戏曲渊源很重要。因为这是曹寅崇拜的文化文学先祖曹植的故事。

"澡粉"典出《三国志·王粲传》裴注引《魏略》述邯郸淳见曹植：

植初得淳甚喜，延入坐，不与谈。时天暑热，植因呼常从取水自澡讫。傅粉，遂科头拍袒，胡舞五椎锻，跳丸击剑，诵俳优小说数千言讫。

---

① 诗中涉及的地名，虎丘在苏州，惠泉在无锡，李纲祠有多处，其中一处在无锡惠山。

谓邯郸生："何如耶？"于是乃更着衣帻，整仪容，与淳评说混元造化之端，品物区别之意，论羲皇以来圣贤名臣烈士优劣之差，次颂古今文章赋诔及当官政事宜所先后，又论用武行兵倚伏之势。乃命厨宰，酒炙交至，生席默然，无与伉者。及暮，淳归，对其所知叹植之材，谓之"天人"①。

这是研究中国古代戏剧史的重要材料。在汉末建安那个儒学衰微、思想解放的时代，曹植的"澡粉"，既具有个性自由追求的意义，又具有表演艺术的意义，这种表演艺术，包含着对民间俗文化的融合吸收。这两个方面，都为曹寅所继承。曹植是曹寅的文学文化先祖和榜样。杜岕在《舟中吟序》中说"陈思之心，即荔轩之心"，是就诗歌而言；顾景星在《荔轩草序》中则意味深长地引用了上述典故：

> 昔子建与淳于生（按：应为邯郸淳）分坐纵谈，蔗杖起舞，淳于目之以天人。今子清何多逊也？

这显然是从表演艺术才能和个性自由方面对曹寅的肯定。

从此，"澡粉"（粉澡）就成为曹寅热爱表演艺术的特定符号，在诗词中多次运用。作于康熙二十四年任职郎署期间的《贺新郎·与桐初夜话分韵》词，就包含着浓厚的历史回忆印记。全词如下：

> 澡粉移床话。晚亭前，商今略昔，一茶一蔗。世味堆盘谁借箸，除了犀杯玉斝。还除了，豆棚瓜架。千里吴莼凉沁肺，论掇皮，真可成风雅。幽州月，楼角挂。 细腰鼓子骑梁打。笑当年，城南拉饮，城东走马。此日多愁兼善病，闲煞勾栏京瓦。争忘却，江山如画。回首清光无限老，况诸君巷尽乌衣者。酒已罄，问鲑鲊。②

曹寅与叶藩是至交，都是表演艺术的爱好者。此词中有三处与表演有关的描述（澡粉、打腰鼓、勾栏京瓦），包括自我表演和观看表演，其中有着满满的难忘回忆，而曹寅始终是主角。"澡粉"与曹寅的联系是显而易见的。首句即"澡粉移床话"，只有在亲密朋友面前才能如此放纵和自我表现。显

---

① 见《三国志·魏书·王卫二刘傅传第二十一》。

② 见《词钞》。

然,这不是一般的兴趣,而是积习形成的癖好。词中的"细腰鼓"正是前引《莽式歌》中的"细腰叠鼓"(也见于钱谦益《冬夜观剧歌》中的伥童表演),也就是曹寅童年所参加的演出节目。可见"商今略昔,一荼一蔗",这种抚今思昔,不是感叹与叶藩的交往,而是自己的人生经历,包括从伥童到郎官的苦和甘。

曹植"粉澡",本来只有戏谑表演内容,甚至喜剧色彩。但曹寅以此自喻,却难掩悲凉色调。同样写于郎署时期的《病中冲谷四兄寄诗相慰信笔奉答兼感两亡兄四首》(《诗别集》卷二)中就有这样的诗句:

> 漫兴诗篇余竟病,伤心粉澡杂俳优。枣梨将罄头将雪,身世悲深麦亦秋。①

单纯用典故本事是无法解说"伤心粉澡杂俳优"的,因为曹植"粉澡"并无伤心之处。但如果联系前引《莽式歌》所写清宫乐舞"傩翁伥子如俳倡"的地位和表演性质,以及曹寅"旧日伥童"的童奴经历,那么这种"伤心"的实际内容就容易理解了。

"粉澡"(澡粉)一词曹寅在不同场合的多次运用,绝非简单的借曹(植)自诩,而是一种对化妆表演艺术情趣的执着。人们完全可以从这里看到与"旧日伥童"经历的潜在联系。

曹寅"粉澡"之好不仅为知己知悉,也为一般友人了解,除了前引舅氏顾景星在其《荔轩草序》中用曹植见邯郸淳的故事,暗示所谓曹寅"天人",除文武全能外,还包括言谈表演的才能外,另一友人张大受在《赠曹荔轩司农》诗中还直接描述曹寅"有时自傅粉,拍袒舞纵横"②的兴致,并多次用"跳丸"之典以曹植喻曹寅的表演才能,如"跳丸家法斗量才""跳丸击剑讫,何如邯郸生"等③。这种才能和兴致显然都与"旧日伥童"的表演经历和训练密切相关。

曹寅戏曲创作生涯是从出任苏州织造以后开始的。从上述材料还可以

---

① 见《诗别集》卷二。
② [清]宋荦编《江左十五子诗选》卷六张大受《清溪集》,转引自周汝昌《红楼梦新证》,第 488 页。下一条同。
③ [清]张大受《匠门书屋文集》卷四。"跳丸"是古代百戏之一,以掷丸上下挥舞为戏,多见于杂技艺人表演。

看到,宫中伴童经历,不但培养了他从小对表演艺术的热爱,也使他有更多机会接触和欣赏宫中的戏曲演出,并在年长以后对京师的戏曲氛围产生浓厚的兴趣,包括杂剧(北曲)、传奇(昆曲)和民间技艺演出(如腰鼓等)。这些,以后都成为他的创作的音乐和表演素材。虽然没有"家教"的戏曲渊源,但重"艺能"的"家学"传统给了他的个性和才能以自由发展空间①,使他能够突破正统雅文化轻视戏曲创作、表演和戏曲艺人的观念藩篱,进入一个自己喜爱的新的艺术领域,并且在这个领域中企图有所创造。所有这些,都成为一种新的精神传统和艺术基因,积淀在尔后的戏曲创作和活动实践中,一直传承到曹雪芹和他的《红楼梦》。

## 第二节　曹寅的戏曲创作和活动

### 一　概说

曹寅的戏曲活动应正式开始于康熙二十九年出任苏州织造后期,正式记载则始见于康熙三十一年,一条是尤侗的《艮斋倦稿》卷九中这一年写的《题北红拂记》,文曰:

> 荔轩游越五日,倚舟脱稿,归授家伶演之。予从曲宴得寓目焉。

这恰好与《北红拂记》所附的曹寅"柳山自识"相照应:

> 壬申九月入越,偶得凌初成填词三本。……舟中无事,公之梅谷同好,因为之添减得十出,命王景文杂以苏白,故非此无调侃也。……

证明了曹寅的第一部《北红拂记》剧作写作于康熙三十一年九月。

另一条记载,则是尤侗自撰的《西堂年谱》:

> 康熙三十一年壬申,年七十五岁。小重阳严公伟弘大戎园中赏菊,兼观女乐,度曲赠之。织部曹荔轩亦令小优演予《李白登科记》,将演

---

① 曹玺有听曲爱好。吴之振《赠曹子清工部楝亭图》有回忆与曹玺交往诗句:"画舫听歌记夜分,深杯絮语蔼春云。"并特别注明是在苏州会见曹玺。参见周汝昌《红楼梦新证》,第 334 页。

《读离骚》《黑白卫》诸剧,会移镇江宁而止。①

这几条记载的信息含量是非常丰富的。第一,它证明了曹寅的第一部剧作《北红拂记》写作于康熙三十一年九月,这是曹寅戏剧创作的起点;第二,它表明曹寅此时已有家班,从"小优演予《李白登科记》"看,应该是男优戏班(以后可能改用女优),而且有自己的乐师;第三,曹寅的家班不但演自己的作品,还能演他人之作,并为朋友间酬酢服务;第四,曹寅与当时的著名剧作家尤侗等有密切交往。这几条信息是相互联系的。以后,曹寅的戏曲活动就是沿着个人创作、家班演出和交流,以及向剧作家学习和共同欣赏这三方面发展的。

曹寅的戏曲活动以苏州为起点绝非偶然。虽然曹寅由于年少的"伴童"经历,很早就产生了对表演艺术的热爱,但要真正转化为戏剧创作和戏剧活动,还需要各种主客观条件。苏州是昆曲发源地和江南的演出中心,苏州织造又负有为宫廷选送优伶的特殊使命,后来李煦就是这样做的。曹寅出任织造,身心比在京城时显然更加自由,生活也更为优裕,具有了蓄养家班的经济条件和从事创作的悠闲时间。这些,都是有利于曹寅的戏剧活动的。其中,与尤侗的交往更有直接影响。

尤侗(1618—1704)长曹寅四十岁,是明末清初著名文士,被顺治康熙父子两代帝王称赞为"真才子""真名士",顺治十三年挂冠后写作的《读离骚》,传入禁中,为顺治帝激赏,"上益读而喜之,令教坊内人播之管弦,为宫中雅乐,闻者艳之"②。康熙八年即入侍禁中的曹寅肯定对此有所耳闻,并且很可能在宫中就看过尤侗戏曲的演出,给少时就热爱表演艺术的曹寅留下深刻印象。康熙十九年,年仅 23 岁的曹寅在时任国子监祭酒王士祯席上与 63 岁的尤侗相识订交,二十二年,尤侗以年老告归家居。次年,曹玺病逝,曹寅寄《楝亭图册》予侗,侗于腊月题诗,是《楝亭图》最早的题诗者之一。康熙二十九年,曹寅出任苏州织造,二人甚为相得。曹寅对尤侗深为敬慕:"篱落不妨骑马客,郎官原近老人星。"(《尤悔庵太史招饮揖青亭即席和韵》)这次,曹寅试笔写作《北红拂记》,尤侗亲为题序,称其"案头之书、场上之曲,两臻其

---

① 周汝昌《红楼梦新证》,第 353、354、360 页。

② 尤侗《西堂年谱》卷上,转引自薛若邻《假托故事,翻弄新声——尤侗杂剧论》,载《艺术百家》1989 年第 1 期。

妙",这是一位久负盛名的剧作家对后起之秀的极大支持。从此,曹寅便在戏剧创作和活动的道路上一发而不可收拾地前行。

曹寅的剧作,现存可考的只有三种:杂剧《北红拂记》《太平乐事》和传奇《续琵琶》(残本)。据刘廷玑《在园杂志》(卷三)、萧奭《永宪录续编》等记载,还有传奇《虎口余生》,但今存署名"遗民外史"的四十四出传奇《虎口余生》是否为曹寅所作,学界多有质疑。①

根据段启明先生的研究,曹寅的第二部剧作《续琵琶》应写作于康熙三十一年至三十八年(1692—1699)间。②

《太平乐事》有署名"癸未腊月钱塘后学洪昇"的题记,癸未即康熙四十二年(1702),可见必成于此前。又有"己丑(康熙四十八年,1708)九月十五日柳山居士书",云"急切付梓",盖已于此时刊刻。

曹寅是否还有未流传的其他剧作? 值得继续研究。近年披露的曹寅逝世后,老友王焕《挽曹荔轩使君十二首》中,有第四、第六首提到曹寅的戏曲创作:

> 谱就新声放画船,胥江灯火夜如年。梨园未散宾朋在,怕演当年七子缘。(注:公旧填词。)

> 醉乡甜美醒销魂,朽腐神奇妙绝伦。黄绢新词传乐部,只今重唱似闻猿。(注:公近集院本旧曲为《醉乡》《睡乡》《销魂》诸记,弁以题词,极有情致。)

这里提到的几个剧作,包括"旧填词"的《七子缘》和"近集院本旧曲"的《醉乡记》《睡乡记》《销魂记》诸记,应该都是曹寅的作品。当时都曾演出,故引起朋友追怀。王焕还曾记其事(见后),但剧本今皆不传。王焕在第三首诗后有一注:"以下三首追忆庚辰、辛巳、壬午间与公同游之乐。"亦即康熙三

---

① 参见周汝昌《红楼梦新证》,第353—360页。吴新雷认为,曹寅以边大绶自述的故事为依据,又吸收昆曲《铁冠图》遗下的主要戏码,创作了五十出传奇《虎口余生》,但原作究竟何在,却不得而知。现存四十四出本出现在康乾之际,由遗民外史改写。遗民外史是否就是曹寅本人,则难以判断。见《昆曲剧目发微》,载《东南大学学报》2003年第1期。

② 段启明《论曹寅戏曲三种——为纪念曹寅逝世三百周年而作》,载《红楼梦学刊》2012年第六辑。

十九年至四十一年（1700—1702）的事。近有学者考证，现藏浙江图书馆的《七子圆》（凝晖堂抄本，三十五出）就是曹寅所作的《七子缘》。①

如此看来，从康熙三十一年至四十一年，是曹寅剧作的创作高潮时间，他完成了七八部剧作。康熙四十二年以后，也许由于康熙帝南巡接驾，以及四十四年以后的兼任盐差，事务繁忙，曹寅不再有新作了。

曹寅的剧作当然首先由自己的家班演出，《北红拂记》"授家伶演之"，《太平乐事》"勒家僮令演之"②。《红楼梦》中贾母回忆特别提到《续琵琶》：

> 指湘云道："他爷爷有一班小戏，偏有一个弹琴的凑了来，即如《西厢记》的《听琴》，《玉簪记》的《琴挑》，《续琵琶》的《胡笳十八拍》，竟成了真的了。"③

这里应该融入了当年曹寅戏班的往事。从演出内容看，既有主人的创作，也有主人喜爱的剧目。据杨惠玲研究，曹寅家班演出的剧目有十余种④，演出形式也灵活多样，完全根据主人的爱好需要。既有正式场合的舞台戏场，也可随意在厅堂台榭；既可以整本演出，也可以如《红楼梦》中所描写，多演折子，甚至如贾母所爱好，"只提琴与管箫合，笙笛一概不用"，"听一个发脱口齿，再听一个喉咙"（第54回），或者就铺排在"水亭子上，借着水音更好听"（第40回），或者在月下，隔着桂花树阴，"只用吹笛的远远的吹起来"听（第76回），满足高雅别致的欣赏情趣。

曹寅的家班演出或请友人共赏，或随主人外出，与朋友交流酬酢。王煐《荔轩使君留饮观演醉乡记席上同鲍又昭萧冶堂诸君作》，张云章所云"开广筵以命乐，或清阒之闲奏，乐中宵以未央"，王竹村《郭于宫宅观通政曹公家伶演剧兼送杨掌亭入都》等诗文留下了当时的记录。⑤当然有机会还可能供奉，康熙四十四年南巡时，玄烨"亲点《太平乐》全本庆贺万寿"（佚名《圣驾五

---

① 郑志良《曹寅作〈七子圆〉考》，载《明清戏曲文学与文献探考》，中华书局2014年版。
② 《太平乐事》"柳山居士自序"。
③ 《红楼梦》第54回，人民文学出版社1982年版。
④ 杨惠玲《曹寅家班考论》，载《红楼梦学刊》2011年第二辑。
⑤ 分见［清］王煐《芦中吟》，《清代诗文集汇编》影印本；［清］张云章《朴村文集》卷十八《祭曹荔轩通政文》。参见胡艺《李竹村与王竹村：红楼墙外小考之一》，载《红楼梦学刊》1982年第二辑；邹宗良、王启芳《王竹村事迹考辨》。

幸江南恭录》），很可能就是曹寅家班为皇帝演出《太平乐事》。

曹寅很重视家班乐师，王景文、朱音仙二位都见之于诗文，王景文还曾参加曹寅的剧本创作。曹寅写作《北红拂记》时"命王景文杂以苏白"，增加调侃趣味。《太平乐事》第九出《卖呆记》后附"立亭记"云："宾白半出曲师王景文。景文侍柳山先生十年，后搦笔能诗古文辞，年未五十以病殒，传宫调者遂无人矣。"笔调伤感，颇有郢人失质之叹，可见曹寅的器重。《楝亭集》中有《与曲师小饮和静夫来诗次东坡韵》："西廊抚笛大有人，酬酢何须论流亚。"不但是欣赏夸赞，还表现出一种可贵的平等相待的态度。诗中"曲师"可能就是王景文。对另一位历经沧桑的老曲师朱音仙，曹寅则深怀敬重，有《念奴娇·题赠曲师朱音仙朱老乃前朝阮司马进奉御园》词为赠：

> 白头朱老，把残编，几叶尤耽北调。事去东园，钟鼓散，司马流萤衰草。燕子风情，春灯身世，零落桃花笑。当场搬演，汤家残梦偏好。
>
> 高皇曾赏琵琶，家常日用，史记南音早。误国可怜，余唾骂，颇怪心肠雕巧。红豆悲深，氍毹步却，昔日曾年少。鸡皮姹女，还能卷舌为啸。

曲师大多薪酬较高，且在人格上受到敬重，如曹寅"酬酢何须论流亚"者，那个时代还是少见的。[①]

在向剧作家学习和共同切磋方面，除了尤侗之外，曹寅与洪昇的交往也向为人所称道。曹寅对洪昇因搬演《长生殿》而受到惩处深表同情。康熙四十年辛巳（1701），他有《读洪昉思稗畦行卷感赠一首兼寄赵秋谷赞善》一诗相寄。康熙四十二年癸未腊月洪昇为曹寅《太平乐事》作题记，盛赞其"含风咀雅，酌古准今……吾知此剧之传百世以下，犹可想见其盛"的艺术价值。据章培恒《洪昇年谱》，康熙四十三年甲申（1704），"春三月，游松江、江宁，提督张云翼开筵于九峰、三泖间，选吴优数十人搬演《长生殿》，江南督造曹寅亦相迎致"。洪昇友人金埴《巾箱说》记载：

> 曹公素有诗才，明声律，乃集江南北名士高会，独让昉思居上座，置《长生殿》本于其席，又自置一本于席，每优人演出一折，公与昉思雠对其本以合节奏，凡三昼夜始阕。两公并极尽其兴赏之豪华，士林

---

① 参见杨惠玲《曹寅家班考论》。

荣之。①

这年六月，洪昇因醉酒堕水死。曹寅悲悼追念，在康熙四十八年（1709）己丑的《太平乐事》题记中充满感情地写道：

> 武林稗畦生击赏此词，以为劲气可敌秋碧（陈大声，见后文）。曾为稗畦说宫调，令其注弹词《九转货郎儿下》。未几有挹月之游。又一年东皋亦下世，此词已入山阳之笛，急切付梓，盖存故人之余意焉而已。

同观《长生殿》时的"雠对""以合节奏"，修改《太平乐事》时的"说宫调""注弹词"，这是两位戏曲艺术行家的交流。正是在这种交流中，曹寅给予《长生殿》以崇高的支持，也使自己的戏剧创作获得了可贵的滋养。

## 二　关于《北红拂记》

不同于《楝亭集》比较鲜明的私人话语特征，需要舞台表演和观看的戏曲，具有某种公众话语特质。除了作家需要让人们了解的可以公开的思想和艺术追求，要探寻更内在的意图显然比较困难。何况，从曹寅现存有限的几个剧本去进行研究，更可能以偏概全。但为了深化对曹寅的研究，又不能不面对困难，在学界已有成果的基础上，谨慎前行。

曹寅的戏曲主张，散见于他的题识等文字中。他重视戏剧的舞台表演功能和效果（批评凌蒙初本"笔仿元人，但不可演戏耳"），力矫重文而不重戏之失；还强调表演的娱乐功能（"非此无调侃也"）；在剧本的文学性方面，他重视"叙事"与"填词"的配合（"叙事凌本甚当，但填词少不称叙"），即唱词既要有抒情性，还应有叙事性。② 他重视演唱的声律节奏（"公与昉思雠对其本以合节奏""曾为稗畦说宫调"③）。这说明他的认识很能把握戏曲艺术的本质。在内容方面，他既重视"风化"，又强调明"是非"、通"人情"："千古是非谁定？人情颠倒堪嗟。琵琶不是这琵琶，到底有关风化。"④这就是要求伦理教化与真实性、情感性的统一。这个矛盾很难解决，但他提出并努力通过创作

---

① 章培恒《清洪昉思先生年谱》，（台湾）商务印书馆1981年版，第176—179页。
② 以上引文均见《北红拂记》"柳山自识"。
③ 见前引［清］金埴《巾箱说》，《太平乐事》"柳山题识"。
④ 《续琵琶·开场》。

加以解决。此外,还有一个重要方面,是曹寅虽未明白表述,却贯穿于创作实践中的,就是企图超越前人的创新精神。现存曹寅三个剧本,体制各不相同,《北红拂记》《太平乐事》是在前人基础上的再创作,所谓"琵琶不是这琵琶"的《续琵琶》是另有意图的翻案之作,却都是这种创新精神的生动体现。

曹寅把《北红拂记》作为自己戏曲创作的起点,看似偶然,实则是一种精心选择。杜光庭《虬髯客传》所写虬髯客、李靖、红拂女故事,在此以前已成为热门题材,有张凤翼传奇《红拂记》、近斋外翰《红拂记》、张太和《红拂传》、凌濛初《红拂三传》、冯梦龙《女丈夫》等数种①,曹寅乃在凌著基础上进行再创作。著名剧作家尤侗从戏曲史和戏曲艺术创新的角度评价《北红拂记》:

> 案头之书、场上之曲,二者各有所长,而南北因之异调……北之日趋而南也,虽风气使然,宁无古调不弹之叹乎!愚谓元人北曲,若以南词关目参之,亦可两人接唱,合场和歌,中间间以苏白,插科打诨,无施不可,又为梨园子弟另辟蚕丛。此意无人解者,今于柳山先生得之。……柳山复取而合之,大约撮其所长,汰其所短,介白全出自运,南北斗笋,巧若天成。……余从曲宴得寓目焉。既复示余此本,则案头之书、场上之曲,两臻其妙。虽周郎复起,安能为之一顾乎?于是击节欣赏,而题其后。

不是简单的"南北合套",而是戏曲艺术的"南北斗笋"。曹寅的"柳山自识"对于张凤翼、冯梦龙、凌濛初诸作均有评点,并说明了自己再创作的情况:

> 且二本(按:指张、冯二作)皆以虬髯翁降唐为圆场,龌龊琐屑,画虎不成几类狗矣。壬申九月入越,偶得凌初成填词三本,三人各为一出,文义虽属重复,而所论甚快,笔仿元人,但不可演戏耳。舟中无事,公之梅谷同好,因为之添减得十出,命王景文杂以苏白,故非此无调侃也。庶几一洗积垢,为小说家生色,亦卒成初成苦心也。叙事凌本甚当,但填词少不称叙,已随意改补。

---

① 参见白金杰《明末清初红拂剧改编考略》,载《信阳师范学院学报》(哲学社科版)2013年第 6 期。

在曹寅的十一出《北红拂记》①里，传统杂剧一本四折加楔子、一人主唱等基本体制完全被颠覆了。作为《北红拂记》创作基础的凌濛初《北红拂三传》包括《识英雄红拂莽择配》《虬髯翁正本扶余国》以及《李卫公蓦忽姻缘》（已佚）三种，都是一本四折。② 清初大家尤侗杂剧五种除《李白登科记》《清平调》）为一折，其余四种均为四折（二种无楔子）。曹寅不但弃楔子，改"折"为"出"，还把南曲的多样唱法引入杂剧，如以下三出的演唱：

### 第六出　落店

（净）唱【仙吕·赏花时】【幺】

（生旦）唱【南吕一枝花】【梁州第七】【隔尾】

（旦）唱【牧羊关】（生旦）唱【隔尾】

（旦）唱【哭皇天】【乌夜啼】（生）唱【三煞】（生旦）唱【三煞】【尾声】

### 第八出　赠家

（生）唱【粉蝶儿】（生旦）唱【醉春风】

（旦）唱【迎仙客】【红绣鞋】（众）合唱【石榴花】

（旦）唱【耍孩儿】（生旦）【尾声】（旦）【煞尾声】

### 第十一出　沥酒

（杂）唱【醉花阴】

（生）唱【北沉醉东风】【前调】【前调】【前调】

（生旦）唱【清江引】

此外，还掺入苏白以为调侃，都是对北杂剧体制的大胆创新。至于具体的情节关目创造、人物性格刻画等，前人评点及今人研究已多。③ 值得进一步讨论的，是曹寅是否在剧中有其深层寄托。

---

① 现存《北红拂记》康熙刻本（上海图书馆藏本）为十一出，邵锐 1943 年抄本（中国艺术研究院图书馆藏）《北红拂记》为十出（第五、六出合为一出）。本文所论，从康熙刻本。

② ［明］祁彪佳《远山堂剧品》。

③ 参见《北红拂记》毛际可序，胡其毅、杜琰、朱彝尊等跋语；邵锐抄本《北红拂记》批语；周兴陆《试论曹寅的〈北红拂记〉》，载《红楼梦学刊》2007 年第一辑；胡文彬《曹寅撰〈北红拂记〉抄本中的几个问题》，载《红楼梦学刊》2005 年第二辑。

　　段启明先生指出,《北红拂记》与以前同题材作品相比较,突出"识人""识势"的观念。他之选择凌本作为基础,首先是肯定凌本"所论甚快","简而言之,即其'点睛'之笔,'谋江山道人知王气','唐天子江山争不得'",它道出了"风尘三侠"故事隐含的一个基本观念,即英雄豪杰亦必须认清天下大势,顺势而为。"而这'识势''顺势',正是他的由'包衣'起家的家族走过的无可选择的历程。……也许正是曹寅对自己家世经历的诠释,至少包含了某些深沉的感慨。"①这是很有见地的。不过,这里还有一个问题需要弄清:曹寅在批评张凤翼、冯梦龙诸作时,为何指摘"二本皆以虬髯降唐为圆场,龌龊琐屑,画虎不成几类狗矣"?"龌龊琐屑",这是何等严厉的措辞!难道降唐不是"识势""顺势"吗? 显然,这是用单纯的"识势""顺势"说无法解释的,我们还需要更深入地了解曹寅隐藏的内心世界。

　　按《虬髯客传》原作,虬髯客飘游海外,"入扶余国,杀其主自立",另成一番王业。曹寅既否定"虬髯降唐"的结局,又在保留原作中的虬髯另成王业之后,添加一段接受李靖发来檄文,助唐征伐高丽的情节作为全剧结尾。这是意味深长的,较之"降唐"为臣下,它保留了虬髯的事业追求和人格尊严;较之单纯另立王业,它又体现了"识势""顺势"的胸襟眼光。可见,只从家世认识感慨一面来解读《北红拂记》的结尾是不够的,还应该联系包衣曹家的精神传承和曹寅的人格追求来理解曹寅的理想寄托。尽管包衣曹家入清后的识势顺势是一种理智的选择,但同时也是一种无可奈何或者说是别无选择的选择。研究表明,曹家入清始祖前明武官曹锡远就是因为拒绝投降而被俘以至全家没满为奴的,在这个家族及其个体身上打下了极其屈辱沉重的印记。世代为奴却不甘为奴,成为这个家族重要的精神传承。② 所以,在曹寅身上,始终存在着"心比天高,身为下贱"的反奴人格、自由心性追求与"蝼蚁犬马,捐糜顶踵"的奴性人格的尖锐冲突,即"身心相悖的双重人格"特征。③ 这样,我们才能理解,曹寅为什么把"降唐"(为臣为奴仆)视作"龌龊琐屑"之笔,因为它背离了自曹锡远以来包衣曹家的精神传承,极大地伤害了

① 段启明《论曹寅戏曲三种——为纪念曹寅逝世二百周年而作》;《家世研究的"另一面"——从曹寅的〈北红拂记〉谈起》,载《曹雪芹研究》2016 年第一辑。
② 参见刘上生《曹锡远论略》。
③ 参见刘上生《走近曹雪芹——〈红楼梦〉心理新诠》,第 170—182 页;本书第一章。

曹寅的人格理想，但另立王业、自成大局又不符合他的"识势""顺势"的现实认识。于是，曹寅便有了自己在剧末的兼顾理想与现实的两全处理。①

不能忽视尤侗的戏剧观和创作对曹寅的影响，曹寅早在《读离骚》演出于宫中时即受其濡染。由于少负才华而科场仕途极其不顺，尤侗十分重视创作中的寄托和自我表现："余穷愁多暇，间为元人曲子，长歌当哭。""古之人不得志于时，往往发为诗歌，以鸣其不平。……既又变为词曲，假托故事，翻弄新声，夺人酒杯，浇己块垒，于是嬉笑怒骂，纵横肆出，淋漓极致而后已。"②《读离骚》就是他愤而挂冠之后的"自况"之作，《李白登科记》《钧天乐》更是他科举梦的寄托，这对初涉曲坛的曹寅肯定产生了影响。曹寅的家世经历和思想性格比尤侗更为复杂。出任织造，出自康熙帝对他的信任器重，使他得以摆脱前一时期被压抑的郁闷，而且从此以后，处境比较顺遂，这使得他有比较安逸的环境和从容的心态于闲暇中从事自己喜爱的戏曲创作和欣赏活动，并与已经退居林下的尤侗密切交往，因而不会也不可能如尤侗当年"长歌当哭"，"鸣其不平"。但同时，他既无法摆脱为包衣奴役制度决定的家族和个人命运的噩梦阴影，也就无法消除内心的"郁勃不平之气"，也完全可能在有所触动的情况下，寻找精神寄托和宣泄的出口。《北红拂记》的结尾处理就是在这种心境下完成的。

## 三　关于《续琵琶》

曹寅以《续琵琶》作为创作传奇戏曲的起点，应该也是受到尤侗的影响。尤侗以王昭君故事为题材的杂剧《吊琵琶》的第四折，设计了蔡琰在黑河边拜祭昭君的情节，以作为《吊》剧之眼，把同一朝代出塞遭际相似的两位女性命运联系在一起，这显然启发了曹寅《续琵琶》的构思。而同样写女性不幸的《琵琶记》的男主角蔡邕正是蔡琰的父亲。那部完全以民间传说蔡中郎赵五娘故事为基础创作的南戏，虽然其"风化"功用堪为楷模，却严重背离了史实，这又引发了曹寅为其正名翻案的冲动，并且可以借以寄托更深层的意蕴，于是便有了"琵琶不是这琵琶"的奇妙构思。其实，高明的《琵琶记》以赵

---

① 参见刘上生《走近曹雪芹——〈红楼梦〉心理新诠》，第170—182页。
② ［清］尤侗《西堂杂俎二集》卷三《黄九烟秋波制义序》、卷二《叶九来乐府序》，转引自韩莉《论尤侗及其戏曲创作》，西北师范大学2007年硕士论文。

五娘琵琶弹唱为关键情节,确实名副其实,而曹寅的《续琵琶》却文不对题,没有任何与琵琶乐器相关的情节,其翻案意图一目了然,这也正是曹寅戏曲创作追求创新的表现。不过,无论是曹寅的主观意旨还是作品的客观意义,都已经远远超越了单纯的翻案了。

《续琵琶》原作应有四十出,今存残本。卢前《读曲小识》记:"《续琵琶记》二卷,二册……上卷尾缺半叶,下卷首尾各有缺叶,共存三十五出。"胡德平、赵建伟以中国国家图书馆藏旧抄本《续琵琶》为底本作《续琵琶笺注》(以下简称《笺注》)。此剧的写作时间,学界尚无定论。《笺注》认为在康熙四十三年至四十八年间,并曾在北京曹府搬演。段启明认为在康熙三十一年至三十八年间。① 本人认为曹寅此剧应作于与尤侗相交并受其影响之时②,故依从段说。

《笺注》前言把《续琵琶》的主题概括为"三为":为曹操翻案、为蔡邕正名、为蔡文姬包羞忍辱提供依据。这是符合作品内容实际的。第一出《开场》的《西江月》词云:

> 千古是非谁定? 人情颠倒堪嗟。琵琶不是这琵琶,到底有关风化。
>
> 捶破一群腰鼓,重弹几拍胡笳。茫茫白草卷黄沙,洒洒昭君冢下。

但紧接着的四句下场诗这样说:

> 没意志中郎修汉史,拼卤莽司徒多一死。好修名老操假妆乔,包羞耻寡女存宗祀。

下场诗是对全剧内容和作者观点的概括,可以明显看出与《西江月》词的矛盾。这和高明《琵琶记》"副末开场"《水调歌头》与下文家门四句诗的意旨完全一致很不一样,它反映了作者的某种苦衷。在词里,他明确表示,要把颠倒的"千古是非"和"人情"评价颠倒过来,这明显包含为曹操翻案的意图。但同时,他认为,还要考虑到伦理"风化"效果。于是,在下场诗中,他又恢复了以曹操为"奸雄"的传统眼光。

---

① 分见胡德平、赵建伟《续琵琶笺注》"前言",中华书局 2012 年版;段启明《论曹寅戏曲三种——纪念曹寅逝世三百周年》。

② 曹寅至康熙三十八年,犹有诗赠尤侗。尤侗逝世于康熙四十三年。关于曹寅与尤侗交往,参见本书第三章第四节、第六章第一节"己未文会与交游"。

　　曹操是一个杰出的历史人物，受到历代许多政治家和文人崇敬，但其奸诈假谲的性格却长期为人诟病，他是封建政治家复杂思想性格的典型代表，有着极其丰富的文化意蕴，因而在有着悠久伦理文化传统的中国，对于曹操的历史评价和伦理评价历来存在着矛盾。从"说三分"到三国戏以"净"扮曹操，表明民间"尊刘贬曹"意向的悠久传统。在这种情势下，"奸雄"曹操已成为一个伦理文化符号，而脱离其历史本真面貌。这显然使熟悉历史记载的文人感到困惑。自称"据正史，采小说"的嘉靖本《三国志通俗演义》中既赞曹操为"英雄"，又称其为"奸雄"就是这种困惑和矛盾心态的表现。而清初毛宗岗评本一出，其鲜明的"尊刘贬曹"倾向使其立即受到市井欢迎，而嘉靖本竟被湮没，这就是曹寅面对的现实。曹寅企图在戏剧舞台上颠倒"千古是非"，用历史事实恢复曹操作为杰出人物的形象，这是一种以求真为目标的创新。但他又不能不正视民间长期固化的"奸雄"印象（这一印象虽然有失片面，却并非无据），和从这一印象出发所作出的别种解读。于是，他采取了妥协方法，在"开场"中显示两种评价的并存（这有点类似嘉靖本的处理）。这种妥协甚至也表现在，剧本中始终没有明确曹操的扮演角色。也许，他希望用自己创造的颠倒"千古是非"的舞台形象征服观众，否定"好修名老操假妆乔"的传统观念。曹寅是否能达到自己的目的呢？他的朋友刘廷玑有如下一段记载和评说：

　　　　（曹寅）复撰《后琵琶》一种，用证《前琵琶》之不经，故题词云"琵琶不是那琵琶"，以便观者着眼。……皆真实典故，驾出《中郎女》[①]之上。乃用外扮孟德，不涂粉墨，说者以银台同姓，故为遮饰，不知古今来之大奸大恶，岂无一二嘉言善行以动人兴感者？由其罪恶重大，故小善不堪挂齿。然士君子衡量其生平，大恶固不胜诛，小善亦不忍灭，而于中有轻重区别之权焉。夫此一节，孟德笃念故友、怜才尚义豪举，银台表而出之，实寓劝惩微旨。虽恶如阿瞒，而一善犹足改头换面，人胡不勉而为善哉？[②]

　　可见由于曹操形象的长期符号化，观众囿于思维定势，对于为曹操翻案是何等抗拒！《续琵琶》并不被看好。尽管刘廷玑用"大恶存小善"为曹寅曲

---

① ［清］南山逸史《中郎女》。

② ［清］刘廷玑《在园杂志》卷三"前后琵琶"条，中华书局2005年版，第180页。

为解说，也难免《续琵琶》最后被冷落而终于以残本传世的命运。不是曹寅写得不好，而是他面对的传统势力过于强大，不能接受一个不是"奸雄"而是英雄形象的曹操。同康熙年间风靡一时的毛评本《三国演义》相比，曹寅显得太不合时宜了。

其实，即使从残本看，曹操形象的塑造也是成功的。作者主要从史书（《后汉书》等）和小说《三国演义》选取了表现曹操忠于汉皇室的起兵讨卓、救驾迁都两大政治事件和赎迎蔡琰的尚义豪举作为描写重点，有意略去这一历史时段中反映曹操权谋谲诈的史料（如刺卓献刀、杀吕伯奢以及迁都的王霸之志等），为了突出曹操的雄才大略和文武全才，特别设计了《台宴》一出，隐括曹操诗文的唱词，使人物大放光彩：

【北醉花阴】人道俺问鼎垂涎汉神器，叹举世焉知就里。俺待要武平归去解戎衣，不知几处称王，几人称帝！今日里高会两班齐，对清樽，要吐尽英雄气。

【大红袍】孤本甚庸愚，聊立微名耳。筑舍谯东，欲秋夏读书，冬春射猎，粗以为生计。吾曾记东临碣石，遥观沧海，澹澹水流，更山岛耸峙。更山岛耸峙。但只见草木芳菲，日月儿星辰儿，若出其中，若出其里。叹人世逝水年华，龟寿怎比？想乘雾腾蛇，那腾蛇儿乘雾飞，毕竟也成灰。咳！俺好似伏枥的骐骥，枉自道志在千里。不多时又做了暮年的烈士，皓首苍颜，壮心犹未已。畅道是对酒当歌能几时，朝露易晞。除杜康解忧思。青天外，月明星稀，夜乌南飞。那时节浩歌归矣。

在这种融入曹操多篇抒写豪情壮怀的诗文词句（《短歌行》《让县自明本志令》等）的酣畅淋漓的抒情里，可以感受到作者自我抱负寄托和人生感慨的强烈共鸣。刘廷玑言"说者以银台同姓，故为遮饰"，固为浅见，但曹寅对曹氏父子满怀憧憬，应是实情。在那个反曹贬曹一边倒的时代风气里，在舞台上创造曹操英雄形象，是了不起的卓识和勇气。只是因为"贬曹"风气造成的社会压力太大，他无法"吐尽英雄气"，反而在下场诗中，曲为遮饰。联系《诗钞》中另一首有关曹操的《题启南先生莫斫铜雀砚图》，直斥"阿瞒心雄天厌足""与奸作歹罪莫辞"[1]，与《续琵琶》的观念判若天壤，便可知曹寅内心之苦了。

---

[1] 《诗钞》卷五。

　　《笺注》前言精辟地指出，《续琵琶》有两条线索：一条是政治线索，一条是文化线索。曹操是前一线索的中心人物，董卓、袁绍、孙坚甚至王允都是从不同角度映照他的，矛盾的焦点是保护还是篡夺汉室政权，以及在这场斗争中是出于公心还是心怀私欲，作者着力表现了曹操对汉室的忠诚，以及他的文韬武略；后一线索的中心人物是蔡邕、蔡琰父女，连接父女的不仅是血缘亲情，更有修《汉史》这项历史使命，作者着力表现他们的坚忍意志，特别是蔡琰因"包羞忍耻"而承受的巨大痛苦，还有董祀重情重义的可贵品质。两条线索的连接点，是曹操与蔡邕的友情，以及对蔡琰的恩义，但更重要的是对修《汉史》使命的支持和承接。如果说，"芟除逆孽，护持汉室，存孤恤寡，接续文典"，是《续琵琶》歌颂曹操的四大功绩，那么，接续文典，就是作品的支撑和落脚点。这并非出自可以依据为曹操翻案的史实，却是作者描写的重点。它反映了作者艺术构思的深层用意：文姬的归汉、《汉史》的续成，是极具象征意义的，它成为了一个符号——续《汉史》，就是接续文化。①

　　为了强化《汉史》的传承意义，作者改造史实并进行了重要的艺术虚构。《后汉书》卷六十《蔡邕列传》记载："邕前在东观，与卢植、韩说等撰补《后汉纪》，会遭事流离，不及得成。"曹寅改为："主上命我纂修《汉史》。"突出汉朝君王意旨及修史意义。《后汉书·列女传》"董祀妻"条中并无蔡琰承父志续修事，而《续琵琶》却将此作为全剧的中心线索。第三出《却聘》述蔡邕因宦官当道，辞官回家，"惟以撰补《汉纪》为事"，犹恐当道强召，托付女儿蔡琰：

　　　　将来吉凶未保，我《汉书》未就，今当托付于汝，你可效班姑勉教续就名山业，休作龙门死后孤。

　　第五出《别女》再次详加嘱咐：

　　　　可惜我数载心血，微言未伸，残篇断简休抛损。……为爹的苦志一生，只为此书未就，今当付托与汝，须要勉成吾志。

　　显然，《汉史》的意义不止在纪事，还有作者待伸的"微言"。第十五出《探狱》，蔡邕再托董祀：

　　　　我还有相托之事，我前将《汉书》半稿，付与小女收藏……老父身垂

---

① 参见《续琵琶笺注》第三十一出《台宴》评介、第三十五出《复命》评介。

死,娇儿隔绝遥。遗篇付汝收藏稿,名山大业勤搜讨。

而在第二十二出《感梦》,作者通过梦中昭君之言表明,支撑蔡琰在胡地"包羞忍羞"的根本动力,也就来自于完成父亲的嘱托:

> 你今日受父遗嘱,续修《汉史》,倘身死书亡,是谓不孝。……你啊,切莫要言愁诉愁,包羞忍羞。……若不嫁单于,怎得你史编成就?

而曹操怀念蔡邕,也不只是出于个人友情,还关联着修史大事,第三十一出《台宴》唱道:

> 早知道汉朝遗史无人记,老司徒不合把班马诛夷。到今日残编断简成何济,那讨个续史班姬? ……若此女取回,堪承父业,他一生儿为著作心力疲。才讨得画眉女一脉遗,怎生教流落在边荒地?

第三十四出《祭墓》,写朝廷诏命蔡琰续修《汉史》:

> 今我大汉,自中兴以后,掌故阙如。……其速载笔入朝,授以校书之职,缵成父志,弘我皇猷。

父志、友情、君命、文脉,都集中到《汉史》这个凝聚着民族、家族、历史、文化内蕴的符号里,它的标志意义是很清晰的,与曹寅的家世生平和包衣曹家的精神传承有着密切联系。《笺注》前言重视这种联系,并列举了大量对照材料,揭示了这一"文化符号"的本质意蕴。当然具体结论,尚可商榷。笔者认为,在这个问题上,与其说曹寅有"遗民情结",不如说"民族文化情结"更为妥帖。曹家是一个入旗已久,并且在政治上处于较高地位的包衣—仕宦家族,曹寅个人又深受君王宠信,在清政权已经稳定,并且在相当程度上接受了汉文化传统,显示出满汉融合的历史趋势的时代环境里,认为这个家族和他本人还心存忠于旧朝的遗民情结是不可思议的。但他们拒绝满化,忠诚于本民族文化传统的心志又是非常明确坚定的。这不仅因为这个家族的强固的民族本根意识,也因为这个包衣家族所受的来自清朝统治者的"严满汉之分""严主奴之分"的政策的压迫,并不能因为与君王的个人关系而有所改变。这种满汉融合与冲突并存的情况贯穿于有清一代,对曹寅思想性格和包衣曹家精神传承有着深刻影响。笔者用"政文异向的双重忠诚"来概括这种具有矛盾性的精神文化特征。包衣曹家世代坚持以汉文化原典命名，以及曹寅父子与明遗民的密切联系和情感契合，就是其民族文化情结的表现。① 在《续琵琶》里，他找到了修《汉史》这个精神寄托，既以此为家族精神传承的符号，也含蓄地表达了对君王继承汉文化传统的期望。事实上，曹寅所侍奉的康熙皇帝，也的确做了大量整理前代文化遗产的工作，包括由曹寅主持的《全唐诗》《佩文韵府》的刊刻。大约与曹寅写作《续琵琶》同时，康熙皇帝取得了远征噶尔丹的胜利，剧中的《胜虏》也许就是这次战争的反映。至于曹寅具体是想借"修汉史"寄托什么样的家族传承，难以考实。包衣曹家有"读书洞彻古今，负经济才，兼艺能，射必贯札"的"家学"传统，曹寅父亲曹玺是一位"沉深有大志"的人，熊赐履以"云间已应修文召，石上犹传锦字诗"赞扬他的文艺修养和才能，从这个意义上说，曹寅以曲、词、诗创作和收、刻、藏的文学文化全能继承家学和本民族的优秀传统，与续《汉史》的修文内涵是完全一致的。曹寅的《续琵琶》，也正是"言志"之作。他对曹操文武功业的赞许，也许也包含着对当代君王事业的肯定和期待。而二者的结合点，就是续《汉史》这个象征性符号所包含的继承民族文化传统、延续民族文脉的意蕴。这样说，也许更符合剧本构思和作者思想实际。

## 四　关于《太平乐事》

比较起《北红拂记》《续琵琶》的别有寄托和内容创新，以歌颂盛世太平为主旨的《太平乐事》平庸得多，但曹寅也有自己的创造，这种创造具有另一种意义。

曹寅的《太平乐事》，约创作于康熙四十年康熙帝第四次南巡前后，有康熙四十二年洪昇序，应是为南巡而写的"应承戏"或"进呈剧目"。共十折，以上元灯节为线索，由十个相对独立的单折杂剧组成。② 今有复旦大学图书馆和南京图书馆藏本。它是作者在明代戏剧家陈铎的同名短剧基础上扩展而成的。剧前"柳山居士书"曰：

> 旧有金陵陈大声《太平乐事》一阕……然曲多焰段、小令，只堪弹唱。因补填大套七出，以《太和正音》系其尾，大声开场《灯赋》弁其首。适有庄贞生妙制米灯，诸巧辐凑，其戏遂成。须眉弄影，不独稚子矣。

---

① 参见本书第四章。

② 参见顾平旦《曹寅〈太平乐事〉杂剧初探》，载《红楼梦学刊》1986 年第二辑；段启明《论曹寅戏曲三种——为曹寅逝世三百周年作》。

> 武林稗畦生（洪昇）击赏此词，以为劲气可敌秋碧（陈大声）。……

洪昇的《题记》则从歌咏太平主题的表演艺术的发展（汉乐府、歌行、词曲、院本、杂剧传奇）切入，评述曹寅剧作的特色和成就：

> 柳山先生出使江左，铃阁多暇，含风咀雅，酌古准今，撰《太平乐事》杂剧，以纪京华上元。凡渔樵耕牧、嬉游士女、货郎村伎、花担腰鼓，皆摩肩接踵；外及远方部落、雕题黑齿、卉服长肆、杰侏兜离，罔不罗列院本。其传神写景，文思焕然；诙谐笑语，奕奕生动。比之吴昌龄《村姑演说》，尤错落有古致；而序次风华，即《紫钗·元夕》数折，无以过之。至于日本灯次，谱以蛮语，怪怪奇奇，古所未有，即以之绍乐府余音，良不虚矣。吾知此剧之传百世以下，犹可想见其盛，而况身际昌期者乎！

《太平乐事》的创新主要是以下三点。

一是着力于普通民众生活。"作者所写的欢乐喜庆，并不在皇宫侯第，主角也不是达官贵人，而是各种职业身份年龄的平民百姓，渔樵耕夫、货郎担、祖孙夫妇，甚至包括相士、游冶儿、妓女等等，这些平民百姓，既满足于盛世的安定生活，又不得不为谋生略施小计；他们对太平盛世的赞美，是真诚的，他们的并不高雅的语言和行为，也是真诚的。因此，我们可以说，曹寅的《太平乐事》的最难能可贵之处，正在于最真实地反映了以黎庶百姓为主的人间世相"[①]。康熙皇帝本就希望以各种方式了解民情，养尊处优的贵族社会也偶尔需要用普通民众的生活情趣调节口味，如《红楼梦》中贾府需要刘姥姥，演戏也点《刘二当衣》之类，曹寅的描写显然是很应时的，但也表明了他对普通民众生活的了解。其中很多细节，如顾平旦先生指出的，琳琅满目的各式春灯、表演各种"戏文"的社火、以沉迷香为奖品的猜谜游戏、各折戏中穿插的民间舞蹈、货郎担的魔合罗、笑天柳等儿童玩具，甚至真实反映北京民俗的"瓮城外摸钉笑，灯市上开台闹"等等，都兼具史料和审美价值[②]，不能以"粉饰太平"或"歌功颂德"简单否定，毕竟在经过晚明乱局和易代战乱之后，康熙盛世确实是一个能够让百姓安居乐业的太平时代。

二是作者通过各种人物表达的人生感悟。热闹是全剧的气氛基调，但

---

① 段启明《论曹寅戏曲三种——为曹寅逝世三百周年而作》。
② 顾平旦《曹寅〈太平乐事〉杂剧初探》。

"热"中有"冷"，"闹"中有"静"。试举二例。第二出《灯赋》中"见了些醉醺醺
笑呵呵行乐游人，又闪上锦丛丛花簇簇争标社火"的浓墨重彩后，紧接第三
出是泠泠绝响的《山水清音》，在自得其乐的樵夫渔父眼里，"那羊裘大泽不
过是虚夸耀"，"多少五湖清景，甚纶竿不肯换金貂"，这是作者有意安排的情
境对照，充满着欣羡和向往："恰值得放春灯太平行乐，只这一对的散诞渔樵
难画描。"因为这里正有着曹寅在无法摆脱的体制压迫下和宦海波澜中内心
追求的精神宁静和自由。早在同明遗民杜岕交往时，曹寅就不止一次地流
露过追随退隐的念头："蓬然如可待，还写扫花图。""眼底烟波三万顷，何时
长篙展琅玕？"①《山水清音》中的情感流露表明，即使到备受宠信的晚年，曹
寅内心的仕隐矛盾也没有解决。第九出《卖痴呆》是一出小喜剧，丑扮演的
别号"忠厚"的富贵子弟，真诚善良，合族亲朋送的"表字乃是一个痴呆子"，
这种价值颠倒来源于作者痛恶的贪婪诈伪的世俗风气。虽然后面"守本分，
勿欺误，却不道皇天有眼，悯佑无辜"的说教落入俗套，但其中包含的作者对
世情的深刻体悟却耐人寻味。曹寅待人真诚，痛恨虚伪："尘面由来假，秋光
即此真。""诸君诸君慎相见，长安容易改头面。"②人们甚至会联想到《红楼
梦》中的贾宝玉、《儒林外史》中的杜少卿，都是被世俗社会称作"痴""呆"
"傻"的人物。不知此剧对曹寅的后代是否可能有启示影响。

　　三是《日本灯词》的创新。重视民族和国际关系的展示，是《太平乐事》
重要的内容特点，作者用了两出表现这一内容。"万国衣冠拜冕旒"，从来是
自以为处于世界中心的华夏民族的和谐世界梦。第三出《太平有象》是以
"万派朝宗，殊方职贡"写出这种梦想成真的喜庆，出场的人物都具有代表
性，包括青海部落大都护、西海黄台吉、哈密国侍子、乌斯国侍子、八百媳妇、
狗西番、藏国侍子、西洋舶主等周边民族和藩属国，以及远方贸易伙伴。虽
然不同于现代民族的平等关系，但还是反映了"雪山斥堠无边埒，马上频闻
敕勒歌""六合清宁"的良好和平理想。第八出《日本灯词》更别开生面，被洪
昇赞为"怪怪奇奇，古所未有"的创作，不但有日本地理、文化、风俗民情的展
示，更有"谱入蛮语"的大胆尝试。本出唱词，曹寅用他所了解的日语译语，

---

① 《诗钞》卷一《些山有诗谢梦奉和二首》、《诗别集》卷三《和些山冬至前三日咏东轩竹
　　见寄八首》。
② 《诗钞》卷一《北行杂诗》《一日休沐歌》。

填写了一支由【金字经】【倭头曲】【倭曲肚】【倭尾曲】【清江引】组成的套曲。除【金字经】为汉字与"倭语"混杂以外,其余四支全部是"倭语"。他在本出结尾特别写了一段"柳山记"叙述其创作依据:

> 此曲调多中吕,依吴昌龄《北西游·灭火词》而作。倭语出《万里海防》及《日本图纂》四译馆译语填合而成。洋舶人云:"倭国惟伎女始着彩衣,所唱与粤东采茶歌音调相近,亦溱洧之属也。灯则以布衣、春盒之类为戏。男以蜡捻须,雉顶发;女黑齿着屐。衣食皆仰于官。对马岛接壤高丽,其都会则萨摩州也。"前年得曝书亭所藏《吾妻镜》,考之无异。《吾妻镜》者,华言"东鉴",明弘治间其国所刊书也。

在这里,曹寅说明了其信息材料的来源,包括前代人的记述、贸易商人提供的信息、日本出版的书籍等三方面,表明其创作态度的严谨,也似乎有炫耀其博学的意思,但并非自我吹嘘。文中提到的《万里海防》《日本图纂》《吾妻镜》等,都见于《楝亭藏书》,还有没有提到的史籍杂记等。此外,曹寅没有提到的一个重要信息来源是康熙四十年他和李煦奉康熙帝之命,派莫尔森赴日所得见闻。莫尔森于当年六月赴日,十月返回宁波。由于此行目的不明,有学者把此行称为密探,曹寅也讳莫如深。① 但这个时间与《太平乐事》的创作年代相重合,对曹寅的影响是显而易见的。

唐权对《日本灯词》的"倭语"进行了专门解读,指出其中包含了 86 个日语词,其中有 75 个可以在《日本图纂》中找到,另外 11 个来源尚不明。这种以外语音译为创作材料,特别是演唱材料的做法,的确是"古所未有"的创举,能一新人耳目。

## 第三节　曹寅的戏曲传承

### 一　戏曲家曹寅和小说家曹雪芹

作为戏曲家的曹寅,与作为小说家的曹雪芹,祖孙之间会有怎样的艺术传

---

① 关于李煦曹寅奉派莫尔森事,参见《苏州织造李煦奏与曹寅议得莫尔森可去东洋折》,载《关于江宁织造曹家档案史料》,第 14 页。

承联系？可以找到一些蛛丝马迹，例如，曹寅写过红拂，而曹雪芹也赞红拂，且有过之。《红楼梦》第 2 回将红拂等"奇优名倡"与隐士许由、陶潜，帝王唐明皇等并列，第 64 回林黛玉《五美吟》赞红拂为"巨眼识穷途"的"女丈夫"。第 54 回贾母特地提到曹寅的《续琵琶》的《胡笳十八拍》，第 51 回薛宝琴的《怀古诗》吟咏与《续琵琶》有重要关系的王昭君等。但这样理解未免过于肤浅。

曹寅的戏曲传承，首先是一种艺术精神的传承。

从观念上看，曹寅自诩"吾曲第一，词次之，诗又次之"，把传统的视词为诗之余、曲为词之余的诗、词、曲次序来了一个价值颠倒，而"曲"已经走到了通俗文学的边缘。这表明他是一个敢于突破传统观念的人，这对曹雪芹肯定会产生良好影响。但是，《楝亭书目》中不收稗史小说，这又说明，在曹寅的文学观念里，通俗小说是受排斥的，这与视小说家为"小道"的传统观念是一致的。它是其文学观念保守性的反映。然而，他的戏曲创作又深受小说影响。《北红拂记》取材于唐传奇小说《虬髯客传》，而《续琵琶》更是"取正史，采小说"，以通俗小说《三国演义》为重要材料来源。尤其值得注意的是，他在《北红拂记》的题识中，特别表示要"一洗积垢，为小说家生色"，同被视为"小道"的小说家站到了一起，这是了不起的观念突破。这种复杂矛盾而又有所突破的文学观念，使曹寅终于能站在时代前列。也正是这种突破，以及曹寅在戏曲创作中的创新精神，作为一种宝贵遗产，祖孙相传，最终在曹雪芹手中实现了伟大创新。

当然，研究的重点是创作实践，主要是曹雪芹的《红楼梦》对曹寅戏曲遗产的吸收继承。这里有两条思路：一是狭义的，即曹雪芹所接受的曹寅戏曲活动和创作的影响；二是广义的，即曹雪芹所接受的戏曲艺术的影响。二者应该结合起来。

徐扶明先生在《〈红楼梦〉与戏曲比较研究》中，用了十二个专题论述了《红楼梦》与戏曲的关系，包括《红楼梦》对清代家庭戏班及戏曲演员生活和演出的反映、《红楼梦》描写和涉及的戏曲剧目及其意义、古典戏曲作品对曹雪芹的影响和《红楼梦曲》的创作等等，内容相当全面丰富。[1] 从曹寅戏曲传承，或者从曹雪芹接受影响的角度看这种关系，有联系，也有区别。

---

[1]　徐扶明《〈红楼梦〉与戏曲比较研究》。

曹雪芹生活的时代，已是包衣曹家的末世。由于织造盐务亏空，曹寅逝世之后，曹家已无法蓄养家班，曹雪芹也无缘感受往昔声色之乐的繁华富贵，但是，家人的回忆还在，留下做奴婢的昔日女伶还在，楝亭藏书中的戏曲作品还在，如《元人百种》《西游记》《西厢记》《玉茗堂四种传奇》《北红拂》和记载剧作家的《录鬼簿》等①，成为幼年雪芹最早的戏曲滋养，以至于后来在《红楼梦》中还特别提到。② 此外，舅祖李煦还有家班，这是因为他的长子李鼎酷爱戏剧。清人顾丹燮《顾丹五笔记》载："康熙三十一年，织造李煦莅苏三十余年。……公子性奢华，好串戏，延名师以教习。梨园演《长生殿》传奇，衣装费至数万。"徐恭时先生指出这对曹雪芹的影响：

> 曹寅故世后家里不再演戏，而李家仍经常演出，少年时的雪芹曾居李家，每喜观剧。

> 传说雪芹少年时常在舅祖家观剧，乾隆时人有记："（雪芹）不得志，遂放浪形骸，杂优伶中，时演剧以为乐。"舅甥两人（李鼎、雪芹）均出现惊世骇俗之举，何相似乃尔！③

据李煦康熙五十八年四月《由京返苏并谢命李鼎随行南来照顾折》④，李鼎应是此年才离京回家，之前一直在京城当差，串戏乃至耗巨资演《长生殿》都是之后的事，而这时雪芹正值幼年，观剧并受李鼎影响，是完全可能的。不过，再进一步追溯，在血脉相连的曹、李家族，这种"惊世骇俗"之举的起始者，应该就是祖父曹寅"粉澡杂俳优""有时自傅粉，拍袒舞纵横"⑤的表演爱好和追求。虽然雪芹没有能亲见，但作为一种艺术基因，恐怕已深植和传播于家族与亲友间了。

曹雪芹没有留下戏剧作品，但除《红楼梦》之外，他唯一留下的诗作断句正是为欣赏戏剧而作。在好友敦诚的《四松堂集》里：

---

① 见《楝亭书目》卷四"曲"类及附。
② 如小说第 42 回薛宝钗回忆小时读杂书："诸如这些《西厢》《琵琶》以及《元人百种》，无所不有。"
③ 徐恭时《那无一个解思君》。
④ 《李煦奏折》，第 262 页。
⑤ 曹寅《病中冲谷四兄寄诗相慰信笔奉答兼感两亡兄四首》、张大受《赠曹荔轩司农》诗。

> 余昔为白香山《琵琶行》传奇一折,诸君题跋,不下几十家。曹雪芹
> 诗末云:"白傅诗灵应喜甚,定教蛮素鬼排场。"亦新奇可颂。曹平生为
> 诗大类如此,竟坎坷以终。①

虽然是残诗,却充满着戏剧化的奇妙想象,表现了欣赏者的戏剧艺术修养。徐恭时从敦敏《题敬亭〈琵琶行〉填词后二首》"西园歌舞久荒凉,小部梨园作散场。漫谱新声谁识得? 商音别调断人肠"等材料考证,作为没落"天潢贵胄"的敦氏兄弟,"家有梨园,日征歌舞",《琵琶行》传奇必定也在自家演出。敦诚单拈出曹雪芹诗句激赏,"不仅由于诗句新奇而述,也反映雪芹是'顾曲周郎'能道出'戏外戏'的奇妙想象"②。

曹雪芹在写作《红楼梦》小说之前,是否有过作戏曲传奇的尝试,是否有过文体方面的选择考量呢? 22 回《寄生草》曲后有一条耐人寻味的庚辰本批语:

> 看此一曲,试想作者当年发愿不作此书,却立意要作传奇,则又不
> 知有如何词曲矣。③

说明脂砚斋等前辈和同辈是了解并欣赏曹雪芹的戏剧才华的,而且曹雪芹"当年"是经过选择考量才下了决心写小说。留下的痕迹,便是作为全书预示性总纲,也是《红楼梦》书名来源的第 5 回,就直接把《红楼梦曲》称作《红楼梦》原稿",其甲戌本回目"开生面梦演红楼梦,立新场情传幻境情",以及脂批中"反厌近之传奇中必用生旦副末开场"等④,用的完全是戏曲话语,这是否表明,《红楼梦》最初的创作,就是以继承祖业的传奇作为尝试起点的呢? 也许在感受到戏曲体制的容量局限后,曹雪芹才最终确定了有无限创造性可能的长篇说部,从文体观念到思想艺术的各方面,实行了勇敢的突破,同时把他继承的戏剧艺术遗产,有机地融入长篇巨制的创作中。

---

① [清]敦诚《四松堂集》卷五《鹪鹩庵笔麈》,转引自一粟编《古典文学研究资料汇编·〈红楼梦〉卷》。
② 徐恭时《槐园闻雁西园曲》,载《红楼梦研究集刊》第八辑;《红雪缤纷录》,第 90—91 页。
③ 陈庆浩编著《新编石头记脂砚斋评语辑校》,第 419 页。
④ 陈庆浩编著《新编石头记脂砚斋评语辑校》,第 109、125 页。

## 二 戏曲元素的融合

这种融合和创新主要表现在两个方面：一是戏曲元素的融合，二是艺人形象的创造。

戏剧元素的融合。据统计，《红楼梦》文本中涉及的戏曲剧目共约 37 种，包括杂剧剧目 3 种、昆曲传奇剧目 23 种、弋阳腔剧目 6 种、待考剧目 5 种。[①]它们不但成为作品描写的贾府贵族豪奢生活和盛衰历史的有机组成部分，反映着那个时代戏曲流行，特别是家班盛衰、昆弋交替的历史面貌，具有很高的认识甚至史料价值，而且被作者赋予独特的艺术功能。在写实功能方面，作为塑造人物、推动情节发展的重要手段，"庆生辰宁府排家宴"（第 11 回）、"听曲文宝玉悟禅机"（第 22 回）、"史太君两宴大观园"（第 40 回）、"史太君破陈腐俗套"（第 54 回）等都是著名例子。《西厢记》《牡丹亭》在宝黛的青春觉醒和爱情发展中发挥着的信息发酵、传递、交流以及代言功能，更成为小说中最具有创造性和艺术魅力的经典篇章。在表意功能方面，曹雪芹还独具匠心地把戏曲作为预示情节发展和人物命运的手段，如第 17 至 18 回元春省亲所点的剧目《豪宴》《乞巧》《仙缘》《离魂》对元妃命运的预示，"乃通部书之大过节、大关键"[②]，第 29 回贾府清虚观打醮，神前所拈剧目《白蛇记》《满床笏》《南柯记》是对贾府盛衰的预示。曹雪芹还把戏剧表演艺术手段和戏剧冲突构思手法运用到小说人物和情节描写之中。第 3 回王熙凤出场和贾宝玉出场的精彩场面，使脂砚斋联想起"绣幡开遥见英雄俺"[③]的舞台人物"亮相"。邓云乡指出，贾宝玉、北静王的服饰是富有夸饰意味的戏装。[④] 他精心构思和安排小说中的戏剧性矛盾冲突。矛盾冲突本是戏剧作品的本质属性，元杂剧一本四折就体现着矛盾发生、发展、高潮到结局的历程。《红楼梦》的几大情节波澜，如贾宝玉挨打、抄检大观园，以至后四十回的黛玉之死，都是戏剧冲突小说化的典范。[⑤]

---

① 参见徐扶明《〈红楼梦〉与戏曲比较研究》，第 45—78 页。

② 陈庆浩编著《新编石头记脂砚斋评语辑校》，第 330—331 页。

③ 陈庆浩编著《新编石头记脂砚斋评语辑校》，第 64—65 页。

④ 邓云乡《红楼风俗谭》，中华书局 1987 年版，第 139—145 页。

⑤ 参见刘上生《中国古代小说艺术史》，湖南师范大学出版社 1993 年版，第 475—478 页。

曹雪芹不但在小说中融入许多戏曲作品，还亲自进行拟戏曲创作，使戏曲元素成为小说重要组成部分，这就是《红楼梦曲》。

曹寅自评"吾曲第一"，如果把《红楼梦》中的诗、词、曲、赋等文学体裁的创作成就排序，那人们不能不承认，也是曲第一。其原因，主要就在于《红楼梦曲》的创作和表演的精妙绝伦，而且在全书中具有纲领功能。作者借警幻仙姑之口说：

> 此曲不比尘世中所填传奇之曲，必有生旦净丑之则，又有南北九宫之限，此或咏叹一人，或感怀一事，偶成一曲，即可谱入管弦。若非个中人，不知其中之妙。

脂批把《红楼梦曲》与"近之传奇"比较，把贾宝玉按照警幻仙姑吩咐"先阅其稿，后听其歌"比拟为"翻剧本看戏"，可见《红楼梦曲》的确具有拟戏剧性质，由十二位舞女表演，或合唱，或独唱，或用第一人称自叙，或用第三人称他叙。用《引子》、十二支正曲（过曲）加《尾声》共十四支曲子，完整地叙述了全书基本情节和主要人物故事。在音乐形式上，徐扶明将其体制称为"传奇曲牌体"，具有套曲的基本结构（包含"引子""过曲""尾声"三部分），但不用传统曲牌，不受旧谱局限，而是自度曲，可以自由发挥，南北合套，但仍具有和谐韵律美。[1]

《红楼梦曲》不是孤立的存在，它是第 5 回《游幻境情迷十二钗，饮仙醪曲演红楼梦》（此据庚辰本，甲戌本则为"开生面梦演红楼梦，立新场情传幻境情"）的一部分和核心内容。它以主人翁贾宝玉梦游为线索，与前面的判词一起，概括了全书所写家族悲剧以及与贾宝玉爱情、人生悲剧密切相关的《金陵十二钗》各册女儿悲剧的内容，它的高度概括性和作者赋予的神秘预示性，使之成为全书叙事总纲。[2] 就其具体曲作而言，它又是抒情性、叙事性，甚至哲理性和音乐性的完美统一。如《枉凝眉》：

> 一个是阆苑仙葩，一个是美玉无瑕。若说没奇缘，今生偏又遇着他；若说有奇缘，如何心事终虚化。一个枉自嗟呀，一个空劳牵挂。想

---

[1]　徐扶明《〈红楼梦〉与古代戏曲比较》，第 140 页。
[2]　从整体布局看，前五回是叙事总起，而第 5 回具有预示性纲领作用。参见刘上生《中国古代小说艺术史》第八章。

眼中有多少泪珠儿，怎禁得秋流到冬尽，春流到夏？

　　这是林黛玉口吻的独唱，与前一曲《终身误》的贾宝玉独唱相对映。对从"木石情缘"的神话到黛玉"泪尽天亡"的结局做了完整概括，甚至暗示了黛玉死的季节是春夏之交，与《葬花吟》"一朝春尽红颜老，花落人亡两不知"的"似谶似真"的预示相应。但同时，它也概括了古今中外所有爱情悲剧"爱而不得其爱""有缘无份""有命无运"的遭遇和情感心理特点。所以，它才能成为最动人的爱情歌曲，引起无数共鸣。

　　再看《收尾·飞鸟各投林》：

　　　　为官的，家业凋零；富贵的，金银散尽；有恩的，死里逃生；无情的，分明报应。欠命的，命已还；欠泪的，泪已尽。冤冤相报实非轻，分离聚合皆前定。欲知命短问前生，老来富贵也真侥幸。看破的，遁入空门；痴迷的，枉送了性命。好一似食尽鸟投林，落了片白茫茫大地真干净。

　　此曲应该是全体合唱，其中可能安排分开的独唱或对唱。

　　按照脂批的说法，这支曲是总叙全书结局的。如"为官的"二句，"先总宁荣"，即贾府结局。"有恩的"至"枉送了性命"，是"将通部女子一总"。[①] 但阅读者会感觉到，其所叙，实际远远超出了小说内容，而是包含了对历史和人世各种具有因果联系的事件变化的概括。不仅如此，它还具有丰厚复杂的哲理内涵，有佛家的转世观、色空观，有本土带有迷信色彩的因果观、宿命论，还有具有朴素辩证法内涵的易学变易观。听着这样的演唱，会有难以品味穷尽的感受和启示。

　　如此内容、形式，思想、艺术，表演、观赏高度和谐统一的《红楼梦曲》，怎能不成为千古绝唱呢？这是曹雪芹融戏曲艺术于小说艺术的绝世创造。

## 三　戏曲艺人的形象和塑造

　　曹寅热爱戏曲艺术，甚至不顾世俗偏见，"有时自傅粉，拍袒舞纵横"，也能尊重曲师，将他们视为朋友，但他终究是高高在上的仕宦中人，从早期"伤心粉澡杂俳优"时流露的对"俳优"的贱视心态，到后期蓄养家班童伶，对"歌

––––––––––––––––

① 陈庆浩编著《新编石头记脂砚斋评语辑校》，第128—129 页。

成粉絮飘筵上，梦醒银槎卧酒边"的声伎之乐的沉醉①，都表明他无法突破阶级和等级的局限。在这方面，由于地位身份和思想观念的变化，曹雪芹已经不是继承，而是超越。

曹雪芹颠倒了视优伶为"贱民"的价值观。"倡优所畜"（司马迁《报任安书》），自古为人所轻，清朝法令更严格限制"娼优隶卒"改变自身地位，"本身既经充当贱役，所生子孙，例应永远不准应考"。严禁旗人"因贫糊口，登台卖艺，有玷旗籍"②。曹雪芹却同情并敢于亲近他们，他了解他们的辛酸痛苦，特别是从小卖身学艺的女伶。虽然曹家已无家班，但还留有家班解散后无家可归而充任奴仆的女伶，如同《红楼梦》第58回所写，他也许还熟识李煦家班的女伶，家庭败落后，也许更有机会接触优伶这个贱民阶层，包括表兄平郡王府的家班演员，甚至有了与他们同呼吸共命运的感觉。这样，他才能够不再以贵贱富贫的世俗价值观，而以具有民主平等色彩的人格价值观看待他们。在小说中，借贾雨村之口（假语村言），以"正邪两赋之气"的深刻哲学语言，把"奇优名倡"与"情痴情种""逸人高士"并列，并且发出反奴人格宣言：

> 纵再偶生于薄祚寒门，断不能为走卒健仆，甘遭庸人驱制驾驭，必为奇优名倡。

贵族公子贾宝玉因为"流荡优伶，表赠私物"而挨打，但他挨打后的态度却是：

> 就便为这些人死了，也是情愿的。（第34回）

《红楼梦》描写了两类戏曲艺人。一类是贵族公子贾宝玉的朋友，包括优伶蒋玉菡、爱串戏的世家子弟柳湘莲，对于这些"贱民"和市井人物，贾宝玉的态度是爱慕和敬重。宝菡之交，从第28回起，贯穿全书。这是一位地位低贱却有自己的风骨和追求的艺人。这位名满天下的"琪官"深受北静王和忠顺王爷的宠爱，却不媚权势，不贪富贵，不卖色相，追求真情和自由，成为具有叛逆性格的贵族公子贾宝玉的至交。作者以"玉菡"为其名。"玉菡"即

---

① 参见《楝亭诗别集》卷四《雪后和晚研澄江载酒人至兼忆真州昔年声伎之乐》、《楝亭诗钞》卷六《过海屋李昼公给事出家伶小酌留题》等。
② 参见徐扶明《〈红楼梦〉与戏曲比较研究》，第33页。

洁白如玉、"出淤泥而不染"的莲花菡萏。对于被视为"贱民"的优伶,这是多么崇高圣洁的象喻！玉菡之名,与宝玉、黛玉、妙玉并列,成为《红楼梦》中以"玉"喻品格高洁的人物群像"四玉"之一,以宝玉为中心,其他三"玉"均与宝玉存在超越世俗的肉体的灵魂相契的情感关系,这是作者富有匠心的设计。《红楼梦》"大旨谈情","情""淫"相通,但曹雪芹严格划分"意淫"即真情与"皮肤滥淫"即色欲的界限。宝菡之交,宝柳之交,都是同性的"俊友",作者通过柳湘莲教训薛蟠"龙阳之兴"的事件展示这一界限(第 47 回),这与蒋玉菡对王爷包养的态度相呼应,都是对"贱民"艺人美质的着意揄扬。

在情节处理上,宝菡之交着墨不多,但却安排在重要节点。宝玉因此挨打,玉菡受累。贾宝玉出家后,蒋玉菡与袭人结婚,当年与宝玉交换的汗巾正是结缘伏笔。"优伶有福",可以看作一种美和善的回报。脂批云:"琪官虽系艺人,后回与袭人供奉玉兄宝卿得同终始者。"[1]表明在作者初稿中,直到贾府衰败,宝菡二人保持着同终始的可贵情谊。

《红楼》女伶是曹雪芹笔下极具光彩的艺术群体。曹雪芹以博大的人道情怀着力描写了贾府的十二女伶和贾宝玉对她们的关怀爱护,沦落于社会下层的包衣奴仆身份使他更接近这个贱民阶层。他不但深刻理解和同情她们的不幸,更能发现和发掘其美好人格的闪光点,特别在她们身上寄托自己的反奴人格追求。在曹雪芹的笔下,龄官是一个"眉蹙春山,眼颦秋水,袅袅婷婷,大有林黛玉之态"的女子(第 30 回),其性格也属黛玉系列。龄官"画蔷"痴情感人,而更美的是她不媚权豪的傲骨和自主个性。元妃省亲时赏赐了龄官,命她加演二出,龄官"自为此二出原非本角之戏,执意不作,定要作《相约》《相骂》二出"。有一长段脂批:

> 余历梨园子弟广矣,各各皆然。亦曾与惯养梨园诸世家兄弟谈议及此。众皆知其事,而皆不能言。今阅《石头记》至"原非本角"之语,便见其特能压众、乔酸娇妒,淋漓满纸矣。复至"情悟梨香院"一节,更将和盘托出。与余三十年前目睹身亲之人,现形于纸上。然非领略过乃事,迷陷过乃情,即观此茫然嚼蜡,亦不知其神妙也。[2]

---

[1]　陈庆浩《新编石头记脂砚斋评语辑校》,第 521 页。
[2]　陈庆浩《新编石头记脂砚斋评语辑校》,第 332—333 页。

这里联系到第 36 回宝玉到梨香院"陪笑脸"央龄官唱《游园》,龄官不肯:"嗓子哑了。前儿娘娘传进我们去,我还没有唱呢。"从脂批的口吻看,他似乎属于熟悉"惯养梨园世家子弟"之列,大概是与李鼎同辈的"过来人"(如曹頫),他对龄官的感受是负面的。但实际上,作者刻画得"淋漓满纸"的是他所欣赏的这个小女孩的人格和个性,与"龄官画蔷"所呈现的林黛玉式的风神和动人痴情完全一致,这正反映了曹雪芹对女伶的认知和态度与传统及世俗的对立。他是把龄官作为某种理想人格化身来写的。当心上人贾蔷买来鸽笼拿到梨香院想逗她开心时,没有料到龄官反应如此激烈而悲愤:

> 你们家把好好的人弄了来,关在这牢坑里学这个劳什子还不算,你这会子又弄个雀儿来——那雀儿虽不如人,他也有个老雀儿在窝里。你拿了他来弄这个劳什子也忍得!

很显然,曹雪芹在这里不止是刻画龄官,也在借以倾吐自己乃至包衣曹家为奴的痛苦心声和反奴的人格意志。

曹雪芹还用动人的笔触描写了藕官与菂官"假凤虚凰"的同性爱情在贾宝玉心灵引起的强烈震撼和内省自否:

> 不觉又是欢喜,又是惊叹,又称奇道绝,道:"天既生这样人,又何用我这须眉浊物玷辱世界!"(第 58 回)

所谓"这样人",就是被贾宝玉视为"无上珍宝"的"水做的骨肉"的"清净女儿"。她们是社会的"贱民",王夫人说她们"装丑弄鬼",是"狐狸精",赵姨娘骂她们"不过娼妇粉头之流",连同样来自苏州的林黛玉,都为把她"比戏子"而大动肝火,只有曹雪芹通过贾宝玉的独特方式实现了价值颠倒。在小说中,她们是封闭的大观园里真正的春的使者。这些贫寒之家的孩子,呼吸了晚明以来商品经济、市民文化的新鲜空气,特别接受着优秀爱情戏曲及其表演实践的滋养,成为了人性觉醒和个性觉醒的先行者。在一定意义上,也是贵族子女宝、黛人性觉醒和个性觉醒的引路人。是《西厢记》催开了宝、黛内心潜藏待萌的爱情之花(第 23 回);梨香院传出的《牡丹亭》艳曲唤醒了林黛玉的青春芳心(第 23 回);龄、蔷之恋让贾宝玉懂得了"人生情缘,各有分定",坚定了在"木石"与"金玉"间的选择态度(第 36 回);现在,又是"假凤泣虚凰"让贾宝玉"真情揆痴理",完成了情观的建立。所以,贾宝玉为之倾倒:

"天既生这样人,又何用我这须眉浊物玷辱世界。"这已不是幼稚单纯的女性美崇拜,而是带着成长轨迹的贵族自我批判的对时代先声的向往了。

曹雪芹关注女伶的命运,在贾府家班解散,留下的女伶成为丫鬟后,他描写了她们在大观园复杂环境里受到的歧视和欺压,特别描写了贾宝玉对她们的同情和爱护:

> 自古说,物不平则鸣。他少亲失眷的,在这里没人照看了,反倒赚了他的钱,又作践他,这如何怪的他?(第 58 回)

他描写了分散至贾府各处的女伶们的抱团取暖,对所遭遇的不平进行的个人和集体反抗(第 58 至 61 回),一直到抄检大观园后无路可走,以死抗争,坚决出家(第 78 回)。她们无法改变自己的命运,贾宝玉最终也无法保护她们,就是作为某种理想人格化身的龄官及其爱情追求也毫无结果,曹雪芹不能不面对现实。相较于尚有一定生存能力的男性艺人琪官,女伶特别是童伶的命运更为悲苦。除了一洒同情之泪,把她们纳入"千红一哭,万艳同悲"的"薄命司",还能再做什么呢?

但这已经是空谷足音。中国小说史上,曹雪芹是第一个以人道情怀和平等态度关注和描写戏曲艺人特别是女伶童伶的人。他不但超越了祖父曹寅,也超越了同时代所有人。

## 附:《楝亭书目》中的曲类藏书与曹寅的曲观

### 一

《楝亭书目》共收三千二百八十七种[①],曲类书目共二十二种,计有:

　　《乐府雅词》抄本,四册五卷(宋曾慥序)

　　《张小山叶儿乐府》抄本,一册一卷(元张可久著)

　　《太平乐府》抄本,四册八卷(元杨朝英集)

　　《陶情乐府》,一册四卷(明杨慎著)

---

① 　《楝亭丛书》据民国《辽海丛书》本。

《碧山乐府》，一册一卷（明王九思著）

《雍熙乐府》，二十册二十卷（明郭勋辑）

《九宫谱》，八册二十六卷（明沈璟辑）

《白云斋吴骚合编》，四册四卷（明楚叔文序辑）

《元人百种》，四函五十册（明臧晋叔辑）

《词林摘艳》内府本，二函十册（明无名氏序辑）

《彩笔情词》，二册六卷（明张栩序选）

《西游记》抄本，一函二册六卷（元吴昌龄著）

《西厢记》，一册二卷（元王实父编）

《古本西厢记》，六册六卷（明徐渭解，王骥德序注）

《四词宗合刻》，八册（明汪廷讷序辑，金白屿、冯海粟、王西楼、梁少白著）

《古今名剧》，二册四卷（明孟称舜著，陈洪绶评点）

《玉茗堂四种传奇》，二函八册（明汤显祖序著）

《北红拂》，三册（明凌濛初序著，附《颠倒姻缘》）

《北雅》，二册三卷（明涵虚子编）

《北曲谱》，一册

《清明曲》，一册一卷（明陈继儒著）

附：《录鬼簿》抄本，一册二卷（元钟嗣成著，所录皆元名人能词而已故者）

以上二十二种书目，有曲谱四种、散曲作品集十种、戏曲作品及作品集七种，收集戏曲作品共一百六十五部，包括杂剧一百六十一部，计《元人百种》一百种、《古今名剧》五十六种（内含孟称舜自撰四种），及《西厢记》（二种）、《西游记》、《北红拂》（附《颠倒姻缘》）、玉茗堂传奇四部。另有戏曲作家生平集一种。此外，还有周德清的《中原音韵》，本是曲韵书，《四库总目》列入"词曲类"，曹寅把它列入"韵书"一类，这也是一个创举。

这份书目名单肯定还不完整。① 例如，曹寅在苏州织造任时，家班排演尤侗的《李白登科记》，和因调动未及演出的《读离骚》《吊琵琶》等剧，都有剧

---

① 《栋亭书目》尚有遗佚。参见张一民《栋亭书目拾遗》，载《满族研究》2002 年第 1 期。但张文补遗二十三种均为诗文类，不及戏曲。

本。曹寅在《北红拂记》"柳山自识"中提到的明张凤翼的传奇《红拂记》、冯梦龙的《女丈夫》传奇，曹寅《续琵琶》开场提到的"琵琶不是这琵琶"所涉《琵琶记》、《太平乐事》"柳山居士书"中提到的明陈铎的《太平乐事》，以及他与洪昇共同欣赏《长生殿》时两人"各执一本"等等，情理上曹寅不止看过，而且必有收藏，还有曹寅自己的创作《北红拂记》《续琵琶》《太平乐事》等也必有抄本，《太平乐事》且已刻印，必有收藏。它们为何没有进入《楝亭书目》，难以遽断。

由此，可以得出结论，曹寅对于阅读和收藏剧目有浓厚兴趣，其数量至少有一百七八十种。就体制而言，杂剧多于传奇；就南北曲而言，似乎更偏重北曲。

## 二

曹寅的这份曲类书目，有何意义？需要从不同角度解读。首先把代表官方正统词曲观的《四库全书总目》当作一个参照系。

《四库全书总目》卷一百九十九"集部"五十二"词曲类"二"南北曲"著录了三种：《顾曲杂言》一卷，明沈德符著；《钦定曲谱》十四卷，康熙五十四年奉敕撰；《中原音韵》二卷，元周德清撰。卷二百"集部"五十三"词曲类"存目收"南北曲"八种：《张小山小令》二卷，元张可久撰；《碧山乐府》五卷，明王九思撰；《朝野新声太平乐府》八卷，元杨朝英撰；《词品》一卷，元涵虚子撰；《雍熙乐府》十三卷，旧本题海西广氏编；《度曲须知》二卷《弦索辨讹》三卷，明沈宠绥撰；《琼林雅韵》，明宁王朱权编；《南曲入声客问》一卷，清毛先舒撰。共十一种。其中著作仅三种，都是音韵曲谱。另外八种只有存目，其中四种散曲与《楝亭书目》同，但曹寅有藏书，《四库全书》只有存目。不是找不到书，而是认为不够资格。

为什么《四库总目》会采取如此态度？这是由其词曲观决定的。

《总目》卷一百九十八"集部"五十一"词曲类"序曰：

> 词、曲二体在文章技艺之间。厥品颇卑，作者弗贵，特才华之士以绮语相高耳。然三百篇变而古诗，古诗变而近体，近体变而词，词变而曲，层累而降，莫知其然，究厥渊源，实亦乐府之余音、风人之末派。其于文苑，同属附庸，亦未可全斥为俳优也。今酌取往例，附之篇终。词、

曲两家又略分甲乙。词为五类，曰别集，曰总集，曰词话，曰词谱词韵。曲则惟录品题论断之词，及《中原音韵》，而曲文则不录焉。王圻《续文献通考》以《西厢记》《琵琶记》俱入经籍类中，全失论撰之体裁，不可训也。

词曲都属于"厥品颇卑"的"末派""附庸"，而曲又更卑于词，故"曲文则不录"。至于戏曲作品，与通俗小说一样，完全在排除之列。

这是典型的保守封闭的雅文化文学观，视以文言写作的文学文化为上层社会之专利，而与大众无缘，写作雅文学也就成为士大夫文人的身份标志。但欣赏戏曲又往往是上层社会娱乐享受的需要，在这一点上，他们与普通民众实际处于同一人性线上，这就使得雅文学观的虚伪脆弱暴露无遗。曹寅敢于自诩"吾曲第一，词次之，诗又次之"，颠倒了诗、词、曲的传统次序，与他在《书目》中大量收集后来为官方目录不取的曲文以至戏曲作品，共同表明他对保守的雅文学观的突破和叛逆。

## 三

但是，曹寅并不是先行者。明代盛行私家藏书，随着通俗小说戏剧的流行和印刷传播的发展，一些敏感而思想开放的的士大夫文人已经注意到新兴文体的出现，并且开始收藏，从藩王（如朱权、朱有燉）、著名文士（如李开先、高濂、王世贞等）到著录书目的职业收藏家，许多人高度重视通俗文学文献特别是戏曲文献的保存与传播。[①] 李贽《童心说》就把《西厢记》《水浒传》等称为"古今至文"。据刘勇强的研究，著名私家书目著录通俗小说戏曲的就有高儒（明嘉靖武官）《百川书志》、周弘祖（明嘉靖进士）《古今书刻》、晁瑮（1507—1560，明嘉靖进士）《宝文堂书目》、徐𤊹（明万历间人）《红雨楼书目》、祁理孙（明末人）《奕庆藏书楼书目》（《鸣野山房书目》）、赵用贤（1535—1596）《赵定宇书目》、钱曾（1629—1701）《述古堂书目》《也是园书目》等。[②]其中《宝文堂书目》《赵定宇书目》见于《楝亭书目》所载"书目"类。

《楝亭书目》采用的是当时流行的非四部的一级分类法，但将"书目"一

---

① 参见曹凤群《私家藏书楼的戏曲文献保存与传播》，载《兰台纵横》2006 年第 5 期。

② 刘勇强《明清私家书目著录的通俗小说戏曲》，载《中国典籍与文化》1995 年第 1 期。

类置于全书之首，是一特色。① 所录书目计二十种，除《宝文堂》《赵定宇》外，绝大多数还是只收传统雅文化即文言著述（包括道藏、医藏）。可见曹寅能够走收集戏曲文献的新路，还是难能可贵的。《宝文堂》著录传奇达百种，杂剧百余种。赵万里《跋晁氏宝文堂书目》称赞：“其中小杂、乐府二门，所收之明话本小说、杂剧、传奇至多，为明代书目所仅见。”不过，它的收藏数量还是不及后出的《也是园书目》（录古今杂剧三百四十二种）和《奕庆藏书楼书目》（录传奇全本五百五十六种、名剧汇七十二种、古今名剧选五十六种），而且《宝文堂》分类也还比较芜杂。这种情况，到钱曾康熙二十五年编《也是园书目》有了明显进步，该《书目》在经、史、子、集、三藏、道藏等之外，专列“戏曲小说”类，包括古今杂剧、曲谱、曲诗、说唱、传奇、宋人词话、通俗小说等小目。② 但《楝亭书目》并没有著录此书目，倒是钱曾叔祖钱谦益的《绛云楼书目》在列。其原因，可能不是没有看到（《楝亭书目》成书应在康熙五十一年曹寅去世前），而恐怕是曹寅不能接受《也是园》“戏曲小说”的分类和把“通俗小说”纳入书目的做法。《楝亭书目》能把词曲分开并列，收集曲文和戏曲作品，是曹寅对前代重视戏曲进步思潮的继承，但他就此止步了，他无法迈过“通俗小说”这一关，这又是其文学观念保守一面的表现。

## 四

曹寅在戏曲文献方面最大的贡献，是对《录鬼簿》的著录和刊刻。《楝亭书目》以《录鬼簿》附于“曲目”，云：“抄本，元古汴钟嗣成序著二卷，所录皆元名人能词而已故者，一册。”曹寅很重视抄本的价值。据考证，曹寅所得《录鬼簿》抄本的底本可能是钟嗣成于元至正元年（1330）成书并作序后的修订本。③ 也许是因为意识到此书的价值，曹寅在刊刻《楝亭十二种》时，又将此书列入。由于刊刻精良，有“康版”之美誉，“曹楝亭刻本”遂成为清代的通行本。后来虽然有《说集》本、孟称舜本（残本）、天一阁蓝格钞本（贾仲明增补

---

① 窦秀艳《曹寅的藏书与楝亭书目》，载《山东图书馆学刊》2002 年第 2 期。
② 罗志《钱曾藏书目研究的新角度——以〈也是园书目〉为重点》，载《图书馆学刊》2011 年第 10 期。
③ 葛云波《〈录鬼簿〉修订过程、时间及版本新考》认为，曹本应为钟嗣成逝世前于1345—1346 年的修订本。文载《南京师大学报》（社会科学版）2006 年第 4 期。

本）与曹本之争，各本也自有其史料价值，但"从诸版本修订的情况看，总体上（包括内容的丰富性、精确性、系统性）可以说后出转精，以曹本为代表的繁本相对整饬些，正是钟嗣成累次修订的结果。故在使用《录鬼簿》的一些材料时，一般依据曹本为最善"①。王国维校注本、《中国古典戏曲论著集成》本及上海古籍出版社本《录鬼簿》等均以曹本为依据。从内容价值说，《录鬼簿》不仅保存了元代戏曲的珍贵史料，而且是历史上第一部为被人轻贱的戏曲家立传的书。钟氏以"鬼"名书，称呼包括很有地位的"前辈名公有乐章传于世者"，是蕴含透彻的生死观和强烈的愤世意的，很有些离经叛道的意味：

> 余尝见未死之鬼吊已死之鬼，未之思也，特一间耳。独不知天地开辟，亘古迄今，自有不死之鬼在。何则？圣贤之君臣、忠孝之士子，小善大功，著在方册者，日月炳煌，山川流峙，及乎千万劫无穷已，是则虽鬼而不鬼者矣。余因暇日，缅怀古人，门第卑微，职位不振，高才博艺，俱有可录。岁月弥久，湮没无闻，遂传其本末，吊以乐章。复以前乎此者，叙其姓名，述其所作，冀乎初学之士，刻意词章，使冰寒乎水，青胜于蓝，则有幸矣。名之曰"录鬼簿"。嗟乎，余亦鬼也。使已死未死之鬼，作不死之鬼，得以传远，余有何幸焉！若夫高尚之士、性理之学，以为得罪于圣门者。吾党且啖蛤蜊，别与知味者道。

朱凯《录鬼簿序》称钟嗣成"累试于有司，命不克遇。从吏则有司不能辟，亦不屑就。故其胸中耿耿者，借此为喻，实为己而发之"。可见其愤激是有来由的。

《楝亭十二种》所收皆曹寅自藏的"世不经睹"的孤本善本，就其内容性质而言，《新编录鬼簿》堪称另类，曹寅如此看重此书，除了对戏曲的偏好以外，是否钟氏遭遇和叛逆愤激，引起了曹寅内心被压抑的"郁勃不平之气"的某种共鸣呢？

## 五

《楝亭书目》与《红楼梦》有无关系？无独有偶。小说第42回薛宝钗所述小时候读到的书：

---

① 葛云波《〈录鬼簿〉修订过程、时间及版本新考》。

> 我们家也算是读书人家,祖父手里也爱藏书。先时人口多,姊妹弟兄都在一处,都怕看正经书。弟兄们也有爱诗的,也有爱词的,诸如这些《西厢》《琵琶》,以及《元人百种》,无所不有。……

《西厢》《琵琶》《元人百种》,这不就是《楝亭书目》"曲类"中曹雪芹祖父曹寅所收藏的几种戏曲作品集吗?可见这正是曹雪芹儿时所读,在此借薛宝钗的"假语村言"写出了"真事"。而第23回所写茗烟从外面"到书坊内,把那古今小说并那飞燕、合德、武则天、杨贵妃的外传与那传奇角本,买了许多来,引宝玉看。宝玉何曾见过这些书,一看见了便如得了珍宝",除了因为情节需要,将宝黛读《西厢》安排在茗烟买书之后以外,其他"古今小说"等等,的确都是《楝亭书目》中所无,是曹寅所不收藏的通俗小说作品。一个皇商之家的读书环境,由稍有自由回归传统;一个贵族之家的读书环境,则是严密封闭的。曹雪芹通过这种分解,把《楝亭书目》保守和开明的两个方面真实而完整地表现出来,也真实地展示出礼教和传统压抑下人性和个性觉醒的必然历史进程。《楝亭书目》在《红楼梦》创作过程中所起的背景和原型作用不是很清楚吗?

# 第八章　曹寅和曹雪芹

## 第一节　祖孙之间

关于曹寅与曹雪芹的关系,有三种说法。

一、敦诚《寄怀曹雪芹霑》诗句"扬州旧梦久已觉"下自注:

> 雪芹曾随其先祖寅织造之任。

二、袁枚《随园诗话》卷二记载:

> 康熙间,曹楝亭为江宁织造。……其子雪芹撰《红楼梦》一部,备记风月繁华之盛。

三、西清《桦叶述闻》载:

> 《红楼梦》出,家置一编,皆曰此曹雪芹书。……其曾祖寅,字子清,号楝亭。康熙间名士,累官通政。为织造时,雪芹随任,故繁华声色,阅历者深。①

三种说法不同(父子、祖孙、曾祖孙),但都一致肯定曹雪芹的著作权,可见,现在还要在《红楼梦》的著作权问题上纠缠不休,实在是无事生非。至于曹寅与曹雪芹的关系,应当以曹雪芹同时代人、他的友人敦诚所记为实,可确定为祖孙。而袁枚、西清等后人所记是得自传闻,有失准确。但敦诚云"雪芹曾随其先祖织造之任",似乎雪芹出生在曹寅在世之时,这就牵涉到曹雪芹的出生时间。对此,吴新雷先生据张云章《朴村诗集》卷十《闻曹荔轩银

---

① 　参见一粟编《古典文学研究资料汇编·〈红楼梦〉卷》,第 1、12、13、14 页。

台得孙却寄兼送入都》句"天上惊传降石麟，先生谒帝戒兹辰"及首句自注：
"时令子在京师，以充间信至"断定该年（诗作于康熙五十年十一月）曹颙得
子，即雪芹。① 这种说法有助于圆满地解释敦诚诗注。但同一个敦诚所写作
《挽曹雪芹甲申》（据《四松堂集》抄本）首联"四十年华付杳冥，哀旌一片阿谁
铭"，明确写出雪芹逝世时年龄是四十多岁，甲申是乾隆二十九年（1764），颔
联"孤儿渺漠魂应逐（注：前数月伊子殇，感伤成疾），新妇飘零目岂瞑"，明确
显示雪芹刚去世不久。如雪芹生于康熙五十年（1711），则至乾隆二十七八
年去世已五十余岁，决不能称"四十年华"，这是敦诚作品自身的矛盾。解决
这一矛盾的办法，是非此即彼，二者取其一，选取一种更为可靠的说法。这
两种说法中，曹雪芹去世时的年龄显然为敦诚所亲知，而所谓雪芹随先祖
"之任"，则或非亲知。（敦氏兄弟比雪芹年幼。）按：《四松堂诗钞》抄本无自
注，则此条自注也许是后来据传闻补入，或在补入时误记，或此注原为"雪芹
父曾随先祖……之任"，抄者掉一"父"字（或任意删掉此字）。总之，据敦诚
《挽曹雪芹》诗"四十年华"及张宜泉《伤芹溪居士》序"年未五旬而卒"，断定
雪芹生于曹寅逝后，祖孙未曾谋面，这是不错的。

　　至于雪芹究竟是曹颙之子还是曹頫之子，即曹寅是雪芹的亲祖父还是嗣
祖父（因曹頫后为曹寅嗣子，继任织造，故认为曹頫之子，则寅为嗣祖父），及
出生年，学界一直有不同意见。或主雪芹为曹颙遗腹子，生于康熙五十四
年；或主雪芹为曹頫之子，生于康熙五十四年；或主为曹頫子，生于雍正二年。
莫衷一是。② 本人倾向于曹颙子，生于康熙五十四年说，认为曹寅是曹雪芹
的亲祖父。但不管是亲祖父抑或嗣祖父，曹雪芹对曹寅有着特殊的深厚感
情并受到曹寅的巨大影响是无可否认的。

　　曹雪芹对曹寅的感情，突出表现在《红楼梦》中对宁、荣二公特别是荣国
公的处理上。按小说第 2 回冷子兴所叙，荣国公是宝玉的曾祖父，但后面却

---

①　参见吴新雷《〈朴村集〉所反映的曹家事迹》，载吴新雷、黄进德《曹雪芹江南家世丛
　　考》，第 69—91 页。

②　遗腹子说，参见李玄伯《曹雪芹家世新考》，载《故宫周刊》第 84 期，1931 年 5 月 16
　　日；王利器《马氏遗腹子·曹天佑·曹霑》；徐恭时《曹雪芹传略》，载《红楼梦鉴赏辞
　　典》，上海文艺出版社 1988 年版。另外吴新雷、张书才提出父曹颜说，则雪芹也是遗
　　腹子，见张书才《曹雪芹生父新考》。周汝昌主张曹雪芹为雍正二年生，生父为曹頫，
　　见所著《红楼梦新证》等。

改变这种辈分的距离。第 29 回,贾母率全家去清虚观打醮,张道士接待。当宝玉来见时,他与贾母有一段对话:

> (张道士)又叹道:"我看见哥儿的这个形容身段、言谈举动,怎么就同当日国公爷一个稿子!"说着两眼流下泪来。贾母听说,也由不得满脸泪痕,说道:"正是呢,我养这些儿子孙子,也没一个像他爷爷的,就只这玉儿像他爷爷。"

张道士"是当时荣国公的替身",当然熟悉荣国公,这里所写,荣国公是贾母的丈夫、宝玉的爷爷,而且强调宝玉像他爷爷,这是有意暗示祖孙的嫡系血缘关系。贾宝玉当然不等于曹雪芹,但曹雪芹确把自己当作创造宝玉形象的原型(至少是原型之一),这样看来曹寅就是荣国公的原型了。第 54 回"史太君破陈腐旧套"一段,贾母回忆往事:

> 指湘云道:"我象他这么大的时节,他爷爷有一班小戏,偏有一个弹琴的凑了来,即如《西厢记》的《听琴》,《玉簪记》的《琴挑》,《续琵琶》的《胡笳十八拍》,竟成了真的了。"

"竟成了真的了",这话很要紧,点明叙事由假返真。即由小说中的贾府("他爷爷",贾代善,荣国公)直指现实中的曹家(曹寅),因为《续琵琶》正是曹寅创作的传奇,曹寅养家伶演戏,从任苏州织造时即已开始,见于记载,这是以曹寅为荣国公原型的又一例证。

最重要的是作者把宁、荣二公形象塑造成能预言家族命运的智者,更寄托了雪芹对祖父曹寅的崇敬。前文已论(参见第三章第五节),经历过曹玺逝后康熙信任危机和宦海风波的曹寅,逐渐成为了一位宠辱不惊的智者,晚年在备极繁华之盛时,常借"树倒猢狲散"之语,表达对家族和个人命运的隐忧,深受家人敬仰。在小说中,宁、荣二公阴魂作为冥界先知出现,他们既是家族的创业者和守护神,又是家族命运的先知。第 5 回警幻转述宁、荣二公阴灵之嘱托云:

> 吾家自国朝定鼎以来,功名奕世,富贵传流,虽历百年,奈运终数尽,不可挽回者。故遗之子孙虽多,竟无人可以继业。

这里既包含"运终数尽"的神秘循环论,又有"无人继业"的清醒理性观。在第 13 回,更有刚去世的秦氏阴灵托梦警告:

　　　　如今我们家赫赫扬扬,已将百载,一日倘或乐极悲生,若应了那句
　　"树倒猢狲散"的俗语,岂不虚称了一世的诗书旧族了!

　　在虚拟世界里,秦氏阴灵自然是受冥界的贾府祖先阴灵之托,但却传达
出现实世界作者先祖的预言。而且同一预言在书中(及脂批中)不同场合以
不同方式反复出现,的确表现了作者张扬和怀念先祖的苦心。

　　正是出于这种感情,小说在描写贾府末世时,常常会由贾(假)及甄
(真),由衰忆盛,不放过任何可以折射出曹寅时代"风月繁华之盛"的旧
迹的机会,露出假语掩盖的"真事"。如第3回借黛玉进府至荣禧堂见御
赐匾额及楹联影射曹家世职织造及康熙御赐"萱瑞堂"匾额之事;第4回
借"护官符"四大家族联络有亲,隐康熙安排和旨谕宁、苏、杭"三处织造,
视同一体"之事;第16回借赵嬷嬷回忆江南甄家接驾四次,隐康熙南巡
曹寅四次接驾之事;又在第17至18回中"借省亲写南巡,出脱心中多少
忆昔感今"(甲戌本第16回首总批);第39回贾母向众人介绍连薛姨妈都未
见过的极品窗纱"软烟罗"("霞影纱")时对往昔豪华的沉湎和炫耀;第53回
借写乌进孝进租时对贾珍说那府里(按,指荣府)八处庄地比爷这边多着几
倍,影曹家在江南"地八处"的真事;以及前引第54回贾母指湘云道"他爷爷"
一段话影曹寅养家伶写传奇的"真事"……入清以后,是曹寅创造了包衣曹
家的家业巅峰,难怪他会成为末世子孙心中的丰碑和偶像,他和他的时代受
到永远的怀念。[1]

　　但是,如果仅仅从血缘关系和家族事业去理解曹雪芹与曹寅的感情,那
未免失之皮毛;如果单纯从《红楼梦》的自叙传特征去看待曹寅在小说"假语
村言"中的"真事"投影,也未免拘于一隅。本人认为,从种属(人性)—民族
(社会)—家族(家庭)—个体的心理结构链研究包衣曹家的精神传承及其对
曹雪芹的影响是一条重要途径。[2] 本书在论述曹寅生平和思想时,都注意到
这一观点的运用。本章以下几节,不过是较为集中的讨论罢了。

---

① 参见刘上生《红楼梦的真甄假贾和曹雪芹的创作情结》(上),载《红楼梦学刊》1996年
　第三辑。
② 参见刘上生《走近曹雪芹——〈红楼梦〉心理新诠》第一章第一节。

## 第二节  爱石情结和意象承接

### (《楝亭集》和《红楼梦》研究之一)

从曹玺"石上犹传锦字诗"①开始,江宁织造包衣曹家的精神世界似乎就与石头结下了不解之缘。这当然与"石头城"是南京(金陵、江宁)的别名有关,但更重要的是与"石头"意象的精神文化内涵存在着某种契合而为其所钟爱。特别是从曹寅到曹雪芹,《诗钞》以石头意象始,以石头意象终,形成一个闭环;而《石头记》则以顽石下凡始,以石头回归作记终,形成又一个闭环。这两个闭环的跨年代跨文体的前后承接,实为文学史上的罕见奇观,学界尚未注意,笔者通过多年以来对《楝亭集》与《红楼梦》关系的探索也有些新的认识②,谨陈一得之见。

## 一  "一片石":自由心性之歌

在《楝亭集》里,从《诗钞》卷首诗《坐弘济石壁下及暮而去》,到卷八作于曹寅生命最后一年的《巫峡石歌》,石头意象是萦绕曹寅数十年的创作情结,挥之不去,思之弥深,体现着他的思想和艺术历程。

据《诗别集》顾昌、郭振基序,《诗钞》是曹寅生前经过"手自刊落","取前后诸作,录其惬心者为若干卷"而成,依年代顺序编排。被曹寅置于《诗钞》的卷首诗是《坐弘济石壁下及暮而去》,诗云:

> 我有千里游,爱此一片石。徘徊不能去,川原俄向夕。浮光自容与,天风鼓空碧。露坐闻遥钟,冥心寄飞翮。

据徐恭时、朱淡文考证,此诗应作于康熙十七年。这年,曹寅奉命南下公干,同时回南京省亲。③ 所以诗中有"千里游"之句。"一片石"即"弘济石壁",是南京名胜燕子矶石崖。"一片石"为中心意象,与浮光、天风、飞翮组

---

① [清]熊赐履《经义堂集》卷十八《挽曹督造》。

② 参见刘上生《走近曹雪芹——〈红楼梦〉心理新诠》第三章;《〈楝亭集〉与〈红楼梦〉》,载《红楼梦学刊》1998 年第三辑。

③ 参见朱淡文《红楼梦论源》,第 22—42 页;徐恭时《越地银涛何处寻》,载《曹学论丛》,群众出版社 1986 年版。

合,构成一幅开阔的自然图景,"冥心寄飞翻"显然是表达着对自由的强烈向往。然而,"遥钟"催促,"及暮而去"的现实击碎了他的梦想,作者的内心矛盾隐现于笔端。

如果说,这种矛盾的内涵在短制中难以表达,或作者有意掩饰,那么,被曹寅弟子收于《诗别集》卷二的另一首《暮游弘济寺石壁回宿观音阁中》长诗,就几乎可作注解。从抒情基调、意象创造和语词运用看,二诗应作于同时,唯情感更为鲜明沉重。诗见第五章第二节。

弘济寺、观音阁都在燕子矶。① 康熙十六年,曹寅已被康熙提升为銮仪卫治仪正,正五品。② 次年,寅21岁,正值青春年少又深荷恩宠之时,且得以在奉使南行之时回家省亲,心境应十分愉悦。但细读二诗,乃觉大不然。此诗首句"羁身婴世网",乃从陶渊明《归园田居》"误落尘网中,一去三十年。羁鸟恋旧林,池鱼思故渊"诗句化出。陶诗以"尘网"喻官场,以"羁鸟"等喻失去自由的痛苦和对自由的渴望。曹寅的情感,显然沉重得多。"世网"是一种从入世以来即被注定且无法摆脱的命运。对此,只有一种解释,就是曹寅意识到的世代相承的包衣奴仆身份。他对"一片石"的留连眷恋,他对石崖、浮光、天风、飞翻等自然美景、自由物象的徘徊沉醉,展示着生命的自由本性与生存的不自由状态的冲突。质言之,这两首游弘济石壁的诗,是一位被剥夺了人身和精神自由的奴隶追求自由心性的理想之歌、反抗奴役命运的不平之鸣。"天地至精之气,结而为石。负土而出,状为奇怪。"(杜绾《云梦石谱》)曹寅的爱石情怀,首先,就是这种自由心性的寄托。他之所以把表达"爱此一片石"的游弘济石壁诗置于卷首,且于同时同地同一事件同一主题连作二诗,就是因为,包含反奴意识的自由心性,是这位内务府包衣的最根本的人格理想,也是他从先辈身上继承并将传递给后世子孙的曹氏家族的最宝贵的精神遗产。笔者曾经论述他在诗歌中反复抒发的"行役之苦""羁囚之悲",都是这种包含着反奴人格的自由心性追求的反映,不过其表现形式和寄托方式不同罢了。③

---

① 参见石昕生《"弘济石壁"解》,载《红楼梦学刊》1990年三辑。
② [清]张伯行《祭曹荔轩织造文》:"比冠而书法精工,骑射娴习,擢仪尉,迁仪正。"参见周汝昌《红楼梦新证》,第510页。
③ 参见本书第五章第二节。

## 二 "不材之愤"和补天石意象

随着自由心性理想与现实矛盾的逐渐显化,曹寅的爱石情结,向着抒发"不材之愤"延伸。

在《楝亭集》中,最早把石头意象与"不材之愤"联系起来的,是康熙三十年,出任苏州织造的曹寅写给远在京城的弟弟曹宣的《闻芷园种柳》(《诗钞》卷二)其四:

> 故园何所有?白石与苍苔。寂寞终无用,婆娑岂不材?柔丝青可把,愁绪拨难开。惆怅横戈地,秋风拂马来。

从诗意看,似乎是感叹曹宣的遭际。曹宣自18岁在内府当差已历十余年。康熙二十九年捐监生时,尚为"三格佐领下南巡图监画",并无品级。次年已届而立。这年康熙北征噶尔丹,曹宣以侍卫随行,故诗中有"横戈地"之语。[1]"白石"本是避世隐居意象[2],以长满苍苔的白石和婆娑摇曳的柳树喻为世所弃的"无用""不材",连用"寂寞""愁绪""惆怅"写压抑之情,诗意是沉重的,却并无劝解勉励之语,这就表明这种压抑是诗人兄弟共同感受的。人们也许会对备受康熙宠信的曹寅何以会有如此强烈的愤懑不平感到奇怪,其实,如同游弘济石壁二诗表露的自由心性一样,只有理解包衣曹家和作为皇家奴仆的曹寅的实际社会地位,体会他们所受到的压迫歧视和经历的屈辱,我们才能体察到他深隐的精神奴役创伤。确实,出任织造表明康熙对曹家恢复了信任,曹寅也能摆脱内府官衙等级压迫的窒息环境,呼吸到较为轻松自由的空气;但另一方面,父亲曹玺二十余年专差久任的经历也告诉曹寅,作为内府官员,这就是他一生事业的终点。终老于斯,对于年方壮盛、富有才情抱负的曹寅并不是一件值得高兴庆幸的事情。这与清代包衣奴役制度与官僚制度密切相关。他的祖父曹振彦因为有幸考取了"贡士"功名,才得以进入外廷官僚集团,官至三品。而父亲曹玺和他自己虽然长期侍卫皇帝,却未能获得科举功名,传统的"学而优则仕"道路与他们无缘。按照规定

---

① 参见方晓伟《曹宣生平活动系年》。

② [唐]韦应物《寄全椒山中道士》,参见晋葛洪《神仙传》"白石先生"条。

"内府人员惟充本府差使,不许外任部院。惟科目出身者,始与缙绅伍"①。纵是文武兼能,有满腹经纶,也只能老死内府一职。除了依靠主奴关系这根纽带,依靠皇帝个人宠信成为高级奴才,再没有别的出路,这就是曹寅内心"不材之愤"的制度根源。② 有鉴于此,他才在离京赴任之前,特地为弟弟曹宣和在京子侄们捐纳了监生,以使他们未来有更大的发展前途。更何况皇帝心思和京城官府内斗都难以捉摸,即使自己的织造之任,也未必长久可靠。父亲曹玺死后包衣曹家遭受的"薏苡明珠"之谤让他心有余悸。③ 这就难怪曹寅来苏州后虽是愉悦放松,却仍然写下了《闻蛙》《题堂前竹》等自我警醒的作品,并在《闻芷园种柳》中借白石、柳树等意象抒发"不材之愤"。制度的压抑,与曹寅追求自由心性的个性相结合,就显得更加具有冲突的内在尖锐性。它成为一条隐线贯串于曹寅的人生后期,不管皇帝的个人宠信发展到何种地步,也无法改变制度强加的命运和诗人个性与环境的冲突。在诗歌中,就表现为杜岕所称道的"魁垒郁勃于胸中"的不平之气。④

康熙四十一年,曹寅在一首题赙酒石的诗中首次把顽石嘲为"无用"之材,并暗中与女娲补天典故联系起来。一块可以"兴云出雨腾蛟螭"的奇石却因"顽荒一剖绝无用"被弃置,成了"剥落苔藓含糟漓"的酒器。诗人却毫不鄙弃,甘愿"污尊抔饮学上古,脱略衣冠当钦崎",以显示放诞个性。这种出于崇尚魏晋风度而带有自我觉醒色彩的个性显然与僵化保守的官场规矩格格不入,也不符合包衣奴仆地位的要求,但曹寅颇自诩并且坚持。⑤ 他明确表示自己有爱石情结:"吾生有癖亦嗜此,大车捆载罗阶墀"(《诗钞》卷四《寄题顾书宣编修赙酒器》)。这首诗看似游戏之作,作者借助补天石无用被弃表达的不平之气却跃然纸上,其欹琦磊落的审美取向则与卷首《题弘济石壁》诗一脉相承;而"无用"之诮则与《闻芷园种柳》的"不材之愤"直接呼应,可见曹寅的内心积郁之深。

蕴含"不材之愤"的爱石情结及其审美取向在曹寅生命的最后阶段达到

① [清]昭梿《啸亭续录》卷四。

② 参见刘上生《走近曹雪芹——〈红楼梦〉心理新诠》第二章第四节。

③ 参见刘上生《曹寅生平研究的一个盲区》。

④ 《楝亭集》杜岕序。

⑤ 参见《诗别集》卷三《冬来为凤逋所累拉觺翁曝日堂前出扇得画图思世情不觉失笑遂题画端此紫雪庵主得力之偈也即以奉赠以为开岁笑柄》诗。

了顶点。其标志则是作于康熙五十一年的咏物长诗《巫峡石歌》（《诗钞》卷八，全诗 385 字）：

> 巫峡石，黝且斓，周老囊中携一片，状如猛士剖余肝。坐客传看怕殢手，扣之不言沃以酒。将毋流星精，神蜍食，雷斧凿空摧霹雳，娲皇采炼古所遗，廉角磨砻用不得。或疑白帝前，黄帝后，漓堆倒决玉垒倾，风煦日暴几千载，漩涡聚沫之所成。胡乃不生口窍纳灵气，峻嶒骨相摇光晶。嗟哉石，顽而矿，砺刃不发硎，系春不举踵。研光何堪日一番，抱山泣亦徒浑浑。请君勿侈山，但说峡中事。蟆嶅水可敌慧泉，江流几折成巴字。灢西村，鱼复浦，滟预堆前发棹郎，昭君村中负壶女。穷猿揢木昼长伏，月黑蛇游巨于股。谁云阳台乐，不信巫峡苦。得失毫厘间，父子不相顾。连绳缚缆篝攒蜂，铁船一触百杂碎，撒挽脱手随飘风。安得排八翼，叫九阍，敕丰隆，驱巨灵。铲削崄巇作平地，周行万里歌砥京。亦不愿估盈缙，榷增岁，惟愿耳不闻哀号之声，目不睹横亡夭折，百姓安乐千亿橪。如君言，亦复痴。伯禹虽大圣，其或犹难之。平陂往复据定理，患去惕出天所持。俗闻呼龙有小话，米脂鱼膏餍犬马。哀多益寡古则然，黔娄岂合长贫者。嗟哉石，宜勒箴。爱君金剪刀，镌作一寸深。石上骊珠只三颗，勿平崄巇平人心。

前一部分（至"徒浑浑"）的描写抒情淋漓尽致，从形到神，从对石头来历的想象到对其命运的感慨，很明显有一个从自然物到人格化的思维跳跃过程。"黝且斓"的石片被想象为"状如猛士剖余肝"的悲壮形象，所谓"披肝沥胆"的自剖，只有在"信而见疑，忠而被谤"（《史记·屈原列传》）的情况下才可能发生。作者正是沿着这一思路，创造性地运用了女娲补天和卞和献玉两个著名典故，继续想象石头被弃和价值不被认可的悲剧命运。以补天石被弃喻怀才不遇，已有前人名篇①，但进一步揭示被弃不用的原因是"廉角磨砻用不得"却是曹寅的独创。"廉角"即棱角，喻行为方正。许慎《说文解字》即以"锐廉而不忮，洁之方也"作为"玉"（玉石）的五美德之一。"磨砻"即砥

---

① 如苏轼《儋耳山》诗："君看道旁石，尽是补天余。"辛弃疾《归朝欢·题赵晋文敷文积翠岩》："补天又笑女娲忙，却将此石投闲处。"参见邹进先《红楼梦石头意象的来历及其寓意》，载《红楼梦学刊》2015 年第五辑。

砺之意。(《汉书·枚乘传》："磨砻底厉。")"廉角磨砻"本是很好的人格修养，为何"用不得"？这就不仅涉及性格（人格）与环境冲突，而且矛头指向用人者和用人制度了。他幻想石头能"生口窍，纳灵气"，显示其"峥嵘骨相摇光晶"的不凡，以改变自我命运。然而价值颠倒，无可奈何。"顽而矿"的调侃十分沉重，如同和氏献璧而被刖，在"宝玉而题之以石，贞士而名之以诳"（《韩非子·和氏》）的荒唐时代里，被弃命运是无法改变的，只能"抱山泣亦徒浑浑"了。在作者充满悲情的反讽中，人们可以感受到一种深刻的寄托。这块被描写为"状如猛士剖余肝"的骨相峥嵘的巫峡石，很容易使人联想起世上的英杰特出之士。所谓"廉角磨砻用不得"，"顽而矿"，正是一种不羁之才的独立个性落落寡合，为世所轻，也为平庸的统治者所弃的命运写照。联系曹寅内心长期压抑而在作品中不时流露的"不材之愤"，我们可以感到浓墨重彩描写和感叹的巫峡石形象中作者的自我投影。

不过，作者并没有把这种情感投射贯彻到底，在此之后，具有寓意的"一片"巫峡石就转换成了崄巇可怕、吞噬船只百姓的巫峡实体，诗人借以抒发"铲削崄巇作平地，周行万里歌砥京"的仁者胸怀。当感到改造自然理想无法实现时，诗人又转而面对人世现实，从与"地""山"有关的卦象，思考"平陂往复"和"裒多益寡"①的哲理，既借用杜甫居夔所写《黄鱼》等咏物诗意，暗讽世道人心之不仁②，又慰勉黔娄一类遭遇世道不公的"贫者"，结尾归到"石上骊珠只三颗，勿平崄巇平人心"的呼唤。从巫峡石到巫峡事和巫峡人，从一己到他人，从英才无用的郁勃情怀到关心民瘼、感叹世事，蕴涵极为丰厚。全诗主旨前后并不完全一致，把前面所写的包括人才遭遇、民生疾苦、贫富不均、贪婪不仁等种种社会不平笼统归于"人心"，成为宽厚睿智的仁者之叹和哲者之思，未免磨损了前一部分嵚锜磊落的批判锋芒。这正是曹寅晚年抗争与妥协双重心态的真实显现，但从"平人心"的呼唤中仍然可以看到作

① 《易·泰》："无平不陂，无往不复。"此卦象为乾下坤上。《易传·谦》："地中有山，谦。君子以裒多益寡，称物平施。"卦象为艮下坤上。
② 杜甫在夔州写了《黄鱼》《白小》等咏物诗。《黄鱼》诗云："日见巴东峡，黄鱼出浪新。脂膏兼饲犬，长大不容身。筒桶相沿久，风雷肯为伸。泥沙卷涎沫，回首怪龙鳞。"仇兆鳌注云："咏黄鱼，叹长大而罹患也。"又有《白小》诗，卢德水注云："黄鱼以长大不容，白小以细微尽取。不幸在夔，大小俱尽，以叹民俗之不仁也。"参见仇兆鳌《杜诗详注》卷十七《黄鱼》《白小》条，浙江大学出版社2016年影印清康熙刻本。

者憧憬的"平等"理想之光的闪耀,这也是包衣曹家的世代梦想。由于《巫峡石歌》是曹寅生命最后一年也是一生创作最长的咏物诗篇,情感寄托包含着特殊重要意义。

基本写于康熙五十一年的《诗钞》末卷①充分展示了曹寅晚年的内心深刻矛盾。一方面,他始终怀着奴才对主子的忠诚报效之心,就在这年年初因为参加皇帝赐宴,并且随驾鹿苑,陛辞南归时,他出自肺腑地写下了《楝亭集》中少有的颂圣诗,表达"拖玉廿年空皓首,衰残何以报吾君"的心声②;另一方面,无法抑制和解脱的"不材之愤"却仍然汹涌澎湃。就在《巫峡石歌》前后,作者写了集中少有的时政讽喻长诗《书院述事三十韵》,对"盲瞽践轵胠,暗残茹奇蛊。经义与治事,枘凿两龃龉"等丑恶现实予以揭露鞭挞,又借《小游仙十六首》以仙府隐写宫廷内府,"全家奕世列仙曹"的包衣曹家,却"磨钝几回修月斧,一枝仙杏不曾探",科名仕途被严重压抑。至于"剪纸为驴叶作舟,倒倾三峡说奇游。傍人不信呼颠子,囊底余粮尽石头",则更是与《巫峡石歌》的石头意象有意呼应,"不材之愤"喷薄而出。这时,离曹寅的生命终点已经不远了。

在《诗钞》石头意象的历时性闭环里,曹寅走过了一生的思想和创作道路。人们看到,到晚年的《巫峡石歌》,青年时代"爱此一片石"寄托的天人合一的浪漫的自由心性理想渐趋磨灭,被弃的"补天石"凸显的是带有几分兀傲不平而又沉重慨叹的"不材之愤"和平等理想。内心充满矛盾,但思想不断深化。而表现其反奴人格追求、具有放诞个性色彩的欹锜磊落的审美取向则一以贯之。

## 三  两个承接点

作为孙辈,曹雪芹对石头的钟爱丝毫不逊色于自称"吾生有癖亦嗜此"的祖父,甚且过之。曹寅以石为喻,有时以石为戏,难免士大夫玩石色彩,而雪芹却视石如己。敦敏《题芹圃画石》,写出了挚友对雪芹人格与石头意象合一的体悟:

---

① 《诗钞》卷八共存诗 75 首,除前四首写于康熙五十年冬,其余均作于康熙五十一年,至曹寅七月去世前。参见胡绍棠《楝亭集笺注》,第 339—370 页。
② 《诗钞》卷八《正月二十九日随驾入侍鹿苑二月初十日陛辞南归恭纪四首》。

> 傲骨如君世已奇,嶙峋更见此支离。醉余奋扫如椽笔,写出胸中块
> 垒时。①

从这块"嶙峋""支离"的已成为曹雪芹铮铮傲骨化身的奇石,人们既看到了其祖父嵌锜块垒审美取向的继承延续,更看到了绝然不同的境界:他舍弃了曹寅被弃的补天石意象和"抱山而泣"的王权期待与对"石"的价值否定,石头是他独立人格的的精神寓体。"工诗善画"的曹雪芹没有留下惊世骇俗的画石珍品,却用创意无穷的石头意象闭环承接留下了千古不朽的鸿篇巨制《石头记》,即《红楼梦》。

从作品构思的角度看,以顽石下凡始、回归作记终的《红楼梦》是一个共时性闭环。但在叙事时间即石头历尽悲欢离合、炎凉世态的故事里,它又是一个完整的历时性过程。这种由文本体制带来的双重性质赋予石头意象以前所未有的功能和内涵。它与《诗钞》中的石头意象闭环有两个承接点:一是与《诗钞》卷首石头诗相映的《红楼梦》起点的石头叙事,二是与《楝亭诗钞》卷末《巫峡石歌》直接衔接的顽石意象。前者是自由心性的承接,后者是包括"不材之愤"的更丰富思想内涵和艺术思维的承接。

《红楼梦》的叙事起点,是一个虚荒诞幻的神话构架,书云:

> 原来女娲氏炼石补天之时,于大荒山无稽崖炼成高经十二丈、方经
> 二十四丈顽石三万六千五百零一块,娲皇氏只用了三万六千五百块,只
> 单单剩了一块未用,便弃在此山青埂峰下。谁知此石自经锻炼之后,灵
> 性已通,因见众石俱得补天,独自己无材不堪入选,遂自怨自叹,日夜悲
> 号惭愧。

"炼石补天"四字,隐含着一个从原初形态的自然石到补天石的锻炼过程。第25回,替贾宝玉治病的癞头和尚,即那位将顽石化为通灵宝玉带到凡间的大师说道:

> 可羡你当时的那段好处:天不拘分地不羁,心头无喜亦无悲。却因
> 锻炼通灵后,便向人间觅是非。

可见,"天不拘兮地不羁,心头无喜亦无悲"乃是原初石的自然自由本

---

① ［清］敦敏《懋斋诗钞》,转引自一粟编《古典文学研究资料汇编·〈红楼梦〉卷》。

性。锻炼通灵后的"情根石"才会有"自怨自叹，日夜悲号惭愧"的情感和"凡心已炽"的追求。自由心性正是作者赋予石头的原初本性。自然石—补天石—情根石—通灵宝玉，正是作者设计并寄寓哲理思考的原初人性（原初石）到理想人性（情根石）再到现实人性（通灵宝玉）的演变过程。青埂峰下的情根石仍保有"天不拘兮地不羁"的自由心性，一入世，便失去了自由，成为挂在脖子上的通灵宝玉，成为"天天圈在家里，一点儿做不得主"（第47回）的纨绔子弟贾宝玉的生命附体。在经历悲欢离合、炎凉世态之后，它终于回到青埂峰，回归它的自然自由之身。《石头记》（《红楼梦》）所展示的，乃是这种人类生命的自由本性（原初石—情根石）与现实生存的非自由状态（通灵宝玉）—贾（假）宝玉的矛盾冲突。在这个意义上，它正内在地继承和包涵了曹寅《楝亭集》卷首诗的人格理想自由心性追求。曹雪芹同他的祖父一样，从降生人世即注定了为奴命运（"羁身婴世网"）。不同的是，他没有像祖父那样有幸得到皇帝的宠信，而是亲身经历了家族由盛到衰的剧变和由此带来的人生磨难（所谓"悲欢离合、炎凉世态"），因而倍感为奴的痛苦羞辱和自由的可贵。到晚年，他终于出旗为民，摆脱奴籍，实现了他祖父虽身居富贵而未能实现的做一个自由民的愿望，虽然穷处西郊，却感受到了初获自由者的那种"虽今日之茅椽蓬牖、瓦灶绳床，其晨夕风露、阶柳庭花，亦未有妨我之襟怀笔墨者"（第1回）的轻松愉快，并以"著书黄叶村"作为人生归宿。① 石头下凡、回归作记的神话构架，正是作家自我人生经历的艺术概括。② 正因为如此，他把曹寅游弘济石壁二诗的抒情终点——幻想超脱现实生存状态的生命自由，作为自己小说的叙事起点，又用这种超脱现实生存状态的自由心性理想，反观人的生存方式对生命自由的剥夺，表达他对现实的否定批判和大彻大悟。"一片石"变为了"情根石"，曹寅诗中保持着某种审美距离的景物意象变成了物我同一的象征本体。这里既有血脉相连的继承，又有时代和个体的超越。

――――――――――

① 关于曹雪芹出旗为民的考证，参见朱淡文《红楼梦论源》第二编第一章、周汝昌《红楼梦新证》"史事稽年"章、高阳《曹雪芹摆脱包衣身份初考》等，刘上生《走近曹雪芹——〈红楼梦〉心理新诠》第三章第三节有详细论述并引述诸说。

② 关于出旗为民与石头回归构思的联系，参见刘上生《走近曹雪芹——〈红楼梦〉心理新诠》第三章有关论述。

## 四　"情根石"：置换和改造

《巫峡石歌》的补天石意象直接启示了《红楼梦》的石头构思，成为两个闭环的承接点。补天神话中关于石头被弃的艺术想象和重新解读：从曹寅的"廉角磨砻""顽而矿"，到曹雪芹笔下的"顽石""蠢物"之称；从曹寅期待"胡乃不生口纳灵气"的奇思妙想，到曹雪芹顽石"灵性已通"，化为"通灵宝玉"的构想；关于被弃原因，诗云"廉角磨砻用不得"，书中说"无材不堪入选"；被弃的情感反应，诗云"抱山而泣徒潺潺"，书中说"自怨自叹，日夜悲号惭愧"。咏物诗中的叙事因素转化为叙事小说的情节描述，从表面的字句仿效，到深层的情怀寄托，完全是一脉相承，一方面是对世道现实的怨愤，另一方面则是不愿苟合取容、坚持自我人格的兀傲。曹雪芹的血液里有着鲜明的祖父的遗传因子，他的石头构思广泛吸纳了古代石文化的精华（如灵石崇拜、石玉一体等），但曹寅的独特创造对于曹雪芹的直接影响，乃是无可置辩的事实。

当然，更值得研究的是超越，以及如何在继承中超越。就石头意象而言，最重要的是曹雪芹的"置换"和改造，从而把被弃的补天石变成了"情根石"。

曹寅的"不材"之愤中体现着强烈的用世热望，它与自宋玉、司马迁、董仲舒、东方朔等人以来士不遇题材作品和苏轼、辛弃疾等以补天石被弃自喻的历史悲愤内容是相通的[①]，但加入了他对世代包衣所承受的社会不公的现实愤懑。古代社会分工对男性的天经地义般的用世期待（包括事业功业和家业期待），同样影响曹雪芹。在他的笔下，被弃的补天石"自怨自叹，日夜悲号惭愧"，同样包含着用世期待失落的愤懑。"作者自云"的"背父兄教育之恩，负师友规谈之德，以致今日一技无成、半生潦倒之罪"的自省，也有家族期望的浓厚投影。不同的是，现实环境的变化和思想个性的发展使他最终离开了"士不遇"的传统悲愤，在作品中注入了具有时代色彩的叛逆精神和理想内容。他用带有强烈反讽意味的"无材"置换了曹寅笔下的"不材"："无材不堪入选，遂自怨自叹，日夜悲号惭愧。""无材补天，幻形入世。""无材

---

① 　如宋玉《九辩》、司马迁《悲士不遇赋》、董仲舒《士不遇赋》、东方朔《答客难》，苏轼、辛弃疾诗词见前引，参见刘上生《走近曹雪芹——〈红楼梦〉心理新诠》，第141—154页。

可去补苍天,枉入红尘若许年。"对石头"无材"遭遇的反复强调,看起来似乎是一种自我否定,实际上显示了与传统价值观的对立,即传统价值观和现实环境对主体材质的否定,和主体材质与传统价值观及现实环境的对抗。而这种对立,乃是被弃"青埂峰","灵性已通"的结果。甲戌本在"弃在此山青埂峰下"一句有眉批云:

> 妙!自谓落堕情缘,故无补天之用。①

"被弃"与"无材"似乎是一个双向过程,"弃"是用者的选择,以三万六千五百比一的选择,可见这块被弃之石必有不堪其用的独特性。而正是这块石头被弃在青埂峰下,经历"自怨自叹"的煎熬获得了"无材"的自觉,走了一条幻形入世、回归作记的独特道路。这里强调的已经不是"被弃",而是"无用"即不合时宜的自觉。简而言之,"不材"所怨所望皆在君王世道,而"无材"则是自觉与传统要求背离。剥开神话外衣,其寓意便是,作者由于制度和个性的原因,为世所弃,在接受与主流文化对立的异质"情"文化中获得叛逆性的人格新质。顽石(情根石)所象征的叛逆性的思想性格,即作者的自我人格。

正因如此,曹雪芹比祖父少了一片愚忠,多了一根"傲骨"。前文所引敦敏题诗中那块"嶙峋""支离"的已成为曹雪芹铮铮傲骨化身的奇石,已化为《红楼梦》中"无材不堪入选"的顽石。心怀"不材之愤"的补天石与自觉"无材补天"的情根石,两个意象符号,代表着两条不同人生道路和两种不同的人生价值取向。补天石是以期待补天——君父之用,以实现传统的社会价值为归宿;情根石则背离于传统,追求符合人性理想的个体生命价值的实现。他继承了祖父的平等追求,借贵族子弟贾宝玉之口,提出"世法平等"的口号,但他又背离了祖父的人生归宿,以"情"为基本价值标准,与等级奴役制度和观念相对立,追求自由、平等和爱的美好理想世界。②

但"情根石"只是一种总体意蕴。在叙事进程中,它一身而二化。其物质实体变成随贾宝玉降生的通灵宝玉,精神寓体则是艺术形象前生为神瑛侍者的贾宝玉(假玉真石),它显示了"情根石"寄寓的理想人性在现实中的

---

① 陈庆浩编著《新编石头记脂砚斋评语辑校》,第 5 页。
② 参见本书第八章第七节。

存在形态——异化的外壳（富贵公子及其家庭生活）和坚守的内核（贾宝玉的个性追求）。正因为如此，贾宝玉的形象是理想化的"古今未有之一人"，又具有高度现实性的复杂形态和内容。他保有作者的理想人性——童心，即"赤子之心"，以惊世骇俗的"泥水骨肉"说崇拜女性美，以平等心态爱护弱小。他"潦倒不通世务，愚顽怕读文章"，拒绝走仕途经济道路，也不愿承担责任，"于国于家无望"，是因为他对家国现实浊世的失望厌弃，但他又安于享受温柔富贵乡的生活。作为艺术形象，他禀受着与创造者曹雪芹完全不同的娇美柔弱气质，而其不顾世道的"百口嘲谤，万目睚眦"的勇气，和对自我追求顽石般的坚韧坚持（挨打之后说"就是为这些人死了，也是情愿的"），又完全是曹雪芹画石"嶙峋""支离"的"傲骨"的投影，而与曹寅爱石情结嵌锜块垒的审美取向完全一致。与此相关，曹雪芹笔下的富有个性的女子，如金钏、鸳鸯、尤三姐、晴雯、司棋乃至林黛玉，无不于横暴前刚烈赴死，而宝玉"情极之毒，悬崖撒手"，更把王国维称道的"壮美"创造推向顶点。① 一部《红楼梦》，以贾宝玉的人生历程记"情根石"的下凡历劫史，其"自叙传"意义主要并不在家族盛衰史的记忆，而是包衣曹家末代子孙曹雪芹的精神历程即心灵史。石头（"情根石"）历尽离合悲欢、炎凉世态，寓示理想人性的现实追求遭遇，包括碰撞、异化和种种悲剧："落了片白茫茫大地真干净"的家族悲剧，"千红一哭万艳同悲"的女儿悲剧以及个人命运与精神悲剧等等。现实无法改变且无出路，回归大荒即逃避深隐乃是唯一选择，由此彻悟"因空见色，由色生情，传情入色，自色悟空"之哲理，作《石头记》以传世。"情根石"不止是"情"的化身和载体，它包含着作者对主流文化体系的质疑、反思和关注人类历史命运精神命运的全部异端思考和感悟。

《红楼梦》接受并改造了古代石玉文化传统。原初石文化发展到商周以来的玉石文化，一方面是人们审美能力的提高，另一方面则是贵族礼仪等级观念的渗入。玉作为"石之美者"（《说文解字》释"玉"）日益与石的原初自然形态分离，经过人工切磋琢磨，被赋予政治、道德、宗教种种内涵，甚至成为身份地位的等级标志，进入文化中心，而自然石则被鄙弃和边缘化。② 和氏

---

① 王国维《红楼梦评论》，转引自一粟编《古典文学研究资料汇编·〈红楼梦〉卷》，第247—252页。
② 参见孙福轩、孙敏强《红楼梦石头意象论》，载《红楼梦学刊》2005年第三辑。

献璧故事正是这种玉贵石贱、王权至上的贵族玉文化投影。曹寅在《巫峡石歌》中同时引用女娲补天和和氏献璧两个分别属于原始石文化和贵族玉文化不同子系统的典故抒发"不材之愤"，正表明他反抗与妥协并存的内心矛盾。曹雪芹却舍弃了后者，而有意凸显前者，强化石玉合一的石本位观，即原初人性自然本体观，否定石玉相分、贵玉贱石的贵族玉本位观。贾宝玉就是体现石本体观的石玉合体的艺术形象，与贾宝玉"石"性相通的"红楼三玉"，黛玉、妙玉和蒋玉菡命名均符合"玉，石之美者"之意。① 尤其是黛玉和"木石情缘"。宝黛故事的前缘就发生在"西方灵河岸边的三生石畔"。贾宝玉的前身是"神瑛侍者"，《玉篇》释"瑛"曰"似玉美石"，本质是石头。林黛玉的本质也是"石"。宝黛初见，贾宝玉就引《古今人物通考》说："西方有石名黛，可为画眉之墨。"作为黛玉名字的注脚。"木石情缘"与"金玉姻缘"的矛盾，实质上是"石玉一体"的自主爱情对抗造成石玉相分的强制婚姻。然而，当"玉"成为贵族身份的符号，石玉分离，贾宝玉沉迷于贵族生活时，通灵宝玉便失去了原初"石"性。作者常在此时有意作出警示。如第 8 回"金玉互识"，导致"木石情缘"受阻，引起黛玉"他来我不来"（寓含爱情排他性）的不快。描写薛宝钗看玉时，叙述者特别引诗嘲弄通灵宝玉"失去幽灵真境界，幻来亲就臭皮囊。好知运败金无彩，堪叹时乖玉不光"，大煞"互识"之温馨风景。又如元春省亲时，石头回想大荒山下"何等凄凉寂寞，若不亏癞僧跛道二人携来到此，又安能得见这般世面"，流露自得于"豪华富贵"之情（第 17至 18 回），但不久宝玉就陷入家族继承权矛盾导致的生命危机，癞僧来救时，又以"粉渍脂痕污宝光，绮栊昼夜困鸳鸯。沉酣一梦终须醒，冤孽偿清好散场"之歌警醒通灵宝玉（第 25 回）。但贾宝玉以顽石性情两次砸玉（第 3 回、第 29 回），结果却是"木石情缘"的升华，这些都是分量很重的寓意性用笔。另外如以"玉"为偏旁的贾琏、贾环、贾瑞等贾氏年轻一代命名包含的"假（贾）玉"之讽，也都在寓示石玉相分则人性异化。而到了临近第 80 回处，曹雪芹大写特写晴雯悲剧和《芙蓉女儿诔》，贵族公子贾宝玉把最高的尊崇和礼赞献给地位最卑贱的女奴晴雯，怒斥家庭和社会罪恶，而反复自称"浊玉"

① 贾宝玉原有丫头名"红玉"，后因与宝玉重名，改名"小红"。林红玉故事是否另有寓意，此处不论。参见刘上生《探骊：从写情回目解味红楼梦》，浙江古籍出版社 2019年版，第 133—145 页。

（第 78 回）。这时，人们看到了石玉一体的"顽石"本性的完全回归和对贵族等级玉文化的彻底否定，作品达到了一个思想和艺术高峰。当然，曹雪芹的石本位观又不是对原初石文化和自然人性的简单回归，他还特别吸收了唐宋以来的具有特殊个性的士大夫赏石文化（它也是对正统文化的某种背离），和晚明以来个性自觉思潮的滋养，放射出时代之光。

　　石本位观奠定了小说石本位叙事和《石头记》命名的构思基础，使石头成为作者创造的双重叙述者的艺术寓体。石头既是整部小说故事的叙述者，又是进入故事的被叙述者。小说第 1 回在超级叙述者用"列位看官……待在下将此书来历注明"的传统说书人口吻交代写作缘起后，即以"出则既明，且看石上是何故事，按那石上书云……"进入石头叙述，表明全书皆为石上所记故事，此则《石头记》书名之来历。但第 8 回宝钗看通灵宝玉时，却有"这就是大荒山中青埂峰下的那块顽石的幻相"一段，回到说书人的超级叙述者口吻，"顽石"成为被叙述者。在第 17、18 回元春省亲时，有"此时自己回想当初在大荒山中，青埂峰下，那等凄凉寂寞"一段，似乎又是石头从他叙转换为自叙，成为被叙述者了。吕启祥先生精辟地把它称为"大观的此岸与大荒的彼岸之对话"①。这些处理都是对传统叙述方式的突破，也是任何叙事学理论所难以框定的创造。

　　中外文学史上不乏家族（家庭）文脉相传的例子，但像发生在曹寅与曹雪芹之间，这种跨时代跨文体之间作品的闭环承接奇观，确实举世罕见。闭环承接，不同于一般分散的个案继承，不是艺术思维或艺术形象的个别相似或模仿，它具有一种整体性、标志性意义，这是一种思想、个性和艺术基因的传递，灵魂的代际甚至隔代对接。所以这一现象很值得探究。笔者的初步思考是，除了一般的文学文化传统和家庭环境影响之外，包衣曹家的特殊精神传承应该是一个重要因素。石头意象的承接源于共同的爱石情结，而爱石情结又源于包衣曹家的反奴人格传承，反奴人格则源于清代"严主奴之分""严满汉之分"的阶级压迫和民族歧视政策与没满为奴之后包衣汉人曹家保持民族尊严和人格尊严要求的矛盾。说到底，闭环承接是包衣曹家精神传承的产物，自由心性、平等理想、"不材之愤"、嵌锜块垒的审美取向，甚

---

① 　吕启祥《人生之谜与超验之美》，《红楼梦寻》，文化艺术出版社 2005 年版，第 51—55 页。

至特殊个性都成为传承基因。从《辽东曹氏宗谱》可以看到，在明清之际的历史动乱和民族劫难中，包衣曹家是辽东曹氏唯一沦为世仆家奴，而又在清代前期经历了巨大盛衰的家族①，而曹寅处于繁盛顶点和盛衰转捩点上。祖先崇拜本是民族传统，作为末代子孙的曹雪芹对祖父更充满崇敬。本人曾经论述，他在《红楼梦》中通过多种形式表达了这种崇敬②，而爱石情结恰恰是家族精神传承的一种特殊寄托。《诗钞》的自我抒情即私人话语特色，和《红楼梦》的一定程度的家族自叙传和个体精神自叙传特色，二者对自我感受和寓意的共同凸现，终于使得石头意象的闭环传承成为一个可以跨年代跨文体的联结点。

奇观就在这种崇敬、学习、仿效、创造中出现。

## 第三节　曹寅的"情"与曹雪芹的"情"
### （《楝亭集》与《红楼梦》研究之二）

曹寅是理学信徒。康熙六十年刊刻的《上元县志·曹玺传》称他"偕弟子猷讲性命之学"。在给子侄的诗中，他也谆谆嘱咐"程朱理必探"（《诗别集》卷四《辛卯三月二十六日闻珍儿殇书此忍恸兼示四侄寄四轩诸友三首》），这对他的创作不能没有负面影响，《楝亭集》中较少描写男女之情及涉笔女性之作，就是证明。③ 不难想见，这样一位道貌岸然的君子的情感生活是多么干涩枯窘，他与他的孙子、"大旨谈情"的《红楼梦》作者曹雪芹的距离是多么遥远。这也许是曹寅及其《楝亭集》的研究向来不为人重视的原因之一。

然而，细读《楝亭集》，人们看到，作为"人"的曹寅竟是那样丰富复杂。如同其他方面一样，他的精神世界也呈现出明显的情理分离的二重人格特征，而且"重情"即对人性自由的追求是其更为本质的内在的方面。那首向四侄曹頫进行"经义谈何易，程朱理必探"的陈腐说教的诗篇的开头，就赫然

---

① 参见刘上生《曹锡远论略》。

② 参见本章第一节、第五节。

③ 据粗略统计，《楝亭集》中以两性情感为内容及以女性为对象的诗词共 24 首，计《诗钞》卷一 1 首、卷三 1 首、卷六 2 首、卷七 3 首，《诗别集》卷一 4 首、卷二 2 首、卷三 3 首，《词钞》及《词钞别集》8 首，占《楝亭集》诗词总数（1187 首）的百分之二。

标出"老不禁愁病，尤难断爱根"的主情的十个大字。他宣称"我本放诞人，聊复遣此情"(《诗别集》卷三《冬来为夙逋所累拉髯翁曝日堂前出扇得画图思世情不觉失笑遂题画端此紫雪庵主得力之偈也即以奉赠以为开岁笑柄》)。放诞，《世说新语》谓之"任诞"，其传统语义，是指"越名教而任自然"(嵇康《释私论》)，即轻礼重情的生活方式，如《红楼梦》第 2 回中称道的卓文君(《西京杂记》谓文君"放诞风流")和阮籍、嵇康所为。曹寅把自己归入"放诞"一类，便与他所信奉的程朱理学背道而行，并且自觉或不自觉地与晚明以来主情反理的进步思潮接上了轨。他极力肯定"情"在精神生活中的地位和作用，重视诗歌的"缘情"特征。《换巢鸾凤》词中说："歌哭由来太多情。"(《词钞》)这句话可以看作他的诗歌美学纲领。他是一个"多情"者，这种"情"的追求，与时代环境、与其身份地位和生活现实尖锐冲突，给他带来悲剧性的感受。他感叹"千古凄凉只如此，繁华原亦累多情"(《诗别集》卷一《春日感怀二首》)。这种气质、性格和命运，与自号"梦阮"且"素性放达"(张宜泉《伤芹溪居士诗》序①)的曹雪芹都是相通的。

　　《楝亭集》中"情"的内涵是丰厚的。即以为数不多的两性情感之作而言，就有这样沉痛的伤悼亡妻诗："枯桐凿琴凤凰老，鸳鸯冢上生秋草。地下伤心人不知，绿萝紫竹愁天晓。清霜九月侵罗衣，血泪洒作红冰飞。兰椒桂酒为君荐，满地白云何处归？"(《诗别集》卷一《吊亡》)②但这究竟是一种较易为社会公众接受的伦理性情感。他也很笃于友情，包括与明遗民及其他挚友，前文已多处论述。③ 本文着重探讨的，是在那个两性自然情感与伦理情感相分离的时代，这位自称"放诞人"的理学信徒更为隐秘性、私人性，因而在当时也具有某种叛逆性的情感追求。打开这扇大门，其目的，不在追寻曹寅的"恋爱"本事，而在由此认识曹寅之全人，并进而揭示曹寅与曹雪芹、《楝亭集》与《红楼梦》的内在精神联系，揭示作为家族精神传承基因，前者对后者的深刻影响。

---

① 　[清]张宜泉《春柳堂诗稿》刊本，转引自一粟编《古典文学研究资料汇编·〈红楼梦〉卷》。
② 　《悼亡》诗应写于曹寅前妻亡故后第二年。据胡绍棠考证，前妻约亡故于康熙十八年后、二十三年前。续娶李氏当在康熙二十六七年。参见《楝亭集笺注》，第 389 页。
③ 　参见本书第三章第三节、第四章第二节。

## 一 "情""理"分离的精神世界

曹寅幼有神童之誉,长"如临风玉树"(见顾景星《荔轩草序》),由佩笔侍从到少年御前侍卫,富有男性魅力。虽然在传统礼法下,婚姻命运完全由家长支配,但在潜意识里,这种内外美质对异性的吸引多少年之后还成为他引以为豪的美好回忆。下面这种自恋心态的大胆表露在古人中也并不多见:

> 凤子凤子,似我翩翩三五少年时。满巷人抛果,羊车欲去迟。
>
> 《女冠子·感旧》(《词钞》)

蝴蝶(凤子)之翩翩可爱,引起自己的感旧联想,所写可能是曹寅作为少年侍卫出行时为女性所瞩目的热烈情景。抛果用潘安典,羊车用卫玠典。潘安出外,妇人抛果满车;卫玠总角乘羊车入市,见者皆以为玉人,观之者倾都。(《晋书·卫玠传》)这种情景所可能唤醒的青春冲动是不难想象的。但理学家教,既没有留给他个人以自由空间;禁中侍卫的身份,又不容许任何情感的放纵。只有遇到能摆脱家庭和京城官场双重束缚的偶然机会,他的"放诞"——追求个性自由的天性才有展示的可能,而两性相互吸引的爱情火花才能因此而迸发闪光。

这种机会终于到来,康熙十七年春,曹寅奉旨出差南下江浙[①],在扬州的某次楼船酒宴中,他邂逅一位美丽歌女,两人产生恋情[②]。曹寅为此写下了《楝亭集》中的第一首爱情诗《梦春曲》。曹寅晚年编定《诗钞》,于少年之作去取颇严,康熙十七年之前的作品皆未入选。而此诗列为第一卷第三篇,可见作者对这一情事和诗作的重视。诗云:

> 鸿雁归矣可奈何,春月脉脉生微波。楼船万石临中河,饮酒逐景欢笑多。翠袖出帘露纤手,缘鬓紫兰夜香久。宝瑟声寒漏未央,及春行乐犹恐后。月落长河白烟起,美人歌歇春风里。梦转微闻芳杜香,碧尽江南一江水。

全诗洋溢着青春气息,"及春行乐"中包含着从压抑下获得解脱、珍惜青

---

① 曹寅于康熙十七年南下江浙,系从《楝亭集》编年考索得知。参见朱淡文《红楼梦论源》第二章。

② 把曹寅产生恋情的地点确定为扬州,见下文《过隐园》诗的分析。

春生命的幸福感和紧迫感。诗中的"美人"显然撩动了作者的情肠。杜若香草（"芳杜"）见于《九歌》中的《湘君》和《湘夫人》（"采芳洲兮杜若，将以遗兮下女""搴汀洲兮杜若，将以遗兮远者"），是恋爱男女赠送给对方表达情愫的信物。结尾用此典故，暗示两人相互爱慕缱绻的美妙恋情。然而这种欢乐就像梦一般短暂，作者北归，两人就离别了。关于《梦春曲》的创作时间及本事，胡绍棠《楝亭集笺注》也认为"地处盖在扬州，全诗写在楼船上酒宴，与某歌女邂逅心许之情"，但方晓伟《曹寅评传年谱》以此为康熙十七年"妻李氏来归，曹寅有《梦春曲》诗纪之"，似与《梦春》诗题及内容不合。①

　　曹寅并不是一个逢场作戏的薄幸者，这次邂逅给了他刻骨铭心的记忆。康熙二十三年，曹寅南下江宁侍父病及奔丧。然而，热烈的爱情之火使得他不能不抓住这难得的机会与恋人相见，于是，就出现了曹寅冒礼法之大不韪于侍父病期间"征歌"的事。这事，确切地记载于《诗钞》卷六的《过隐园》一诗中：

> 门巷逶迤扫落红，园林又换一番风。水苔架阁鱼游上，金尾闲笼草没中（自注：笼中孔雀已为有力者取去）。墨淋依稀留堵壁（自注：晚研、南溪两学士题壁犹在），歌声隐约隔帘栊（自注：余与郭元威征歌于此，今廿五年矣）。无人更识嬉春意，聊共飞花叹转蓬。

　　《诗钞》按写作年代顺序编辑。《过隐园》前面一首《西城看梅吴氏园》中"五年今见广陵春"句，有自注"自甲申岁至扬州从驾复命……"，甲申为康熙四十三年，故知《西城》诗应作于康熙四十八年春。从《过隐园》所写景物看，诗应作于此年春末。此诗值得注意的有两点，一是隐园不在江宁，而在扬州。《诗别集》卷二有《出隐园小亭复题一首》：

> 客行不待主从容，日落天宁寺里钟。独下茅亭呼款段，茑萝缠死一株松。

　　可知隐园距天宁寺不远。自康熙四十三年起，曹寅奉旨在扬州天宁寺设书局主持刊刻《全唐诗》，随后刊刻《佩文韵府》，可见，隐园在扬州天宁寺附近。

---

① 　参见胡绍棠《楝亭集笺注》"前言"及第 12 页；方晓伟《曹寅评传年谱》，第 295 页。

　　二是诗中两条自注，其中"歌声"一句特别注出廿五年前征歌之事。据熊赐履《曹公崇祀名宦序》云："甲子（按，康熙二十三年）夏，（曹玺）以劳瘁卒于官。"曹寅诗注所云"于此今二十五年"的"征歌"正在康熙二十三年曹玺病逝之前。曹寅此次南下，肯定是因为父亲病情危重。在这种时刻，笃信理学、讲求孝道的曹寅只能日夜侍奉汤药，甚至寝苫枕块，而不可能也不容许有闲情征歌行乐，但他却居然做了，而且是离开南京到远在扬州的隐园，去做"征歌"之事。并且在二十余年后，依然不释于怀，记忆如故，如无特殊情事，绝不会至此。就曹寅而言，这是一次"情"对"理"的勇敢反叛和冲击。①然而一两次短暂相会或可成功，他的爱情追求终于失败了。诗中"金尾闲笼"句及"笼中孔雀已为有力者取去"的自注，即其爱情悲剧结局的暗喻，"笼中孔雀"喻所爱者，因其为青楼女子，无人身自由；"有力者"即有权势者，不便明言。大约曹寅于次年扶父枢北上回京后，悲剧就发生了。尾联暗用李商隐《无题》诗结句"嗟余听鼓应官去，走马兰台类转蓬"意，"转蓬"正是作者家于江南，宦于京都，身为包衣，往返奔劳，身不由己的命运写照。柔弱的"转蓬"是不能同"有力者"相抗的。曹寅以为，这是自己爱情悲剧的原因。所以，《过隐园》实际上是曹寅晚岁回忆早年爱情悲剧经历的"无题"诗，其写法和命题，又近似于陆游的爱情诗名作《沈园》。可以说，这就是曹寅的《沈园》诗。

　　这里还有必要提及前引《出隐园小亭复题一首》，胡绍棠认定即写于康熙二十三年，可与《过隐园》合看。② 有一定道理。从末句"茑萝缠死一株松"景物特写的寓意看，确实是有一种缠绵固结不得解脱的悲剧情愫。《诗经·颊弁》有"茑为女萝，施于松柏"句，本为比喻兄弟亲戚相互依附，但原诗并无悲剧意蕴。古人又以菟丝附女萝比喻夫妇恩爱（古诗《冉冉孤生竹》），联系《过隐园》中的悲剧意象看，曹寅这次"出隐园小亭复题一首"，肯定是情不能

---

① 曹寅是一位孝子，这可以从他自号楝亭，父亲曹玺死后写的《放愁诗》（《别集》卷二）及以《楝亭图》广征题咏等事实看出。曹玺在江宁织造署中曾手植楝树一株，并在树旁建亭，教诲曹寅兄弟。曹玺去世的当年，曹寅即绘《楝亭图》征集题咏，以寄托哀思。这一孝行曾广受称赞。（参见周汝昌《红楼梦新证》第七章《史事稽年》。）但曹寅在父亲逝后的这种行为，是否包含着对曹玺逝前自己去扬州"征歌"的心理补偿呢？不敢推断，谨书此志疑。无论如何，可以看出，他的"情"和"理"的世界是分离的。

② 《楝亭集笺注》，第 447 页。

已,特写"缠死"意象,绝非兄弟朋友之情所能比拟,似乎确有一段在隐园或与隐园相关的悲剧性男女情事,令其难解难忘。

康熙二十四年五月曹寅回京,任职内府郎署后,他怀着爱情无望的浓厚的悲凉与伤感,继续就同一题材同一恋爱对象写了一些诗词,反映了作者对这一段经历的执着与内省:

> 一年花事喜春晴,却到花时百感生。零乱故园飘艳雪,叮咛新树诉流莺。伤心人醒扬州梦,落日风吹易水城。千古凄凉只如此,繁华原亦累多情。

《春日感怀二首》(《诗别集》卷一)

> 新箸包香入午筵,相逢犹喜太平年。晴帘如水忆吴船。　　纱帽渐添新酒伴,粉屏犹写旧诗笺。秦淮风月怅夤缘。

《浣溪沙·丙寅重五戏作和令彰》(《词钞别集》)

《浣溪沙》词作于丙寅即康熙二十五年,从《春日感怀》诗"一年花事"句看,似也作于此年。诗中的"扬州梦"典故,虚实并用,其所恋既确在扬州,又借典暗示恋爱对象为青楼女子。词中的"晴帘如水忆吴船",又与前引《梦春曲》中所写"楼船中河""翠袖出帘情"景相应,表明所恋为同一人。重午佳节,忽然阑入"粉屏犹写旧诗笺,秦淮风月怅夤缘"的忆旧之情。或许往事与端午节令有关,或许就是端午会友"征歌"之事(如此征歌也较合情理)。夤缘,本为附着攀附之意,"怅夤缘"一句除了包含有情缘而不能成就姻缘之意,也许还有因恋爱双方社会境遇有差异,(女)欲附着(男)而不得的怅恨,这与诗中"扬州梦"典故隐含的当年杜牧"赢得青楼薄幸名"的愧疚相应,恐怕都在暗示对这一悲剧的某种反省与自责。原来,除了"有力者取去"这一难以抗拒的外来因素外,曹寅自己也未能摆脱优越的权势地位和传统观念的制约,这真是"繁华原亦累多情"。至于词中用"吴船""秦淮"等词,是有意掩盖"扬州梦"本事,还是表明系与扬州征歌相区别的另一情事,联系以上分析,本人仍倾向于前者。盖《浣溪沙》词作于康熙二十五年无疑,曹寅自康熙八年离家赴京,能够回江南的时间和次数有限,征歌和发生男女情事的可能性更少,故此处以"秦淮风月"代指江南情事的可能性较大。

"秦淮风月怅夤缘",曹寅的这一包含无穷怅恨的词句很容易使人联想到曹雪芹的好友敦敏《赠芹圃》诗中"秦淮风月忆繁华"的诗句,都是以"秦淮风月"隐喻情事,都是"尝遍情缘滋味,历尽风月波澜"(甲戌本第1回脂批)的悲剧性爱情体验,正是"若说没奇缘,今生偏又遇着他;若说有奇缘,如何心事终虚化"(《红楼梦曲·枉凝眉》)。何其相似乃尔!敦诚《寄怀曹雪芹霑》诗中又有"扬州旧梦久已觉"之句,且自注"雪芹曾随其先祖寅织造之任",这也很容易使人想到前文所论的曹寅在扬州的恋情,和他所写的"伤心人醒扬州梦"的诗句。可见"扬州旧梦"与"秦淮风月"一样,都是以相同意象暗喻祖孙相似情事的,这难道是偶合吗?上述诗句证明,敦氏兄弟不但与曹雪芹相知甚深,而且熟知曹寅《楝亭集》,并在写作中受其影响。雪芹随曹寅之任的话是一种误记,但祖孙二人一脉相承确实无疑。甚至不妨说,敦敏写曹雪芹的诗句"秦淮风月忆繁华"本身就是从《楝亭集》中的曹寅恋情诗句"秦淮风月怅夤缘""繁华原亦累多情"化出。从精神传承看,曹雪芹的"情"正是来自曹寅的"情"。

## 二  咏"红"代码与悼"红"心性

对悲剧性爱情经历的体验和自省,在曹寅笔下,逐渐转化为以"咏红"为代码的爱情悲剧女性形象的刻画。这是一件具有重要意义的事情,它促使曹寅把个人不幸遭遇与中国古代悠远绵长的关怀女性命运的民主思想和文学传统相联系衔接,从而深化了他的认识和创作。

曹寅极少写叙事诗,但《楝亭集》中却有两首咏物形式的叙事诗《咏红述事》和《咏荷述事》,俱见于《诗别集》卷一。咏物与述事本为诗之两体,并不相通,明确标以咏物述事,显然是咏物其名而述事其实。所述之事,即曹寅之隐秘情事,它们是曹寅写情诗词的姊妹篇。其中《咏红述事》尤值得重视,它是作者对这段爱情悲剧的完整回忆:

> 谁将杜鹃血,洒作晓霜天。客爱停车看,人悲仗节寒。昔年曾下泪,今日怯题笺。宝炬烟销尽,金炉炭未残。小窗通日影,丛杏杂烟燃。睡久犹沾颊,羞多自倚栏。爱挑吴线细,笑润蜀丝干。一点偏当额,丹砂竞捣丸。弹筝银甲染,刺背□□(引者注:原文缺二字)圆。莲匣鱼肠跃,龙沙汗马盘。相思南国满,拟化赤城仙。

全诗用工整排律写成,在《楝亭集》中这也是《咏荷述事》之外的仅见之作。作者满怀深情地对所恋歌女形象做了相当细腻生动的描写,结尾叙述因为男主人公之武事在身，二人被迫分离，留下不尽思念。所谓"武事"（"莲匣"二句），即指作者身为侍卫，或卫戍禁中，或扈驾塞外（如曹寅曾随康熙出巡至东北吉林乌喇江）的戎马倥偬之苦。爱情终于无法实现（女子"为有力者取去"），只能寄托于幻想的神仙世界。赤城，道教传说中的仙山。题中"咏红"的"红"，是女子的美貌如花（"丛杏杂烟燃"）、妆饰之艳（"丹砂竞捣丸""弹筝银甲染"）、相恋之情（"金炉炭未残"），更是诀别之泪（"杜鹃"血）、永恒之影（"晓霜天"）、幻中之境（"拟化赤城仙"），总之，是以爱情悲剧女主人公为中心和标志的复合意象。诗中虽然始终保持男性的视角和对所爱者的真诚思念，但又始终突出女性形象的主体地位。

《咏荷述事》是一首用拟人手法写的咏物述事诗：

> 出水怜新雨，凌波笑晚凉。自然尘不染，无那种能香。半面妆初露，多心影故藏。浣纱非越女，荡桨是吴娘。幽隐通银臂，分明卷翠裳。游来鱼比目，飞去鸟鸳鸯。堤上行人少，堤前荡子狂。秋风一萧瑟，日日守空房。

注云："戏用白战体。"白战体，即禁体诗，指写诗规定某些字不能用。这本是诗人结社聚会时为显示才学而进行有意限制的游戏之作。个人写作，无所谓禁体。"戏用"，不过是作者用以掩饰自己真实的严肃意图。此诗咏荷，而无一字明言荷（花、叶、茎、实）即是禁体之意。诗借咏荷描写一位美丽、纯真（"自然尘不染"）的江南水乡女子（"荡桨是吴娘"）的爱情故事（"游来鱼比目，飞去鸟鸳鸯"），结局也是悲剧性的（"秋风一萧瑟，日日守空房"），末句以莲子（谐"怜子"）被摘空余莲房暗示女子失去所爱。与《咏红述事》不同的是，《咏红》是自叙，《咏荷》却是他叙，抒情主体并未进入情节。《咏红》基本上是实写，《咏荷》却是拟人化的虚写，实事隐约其间，但同出自我情事原型，同以女性为描述对象。这种以不同方式叙写同一事件、同一形象的创作表明，曹寅对于爱情悲剧的痛苦记忆，是浃骨沦髓的。而作为一名男性，他能把更多的笔墨和同情，倾注在承受更大痛苦的女性身上，这些都是难能可贵的。

从《诗钞》（包括《诗别集》）的一般编排顺序看，《咏荷》一诗应写作在前，《咏红》写作在后。也许是因为曹寅不满意于《咏荷》的隐约其辞而渴望更直露的表达，所以才又写了《咏红》一诗。而"咏红"也就从此在曹寅诗中获得了足够的表现意义，甚至成为引起他的爱情情感联想的敏感触媒。

词《惜红衣·东渚荷花》可视为"咏红"与"咏荷"构思的结合。此调本为姜夔咏荷的自度曲，取词中"红衣半狼藉"句为名，后人所作，多但用其调，不取其意，但曹寅之作，却有意回归词牌之本意，以咏红之词咏荷，写法仍是述事写情：

> 谁似真州，王家菡萏，叶高于屋？十里编笺，晴香眩红绿。故人要我河朔饮，深杯未足。犹记碧筒狼藉，早蓦草都宿。　　当时属目，水珮风裳，两两意怅触。而今不道，衣上惹尘醭。安得翠袗致语，重整玉池新沐。坐赤栏桥畔，共摘骊珠三斛。（注：东渚芡实为水馐之最。）

此词写一次与荷下醑饮有关的情事。河朔饮即醑饮（原指盛夏避暑之饮）。碧筒，指碧筒杯，即用大荷叶特制的酒杯。情事的中心是"水珮风裳"的女子，即作者"惜红衣"的对象。但作者不再用拟人手法写花，而是隐约以花叶为喻，直接写人，细节生动如画。词中所写情景与《梦春曲》中的饮酒逐景、翠袖出帘，所刻画的女性形象与《咏荷述事》中的凌波翠裳描写均暗合，表明所牵念的仍同为一人。词中的爱情心理，虽有怅恨，但尚存纯真幻想，当写于女方被"有力者"夺走之前。

见于《诗钞》卷六的《读张鷟判未终卷江雨乍来见墙角残榴尚红偶忆旧事成一律》则是一首典型的悼红之作：

> 五行愁不下，媚眼独丹榴。残惜过时艳，炎知接代秋。狂花宜沐雨，小径总浮沤。即作余霞想，高缓已白头。

诗写于康熙四十七年夏，因残红而忆旧，在痛惜昔日恋情之后，复想象情人今日之余艳，但是"即作余霞想，高缓已白头"，已经失落的不能再把握，诗人终于陷入无以解脱的痛苦之中。时曹寅年届半百，偶然触目残红，心中便掀起如许波澜，有情不能相守的悲剧情怀居然伴随诗人一生，这种执着忠诚也足可告慰所爱了。

《楝亭集》中因"红"而生情，咏"红"以寄情的类似的例子：

> 白沙翠竹江村口，栏楯迂回似我家。当户幽丛红滴滴，西风开满断肠花。

　　　　　　　　　　　　　《留题香叶山堂》（《诗钞》卷五）

门巷逶迤扫落红，园林又换一番风。

《过隐园》（《诗钞》卷六）

有情恒与睡为仇，灯烬香寒合罢休。赚得红蕤刚半热，不知残梦散扬州。

《夜长不寐戏效诚斋体》（《诗钞》卷六）

关于后一首，金埴《不下带编》云："江宁织造曹公子清有句云：'赚得红蕤刚半熟，不知残梦在扬州。'自谓平生称意之句。是岁兼巡淮盐，遂逝于淮南使院，是诗谶也。"其实，金埴不知道，曹寅初恋在扬州，所梦在扬州。诗句之"称意"，正在于写出了这段红蕤情思。

欲衬残红送晚春，浣纱何处更愁人！

《苔》（《诗别集》卷一）

秋风南浦无情极，十里飘红尽苦心。

《题画·莲蓬》（《诗别集》卷三）

因红而生情，感红而寄情，并非曹寅独有。曹寅咏红的意义在于他创造了一个具有独特情感信息的精神遗传密码，这些信息的主要内容有以下两点。

其一，在理学家教和思想统治的环境里，敢于涉笔和坦露自己为礼法特别是理学信条所不容的爱情经历和心理。

其二，他在一定程度上摆脱了传统的男性优势心理，由个人爱情悲剧认识和同情女性悲剧命运，由一己私情拓展为人道关怀。

这里对曹寅诗词的爱情本事做了一些推想，由于材料的缺乏，这些推想很难确证，甚至可能存在矛盾，但其中表现的情感内容和价值取向是很明确的，以上两个方面的概括应该也是准确无误的。很明显，这两方面，都为曹雪芹所接受，曹雪芹在悼红轩中写作《红楼梦》，在《红楼梦》中塑造怡红公子贾宝玉形象，以个人感情经历为素材基础创造宝黛爱情悲剧（甲戌第 1 回脂批所谓"结此木石因果，以泄胸中恼郁"），以"千红一哭，万艳同悲"作为女儿悲剧的总体象征等等，都是对曹寅"咏红"代码的继承。只是《栋亭集》中隐约其辞、欲说还休的情事，在《红楼梦》中已发展成为具有高度理想性、批判性、哲理性的伟大悲剧故事了。

谈到接受和吸收，这里还想提出一首小词《眉峰碧·本意》（《词钞别集》）：

> 感得郎先爱，谁假些儿黛。凭你秋来那样山，不敢向奁前赛。
>
> 扫尽从前派，秀色真难改。喜浅愁深便得知，天教压在秋波外。

用词牌本意，刻画所爱女子形象，以眉写人。以秋山为眉的比喻，又以秋波（眼）为映衬，上片写眉之秀美，下片突出眉之颦蹙，其原因在喜浅愁深，即爱而不果。上下片之间或有时间（年龄）情节的推移，秀色未改，而愁苦日深。传统写法，女性眉眼并写，以眼为主，目能传神，而曹寅全力写眉，可谓慧心独运。《红楼梦》中林黛玉的外貌突出特征是眉尖若蹙，以至宝玉为其取号"颦颦"，这成为其悲剧性格和命运的外在标志。曹雪芹如此用笔，于《楝亭集》此词有所心会否？

## 三 "情"观的传承

曹寅从个人爱情悲剧到关怀女性命运的进步，在他为马湘兰兰花长卷所写的三首题画诗中得到集中表现。

马湘兰（1548—1604），明万历间秦淮名妓。据钱谦益《列朝诗集小传》"闰集"，湘兰名守真，小字玄儿，又字月娇，以喜画兰故，湘兰之名独著。所居在秦淮胜处，故教诸小鬟学梨园子弟，日供张宾客，羯鼓琵琶声与金缕红牙声相闻。性喜轻侠，有"红妆之季布""翠袖之朱家"之誉。尝为墨祠郎（社会无赖）所窘，为王伯谷（按：字稚登，吴中著名布衣词人）所救，欲委身于王，王不可。万历三十二年（1604），稚登七十初度，湘兰自金陵往，祝酒为寿，燕饮数日，歌舞达旦，归未几而病，燃灯礼佛，沐浴更衣，端坐而逝，时年 57 岁。有诗二卷，万历辛卯（1591）王稚登序。湘兰殁，稚登为作传，赋挽诗十二绝句。

这是一位颇有浪漫色彩的女性悲剧人物，她的身世、遭际、才华、人格，引起当时和后代文人同情，留下了一些以她为题材的作品。其中还出现了为人传诵的名作，除王稚登挽诗外，还有汪中《经旧苑吊马守贞文》等。曹寅的题画诗过去并不被提及，这至少是一种不应有的忽视和遗漏。在我看来，首先对于认识曹寅，它们是很重要的。

题画诗共三首，见于《楝亭集》卷七，即《题马湘兰画兰长卷》《再叠前韵》

《卷末一丛无叶施孝虔向言宣城山中产兰冬为樵人芟去春来发箭多类此不知香阁中何以知此荒寒色象也窃有感焉三叠前韵》，体裁均为七言歌行，以同题同韵连写三首七言长句，共五百余字，并被曹寅亲自编选入集，这在《楝亭集》中是仅有之事。如果不是深有感慨，或寄托良多，断不会如此。仅此而言，就很值得重视。

三首诗的内容相当丰富，但分工并不很明确（特别是前二首），有些诗句意思交叉重复，这表明写作三首并非原有计划，而是写完前一首后感到意犹未尽，不能自已，因而叠韵以尽其意。诗从长卷所画"丛兰十二摇春影"写起，想象它们是一队婀娜的女郎，随即引向对画者马湘兰的身世、命运、品格的描述。她的沦落风尘被想象为"因尘谪九天"，她的美貌是"秀辅千方粲晓烟，蛾眉儿簇分遥碧"，她的画艺是"月窟玄卿螺子笔，麝煤胡粉轻无迹"，她的豪侠美誉是"亘史仍余季布名""蹀步仍推巾帼雄"，她的遗迹是"眨眼寒灰飞十纪，西窗落墨赏幽花"……都充满了作者的仰慕和怀念。但作者倾注最多情感泪水的，是她爱情追求的失败："不向西陵结藕心""半龛绣佛离情早""琢玉难求并命人，艺香枉化空心草"。也许正由于马湘兰的卑贱地位、非凡才艺、独立人格、爱情理想及其悲剧命运等诸多方面，引起作者强烈的共鸣，他把卷末的一丛具有"荒寒色象"的无叶兰花视为这位百余年前的杰出女性的艺术投影，特地写出第三首题画诗。这首诗较之前二首，内容有明显的深化和拓展，由马湘兰个人不幸推及于香阁中"荒寒色象"的多重意蕴。全诗如下：

> 楚宫梦破留余影，月地招魂香乍醒。玉珮珊珊天外来，露霭霏微肌骨冷。扫眉才子闲拈笔，杳冥思逐空山迹。居然冰凌满人间，依稀剩得先春碧。卫娘发薄情来早，可怜绣幕娇藏老。亦知旷劫历尘沙，年年芟刈同凡草。刺促金多游冶儿，一丝不挂五铢衣。猛拚纫结随君槁，谁掇英华问女饥。多生慧业乘缘起，我忆湘沅古流水。粉墨休描没骨人，蒿莱枉叹当门死。雕青攒绿满豪家，朱弦才按索琵琶。图穷更演牢愁句，第一东风肠断花。

诗人笔下花人合一的繁复意象描写抒情中，最有意义的是以下四点。

一、对女性受屈辱摧残损害的不幸命运的真诚理解与同情。所谓"亦知旷劫历尘沙，年年芟刈同凡草"，正是"红颜薄命"这一传统命题的形象更惨酷又更富哲理意味的表达。

二、对女性的美质，特别是其人格与才艺的推崇与肯定。诗中"刺促金多游冶儿，一丝不挂五铢衣"，把马湘兰等具有崇高人格却被视为钱肉交易卑贱商品的妓女，升华为一尘不染的圣洁仙子。李商隐《圣女祠》诗想象圣女"不寒长着五铢衣"，冯浩笺注引《博异志》中"天衣六铢，尤细者五铢"之说。不幸的杰出女性因此成为美的精灵，"红颜薄命"的特殊性命题也因此深化为美的命运的普遍性命题。

三、对女性命运的关注，特别注重女性的爱情悲剧遭遇。这在前二首诗中已有较为突出的表现。本诗开头使用巫山神女形象暗示马湘兰的爱情悲剧（"楚宫梦破"四句），揭示其画兰的情感寄托，后文更用"猛拚纫结随君槁，谁摄英华问女饥"，对爱情悲剧中男权优势的道义责任进行分析，甚至涉及曾救援过马湘兰而不敢接受其爱情要求的王稺登这样的杰出男性，表明作者具有一种可贵的男性自省态度。这显然是作者经历个人爱情悲剧后自我内省所实现的思想升华，反映出曹寅晚年"情"观念达到的高度。

四、对女性命运的关注，与对人才问题和其他社会不公现象的关注与认识相联系，并借此进行社会批判，这是对前二首意义的拓展。作者的联想从湘兰仰慕的古代诗人屈原，到"猛士没蒿莱"（陈子昂诗）的历史与现实，也包含个人的"不材之愤"。"粉墨休描没骨人，蒿莱枉叹当门死"，如同作者所感叹的美人一样，包括曹寅自己在内的志士才子也是崇高与不幸的统一。曹寅最后所达到的认识已超越了妇女问题和两性关系（情）的范围，涉及普遍的社会矛盾，他所进行的社会批判也是富有力度的。但从另一方面看，这种对传统士不遇主题的回归，又影响了更具有时代意义的"情"的主题的深化和提高，这又是理学影响给曹寅带来的思想局限。

从上述四个方面看，曹雪芹显然既继承了曹寅情观和女性观的思想成果，而又克服了曹寅的局限。①

在男权文化统治的时代，两性情感的核心始终是妇女命运问题；在妇女还未能实现社会解放的时代，妇女问题的核心始终是两性情感问题。从这

---

① 参见刘上生《走近曹雪芹——〈红楼梦〉心理新诠》第四、五章。至于《红楼梦》"金陵十二钗"的构思，是否受曹寅题画诗"丛兰十二摇春影，绿窗女郎酣睡醒"的影响，亦可探究。

个意义上可以说,情观与妇女观,实际上是同一个问题的两个方面。

　　曹寅的情观是严肃的,他的妇女观也是严肃的。他也有当时一般官僚文人的声色之好,"左厢蓄声伎,右厢图蓬瀛。中堂泛壶樽,日夕醉还醒"①,也是思想消极时的生活方式,但他极少流露出传统士大夫轻视和玩弄妇女的思想,而是比较真诚忠实地对待爱情和家庭。与同为织造的李煦比较,据确凿材料,李煦在康熙五十六年(1717)63 岁时,"至少有三位如夫人,只有多,不会少",他的浪荡成性的儿子李鼎爆出与父亲的年轻美妾偷情丑闻。有学者认为《红楼梦》宁府的素材多来源于苏州李府。而曹寅诗词和友人记载中,看不到其纳妾或妻妾生活的内容,他的儿子曹颙、嗣子曹𬘬也都品行端正。② 即使是《题秘戏图》(《诗别集》卷四)这样流行的无聊题目,曹寅也未渲染轻佻的色情幻想,而是表达出理性的清醒和婉讽:"送与盹翁开道眼,莫教重勘十香词。"③(盹翁,作者别号。)

　　曹寅的情观是积极的,他的女性观也是积极的,他把实现爱情婚姻理想当作衡量妇女命运的尺度。在《题明妃图》(《诗钞》卷三)一诗中,他针对昭君思归的心理写道:"君不见辐轩万两嫁乌孙,浴铁千群迎主妇。东风野草华山畿,鸳鸯双宿韩凭树。"这种超越华夷之别而强调个体幸福的观点,同王安石《明妃曲》中"人生贵在相知心"的见识一样卓尔不凡。

　　曹寅的情观和女性观打下了时代和个人的印记。在那个理学重新昌盛的时代,作为崇奉理学的康熙帝的宠信和皇室包衣,曹寅的人身自由和个性自由的空间都是极其有限的,他没有曾写作大量情词的纳兰公子那样的贵族地位,也不可能像《影梅庵忆语》作者冒襄等江南名士那样潇洒风流,他的个人情感追求和认识的每一步,都包含着同环境、同自我的艰难冲突。他的为数不多的写情章什,就如同巨石压迫下曲折生长、零星开放的小花,清香而不浓艳,惨淡而依然隽美。它从一个特定角度显示了晚明以来高涨的主情思潮在理学回潮的文化环境中的强大生命力,也成为这一思潮与曹氏家

---

① 《诗别集》卷三《冬来为凤逋所累拉髯翁曝日堂前出扇得画图思世情不觉失笑遂题画端此紫雪庵主得力之偈也即以奉赠以为开岁笑柄》。
② 参见皮述民《苏州李家与〈红楼梦〉》,第32—45 页。
③ 《十香词》传为辽道宗皇后萧观音所作艳词,这里双关曹寅曾参与编辑的明末清初女性词选《众香词》。

族精神承传的契合点。从曹寅的"秦淮风月怅夤缘"到曹雪芹的"秦淮风月忆繁华",这一思潮孕育了祖孙两代英灵,并最终达到了那个时代的光辉顶点,这不是偶合而是历史的必然。从这个意义上可以说,《楝亭集》是一个阶梯,没有《楝亭集》,就不会有《红楼梦》。

## 第四节　曹寅的《避热》诗和薛宝钗的"冷香丸"
### ——兼论《避热》诗的范式传承意义
### (《楝亭集》与《红楼梦》研究之三)

### 一　拒"热客"的《避热》和以"冷"治"热"的"冷香丸"

"冷香丸"是《红楼梦》"假语村言"中的重要隐喻符号。对于它的隐喻意义,许多学者都进行了探讨。它的别致名称和制作、保存、食用的严苛繁琐都很耐人寻味,解说也难免歧义,但核心是以"冷"治(制)"热"的符号意义大体没错。林方直先生指出,其语词渊源应为《庄子·人间世》中沈诸梁奉命赴齐前说的话:"今吾朝受命而夕饮冰,我其内热与?"体现道家"静为躁君"的哲学思想,后来从其比喻义演化出"饮冰食檗"这个表达为官坚守节操,以及妇德的词语,他由此断言"冷香丸"就是"饮冰食檗"的"假语村言"。这一结论可能是一家之言,但其考证论述之精详是令人信服的。① 遗憾的是,学界尚无人论及曹寅的《避热》诗与曹雪芹"冷香丸"构思的可能联系,而这恰恰是从曹寅到曹雪芹乃至包衣曹家精神文化传承的一条线索,值得人们探究。

《避热》组诗见《楝亭诗钞》卷七,作于康熙四十九年(1710)初秋,它是反映曹寅晚年生活和思想的重要作品。诗前小序云:

> 今岁入秋旱热尤甚,客有责余不亟答拜者,于是嘱阍者以病辞。三日随事有诗若干,存十首,统名之曰"避热",示所因也。

可见诗题"避热",颇有内涵。"今岁入秋旱热尤甚",需要避热是其一;以"避热"为名,有意躲避"热客",是其二;由"避热客"引出自我情怀的抒写,是其

---

① 林方直《奇文史笔红楼梦》,商务印书馆 2017 年版,第 34—36、125—129、216—227 页。

三。"热客"本为暑天来往之客,因其不合时宜,为人所厌,语出晋程晓《嘲热客》诗:"平生三伏时,道路无行车。闭门避暑卧,出入不相过。今世褦襶子,触热到人家。主人闻客来,颦蹙奈此何。"古人以"趋热"和"热客"比喻趋炎附势之徒,如《晋书·王沈传·释时论》:"融融者皆趋热之士。"清唐孙华《夏日园居杂咏》:"莫笑长安多热客,此中也有一人闲。"在曹寅看来,这位"客"正是典型的"热客"。诗序称:"客有责余不亟答拜者,于是嘱阍者以病辞。"他不避炎暑前来拜见,当然是有意示好,甚至有攀附意图。而曹寅却似乎很讨厌"热客",不但因炎热未及时答拜,而且在"客"来信责备时,索性托病不再理睬。这里恐怕不能看作傲慢无礼,它包含着两种人生态度的矛盾。曹寅喜好结交文士,赵执信《王竹村文集序》云:"昔曹楝亭盐政以诗自豪,视盐扬州,延揽一时文士,以为名高。"程廷祚《先考祓斋府君行状》云:"管理织造事楝亭曹公主持风雅,四方之士多归之。"他作为内府官员和"呼吸会能通帝座"的康熙宠臣,更加强了吸引力。但曹寅又有自己的个性,在官场之外,他更渴望一种自由放任的生活,这就是他自云"我本放诞人"①的原因。前引程廷祚文就有曹寅欲结交其父程京萼,"府君闻其疏于礼貌,不往"的记载,不知是否与此事有关,但至少表明曹寅的不拘形迹的生活态度有一定知名度。② 就其文化渊源而言,这是一种疏儒亲道、以儒入道的魏晋风度。《世说新语》专列"任诞"一类,显然曹寅的"放诞"与此相通,这是曹寅为自己保留的时间和空间。在这块领地里,他才可能不受世事俗务的干扰,沉浸于自我回忆和情感自由抒发的创作中,写下自己的人生历程和真实感受。

单纯从字面上,我们不难发现曹寅《避热》诗与曹雪芹"冷香丸"的关联脉络。曹寅笔下的"热客"很容易使人们联想到《红楼梦》里的第一位"热客"贾雨村,他汲汲于功名,既恃才傲物,又善于夤缘,依靠贾府东山再起后,愈益攀附这门皇亲国戚,大热天跑来拜见贾政,还要会公子贾宝玉,连袭人、宝钗都觉得讨厌。但不同于生性放诞的曹寅,"礼贤下士"的贾政不但接待了他,还强要宝玉来见,引起父子冲突,成为宝玉挨打的导火线。意味深长的是,作者居然把他与薛宝钗联系起来。第 1 回写雨村月下吟诗,复题一联曰:

---

① 见《诗别集》卷三《冬来为凤逋所累拉臂翁曝日堂前出扇得画图思世情不觉失笑遂题画端此紫雪庵主得力之偈也即以奉赠以为开岁笑柄》诗。

② ［清］程廷祚《青溪文集》卷十二,参见本书第二章附《曹寅不是这曹寅》。

"玉在椟中求善价，钗于奁内待时飞。"时飞是贾雨村的表字。研究者们早就注意到此联的特殊含意，甚至认为可能预示薛宝钗日后改嫁给雨村。不管曹雪芹是否有此设计，宝钗与雨村同属"热客"是书中描写的事实。雨村是官场的"热客"，宝钗是闺阁的"热客"，他们都不乏才干见识，更是都热衷于世俗的功利目标追求。宝钗本来就是为着"备选为公主郡主入学陪侍充才人赞善之职"（第 4 回）进京的，她的"随分从时"、善于迎合，都是为了在现实环境中生存发展，"好风凭借力，送我上青云"，就是在婚姻爱情问题上，她也是既听命于家长，又不放弃自我努力，大热天一次次往怡红院跑，都是"热客"所为（第 36 回）。所以在宝钗正式出场的第 7 回，作者就指出，宝钗有胎里带来的"热毒"，需要服药，并设计了"冷香丸"治此"热毒"。由此可见，说曹雪芹笔下的"冷香丸"在接受吸取前代"冷""热"语词及意象丰富遗产时，受到祖父曹寅《避热》诗作的启示影响，不为无据。

这里我想特别提到，尚存争议的《种芹人曹霑画册》中第六幅西瓜图署款"种芹人曹霑再题"的绝句"冷雨寒烟卧碧尘，秋田蔓底摘来新。披图空羡东门味，渴死多少烦热人"[1]，诗中对"烦热人"即"热客"的嘲讽，和"冷""热"对照的修辞艺术，与《红楼梦》中"冷香丸"治"热毒"的构思取向完全一致，这是否可以进一步印证其史料和艺术价值呢？

## 二 《避热》诗的范式传承

这样看《避热》诗与"冷香丸"，其实还只是表面的语词符号相似性联系，进一步的研究表明，曹雪芹对曹寅《避热》诗的继承，从根本上来自于祖孙精神世界的沟通和人格追求的一致，它是曹寅艺术创造精神和成果对《红楼梦》深刻影响的一个缩影。

《避热》组诗是曹寅晚年的具有标志意义的作品。此时曹寅正蒙荷康熙宠信，四次接驾（至康熙四十六年），以江宁织造兼两淮盐政（自康熙四十四年起与李煦轮管共十年），奉旨刊刻《全唐诗》（于康熙四十五年竣工）、《御选金宋元明四朝诗》（康熙四十八年）、《渊鉴类函》（康熙四十九年），参与重大文化工程建设。诗酒唱和，"建帜骚坛"，"东南才士咸乐游其门"（乾隆《江都

---

[1] 详见顾斌《曹学文献探考——有关曹学考证方法的检验》，（香港）阅文出版社 2019 年版，第 27—45 页。

县志·曹寅传》),风光无限,一生事业达到顶点。但另一方面,在包衣奴役制度和内府官僚体系下,面对宫廷内斗、官场腐败等,曹寅又深感压抑,厌倦宦途,有着浓厚的危机意识。从康熙四十年写作《东皋草堂记》感叹"嗟乎,仕宦,人生之畏途也",到康熙四十六年前后一再发出"树倒猢狲散"的警醒式预言①,可以看到他内心笼罩的浓厚阴影。南巡接驾等导致的盐务亏空已引起追究,康熙四十八年十一月,两江总督噶礼为查两淮亏空库银事上奏皇帝,次年,即写作此诗的这年,皇帝少有地连用"千万小心小心小心小心"对曹寅写下了催促警示的朱批,令曹寅胆战心惊。② 康熙四十七年胞弟曹宣病逝,更使他长期悲痛难解。曹寅心头积压了太多的感悟和抑郁,以避热为名,闭门谢客,正给了曹寅一个清理倾吐的机会。诗序说"三日随事有诗若干,存十首",似乎随意成篇,集合选择后却能看出作者的思想轨迹。诗思奔涌,难以自已,但政治气氛、身份地位等等又不容许他畅所欲言,这样,他就不能不从先贤文艺遗产中寻找最合适的抒情表意方式,进行自己的创造,形成了组诗的若干特点。大体言之,以避热为总题,以天时气候为线索,以相关人事为由头,巧妙融入往事回忆、现实感慨和时政批判,由此及彼,以小见大,构成一种内涵丰富繁复的复合型抒情意象。它不仅以拒绝"热客"的"避热"主题启示了"冷香丸"的构思,而且以其多方面的创造性成果成为曹雪芹取法的某种"范式",很值得研究。这种"范式"意义主要体现在以下四个方面:

1. 言此及彼和言此意彼。

这是曹寅创造复合型抒情意象的主要手段。以诗自注与正文关系为例,《避热》十首,除了第一首外,都有作者小注,其位置少量在诗中,多数在诗末,是对写作原委或相关情事及语词的说明解释,但实际情况并非如此,而往往是言此及彼或言此意彼。如其二诗末小注"戏用荆公语",似乎在追怀当年罢官后隐居青溪的王安石,实际上此诗的重点在末二句:"莫向乌衣

---

① ［清］施瑮《随村先生遗集·病中杂赋》自注:"曹棟公时拈佛语对坐客道'树倒猢狲散',今忆斯言,车轮腹转。"按:康熙四十六年,曹寅捐资刊刻施闰章文集,施瑮在织造幕府校雠文稿。参见本书第三章第四节。
② 方晓伟《曹寅评传年谱》,第 487、498、499 页。

寻社燕，旧家门巷尽帘栊。"这是明显袭用刘禹锡语，而非王安石语。① 作者以此引出对家世变迁的回忆和感慨，这是全诗往事回忆的起点，但他却有意掩盖起来。其三自注"银杏"，似乎是咏物诗，前几句确实写了银杏的形态和长寿特征，但颔联"地闲是木多奇寿，天迥非时见紫云"，就从第四句起巧妙转入对自己少年经历的回忆："佩笔六番充侍从，筹更五夜坐将军。只今草碧滦京路，梦绕龙媒万马群。"颈联和尾联四句提供了曹寅侍卫生涯的珍贵材料，但都已与银杏无关。可见咏银杏只是由头，回忆才是主旨。其四诗末小注："孙冷斋好弈，时编书目将成。"首联确实写了这种家居生活："石棋枰稳不妨眠，万卷亲看手自编。"但颔联以下就转入宦途遭遇和心情的描写了："老境从君嬉墨海，宦游如我误华颠。非关李蔡居中下，未许曹刘在上前。"颈联接连化用《史记》《诗品》中的典故，揭露官场任人唯亲、压抑贤才的腐败现实，李蔡平庸在上位，而李广多建奇功反居中下。《诗品》极为推崇曹植、刘祯，称"曹刘殆文章之圣"。曹寅年轻，才学富赡，友人常以曹植比拟曹寅②，这里的"未许"当然不是指对曹植、刘祯的评价不公，而是指有权势者对自己的有意压抑，这种以"曹"喻"曹"的写法是十分高明而又大胆的。其十诗末小注云"哭忍斋编修"，实际上，作者是在借哀悼忍斋（徐树本）阐发一个意义极为重大的生命价值课题，下文还将详论。"言此及彼"是内容和意蕴的延伸，"言此意彼"则是内容和意蕴的隐藏与深化，它掩盖了作者不便或不能明言的真实意图，却使作品获得更大的思想艺术容量和更自由的表现空间，既是一种在缺乏自由的写作环境下的婉曲笔法和自我保护策略，更是一种丰富内涵和开拓意境的艺术方法，是形成多层次复合型抒情意象的重要手段。

多层次多侧面多线索复合叙事是《红楼梦》的重要艺术特点。脂批早就意味深长地指出："托言寓意之旨，谁谓独寄兴于一'情'字耶？"③《石头记》抄本流传时，戚蓼生序进一步精辟地揭示这部小说"一声二歌，一手二牍"的重要特点："第观其蕴于心而抒于手也，注彼而写此，目送而手挥，似谲而正，似

---

① 详见后文《避热诗笺释》，以下凡涉及《避热》诗意解释的，均可与《笺释》互见。

② 如《楝亭集》顾景星序、杜岕《思贤篇送荔轩还京师》。参见本书第四章第二节。

③ 陈庆浩编著《新编石头记脂砚斋评语辑校》，第22页。

则而淫……"①曹雪芹显然深谙此中艺术真谛,这是对曹寅言此及彼、言此意彼艺术手法的继承和创新。单就"冷香丸"的构思而言,就颇有言此意彼之妙。书中写宝钗因病吃药,仅此一次,完全不同于写黛玉的病和吃药,几乎贯穿全书,甚至成为爱情悲剧的一个要件。写"冷香丸"后来也仅在第19回黛玉同宝玉谑语时提到一次,完全不同于"通灵宝玉"之贯穿全书。可见它并不具有情节意义,完全是作者别有用意的一种符号设置,其用意即在于以"冷"治"热"的警示告诫。对于这个癞头和尚所送的海上仙方,可以做各种解读。笔者认为,它集四季圣洁白花(牡丹、荷花、芙蓉、梅花)蕊,顺应节气时令制作(春分和药,采集雨水、白露、霜降、小雪时令自然降水),和蕴含天时数理的"十二"基数等等,都隐喻着自然美、自然力和自然之理体现的自然人性观对功利人性观造成的人性变异(所谓"胎里热毒")矫正的深刻哲理,与他通过顽石自然本性隐喻和肯定贾宝玉追求个性自由异曲同工。同是"热客",宝钗服用而雨村不服,是因为宝钗仍是属于作者钟爱的钟日月山川之灵秀的清净女儿,不过在浊世中"不意闺阁中亦染此风",有药可治,故宝钗仍有"停机德""山中高士"之赞;而贾雨村却是"须眉浊物"、真正的"国贼禄鬼",无药可治,只配得到"因嫌纱帽小,致使锁枷扛"的结局。这又与全书"使闺阁昭传",写"千红一哭""万艳同悲"的女儿悲剧及时政批判的意旨一致。从叙事内容看,作者由宝钗的病引出宝黛探望,由此引出金玉互识和黛玉含酸等小儿女情感纠结的动人情节,为后文展开"金玉"与"木石"冲突埋下伏笔,这又是由此及彼,对人物和情节的纵深开拓。可见,"冷香丸"符号自身内蕴和引出的世情哲理内涵是何等的层次丰富深邃。

2. 崇尚魏晋和师法《楚辞》

《避热》组诗表明,崇尚魏晋风度,是曹寅的个性取向;师法屈原《楚辞》,是曹寅的艺术取向。它深刻地反映了曹寅在表面受宠信而实际被压抑的处境中避世与愤世的复杂内心矛盾,和由此做出的人生处世和审美艺术选择。"避世"为其表,"愤世"为其里,这是贯穿《避热》组诗的基本抒情线索。前者以崇尚魏晋为形式,后者以师法《楚辞》为手段。组诗第一首中二联概写其避热居家生活云:"岂无善友能调病,或有佳人可赋愁。喝死不堪酬恶札,祖

---

① 《石头记》戚蓼生序,转引自一粟编《古典文学研究资料汇编·〈红楼梦〉卷》,第27页。

衣偶一接名流。"就形象地概括了这两方面。曹寅的处世待人态度很明确：像阮籍一样青白眼，与知己善友相处，拒绝恶札，也不媚"名流"。而所谓"佳人赋愁"正是远绍屈原《楚辞》的香草美人传统，近则取法杜甫《佳人》一类咏怀之作，杜诗也是用《楚辞》比兴手法。

从前一方面说，组诗鲜明展示了诗人的"放诞人"的自我个性。其二写"青溪野老"，其七忆渔湾生活，其八写柳下听琴，都是这一个性的生动展示。除了阮籍的"任诞"，陶渊明的隐居生活更为他所向往。诗中多次出现"柳"意象（"举杯唯爱柳边风""柳下风来贺若边"），都是"五柳先生"形象的投射。它反映出曹寅在官场受挫，进取无门后有着"江湖之志"①，但又无法挣脱现实牢笼，"避世"与"愤世"便成为心中的永远矛盾。现实矛盾的纠结让他与因正道直行而受谗害被放逐，"忧愁幽思而作《离骚》"的屈原发生了强烈共鸣，就转化为"师楚""用楚"的审美艺术取向。

组诗其四是一首"师楚""用楚"之作。诗末小注"盆兰"，但并非专咏此花，而同样是言此意彼："一叶秋兰一叶花，当门休怨直如麻。无媒径路生憔悴，有类江蓠别等差。"其诗意乃承接组诗其三的官场批判，进一步揭露批判任人唯亲、夤缘请托、等级歧视等对正直之士的压抑。这既是个人的遭遇，又是政局腐朽的表现。借"兰"写人，亦兰亦己亦人，这是典型的复合型意象。至于组诗其九尾联"后生莫更多谣诼，不是蛾眉妒不深"，虽后有小注"读《蚕尾集》"，学界多认为这是针对赵执信与王士祯的舅甥交恶事件，对赵有所批评，但赵王交恶并非由于嫉妒，故其实际含义应该另有所指。② 末句直接取自《离骚》，曹寅在此是借题发挥，抨击嫉贤妒能的小人作为。因为屈原诗句的"众女嫉余之蛾眉"，本意正是隐喻自己在朝廷受到诽谤打击的原因。曹寅在此加以发挥，"不是蛾眉妒不深"，绝不仅是为王士祯鸣不平，而是具有溢出性的时政世情内涵。从抒情脉络看，它与组诗其四"未许曹刘在上前"，借用典隐喻自己官场所受排挤打击的内容相呼应，但在此处超越了个人遭遇，具有更广泛的概括意义。从政治上说，嫉贤妒能是官场腐败的典型特征；从人性角度看，嫉妒是阴暗人性的典型心理；从哲学上说，嫉妒是丑对美的敌视和摧残。它很容易使人联想到《红楼梦》晴雯判词的"风流灵巧

① 《诗钞》卷七《渔湾夜归忆子猷弟句凄然有作》。
② 参见[清]赵执信《谈龙录》，文渊阁《四库全书》本。

遭人怨"，以及贾宝玉《芙蓉女儿诔》中的"鸠鸩恶其高""蕈菮妒其臭""高标见嫉""直烈遭危"等从晴雯悲剧延伸至揭露社会和人性丑恶的名句，看到祖孙思想的内在传承。

曹寅崇尚魏晋的人格追求和师法《楚辞》的艺术追求对雪芹的影响是显而易见的。从曹寅"我本放诞人"的宣示，到自号"梦阮"的曹雪芹"狂于阮步兵"；从曹寅的"暍死不堪酬恶札，袒衣偶一接名流"，到曹雪芹的"接䍦倒著容君傲，高谈雄辩虱手扪"①；从曹寅对"五柳先生"的仰慕，到《红楼梦》中"高人隐士"标举陶潜（第 2 回），以及林黛玉咏菊对陶令风骨的追怀（第 38 回）；从曹寅的取法《楚辞》、佳人赋愁，到曹雪芹的"闺阁昭传"，以及《芙蓉女儿诔》的"远师楚人"（第 78 回），学界已经多有论述，此不赘言。

3. 愤世意旨和包装策略

愤世，是曹寅理想、个性与现实矛盾的必然情感出口。愤世又必然导致时政批判，这与曹寅包衣奴才、皇帝宠臣的身份严重不符，而且可能触犯敏感话题，带来生存危险。既不能不说，又不敢乱说，唯一的办法是进行包装以自我保护。从《避热》组诗可以看到，曹寅有以下几种包装自护方法。

一曰无害宣示。组诗其二，全诗进入触及时事的家世和个人回忆，作者却先行塑造一位"青溪野老"隐士形象作为自我投射："青溪野客半扶筇，豆荚瓜腴兴略同。绝口不谈门外事，举杯唯爱柳边风。尘埃行识天随子，乡里咸呼耐得翁。"作者特意强调隐士"绝口不谈门外事"的处世态度，它显然起着掩盖全诗时政批判的保护伞作用。当然，前面提到的诗中及诗末小注也起着无害宣示的自护作用。

二曰模糊意图。通过组诗的节奏安排，有意模糊尖锐的时政批判意图。组诗十首，在情感抒发上可分为两个节奏组，前五首述自我经历，以暑热天气（其一）为起点，至第四、五首达到情感高潮；后五首也以天气变化（伏退，其六）为起点，虽涉及众多人事，但第七、八首情调都较闲淡，至第九、十首情感突变，达到新的高潮。这种安排，既体现了"避热"诗题的贯穿性，又使愤世情感的抒发得到某种调节舒缓，作者用世（愤世）与退隐的内心矛盾也得以完整真实显现。故组诗十首看似散而无序，实则经过了精心组织，显示出

---

① 敦诚《寄怀曹雪芹霑》，转引自一粟编《古典文学研究资料汇编·〈红楼梦〉卷》，第 1 页。

不同于杜甫《秋兴八首》等忧时愤世名篇一气贯通的个性特色，具有独创性。

三曰典故遮饰。这在组诗末两首诗的时政批判中表现得最为突出。其九颔联二句："湖海又闻收赤帜，岩廊谁合铸黄金？"前句已注明悼念朱彝尊逝世，以"赤帜"（典出《史记》）喻朱的文坛领袖地位，但后句却完全宕开。"岩廊"本指高大的廊庑，后借指朝廷。元稹《对才识兼茂明于体用策》："端拱岩廊，高居深视。""铸黄金"典出元好问《论诗绝句三十首》其八："沈宋横驰翰墨场，风流初不废齐梁。论功若准平吴例，合着黄金铸子昂。"元诗是称颂陈子昂在初唐诗坛的贡献，并不涉及时政。曹寅却在此借肯定朱彝尊的文坛地位，直指朝政。他有意把"湖海"与"岩廊"相对，很显然是借悼朱以斥朝政腐败无人，锋芒十分尖锐。

组诗其十是全诗抒情的顶点，也是典故包装艺术的完美范例。首句以宋亡寓明亡劫难，次句说司马光著《资治通鉴》，继承了远祖司马迁已断绝了的史家事业。首联前后二句内容似不相关，实际上内涵连通。大而言之，是隐喻明清易代后汉民族子孙继承本民族文化传统继续有所作为创造，徐树本先人"昆山三徐"（徐乾学、徐秉义、徐元文）即是一例。近而言之，又何尝不是曹寅在曲折地表述了自己的入清家世。前一句隐指曾祖曹锡远被迫归附满洲之事；后一句则隐指父亲曹玺开创了新的事业，继承了曹氏远祖（以曹参、曹彬为代表）的业绩。起笔高屋建瓴，以民族命运和文化传承这一重大问题为切入口，又巧妙关联追悼对象，还暗含自我身世，一笔多用，情感豪迈。然而，颔联却出现巨大转折，辞意变得深沉激愤："春秋霜露天何惨，道义文章世反疑。"这是矛头直接指向"天"（喻帝王朝廷）与"世"（指社会）的尖锐的时政批判，具有高度的概括性。"天何惨""世反疑"正是对这种黑暗颠倒而又无法改变的政治世情现实的高度概括。它与前几首诗中"未许曹刘在上前""无媒径路生憔悴""岩庙何人铸黄金"等愤激批判之语相呼应，而又上升到更高更广的层次，成为全诗时政批判的高峰。两首诗的时政批判都借助于悼念友人，又都巧妙运用典故包装，达到了很高的水平。

虽然叙事抒情体制不同，但曹雪芹著书的包装自护艺术与曹寅影响的关系仍然有迹可寻。第一回《石头记》"毫不干涉时世""亦非伤时骂世之旨"的"无害宣示"与《避热》诗"绝口不谈门外事"何其相似！"朝代年纪、地舆邦国却反失落无考"的模糊技巧，"将真事隐去，用假语村言"的叙事手法，以及诗词谜联语词和一些情节细节的隐喻手法,与曹寅的模糊构思、遮饰修辞艺术何尝不是一脉相承? 因为他们生活在同样的政治专制和文字狱时代,而雪芹处境严酷更甚,所以他不但需要继承而且更需要讲究包装以自护,其包装艺术也更系统高明。在乾隆时代,《红楼梦》就得以进入宫廷,有"和珅以呈上……高庙阅而然之"的传说,可见它甚至已成功地瞒住了这位作为文字狱罪魁的专制帝王,并使其作出了自己的解读。①

4. 从适己到利人的生命价值观

前三条都是写作艺术,这一条单论内容,是因为特别重要。曹寅不但是人生的奋斗者、"艺能"的成就者,也是一位睿智的思考者。《避热》组诗不仅抒写时世愤懑,也在展示内心矛盾中思考生命的价值意义。如果说,其一、二、七、八首重在写对适意人生的追求,其四、五、九、十首则重在抒发对人生挫折、世事溷浊的愤激,"用世"与"退隐"两种思想在内心激烈交战,那么,到了其十颔联二句,则表明这一矛盾在思考后所形成的答案:

穷达岂关身命事? 死生赢得巷人悲。

这是组诗其十的诗眼,也是全诗的结穴。穷达只是个人遭际,并不决定生命的价值。所以说"穷达岂关身命事",决定生命价值的是社会存在意义,其评价取舍标准不在自我,而在百姓民众。在这里,"巷人"取代了前面批判的"天"和"世"。作者显然突破了以个人遭际为转移的"达则兼济天下,穷则独善其身"的传统处世观,决意放开穷达遭际的计较,也决意抛弃消极的唯求适己的江湖之志,而追求生命的最高境界。"死生赢得巷人悲",用今天的话来说,就是希望得到普通民众的认同和怀念,这是一种利人而非利己的生命价值观。曹寅并非地方行政"父母官",他只是内府织造(兼盐差),只需要对皇帝负责。本诗追悼的徐树本也只是一位编修,但他在此树立的人生标杆却如此崇高。一个包衣奴才不再以侍奉主子皇帝为最高义务,而决心"为生民立命"(张载《横渠四句》),它达到了儒家仁爱情怀的最高境界。从适己到利人,曹寅完成了人生观、生命价值观的灵魂洗礼。他以后可能还会生活在现实矛盾之中,但内心已不再激烈交战,而是在职务之内尽力惠民恤商。

① [清]赵烈文《能静居笔记》,一粟编《古典文学研究资料汇编·〈红楼梦〉卷》,第378页。

两年之后,当他走完人生路之时,内府官员也不能不承认"该地的人都说他名声好","环绕具呈,称颂曹寅善政多端",以致康熙破例让其子曹頫继任织造,这绝非权势因素,而是其生命价值被百姓认可的有力证明。①

出身包衣奴仆世家的曹寅之孙曹雪芹最终成为了一介平民,他用"艺能"济世和作品传世的生命实践交出了生命观的答卷,他同样追求"适己"的自由个性,但更关怀众庶,博爱苍生。迁居北京西山以后,他不但用风筝技术帮助过穷苦的残疾人,而且编了风筝图谱《南鹞北鸢考工记》以至《废艺斋杂稿》八册,要使"今世之有废疾而无告者,谋有以自养之道"②。他更以十年心血凝成伟著传世,"书未成,芹为泪尽而逝"。在《红楼梦》中,他通过虚构的艺术形象贾宝玉批判了"文死谏武死战"的奴隶式愚忠道德,表达了理想主义的生死观:

> 人谁不死?只要死的好。……那些死的只知道沽名,并不知大义。比如此时若果有造化,该死于此时的,趁你们在,我就死了,再能够你们哭我的眼泪流成大河,把我的尸首漂起来,送到那鸦雀不到的幽僻之处,随风化了,自此再不要托生为人,就是我死的得时了。

这是贾宝玉对丫鬟说的话。为丫鬟充劳服役,是贾宝玉的人生乐趣。这番充满孩子气和个性色彩的语言,表达的是憎恨浊世,拒绝丑恶,心甘情愿地为以"清净女儿"为代表和象征的美好理想献身的意志。从"适己"走向"利人",这是曹雪芹与祖父"死生赢得巷人悲"相通的境界,只是曹雪芹通过贾宝玉所表达的思想更具有理想主义色彩和博大的人道情怀。这种生命价值观的一脉相传,是包衣曹家最宝贵的精神传承财富。

总之,《避热》组诗作为曹寅晚年的标杆性作品,在时事感愤、敏感话题与政治气候、生存困境的夹缝中寻找出路,探索综合运用多种艺术手法,创造复合型抒情意象,实现写作意图,为后人留下了宝贵经验,对曹雪芹产生了深刻影响。当然不能夸大某一篇作品的影响,但也绝不可忽视其"范式"意义的价值,它有助于拓宽思路,揭示隐秘真谛。从曹寅到曹雪芹,从《楝亭集》到《红楼梦》,绝不是简单的字句相似性的联系,它是包衣曹家精神和文

---

① 参见《关于江宁织造曹家档案史料》,第 101、105 页。
② 参见吴恩裕《曹雪芹佚著浅探》;樊志斌《曹雪芹传》,第 106、217—221、283 页。

化艺术传统传承创新的必然归宿,更是中华文化世代传承创造的杰出范例。

# 附　曹寅《避热》诗笺释①

## 避 热

今岁入秋旱热尤甚,客有责余不亟答拜者,于是嘱阍者以病辞。三日随事有诗若干,存十首,统名之曰"避热",示所因也。

【笺释】诗存曹寅亲自编年编定的《诗钞》卷七,诗序说明写作原委。"今岁",指康熙四十九年(1710)。诗题"避热"义兼赋、比、兴:直陈气候,言"今岁入秋旱热尤甚",赋也;以"避热"喻自己有意躲避"热客",比也;由"避热客"引出自我情怀的抒写,兴也。"热客"本为暑天来往之客,因其不合时宜为人所厌。古人常以"趋热"和"热客"比喻趋炎附势之徒。

## 其 一

白汗翻浆午不收,老夫乘热减交游。岂无善友能调病,或有佳人可赋愁。暍死不堪酬恶札,袒衣偶一接名流。画檐蝉雀纷纷闹,昨夜梧桐报早秋。

【笺释】第一首总写天气和生活状态,表现自我个性。"乘热减交游"是一诗之目。"赋",吟诵,此处是抒发、宣泄之意。佳人,或指家中女伶,也暗用杜甫《佳人》"在山泉水清,出山泉水浊"诗意。"暍",中暑。《陈书·列传二十八》:"(蔡凝)年位未高,而才地为时所重。常端坐西斋,自非素贵名流,罕所交接。趋时者多讥焉。""袒衣",敞露上衣,指散漫的生活方式。"袒衣"接客,曹寅的"放诞"个性于此细节中袒露无遗。

## 其 二

青溪野客半扶筇,豆荚瓜胰兴略同。绝口不谈门外事,举杯唯爱柳边风。尘埃行识天随子,乡里咸呼耐得翁。莫向乌衣寻社燕,旧家门巷尽帘栊。(自注:戏用荆公语。)

【笺释】这首诗借"青溪野客"写自己的隐居设想,并进入家世回忆感慨。

---

① 本篇原载《曹雪芹研究》2022年第1期。组诗序号为笔者所加。

"青溪"发源于南京钟山，是内秦淮的最大支流。当时在竹桥（后称竺桥）分为两股，一股经江宁织造署南流入秦淮（现已湮没），故张云章《祭曹荔轩通政文》中有"清溪之滨，聚白下之名流"之句。可见青溪与曹寅织署及交游有密切关系。王安石罢职后曾改造"近在青溪曲"的江总旧宅，隐居于此，且多有相关诗作。① 曹寅友人朱林修在此有青溪书屋，修《青溪志》，曹寅有诗赠。从其诗"仿茶村格"，反复吟咏"买断青溪是这家"看，也许青溪也是曹寅父子挚友杜濬、杜岕兄弟隐居之处。② 从"青溪野客"落笔，是一种对象化的投影手法。曹寅晚年虽然膺荷皇宠，兼职盐差，其实内心十分痛苦，渴望隐退自由。《诗钞》中，《避热》的前一首诗《渔湾夜归忆子猷旧句凄然有作》以"白头更何好，踪迹浪江湖"收尾，显然不仅是追念逝弟，更是对朴实自由生活的向往。"青溪野客"的形象，还暗隐著名高人隐士陶渊明作《五柳先生传》（"举杯唯爱柳边风"），以及陆龟蒙自号湖海散人、天随子的典故（"尘埃行识天随子"）。"天随"语出《庄子·在宥》"神动而天随"，意为顺乎自然。"尘埃行识"即步后尘之意，又暗用《庄子·逍遥游》中"野马尘埃"之语。南宋笔记《都城纪胜》的作者署名"灌圃耐得翁"，曹寅此处用"耐得翁"即隐去前二字。"灌圃"义同"灌园"，即从事浇灌园圃的隐居劳动。"灌园"出《史记·邹阳列传》，杨恽《报孙会宗书》亦云："身率妻子，戮力耕桑，灌园治产。"唐骆宾王《上太常启》："抱瓮灌园，绝机心于汉渚。"则又上连《庄子》。"耐得"即甘愿承受。但以上对"青溪野客"的描写都是想象之词，实际上无法做到，其原因即在于作为包衣世仆的曹寅根本不可能有自由之身，这种理想与现实的矛盾，自然引起他对家世命运的联想。尾联即借南京本地的"乌衣巷"典故暗写家族命运变迁。乌衣巷也与青溪相邻，清王士禛《秦淮杂诗》有"青溪水木最清华，王谢乌衣六代夸"之句。曹寅侍卫密友纳兰性德曾从西汉初平阳侯曹参为起点叙述曹氏家世："藉甚平阳，羡奕叶，流传芳誉。……正绿阴，青子盼乌衣，来非暮。"（《满江红·为曹子清题其先人所构楝亭亭在金陵署

---

① 王安石有《招约之职方并示正甫书记》《次韵酬邓子仪二首》《泛舟青溪入水门登高斋奉呈叔康》等诗与此时期的隐居生活有关。

② 《诗钞》卷六《真州寄题朱林修青溪书屋依茶村格时林修方葺青溪志》。

中》)①然而,事实并非纳兰所称颂的"奕叶流传"。"莫向乌衣寻社燕,旧家门巷尽帘栊。"沉重的词语内涵表明,作者感叹的是一种沧桑剧变,即作为汉民族开国功臣后裔的曹氏家族沦落为包衣的苦难变迁。这是本组诗回忆叙事的起点。诗末自注"戏用荆公语",这是对诗中写"青溪野客""绝口不谈门外事"的呼应。暗用王安石《桂枝香·金陵怀古》词"叹门外楼头,悲恨相续"之语("门外楼头"之语又来自杜牧《台城曲》"门外韩擒虎,楼头张丽华"诗句)。王词包含怀古兴亡之叹,有时政内涵,而"青溪野老""绝口不谈门外事",实际上,尾联借乌衣巷典故引出家世命运沧桑感慨才是抒情重点。由于涉及敏感的鼎革时事,所以用"不谈门外事""戏用荆公语"掩盖包装起来。

## 其　三

老树依邻正夕曛,风翻青子堕阶闻。地闲是木多奇寿,天迥非时见紫云。佩笔六番充侍从,筹更五夜坐将军。只今草碧滦京路,梦绕龙媒万马群。(自注:银杏。)

【笺释】这首诗借眼前银杏树起兴,回忆年轻时侍从皇帝及任侍卫的经历。银杏是最古老的树种之一,有"活化石"之称,树龄可达千年。宋葛绍体《晨兴书所见》诗云:"等闲日月任西东,不管霜风著鬓蓬。满地翻黄银杏叶,忽惊天地告成功。"此诗的意义转折点在颔联。前句写银杏之"奇寿",以"地闲"为"奇寿"作解,照应前一首诗对闲适生活的向往,盖"闲"才得安宁与安全。后句由"地"而及"天",喻指自己少年蒙召进侍康熙之幸运。"天迥"指江宁远离京城。"紫云"乃祥云,汉焦赣《易林·履之渐》:"黄帝紫云,圣且神明。光见福祥,告我无殃。"前蜀杜光庭《贺黄云表》:"汉宣帝幸甘泉宫,紫云入殿。""非时",不一般的时候,特殊时节。包衣子弟当差按规定应为 18 岁,而曹寅 12 岁就蒙召入京,有这句转折,后四句回忆就顺理成章了,而且按时序叙写。首先是"佩笔侍从",而且是多次,"佩笔六番充侍从";而后是近侍侍卫,"筹更五夜坐将军";再而后是驷马监、养鹰鹞处的艰苦锻炼,和多次随驾出巡留下的记忆:"只今草碧滦京路,梦绕龙媒万马群。"这些回忆留下了曹寅入侍行踪的宝贵史料。有些可以与其他回忆相映证,如"梦绕龙媒"句

---

① 　[清]纳兰性德著,张草纫笺注《纳兰词笺注》,上海古籍出版社 2018 年版;周汝昌《红楼梦新证》,第 309 页。

表明曹寅可能有在驷马监养御马的经历，这与《诗钞》卷五《南辕杂诗》其二"旧日佽童"的回忆（"佽"有"养马"之义），与纳兰友情的"马曹狗监相嘲难"回忆相应。过去只知道曹寅曾在养鹰鹞处服役，这显然是一个补充。至于"佩笔侍从"，更是极为珍贵可靠的单一性的回忆史料，有助于纠正过去曹寅"为康熙伴读"的错误传闻。这段经历虽然艰苦，却极为荣耀，所以诗作显得意境开阔、情调高昂。银杏之奇寿与自我的幸运相映照，是组诗中最阳光之作。

## 其　四

　　石棋枰稳不妨眠，万卷亲看手自编。老境从君嬉墨海，宦游如我误华颠。非干李蔡居中下，未许曹刘在上前。他日一瓻重命酒，愿回三舍倒戈鋋。（自注：孙冷斋好弈，时编书目将成。）

　　【笺释】这首诗从"老境"闲适无聊心态倒叙及宦途遭遇的挫折不公，首联即诗末自注二句之意。孙冷斋是曹寅友人，《楝亭集》有关于他的诗①，"书目"指曹寅自编的《楝亭书目》四卷三十六类，收藏书 3227 种。颔联对句写"宦游"之"误"，是全诗转折。这里对"宦游"之"误"的感慨，可参看曹寅《东皋草堂记》对"仕宦"的批判。颈联借用两个典故写出自己受到的官场压抑。《史记·李将军列传》："初，广之从弟李蔡与广俱事孝文帝……元狩二年中，代公孙弘为丞相。蔡为人在下中，名声出广下甚远，然广不得爵邑，官不过九卿，而蔡为列侯，位至三公。"钟嵘《诗品》极为推崇曹植、刘桢，称"曹刘殆文章之圣"，曹植"骨气奇高，词采华茂……粲溢今古，卓尔不群"，又言"自陈思已下，桢称独步"。曹寅年轻才学富赡，友人常以曹植比拟曹寅，这里的"未许"不是指对曹植、刘桢评价的不公，而是暗指在上有权势者的对自己的有意压抑，也包括包衣奴役制度对自己仕进的压抑。这里有人的因素，也有制度的因素。尾联希望借醉酒回到年轻时代，是对上一首意气风发时光的呼应，暗示对现实处境的无可奈何。

## 其　五

　　一叶秋兰一叶花，当门休怨直如麻（自注：见辛氏《猗兰操》）。无媒径路

---

① 　《诗钞》卷四有《闻孙冷斋有琴来阁看雪诗奉和代柬兼念子猷》，卷六有《天池泛舟和冷斋》《再和冷斋时字》等诗，可知曹寅与孙冷斋交往已久。

生憔悴，有类江蓠别等差。世味何如湘水淡，物情翻向楚人夸。素心我亦频陶写，愁对西风护碧纱（自注：盆兰）。

【笺释】这是一首咏物写怀诗，所咏为盆兰，所写则为遭际情志。以兰花之遭遇影射官场世情：正直招怨，邪佞当道，等级奴役，世情溷浊。东汉蔡邕在《琴操·猗兰操》条目下说："《猗兰操》者，孔子所作也。孔子历聘诸侯，诸侯莫能任。自卫返鲁，过隐谷之中，见芗兰独茂，喟然叹曰：'夫兰当为王者香，今乃独茂，与众草为伍，譬犹贤者不逢时，与鄙夫为伦也。'乃止车援琴鼓之……自伤不逢时，托辞于芗兰云。""辛氏猗兰操"见宋郭茂倩编《乐府诗集》，隋辛德源《猗兰操》有"已知香若麝，无怨直如麻。不学芙蓉草，空作眼中花"之句。它更强调兰所喻贤者因正直品质（"直如麻"）所遭受的打击排斥，故曹寅采入诗注。屈原在《楚辞》中常以"求女"比喻君臣遇合，以"媒"比喻君臣相通的渠道，如"余令鸩为媒兮，鸩告余以不好""理弱而媒拙兮，恐导言之不固"。"无媒"比喻邪僻当路，贤人与君王阻隔。"香兰径路"始见于《招魂》："皋兰被径兮，斯路渐。"曹寅此诗还用了杜牧《送隐士一绝》之语："无媒径路草萧萧，自古云林远市朝。"江蓠也是香草，《离骚》："扈江蓠与辟芷兮，纫秋兰以为佩。"但与"王者之香"兰花相比，还是有"等差"，这里把香兰烘托得十分突出，更显示出憔悴冷落于"径路"之遭际不公。"别等差"字面上是与"江蓠"比，实际上暗含对官场等级包括包衣奴役制度的批判。颔联写官场腐朽。颈联写世情溷浊。河水皆淡，这里以"湘""楚"为标志，显然与全诗多用《楚辞》意境有关。屈原流放沅湘，而为渔父所讥（见《楚辞·渔父》），故此处云世味淡如湘水，而物情反夸楚人，可见价值混乱颠倒。"素心"，纯净之心。南朝宋颜延之《陶征士诔》："弱不好弄，长实素心。"宋胡铨《耕禄稿·代末牟谢表》："皦皦素心，抱冰霜之洁白。"兰花又有名贵品种"素心兰"，清初曾为贡品。尾联以自己的"素心"与香兰相联系，以珍爱保护香兰比喻在浊世自珍自洁之志，亦物亦人，妙合无垠。

# 其　六

伏尽炎熇势未回，阶前一月绝莓苔。融风转入西南剧，好雨还从东北来。吴楚气交山渐暗，星河芒动晓全开。可知涓滴争多少，空殷澄江子夜雷。（自注：伏退。）

【笺释】此诗写伏退天气变化，是组诗中少有的纯粹写景之作。在炎暑为虐、阶前莓苔干枯之后，终于有东北风夹带着好雨飘来。"融风"指东北风。《左传·昭公十八年》："丙子，风。梓慎曰：'是谓融风。'"杜预注："东北曰融风。"颈联写由夜暗至晓明之景。但雷声从子夜响起，雨点却洒落不多，多少使人失望。有人认为颔联写方位，京城在江宁东北，暗示作者处于盐务亏空、经济困难之时，希望康熙施以援手，恐无依据。

## 其 七

忽忆茅斋隔楚阳，满滩新竹水浪浪。回船酒醒月初上，别浦潮来山更苍。稚子尚能歌欸乃，先生曾为启洪荒（自注：前有盘古山）。三年忝号闲家长，剩带真州一味凉（自注：忆渔湾）。

【笺释】组诗其七回忆真州渔湾的生活，与前一首连结的构思线索是由眼前之热想到渔湾之凉。《诗钞》卷六《渔湾》诗序云："沙漫洲有隙地，渔子多集其间。予时以酒劳之。郡人因作亭，名之曰'渔湾'，示不忘渔也。"诗人的心思："渔猎咸一途，黠者去其机。我心乐烟水，口已忘甘肥。"可见"不忘渔"实际包含自己在"仕""隐"矛盾中的避世情怀。曹寅与扬州有很深渊源，自校刻《全唐诗》在此设书局，巡盐御史衙门设在真州（仪征）。渔湾亭之设，不仅表现了曹寅与渔人之间的情谊，也成为曹寅与友人把酒吟诗欢宴为乐之所。从本诗所写看，曹寅的难忘回忆还包括在此教育子辈共享天伦的情趣，并对此作了生动的细节描写："稚子尚能歌欸乃，先生曾为启洪荒。""稚子"，幼儿。康熙四十八年曹寅《思仲轩诗》（《诗钞》卷六）怀念已逝弟曹宣，有"诸子尚乳渲"之语。这里的"稚子"应该就是曹宣的遗孤，已由曹寅抚养。曹宣第四子曹𬩽生于康熙三十五年，则此时尚为少年。[①] 古代启蒙读本《千字文》开头"天地玄黄，宇宙洪荒"之句，正与当地有"盘古山"地名相应。"三年忝号闲家长"，应该就是自叙曹宣逝后曹寅在此照顾大家族子弟的生活情景。据王熙《挽曹使君十二首》其五诗注，曹宣逝世于康熙四十七年五月[②]，至作者写《避热》诗恰好三个年头。查《避热》诗前一首《渔湾夜归忆子猷弟句凄然有作》云："水动渔舟出，题诗人已无。荒堤溯凉月，蒿目叹悬珠。"首句就是曹宣诗存句，可见兄弟友于至情。此诗在描写渔湾生活时，景物和风

---

① 参见樊志宾《曹𬩽生年考》。
② 参见顾斌《曹学文献探考——有关曹学考证方法的检验》，第186—208页。

雅情趣只作背景，而有意突出三年"闲家长"的内容，借以寄寓对逝弟的深切怀念，而进一步张扬诗末"白首更何好，踪迹浪江湖"的自由理想。

## 其　八

柳下风来贺若边，匡床相对意翛然。昼凉树亦通琴话，井近阶长洒石泉。操缦十年无故指，解囊昨日上新弦。仰眠一曲犹能否，欲送微音入海天（自注：柳下闻王禹服服弹琴）。

【笺释】组诗其八写听琴曲的感受。自注中的王禹为琴师。"服服"，前一个"服"字应为动词，意为穿着严肃郑重。嵇康《琴赋》有"新衣翠粲，缨徽流芳"之语。"贺若"，琴曲名，宋朱翌《猗觉寮杂记》："琴曲有《贺若》，最古淡。东坡云：'琴里若能知贺若，诗中定合爱陶潜。'以贺若比潜，必高人。……余考之，盖贺若夷也。夷善鼓琴，王涯居别墅，常使人娱宾。"可见以"贺若"琴曲开头，已寓向往陶潜归隐生活之意。组诗其二有"举杯唯爱柳边风"，此处有"柳下风来贺若边"，都是五柳先生陶潜的生活方式。"匡床"，安稳舒适的床，一般由竹、藤、绳索等编制而成。首联写与琴师的情谊与听琴的心态。颔联写环境，可见天气已转凉。颈联赞琴师技艺。"操缦"，操弄琴弦，《礼记·学记》："不事操缦。"尾联再写听琴心情，与首联相应。"仰眠"，孟郊《边城吟》："何处鹊突梦，归思寄仰眠。""微音"出嵇康《琴赋》："翩绵飘邈，微音迅逝。""欲送微音入海天"，写出听琴后心旷神怡。这是组诗中最为情调轻松、心态放松的一首。琴文化是古代雅文化的重要内容，弹琴听琴是重要的风雅修养。蔡邕《琴操》云："昔伏羲氏作琴，所以御邪僻、防心淫，所以修身理性、反其天真也。"桓谭《新论》云："古者圣贤玩琴以养心。"在"养心"即陶冶性情方面，儒家讲求中和之美，道家讲求顺应自然，皆于"琴道"影响深远。嵇康、陶潜等名士隐逸均以善琴乐琴闻名。曹寅《避热》诗专写听琴一首，由眼前闲适延伸至空阔海天，加强了全诗仰慕魏晋风度，抒写自我性情，和失意官场、厌倦宦途、向往江湖的分量。

## 其　九

一句诗成万口吟，秋风才起寂无音。直饶虫鸟能知感，也觉铅华苦累心。湖海又闻收赤帜（自注：竹垞去年下世），岩廊谁合铸黄金？后生莫更多谣诼，不是蛾眉妒不深（自注：读《蚕尾集》）。

【笺释】组诗其九以追怀朱彝尊和王士祯二位前辈诗人为切入点，抨击时政世情。追怀为其表，议政是其里，二者相为表里，是由特殊政治环境和抒情内容决定的。朱彝尊和王士禛是清初诗坛的两位大家，有"南朱北王"之名，是曹寅尊敬的两位前辈。曹寅与朱彝尊尤为终身之交。二人交往，当始于纳兰性德的渌水亭雅集，己未鸿博科文会期间，曹寅与朱彝尊、陈维崧多有吟咏过从。① 康熙四十八年，曹寅捐资为朱彝尊刊刻著作《曝书亭集》，七月开刻，朱以八旬高龄每日删补校刊，于是年十月辞世，曹寅深怀追悼之情。前六句应均为怀朱之笔，首句赞其诗作为人传诵，次句哀其辞世，颔联想象其写作之刻苦用心。"铅华"本为妇女化妆用物，此处喻指文辞修饰。朱彝尊学问博赡，诗作好用典故，此或为"铅华苦累心"之语意，这当然也会消耗生命精力。"湖海"有浪迹江湖、不事朝政之意。清陈济生《怀友》诗："颇忆元龙久湖海，近来风雅复何如？"此处指朱彝尊生平特点，朱本以布衣入试，自康熙三十一年罢职后又长期闲居浪游。与其经历相似的陈维崧词集即名"湖海楼集"。"赤帜"出自《史记·淮阴侯列传》。韩信攻赵，"拔赵帜，立（汉）赤帜"，后用以喻领袖地位。《宋史·司马光传》："今用光，是与异论者立赤帜也。"明杨慎《升庵诗话》："艺苑则李怀麓、张沧州为赤帜。"这里比喻朱彝尊的文学地位。朱诗与王士禛齐名，词与陈维崧齐名，均执文坛牛耳。值得注意的是，颈联对句的特殊内涵。本来"湖海又闻收赤帜"表悼念之情已足，但对句"岩廊谁合铸黄金"却宕开一笔。"岩廊"本指高大的廊庑，出《汉书·董仲舒传》："盖闻虞舜时，游于岩廊之上。"后即借指朝廷。元稹《对才识兼茂明于体用策》："端拱岩廊，高居深视。"明徐复祚《投梭记·闺叙》："志存丘壑，梦断岩廊。""铸黄金"典出元好问《论诗绝句三十首》其八："沈宋横驰翰墨场，风流初不废齐梁。论功若准平吴例，合着黄金铸子昂。"元诗是称颂陈子昂在初唐诗坛的贡献，并不涉及朝廷。曹寅却在此借肯定朱彝尊的文坛地位，直指朝政，讽刺朝中无人。有意把"湖海"与"岩廊"相对，褒贬意味更为深重。尾联自注"读《蚕尾集》"。《蚕尾集》十卷，王士禛撰，其自序云："偶次甲子（1684）到粤以前及丁卯（1687）以后诗文，稍成卷帙，因以蚕尾名集。"他在康熙二十三年奉旨祭告南海，被风雪阻隔于东平，望小洞庭蚕尾山，因悦其清远，故以名集。曹寅避热时正读此诗集，因有所

---

① 参见《词钞》王朝璩序。

感。"后生莫更多谣诼,不是蛾眉妒不深。"表面上看,是对年轻人"谣诼"攻击王士禛的批评,其中可能包含对赵执信的不满。王士禛是作者崇敬的老辈诗人,清初主盟诗坛数十年,青年曹寅在京任侍卫期间即与他有交往,王有题《楝亭图》诗,《诗钞》卷七有《题彭蠡秋帆图和阮亭》,作于康熙五十年(1711)夏天,可见到王士禛晚年两人仍有唱和。赵执信是王的甥婿,与曹寅年龄相近,曹寅与他的交往相较于王士禛似乎更为亲近密切。康熙四十三年,曹寅有《题洪昉思稗畦行卷感赠一首兼寄赵秋谷赞善》诗,对洪赵二人因为观演《长生殿》事件受惩处表示极大同情:"纵横捭阖人间世,只此能消万古情。"后两人屡有交游唱和。但赵与王交恶后著《谈龙录》,多有情绪化的非议之词。《谈龙录》自序写于康熙四十八年,作于次年的《避热》诗作者显然看到了此书且并不认可,进行了委婉的批评。他借屈原《离骚》诗句"众女嫉余之蛾眉兮,谣诼谓余以善淫",认为对王士禛的非议,是因为嫉妒其成就名声。这种评论是否正确,另当别论,但可以肯定,曹寅在此是借题发挥,抨击嫉贤妒能的小人作为。因为屈原诗句的本意,正是喻自己在朝廷受到诽谤打击的遭遇和原因:"屈平嫉王听之不聪也、谗谄之蔽明也、邪曲之害公也、方正之不容也,故忧愁幽思而作《离骚》。"(《史记·屈原贾生列传》)可以说曹寅在此用《离骚》意并加以发挥,"不是蛾眉妒不深",绝不仅是为王士禛鸣不平,而是具有溢出性的时政世情内涵。从抒情脉络看,它与组诗其四"未许曹刘在上前"借用典隐喻自己官场所受排挤打击的内容相呼应,但在此处又超越了个人遭遇,具有更广泛的概括意义。

## 其 十

瀛国儿材未足讥,温公再继斩孙枝。春秋霜露天何惨,道义文章世反疑。穷达岂关身命事,死生赢得巷人悲。从来痛极偏无泪,哭向东云立每痴。(自注:哭忍斋编修。)

【笺释】组诗其十具有总结全诗的意义。自注云"哭忍斋编修"。忍斋是曹寅友人徐树本之号。徐树本,字道积,又号南洲,徐元文次子。徐元文也是曹寅父亲曹玺的朋友,有《织造曹君示所赐御书敬赋》作于康熙十七八年,是现存最早的曹玺交游文献。《楝亭图》有徐氏兄弟题诗。[1] 树本参加《全唐

---

[1] [清]徐元文《含经堂集》卷五,周汝昌《红楼梦新证》,第 347、348 页。

诗》编辑校订,康熙四十九年病逝。《诗钞》卷七有《三友图》诗,曹寅自序云:"己丑(康熙四十八年,1709)冬,竹垞下世。庚寅(康熙四十九年,1710),南洲殁,晚研谪归。辛卯(康熙五十年,1711),真州出此图披阅,泪泫然下,因书数语付冶堂。此图不足惜,所惜者,知己数点泪耳。泪泪相接,宁有已时,学道尚可迟耶?"可见他对徐树本等友人的深厚情谊。

与上一首悼念朱彝尊一样,专写一诗"哭"树本。但全诗内涵深广,又非悼徐所能概括。首联尤其耐人寻味。"瀛国儿材未足讥",指"瀛国公"赵㬎。公元1276年,元军兵临临安,谢太皇太后携宋恭帝投降,宋恭帝赵㬎被封为瀛国公。《宋史本纪·瀛国公二王附》论赞总结赵宋历史,肯定赵宋"以仁传家",在叙述"瀛国四岁即位,而天兵渡江,六岁而群臣奉之入朝"后,特地引述汉刘向言:"孔子论诗至'殷士肤敏,裸将于京',喟然叹曰:'大哉天命,善不可不传于后世。是以富贵无常。'"①从民族命运看,元代宋与清代明完全可以类比。所谓"瀛国儿材未足讥",其实际内涵就是具有儒家文化传统的汉民族后代虽经易代劫难,不可被讥笑。"温公再继斩孙枝",用司马光典。司马光死谥文正,追封温国公。"孙枝",本义是树上长出的嫩枝,后比喻孙儿。"斩孙枝",指断绝子孙继承。此句应是指司马光著《资治通鉴》,继承了远祖司马迁已断绝了的史家事业。首联前后二句内容似不相关,实际上内涵曲折深永,大而言之,是对明清易代后汉民族子孙继续有所作为的概括。"温公再继斩孙枝"就是指继承本民族文化传统,有所作为创造。"昆山三徐"(徐乾学、徐秉义、徐元文兄弟)在清初的科名事业就是突出代表。② 小而言之,又曲折地表述了自曹锡远被迫归附以来包衣曹家后代子孙(曹振彦、曹玺、曹寅等)重新创业的入清家世。曹寅在此着意选择宋人宋事典故,还包含一种特殊情感,因为两篇《曹玺传》都记载,包衣曹家是宋开国元勋,谥号"武惠"的曹彬的后裔,更能寄托家族民族情怀。从民族命运和文化传承切入,起笔高屋建瓴,又切合追悼对象,还暗含身世,一笔三用,气象开阔。

---

① [元]脱脱《宋史》本纪第四十七"瀛国公二王附"。
② 徐元文(1634—1691),顺治十六年状元,曾任经筵讲官、日讲起居注官等,拜文华殿大学士。兄徐乾学(1631—1694),康熙九年探花。先后担任日讲起居注官、左都御史、刑部尚书等,主持编修《明史》《大清一统志》等文献。徐秉义(1633—1711),康熙十二年探花。曾任日讲起居注官、詹事、顺天乡试主考官等。因陪康熙南巡,御赐"恭谨老成"匾。

　　然而,颔联却出现巨大转折,辞意变得深沉激愤。"春秋霜露"多用于哀祭。韩愈《祭郑夫人文》:"春秋霜露,荐进蘋蘩,以享韩氏之祖考。"宋郑起《招魂酹翁宾旸》:"君其归来,春秋霜露令人哀。"但颈联出句"春秋霜露天何惨",却显然除了扣合全诗的哀祭主题之外,还有以天象影射人事之意,矛头似指向朝廷时政。对句"道义文章世反疑"则批世情。"道义文章"指个人的德才修养。宋文同《寄员文饶屯田》:"向人问口夸舌在,道义文章吾岂已?"(按:文饶失明。)又《送无斁归成都》:"文章汪洋道义富,不止区区事其佛。"颔联二句相互补充,是尖锐的社会政治批判。就其具体内涵而言,其中可能包含对徐树本父亲徐元文所受打击委屈的不平。徐元文敢言直谏,多有建树,但晚年受到其弟徐乾学的牵连。《清史稿·徐元文传》记载:"元文兄乾学,豪放,颇招权利,坐论罢。而元文谨礼法,门庭肃然。"两江总督傅拉塔弹劾徐乾学子侄,辞连元文:"元文休致回籍,舟过临清,关吏大索,仅图书数千卷、光禄馈金三百而已。"①后元文"惊悸呕血而死"。也许还包含康熙赐以"敬慎"之匾的父亲曹玺逝世后所受到的"薏苡明珠"之谤,和当时曹寅所写的《放愁诗》中"天净如镜,明含万蠹。仰呼不应,口枯舌窘"等诗意。②"天何惨""世反疑"正是对这种黑暗颠倒而又无法改变的政治世情现实的高度概括,它与前面"未许曹刘在上前""无媒径路生憔悴""岩庙何人铸黄金"等愤激批判之语相呼应,而又上升到更高更广的层次,成为全诗时政批判的高峰。

　　颈联议论"穷达""生死",仍切合悼念主题,却又是作者人生观、价值观的精炼表述。穷达是个人遭际,并不决定生命的价值,所以说"穷达岂关身命事",决定生命价值的是社会存在意义。在这里,"巷人"与颔联的"天"和"世"是分离的,前者才代表真正的民心民意,是生命价值的判断标准。"巷人"本义是同巷之人、邻里。《韩非子·说林》:"问其巷人而不知也。"陈其猷《集释》:"问其巷人,犹言问其同巷之人为谁。"可引申为里巷之人,即普通百姓。宋史尧弼《挽故眉守张廷琛》:"辕攀那复得,巷哭竟成悲。""巷哭",实乃巷人之哭,表明百姓对清官逝世的悲悼,这就是曹寅的生死观。悼亡从生死观立论,确有高屋建瓴之势。但此论未必为徐树本而发,因为徐只是一介文士,并非地方官员,亦未曾参与惠民事务。从构思脉络看,更像是在颔联中的时政现实批判以后,竖起仁爱惠民为核心的儒家理想主义人生观与之对立,表达自我追求。从作者的情感世界看,其中又未尝不包含对以惠民遗爱深受邑人追思的父亲曹玺的怀念崇敬。据熊赐履《曹公崇祀名宦祠序》,曹玺逝世后,康熙称道"是朕荩臣,能为朕惠此一方人者也",而"都人士益思公不能忘,既合请于有司,张鼓乐、导公主侑食学宫名宦祠,复作为诗歌,寿之梨枣,以侈公盛美。予闻而嘉之,因叹公遗爱入人之深"①。尾联直接扣入本题,以极为沉痛的语言哀悼挚友。

全诗首联论史,颔联论政,颈联论人,尾联悼友。从悼友主题看,前三联都是尾联的铺垫,它们与尾联的关系在似有若无之间,严格地说,并非追悼内容,但从作者的抒情意图看,显然悼友不过是一个触发作者广泛深入联想的引子,而且别有用心地置于诗末。前三联才是主体,其意义在收拢全诗。它为前面的身世之感、宦途之叹、时政之愤作了一个总结和提升,最后归结为儒家理想主义与现实的矛盾,并以执着的理想主义追求作为终结,实际上也是对前面笼罩的消极避世、向往江湖的道家思想的否定。大气磅礴,情调高昂,而悼友也情真意切,动人心魄,堪称《避热》组诗的扛鼎之作。

## 第五节  从曹寅诗注到曹雪芹改曲词
### (《楝亭集》与《红楼梦》研究之四)

《红楼梦》是一部伟大的写实小说,又是写实艺术与表意艺术相结合的旷世奇书。其博大丰厚,如无尽宝藏,研究难有穷期。第 63 回以其在情节发展中的特殊地位向来引人注目,但也尚存在一些研读盲区。笔者不久前论述的"土番家奴"问题就曾长期被埋没。② 曹雪芹改《赏花时》曲词也是一个富有意义却不为人所重视的事件。它们都是精心的表意之笔。本文拟以此为入口,进一步研究包衣曹家精神传承对曹雪芹的影响以及小说表意艺术的成就。

---

① ［清］熊赐履《经义堂集》卷四,转引自周汝昌《红楼梦新证》,第 302—304 页。
② 刘上生《贾府早期家奴和包衣曹家之痛》。

# 一　脂前程后："改错"的版本变异

第 63 回怡红夜宴，芳官唱了一支《赏花时》曲。对于这一宝玉生辰的重要活动，各版本文字有异。据现有材料，可以看到，实际存在三种文字。

一种是庚辰本、戚序本有改易的曲词全文。

《脂砚斋重评石头记》庚辰本的文字：

> 芳官只得细细的唱了一枝《赏花时》"翠凤毛翎帚叉，闲为仙人扫落花。您看那一凤起玉尘沙，猛可的那一层云霞，抵多少门外即天涯。您看那一凤斩黄龙一线儿差，再休向东老贫穷卖酒家。您与俺眼向云霞，（洞宾呵）您得了人，可便早些儿回话。（若迟呵）错教人唱恨碧桃花"才罢。（标点符号为引者所加，以下引文同。）

曲出汤显祖《邯郸记》。除了个别错漏，这段文字最引人注目之处，是第二句"闲为仙人扫落花"对原曲词作了改易。

《石头记》戚序本的文字：

> 芳官只得细细的唱了一枝《赏花时》"翠凤毛翎扎帚叉，闲为仙人扫落花。您看那风起玉尘沙，猛可的那一层云下，抵多少门外即天涯。你再休要剑斩黄龙一线儿差，再休向东老贫穷卖酒家。你与俺眼向云霞。（洞宾呵）你得了人可便早些儿回话。（若迟呵）错教人留恨碧桃花"才罢。[1]

可以看出，两本文字大体一样。戚序本改正了庚辰本的一些错漏字，而保留了第二句的改易，也保留了全文。

第二种是有删略的曲词原文。

程甲本（北师大校注本）的文字：

> 芳官只得细细的唱了一支《赏花时》"翠凤翎毛扎帚权，闲踏天门扫落花"才罢。[2]

显然变化很大。一是只保留前二句曲词而删略后文，二是第二句"闲踏

---

[1] 《戚蓼生序本石头记》（影印本），人民文学出版社 1975 年版。

[2] 《红楼梦》校注本，北京师范大学出版社 1987 年版。

天街扫落花"恢复了《邯郸记》曲词原文，这明显是对前一版本改易曲词和引用全文的否定。

郑庆山《〈红楼梦〉版本源流概说》指出："杨（杨继振《红楼梦稿》）、列（列宁格勒藏本《石头记》）、梦（梦觉主人序本《红楼梦》，即甲辰本）、程（程甲本、程乙本）四本删节了芳官所唱《赏花时》曲子词，只保留了前二句。"①可见这种文字在抄本后期已成为主流，并为刻印本采用。

第三种是没有删略的《赏花时》曲词原文全文。

1982 年版红楼梦研究所校注本的文字：

> 芳官只得细细的唱了一支《赏花时》"翠凤毛翎扎帚叉，闲踏天门扫落花。您看那风起玉尘沙。猛可的那一层云下，抵多少门外即天涯。您再休要剑斩黄龙一线儿差，再休向东老贫穷卖酒家。您与俺高眼向云霞。（洞宾呀）您得了人可便早些儿回话。（若迟呀）错教人留恨碧桃花"才罢。②

《赏花时》出《邯郸记》第三出《度世》。这是何仙姑的唱词。③ 当时，她正送吕洞宾下凡度人，以便接替她的扫花差役，让她去赴蟠桃宴以登仙班。

红研所校注本注云："《赏花时》曲，梦稿、甲辰本仅首二句，作'唱了一支《赏花时》"翠凤毛翎扎帚叉，闲踏天门扫落花"才罢'。从行文看，这样似较紧凑。其余各本，均同底本（按：指庚辰本）引《赏花时》及'幺篇'全文。""此处即以（明）天启元年本校改。"可见红研所本恢复了汤显祖的曲词原文全文。

但这条注文有一个重要疏忽，它没有指出庚辰本等对曲词原文的改动，这就是第二句的"闲踏天门扫落花"被改成了"闲为仙人扫落花"。这不是版本的出入，而是作者的有意改易。

下文将要论述的作者这种改易曲词的出处和引用全文的用心，并不易为人知晓，以至于在很长时间里，人们认为是作者或抄写者的错误，应该改正过来。于是就出现了这样一个合乎逻辑的"改错"过程：在早期脂本流传

---

① 郑庆山《〈红楼梦〉版本源流概说》，载《红楼梦学刊》1998 年四辑。
② 中国艺术研究院红楼梦研究所校注《红楼梦》，人民文学出版社 1982 年版，第 869—870、884 页。本节以下所引作品回目及原文，除另加说明外，皆据此本。
③ 据［明］汤显祖《邯郸记》第三出《度世》，《六十种曲》本。

过程中,庚辰本改易了《邯郸记》曲词,戚序本改正了庚辰本的错漏,但接受和保存了它对曲词的改易;而甲辰、列藏、梦稿等后期抄本写手发现了"闲为仙人扫落花"这一改易,以为脂本有误,加以改正,恢复了汤显祖的原曲词"闲踏天街扫落花",并且对曲词作了删略,以使行文"更加紧凑";接着程本刊刻也采用了这种"改错"以恢复原曲词的做法,使之广泛流传;现今红研所《红楼梦》校注者尊重底本庚辰本用《赏花时》曲词全文的写法,但也认为脂本改易有误,于是采用了汤显祖原本曲词全文。

　　从尊重汤显祖作品原文的角度看,这种"改错"是绝对正确的,删略也有道理。从一般读者的心理说,也是完全可以接受的。

　　请看,"错"在先,"改"(正)在后,顺理成章,合乎逻辑,早期脂本—后期抄本—程刻本—今校注本,形成了第63回芳官唱《赏花时》曲词版本变异的基本过程。这岂非又一次有力证明了,"脂前程后"是《红楼》版本史铁的事实吗?总不可能先是程本用曲词原文,后"作伪"脂本改易曲词,自露马脚吧?

　　这是我们研究这段唱词版本的收获,但并非最终目的。

## 二　从曹寅诗注到曹雪芹改曲词

　　我们的目的,是探索曹雪芹为什么要进行这种唱词改易。

　　首先,他有无依据?有何依据?是误记随改,还是有意且郑重为之?

　　吊诡的是,当人们进一步探索时才发现,从戏曲文本角度看来完全正确的版本"改错",从小说作者的角度来看,却完全是一种"错改",是对他精心改易之笔不理解的结果。

　　这就难怪曹雪芹要发出"谁解其中味"的慨叹了。

　　《红楼梦》中涉及的戏曲曲目有37个①,引用曲词的不多。《西厢记》《牡丹亭》多次引用,但都是断句。曲词全引的只有两次,一次是22回宝钗生日,宝钗向宝玉介绍《寄生草》;再一次就是63回宝玉生日,芳官唱《赏花时》,两者颇有遥相对应的意味。但那一次没有改曲词,改易曲词,这是第一也是最后一次。此后,第80回以前,如贾母第71回八旬大寿,有点戏之事,但无剧

---

① 　参见徐扶明《〈红楼梦〉与戏曲比较研究》。

目更无曲词，这就更值得注意了。

从情节的融合度看，改曲词一事也很特别。此事发生在宝钗抽得牡丹花签，大家都吃了贺酒之后：

> 宝钗吃过，便笑说："芳官唱一支我们听吧。"芳官道："既这样，大家吃（了）门杯好听（的）。"于是大家吃酒。芳官便唱："寿筵开处风光好。"众人都道："快打回去。这会子狠［很］不用你来上寿，拣你极好的唱来。"芳官只得细细的唱了一支《赏花时》。①

这说明，大家对芳官唱曲是很在意，并有所要求期待的。然而奇怪的是，芳官明明改易了曲词，但唱完，众人并无反应：

> 才罢，宝玉却只管拿着那签，口内颠来倒去念"任是无情也动人"，听了这曲（子），眼看（着）芳官不语。湘云忙一手夺了，掷与宝钗。宝钗（又）掷了个十六点，数到探春，探春笑道："我还不知得个什么呢！"②

连心直口快的史湘云也并未对芳官"纠错"，似乎大家都默认了芳官改易曲词的唱法。

这与第 22 回《寄生草》事件大不一样。那次的曲词引出了宝玉、黛玉和宝钗的微妙感情纠葛，和贾宝玉的情感痛苦，以至于仿填了一支《寄生草》曲。该回回目也用"听曲文宝玉悟禅机"表明其重要，那是一种水乳交融的写实笔墨。

然而，在第 63 回的唱曲事件中，尽管前面做足了情节铺垫，让人们对唱曲充满期待，但并无唱曲后的情节延续。特别是对曲词改易（在情节中应该就是芳官唱错了词）的接受，不合乎书中人物性格情理。（只有贾宝玉的反应似乎可以理解，因为他沉迷于对花签的思索。）

为什么擅长于写实的曹雪芹在这里出现了笔墨变异呢？只有一个解释，曲词改易，并不是写实情节的需要，而是作者表意的需要。如果说，第 22

---

① 引文据《周汝昌校订批点石头记》，译林出版社 2011 年版，第 747 页。中国艺术研究院红楼梦研究所校注本《红楼梦》的文字略有差异，括注于后，其中增字用"（）"号，改字用"［］"号，下同。

② 引文据《周汝昌校订批点石头记》，第 747 页。

回的《寄生草》事件，作者极尽腾挪跌宕之能事，是为人物性格服务；第 63 回的《赏花时》事件，却是为完成作者的某种特殊表意意图服务的。

这种意图是什么呢？为了回答这个问题，当然有必要寻找改易后的词句"闲为仙人扫落花"的来源出处。

首先是大诗人李白。李白有诗《寄王屋山人孟大融》云：

> 我昔东海上，劳山餐紫霞。亲见安期公，食枣大如瓜。中年谒汉主，不惬还归家。朱颜谢春晖，白发见生涯。所期就金液，飞步登云车。愿随夫子天坛上，闲与仙人扫落花。①

这首诗表现了李白长安三年政治追求受挫之后，欲求仙以排遣郁闷的心情。但李白诗句是"闲与仙人扫落花"，怎么变成了"闲为仙人扫落花"呢？

这就涉及另外两个重要人物——曹雪芹的祖父曹寅和他的忘年之交杜岕。最终答案乃在这里。

杜岕，字些山。生于明万历四十五年（1617），比生于清顺治十五年（1658）的曹寅年长四十一岁。老少几同祖孙，却成为人生知己。"闲为仙人扫落花"词句就出自曹寅给杜岕的诗注。《诗钞》卷一有曹寅五律《些山有诗谢梦奉和二首时亮生已南旋》二首②，作于康熙二十七年夏天，是写给他的明遗民朋友杜岕的。上一年冬，曹寅几次梦见隐居南京的杜岕，将此事告知杜岕儿子杜亮生。杜岕得知很感动，写诗二首寄给远在北京的曹寅。曹寅于次年夏得诗，而有此作。诗作及附注如下：

> 述梦龙城雪，予惭尚有心。书来期不见，形在觉何深。荐甲敷春老，疑蕉数叶吟。俗情占反复，草阁倘重寻。
>
> 首夏江流稳，吴帆望不孤。归翻先客梦，杖只倩孙扶。隐几余清昼，乘车合异途。蘧然如可待，还写扫花图。（自注："余留别诗有'愿为筇竹杖'之句。些山集青莲句有'闲为仙人扫落花'，故及之。"）

这是一条情意深长的注文。曹寅与杜岕之间真挚动人的友情交往，我在前文有专门章节详细论述。初交时寅为织造公子、御前侍卫，而岕一白衣

---

① ［唐］李白著、［清］王琦注《李太白诗集注》卷十二，文渊阁《四库全书》本。
② 《诗钞》卷一。本节所引曹寅作品，除另外注明者外，皆据《楝亭集》。

隐士，竟能超越了身份地位、满汉旗民等鸿沟界限，成为契友知己（如杜诗"异姓交情笃，惟君知我心"，曹诗"乘车合异途""异代真同调"所言）。就在写诗的这一年，曹寅把自己刚编订的诗集《舟中吟》寄给二千里之外的杜岕，请他作序。杜岕十分感动，视为"鱼山天乐写为梵音"，"为之旁皇抚卷而不能已"。在序中他除了盛赞曹寅视诗歌为"性命肌肤"的热烈情感和超群才华，还特别揭示其"魁垒郁勃于胸中"，是友人中第一位也是唯一一位深刻理解了曹寅诗歌的抒情特质者，堪称知音。曹寅对此非常重视，晚年自编《楝亭集》，将其置于卷首。① 在上引二诗及诗注中，人们看到，年轻的曹寅对这位仙人般高蹈浊世的遗民志士充满崇敬之情，甚至愿意侍奉，为"筇竹杖""扫花"，这不能用一般敬老尊贤来解释，而是一个经历家国劫难、没满为奴的包衣汉人的强烈民族趋同回归心理和节操崇拜的表露。为此，他特别引出杜岕所集李白诗句作为注脚，并把"闲与仙人扫落花"改为"闲为仙人扫落花"。"闲与仙人扫落花"是李白表达求仙意愿的，显露着一种狂放不羁的游戏态度；曹寅却借以表达对坚持民族气节的遗民志士的尊崇奉献之情，内涵和意境都有新的突破。② 大概也就在这个时候，曹寅为自己取了"西堂扫花行者"的别号。③ 西堂，是曹寅北京住处的厅堂。关于"扫花"及"扫花行者"的含义，下文还将论述。但它与曹寅诗句的联系是显而易见的。

由此，我们看到一条脉络分明的线索：李白诗句"闲与仙人扫落花"——杜岕集青莲（李白）诗句——曹寅赠杜岕诗中句"还写扫花图"注引杜岕集句"闲为仙人扫落花"，自号"西堂扫花行者"——曹雪芹改易曲词为"闲为仙人扫落花"——芳官唱改易的《赏花时》曲词。

很显然，曹雪芹改易曲词的唯一来源就是祖父曹寅的诗注，而曹寅自号"西堂扫花行者"也是触动他的另一外因。其所关联涉及到的李白、杜岕、曹杜交谊、曹寅人生情趣、曹寅与曹雪芹的祖孙之情以及包衣曹家的精神传承

---

① 参见《楝亭集》杜岕序。

② 杜岕集青莲句原件不得见。究竟是杜岕改成"闲为仙人扫落花"，还是曹寅在诗注引用时改的，难以知晓。我认为曹寅改易的可能性更大，因为这更能表达他对杜岕的崇敬之情和恭谨态度。

③ 大约在康熙二十年后，曹寅与叶藩、姚潜、陈枋、陶焴、唐祖命等人有"燕市六酒人"之称，其中唐祖命号"薙花行者"，应与曹寅号"西堂扫花行者"同时。参见兰良永《新发现后陶遗稿考察报告》，载《红楼梦学刊》2013 年一辑。

等等则成为这一改易的丰厚内涵积淀。

周汝昌先生在其《校订批点石头记》中芳官唱《赏花时》处有批语指出："《楝亭诗钞》卷一页十五诗注云：'些山集青莲句有闲为仙人扫落花。'故及之。"又曰："曹寅又自号西堂扫花行者。"[①]从曹寅诗注和别号两方面概括，这是精到正确的。

可以说，这是问题的初步答案。

## 三 生命节点的纪念和传承

但是，我们需要进一步探索，曹雪芹的这种改易，有何深刻用意？"其中味"何在？

似乎以前还没有人作出回答。

我的回答是，简而言之，可以肯定，作者曹雪芹通过贾宝玉形象的自我原型意义[②]，借用宝玉生辰这个特殊时间节点，以改易曲词"闲为仙人扫落花"这个特殊举动，表达对"西堂扫花行者"祖父曹寅的纪念和敬意，表达对包衣曹家精神文化传统的继承。

曹雪芹与曹寅的祖孙亲情关系，在小说里，是通过特定艺术手段暗示出来的，这就是"国公爷"身份及与贾宝玉的辈分改易。尽管第2回交代，贾府自"国公爷"创业已有五代传承，这个贵族之家属于降等世袭，贾母只是国公的儿媳，而贾宝玉是第四代曾孙，但实际叙事却出现辈分改易。第5回宁荣二公阴魂把宝玉称为"嫡孙"，第29回荣国公替身张道士同贾母谈话，说宝玉"同当日国公爷一个稿子"，贾母则接着说："正是呢——就只这玉儿像他爷爷。"贾母成了国公夫人，而贾母这一辈正是贾府鼎盛时期的代表，"国公爷"身上就有了曹寅的影子。这不是叙事的疏忽和错讹，而是真事与假语的错综。这样写，其目的就是突出现实原型曹雪芹与曹寅的祖孙关系。曹雪芹对祖父是如此熟悉和崇敬，他熟读《楝亭集》，连一条诗注也铭记于心。在宝玉生辰之际，不忘"天恩祖德"，以改曲词的巧妙方式表达对祖父的纪念。这

---

① 见《周汝昌校订批点本石头记》，第747页。曹寅自号"西堂扫花行者"，见杨钟羲《雪桥诗话》三集、《八旗艺文书目》等。

② 贾宝玉形象与其生活原型的关系，是一个尚待深入研究的问题，但从曹雪芹以石头自述人生经历作为全书构架，可以肯定，作者自我具有某种原型意义。

样，我们才能理解，为什么对芳官的明显错唱，在座诸人都能默认接受，因为这本来就不是写实，而是表意之笔；我们也才能理解，为什么后期抄本和刻印本都会依《邯郸记》原词去"改错"，因为除了对《楝亭集》包括诗注刻骨铭心，谁能知晓曹雪芹改易曲词的隐秘出处和用意呢？

从这个意义上说，依祖父诗注改易曲词，正是曹雪芹创作权和曹寅与雪芹祖孙关系（而非父子或其他亲情关系）的有力证据；或者说，乃是曹雪芹对其创作权和祖孙关系（而非父子或其他亲情关系）的有意暗示。①

通过改曲词纪念祖父，这一行动还表明，曹雪芹对祖父的崇敬，并不仅是，甚至也主要不是因为他和祖父的血亲关系，不仅是，甚至也主要不是因为祖父创造了家业的鼎盛，更重要的是祖父的崇高人格及其所代表的包衣曹家的精神传承。

从语义看，"闲踏天街扫落花"与"闲为仙人扫落花"仅有三字之差，却是两种境界。前者是一种职责，后者却是一种精神。在前一语境（剧情）中，落花阻碍天门，吕洞宾奉张果老之命，下凡觅人，"来供扫花之役"，好让何仙姑赴蟠桃宴。"闲踏天街扫落花"不过是劳役的仙界幻景。而在后一语境（曹寅诗及其注）中，"闲为仙人扫落花"却包含着一位包衣汉人子弟对明遗民老人的民族情怀、节操崇拜和敬老尊贤等丰富内涵。而且这种情怀，并不仅仅存在于寅、芹二人之间，它有着深刻的民族历史渊源和家族身世及精神传承背景。在包衣曹家的家族记忆里，他们是汉曹参、宋曹彬、明曹良臣等汉民族王朝开国元勋的后裔，是虽然被俘却不愿为清朝效劳致使家族沦为世代包衣的明沈阳中卫指挥使曹锡远的子孙。这成为包衣曹家强固的民族情怀的深厚渊源。② 曹寅与明遗民的关系，始于父亲曹玺。同为明遗民隐士的杜岕的兄长杜濬（号茶村）以"峻廉隅"、骨气奇高著称，是曹玺的朋友；而名列"湖广四强"的明遗民顾景星是曹寅的母舅。曹玺为儿子聘请的蒙师，是流寓南京的明遗民隐士马銮。而曹寅，由于年龄和辈分的关系，对年长的遗民老者更充满崇敬之心和服务之忱。他为中年不幸丧妻失子的遗民老人姚潜（后陶）置馆舍侍养二十余年，直至其85岁寿终，为他料理后事，使他与亡妻

---

① 关于曹雪芹与曹寅的亲缘关系，有多种记载，应以曹雪芹友人敦诚诗注谓为祖孙关系最为可靠。此处所论，是一佐证。

② 参见刘上生《走近曹雪芹——〈红楼梦〉心理新诠》第三章，本书第一、二章。

合槼；在康熙四十二年所写的《题姚后陶比丘小像》末，他自署"扫花人曹寅"，与寄杜岕诗"还写扫花图"一致，都是表示极度恭谨。① 他出资为顾景星刊刻文集《白茅堂集》四十六卷，历时三年。以后，曹寅把这种行动延伸为对传承民族文化的奉献，出资刊印前辈诗人施闰章、朱彝尊的文集，受康熙之命主持刊刻《全唐诗》《佩文韵府》，自刊《楝亭十二种》以及自己的诗词曲文，以如此种种作为保存传播民族文化血脉。

积淀在"闲为仙人扫落花"诗注中的曹寅的民族情怀和人格精神，通过曲词改易，转化为曹雪芹的家族记忆和对家族宝贵精神传统的继承。这使他还利用宝玉生辰这个特殊节点，通过芳官改名引出"土番家奴"，暗写曹家包衣血泪史；通过宝玉的议论，在"颂圣"外衣掩护下，暗写与家族劫难紧密联系的汉民族屈辱史，坚持华夏中心历史观。这成为第 63 回的又一表意之笔。关于这一点，笔者已有专论。②

前文指出，曹雪芹改易曲词与曹寅的另一关联点，是曹寅自号"西堂扫花行者"。曹寅有多个外号，包括荔轩、楝亭、雪樵、柳山聱叟、棉花道人、西堂扫花行者等，各有内涵。北京时期的"西堂扫花行者"之号，不仅由于与杜岕的诗歌来往，更是其人生情趣追求的寄寓。西堂是曹家北京住所的厅堂，《诗钞》卷一就有《五月十一日夜集西堂限韵》《西堂饮归》等诗。（后来江宁织造府中也有"西堂"。）《红楼梦》第 28 回贾宝玉在冯紫英家饮酒，有庚辰本眉批："大海饮酒，西堂产九台灵芝日也。批书至此，宁不悲乎？"又有甲戌本眉批："谁曾经过？叹叹！西堂故事。"③可见"西堂"包涵着许多曹家故事。

"扫花"一词，自王维《桃源行》诗句"平明闾巷扫花开，薄暮渔樵乘水入"以来，历代文人喜用，成为优美幽静的生活环境和高雅洁净的生活方式的符号，如杜甫"花径不曾缘客扫，蓬门今始为君开"（《客至》），张耒"漱井消午醉，扫花坐晚凉"（《文周翰邀至王才元园饮》）以及书中探春诗社启中的"若蒙棹雪而来，娣则扫花以待"（第 37 回）等，有的并且同道家隐居游仙内容相融合，如杜岕"武陵春晚地飞尘，纤草龙桃眼不真。我欲扫花埋主客，不留门巷引渔人"（《武陵绝句》），以及前引李白的"愿随夫子天坛上，闲与仙人扫落

---

① 参见兰良永《新发现后陶遗稿考察报告》。
② 参见刘上生《贾府的早期家奴和包衣曹家之痛》。
③ 陈庆浩编著《新编脂砚斋石头记评语辑校》，第 618 页。

花"等。当然，就其本义，"扫花"还自然地包蕴爱花爱美惜春甚或伤春情感以及由此引起的人事联想。如白居易诗"西宫南内多秋草，落叶满阶红不扫"（《长恨歌》），周邦彦词"春事能几许？任占地持杯，扫花寻路。泪珠溅俎。叹将愁度日，病伤幽素"（《扫地花·晓阴翳日》），吴文英词"恨凌波路钥，小庭深窈。冻涩琼箫，渐入东风郢调。暖回早。醉西风，乱红休扫"（《扫花游·春雪》）等。这种人事联想，往往与特定感情对象（多为女性）有关。应该说，曹寅自号"西堂扫花行者"，是包含着从生活情趣、审美追求到人事感悟的丰富内容的。他爱花，多有咏花之作。《诗别集》卷一有《咏花信廿四首》，一次咏二十四种花，应是早期作品，属于纯粹咏物诗。但这一时期的《咏荷述事》《咏红述事》等已有明显的个人情感寄托，直到康熙四十八年（1709）所作《过隐园》中"门巷逶迤扫落红，园林又换一番风。……无人更识嬉春意，聊共飞花叹转蓬"的爱情嗟叹（《诗钞》卷六）。随着思想的成熟，曹寅的爱花惜花同对女性不幸命运的关注联系起来，如："当户幽丛红滴滴，西风开遍断肠花。"（《诗钞》卷五《留题香叶山堂》）"秋风南浦无情极，十里飘红尽苦心。"（《诗别集》卷三《题画·莲蓬》）甚至出现了葬花意象："省识女郎全匹袖，百年孤冢葬桃花。"（《诗钞》卷四《题柳村墨杏花》）"前日故巢来燕子，同时春雨葬梅花"（《诗钞》卷六《题王翚月下杏花图》）。

这里特别要提出的是他为马湘兰所画兰花长卷三叠其韵写的三首题画诗，共 504 字。分别为《题马湘兰画兰长卷》《再叠前韵》《卷末一丛无叶施孝虔向言宣城山中产兰冬为樵人芟去春来发箭多类此不知香阁中何以知此荒寒色象也窃有感焉三叠前韵》，是《楝亭集》中仅有的叙事抒情长篇组诗。作者借咏画兰写明末名妓马湘兰的人格、才华和命运，从"丛兰十二摇春影"的绝美到"第一东风断肠花"的极悲。这一组诗作，已经具有"为闺阁昭传"的性质。作者热烈称颂马湘兰追求爱情幸福的勇气，严厉批判被追求男性的畏葸无能："琢玉难求并命人，艺香枉化空心草。""亘古仍余季布名，横刀哪见男儿死？"深切思考和关注女性悲剧命运的历史性和普遍性："亦知旷劫历尘沙，年年芟刈同凡草。"显示出曹寅这位"扫花行者"的情怀已经从单纯的爱美惜春变成为博大深厚的人文关怀，并且具有时代先驱者特有的女性节操崇拜和男性自省意识①,这是十分可贵的。人们不但可以从这里看到《红楼梦》"女清男浊论"和"金陵十二钗""薄命司""千红一哭,万艳同悲"形象构思的些许影像,更能鲜明感知从曹寅到曹雪芹的一脉相传相承。

年轻曹寅与遗民志士交往并自号"扫花行者"。曹雪芹在悼红轩中写作《红楼梦》,设计贾宝玉小时自号"绛洞花主"②,少年诗号"怡红公子"。林黛玉写作《葬花吟》,探春发起诗社"扫花以待",众人创作了许多咏花诗词。贾宝玉生辰芳官唱改易曲词"闲为仙人扫落花",群芳拈花名预示命运。芳官改名述及"土番家奴"事……这些难道只是词语和意象的承接?这是包含着民族情怀和悼红心性,包含着节操崇拜和奉献品格的包衣曹家的精神传承。

"闲为仙人扫落花",我们如此理解曹雪芹改曲词的深层用意,应该是符合实际的吧。

(此节原载顾斌、宋庆中主编《红楼梦研究》(二),香江出版社 2018 年版,有删节。)

## 第六节　世法平等一脉牵
—— 以曹寅《与曲师小饮和静夫来诗次东坡韵》为焦点的考察

### (《楝亭集》与《红楼梦》研究之五)

曹雪芹在《红楼梦》中借贾宝玉之口,提出"世法平等"这一极为重要的思想命题。这一命题与包衣曹家的精神传承有何关系,本节拟以曹寅《与曲师小饮和静夫来诗次东坡韵》③一诗为焦点,探索其间的线索脉络。

### 一　缘起:"呶呶驺卒谁可拟?"

依据曹寅的人生和思想历程,以康熙二十九年出任苏州织造为分界线,可以将其一生及其创作大体划分为前后两个时期。前期作品(主要集中在

① 参见刘上生《论贾宝玉的女性美崇拜意识及其人性内涵》,载《湖南教育学院学报》1985 年 6 期;《走近曹雪芹——〈红楼梦〉心理新诠》第五章。
② 见中国艺术研究院红楼梦研究所校注本《红楼梦》第 37 回。"绛洞花主"一作"绛洞花王",见俞平伯校订《红楼梦八十回本校本》,人民文学出版社 1958 年版;《周汝昌校订批点本石头记》。
③ 《诗别集》卷三。

《诗钞》卷一、卷二和《诗别集》卷一、卷二)与其童奴生涯和侍卫郎署生活相联系,颇多"魁垒郁勃于胸中"之气(曹寅《舟中吟》杜岕序)①;后期(主要集中于《诗钞》卷三至卷八,及《诗别集》卷三、卷四)由于生活的安定和地位的逐渐上升,创作亦渐趋于平和闲适。但是由于曹寅抱负理想与其身份地位和现实遭遇的矛盾不能也无法解决,这就不但使其后期部分作品依然充满"魁垒郁勃"之气,而且随着人生经验的积累和成熟而显得更为丰富深刻,因而始终保持着思想和创作的内在一贯性。正是这种一贯性形成了包衣曹家精神传承的重要特点。

收入《诗别集》卷三的《与曲师小饮和静夫来诗次东坡韵》(以下简称《与曲师小饮》)就是这样一首具有焦点意义和特殊价值的作品。全诗如下:

> 簿书无多苦无暇,解袜科头剩清夜。桂花怜我乘闲开,招饮不来愁日下。呶呶驺卒谁可拟,泛泛匏尊空自泻。西廊抚笛大有人,酬唱宁须论流亚? 平生厌诵小山赋,局促诗肠每饶借。安知金粟平等观,鼻端微参已深谢。荒凉共叹老官署,醉睡差堪傲茅舍。何惜轻栖花上尘,只愁尽啖盘中蔗。永夜谁怜促织悲,歌长遽觉垂杨怕。明朝欠伸过早衙,廿年幸脱长官骂。

参照其前后诗作年份,大体可以断定,此诗应写于康熙三十九年秋天。②

康熙三十九年(1700年庚辰),在曹寅一生中,不算很特别的年份。但前一年,康熙三十八年,意义却非同寻常。曹寅在该年花朝节(农历二月二十二日)所写《支俸金铸酒枪一枚寄二弟生辰》诗(《诗钞》卷三)中有"三品全家增旧禄"句,并注:"近蒙恩擢正三品食俸。"说明得到皇恩特赐加薪。当年皇帝第三次南巡,到南京,驻跸江宁织造署,是曹寅四次接驾的第一次。皇帝还特地接见了幼时保母,即曹寅嫡母孙氏,御书"萱瑞堂"赐之,成为曹家荣耀和当时盛事。曹寅友人多有题咏。康熙帝在祭明洪武陵寝后,下旨江苏巡抚宋荦和织造郎中曹寅会同监修明陵,并御书"治隆唐宋"四大字,交与曹

---

① [清]杜岕《舟中吟序》,见《楝亭集》。
② 参见胡绍棠《楝亭集笺注》,第483—487页。

寅制匾,悬置殿上,并行勒石,以垂永久。① 由此可见,康熙对曹寅的宠信和曹寅地位的不同一般。

然而,曹寅心态并不见好。除了给友人尤侗获御赐"鹤栖堂匾"所写的《鹤栖堂诗》(《诗别集》卷三)以外,这年的《楝亭集》作品里并没有留下南巡盛事的痕迹,相反,在那篇为尤侗所写的诗序和诗作里,却反复用"臣寅待罪东南""水曹细琐官拮据,知我尘垢非清癯"等自贬语句。② 并且在随后的康熙三十九年里,在写作《邀曲师小饮》前后,写下了另外两首诗题和意境都很特别的诗歌,两诗长题如下:

> 曩逢月令寒曹支给咸赖同舍榷税馈贻薪俸自赡余及故人庚辰仲秋筹饷愆期酒米之船复不至公私匮乏索逋成仇展书诵之得晁道元与天公笺阒然噱噱童仆惊愕因诡猥其事语以固穷之术且资同郡之一笑也(以下简称"曩逢月令"诗)

> 冬来为夙逋所累拉髯兄曝日堂前出扇得画图思世情不觉失笑遂题画端此紫雪庵主得力之偈也即以奉赠以为开岁笑柄(以下简称"冬来为夙逋所累"诗)

据诗题及《笺注》,前诗作于康熙三十九年仲秋后,后诗作于是年末。《与曲师小饮》编于后诗前,又有桂花之景,当也写于秋后。即正值支给拮据之时。如果说,前诗重在物资困窘之无奈,后诗却已转化为怀抱不平的抒发。

造成如此处境和心态的原因,曹寅没有说明。据康熙三十七年《巡抚安徽陈汝器奏销江宁织造支过俸饷文册》,"织造衙门官役家口等所需俸饷口粮及马匹所需米豆草束折银,皆按复核支付"③,曹寅且于次年"蒙恩擢正三品食禄",却为何会处于"公私匮乏,索逋成仇""冬来为夙逋所累"的困境?

---

① 参见周汝昌《红楼梦新证》"史事稽年",第 397—404 页。

② 见《诗别集》卷三《鹤栖堂诗并引》。按,"待罪"虽为官员任职自谦之词,但实际上往往包含自知有过、处境并不如意之意。如《史记·季布栾布列传》:"季布因进曰:'臣无功窃宠,待罪河东。'"司马迁《报任安书》:"仆赖先人绪业,得待罪辇毂下,二十余年矣。"范仲淹《滕君墓志铭》:"予时待罪政府,尝力辩之。"所谓"待罪"都有隐情,具见原文,得意者不会说"待罪"。

③ 参见故宫博物院明清档案部编《关于江宁织造曹家档案史料》,第 11—13 页。

这里的难言之隐,大体是两方面原因:一是接驾造成的亏空,二是曹家作为内务府包衣所遭受的额外勒索。前者影响巨深,贻祸于未来,后者则令当前苦不堪言。按,康熙三十七年分封诸皇子为王,"康熙皇子以江南织造衙门为其取钱取货的'庄号''代办处'"①,康熙四十四年皇帝曾有上谕:"谕三处织造官员人等:前久南巡,竟有不堪太监人等假借里边使用,骗取者甚多。至于回京,方知无耻之徒所为也。"可见这种情况早已存在,并很严重。② 皇帝南巡带给他的,除了一时的荣耀,只留下经济的拮据和精神的屈辱。何况织造府本非政府机构,一时热闹过后,更显出本来的荒凉冷清,织造作为皇帝家奴的本来面目也就显露无遗。这种反差带给他的刺激,也许就成为这首诗的创作动因。

诗题"邀曲师小饮和静夫来诗次东坡韵"涉及三个人物:一是邀饮的曲师,二是来诗的胡静夫,三是作者用其诗韵的苏东坡。曲师为谁?《楝亭诗笺注》"题解"谓为朱音仙,是明亡后流落的宫廷乐师,康熙三十二年后成为曹寅家班曲师③,但也可能是与其关系更长更密切的另一曲师王景文。④ 胡静夫是曹寅的明遗民朋友,多有诗歌唱和。曹寅与他们的交往显然有共同的感情基础。静夫交往更深,曹寅作于此诗前几年的《戏和静夫咏竹夫人用韵》诗,曾用"寻常极品锡青奴"之句,一语双关,抒发被压抑的内心极度不平(《诗别集》卷三)。此次和静夫来诗,却不用其韵,而是"东坡韵",说明曹寅对此"东坡韵"必定印象深刻,有强烈共鸣,这就是东坡写于黄州的《定惠院寓居月夜偶出》二首。因为其韵字对曹寅创作可能起某种刺激作用,为便于阐析,现将其第二首抄录如下:

> 去年花落在徐州,对月酣歌美清夜。今年黄州见花发,小院闭门风露下。万事如花不可期,余年似酒那禁泻。忆昔扁舟溯巴峡,落帆樊口

---

① 参见周汝昌《红楼梦新证》,第 396—473 页;《关于江宁织造曹家档案史料》载《八贝勒等奏查报讯问曹寅李煦家人等取付款项情形折》有胤礽总管灵普勒索曹寅、李煦银两之事。

② 参见中国第一历史档案馆编撰《曹雪芹家世史料》载康熙四十四年三月十九日康熙皇帝《着三处织造官员以后太监人等取要东西务须奏明事》上谕,《历史档案》2002 年第 2 期。

③ 参见《楝亭集笺注》,第 486、545 页。

④ 参见本书第七章第二节"曹寅的戏曲创作与活动"。

高·桅亚。长江滚滚空自流,白发纷纷宁少借。竟无五亩继沮溺,空有千篇凌鲍谢。至今归计负云山,未免孤衾眠客舍。少年辛苦真食蓼,老境安闲如啖蔗。饥寒未至且安居,忧患已空犹梦怕。穿花踏月饮村酒,免使醉归官长骂。①

此诗作于宋元丰三年(1080)春。这年二月,苏轼因乌台诗案贬官黄州,诗中流露人生失落、获罪忧惧、自慰无奈等极为复杂的消极情绪。曹寅集中颇多唱和之作,但用前人韵者不多。查《楝亭集》,仅有用少陵韵二次,用东坡韵三次。这当然表明作者对这二位诗人的特殊感情,包括艺术追求和某种心灵的契合相通。而在三次用东坡韵中,和他人诗作同时明确标示次东坡韵者,唯有《邀曲师小饮》一诗,这就不同于一般。东坡诗用去声“二十二祃”韵部,韵字不多,连写二首,句句对仗,是逞才之作。曹寅敢于次韵,显示了他的才气。但我以为更重要的是他感到自己“待罪东南”与“水曹细琐官拮据”的处境与心情,与贬官黄州、自嘲“逐客不妨员外置,诗人例作水曹郎”的东坡有某种相通共鸣,这种共鸣就是被压抑不平而又企图在饮酒听曲中寻求自我放松解脱。《邀曲师小饮》是曹寅少有的一首直面包衣奴仆人生的作品。我以为,正是东坡诗韵尾的“长官骂”三字勾起了他对屈辱往事的回忆,“呶呶驺卒谁可拟”,抚今思昔,激起了内心的波澜,“次东坡韵”的写作也许即由此而来。

## 二　聚焦:“安知金粟平等观”

次韵是一种束缚自我的写作方式,诗人不得不把自己的抒情和叙事次序打乱以屈从用韵要求。这样,当人们解读时,就必须把这种被打乱的次序梳理出来。梳理《邀曲师小饮》诗作,我们看到如下内容:有对二十年前宫中仆役岁月的回忆,有对包衣奴仆地位的感叹,有才华抱负被压抑的不平,有平等理想破灭的悲凉。而这一切,都笼罩在织造署秋夜冷清对饮的气氛和无可奈何、自我宽解的心境描写中,总体情调与所次韵之苏诗极为相似。平心而论,艺术境界不如苏诗,但其中蕴含信息之丰富深沉却非苏诗可比。

---

① ［清］王文诰辑注《苏轼诗集》卷二十,中华书局 1982 年版,第 1032—1034 页。

全诗大体可分三层。

首六句是对织造生活和地位的描述。作为内务府的派出机构，除了供应皇宫织物需要和完成某些特殊使命，织造职务是清闲的。然而，曹寅在这里并不感到轻松。这不只是因为自称"我本放诞人"的个性与官署官仪的矛盾，最主要的是虽然身为五品内府郎中，享三品俸禄，实际上却仍然是被人轻贱的包衣奴才。就以接驾来说，表面上看起来，曹寅可与江苏巡抚宋荦并列领旨，但实际地位完全不同，宋荦是朝廷命官，曹寅是皇室家奴。"呶呶驺卒谁可拟"一句分外沉重，是全诗的关键句。呶呶，呼唤之词。驺卒，养马的仆役，后泛指从事仆隶贱役之人。清赵翼《题旅店壁》诗："舆夫驺卒纷肩摩。"今成语"贩夫驺卒"皆此义。他们在传统的职事观念里，当然是地位低下之人。曹寅回忆往事及与纳兰性德交往，有"束发旧曾为狗监""马曹狗监共嘲难"的诗句，又《送袁士旦游吴下诗二首》有"五湖归亦好，杂沓马曹官"之语，在劝勉中以"马曹官"自嘲。① 又《南辕杂诗》有"旧日佽童半服官"之句，"佽童"旧有"养马人"之义②，可见"驺卒""马曹"决非无根之语。再联系流传甚广的西游故事中孙悟空因官封"弼马温"大闹天宫的事件，曹寅此诗句中包含的因其"包衣下贱"身份地位被歧视压抑的悲愤不难体会，这正是本诗抒情之根由。

次六句为第二层，以听曲师吹笛为引子，进一步抒发内心积郁。此层意蕴特别丰富。"平生厌诵小山赋，局促诗肠每饶借"，是写自己被压抑的怀抱。"小山赋"，《楝亭笺注》谓指晏几道《小山词》，"以婉丽见胜而境界狭隘"。但此处并无音韵限制，为何要将《小山词》改称《小山赋》？ 没有理由，而且无此改法。《小山赋》实有此作，唐太宗李世民作，还有其嫔妃徐惠《奉和御制小山赋》，一并收入《全唐文》。③ 赋作于贞观二十一年（647）初夏，"小山"是终南山翠微宫中的一座假山。当年两人漫步于此，留下作品。太宗"想蓬瀛兮靡觌，望昆阆兮难期。抗微山于绮砌，横促岭于丹墀。启一围而建址，崇数尺以成岯。既无秀峙之势，本乏云霞之姿"，感叹"何纤

---

① 《诗别集》卷二《送袁士旦游吴下二首》。

② 《诗钞》卷五《南辕杂诗》第二首。参见刘上生《曹寅童奴生涯探析》。

③ ［唐］李世民《小山赋》，见《全唐文》第一部卷四；［唐］徐惠《奉和御制小山赋》，见《全唐文》第一部卷九十五。

微之同景,亦卑细以相成。于是换浮欢于沉思,赏轻尘于胜地。俯蚁垤
而有余,仰终南而多愧",以帝王情怀表达对纤微卑细之美的评赏。徐妃
和作,则称颂太宗"惟圣皇之御宇,鉴败德于前规。裁广知以从狭,抑高
心而就卑","虽蓬瀛之蕴奇,故未留于神睇。彼昆阆之称美,讵有述于天
制。岂若数箦之形,托于掖庭。俯依绮槛,仰映朱楹。耻岩廊之鄙薄,荷
眺瞩之恩荣",暗寓卑狭之物(包含嫔妃自身)对皇恩的仰仗依附。然而,
这种匍匐于皇权下的卑微格调却遭到身为皇室家奴的曹寅的厌弃。曹寅喜
爱雄伟的自然景物,并用以寄托胸怀抱负。他亲手编定的《楝亭集》卷首诗
开篇即是"我有千里游,爱此一片石"。"一片石"指的是雄踞于长江边的燕
子矶石崖。"浮光自容与,天风鼓空壁","回峦隐别峰,鸟道贯罅隙。接手上
巉崖,宛转儿千尺"[1],即使是抒发被奴役的羁囚之愤,他也以圈虎、笼鹰、病
鹤、孔雀等气概非凡之物自比[2],绝不认同于卑微纤弱,表现出"身为下贱,心
比天高"的英豪气质。这位内府包衣奴才竟然单挑出古代明君贤妃之作,以
"平生厌诵"这样的重词加以否定,既在他个性情理之中,也不可谓不狂妄甚
至悖逆,真是"醉里狂言醒可怕"[3]。其原因,就在于他所感受的压抑,过于强
烈痛苦,使他有一种一吐为快的冲动。在这种情势下,他难以抑制地发出了
反奴役的平等理想的呼唤。

曹寅自云:"吾少寄名浮图氏,颇习其书。"(《重葺鸡鸣寺浮图碑记》,《文
钞》)深受佛家影响。在离家入职、心情压抑之时,逃禅往往成为寻求心灵抚
慰的方式,"终年郎署反安禅","竟欲逃禅绝喜悲"[4]。但"安禅""逃禅"无论
从内容还是态度说,都是消极的,然而曹寅对佛理更有积极的吸收,《与曲师
小饮》诗第一次揭橥"金粟平等观",将其当作理想信仰,意义非凡。"众生平
等"是佛教的基本观念,也正是备受压抑歧视的百年包衣曹家的人生梦想。
任继愈《宗教词典》释佛家平等观云:

---

① 参见《诗钞》卷一《坐弘济石壁下及暮而去》及《诗别集》卷二《暮游弘济寺石壁回宿观
　　音阁中》。
② 参见刘上生《走近曹雪芹——〈红楼梦〉心理新诠》第三章第二节,第179—183页。
③ 《苏轼诗集》卷二十《定惠院寓居月夜偶出》之一。
④ 参见《诗钞》卷一《冲谷四兄寄诗索拥臂图并嘉余学天竺书》及《诗别集》卷二《病中冲
　　谷四兄寄诗相慰信笔奉答兼感两亡兄四首》。

意谓无差别，或等同。指一切现象在共性或空性、唯识性、心真如性等上没有差别，此谓"平等"。《往生论》注："平等是诸法体相。"由此所达到的智慧，应无所分别，主观和客观也无区别。此谓"智平等"。对于众生，也应等同视之。不应有高低、亲怨的区别，在值得怜悯和具有佛性上，平等无二。此之谓"众生平等"。《金刚经》："是法平等，无有高下，故名无上正等菩提：以无我、无众生、无寿者，无更求趣性，其性平等。"①

其实，佛家强调生命权利和成佛权利平等的"众生平等"观②未必能够解决包衣曹家的根本诉求，但它终究包含着一种令人向往的高悬的伦理理想。前面写曲师抏笛，"酬唱宁须论流亚"之句，是对等级歧视的否定，而"厌诵小山赋"是因其所持有的高宏卑狭之论，诗句中都隐含着平等价值观的追求。可是，包衣奴役身份和官僚等级制度的残酷现实压迫与佛教平等观念尖锐对立，轰毁了他的平等理想追求，"安知金粟平等观，鼻观微参已深谢"二句，就是信仰破灭的悲哀。金粟，金粟如来之简称，代指佛家。鼻观微参，是佛教观想修炼方法，《楞严经》谓为"观鼻端白"③。谢，拒绝。这两句诗的意思是，谁还知道佛家的众生平等教义呢？信仰和修炼早已被抛弃了。全诗的悲剧情感在这里达到了高潮。

后八句是第三层，转入无可奈何的自我宽解。在荒凉官署的长夜中，以听曲和醉睡苦中寻乐。不同于苏轼原作语多白描，曹寅步韵诗多用暗喻或典故，而且几乎一句一转，表明其心情越来越复杂沉重。"花上尘""盘中蔗"各有所喻④。"促织悲"暗用杜甫《促织》诗意。"垂杨"疑用陈允平词调名。

---

① 参见任继愈主编《宗教词典》，上海辞书出版社 1981 年版，第 249 页。

② 参见夏金华《论佛教平等观的独特性及其表现与影响》，载《华东师范大学学报》（哲学社会科学版）2009 年第 3 期。

③ 《楞严经》卷五："孙陀罗难陀，即从座起，顶礼佛足，而白佛言：我初出家，从佛入道，虽具戒律，于三摩提，心常散动，未获无漏。世尊教我，及俱希罗，观鼻端白。我初谛观，经三七日，见鼻中气出入如烟，身心内明，圆洞世界，遍成虚净。犹如琉璃，烟相渐销，鼻息成白，心开漏尽。诸出入息化为光明，照十方界，得阿罗汉。"

④ "何惜轻栖花上尘"，出唐皎然僧《白云上人精舍寻杼山禅师兼示崔子向何山道上》诗"世事花上尘，惠心空中境"句意；"只愁尽啖盘中蔗"反用"食蔗渐入佳境"典故（《晋书·文苑传·顾恺之》），谓能享受的日子不长，比彭孙通"析醒更有盘中蔗，拚醉如泥兴未残"（《松桂堂全集》卷十四）更觉悲凉。

其实,"垂杨"与"促织"也可以看作春秋景物对举,引起悲惧种种情感。① 这些转折最后通向结尾二句"来朝欠伸过早衙,廿年幸脱长官骂",既充满现实感慨,又包含往事回忆。廿年是个约数。曹寅自康熙八年 12 岁进京入侍康熙,从"佩笔充侍从"到在鹰鹞处当差,"束发旧曾为狗监",到在銮仪卫当差,至"比冠"(康熙十七年前)擢仪正,得任正五品职官,并于康熙二十一年(25岁)前兼任正白旗包衣第五参领第三旗鼓佐领。② 在此前做底层奴仆的日子里,备受欺凌压迫。次东坡韵诗最末的"长官骂"三字,隐藏着无数屈辱辛酸,看似自我宽解,实则分外沉重。因为虽然"幸脱长官骂",却无法摆脱"驵卒谁可拟"的卑贱身份地位,这又与第一层相呼应。从其内涵看,"长官骂"描述等级制度压迫,"驵卒拟"彰显包衣制度奴役,曹寅是这不合理的双重压迫制度的受害者,语词的概括性是很强的。

统观全诗,我们可以看到,这首以"邀曲师小饮"为背景设置,以"和静夫来诗次东坡韵"为形式依据的作品,实际上是曹寅以包衣奴才身份和织造生涯为内容的自我抒愤诗。它包含三个情感波澜,线索如下:

> "拟驵卒"的现实处境——"平等观"的理想追求——"长官骂"的往事创伤。

从结构上看,全诗以平等理想的追求和破灭为抒情高潮,"拟驵卒"和"长官骂"为其两翼,并作为高潮的铺垫。环境背景则是南巡接驾后的荒凉官署、拮据困境和屈辱心情,由此凸现出平等理想与奴役压迫现实的矛盾冲突的主题。如此鲜明直接而毫不掩饰地呈现这一矛盾冲突,在曹寅的诗作中极为罕见。

一面是沐浴皇恩、升级加俸,受着南巡接驾的荣耀恩宠;一面是抑郁愤懑、沉重悲凉的异调悲声。平等理想的呼唤与破灭,低回曲折、欲说还休的

---

① ［唐］杜甫《促织》:"促织甚微细,哀音何动人。草根吟不稳,床下夜相亲。久客得无泪,放妻难及晨。悲丝与急管,感激异天真。"［清］浦起龙《读杜心解》曰:"哀音为一诗之主……在作客被废之人为尤甚。"陈允平,南宋末元初人。词集《日湖渔唱》有"垂杨"调,本咏垂杨,即以为名。后半阕云:"还是清明过了,任烟缕露条,碧纤青袅。恨隔天涯,几回惆怅苏堤晓。飞花满地谁为扫? 甚薄幸,随波缥缈。纵啼鹃,不唤春归,人自老。"似有家国之思。但古代咏垂杨的诗词寄寓极多,似也不必胶着于此。

② 参见方晓伟《曹寅评传年谱》,第 294—306 页。

复调抒情,作者不和谐的心态和双重人格表现。这一切,自然使得《与曲师小饮》诗作成为深入理解曹寅精神世界和包衣曹家精神传承的重要焦点。

### 三 延伸:"勿平嵁嶬平人心"

《与曲师小饮》一诗的焦点意义,不仅在它自身内容的高度概括和浓缩,而且在于它成为曹寅诗歌中平等理想追求的强烈信号,前呼后联。作为一种创作的聚焦,既包涵着深厚的家族历史和个人情感积淀,又产生了对以后创作的深刻延伸影响。

从《楝亭集》的自我抒情线索看,它是曹寅以往诗歌理想与现实冲突,抒不平之愤主题的新起点。

此前,这一主题大体沿着叹行役之苦—抒羁囚之悲—写不材之愤的线索,反映着曹寅自我意识的逐步觉醒。这种觉醒,与他对包衣家世和地位的认识逐步深化同步,他的身心充满着奴性人格与反奴人格的矛盾。[1] 他不幸生于满洲世代包衣之家,但在曹氏家族的集体记忆里,他们有值得骄傲的祖先,是汉平阳侯曹参、宋武惠王曹彬、明安国公曹良臣等历代汉民族王朝开国元勋的后裔,是明朝世袭沈阳中卫指挥使的子孙。明末没满为奴的民族劫难和家族劫难使他们的命运发生了根本转折。曹寅多次描写过这一悲剧变迁:"白日无根月有窟,奕世身名悲泯没。"(《呼卢歌》,《诗钞》卷一)"枣梨欢馨头将雪,身世悲深麦亦秋。"(《病中冲谷四兄寄诗相慰信笔奉答兼感两亡兄四首》,《诗别集》卷二)"奴马移家乘,庖厨载野烟。"(《登署楼适培山至用东坡真州诗韵同赋》,《诗钞》卷四)因为这是包衣曹家世代痛苦之源。其中《登署楼》一首中的"培山",即顾昌,是曹寅舅氏顾景星之子。景星妹即曹寅生母顾氏,学者已考证顾氏是在清兵南侵时举家流离中被掳成为曹玺侍妾的[2],所以"奴马移家乘"二句实际上包含父系与母系两家悲剧内容。

由于年幼即入宫当差为奴,曹寅对自己的包衣身世有一种特殊的敏感。少年侍卫扈从康熙帝来到北京西山名胜,心境竟如此悲凉:"风露卧中宵,车马日枕藉。愧与名山邻,羞践世人迹。郁郁黄尘间,狂吟聊自适。"(《读梅耦长西山诗》,《诗钞》卷一)叹行役之苦外,更有一种深深的自卑。无法改变身

---

① 参见本书第一章。
② 参见朱淡文《红楼梦论源》,第 46—53 页。

份命运,他只能如此宽慰弟弟:"莫叹无荣名,要当出篱樊。"(《黄河看月示子猷》,《诗钞》卷一)然而,祖先的荣耀和自身良好的禀赋又激发了他的宏大抱负和自信,并与现实生活的屈辱压抑发生了剧烈碰撞,于是,抒不材之愤就成为作品一个重要主题:"寂寞一杯酒,消磨万古才。"(《与从兄子章饮燕市中》,《诗别集》卷一)"平生道路无车舟,雨虐风欺到白头。"(《顺风宿迁有感》,《诗别集》卷七)。而"云霾深地肺,虎豹据天津"(《北行杂诗》,《诗钞》卷一),"见说暮云双阙里,夕阳岑寂万鸦高"(《木孩至题一捷句》,《诗别集》卷二),"长安近日多蓫草,处处真花似假花"(《子猷摘诸葛菜感题二捷句》,《诗别集》卷二)等充满暗喻的诗句则强烈感愤现实的不平。

经历过童奴生涯,从充当侍卫、任职郎署到出任织造,数十年的历练,使曹寅更成熟也更深刻了。他终于体会到,与君王的个人关系并不可靠,制度和现实造成的压迫奴役,即地位人格的不平等是痛苦的根源,他期望从自己信仰的"金粟平等观"中找到慰藉和思想武器。虽然作为对抗现实的力量,它是微小的,但此后却成为曹寅"明知其不可而为之"的坚韧意志和诗歌抒情的思想支撑,并成为包衣曹家的重要精神传承。

沿着这条线索,我们看到,《邀曲师小饮》一诗对平等理想追求和对奴役不平批判的主题,延伸到不久后(康熙三十九年冬)所作的《冬夜为凤逋所累》一诗,把《邀曲师小饮》的主题提到批判"不平"制度的新高度。

前文已经提到,康熙三十九年秋冬,曹寅前后几首诗都显示出一种另类情调,而这几首诗都没有被他直接收入《诗钞》,却保存在《诗别集》里。其中紧承其后的《冬来为凤逋所累》诗,被他自称为"紫雪庵主(曹寅别号)之偈",尤其重要。前文已引数句,今录全诗如下:

> 道贫已不见,身贫众乃惊。我本放诞人,聊复遣此情。左厢蓄声伎,右壁图蓬瀛。中堂泛鲍樽,日夕醉还醒。古来贤豪士,怀抱恒不平。贵贱使之然,区区无近名。如此亦云乐,毋为造物轻。

可以看出,从《邀曲师小饮》到此诗在内容和情感表达上一脉相承的联系。不同的是这里较少具象情境,更多世情和哲理思考,深化了前诗的认识。前诗含义抽象模糊的"金粟平等观",在这里转化为否定"贵贱""不平"的社会人生追求;前者仅仅限于个人身世遭遇的奴役压迫之愤,在这里扩展为具有普遍意义的等级制度批判。"我本放诞人,聊复遣此情"对个性自由的追求、"古来贤豪士，怀抱恒不平"的超越性审视、"贵贱使之然，区区无近名"的鞭辟入里的揭露批判，平等理想与不平现实的矛盾因而具有更高的概括性。我们完全可以把《冬来为凤逋所累》诗作为《邀曲师小饮》诗的延伸，作一体性阅读。

他更多地感受和书写不平。在另一首和胡静夫的诗中，他借咏竹夫人感叹"寻常极品锡青奴"，不平之气喷涌而出。他的石癖更寄托遥深，"顽荒一剖绝无用，兴云出雨腾蛟螭"（《寄题顾书宣编修赈酒石》，《诗钞》卷四），康熙四十一年的这首题石诗中第一次出现"兴云出雨"的顽石遭"无用"之弃的寓意形象。

康熙四十二年秋，曹寅在《金缕曲》词中又一次直接表达了他的平等理想①。全文如下：

### 金缕曲·七月既望，与梦庵西堂步月口占述怀

覆足绨衣冷。睡难安，老蕉索索，乱翻风影。起护檐牙双白朵，弹指西窗回回。夜半也，澜生古井。上下纵横无可说。搅刁骚，四际秋虫醒。吟样苦，不堪逞。　蒋山月晒青梧顶。烂银盘，一堆狼藉，满园烟景。顽极坡陀如聚墨，颠倒花冠欠整。猛慧业，惺惺自省。我愿金篦重刮膜，变颜黎世界成平等。哑然处，意深领。

无独有偶，人们在这里又发现了曹寅和友人与他仰慕的苏东坡的遥远呼应，前后《赤壁赋》中的"七月既望""步自雪堂""仰见明月"等意境仿佛重现。但曹寅显然没有苏轼那种对清风明月美景的陶醉和自我解脱的豁达，他的心境沉重复杂得多，整首词充满了对环境和心情的暗喻。"妾心古井水，波澜誓不起"（孟郊《烈女操》）典故的反用，以及"无可说""不堪逞"的压抑和郁愤，显示了一颗不甘屈服甚至不愿愚忠的灵魂的强烈躁动。月光下"狼藉""聚墨""颠倒"的乱象，正是人间不平的投影。"变颜黎世界成平等"才是他的理想。但曹寅无法改变现实，最后只好向佛理寻求心灵平静。"金篦刮膜"，典出《涅槃经八》："有盲人为治目，故造诣良医。是时良医，即以金

---

① 樊志宾《〈同事摄诗集〉与曹寅研究》据新发现的梦庵禅师《同事摄诗集》《同事摄绿萝词》涉及曹寅及其家族的八首诗词，确定曹寅《金缕曲·覆足衣冷》写作于康熙四十二年七月十六日。文载《曹雪芹研究》2011年第一辑。

箆刮其眼膜。"或以此故事喻去除障碍,使心地明净。杜甫《谒文公上方》诗:"王侯与蝼蚁,同尽随丘墟。愿闻第一义,回向心地初。金箆刮眼膜,价重百车渠。无生有汲引,兹理倪吹嘘。"①但杜甫后来并没有接受"第一义"佛家"空"观的"吹嘘",曹寅的"意深领"也只是暂时解脱,连他不久后写给梦庵和词中的"何时去,暂担椰栗过层峦"②的表态也无法做到。这是一首碰撞剧烈、悲剧色彩浓厚的词作,结尾与苏赋颇有异曲同工之妙,而"变颇黎世界成平等"却成为这首词具有超越性意蕴的闪光点。

作于康熙四十九年的《避热》组诗十首,是借题发挥、感事忆昔、抒发感慨的时政抒情诗。其中第四首借咏兰花,批判官场政治正直难行、进身无路、等级森严:"一叶秋兰一箭花,当门休怨直如麻。无媒径路生憔悴,有类江蓠别等差。""无媒"借杜牧诗喻现实困境③,末句取自杨万里《三花斛三首右兰花》诗:"江蓠圃蕙非吾耦,付与骚人定等差。"曹寅别赋深意,因为"等差"正是对"平等"理想的反动。对于这一组诗,本章第四节专论。

"平等"理想追求和曹寅的人格矛盾在康熙五十一年即他生命的最后一年达到了高峰。这一年,曹寅一方面写了《畅春苑张灯赐宴归舍恭纪四首》《正月二十九日随驾入侍鹿苑二月初十日陛辞南归恭纪四首》这种少有的颂圣之作,另一方面又写了两首极富批判锋芒的长诗直抒胸臆,一首是在扬州书局所作《书院述事三十韵答同人见投之作兼寄前书局诸君及汇南于宫绮园》(以下简称《书院述事》),另一首则是咏物诗《巫峡石歌》。④ 如果说,《书院述事》主要通过对官场的厌恶和与书局友人的情谊揭示儒家道义理想与现实的尖锐矛盾,具有时政议论诗的一般特点("盲聋践积疵,暗残茹奇蛊。经义与治事,枘凿两鉏铻"),那么,《巫峡石歌》则因完全贴近自我,借咏物顽强地表达与现实奴役对立的平等理想追求而大放异彩。诗人首先借补天神话抒发被长期压抑的不材之愤:"娲皇采炼古所遗,廉角磨礱用不得。"过去多次的借石抒愤在此得到进一步发挥,从单纯的被弃,变成主客观的对立和

①　[清]曾国藩编纂《十八家诗钞》,岳麓书社1991年版,第351页。
②　《词钞》,《步月·和梦庵归山见寄韵》。
③　"无媒"句取自杜牧《送隐者一绝》:"无媒径路草萧萧,自古云林远市朝。"又,唐孟迟《寄浙右旧幕僚》:"由来恶舌驷难追,自古无媒谤所归。"
④　上引诸作,均见《诗钞》卷八。

碰撞。接着，作者三次抒发平等理想：一是借改造自然呼吁"铲削嵝巇作平地"，作为总体寓意；二是从哲理高度阐述"哀多益寡古则然，黔娄岂合长贫者"，希望通过实现物质财富的平等，来改变人们社会地位不平等的状况；最后的警句是"石上骊珠只三颗，勿平嵝巇平人心"。平人心，指的是人心中具有平等观念。正是等级奴役制度对人的压迫歧视造成了不平等观念。这样，曹寅就把问题的核心赤裸裸地揭示出来。《邀曲师小饮》诗中被现实悲愤地"深谢"了的金粟平等观，在曹寅暮年被再次强烈地凸现出来。因为这是包衣曹寅的最大最终人生理想，也是世代为奴的包衣曹家最重要的精神传承。

几个月后，曹寅的生命画上了句号，他的充满了矛盾的人生追求也戛然而止。然而，包衣曹家的精神接力棒却被孙子曹雪芹接了过去，在他的人生和《红楼梦》中获得了永生。

## 四 "世法平等"：继承和超越

《邀曲师小饮》虽然是一首小诗，却由于聚焦效应，产生了相当大的辐射能量，以至于现在人们仅仅拿这首诗和《红楼梦》及其作者相对应，也可以看到曹寅与雪芹祖孙之间的精神联系。例如，曹雪芹"高谈雄辩虱手扪"（敦诚《寄怀曹雪芹》）的自由个性表现，与曹寅诗中"解袜科头"的"放诞人"（《冬日为凤逋所累》）形象的一脉承接；又如，敦诚《佩刀质酒歌》中描写的曹雪芹"知君诗胆昔如铁，堪与刀颖交寒光"的豪壮诗风，与曹寅"平生最厌小山赋，局促诗肠每饶借"的风格追求高度一致，乃至《巫峡石歌》与《红楼梦》构思的内在联系等等，这些相似性都绝非偶然，而是有着深刻的内在沟通。① 在这里，我们特别关注的，还是其精神内核——反奴文化理想即平等观的传承。

中国古代反奴文化来源复杂多元。儒家文化的本质是维护等级制度的，但处于在野地位的原始儒家高扬伦理人格理想，并不屈服于权势。墨家反对儒家的"爱有等差"，主张"兼相爱，交相利"。道家文化，特别是其中的隐士文化，强调精神自由和个体人格，对抗帝王威权，具有可贵的反奴内容。所以曹雪芹在小说第 2 回借贾雨村之口，把许由、陶潜、阮籍、嵇康等当作他

---

① 参见刘上生《走进曹雪芹——〈红楼梦〉心理新诠》第一章、第三章，《曹寅童奴生涯与红楼梦反奴文化创造》。

所称颂的正邪两赋之人的代表。但是，在近代民主思想传入之前，真正从哲学和人的本体观高度宣扬平等观念的，只有佛家，这就是曹寅诗中所说的"金粟平等观"。虽然在与现实的冲突中，他感到失望，"鼻端微观已深谢"，但他始终坚持平等理想追求，也终生信佛不倦，直到生命终点。①

曹雪芹接过了祖父"金粟平等观"的信仰，通过《红楼梦》主人公贾宝玉之口，张扬"世法平等"，并努力实践、继承和完成着包衣曹家的反奴精神追求。

表面上看，贾宝玉是在一种很轻松的气氛中提出这一严肃命题的。第41回"栊翠庵茶品梅花雪"，贾母一行人进入栊翠庵，妙玉端茶招待。妙玉将宝钗、黛玉引入耳房，宝玉跟随，因见妙玉斟茶茶具不同，引起议论：

> 常言"世法平等"，他两个就用那样古玩奇珍，我就是个俗器了。

关于妙玉给三人不同茶具的用意，论者多有分析，不在此处议论范围之内，值得注意的是"宝玉留神看他是怎么行事"这一句，实际上涵盖了此时妙玉的所有作为。这位生性高傲的年轻女尼，事实上是很懂得怎样按照地位尊卑、感情亲疏去待人的，哪里有一丝"万境皆空""是法平等，无有高下"的佛门子弟的气味？作者的批评意味是很清楚的。但其主要矛头却并非指向妙玉，而是要通过宝玉"世法平等"的话突出与贵贱等级观念对立的平等观念。这在随后宝玉要求留下成窑盖盅的话里就表达得很明白：

> 宝玉和妙玉陪笑道："那茶杯虽然脏了，白撂了岂不可惜？ 依我说，不如就给那贫婆子罢。他卖了也可以度日。你道可使得？"

一个炙手可热的富贵公子向寄居他家的年轻女尼陪笑求情，这不是低声下气，也不是一般的惜老怜贫。人各有所需，物各有所用，不可以富贵骄人，不可以贫贱轻人，这就是符合佛理的"世法平等""众生平等"。这是只想躲进佛寺尼庵为自己消灾的妙玉小姐无法企及，而只有博爱众生的贵族少爷贾宝玉才可能具有的佛性。宝玉是这样说的，在他力所能及的范围内，也是这样做的。他的充满孩子气和异端气息的"女清男浊""泥水骨肉"说，从

---

① 参见方晓伟《从新发现的梦庵赠曹棟亭诗看曹寅和曹雪芹的禅宗情结》，载《曹雪芹研究》2014 年第三辑。

宝珠、死珠到鱼眼睛的"女儿三变"说,都是人性本体论对传统贵贱贫富等级观念的否定。他同情和尽可能保护被欺凌的丫头:"怨不得芳官,自古道物不平则鸣。他少亲失眷的,在这里没人照看,赚了他的钱,又要作践他,如何怪得?"(第58回)"世法平等"就是反对一切不平的思想武器。他能以近乎平等的态度对待下人。他的生日,特别嘱咐:"大家取乐,不可拘泥。"不止是怡红院里的大小丫头,连贾琏的小厮兴儿都说他"没刚柔,有时见了我们,喜欢时没上没下,大家乱顽一阵;不喜欢各自走了——因此没人怕他,只管随便,都过的去"(第66回)。他更把《芙蓉女儿诔》的崇高礼赞敬献给"心比天高,身为下贱",不屈从于"谁又比谁更高贵些"的不平现实,终被迫害而死的女奴晴雯。在等级森严、以礼治家的贾府,这当然是另类和叛逆的。

作为"世法平等"的实践,他有解放奴婢的打算:"宝玉常说,将来这屋里的人,无论家里外头的,一应我们这些人,他都要回太太全放出去,与本人父母自便呢。"(第60回)按:"全放出去与本人父母自便"句后有庚辰双行夹批:"补前文不足处。"①可见他确有此计划。解放奴婢,意味着靠人服侍的贵族生活的结束,这是贾宝玉生存方式的革命性变化。虽然在后面的故事中贾府被抄,情节没有发展到这一步,但其中包含的信息已经足够分量了。须知,这正是包衣曹家的世代梦想,也是其后代子孙曹雪芹终生努力追求的目标。曹雪芹通过其理想人物贾宝玉的口,做了预期,正是对"世法平等"的呼应。

曹雪芹继承了包衣曹家的优秀精神和历史文化传统,包括来自佛家的思想营养。但曹雪芹不同于"少信浮图"的乃祖,他是一位伟大的思想家和艺术家。他在小说中对现实世俗佛道寺观的虚伪欺骗进行严肃批判的同时,对深邃博大的佛教哲学精华进行了充分的改造融合吸收。他把整部小说构思置于"因空见色,由色生情,传情入色,自色悟空"这一经过改造的带有佛学色彩的新型哲理框架之中,使之具有无穷意味。

试对照佛—曹观念如下(一):

> 色不异空,空不异色。色即是空,空即是色。(《般若波罗蜜多心经》)

---

① 陈庆浩编著《新编石头记脂砚斋评语辑校》,第631页。

　　　　因空见色，由色生情，传情入色，自色悟空。（"空空道人"语）

　　"空、色、情"观虽然不能完全摆脱"色空"观的理论思维，但却用"情观"实际上否定了"空观"。"情空矛盾"由此成为曹雪芹对人类精神命运的终极思考的独创性命题。①

　　《金刚经》云："是法平等，无有高下。"对此，佛教界后人有各种解释。曹雪芹通过贾宝玉把佛经的"是法平等"改造成为"常言世法平等"，不但符合贾宝玉不信神佛，有时还"毁僧谤道"的性格，更能以公理形式直接揭示佛教"众生平等"观念的核心内蕴。"法"即世间一切事物。这是巧妙的"为我所用"。

　　试对照佛—曹观念如下（二）：

　　　　是法平等，无有高下。（《金刚经》）
　　　　常言说"世法平等"。（贾宝玉语）

　　这不是简单的一字之改的文字游戏，"是法"含义笼统，"世法"着眼于现实人生，曹雪芹更特别通过"常言说"三字，把纯粹的佛教信仰，改造成具有"普世价值"的公理常识，它更准确地传达了曹雪芹的"平等"理想，不是佛性平等，而是现实的生命和人格平等。这种思想和语言的创造性完全突破了原来的宗教藩篱。

　　所以，简单地用"禅宗情结"解说曹寅是可以的，但用以解说曹雪芹则是不恰当的。"世法平等"一脉牵，曹雪芹继承了包衣曹家反抗奴役、追求平等的精神理想，而使其达到了新境界。从历史范畴看，曹寅的"放诞"人格和平等理想还属于旧时代的，而曹雪芹却超越了那个时代，他的理想，包括平等、自由和爱，有着属于未来的因子，其意义无可限量。

## 第七节　曹寅童奴生涯与《红楼梦》的反奴文化创造
### （《楝亭集》与《红楼梦》研究之六）

　　《红楼梦》的反奴文化创造，是曹雪芹的卓绝贡献。它与作者的包衣家世的内在联系，是显而易见的。但正因如此，人们等闲视之，至今研究还很

---

① 参见刘上生《走近曹雪芹——〈红楼梦〉心理新诠》第五章第三节。

不充分,甚至存在一些认识盲区和误区。曹寅童奴生涯研究就是一个这样的问题。本人认为,这一论题对于实现"曹学"与"红学"的沟通很有意义。

## 一　"童奴生涯"命题的意义和内容

曹寅童奴生涯,是指曹寅从作为包衣子弟年幼入宫当差到成年的这一段人生历程,它是曹寅早期生平的一个重要阶段,过去或称为"少年侍卫"时期。之所以要提出"童奴生涯"这一命题,是为了正确揭示曹寅这一阶段生平活动的本质内容,突出曹寅作为包衣奴役制度和童奴制度双重受害者的人生经历特征。

童年是人生的起点,对于曹寅,入宫当差更是他离开家庭走进社会的真正起点,它对曹寅思想性格的形成乃至人生轨迹有着极其重要的影响。关于这段经历,曹寅及其友人留下了许多材料,学界也对此进行了一些探讨。目前来看,这方面的研究还是很不够的,并且存在某些认识误区。迷误主要来自两个方面:一是由于忽视清代童奴制度的存在,否认曹寅年幼入宫当差的事实;二是由于忽视包衣制度的人身奴役和等级压迫性质,把曹寅的入宫生活简单化或理想化。

作为研究的事实基础,童奴生涯起点和经历应该以曹寅的自述性材料作为基本依据。首先是起点研究。目前,关于曹寅早期生平中入侍康熙年岁"少年说"与"成年说"的争论①,其实质就是是否能确认曹寅童奴生涯的事实。"成年说"的主要依据是清代包衣子弟成年(18 岁,出生即算 1 岁)当差的规定,从包衣曹家看,曹颙乃至曹霑(雪芹)都是如此,但论者忽视了清代童奴制度的存在。满语"哈哈珠子"(汉语译为幼男)就是为满足皇室特殊需要而豢养于宫中的侍从群体,幼童包衣人是其中人数众多而地位最低的那部分。② 年幼入宫侍上,是根据曹寅的自述性材料得出的结论。曹寅在给康熙皇帝的私人密折中多次自承"念臣于稚岁备犬马之任"(《江宁织造曹寅奏谢钦点巡盐并请陛见折》),"臣自黄口充任犬马"(《江宁织造曹寅奏设法补

---

① 参见刘上生《关于曹寅早期生平两个问题的讨论和思考》,载《曹雪芹研究》2017 年第二辑。

② 参见[清]福格《听雨丛谈》卷十二"哈哈珠子"条,中华书局 1984 年版;李文益《清代哈哈珠子考释》。

完盐课亏空折》)等①。奏折言词不免自轻自贱，但它所反映的童奴事实是毫无疑义的。尽管曹寅的嫡母孙氏曾经做过康熙的保母，尽管曹寅有自幼即"以经义诗词惊动长者，称神童"(顾景星《荔轩草序》)的美誉，但其以包衣子弟入宫当差的身份地位，绝不同于以大臣子弟身份 14 岁入宫当侍卫、同为"哈哈珠子"的宋荦。所以后来身任江苏巡抚的宋荦虽然同江宁织造曹寅有所交往，骨子里却瞧不起他。② 他们之间有着本质的身份等级界限。

至于曹寅入宫的具体年岁，笔者依据曹寅的《和桐初谷山署中寄怀原韵》《岁暮远为客》等诗提供的线索，推算为康熙八年 12 岁左右③，这符合其自述"稚岁""黄口"的年龄特征，也正是"哈哈珠子"的年龄要求。按此计算，到其成年 18 岁(康熙十四年)，童奴生涯为六年。如果依康熙三十九年所写诗句"廿年幸脱长官骂"倒算，是曹寅康熙十八、九年即 22 或 23 岁始任官职(銮仪卫治仪正和包衣佐领)④，说明包衣子弟曹寅在宫中处于底层，备受凌辱的时间，约为十年。⑤

曹寅的童奴生涯经历，是一个有待通过搜集和考证材料更加充分和深入研究的问题。曹寅留下的自述性材料并不多，在时段上也还缺乏连贯性。在提出"童奴生涯"概念之前，人们谈论的是曹寅入宫后的职事。从曹寅亲友如顾景星所说"既舞象，入为近臣"⑥，到邓之诚所说"年十三，挑御前侍卫"⑦，周汝昌的"为康熙伴读"说⑧，突出了他光鲜亮丽的一面，但都比较简单，或缺乏论据。笔者依据曹寅自述"佩笔六番充侍从"以及顾景星"早入龙楼傲"等诗句，结合康熙少年学习的材料，论述了曹寅并非"伴读"，而是以包衣子弟身份"佩笔"充任康熙的学习侍从，这是他入宫后的职事起点。⑨ 此外，根据曹寅自述"束发旧曾为狗监"等，可知其曾在鹰狗处当差，康熙十五

---

① 《江宁织造曹家档案史料》，第 23、82 页。
② 参见《清史稿》卷二百七十四《宋荦传》；方晓伟《曹寅评传年谱》，第 217—220 页。
③ 参见刘上生《曹寅入侍康熙年代考》。
④ 参见本章第六节。
⑤ 据张伯行《祭织造曹荔轩文》："比冠而书法精工，骑射娴习，擢仪卫，迁仪正。"则曹寅任仪正职约为 20 岁，时间略有差异。
⑥ [清]顾景星《荔轩草序》。
⑦ 邓之诚《清诗纪事初编》卷六。
⑧ 周汝昌《红楼梦新证》第七章"史事稽年"(康熙十一年)条。
⑨ 参见刘上生《佩笔侍从——曹寅为康熙伴读说辨正》。

年与在上驷院当差的纳兰性德相交，两人"马曹狗监共嘲难"，作为少年侍卫在皇宫当值，并跟随康熙出巡。在此期间，曾有几次南下回家。①

本人根据对《诗钞》卷五《南辕杂诗》其二"旧日伥童半服官"②句自述性内容的解读，发现曹寅曾有参加宫内娱乐表演"伥童"活动或养马服役的经历。本人对此问题另文详论。这一材料表明，曹寅的童奴生涯有远比我们所知丰富复杂得多的内容。③ 其原因，一方面由于曹寅是个包衣子弟，必须服从宫中各种差事的安排；另一方面也是由于康熙皇帝有意识让少年侍卫和奴仆经受各种磨难锻炼，以便于选拔和考验人才。幸运的是，曹寅经受了这些磨炼，为今后人生打下了坚实基础。

## 二　曹寅的二重人格与精神传承

曹寅是包衣曹家传承的关键人物，曹寅的童奴生涯又是包衣曹家所受奴役之苦的突出事件，因而对包衣曹家反奴精神传承的形成成熟有重要影响。

童奴生涯对曹寅一生的意义至为深远。它提早结束了曹寅天真烂漫的孩提时代，让他独自面对现实人生的磨难，促使其性格早熟；另一方面，它又较早地把曹寅从狭小的严格管教的家庭带进相对广阔的外在世界，推动其个性发展。它对曹寅人生旨趣修养和思想性格的形成有着肯定与否定双重意义。

曹寅的童奴生涯有幸以"佩笔充侍从"作为起点，它与曹寅诗礼传家的孩提时代启蒙教育自然接续。少年康熙的宽仁好学和开放眼光，为曹寅提供了良好的客观条件；曹寅主观的勤勉励志和刻苦锻炼，为自己文武全才和高雅气质生成打下了坚实基础。"早入龙楼僄，得观中秘书"（顾景星《怀曹子清》）④，丰富广泛的阅读，以及跟随康熙经受"西学东渐"的熏染，开拓了他的视野，奠定了他毕生的重文兴趣取向。以后在侍卫职位上的各种磨练，又使其才能得到全面培养。康熙十八年舅氏顾景星为其诗集《荔轩草》作序

---

① 　参见本书第三章第二节、第四节。
② 　《诗钞》卷五。
③ 　详见刘上生《曹寅童奴生涯探析》。
④ 　［清］顾景星《白茅堂诗文全集》卷二十二。

时,如此描述年轻的曹寅印象:"晤子清,如临风玉树,谈若糜花。甫曼倩待诏之年,腹娜嬛二酉之秘。贝多金碧、象数艺术,无所不窥;弧骑剑槊、弹棋擘阮,悉造精诣。与之交,温润伉爽,道气迎人,予益叹其才之绝出也。"他还用"昔子建与淳于生分坐纵谈,蔗杖起舞,淳于目之以天人"的典故暗写其言谈表演才能。这些优良的才能素养增强了青年曹寅的自信抱负和对未来的雄心期待。然而,内府包衣的身份地位却给他增加了一道无法逾越的门槛,他与环境的矛盾冲突就是不可避免的了。

曹寅的童奴生涯是与皇宫生活环境相联系的。他是内务府包衣,即皇室奴仆,其最高主子是当朝帝王,这就不同于从属于某个人或者某个王公贵族之家的主奴关系。对于个人及其家庭而言,宫廷苑囿及侍御奔走是个相对广阔的天地。对于主奴关系而言,内务府也存在着某些弹性空间。他可能由于直接侍奉和长期跟随而形成发展同君王的某种特殊关系,也可能中断这种关系而进入等级压迫的奴役链条承受种种磨难。曹寅这两方面的经历都有。前一方面,导致了康熙对曹寅的宠信和曹寅对康熙的特殊忠诚;后一方面,导致了曹寅与包衣奴役和等级压迫的冲突和对自由个性、平等理想的追求。这使曹寅形成了具有奴性人格和反奴人格并存的两重性特点的复杂个性。曹寅后来任职郎署织造,包衣—仕宦的双重地位和主奴一体的双重身份更加强了这种思想性格的复杂性。但包衣奴役制度决定了曹寅及其家庭不可能从根本上改变自身的身份地位,而与主子的个人关系及官宦生涯具有脆弱性和不可持久性,因此后一方面即反奴人格的思想性格特征更为深刻也更为突出,在包衣曹家的精神传承中也具有更为重要的基础意义。

现存曹寅手自编定的《楝亭集》以康熙十七年的诗作《坐弘济石壁下及暮而去》开卷,几乎没有童奴时期的作品。[①] 这可能是一种有意的删略。那么,在当时材料严重缺失的情况下,要研究曹寅童奴生涯的生存和精神状态及其对一生的影响,当然只能用回溯一法。我们是否大体可以这样认定,越是接近其童奴时期的作品,越能反映他当时的真实生存状态;而越是年长后的回溯性作品,则越能反映童奴生涯对其一生的精神影响。两者各有其功

---

① 参见胡绍棠《楝亭集笺注》。据笺注,后人所编《楝亭诗别集》有几首康熙十七年前的作品。曹寅的第一部诗集《野鹤堂草》不存,清初邓汉仪于康熙十七年所编《诗观》二集收有曹寅《岁暮远为客》等二诗,诗应成于康熙十六年底前。

能。除了包含具体事件和细节内容的回溯性作品,我们还应当注意包含其个人历史情感的抒情言志之作。《楝亭集》由曹寅依年序编定,《别集》由其弟子搜集,大体依年序编定,但尚须谨慎辨别。只有这样,才能比较准确地了解和把握曹寅童奴时期的生存和精神状态。

依据这一研究思路,可以清楚地看到,离别思亲之痛和奔劳行役之苦,是童奴曹寅内心经受的强烈煎熬。虽然侍卫时期的一些作品,也曾表现青春的壮怀和欢乐,如《射雉词》《鹿苑朝猎歌》《冰上打球词三首》等,甚至流露出春心的隐秘,如《女冠子·感旧》"凤子凤子,似我翩翩三五少年时",但那只是片刻的欢乐,真正折磨他的是那长时段撕心裂肺的被迫离家的伤痛:"十年游子怀,值此岁华暮。"(《岁暮远为客》)"十年胜事不知悲,日暮寻愁坐屡移。"(《旅壁书怀》,《诗别集》卷一)"西院梧桐入暮愁,遥怜作客苦淹留。秋光满眼归何处? 一夜长河拍枕流。"(《宿西内寄怀范次丞》,《诗别集》卷一)"秋色二千里,归鸿三五行。迟迟故园信,凄恻忆缝裳。"(《西苑晴二首》,《诗别集》卷一)在写作于康熙十九年的《和桐初谷山署中寄怀原韵》(《诗别集》卷一)中,他用"嗟予归故乡,索居近一纪""轮蹄白日逐,税驾安所止"表达了长期离家的孤寂和对劳役奔波的厌倦。[1] 而其时,他早已任职銮仪卫,经常扈从康熙出巡。对于这种连他的朋友纳兰性德都深感荣耀的差事,曹寅却多次流露着"王事靡盬,不遑启处"的痛苦。"叹行役之苦,悲世路之险"成为相当一部分作品的基调,诸如"尘役苦无厌,俯躬自彷徨"(《不寐》,《诗钞》卷一),"我诵残春篇,慨焉叹行役"(《读梅耦长西山诗》,《诗钞》卷一),"清秋野色旷,游子不能止"(《葛渔城》,《诗钞》卷一)"浊浪无时休,逆旅如烦冤"(《黄河看月示子猷》,《诗钞》卷一),"揽尽悠悠一片心,谁怜弃置风尘里?"(《恒河》,《诗别集》卷二)等等。[2] 反复咏叹,沉重悲凉。这表明,曹寅已经完全意识到,他的行役之苦,不同于一般客子行旅宦游的一时辛劳,而是由其包衣身份地位规定的永无休止也无法摆脱的奴役命运。而由于年幼进京,他的痛苦比依例当差的包衣子弟来得更早,也感受更深。可以说,无以解脱的思亲之痛和行役之苦,正是曹寅反奴人格形成的起点。

随着年龄增长、阅历增加,曹寅日益意识到他的痛苦,从根本上来自于

---

① 参见刘上生《曹寅入侍康熙年代考》。
② 参见刘上生《〈楝亭集〉与〈红楼梦〉》,参见本书第五章第二节。

包衣奴役制度对自由的束缚和人才的压迫，他的"抒羁囚之悲""写不材之愤"的作品，就显示出反奴人格的成长。他感叹自己"羁身婴世网"（《暮游弘济寺石壁回宿观音阁中》，《诗别集》卷一），这不同于陶渊明把官场比作"尘网"。"尘网"可以挣脱，归隐或游于方外；"世网"则与生俱来，世代相随，包衣奴役制度对人的自由的剥夺，是他自己和家族的根本命运，这是最大的精神痛苦。难怪他对羁囚之物特别敏感，诸如病鹤、笼鹰、圈虎、羁马，甚至离林孔雀、画里孤鹿、手中风筝，都会引起强烈共鸣。他常以此为题材写作咏物诗词，借以言志抒愤，成为自己的反奴人格和自由心性之歌。① 曹寅多次咏鹤："白鹤翔高天，不受绊与羁。有时息毛羽，终焉触藩篱。"（《病鹤》，《诗别集》卷二）"迭鸣如在野，群谪未归霄。深恨羽毛贵，谁加园圃遥？"（《北院鹤》，《诗钞》卷二）他年轻时代的第一部诗集就命名为"野鹤堂草"，野鹤堂应是京城住处之名。渴望自由的野鹤和失去自由的病鹤、园鹤，它们所共同象征的独立人格和自由理想与所处恶劣环境的冲突都给人以强烈的悲剧感。

　　曹寅文武全才，博学多能，有着宏伟的人生抱负。可是，包衣身份严重压抑着才能的实现。特别是他未能通过科举进入仕途，只能永远作为内府官员充当皇家世仆，这是他一生的悲哀。② 他一再在兄弟之间倾诉："莫叹无荣名，要当出藩篱。"（《黄河看月寄子猷》，《诗钞》卷一）"故园何所有，白石与苍苔。寂寞终无用，婆娑岂不材？"这首写于康熙三十年的《闻芷园种柳》（《诗钞》卷二）标志着他充当童奴以来累积的才能抱负与现实冲突的认识总结。他用"不材"的自否形式写出严酷现实对他人生追求的否定，实在是悲愤无奈至极。从此，他再无建功立业之想，只是经常通过"不材之愤"的特殊形式表达对包衣奴役的痛恨和内心的反叛。哪怕是在蒙受宠信的织造巡盐任上，他也强烈地感受到制度的不平和现实的不公，每每以咏物咏怀等形式借回忆往事进行时政批判："寻常极品锡青奴。"（《戏和静夫咏竹夫人用韵》，《诗别集》卷三）"廿年幸脱长官骂。"（《与曲师小饮和静夫来诗次东坡韵》，《诗别集》卷三）"雨虐风欺到白头。"（《顺风宿迁有感》，《诗钞》卷七）他没有因康熙第三次南巡御书"萱瑞堂"赐曹家而感激涕零，写诗称颂，却在给尤侗

---

① 参见刘上生《走近曹雪芹——〈红楼梦〉心理新诠》第三章第二节。

② ［清］昭梿《啸亭杂录续录》卷四："内府人员惟充本府差使，不许外任部院。惟科目出身者，始与缙绅伍。"

御赐"鹤栖堂"匾额作诗并序中意味深长地自称"臣寅待罪东南"①。作于康熙四十九年的《避热》(《诗钞》卷七)是具有特殊意义的组诗。"热客"古代多喻指趋炎附势之徒。②作者以"避热"为题,一语双关,实喻示对独立人格的坚守。诗从"乌衣门巷"家世劫难叙起,回忆自己"佩笔"、侍卫、马役等童奴经历,写到所遭受的"未许曹刘在上前"的才能压抑、"当门休怨直如麻"的价值颠倒、"无媒径路生憔悴"的官场垄断、"有类江蓠别等差"的等级压迫、"岩廊谁合铸黄金"的朝廷昏庸、"不是蛾眉妒不深"的人性丑恶,直到批判"春秋霜露天何惨,道义文章世反疑"的黑暗时政,尖锐沉重,力透纸背,几乎是对他所效忠的康熙盛世的全面否定。直到去世的康熙五十一年,曹寅既写出时论长诗《书院述事三十韵》(《诗钞》卷八),揭露"经义与治事,枘凿两龃龉"现实政治背离道义理想的深刻矛盾,又写出寓言长诗《巫峡石歌》(《诗钞》卷八),借补天神话"娲皇采炼古所遗,廉角磨砻用不得"直吐被压抑弃掷的终生悲愤,抒发平等理想,显示其反奴人格的成长达到了人生顶峰。

然而,也就在这一年,曹寅因为入京蒙康熙赐宴和随驾入侍之恩,写下了两题八首恭纪颂圣诗。在曹寅自定的《楝亭集》中,这是绝无仅有的作品。③诗中同样回忆少年侍卫经历,却消尽怨愤不平,而充满年老衰病的报君悃忱:"宝勒金鞍少年事,只今灯火伴寂寥。"(《诗钞》卷八《畅春苑张灯赐宴归舍恭纪四首》)"宸游扈从期何日,空检丹黄注两京。"(《诗钞》卷八《正月二十九日随驾入侍鹿苑二月初十日陛辞南归恭纪四首》)这种忠忱与他在奏折中的"犬马恋主"之诚完全一致,而与其反奴人格尖锐对立,它们反映了曹寅思想人格的另一面。曹寅是包衣制度和童奴制度的双重受害者,体制的压迫和束缚唤醒了少年曹寅的反奴人格意识和自由心性追求,但另一方面,曹寅又是这一体制的受惠者,体制是他和他的家族的衣食之源、生存之本,并为他提供了上升渠道,给了他改变个人和家族命运的可能。曹寅的包衣之家,同时又是一个仕宦之家,这个家庭同样蓄奴用奴,当曹寅自己也成为官僚队伍一员并且地位不断上升之后,他也是这些被奴役者的主宰,虽然他

---

① 见《诗别集》卷三《鹤栖堂诗并序》。

② 参见林方直《奇文史笔红楼梦》,第125—129页。

③ 参见本书第五章第一节。详见刘上生《曹寅入侍年岁与童奴生涯》,载顾斌主编《红楼梦研究》2017年第一辑。

依然是皇帝主子的奴才。身心相悖的双重人格,和主奴一体的双重身份,导致了曹寅精神人格的复杂性,既安于衣食家园,又梦想精神乐园。从少年青年时代直到晚年的诗作中,可以看到曹寅在"为奴"与"做人"的矛盾中的挣扎。无论他有多少愤懑不平、人格呐喊、自由梦幻,他依然只能依附和屈从,只能通过奴道加臣道的糜顶捐踵、肝脑涂地的忠诚换取皇帝主子的施舍宠信,谋求自身发展和家族利益。况且,他还深切地感受到这种主子与奴才个人关系的脆弱和短暂对个人和家族利益可能带来的危机,以至把"树倒猢狲散"当作一句口头禅。① 他无力改变也走不出奴役体制,最终在恋主的悲号中死去。但可贵的是,他留下了自己的不平之鸣。比起奴性忠诚,百年包衣屈辱下的反奴呼唤要强烈震撼得多。人们有理由进一步探讨,以曹寅为代表的包衣曹家反奴人格和奴役创伤的复杂精神传承在其后代的《红楼梦》巨著中产生了怎样的的回响。

## 三　曹雪芹对童奴命运的人文关怀

曹寅童奴生涯是《红楼梦》反奴文化创造的重要源头和内驱动力。童奴生涯影响了曹寅的人生,形成包衣曹家的反奴精神传承,至孙辈曹雪芹,对《红楼梦》的题材主题和思想意蕴产生深刻影响。这种影响首先表现在,作者以深刻博大的人文关怀高度关注童奴命运,把塑造童奴群体和个体形象作为创作重心。

《红楼梦》以贾府盛衰和贾宝玉的人生情感历程作为基本叙事内容。贾府是一个由二十几个主子和数百奴仆组成的贵族之家,主奴关系和奴仆世界的描写,在小说史上,具有前所未见的广度和深度,而包括大小丫鬟和小厮的童奴则是这一部分题材的中心和重点。

人们注意到,作者无论对童奴群体还是个体,都有意提供明确的年岁信息。小说中贵族男女如黛玉进府、宝黛初见、宝玉初试云雨等关键情节,年龄信息都不太清晰,有的学者还提出大小宝玉的问题。但奴仆人物显示的年龄特征却是清晰的,其中关键信息很明确,如晴雯 10 岁被卖到贾府,16 岁

---

① ［清］施瑮《隋村先生遗集》卷六《病中杂赋》自注:"曹楝亭时拈佛语对坐客云:'树倒猢狲散。'今忆斯言,车轮腹转。"施瑮是清初著名诗人施闰章之孙。康熙四十六年至四十七年,曹寅出资刊刻施闰章《学余全集》,施瑮在曹寅幕府校雠,得闻此语。

含冤夭亡，与宝玉相处五年零八个月；香菱（英莲）5 岁被拐，被薛蟠霸占时约十二三岁；雪雁 10 岁随黛玉来贾府。袭人与宝钗同岁（比宝玉大两岁，宝钗第 21 回 15 岁），第 19 回袭人对宝玉说："自我从小儿来了，跟着老太太，先服侍了史大姑娘几年，如今又伏侍了你几年。"第 32 回袭人对湘云说："你还记得十年前，咱们在西边暖阁住着。"说明她几岁时就被卖到贾家。第 30 回金钏哀求王夫人："我跟了太太十年，这会子撵出去，我还见人不见人呢！"第 46 回鸳鸯对平儿说："这是咱们好。比如袭人、琥珀、素云、紫鹃、彩霞、玉钏儿、麝月、翠墨，跟了史姑娘去的翠缕，死了的可人和金钏，去了的茜雪，连上你我，这十来个人，从小儿什么话不说，什么事儿不做？这如今因都大了……"说明这一群大丫环都年龄相近，也都是几岁就进了贾府做奴婢，经过多年服役才上升到随侍主子的地位。在她们之下的，是一大批年龄更小的、地位更低的三四等丫头和小厮。第 26 回写怡红院一个"未留头的小丫头"，"未留头"，大概只有六七岁，比 10 岁进贾府时的晴雯还小。黛玉进府时，见"大门边坐着几个才总角的小厮"。"总角"，古代八九岁至十三四岁男孩。家生子女世代所属，固须从小服役，外买幼童价格低廉，有利于长期役使，这就是贾府大量使用童工的原因。除了家务奴仆，还有特殊的役使幼童，如为元春省亲而买来的十二个小女伶、十二个小和尚和十二个小尼姑，还有清虚观的小道士等等。年岁信息的强化，显示了作者关注童奴命运的明确意图。

在曹雪芹的生花妙笔下，这些未成年的孩子还保留着童真童趣，不但玩耍，连赌气、吵架、打架都充满了孩子气。第 9 回茗烟等顽童闹学堂；第 24 回焙茗、锄药两个小厮下象棋，为夺"车"拌嘴，引泉、扫花等四五人在房檐上掏小雀儿玩；第 59 回莺儿在柳叶渚边采花叶编花篮，同婆子斗嘴；第 60 回芳官同小蝉斗气，把手内糕一片一片掰了掷打雀儿玩；第 61 回莲花儿同柳妈斗嘴；第 62 回宝玉生日那天，小螺同香菱等四五个孩子斗草玩耍滚草地……甚至第 65 回兴儿向尤三姐议论贾府人物的调皮声口等等片断描写，都令人拍案叫绝，经久不忘。这表明曹雪芹很熟悉他们，以包衣子弟的同理之心喜欢他们。但更为难得的，是他懂他们。正因如此，他才能透过表面的童真童趣，揭示其内心被奴役的童悲童苦。从艺术角度看，这是一种相反相成之法，愈写出其天真烂漫，则愈见其可怜可叹。作者不放过任何可以表现童苦童悲的细节。清虚观打醮时,剪蜡花的十二三岁的小道士被王熙凤一个巴掌打了一个筋斗,在众人"拿!拿!打!打!"的喝叫声中跪在地下乱战(第29回)。平时怜香惜玉的贾宝玉只因淋雨未叫开院门,要少爷脾气,就满心里要把开门的小丫头们踢几脚,还大骂:"下流东西们!"结果袭人被踢受伤吐血(第30回)。贾探春说:"那些小丫头们原是些玩意儿,喜欢时,和他说说笑笑,不喜欢便可以不理它,便他不好了,也如同猫儿狗儿抓咬了一下子。"(第60回)惜春不顾入画从小服侍的情分,一定要将她撵走:"或打、或杀、或卖,我一概不管。"(第74回)奴命微贱,从随意改名到草菅人命,奴仆的命运完全掌握在主子手里。几年十几年为奴的金钏、晴雯、司棋死了,世代出不去的鸳鸯也死了,戏班解散后自愿留下的芳官等被逐出家为尼了。无论家生奴、外买奴,都逃不出共同的命运。

曹雪芹不只关心蓄奴制度对童奴生命的摧残剥夺,在他的观照中,精神沦落更甚于肉体凌辱,这就是奴役创伤,它使童真变形,童趣败坏,童心扭曲,把童性完全异化成奴性。袭人自叹"奴才命",但又绝不愿父母把她赎出贾府,而是以"温柔和顺"取悦于少主,以巧妙进言得宠于家主,终于获取"准姨娘"地位,这是以攀援依附谋取为奴地位上升的趋奉型奴性人格。麝月义正词严地呵斥想进怡红院找女儿的老妈:"你看满园子里,谁在主子屋里教导过女儿的?便是你的亲女儿,既分了房,有了主子,自有主子打得骂得,再者大些的姑娘姐姐们打得骂得,谁许老子娘又半中间管闲事了?都这样管,又叫他们跟着我们学什么?越老越没了规矩!"(第58回)这是以维护奴隶"规矩"为本分,以"规矩"为天理的愚忠型奴性人格。地位较高之奴婢,欲阻止下层之攀爬上升,将所受之等级压迫转施之下层,怡红院小丫头红玉偶然给宝玉送一次茶便受到大丫鬟秋纹、碧痕的羞辱(第24回);或自以为有所依恃,便擅作威福,如在追求爱情上颇有担当的司棋只因一碗蛋的小事就率小丫头大闹厨房,砸物毁菜(第61回),这是倚势恃宠的凌弱型奴性人格。地位最低的老妈子与小丫头之间冲突频起,都把对方当作欺侮对象。老妈子是一个被时间和能力边缘化的昔日童奴群体,其已有之地位被剥夺或替代,嫉恨年轻一代。为了维护自己的一点可怜地位和权益(特别在探春实行园内收益责任承包后),不免想利用自己的辈分和年龄优势,欺压同样处于边缘地位的小丫头。而小丫头们不堪欺凌,也利用自己的某些优势予以反击。

在这种时候,大丫头往往起着指挥和后援作用,老妈子不堪一击,于是挑唆心怀不满的头面人物如赵姨娘之流兴风作浪,大观园里便"嗔莺叱燕","召将飞符",波澜迭起(第58回至第61回)。这是内斗互虐以自慰的卑怯型奴性人格——拉帮结派,蜚短流长,告密进谗,煽风点火,连几岁的小丫头都学会了讨好卖乖,各谋其利,但又都守住奴性底线,绝不挑战主子的权威,这成为贾府奴仆世界的共识。

由于贾府绝大多数成年奴仆曾经是长期服役的童奴童仆,因此奴仆世界里上、中、下,老、大、小之间的纠葛倾轧,实际上深刻反映出童奴世界的人性异化。作者把这种历时性过程作了巧妙的共时性展示。贾宝玉曾痛心地用"宝珠"到"鱼眼睛"的比喻描述女儿从年少到出嫁到年老的变坏过程,用幼稚语言传达出作者的哲理思考。童心异化为奴性,奴性就可以代代相传。这是"极平常的惨苦到谁也看不见的地狱","极平常的或者简直近乎没有事情的悲剧"(鲁迅《写于深夜里》)[1],这是更甚于肉体消逝的精神毁灭。二者合起来,才是真正的"千红一哭,万艳同悲"。

这就是曹雪芹的博大人文关怀,其深刻洞察和表现,远胜乃祖曹寅。据现有资料,曹雪芹本人并无童奴经历,在这个包衣世家中,只有祖父曹寅的童奴生涯给他留下了深刻记忆,也由此促使他更广泛深入地思考童奴命运和童心理想。由于曹雪芹的特殊经历和接触感知,他对童奴中的女奴尤为关注。生为奴者苦,女童奴更苦,由己及人,知悉人间苦中苦。童奴童仆命运成为反奴巨著《红楼梦》奴仆世界的描写和关注重心,绝非偶然。

## 四 反奴人格和奴役创伤的艺术展现

《红楼梦》不只是童奴的哀歌,更是反奴的赞歌。作者热烈赞颂反奴人格,展示奴役创伤,表达自由平等的反奴文化理想。这是曹雪芹对以曹寅童奴生涯为重要节点的包衣曹家精神传统的最重要继承。

反奴人格与奴性人格的对立,是小说塑造童奴个体和群体形象的构思基点。面对奴役压迫,是反抗还是屈从,是护"心"(人格独立和尊严)还是护"身"(生命和生存条件),划分出两种人格的鲜明界限。作者在前八十回塑

---

[1] 鲁迅《且介亭杂文末编》,《鲁迅全集》第6卷,人民文学出版社2005年版。

造出完整体现反奴人格理想的童奴形象晴雯,和富有不同特征的鸳鸯、龄官、芳官等反奴形象,使他们既具有高度的社会意义,又打上了包衣曹家的精神印记。

被作者置于《金陵十二钗》簿册开卷并通过《芙蓉女儿诔》赋予崇高地位的童奴晴雯形象具有极其丰富的内涵。她任情任性,热烈纯真,"痴心傻意,只说大家横竖是在一起"(第 77 回),简直抱着一种童真幻想;"一样这屋里的人,难道谁又比谁高贵些。"(第 37 回)以本能的平等观念蔑视奴性,与宝玉真挚纯洁相处,却横遭迫害。然压迫愈甚,反抗愈烈,直至悲愤而死。这是"其为质则金玉不足喻其贵,其为性则冰雪不足喻其洁,其为神则星月不足喻其精"的高贵人性被摧残的悲剧,是童心理想被现实碾压的悲剧。"风流灵巧遭人怨",是美(才、德、性)惨遭毁灭的悲剧。晴雯形象和晴雯悲剧肯定具有作者自我表现的意义。"身为下贱,心比天高"的判词与曹寅反奴人格高度重合。晴雯被斥为"轻狂"(第 74 回)的自由个性与曹寅"放诞为伴狂"(《哭醉行》,《诗别集》卷二)、"我本放诞人"(《冬来为凤逋所累拉髯兄曝日堂前出扇得画图思世情不觉失笑遂题画端此紫雪庵主得力之偈也即以奉赠以为开岁笑柄》,《诗别集》卷三),甚至曹雪芹本人"狂于阮步兵"(敦诚《荇庄过草堂命酒联句》)的性格高度相近。[①] 作者在判词和《芙蓉诔》中有意突出嫉妒、诽谤、谗害等人性恶在晴雯悲剧中的作用("寿夭多因诽谤生""赍蒥妒其臭""偶遭蛊虿之谗""诼谣谇诟,出自屏帷""岂招尤则替,实攘诟而终""高标见嫉"等),超过情节实际内容。《芙蓉诔》并多用涉政典故("闺帏恨比长沙""巾帼惨于羽野"等),而曹寅在作品中也多次用同类词语感怀书愤:"芒刺满腹,荼蘗毒苦。"(《放愁诗》,《诗别集》卷二)"错将薏苡谤明珠。"(《子猷摘诸葛菜感题二捷句》,《诗别集》卷二)"后生莫更多谣诼,不是娥眉妒不深。"(《避热》,《诗钞》卷六)"多事诹生腾口舌,寰区空着道东西。"(《游仙诗三十韵和汪萝山》,《诗钞》卷六)并且批判时政(见前),其中既包含家庭,也包含自我政治遭际(如曹玺逝后曹家遭谤之事)。[②] 可以推想,曹雪芹创造晴雯悲剧都有意对此作了艺术概括,它使晴雯这个活生生的童奴形象更富思想和艺术广度与深度。

---

① 参见刘上生《走进曹雪芹——〈红楼梦〉心理新诠》,第 174—183 页。
② 参看刘上生《任职郎署——曹寅生平研究中的一个盲区》。

远离金陵父母，自己从小进京服役的鸳鸯与曹寅的童奴生涯极其相似，曹雪芹把她作为家生子反奴人格的代表绝非偶然。"鸳鸯抗婚"既是写实也具有某种象征意义。家生子的命运完全掌握在主子手中，身贱为奴，被剥夺了人的自由，偏要维护自我意志和尊严。当贾赦放言威胁时，鸳鸯终于来了个总爆发：

> 家生女儿怎么样？"牛不吃水强按头"？我不愿意，难道杀了我的老子娘不成？

> 我是横了心的，当着众人在这里，我这一辈子，莫说是宝玉，便是"宝金""宝银""宝天王""宝皇帝"，横竖不嫁人就完了！就是老太太逼着我，我一刀抹死了，也不能从命！

以生命抗争，这是反奴人格的悲壮闪光，其强度甚至超过晴雯抗检，因为这里寄托了曹雪芹的包衣家世全部情感悲愤。鸳鸯的连珠话语直通"宝皇帝"，就事件本身说并不合情理。家生女儿的主子就是贵族，怎么把婚姻对象扯到皇帝？这明显是曹雪芹的有意用笔。"宝天王"暗射雍正十一年被赐封为"宝亲王"的当朝天子乾隆皇帝。康雍乾三朝曹家从鼎盛，到抄家，直至乾隆朝彻底败落。惨痛家世使曹雪芹终于完全认识到包衣奴役制度的罪恶而决心与之决裂。于是在这里借家生女儿鸳鸯之口、抗婚绝偶之题宣示对包衣奴仆皇帝主子的叛逆和决裂的态度和决心。这是多么大胆勇敢的反叛声音！

曹寅有过"旧日倡童"即参加表演活动的童奴经历，《红楼梦》也把关注的目光投向家伶戏班这一特殊的童奴群体，二者显然存在内在联系。由于戏曲文化的熏陶和江南社会环境的影响，这群孩子往往更富个性色彩。龄官出场次数不多，但痴情任性，敏感自尊，从不肯给贵妃娘娘唱非本角戏，到毫不理睬贾宝玉的搭讪，都凸现着强烈的自主个性和自由心性追求。当心上人公子哥儿贾蔷买来鸽笼拿到梨香院想逗她开心时，龄官的反应竟异常强烈：

> 你们家把好好的人弄了来，关在这牢坑里学这个劳什子还不算。你这会子又弄个雀儿来，也偏生干这个。你分明是弄了它来打趣形容我们，还问我好不好。——那雀儿虽不如人，他也有个老雀儿在窝里。

你拿了他来弄这个劳什子也忍得！

这段话，很容易使人联想起当年曹寅为皇家童奴时"远为客""忆缝裳"的"思亲之痛"，和借写笼鹰囚鹤圈虎抒发的"羁囚之悲"。离开"牢坑"，憧憬自由，使龄官在贾府戏班解散后，毅然割断并无希望的情愫选择离开，哪怕前路黑暗也不管不顾。分散至贾府各处的女伶们，继续抱团取暖，对所遭遇的不平进行个人和集体反抗，竟然在抄检大观园后被王夫人以"唱戏的女孩子，自然是狐狸精"为由撵逐出去。为了不致再次被卖，芳官等以死抗争，坚决出家。作者对十二女伶的不同个性和命运的或多或少的描写，最后的落脚点，几乎都在反奴人格的刻画上。而且，由于曹家鼎盛时期蓄有戏班，曹雪芹对童伶女伶的关注，不但是对祖父曹寅"旧日伥童"的内在回应，更是一种人道情怀，甚至还包含着对仕宦—包衣之家役奴的自我反思和批判，这是十分可贵的。

在这里，需要特别指出，反奴人格实际上也受到奴性人格的制约。这是因为反抗者同样生活在等级奴役的环境之下，并且不能不同样接受等级奴役观念的支配。晴雯用簪子惩罚坠儿的偷窃行为，并擅自将她撵逐，在嫉恶如仇之外，何尝不是残害同类。后文再读到晴雯含冤被逐，真不胜嘘唏。在主子面前是奴才，倚仗宠信时则俨然主子。这种主奴一体的错觉，可以使晴雯一时依"爆炭"脾气任性而为，也可以使鸳鸯充当贾母的"总钥匙"时权重可畏，甚至借助贾母的权威抵抗贾赦的逼婚，但当自己的母亲去世，贾母不让她回家奔丧守孝时，她却只能乖乖服从事主"规矩"，而私下向同样丧母的袭人倾诉："可知天下事难定。论理你单身在这里，父母在外头，每年他们东去西来，没个定准，想来你是不能送终的了。偏生今年就死在这里，你倒出去送了终。"（第54回）

家生子羡慕外买奴，这里有多少没有说出的伤心话！包衣曹寅曾有请假葬亲折，曹雪芹能够如此体察"家生女儿"鸳鸯的痛苦，显然是有切身感受的。

贾府家生子中的唯一幸运儿是荣府总管赖大的儿子赖尚荣。他被贾府解除奴籍，又靠贾府的关系得以读书捐官。难怪赖嬷嬷教训孙子说：

你今年活了三十岁，虽然是人家奴才，一落娘胎胞，主子恩典，放你出来，上托着主子的洪福，下托着你老子娘，也是公子哥儿似的读书认字,也是丫头、老婆、奶子捧凤凰似的,长了这么大,你那里知道那奴才两字是怎么写的。只知道享福,也不知道你爷爷和你老子受的那苦恼,熬了两三辈子,好容易挣出你这么个东西来。

周汝昌在此批道:"赖嬷嬷此言自述世代为奴之甘苦辛酸,是书中之义。而雪芹写来以寄托自家世代为皇家奴仆之感叹,语语中肯,是书外之意。"[1] 这是曹雪芹特意设置的反讽和对照用笔。贾府数百奴仆历经几代才"放"出一个总管儿子(不是全家),赖嬷嬷口中的"恩典",其实是作者的深度嘲讽,更是对包衣制度下自家命运的哀伤和愤懑。"那奴才两字是怎么写的",从某种意义上说,这就是全书的一个重要创作意旨。他要写出为奴的悲苦,奴性的卑弱和无所不在,反奴的崇高和大音希声。奴仆世界可能随着主子世界的崩塌而瓦解,但为奴的身份和精神命运却未必能改变。

## 五 《红楼梦》反奴文化探源

中国古代奴隶社会时间不长,但封建等级奴役制度却源远流长,成为维系中国古代社会的基本制度和超稳定结构。既有基本的阶级对立和压迫,又有层次分明的等级划分和上下奴役关系,"有贵贱,有大小,有上下。自己被人奴役了,但也可以凌虐别人。自己被人吃,但也可以吃别人。一级一级的制驭着,不能动弹,也不想动弹了"[2]。以儒家文化为代表的维护这一结构的等级奴役观念也因此深入人心,成为民族集体无意识。鲁迅先生曾深刻指出,中国历史上只有两个时代,就是暂时做稳了奴隶的时代,和想做奴隶而不可得的时代。[3] 在近代民主观念传入之前,与奴性文化对立的反奴文化声音是很弱小的,但也在逐渐生长。古代诸子都曾提出不同的平等主张,其中道家庄子的万物平等和墨子以兼爱为核心的平等思想,以及出自道家的蔑视王侯的隐士文化都在一定程度上包含对等级奴役的批判。晚明思想家李贽"庶人非下,侯王非高"(《李氏丛书·老子解下》)、"尧舜与途人一,圣人与凡人一"(《李氏文集·明灯道古录》),清初思想家唐甄"天地之道故平"(《潜书·大命》)、"男女一也"(《潜书·备孝》)等议论更明确提出了具有时

---

[1] 《周汝昌校订批点本石头记》,第 596 页。
[2] 鲁迅《灯下漫笔》,《鲁迅全集》第一卷。
[3] 鲁迅《灯下漫笔》。

代特色的贵贱男女平等思想。① 主张"众生平等"的佛教文化观念在社会底层广泛传播，还有随着"西学东渐"传来的基督教平等观念②，所有这些，都可能成为曹雪芹的反奴文化思想成长的空气土壤。

　　满族建立的清王朝既继承汉族王朝封建等级制度的衣钵，又带来包衣奴役制度的传统，使奴性文化更加在国民中浃骨沦髓。等级奴役压迫从反面激发反奴文化的生长。统观包衣曹家百年为奴史，可以看到，在其精神传承链条上，有三个关键人物：入清始祖曹锡远，他被俘被迫归附后不任官职、不改汉姓、坚守民族本根的顽强态度与曹家的没满为奴的遭际，孕育了家族的反奴基因③；盛世先祖曹寅，他的童奴生涯和人生历程，以自由心性和平等理想的反奴精神为核心的反奴人格和奴性忠诚矛盾统一的家族精神传承；末世子孙曹雪芹的继承和突破。作为包衣奴仆，曹雪芹比一般人更深切感受到奴役制度的罪恶，也更渴望自由生活和独立人格。作为末世子孙，康雍乾三朝专制统治下家族的盛衰遭际和现实体验，使他比祖辈更快地从身心相悖的双重人格和主奴一体的双重身份矛盾中解脱出来，发展了叛逆个性。这就是以自号"梦阮"为标志，崇尚以阮籍为代表的魏晋风度，追求建立具有对抗正统的异端色彩的个体人格范式。"步兵白眼向人斜"（敦诚《赠曹雪芹》④），"狂于阮步兵"（敦诚《荇庄过草堂命酒联句》），"傲骨如君世已奇"（敦敏《题芹圃画石》），"一醉酕醄白眼斜"（敦敏《赠芹圃》）等友人诗句都可为例证。不同的是曹雪芹的"傲骨"和"白眼"，较之阮籍主要从思想道德层面鄙视礼法之士更有其特殊内涵，这就是寄托了作为皇室仆役内务府包衣的拒绝奴役、维护自我尊严的反奴人格。"羹调未羡青莲宠，苑召难忘立本羞。借问古来谁得似？ 野心应被白云留。"（张宜泉《题芹溪居士》）⑤他无法忍受为奴的屈辱而渴望自由，为了最后摆脱奴役，乾隆年间，曹雪芹在清王朝为解决日益严重的八旗生计问题，保护满族人特权利益而颁布某些特许法令后，毅然出旗为民。他为获取自由付出的代价，是放弃了旗人所可以享受的

---

① 　参见薛锋《论中国古代平等思想的两次发展高潮》，《广西社会科学》2011 年第 12 期。
② 　参见李志军《试论明清之际基督教平等观念在中国的影响》，《唐都学刊》1996 年第 2 期。
③ 　参见刘上生《走近曹雪芹——〈红楼梦〉心理新诠》第一章第二节。
④ 　参见一粟编《古典文学研究资料汇编·〈红楼梦〉卷》，第 1—8 页，下引张宜泉诗同。
⑤ 　［清］张宜泉《春柳堂诗稿》。

特权，失去了内务府的一切经济来源，而使自己陷于绝对贫困之中。"满径蓬蒿老不华，举家食粥酒常赊。何人肯与猪肝食，日望西山餐暮霞。"（敦诚《赠曹雪芹》）①这一极为重要的人生抉择以及相关人生历程，作者在《红楼梦》中，做了直接反映。别开生面的"开卷第一回"，就通过"作者自云"的独特形式表达了他宁可困穷也要摆脱奴役、追求自由的坚决态度：

> 虽今日之茅椽蓬牖，瓦灶绳床，其晨夕风露，阶柳庭花，亦未有妨我之襟怀笔墨者。

第2回作者又通过贾雨村言（假语存言）明确宣示：

> 纵再偶生于薄祚寒门，断不能为走卒健仆，甘遭庸人驱制驾驭。

彻底摆脱奴役，决不再做奴仆，这就是曹雪芹的反奴宣言！紧接着，他列出了一个名单，把自己与悠远的历史文化传统连接了起来，首列隐士的代表人物许由、陶潜。隐士文化拒绝王权、官场的奴役，道家庄子推崇许由，寄托精神自由的理想，陶渊明不为五斗米折腰，也不愿心为形役，代表曹雪芹反奴文化的最高境界。随后名单列出魏晋风度代表人物阮籍、嵇康等，寄托着自我人格范式追求。在这份奇怪的颇耐人寻味的名单里，隐士、帝王、文人墨客、奇优名倡，各有人生成就、特色，甚至缺陷，但都秉"正邪两赋"之素质，统统处于"异地则同"的平等地位。

曹雪芹通过小说，把他的反奴文化观念艺术化了。如果说，晴雯、鸳鸯等丫鬟是体现作者反奴人格追求的艺术形象，那么，贵族公子贾宝玉就是寄托作者的反奴文化理想的主要形象。他通过贾宝玉表达"童心"人性理想，这是他接受李贽《童心说》所表达的自然人性论和反理学异端思潮的结果。他通过贾宝玉的"女清男浊"论颠覆传统的贵贱等级观，并且实现与具有社会批判色彩的清浊人物素质观对接。在具体情节进展中，他着力展示出贾宝玉逐步克服本能的贵族公子习气，净化自我灵魂，建立起具有人道色彩的较为平等的主奴关系的过程。这一过程，大致分为两个阶段。金钏之死是前八十回中仅次于晴雯之死的悲剧情节，它极大地震撼了宝玉，使他五内俱

---

① ［清］敦诚《四松堂集》。参见刘上生《走近曹雪芹——〈红楼梦〉心理新诠》第一章第四节，第35—44页；第三章第三节，第187—203页。书中论证了曹雪芹出旗为民的问题。

伤,深怀愧疚,由此引出了挨打(第 33 回)、玉钏尝羹(第 35 回)、私祭金钏(第 43 回)等具有受惩自赎性质的情节,涤荡纨绔脏污,成为宝玉主奴关系态度变化的分界线。此后小说通过情悟梨院(第 36 回),平儿理妆(第 44 回),晴雯补裘(第 52 回),香菱换裙(第 62 回),园内纠葛中"兜揽事情",保护藕官、芳官、五儿、彩云等丫鬟(第 59 回至第 61 回),直至宝晴诀别,写作《芙蓉女儿诔》(第 78 回),显示宝玉主导的主奴关系提升到保护弱小以至视对方为知己的新境界。

在这里,有必要特别讨论曹雪芹反奴文化观念对外来宗教平等观的吸收。在以曹寅为代表的家族精神传承中,佛教文化是一个重要内容。曹寅"少寄名浮图氏,颇习其书"(《重葺鸡鸣寺浮图碑记》,《文钞》),他一生身处于文化理想与现实处境的冲突中,所接受的佛家平等观念与现实身受的奴役之苦格格不入,这使他深感失望。在任江宁织造后所写的《与曲师小饮和静夫来诗次东坡韵》(《诗别集》卷三)诗中,他回忆起在内务府当差所受奴役,用"安知金粟平等观,鼻观微参已深谢"表达了内心失望愤激之情。可以说,对平等的追求和对不平现实的否定贯穿了他的一生。在康熙四十五年的《金缕曲》词中,他发出"我愿金篦重刮膜,变颇黎世界成平等"的呼唤,直到临终那年的《巫峡石歌》(《诗钞》卷八)中还在抒发着对平等理想的呼唤:"哀多益寡古则然,黔娄岂合长贫者?""铲削崄巇作平地。""勿平崄巇平人心!"他的孙辈曹雪芹,虽然除了《红楼梦》没有给我们留下更多的思想资料,但却已经把整部小说的宏大构思置于"空—色—情"的哲理框架之中,给人以无穷尽的探索天地。书中情节和细节里的吉光片羽,也弥足珍贵。关于"佛家平等观",虽然只是贾宝玉在栊翠庵为茶具之事开玩笑地同妙玉说了一句"常言'世法平等'"(第 41 回),但这却是佛教平等观的核心,也是作者借贾宝玉之口对祖辈"金粟平等观"追求的继承和响应。《金刚经》云:"是法平等,无有高下。"意谓所有事物都是平等的,没有高低贵贱之分。《华严经》说:"一切众生平等。"《大般若经》:"上从诸佛,下至傍生,平等无所分别。"万物皆有佛性,万物皆由因缘和合,万物皆变动无常,故平等无有高下。悟此则不至骄人凌人而知济贫扶弱。下文即写宝玉要把妙玉因为刘姥姥拿过而打算撂掉的茶杯留给这位贫穷老人卖钱度日(第 41 回),后文又写对芳官被欺侮的同情:"怨不得芳官。自古说物不平则鸣,他少亲失眷的,在这里没人照看,赚了他的钱,又作践他,如何怪得?"(第58回)这就是宝玉的所谓"世法平等"。贾琏的小厮兴儿这样评论宝玉与下人相处:"再者也没刚柔。有时见了我们,喜欢时没上没下,大家乱顽一阵;不喜欢各自走了,他也不理人。我们坐着卧着,见了他也不理,他也不责备。因此没人怕他,只管随便,都过的去。"这种态度,与贵族贾府上上下下处处讲规矩、严等级明显不同,它说明,宝玉并不只是怜香惜玉,他在主奴关系上,确是一定程度上接受了佛家平等观。正因如此,他才能由己及人地体贴被奴役的痛苦。他从自己"天天圈在家里,一点儿做不得主"的不自由,更深地理解了龄官说的"你们家把好好的人儿弄来,关在这牢坑里"(第36回)的不自由,于是有了"将来这屋里的人,无论家里外头的,全放出去,与本人父母自便"的解放奴婢的想法。即使还只是一种打算,也已经惊世骇俗了。

至于基督教平等观念是否影响曹寅和雪芹祖孙二代,已有学者开始探讨。① 曹寅早年"佩笔"侍从时,跟随康熙接受"西学东渐"熏染。前引"颇黎世界成平等"词句,"颇黎"亦为玻璃之别称。曹寅有《玻璃杯赋》,以玻璃为"西隅"所传,引用基督教天国传说。可见所赋平等理想就包含基督教平等观念,或者说,是一种佛教与基督教平等观的混合。这种观念,很可能影响"杂学旁搜"的曹雪芹及其笔下人物贾宝玉。生活在有大量西洋器物的贵族之家的贵公子,能以平等态度对待奴仆,异于常人。不但是接受异端思想,甚至也可能是异域思潮影响的结果。只是这一问题,还需要进一步的论证。

以今天的眼光来看,贾宝玉的所言,包括所谓"泥水骨肉"说、"女人三变"说等,都是幼稚话语。他的怡红情性,缺乏刚性定力与作为。但作者通过这一形象表达对等级奴役压迫的否定批判,其锋芒是异常清晰的;对"童心"人性理想的追求,是极其执着而感人的。

鲁迅曾经把揭露和批判奴性视为改造国民性的基本问题。曹雪芹的反奴文化观念和艺术描写,走在那个时代的前列,当然也无法逾越那个时代。他对"天恩祖德"的怀念与负疚,就包含对曾经生活和养育他的那个等级奴役仕宦世家的认可。等级制度及其奴役观念是一个巨大的历史和现实存在,真正实现人的尊严、自由和平等的反奴文化理想,还有一段很长的路,需

---

① 参见向彪《曹雪芹的世界眼光》,载《红楼梦学刊》2005年一辑。

要后来者继续前行。

把曹寅童奴生涯研究同《红楼梦》反奴文化创造相联系的终极意义,也许就在这里。

## 第八节　"师楚"和"用楚"
—— 兼论《红楼梦》与湘楚文化

（《楝亭集》与《红楼梦》研究之七）

《红楼梦》与湘楚文化,似乎风马牛不相及,因为《红楼梦》是一部具有自叙传性质的写实小说,写实小说是以作者的直接以及间接经验为基础的。而据现有材料,曹雪芹乃至他的祖辈并无一人到过湖南甚或湖广地区(清湖广总督辖湖南、湖北)。但事实并非如此简单。小说艺术创造的源泉不仅来自于作家的经验,而且有赖于他的文化和文学积累,和对上述所有材料的审美运作。"将真事隐去,用假语村言",曹雪芹在《红楼梦》开卷第 1 回所昭示的小说基本写法表明:《红楼梦》的创作源泉,既来自于包含着"真事"素材的经验记忆,也来自于构建"假语村言"的超验想象。从小说虚构叙事的文本要求看,在作者经验积累基础上主要体现其文化积累、审美取向和艺术追求的超验想象更为重要。

曹雪芹的确没有到过湖南,湘楚大地对于他始终是一个陌生而遥远的世界。但曹寅的生母,也即曹雪芹的曾祖母顾氏是楚人,使曹雪芹的血缘中先天地具有楚文化的因子;而曹雪芹度过童年和少年时代的南京(金陵),本为战国楚之东域,这使他得以从小沐浴楚文化的古典空气;更重要的是曹雪芹的浪漫气质(这种气质的形成,与上述两个因素显然不无关系)①与楚文化的浪漫传统天然相通,当他在超验想象中借助于中国古典文化和文学的丰厚积累时,也使楚文化的强大生命力获得了一次崭新的爆发。

按照考古学的发现,楚文化的起源和中心在长江中游即今湖北,并通过古云梦泽延伸至湘。湖南原是苗蛮之乡,由于楚国先人的筚路蓝缕,开辟草莱,特别是经过舜帝南巡崩于苍梧、屈原流放沅湘而自沉汨罗、贾谊贬谪长

---

① 参见刘上生《走近曹雪芹——〈红楼梦〉心理新诠》第二章第四节。

沙等几次重要的人文洗礼，潇湘文化逐渐融入荆楚文化，进而成为整个华夏文明中一个有独特魅力的部分，它的包含着原始素朴色彩的人性理想美，和包含着早期文明冲突的爱情悲剧与政治悲剧以及此二者叠合的悲剧美，通过神话、传说、巫风、民歌、《楚辞》创作以及历代文人的吟咏，形成一种厚重的文化积淀①。当曹雪芹创作《红楼梦》的意旨与其不谋而合时，它就成为了作家取之不竭的资源而进入其艺术世界了。

　　本节首先从家族文化背景——曹寅与楚文化的联系着手探讨，而后正面进入本题。

## 一　曹寅的楚缘

　　南京古属楚地，但入楚的时代较晚。其地先属吴，越灭吴后属越，公元前4世纪后期并入楚国。《太平御览》卷一七〇引《金陵图》云："昔楚威王（按，公元前339—前329年在位）见此有王气，因埋金以镇之，故曰金陵。"在这个意义上，以曹寅为代表的江宁织造曹家长期生活在南京，是沐浴过楚文化之光的。但对古老的楚文化中心而言，南京究竟地处边缘，从曹寅的生活经历看，他在江南"长游不出吴"（《诗别集》卷二《自润州至吴门行将北归》诗句)，然而事实上，曹寅与楚文化的关系比上面简单的解析丰富得多。

### （一）曹寅与楚的亲缘

　　曹寅的母系出自楚地。曹寅的生母顾氏是明遗民顾景星之族妹。顾景星，湖北蕲州（今湖北蕲春一带）人。蕲州顾家乃名宦世族，至明末避战乱，辗转流离迁回祖籍江苏昆山，顺治八年，顾景星回蕲州隐居②。关于曹寅的生母顾氏与顾景星的兄妹关系，学界尚有不同意见，但曹寅在康熙三十九年（1700）所作的《舅氏顾赤方先生拥书图记》已明确承认其与顾景星之舅甥关系，又有康熙十八年（1679）顾景星为作《荔轩草序》用李白赠甥高五诗谓其"价重明月，声动天门"的典故，称"即以赠吾子清"，又有康熙二十一年（1682）顾景星《赠曹子清》诗"老我形骸秽，多君珠玉如。深情路车赠，近苦塞鸿疏"四句，连用晋王济谓其甥卫玠之美，称"珠玉在侧，觉我形秽"之典，

---

① 参见张正明《楚文化史》，上海人民出版社1987年版。

② 参见顾景星《白茅堂全集》卷四十六《家传》；孙静庵《明遗民录》，浙江古籍出版社1985年版。

及《诗经·渭阳》中秦康公送舅氏重耳路车之典。顾景星逝世后，康熙四十一年，曹寅出资刊其文集《白茅堂全集》，景星之孙顾湛露在《皇清拣授文林郎顾公培山（按，景星之子顾昌，字培山）府君行略》中称曹寅"前与征君（按，指景星）燕公雅集，舅甥契谊，遂捐千金，代梓《白茅堂全集》"，上述材料，皆可确证曹寅与顾景星的亲缘关系，亦可确证曹寅之母确为顾氏，本人对此问题，完全同意朱淡文在《曹寅小考》及《红楼梦论源》中所作考证①。至于具体亲缘关系，近年，黄一农进一步确认曹寅生母是顾景星之族妹②。

由于受封建嫡庶礼法观念的影响，曹寅极少在作品中表露对生母的情感，但压抑的天性情感终须寻找释放的机会。康熙四十一年三月，他看到画家禹之鼎为朋友王煓（字南村）悼念亡父所绘《风木图》，触动情怀，写下了《楝亭集》中仅有的一首怀念已逝生母的诗作《题王南村副使风木图》：

> 风木吟何限，杯圈属孝思。穷年护丘垄，黪墨变松茨。破散伤游子，清明摘柳枝。披图良触迕，日暮更深悲。③

借人杯酒，浇己垒块。《礼记·玉藻》云："母死而杯圈不能饮焉，口泽之气存焉尔。"当时曹寅嫡母孙氏尚在，故知所怀念必为生母顾氏。前此两年，康熙三十九年，曹寅作《舅氏顾赤方先生拥书图记》，首次公开了掩抑数十年的舅甥关系。四十一年，曹寅出资刊舅氏遗文《白茅堂全集》，历两年，书成。表弟顾昌（培山）校对，与曹寅多所唱和，重温旧情。黄一农并推测曹寅有可能请求追赠生母顾氏为命妇，以提高其地位④。

曹寅对舅氏顾景星一直深怀景仰。康熙十七年（1678）曹寅所作《春日过顾赤方先生寓居》诗有"开轩把臂当三月，脱帽论文快十年"句，曹寅康熙八年（1669）进京入侍，景星在曹家脱帽论文之事显然在此前，这才有"快十年"之语。杜甫《饮中八仙歌》有云"张旭三杯草圣传，脱帽露顶王公前，挥毫

---

① 朱淡文《曹寅小考》，《红楼梦论源》第一编第三章。
② 黄一农《二重奏：红学与清史的对话》，第105—125页。
③ 《楝亭诗钞》卷四。参见胡绍棠《楝亭集笺注》第169、170页。"风木"之悲，喻父母亡故，孝子不能尽养的悲伤。出《韩诗外传》卷九："树欲静而风不止，子欲养而亲不待也，往而不可得见者亲也。"关于王南村身份及曹寅题诗时间，参见高树伟《王南村·风木图·曹寅》。
④ 黄一农《二重奏：红学与清史的对话》，第123、124页。

落纸如云烟",可见"脱帽"是不媚权贵的狂态。"开轩把臂""脱帽论文",画出了顾景星才气纵横不羁、胸襟豪爽峻洁的气节之士的形象,这种人格、学识和文艺修养,对幼年曹寅有深刻影响。康熙十七年戊午,顾景星因博学鸿词科征聘,有司敦迫就道,途中坠车骨折,抵京已是次年初。曹寅前往探望,以俸钱买药相赠,有《春日过顾赤方先生寓居》诗,景星有《曹子清馈药》诗酬和。曹寅还将自己的诗集《荔轩草》呈送给顾景星。四月,景星作《荔轩草序》。是年秋,景星以布衣返里。别时,曹赠以车马,并以长诗留别(参见《白茅堂全集》卷二十二《怀曹子清》)。别后,景星在家乡"杜门息影,翛然遗世",曹寅思念不断,曾赠以玻璃方镜(见《白茅堂全集》卷二十二《玻璃方镜曹子清赠》诗)。康熙二十五年(1686),友人程正路赴湖北黄冈县丞任,曹寅托其探望舅氏,有《送程正路之黄陂丞兼怀赤方先生》诗二首,末句云:

> 举辔黄州迎,全身问楚狂。

看来,"狂"是顾景星砥砺气节、抗世违俗的表现。前引《春日》诗以张旭之"狂"相比,此诗更以楚狂接舆为喻,曹寅对舅氏的崇敬之情和理解之意,溢于言表。而更值得注意的是,此诗直接把顾景星之"狂"与楚文化相联系,表达了曹寅对楚文化的感情。

### (二)曹寅与楚的友缘

曹寅之友人在楚者,首推他的忘年知交遗民诗人杜濬、杜岕兄弟。

据方苞《杜茶村先生墓碣》《杜苍略先生墓志铭》,二杜兄弟为湖北黄冈人,明末避乱至南京。蕲州、黄冈地近,杜濬少时与顾景星齐名,并受知于龚鼎孳,时号"顾杜"。曹寅幼时即"诗词经艺惊动长者,称神童",二杜也应在此说中提及的"长者"之列。二杜尤其杜岕,是曹寅前半生最倾心的知交。二杜和顾景星,也是对曹寅人格和文学影响最大的几位前辈。由于本书第四章第二节已经对此进行了详尽论述,此处从略。

曹寅京都时期的朋友,"燕市六酒人"中有长沙陶煊(杨钟羲《雪桥诗话续集》卷三)。《诗别集》卷二有《送陶奉长还长沙》诗,疑此奉长即陶煊,诗如下:

> 不见海榴红照眼,翻惊万里泛归槎。燕台燕市今非古,湘草湘云自有家。五月江涛新飐水,百年篱落旧栽花。悬知更在羲皇上,寄语梁园

客漫哗。

诗应写于康熙十八年平定三藩之乱，清兵攻占长沙之后不久，从颔联二句及所用典故看，陶奉长必为游京不得志，而欲还乡隐居（"燕台今非古"影时政，"燕市今非古"讽世情），以"燕台燕市"与"湘草湘云"相对，表达了作者对陶奉长故乡潇湘之地的自然与人文环境的美好想象和羡慕之情。

　　也许因为朋友陶奉长家在长沙，而长沙又是三藩之乱中的战略要地，曹寅对战事十分关切。康熙十七年，吴三桂病死，次年清军收复湖南，捷报传至京城，曹寅作《闻恢复长沙志喜四首》，热烈想象"不待桃花水，扬舟过洞庭"，"三苗诛首恶，传檄楚疆宁"，展望和平安定生活的恢复。

　　**（三）曹寅与楚的文缘**

　　曹寅诗词创作多取法唐宋，但《楝亭集》中楚文化尤其是《楚辞》文学意象不少，表现出他对这一重要文化文学传统的热爱和继承。除上述所论外，再举数例：

　　A. 爱情诗

　　如《梦春曲》（《诗别集》卷一）之结尾：

> 月落长河白烟起，美人歌歇春风里。
> 梦转微闻芳杜香，碧尽江南一江水。

用《九歌》中"采芳洲兮杜若，将以遗兮下女"（《湘夫人》，又见《湘君》"采汀州兮杜若，将以遗兮远者"）之意象，喻美人之不可得。这种梦中香草美人之意境，直启《红楼梦》。

　　B. 友情诗

　　如寄曹铨诗《病中冲谷四兄寄诗相慰信笔奉答兼感两亡兄四首》（《诗别集》卷二）：

> 拭我细斑湘女竹，乞君青草杜陵诗。

此诗两句，均用湖湘景物及典故，前句用斑竹故事，后句用杜甫大历四年（769）往潭州（长沙）途中所写之《宿青草湖》诗"胡雁双双起，人来故北征"句意，写自己思念之苦，望冲谷（曹铨）北还相聚。

　　又如寄叶藩诗《和桐初谷山署中寄怀原韵》（《诗别集》卷一）：

> 故人怜我瘦，三载隔烽垒。空求豫章材，未吊湘江芷。

后二句用《楚辞》比兴手法并意象，寓有材（美）不得其用之意。

再如寄真州书院诸人诗《书院述事三十韵》（《诗别集》卷八）：

> 南辕不涉江，秣驹亦恋楚。投鞭入荒庭，丛竹欣有主。

"涉江""恋楚"均用屈诗。曹寅与屈原命运不同，故较少用屈的政治抒情诗意，但"恋楚"的情绪则与屈相似，故特标举以与"不涉江"（真州即今仪征，在江北）相对。此四句写书院的位置及环境，本是简单叙事，却渗入了情感内容。

C. 咏物咏怀诗

曹寅的咏物诗，以借物咏怀诸作为上乘，这明显是继承《楚辞》香草美人的比兴传统。他对兰花尤其一往情深，集中咏兰佳作甚多，如《避热》组诗第五首：

> 一叶秋兰一叶花，当门休怨直如麻（自注：见辛氏《猗兰操》）。无媒径路生憔悴，有类江蓠别等差。世味何如湘水淡，物情翻向楚人夸。素心我亦频陶写，愁对西风护碧纱（自注：盆兰）。

所咏为盆兰，所喻则为情志，以兰花之遭际影射官场世情：正直招怨、邪佞当道、等级奴役、世情溷浊。屈原在《楚辞》中常以"求女"比喻君臣遇合，以"无媒"比喻邪僻当路、贤人与君王阻隔。香兰径路始见于《招魂》。江蓠也是香草，《离骚》有"扈江蓠与辟芷兮，纫秋兰以为佩"之语，但与"王者之香"兰花相比，还是有着"等差"。这里把香兰烘托得十分突出，更显示出憔悴冷落于"径路"遭际之不公，实际上暗含着对官场等级以及包衣奴役制度的批判。颔联写官场腐朽，颈联写世情溷浊。河水皆淡，以"湘""楚"为标志，显然与全诗多用《楚辞》意象有关。《避热》组诗思想崇尚魏晋，艺术师法《楚辞》，本章第四节已有详论。

咏画兰名篇，如题马湘兰画兰长卷诗《末一丛无叶……三叠前韵》（《诗别集》卷七）：

> 多生慧业同缘起，我忆湘沅古流水。
> 粉墨休描没骨人，蒿莱枉叹当门死。

曹寅题马湘兰兰花长卷诗共三首,表现了对这位明万历年间青楼名妓人格才艺的倾慕,和对其悲剧命运的同情。引文系第三首中诗句。第三首开头"楚宫梦破留余影,月地招魂香乍醒",即用巫山神女故事,将香兰比作神女之瑶草,暗喻马湘兰爱情追求的失败。上引四句用《九歌·湘夫人》"沅有芷兮澧有兰"句,再从湘兰之名化出(王穉登为湘兰诗集作序称"问姓则千金燕市之骏,托名则九畹湘江之草"),并用《楚辞》比兴手法讽谕现实。此诗之末句"图穷更演牢愁句,第一东风肠断花",牢愁即牢骚,又与《楚辞》中的《离骚》相关。盖此诗从湘兰之名着眼,从首至尾运用《楚辞》意象和手法,不独所引数句为然。

又如《墨兰歌》(卷四):

> 潇湘第一岂风情,别样萧疏墨有声。
>
> 可怜侧帽楼中客,不在熏炉烟外听。

诗咏张见阳所画墨兰,而以兰为"潇湘第一"花,是对《楚辞》众多花草意象的创造性品评,其目的仍在情感寄寓。盖从兰花联想到已逝之友人纳兰,极写其倾慕、痛惜与追怀,双关比兴手法极为巧妙。

曹寅善用比兴,本书在第六章第三节"曹寅的咏物诗词"中已详加论述,此处所举,挂一而漏万,但从这些代表性例证,已经可以看出曹寅对《楚辞》文学传统、意象、手法的浓厚兴趣和有意吸收。

## 二 曹雪芹的"用楚"和"师楚"

《红楼梦》中明确提到楚文化仅一次,为第78回,贾宝玉撰写《芙蓉女儿诔》时有一大段人物心理描写:

> 我又不希罕那功名,不为世人观阅称赞,何必不远师楚人之《大言》《招魂》《离骚》《九辩》《枯树》《问难》《秋水》《大人先生传》等法,或杂参单句,或偶成短联,或用实典,或设譬喻,随意所之,信笔而去,喜则以文为戏,悲则以言志痛,辞达意尽为止,何必若世俗之拘拘于方寸之间哉!

这里所列举的八篇作品,《大言》《九辩》《招魂》《离骚》均出自《楚辞》;《秋水》为《庄子》篇名,庄子为宋国蒙人,宋楚相邻,庄子与楚文化有密切关系(参见张正明《楚文化史》)。所谓"师楚人",应包括语言、体式、写法和文学观念上的师法,是宝玉创作《芙蓉女儿诔》(其后一部分即诔词正文为骚体)的重要指导思想。从这段话中可以看出曹雪芹对楚文化特别是《楚辞》文学的态度,而这种态度也贯穿于《红楼梦》的整个构思和创作过程之中。可以说,"用楚"(运用楚文化积累)和"师楚"(学习楚文化作家)是《红楼梦》的重要艺术观念和创作手法。它作为一种表意手段,既笼罩在作为小说外壳的表意系统之上,也渗透于作为小说主体的写实内容之中。下面从神话构架、符号系列和话语创新三个方面进行阐释。

**(一)神话构架**

《红楼梦》是一部伟大的写实小说,但又是一部表意性很强的小说,表意系统是《红楼梦》整体艺术构架中不可或缺的组成部分,它主要通过虚拟幻想形式和表意叙述手段产生写实艺术所不可能有的喻理表情特殊功能。《红楼梦》的表意系统是曹雪芹的天才创造,其中作为小说外壳的是直接体现作者观念意图的解释性表意子系统,它以构建具有特定意义诠释功能的神话作为叙事缘起①。

在《红楼梦》构建的解释性神话中,作为全书故事缘起和主人公性格寓体的石头神话、作为中心情节宝黛爱情悲剧前身的木石情缘神话,这两个最重要的神话材料均来自于楚文化神话系统,尤其是木石情缘。兹分叙于下。

1. 石头神话

小说开卷第 1 回中,作为《石头记》创作缘起的石头下凡回归并记其历程的故事系直接从女娲补天的古老神话引出。按,以女娲为人类的创造者和拯救者,是流传于中国特别是南方楚地的神话传说,屈原《天问》"女娲有体,孰制匠之"是最早有关女娲的文字记载,它隐含着流传楚地的以女娲为生命乃至人类本原的传说内容。故《说文》云:"娲,古之神圣女,化万物者也。"王逸注:"传言女娲人头蛇身,一日七十化。"化,应为化生万物之意。《淮南子·说林训》谓:"黄帝生阴阳,上骈生耳目,桑林生臂手,此女娲所以七十化也。"②《淮南子》年代早于王注,可见"七十化"是早有的传说,其内容是化生人类。故女娲造人的传说,其具体记载虽然始见于《太平御览》卷七十八所

---

① 参见刘上生《〈红楼梦〉的表意系统和古代小说的幻想艺术》,载《红楼梦学刊》1993 年第四辑;《中国古代小说艺术史》第八章第四节。

② 参见刘诚淮《中国古代神话》,上海古籍出版社 1988 年版。

引之《风俗通》，但这一反映人类蒙昧时期对女性生育功能之于创造生命的本原意义认识的神话流行于文明开发较迟、保存母系氏族原始记忆较多的荆蛮之地，是合乎情理的。女娲补天传说始见于《淮南子·览冥训》（后见于《论衡·谈天》《列子·汤问》），《淮南子》成书于西汉初淮南王刘安时期，而汉淮南国处故楚地，故保存楚文化尤其是楚地神话较多，补天和造人神话的主体都是女娲，母性始祖神与拯救神合二为一，使两个神话互相包容，共同反映原初人性"母性崇拜"，并在此后成为批判父系文明（私有制和男权文化）以及由此而来的社会不公和人性堕落的思想和文学工具。曹雪芹把女娲补天的神话当作《石头记》的构思起点，石头因女娲锻炼而有了灵性（人性），成为情根石，使全书的写情大旨和主人公贾宝玉的主情性格，获得生命和人性的本原支撑，这是至关重要的一笔。

2.作为宝黛爱情前身的木石情缘，即神瑛侍者与绛珠仙草的故事

这实际上是在巫山神女和娥皇女英两个著名的楚地神话基础上进行的意义重构。按，"木石情缘"的要件有三：

一是从绛珠仙草到修成女体的仙子。神女与仙草的转化，始见于《山海经·中山经》中的䔄草神话和《文选·别赋》注引《高唐赋》中的瑶姬故事（又见于《水经注·江水》）。《文选·高唐赋》中有巫山神女荐枕于王之事，而无《别赋》注引之同一赋中的瑶姬之言：

> 我帝之季女，名曰瑶姬，未行而亡，封于巫山之台，精魂曰草，实曰灵芝。

可能是脱文。两者结合，完整的故事应是瑶姬未嫁而卒，化为灵芝（即"䔄草""瑶草"），瑶草又化为神女与襄王相会。在《红楼梦》中，这种帝女（凡人，有生死）—仙草—神女的转化，被改造为仙草—神女—凡女的转化，以描写人间的爱情故事。

二是眼泪还债。这明显是对二妃即娥皇女英故事的挪借。"尧之二女，舜之二妃，曰湘夫人。舜崩，二妃啼，以涕挥竹，竹尽斑。"（《博物志》卷八《史补》）由于舜崩于苍梧，葬今湖南宁远九嶷山，这一传说与楚地关于湘水女神或配偶神的传说相结合，而带上了鲜明的地域文化特征。

> 舜陟方，死于苍梧，号曰重华。二妃死于江湘之间，俗谓之湘君。

（《列女传》）

大舜之陟方也，二妃从征，溺于湘江。神游洞庭之渊，出入潇湘之浦。（《水经注·湘水》）

二妃从洒泪到殉死，完成了女性婚姻悲剧的创造；曹雪芹创作的还泪神话，则把婚姻悲剧转化为爱情悲剧，把对奉父命完成的婚姻的伦理忠诚，转化为由自我意志支配的爱情追求。

三是男女主人公之间的相互情感奉献。木石情缘神话中，男性角色地位与观念的变化非常突出。贾宝玉小时候曾有"绛洞花王"的外号（据庚辰本第 37 回），这也许暗示了其神格前身的原型确是男性之"王"。但是，原来的两个传说中，男性君王（帝）被打上了男权文化的深刻印记。王好色，竟梦与神女交接；尧的二女妻舜，是一夫多妻制的最早代表。而在还泪神话中，神女传说中包含的男性追求性满足（襄王梦），与二妃传说中包含的男性要求女性严守贞操（从一而终）的男权观念被祛除净尽。作为男性角色的神瑛侍者不是有至高压迫权威的统治者，而是神仙世界的"服务员"，他对绛珠仙草奉献的是爱的甘露，这才得到对方眼泪的回报。这就使男女婚姻（包括性生活）中的不平等转化为情感地位的平等。从观念上说，这种改造是具有对男权文化进行革命的意义的。

上述改造，使古老的神话传说闪耀着个性文化的理想之光。但是，它不但保留了其神话原型的湘楚文化浪漫特质（这就是后来绛珠化身林黛玉，绰号潇湘妃子，住潇湘馆的原由），也保留了神话原型中展示和同情女性悲剧命运的内涵精华。在作者的超验想象中，完成了楚文化的思想升华与艺术继承，实现了理想性改造与悲剧性挪移的对接与融合。

### （二）符号系列

符号是《红楼梦》隐喻性表意系统的基本形式。《红楼梦》中有各种符号，甄（真）贾（假）是谐音符号，金玉、木石是寓意符号，而与小说的主体写实性艺术形象相渗透、相表里的则是姓名、外号等标志性符号。由于标志性符号多由带有具象意义和文化文学内涵的词语充当，在《红楼梦》中，这种符号常被作者赋予某种表意功能，并且形成了具有象征意蕴的符号—形象系列，以体现作家的创作意旨。在这种象征符号系列和形象体系的构建中，具有理想美和悲剧美特征的楚文化因子是十分重要的核心元件，这就是以潇湘符号为中心的象征符号系列及其所指示的清净女儿群体。

《红楼梦》是一部描写理想追求和这种追求的失落的书，是一部展示美的动人与美的毁灭的书。美的理想载体，是女儿世界，它的最高代表，是以"潇湘妃子"为号的林黛玉，就其"潇湘"符号的地理内涵视之，正是"极尊贵、极清净"的"水做的骨肉"。曹雪芹并未到过"潇湘"，他完全是借助于他所接受和热爱的从远古神话绵延而来的湘楚文化特别是《楚辞》文学传统，进行超验想象的。在这一想象中，一系列的相关意象连绵展开，构造出各自具有特殊符号象征意义的个体形象系列，表现出鲜明的"师楚"用意。

这种相关性从两个方面展开，一是"潇湘"本义的相关性，一是与潇湘符号相联系的楚文化的相关性。换言之，前者是"水"的意象，后者是水边或水中花草的意象

其展示的第一个层面，是书中主要人物，也即《金陵十二钗正册》中的女子，特别是林黛玉、史湘云、薛宝钗这三位主要女性。

林黛玉形象的楚文化内涵十分清晰。她住潇湘馆，号潇湘妃子。潇湘馆是"省亲别墅"，为大观园中"第一处行幸之处"，故住十二钗中的第一号人物，"有千万竿翠竹掩映"（见第 17、18 回）。探春在解释"潇湘妃子"之号时说"昔日娥皇女英洒泪在竹上成斑，故今斑竹又名湘妃竹，如今他住的是潇湘馆，他又爱哭"（第 37 回），潇湘—湘妃竹（斑竹）—娥皇女英这一系列符号与黛玉的相关性，使"潇湘妃子"的雅号负载着从远古神话民间传说到《楚辞》文学，从爱情悲剧到地域文化的丰富信息。

与"潇湘妃子"本义相关的人物符号是史湘云，她和黛玉同样父母双亡，寄人篱下，命运凄苦；同样才华横溢，诗思敏捷；同样有着为自号"梦阮"的曹雪芹所欣赏的那种鄙视庸俗虚伪、不愿为礼法所拘的"名士"风度。一个真率烂漫，一个多愁善感，后者毁于不得所爱，前者则虽得其所归而好景不长。"展眼吊斜晖，湘江水逝楚云飞"，"终久是云散高唐，水涸湘江"（第 5 回），同"潇湘妃子"一样，湘云符号中也包含着楚地神女神话和湘妃传说的悲剧意蕴，但她遭受的是婚姻悲剧，是"厮配个才貌仙郎，博得个地久天长"的"梦"的破灭。红楼诸艳中，这是唯一的两位被直接而明确赋予湘楚符号的女子。

与"潇湘妃子"意义相关的符号人物是蘅芜君（薛宝钗），蘅即杜蘅，水边的香草，最早见于《九歌·湘夫人》："芷葺兮荷盖，缭之兮杜衡（蘅）。"湘夫人

即湘妃,可见符号之间的相关性。曹植《洛神赋》:"践椒涂之郁烈,步蘅薄而流芳。"王嘉《拾遗记》载,汉武帝"卧梦李夫人授帝蘅芜之香"。可见蘅芜之香浓郁且有华贵之气,这正与宝钗"艳冠群芳"的特点相符。第 17 至 18 回,宝玉随贾政游园,来到蘅芜院时,指点那些"味芬气馥"之异草,说"那香的是杜若蘅芜"。按,杜若亦见《九歌·湘夫人》"搴汀洲兮杜若"句,宝玉还进一步指出"想来《离骚》《文选》等书上所有的那些异草……也是有的",结果遭到贾政的呵斥,可见蘅芜院的设想及宝钗住此并以"君"为诗号,不但由"潇湘"(潇湘妃子、湘夫人)而来,还直承自《楚辞》香草美人的比兴传统。宝钗代表着十二钗中另一种形态的美。在体现传统美德方面,宝钗与二湘(黛玉、湘云)相异;在追求叛逆爱情方面,则黛玉又与二金(宝钗、湘云)存在木石与金石的对立,而"二金"的命运同为陷入婚姻悲剧。但"怀金悼玉"既是《红楼梦》的主题,那么,一玉(黛玉)二金(宝钗、湘云)正是体现《红楼梦》歌颂美的理想和展示美的悲剧的意旨的三位主要女性,而她们都笼罩在湘楚文化的浪漫光圈之下,这种符号象征系统,难道不是着意的精心设计吗?

这一符号系统中的《金陵十二钗正册》其他相关人物,放在下文一起论述。

其展示的第二个层面,是以《金陵十二钗》正、副、又副册的榜首人物林黛玉、甄英莲、晴雯为代表的女儿群体,她们构成了与"潇湘"符号具有楚文化相关性的符号象征系别。

这种相关性首先是由"潇湘"与"芙蓉"(莲、荷)的符号关联展开的,延伸及其他同样具有象征意义的花草植物。"潇湘"与"芙蓉"的符号相关性体现在三个方面:一是地理上的相关性。潇湘一带水中多生芙蓉,唐谭用之《夜宿湘江遇雨》"秋风万里芙蓉国,暮雨千家薜荔村"即为名句,使湖南有"芙蓉国"之称。二是文本上的相关性。《九歌·湘君》:"采薜荔兮水中,搴芙蓉兮木末。"此以芙蓉(水中芙蓉,非木芙蓉)喻所求所爱即诗中之湘君(爱而不得)。据《楚辞》王逸注,湘君、湘夫人即舜之二妃娥皇、女英,即潇湘妃子是也。是"潇湘"(妃子)与"芙蓉"出同一文本,又意义相关。三是文学形象上的相关性。小说既以"潇湘妃子"为黛玉之号,又以芙蓉花为黛玉之喻体(第63 回),则是"潇湘"与"芙蓉"具有所指的同一性。以此为基点,且看作家的匠心安排。

《金陵十二钗正册》中的第一人黛玉，集"潇湘妃子"与"芙蓉女儿"为一体，已见前论。

《金陵十二钗副册》中的第一人甄英莲（香菱），既是书中第一个以芙蓉（英莲即莲花）为符号的具有理想美质的女儿（英莲儿时即"生得粉妆玉琢，乖觉可喜"，见第1回），又是第一个薄命女儿。"英莲"谐音"应怜"，正是这一符号寓意的双重涵义，也是《红楼梦》描写美的理想和美的悲剧的双重寓意。英莲被薛蟠强占为妾后，改名香菱，其簿册所画"水涸泥干，莲枯藕败"仍为英莲（芙蓉）意象，故判词云："根并荷花一茎香，平生遭际实堪伤。""香菱"谐音"相邻"，即菱"根并荷花一茎香"之意；又谐音"湘菱"，即寓与潇湘符号相关之意。其所以改名，恐怕是为了留下这一意象的空白给芙蓉女儿晴雯，又以此丰富这一符号象征系别。书中第79回通过香菱之口说：

> 不独菱角花，就连荷叶莲蓬，都是有一股清香的。但他那原不是花香可比，若静日静夜或清早半夜细领略了去，那一股香比是花儿都好闻哩。就连菱角、鸡头、苇叶、芦根得了风露，那一股清香，就令人心神爽快的。

香菱学诗，师从黛玉，其痴心悟性，令宝玉赞叹不已："这正是地灵人杰，老天生人再不虚赋情性的……可见天地至公。"（第48回）这是赞芙蓉女儿同具理想美质。香菱悲剧的描写，紧承晴雯悲剧之后，第78回"痴公子杜撰芙蓉诔"是晴雯故事的结束，第79回"薛文起悔娶河东吼"、第80回"美香菱屈受贪夫棒"，则转入对香菱苦难的集中描写，这是暗示芙蓉女儿悲剧命运相同。

《金陵十二钗又副册》中的第一人晴雯，眉眼似黛玉，人格自尊似黛玉，与宝玉情感亲密纯洁似黛玉，"生侪兰蕙，死辖芙蓉"，以"宁信其有，不信其无"的化芙蓉花神的传说为其生命画上句号，又以《芙蓉女儿诔》及黛玉听诔文、宝黛共改诔文的情节，传达出作者预伏黛玉悲剧，"诔晴雯，实诔黛玉"的深刻用意，无庸多言。值得注意的是，在曹公基本修改定稿的前八十回的最后几回，作者用不同的手法对三个芙蓉女儿的命运描写进行了艺术聚焦——晴雯死，伏黛玉必死；晴雯死后，即写香菱必死。这是极具震撼力的构思安排。

第5回中太虚幻境薄命司展示的命运簿册，依次是又副册、副册、正册，而以晴雯、香菱、黛玉三位芙蓉女儿为首。这三本簿册，分别展示了从丫环、侍妾到贵族小姐不同身份地位教养的年轻女性的美及其毁灭，而三位芙蓉女儿正为其代表，这就表明与"潇湘"（妃子）符号具有相关性乃至同一性的"芙蓉"（女儿）符号所具有的普遍象征意蕴和涵盖力。

以上是基本分析。

从分析中可以看出，上述两个层面，实际上形成了一种纵横交叉的系统结构——横向的是黛、钗、湘三位全书爱情婚姻故事中的主要人物，是《金陵十二钗正册》的核心；纵向的是黛、晴、菱三位全书女儿群体和女儿悲剧的代表人物，分居《金陵十二钗》正册、副册、又副册之首——她们纵横交错，构就《红楼梦》"怀金悼玉"的主旨和"千红一哭，万艳同悲"的框架。在形式上，它们是两个具有丰富象征意蕴的符号系列，而其交叉点即中心，则是以"潇湘"（妃子）为符号的林黛玉。

由上述分析，本人认为，湘楚文化因子特别是《楚辞》文学在《红楼梦》形象体系构建的超验想象中，居于核心元件地位，此论不误。

这里还可以做些补充。

前面说到，"英莲"到"香菱"的符号转化具有拓展意义，还可以从以下事例看出。

迎春住处为紫菱洲，惜春住处为藕香榭，故迎春诗号为"菱洲"，惜春诗号为"藕榭"，这明显是莲菱符号的延伸。抄检大观园后，晴雯死，司棋逐，芳官等出家，宝钗搬出园子，继之以迎春出嫁，第79回写宝玉天天到紫菱洲一带徘徊瞻望，作《紫菱洲歌》："池塘一夜秋风冷，吹散芰荷红玉影。蓼花菱叶不胜愁，重露繁霜压纤梗。"实际上是借写荷（莲）菱等景物的凋零伤悼大观园作为青春乐园的消亡。迎春之柔弱、惜春之自洁，皆与香菱近似，故可视作此符号的相关延伸。探春等人则异于是，故探春居处之蕉、李纨居处之杏、妙玉居处之梅，皆另有寓意，形成别一象征符号系列。这就避免了意象与意蕴的单一性，而更能体现生活之真实，正是《红楼梦》的高明之处。

第7回周瑞家的评论香菱道："倒好个模样，竟有些像咱们东府中蓉大奶奶的品格。"香菱"模样儿"近秦氏，秦氏之夫为贾蓉，则秦氏又是一芙蓉（夫蓉），亦可看作"英莲"（芙蓉）符号的延伸。按，秦氏即宝玉梦中情人名兼美字可卿者，兼有钗黛之美。第7回甲戌本有回前诗曰："十二花容色最新，不知谁是惜花人。相逢若问名何氏，家住江南姓本秦。"此诗用韵本唐郑谷《淮上与故人别》："扬子江头杨柳春，杨花愁杀渡江人。数声风笛离亭晚，君向潇湘我向秦。""君向潇湘我向秦"，潇湘（黛玉）与秦氏（芙蓉），实一根而两枝，一花而两蕊。有人认为，黛玉代表爱的精神（灵性），秦氏代表爱的肉欲，是对同一对象之爱的两个层次。如此理解，则符号的象征意蕴似可了然。

这里还要提到柳湘莲，他是"潇湘"及相关的"芙蓉"符号向女儿世界外的唯一延伸。柳湘莲其实是"浊臭逼人"的男性世界里的清净人物，"年纪又轻，生得又美，不知他身份的人，都误认作优伶一类"（第47回），但他却痛打了企图玩弄他的呆霸王薛蟠，痛恨宁府"除了外头两个石头狮子干净，只怕连猫儿狗儿都不干净"，使宝玉都自惭形秽："连我也未必干净了。"（第66回）这种偏执的"求洁"心理，使他断送了曾一度失足的痴情女子尤三姐的爱情和生命。柳湘莲之号"冷面郎君"，正表明他对现实丑恶的坚决拒斥和对完美理想的近乎苛刻的执着追求，他的出家，正是这种追求失败的结果。柳湘莲是贾宝玉的先行者，虽然湘莲"冷"而宝玉"热"，湘莲重品行而宝玉重情感，但也许正是他这种对美的完美性的追求以及这种追求的失败，使他独得美誉，成为唯一进入潇湘符号象征系统的男性。这也反映了湘楚文化在《红楼梦》创作超验想象过程中所独具的理想性和悲剧性的双重特征。

### （三）双重话语

进入文明时代，原始楚文化的丰富神话意象、地域景物意象和历史人文意象越来越显示出理性意蕴。在此基础上，先秦的两位浪漫艺术大师——屈原和庄子，分别在楚文化圈的南北两端，也分别在抒情文学和叙事文学领域中创造了比兴（象征）和寓言这两种艺术手法。曹雪芹借贾宝玉之口，在撰《芙蓉女儿诔》时所说的"师楚人……或用实典，或设譬喻"，指的就是这两种方法。事实上，比兴和寓言，虽然一以写情，一以叙事，但其基本特征却是一致的，即都包含双重话语。因而它们不分畛域，综合运用，往往能产生更为佳妙的艺术效果。《红楼梦》便是如此。

《红楼梦》的抄本阶段，戚蓼生在《石头记序》中就揭示了这部小说"一声也而两歌，一手也而两牍"的特点：

> 第观其蕴于心而抒于手也，注彼而写此，目送而手挥，似谲而正，似则而淫，如《春秋》之有微词、史家之多曲笔……不啻双管之齐下也。

噫，异矣！

　　吾谓作者有两意，读者当具一心。

虽然戚蓼生是从史家而非文学的角度立论举证，但他显然发现了《红楼梦》的双重话语特征。

红学中索隐派的政治小说论和当代红学中的"以爱情掩盖政治"论者，都是从情事与政事的双重话语角度解读《红楼梦》的。或以为小说中的情事即影射政事（以蔡元培《石头记索隐》为代表，现代索隐派仍多持此说），或以为情事乃政事之掩护、包装。这类观点的偏颇，是在双重话语的解读中，由于主观臆想而导致小说的意旨迷失，把作者明白宣示的"大旨谈情"也加以否定。但他们发现并深入探究作者标榜《石头记》"毫不干涉时世"的真实用意，并努力揭示小说"干涉时世"的内容，功不可没。正如不能否定小说的"大旨谈情"一样，也不能否认作家有自觉"干涉时世"，进行社会和政治批判的用意。贾宝玉在《芙蓉女儿诔》中，关于晴雯悲剧的原因和性质，这样写道：

　　岂料鸠鸩恶其高，鹰鸷翻遭罝罦；薋葹妒其臭，芷兰竟被芟锄。

　　高标见嫉，闺帏恨比长沙；直烈遭危，巾帼惨于羽野。

前面一段的写法和用典，直接取自于《离骚》《九章》，一看便知。屈原以"善鸟香草，以配忠贞；恶禽臭物，以比谗佞"[①]，尖锐批判楚国的政治黑暗。后一段用两个政治人物典故（鲧被杀与政治因素有关，见《山海经·海内经》），而贾谊故事不但与湘楚地域直接有关，且屈贾一脉相承，都被贬谪于湖南，都是贤人去位、才士见弃，都因君王之昏暗不明，都留下了感愤时事之作。这里的典故运用，显然不是贾宝玉悼晴雯的情感所能涵盖，实际上都可以听到曹雪芹"干涉时世"的弦外之音。

但如果仅仅这样从地域文化意象和典故运用去理解《红楼梦》的双重话语和对楚文化庄屈艺术的继承，那未免过于狭隘。事实上，正如戚蓼生所云，《红楼梦》的整体构思和用笔都具有鲜明的双重话语特征。兹简论之。

《红楼梦》全书所写，主要是家事与情事，即家族悲剧和情的悲剧（女儿

---

① ［汉］王逸《楚辞章句·离骚序》

悲剧)两部分。就家事言之,小说的双重话语,主要体现在作者通过"家国同构"的观念和家国一体的隐喻,寄托对民族、国家命运的关切和思考上。

早在甲戌本中就有这样一段意味深长的脂批,见于第 1 回"我把你这有命无运、累及爹娘之物"一段处,全文如下:

> 八个字(指"有命无运、累及爹娘")屈死多少英雄?屈死多少忠臣孝子?屈死多少仁人志士?屈死多少词客骚人?今又被作者将此一把眼泪洒与闺阁之中,见得裙钗尚遭逢此数,况天下之男子乎?
>
> 看他所写开卷之第一个女子便用此二语以订终身,则知托言寓意之旨,谁谓独寄兴于一情字耶?
>
> 武侯之三分、武穆之二帝,二贤之恨,及今不尽,况今之草芥乎?
>
> 家国君父事有大小之殊,其理其运其数则略无差异。知运知数者则必谅而后叹也。[①]

这是脂批中政治色彩最浓的一段话。其中把武侯(诸葛亮)与武穆(岳飞)的悲剧联系起来,称为"二贤之恨",这是在汉民族遭受异族欺凌压迫统治的时代首先是在南宋产生的强烈民族情感。北宋为金(女真)所灭,南宋对金屈辱称臣,而清政权的前身为后金,明亡于清,汉族又处于被压迫奴役地位,脂批所谓"二贤之恨,及今不尽",所指为何,不是很清楚吗?特别是这里指出"家国君父事有小大之殊,其理其运其数则略无差异",明白导引读者对《红楼梦》所写家事的阅读思路,至为重要。

本人在《走近曹雪芹——〈红楼梦〉心理新诠》一书中曾详细探讨了曹家包衣汉人身份地位对曹雪芹的影响,认为曹家虽为满洲旗籍,为皇室服役,却始终保持强固的汉民族本根意识和民族忠诚的精神传承;探讨了曹家经历的两度"末世之变"——一是由明入清,沦为满洲包衣,这一与民族悲剧相联系的家族悲剧,二是雍乾之世,由于主奴关系变化而彻底败落的家族悲剧——以及这两度"末世之变"的内在联系;还探讨了曹雪芹在《红楼梦》中所采用的"双向投射",实即双重话语的特殊方法。我认为,《红楼梦》的家事描写,采取了以家族悲剧涵盖民族悲剧、以家族末世隐藏王朝末世的写法。据现有材料,江宁织造曹家的衰败,主要是由于外力打击(抄家),但具有自

---

① 陈庆浩编著《新编石头记脂砚斋评语辑校》,第 21—22 页。

叙传性质的《红楼梦》却在描写贾府之衰时，把重心转向对家族内部矛盾的观照和解剖，并通过家族外的旁观视角和具体情节描写，明确揭示出导致家族败落的三大主因——奢靡享乐、子孙不肖和内部争斗（分见第 2 回、第 74回）。这与孔尚任借《桃花扇》对南明灭亡的历史教训——宴游、争斗和权奸乱政（孔尚任《桃花扇纲领》）——进行艺术总结，有着惊人的一致。《桃花扇》之创作，意在"惩创人心，为末世之一救"（《桃花扇小引》），而《红楼梦》之创作，甲戌本第 2 回脂批云："作者之意原只写末世。"这并不是偶合。我们不同意《石头记》是"吊明之亡，揭清之失"的政治小说的观点，却不能不正视小说"家国一体"双重话语的隐喻内涵，不能不肯定小说中家族悲剧描写中民族情感的自觉或不自觉的流露①。

就情事而言，《红楼梦》的双重话语特征表现在对"托意男女"的方法的继承和创新。我曾在《论贾宝玉的女性美崇拜意识及其人性内涵》一文中指出：

> 中国古代文学自从屈原《离骚》之后，就形成了一种"托意男女"的抒情传统，曹雪芹在叙事文学作品中作了创造性的继承和运用。他在宝玉的女性美崇拜和对女儿的爱中，寄托他对美的理想的追求。宝玉是一位理想主义者，他对女性美的崇拜，既是一种反叛传统、对抗现实的思想倾向，又是一种厌弃现实、追求理想的人生态度。在这一方面，女性美既是现实的存在物，又具有理想的象征意义。就是说，它既是情感对象实体，又是理想对象借体。②

《红楼梦》中的女性美、女儿世界及其生存环境大观园，都具有这种"实体"与"借体"的双重性格。就借体（寓体）而言，作者揭示"女儿"与"男人"的"清"与"浊"的对立，揭示女儿世界——大观园与园外世界美与丑、理想与现实的对立，揭示大观园作为太虚幻境的人间投影、作为"清净女儿之境"的自然美、女性美、人性美和理想美四位一体的象征意义："这里的水干净，只一流出去，有人家的地方脏的臭的混倒，仍然把花糟蹋了。"（第 23 回）但作为实体，作者更真实描写了女儿与男人，大观园世界与园外世界及女儿群体内部

---

① 参见刘上生《走近曹雪芹——〈红楼梦〉心理新诠》第二章第三节。
② 刘上生《论贾宝玉的女性美崇拜意识及其人性内涵》。

的清中有浊、浊中有清的交叉与渗透,描写了女儿个体之间的思想、性格、情感冲突,大观园内部的主仆上下等级尊卑、利益冲突和与园外世界的复杂现实联系。诗社雅集、生日夜宴、理家举措、粉硝事件、厨房风波、失累金凤、拾绣春囊,直到抄检巨澜、晴雯屈死……构成一幅幅逼真生动的贵族之家的生活长卷。而大观园从出现到毁灭的过程,又明白显示出它作为理想世界借体所包含的悲剧意义。这种实体与借体一而二、二而一的天衣无缝的巧妙结合,确实令人叹为观止。

就主人公贾宝玉的故事而言,这种双重话语则表现在人物写实形象与表意饰物,即实体与寓体一而二、二而一的巧妙结合。书中对贾宝玉生动个性与生活历程的描写,具有无与伦比的真实性;但关于其衔玉而生和玉石一体的构想,又使他永远生活在虚拟世界里,有着永远说不清道不完品不尽的艺术和哲理意蕴。他与黛玉的爱情悲剧和与其他女儿的故事总是可以打动现实中的青年男女,但他的"泥水骨肉"说、"女儿三变"论和他在女儿世界里的情绪情感都未必可以作完全的现实解读,譬如为一点小事就续写《南华》,要"焚花散麝","戕宝钗之仙姿","灰黛玉之灵窍"(第21回),又如他要求女儿们"同看着我,同守着我"(第19回),说"趁你们在,我就死了,再你们哭我的眼泪流成大河,把我的尸首漂起来,送到那鸦雀不到的幽僻之处随风化了"(第36回)等等。如果就此批评贾宝玉的贵族自私性和对女性的变相占有欲,就未免胶柱鼓瑟了,因为这忽视或忘记了女儿世界对于贾宝玉的实体与借体的双重意义。我曾指出:

> 整个《红楼梦》,就是一部贾宝玉的女性美崇拜意识的心灵史,也是一部贾宝玉人生理想的追求史。这部"将真事去""用假语村言"写出的皇皇巨著,毋宁说,它的总体构思,就是一种寓意、一个象征,它写出了一位厌恶丑恶现实的青年对美的理想的热烈追求和献身精神,也写出了丑恶现实对这种美的理想的毁灭。①

而玉石一体、假(贾)玉真石的构思,又成为贵族公子贾宝玉叛逆思想性格的最好寓体。在这里,屈原的托意男女的比兴传统和庄周以事(物)喻理的寓言手法得到了综合运用(其中也包含着对曹寅创作比兴艺术的继承吸

---

① 刘上生《论贾宝玉的女性美崇拜意识及其人性内涵》。

收)。但在庄屈的双重话语里,超越寓体而指向本体的表意意图过于强烈明显,导致对寓体(艺术形象)展示的生动丰富性的削弱。而曹雪芹却充分发挥了小说话语的叙事功能,实现写实本体与表意寓体的完全融合,使两方面的艺术才能都得到淋漓尽致的发挥。

综上所论,《红楼梦》之不可企及,湘楚文化艺术传统之滋养,盖有功焉。

# 曹寅生平及文学活动简表<sup>①</sup>

**顺治十五年(1658)戊戌　一岁**

九月初七日生于北京。曹寅自叙"少寄名于浮屠氏"(《重葺鸡鸣寺浮屠碑记》),或在北京幼年时。

**康熙元年(1662)壬寅　五岁**

曹寅自述:"某至康熙壬寅侍先大夫奉差于此。"(《重葺鸡鸣寺浮屠碑记》)弟曹宣(子猷)生。(一说曹宣于康熙二年癸卯年生,故曹寅对其有"卯君"之称。)

**康熙二年(1663)癸卯　六岁**

曹玺任江宁织造。全家迁至南京。曹寅自述:"予自六龄侍先公宦游至此。"(《重修二郎神庙碑》)本年或明年,马銮(字伯和,号秋林)始为曹寅塾师,与曹玺有"十年晤对"的知己之交。

**康熙七年(1668)戊申　十一岁**

顾景星游食至金陵。或于此年入曹府,与曹寅生母顾氏叙亲。顾景星称曹寅"束发即以诗词经义惊动长者,称神童",应在此时。康熙六年,周亮工始督理江安十府粮储道,与曹玺"叙通家之谊"。曹寅应在此年前后入附近"社学",后来有"石桥执经予最少"的回忆。

---

① 表中所叙曹寅事迹,均在书中有关章节论述,此处不再注明出处。

### 康熙八年(1669)己酉　十二岁

顾景星在曹府有"脱帽论文"之事。本年,曹寅离家进京入侍。康熙向西洋传教士学习自然科学,曹寅"佩笔侍从"康熙帝。

### 康熙十年(1671)辛亥　十四岁

诏开经筵日讲,寅"佩笔侍从"。在此前后,或有"佽童"表演经历。

### 康熙十一年(1672)壬子　十五岁

"既舞象,入为近臣",为康熙侍卫,曾在养鹰鹞处当差,与纳兰性德相交,开始与张纯修等渌水亭文士交游。有《登鸡鸣寺》诗,是现存曹寅最早诗作。① 据此,则本年应曾返江南。

### 康熙十三年(1674)甲寅　十七岁

"三藩之乱"爆发。曹寅随父在扬州、句容等地参加防御。后来回忆:"摄提之岁。侨寄广陵,驱子若弟。补伍编行,以御疆埸。"②

### 康熙十六年(1677)丁巳　二十岁

任銮仪卫侍卫,擢升为治仪正。本年内曾回家探亲,岁暮返京,《岁暮远为客》诗有"十年游子怀"句。

### 康熙十七(1678)戊午　二十一岁

春,奉差至江浙。本年前有诗集《野鹤堂草》。邓汉仪《诗观二集》成,选其诗《岁暮远为客》等二首。寅晚年"手自刊定"的《诗钞》自本年始,卷首诗为《坐弘济石壁下及暮而去》,另有爱情诗《梦春曲》等。

### 康熙十八年(1679)己未　二十二岁

博学鸿词科考试举行。曹寅看望来京患病的顾景星并赠以俸金,互相唱和。与施闰章、陈维崧、朱彝尊等己未科文士交游。诗集《荔轩草》成,顾

---

① 《诗别集》卷一,参见《诗钞》卷四《孟秋谐静夫子鱼尊五殷六过鸡鸣寺得诗三首》自注。
② 《文钞》,《祭郭汝霖先生文》;《诗钞》卷四《句容馆驿》自注。

景星作序。寅前妻约在此年或稍后去世。寅有诗悼亡。

### 康熙十九年(1680)庚申　二十三岁

炎夏作《和桐初谷山署中寄怀原韵》有"嗟予归故乡,索居近一纪"句,可证赴京入侍年岁。

### 康熙二十三年(1684)甲子　二十七岁

夏,南下侍父病。有扬州"征歌"之情事。六月,曹玺病故。寅奉旨以内务府慎刑司郎职协理江宁织造事务。本年前,曹寅已兼任内务府正白旗第五参领第一旗鼓佐领。

### 康熙二十四年(1685)乙丑　二十八岁

曹玺逝后,有"薏苡明珠"之谤。曹寅奉命回京郎署任职。五月,扶父柩携全家北归,杜岕以《思贤篇》送行。曹寅有《放愁诗》《北行杂诗》等。在京与叶藩、陈枋、姚潜、陶煊、唐祖命交游,有"燕市六酒人"之称。与曹钤、曹铨兄弟及吴炯等交往密切。

### 康熙二十五年(1686)丙寅　二十九岁

本年,由内务府慎刑司员外郎升为会计司郎中。本年前有词集《西农词》。蒋景祁《瑶华集》编成,曹寅词入选。

### 康熙二十六年(1687)丁卯　三十岁

约在本年,娶李煦族妹李氏为继室。

### 康熙二十七年(1688)戊辰　三十一岁

编定诗集《舟中吟》一卷,寄杜岕。

### 康熙二十八年(1689)己巳　三十二岁

子曹颙出生。杜岕为寅诗集《舟中吟》作序,称寅诗有"魁垒郁勃于胸中"。

### 康熙二十九年(1690)庚午　三十三岁

四月，以广储司郎中出任苏州织造。行前，为弟曹荃（宣）及子侄曹顺、曹颜、曹頫等捐纳监生。在苏州作怀楝堂，以《楝亭图》遍征题咏。此题咏从曹玺逝后即已开始，本年后始成规模。与尤侗、叶燮等交游。

### 康熙三十年(1691)辛未　三十四岁

春，作《闻芷园种柳》五首寄子猷，始抒"不材"之愤。

### 康熙三十一年(1692)壬申　三十五岁

十一月，奉旨赴南京任江宁织造，仍兼苏州织造。本年秋，曹寅曾"游越五日，倚舟而成《北红拂记》"，是曹寅第一部剧作。尤侗有序。九月，曹寅命家伶演尤侗《李白登科记》。

### 康熙三十二年(1693)癸酉　三十六岁

二月，李煦接任苏州织造，自此曹寅专任江宁织造。与施世纶、宋荦等唱和交游。

### 康熙三十五年(1696)丙子　三十九岁

据现存奏折，曹寅本年开始向康熙帝密折奏事，有《奏贺荡平噶尔丹事折》。弟曹荃随驾出征，曹寅有诗寄赠。曹寅《续琵琶》传奇或成于康熙平定噶尔丹后。

### 康熙三十六年(1697)丁丑　四十岁

十月，率旨押运赈米到淮安救灾。

### 康熙三十七年(1698)戊寅　四十一岁

秋，进京陛见康熙帝，晋级加薪，"蒙恩擢阶正三品食禄"。

### 康熙三十八年(1699)己卯　四十二岁

康熙第三次南巡，驻跸江宁织署，曹寅第一次接驾，奉嫡母孙氏朝谒，康熙帝赐书"萱瑞堂"。曹寅为尤侗得御赐"鹤栖堂"匾作诗。四月,与宋荦奉旨监修明陵并将御书"治隆唐宋"制匾勒石。

### 康熙三十九年(1700)庚辰　四十三岁

本年秋,曹寅作诗《与曲师小饮和静夫来诗次东坡韵》,感叹包衣奴役"呹呹驺卒谁可拟",抒发平等理想。在此年秋冬,曹寅有诗及序记"公私匮乏,索逋成雠""冬来为夙逋所累"的感慨。[①] 作《舅氏顾赤方先生拥书图记》,首次公开与顾景星的舅甥关系。

### 康熙四十年(1701)辛巳　四十四岁

本年,与弟曹宣开始接办五关铜斤,共八年,至四十八年完。五月,曹寅在萱瑞堂之东轩作《东皋草堂记》,谓"仕宦,古今之畏途也。驰千里而不一踬者,命也"。

### 康熙四十一年(1702)壬午　四十五岁

三月,有诗《题王南村副使风木图》,怀念生母顾氏。是年,捐赀刊刻舅氏顾景星文集《白茅堂全集》,历两年刻成。与其子顾昌多唱和,有《西轩唱和集》(今不存)。

### 康熙四十二年(1703)癸未　四十六岁

康熙第四次南巡,曹寅第二次接驾,有旨命曹寅与李煦轮流兼管两淮盐政共十年。本年腊月,洪昇为曹寅改编的杂剧《太平乐事》作序,可见《太平乐事》应成于此前,或于接驾时演出。

### 康熙四十三年(1704)甲申　四十七岁

七月,钦点巡视两淮盐务监察御史,十月到任,至次年十月。

与洪昇交游,在家搬演《长生殿》。

---

① 参见《诗别集》卷三有关诗作。

### 康熙四十四年(1705)乙酉 四十八岁

康熙第五次南巡，曹寅第三次接驾。擢授通政使司。五月，奉旨刊刻《全唐诗》，在扬州天宁寺设书局。与江淮文士多所唱和。本年自编定《楝亭先生吟稿》，有朱彝尊、毛际可、姜宸英等序。年底赴京述职陛见，次年初南归。

### 康熙四十五年(1706)丙戌 四十九岁

十月，第二次兼巡盐，《全唐诗》刻成，刻《楝亭五种》。十月，北上为嫡母孙氏营葬，并奉旨送女嫁平郡王子纳尔苏。

### 康熙四十六年(1707)丁亥 五十岁

康熙第六次南巡，曹寅第四次接驾。捐赀刊刻施闰章《学余全集》。年底赴京述职，十二月十八日陛见，条陈织造事宜六款。

### 康熙四十七年(1708)戊子 五十一岁

年初奉圣谕南归。有《南辕杂诗》二十首，其二"旧日俫童半服官"透露曾为"俫童"的经历。十月，第三次兼巡盐。

弟曹荃(原名宣，字子猷)于本年病逝。[1]

### 康熙四十八年(1709)己丑 五十二岁

二月，送子连生(曹颙)进京当差，并以次女嫁某王子。有《思仲轩诗》怀念弟子猷。编辑并刊刻《诗钞》六卷《词钞》一卷，有王朝璘序。捐赀刊刻朱彝尊《曝书亭集》。年底进京述职陛见。次年初南归。

### 康熙四十九年(1710)庚寅 五十三岁

十月，第四次兼巡盐。秋，作《避热》八首，回忆"佩笔六番充侍从"等往事，抒发"春秋霜露天何惨，道义文章世反疑"等时政感慨。

---

[1] 王煐《挽曹荔轩使君》诗其五自注"令弟芷园于戊子岁先逝"。一说曹荃逝世于康熙四十四年或之前，见方晓伟《曹寅年谱评传》，第429—430页。

**康熙五十年(1711)辛卯　五十四岁**

次子珍儿殇。曹寅有诗伤悼并嘱四侄"程朱理必探"。本年曹𬤨得子，张云章有诗贺"曹荔轩银台得孙"。夏秋间，有《题马湘兰画兰长卷》叠韵长诗三首，为《楝亭集》中规模最大之长篇"悼红"组诗。年底进京述职陛见。

**康熙五十一年(1712)壬辰　五十五岁**

二月，陛辞南归，有《畅春苑张灯赐宴归舍恭纪四首》等。三月，奉旨刊刻《佩文韵府》。作长诗《书院述事三十韵》《巫峡石歌》等。编定《诗钞》八卷。七月初染病，七月二十三日逝世于扬州书局。

# 参考书目

《楝亭集》，上海古籍出版社，1978 年影印版

《曹寅全集·奏疏卷》，张书才、李一鹗编注，中华书局 2023 年版

《北红拂记》，上海图书馆藏清康熙刻本，中国艺术研究院图书馆藏邵锐抄本

《续琵琶记》，国家图书馆藏残抄本

《续琵琶笺注》，胡德平、赵建伟笺注，中华书局 2010 年版

《太平乐事》，南京大学图书馆藏，清康熙四十八年刻本

《楝亭书目》，金毓黻辑《辽海丛书》本，民国二十至二十三年版

《楝亭藏书十二种》，民国十年上海古书流通处影印本

《诗观二集》，[清]邓汉仪辑，清康熙十八年慎墨堂刻本

《瑶华集》，[清]蒋景祁编，中华书局 1982 年版

《明遗民诗》，[清]卓尔堪编，中华书局 1960 年版

《白茅堂全集》，[清]顾景星撰，《清代诗文集汇编》影印本，上海古籍出版社 2010 年版

《变雅堂集》，[清]杜濬撰，湖南师范大学图书馆藏本

《通志堂集》，[清]纳兰性德撰，上海古籍出版社 1979 年版

《经义斋集》，[清]熊赐履撰，《清代诗文集汇编》影印本

《弱水集》，[清]屈复撰，《清代诗文集汇编》影印本

《施愚山先生学余文集》，[清]施闰章撰，《清代诗文集汇编》影印本

《随村先生遗集》，[清]施瑮撰，《四库全书存目丛书》，齐鲁书社 1997 年版

《黛史》，[清]张芳著，《丛书集成续编》第 211 册；《香艳丛书》第一集，上

海国学扶轮社排印版（1909—1911）

　　《绿烟琐窗集》，[清]富察明义撰，文学古籍刊行社 1955 年影印本

　　《枣窗闲笔》，[清]裕瑞撰，文学古籍刊行社 1955 年影印本

　　《王南村集》，[清]王焜著，宋健整理，天津古籍出版社 2015 年版

　　《王南村年谱》，宋健编著，天津古籍出版社 2017 年版

　　《方苞集》，[清]方苞著，上海古籍出版社 2009 年版

　　《青溪文集》，[清]程廷祚著，《清代诗文集汇编》影印本

　　《五庆堂重修曹氏宗谱》，北京燕山出版社 1990 年影印本

　　《八旗满洲氏族通谱》，文渊阁《四库全书》本

　　《关于江宁织造曹家档案史料》，故宫博物院明清档案部编，中华书局
1975 年版

　　《江宁织造曹家档案史料补遗》，易管编，《红楼梦学刊》1979 年第二辑，
1980 年第一、二辑

　　《红楼梦新证》，周汝昌著，人民文学出版社 1976 年版

　　《曹雪芹家世新考》（增订本），冯其庸著，文化艺术出版社 1997 年版，
2008 年版（增订本）

　　《红楼梦论源》，朱淡文著，江苏古籍出版社 1992 年版

　　《曹雪芹江南家世丛考》，吴新雷、黄进德著，黑龙江教育出版社 2000
年版

　　《曹雪芹评传》，李广柏著，南京大学出版社 1998 年版

　　《李士桢李煦父子年谱》，王利器著，北京出版社 1983 年版

　　《李煦奏折》，故宫博物院明清档案部编，中华书局 1975 年版

　　《虚白斋尺牍》，[清]李煦撰，张书才、樊志斌笺注，中华书局 2013 年版

　　《楝亭集笺注》，胡绍棠笺注，首都图书馆出版社 2007 年版

　　《曹寅评传年谱》，方晓伟著，广陵书局 2010 年版

　　《曹寅与康熙》，(美)史景迁著，广西师范大学出版社 2014 年版

　　《曹雪芹家世生平探源》，张书才著，白山出版社 2009 年版

　　《曹学文献探考》，顾斌著，阅文出版社 2019 年版

　　《古典文学研究资料汇编·〈红楼梦〉卷》，一粟编，中华书局 1963 年版

　　《新编石头记脂砚斋评语辑校》，陈庆浩编，中国友谊出版公司 1987 年版

《红雪缤纷录》,徐恭时著,(香港)阅文出版社 2019 年版

《曹雪芹佚著浅探》,吴恩裕著,天津人民出版社 1979 年版

《考稗小记》,吴恩裕著,北京联合出版公司 2020 年版

《曹雪芹小传》,周汝昌著,华艺出版社 1998 年版

《泣血红楼:曹雪芹传》,周汝昌著,作家出版社 2014 年版

《曹雪芹传》,樊志斌著,中华书局 2012 年版

《俞平伯论红楼梦》,上海古籍出版社 1988 年版

《二重奏:红学与清史的对话》,黄一农著,中华书局 2015 年版

《说不尽的红楼梦》(增订本),胡德平著,中华书局 2019 年版

《苏州李家与红楼梦》,皮述民著,台湾新文丰出版公司 1996 年出版

《海外红学论集》,胡文彬、周雷编,上海古籍出版社 1983 年版

《红楼梦新探》,赵冈、陈钟毅著,文化艺术出版社 1991 年版

《红楼梦识要——宋淇红学论集》,宋淇著,中国书店 2000 年版

《奇文史笔红楼梦》,林方直著,商务印书馆 2017 年版

《红楼梦成书研究》,沈治钧著,中国书店 2014 年版

《清代北京旗人社会》,刘小萌著,中国社会科学出版社 2008 年版

《辽东移民中的旗人社会》,定宜庄等著,上海社会科学院出版社 2004
年版

《清代内务府》,都美琴著,中国人民大学出版社 1998 年版

《清代八旗子弟》,绍意著,中国华侨出版公司 1989 年版

《国朝先正事略》,[清]李元度著,岳麓书社 1991 年版

《清代人物传略》,(美)A. W. 恒慕义主编,青海人民出版社 1995 年版

《清代七百名人传》,蔡冠洛编著,北京中国书店 1984 年版

《清史稿》,赵尔巽等著,中华书局 1977 年版

《清代通史》,萧一山著,中华书局 1985 年版

《清史编年》,中国人民大学清史研究所编,中国人民大学出版社 1991
年版

《洪业——清朝开国史》,(美)魏斐德著,新星出版社 2017 年版

《清代宫廷社会史》,(美)罗友枝著,中国人民大学出版社 2009 年版

《清实录》,中华书局 1987 年影印版

《东华录》，〔清〕王先谦编撰，上海古籍出版社 2007 年影印撷华书局本

《康熙起居注》，中华书局 1980 年版

《康熙帝传》，（法）白晋撰，《清史资料》第一辑，中华书局 1980 年版

《明清史讲义》，孟森著，中华书局 1981 年版

《清史探微》，郑天挺著，商务印书馆 2014 年版

《明清史丛说》，汪荣祖著，广西师范大学出版社 2013 年版

《晚明大变局》，樊树志著，中华书局 2015 年版

《晚明史》，樊树志著，复旦大学出版社 2015 年版

《清朝奏折制度》，庄吉发著，故宫出版社 2016 年版

《明季北略》，〔清〕计六奇撰，中华书局 1984 年版

《国朝宫史》，〔清〕鄂尔泰、〔清〕张廷玉撰，北京古籍出版社 2001 年版

《听雨丛谈》，〔清〕福格撰，中华书局 1999 年版

《永宪录续编》，〔清〕萧奭撰，中华书局 1999 年版

《啸亭杂录》，〔清〕昭梿撰，中华书局 1999 年版

《不下带编》《巾箱说》，〔清〕金埴撰，中华书局 1959 年版

《雪桥诗话全编》，〔清〕杨钟羲撰，人民文学出版社 2011 年版

《清畿辅先哲传》，徐世昌撰，北京古籍出版社，1992 年版

《明遗民录》，〔清〕孙静庵撰，浙江古籍出版社 1985 年版

《明清之际士大夫研究》，赵园著，北京大学出版社 1999 年版

《明遗民传记索引》，谢正光编，上海古籍出版社 1992 年版

《钦定重修两浙盐法志》，〔清〕延丰等纂修，清嘉庆刻本

《江苏旧方志提要》，徐复、季文通主编，江苏古籍出版社 1993 年版

《清诗纪事初编》，邓之诚著，上海古籍出版社 1984 年版

《清词史》，严迪昌著，江苏古籍出版社 1990 年版

《清代学术思想的变迁与文学》，马积高著，湖南出版社 1996 年版

《康熙思想研究》，宋德宣著，中国社会科学出版社 1990 年版

《清初学人第一——纳兰性德研究》，刘德鸿著，中国社会科学出版社 1997 年版

《清八大名家词集》，岳麓书社 1992 年版

《曹雪芹祖籍辨正》，刘世德著，中国大百科全书出版社 1998 年版

《曹雪芹祖籍考论》，王畅著，河北教育出版社 1996 年版

《红楼梦考论》，张锦池著，黑龙江教育出版社 1998 年版

《说诗说稗》，刘敬圻、陶尔夫著，黑龙江教育出版社 1997 年版

《红楼梦的独创艺术》，周书文著，百花洲文艺出版社 2000 年版

《红楼梦创作方法论》，周思源著，文化艺术出版社 1998 年版

《〈红楼梦〉与戏曲比较研究》，徐扶明著，上海古籍出版社 1984 年版

《红楼梦寻》，吕启祥著，文化艺术出版社 2005 年版

《明清小说补论》，刘敬圻著，北方文艺出版社 2015 年版

《世纪回眸》，胡文彬著，北京时代华文书局 2016 年版

《红楼梦诗性叙事研究》，张平仁著，首都师范大学出版社 2017 年版

《红楼人物家庭角色论》，段江丽著，辽宁人民出版社 2019 年版

《中国家庭教育史》，马镛著，湖南教育出版社 1997 年版

《中国古代家庭教育史》，陈天顺主编，河南人民出版社 2014 年版

《中国古代教育史资料》，孟承宪编，华东师范大学出版社 2010 年版

《清代戏曲史》，周妙中著，中州古籍出版社 1987 年版

《中国古代寓言史》，陈蒲清著，湖南教育出版社 1996 年版

《世界寓言通论》，陈蒲清著，湖南教育出版社 1990 年版

《中国上古神话》，刘城淮著，上海古籍出版社 1988 年版

《走近曹雪芹——〈红楼梦〉心理新诠》，刘上生著，湖南师范大学出版社 1997 年版

《中国古代小说艺术史》，刘上生著，湖南师范大学出版社 1993 年版

《探骊——从写情回目解味〈红楼梦〉》，刘上生著，浙江古籍出版社 2019 年版

# 初版后记

我对曹寅的兴趣始于五年前。1996 年写《走近曹雪芹——〈红楼梦〉心理新诠》之时,反复研读《楝亭集》等文献,觉得对这位重要历史人物的认识还远未穷尽,许多地方还有偏差,或模糊,甚或空白,而学界也尚未有专著,遂决意弥补这一缺陷。我的努力,得到了许多学术界前辈和同仁的支持。恩师马积高先生多次教诲、鼓励,为我指点迷津,开拓思路,甚至帮助我查找细小的典故资料。马师现年高卧病,他的人格和学识对于我,永远是高山仰止。我衷心地祝愿他老人家及师母健康长寿。冯其庸先生充分肯定本课题的研究价值和本人已取得的成果,他和张庆善先生的热情支持,使我能够在《红楼梦学刊》上连续发表系列论文。周汝昌先生目力已极为衰弱,仍抽阅拙著《走近曹雪芹——〈红楼梦〉心理新诠》,多次亲自赐书称赞,寄以厚望,嘱我"对楝亭写一部专著,嘉惠士林"(2000 年 6 月 10 日信)。我从先生因目疾而歪斜交叠甚至难以辨认的字迹中,感受到极大的关爱和鼓舞。几位大师的著作,都是我参阅最多的基本文献。湖南师范大学文学院将"曹寅研究"列为科研课题,此次出版,又得到"湖南师范大学湖湘文化研究学科"资助,本人谨致以深挚的感谢。

本书在写作过程中,得到吴新雷、张锦池、刘敬圻、周书文、周思源教授和先生惠赠大著,得到黄钧先生、梅枚女士及《红楼》杂志的支持,我的弟子彭知辉及周小兵同志热情帮助我查阅抄录资料,在此一并致谢。

我和妻子石福云几十年来,相濡以沫,没有她的理解、支持和奉献,我在学术事业上的成就是不可想象的。温馨的家庭不仅仅是休憩的港湾,更是事业的基石和人生的支点。

由于时间精力和能力所限,本书尚有若干明显不足,有的尚付阙如。学术事业,即使是曹寅研究这样的专题,也非一人一时所能完成。薪不尽而火传,我当继续努力,更寄希望于来者。

今日清明,谨以此菲薄之作敬荐于先母之灵。泽被子孙,慈恩永在。

刘上生

2001 年 4 月 5 日于岳麓山下

# 增订本后记

拙著《曹寅与曹雪芹》初版二十周年之际，能出版增订本，并有幸列入北京曹雪芹学会"曹学文库"，我深感欣慰。

这事的意义，一是使我这本虽已出版却未能面市的书，有机会走向市场，面向学界和大众；二是使我有机会把自己近些年新的心得和成果充实进去，弥补和修正初版之不足，借以推动"曹学""红学"事业的继续进步。

《曹寅与曹雪芹》于 2001 年 5 月由海南出版社出版。虽然当时湖南师大文学院把我的"曹寅研究"列为课题，"湖湘文化学科"也破例给与了出版资助，但资金不多，只好采取出丛书共一个书号的方法，此书被列为"社科大视野"丛书之一，也就因此难以单独上市，结果只能赠送和作为个人教学用书。只在《红楼梦学刊》发了一个消息，算是告诸于世。那年 8 月，参加北戴河"海峡两岸中青年学者《红楼梦》研讨会"，带给了与会的朋友们。当时曹寅研究和"曹学"还没有成为热点，只有少数人关注。因此，我对此书也不抱信心，只当做留下的雪泥鸿爪。退休以后，视力严重下降，不再外出参加学术活动，几乎与世隔绝，成"桃花源中人"了。

不料上天赐福。2013 年白内障手术后，我的视力奇迹般地恢复正常，戴了几十年的近视眼镜也可以摘下，儿子和学生们帮助我学会了操作电脑和手机，在我眼前打开了无比丰富广阔便捷的信息新世界。一些新老朋友与我建立和恢复了联系，我才知道，作为当时国内第一本曹寅专著，此书产生了一些影响，受到好评。此后出版的几本曹寅专著，如胡绍棠的《楝亭集笺注》(北京图书馆出版社 2007 年版)、方晓伟的《曹寅评传年谱》(广陵书社 2010 年版)和黄一农先生的红学近著《二重奏：红学与清史的对话》(中华书局 2015 年版)，以及一些论文(包括硕士生论文)都有所评述或引用，我还读到了张庆善会长在为《楝亭集笺注》所写的序言中，特地提到了我对《楝亭集》与《红楼梦》关系的研究，认为这种研究"很有价值"。由于信息隔膜，我在写作《曹寅与曹雪芹》时虽闻其名却未见其书的史景迁名著《曹寅与康熙——一个皇帝宠臣的生涯揭秘》也由上海远方出版社和广西师范大学出版社等先后出版。一些中青年学者对曹寅及有关问题进行了深入探讨，发现了不少新材料，有的还对我的考证提出了商榷。当我于2016年前后回到学界的时候，我才发现，曹寅研究已经成为"曹学"甚至"红学"的一个热点，这些都使我深受鼓舞。近几年重新焕发活力，写了一些文章，参与到学术热潮之中，对一些问题有了更深入的认识，也有一些新的发现。回首二十年前的初版旧著，觉得多少有些落后了。

我应该感谢二十年来一直支持我的朋友向彪教授。拙著刚出版，他就写了书评《开拓曹学，丰富红学》，给予一个客观的学术定位，这在当时真是空谷足音。他还仔细阅读全书，帮助我发现排印校对及其他错误。以后，他又不遗余力地宣传揄扬，并且极力支持我重版公开发行。我还要感谢黑龙江教育出版社的程俊仁等老辈学人，和近年来活跃于"曹学""红学"，于材料的发现和考证贡献颇大的顾斌等中青年学者，他们的肯定和看重使我对这部几乎被市场掩埋的著作充满信心。

我更要感谢我尊敬的著名文史学家，与我"风义兼师友"的张书才先生。从拜读和引述他的《曹雪芹旗籍考辨》等著作开始，我们神交近三十年，其间只见过两面，交谈不过数句。但他给予一位后学的"到处逢人说项斯"的揄扬帮助，却是我刻骨铭心无以为报的大恩大德。他严谨治学的实证功夫始终是我的榜样。虽然年逾耄耋，仍然诲人不倦。拙著凡有粗疏之处，他都一一指正。没有他的鼎力推荐，我的自选集《从"曹学"到"红学"》和专著《曹寅与曹雪芹（增订本）》是不可能列入"曹学文库"如此隆重出版的。现在，张老又俯就为拙著赐序，更使我感到莫大荣幸。

著名文史学者、寓言史家陈蒲清是我尊敬的学长和近四十年知交，为人治学均称楷模。他虽然较少涉足"红学"，却一直关心我的事业，给我以难以言尽的支持鼓励。这次，他得知《曹寅与曹雪芹》增订本出版，又抱眼疾欣然赐序。

书才先生和蒲清先生都是我的学术和人生的恩人。他们的赐序不但是拙著的光荣,也将是永存的纪念。

喝水不忘挖井人。从 20 世纪六七十年代的实地考察和传说搜集整理,到 80 年代开始筹建曹学会,直到本世纪初北京曹学会正式成立,胡德平先生精诚执一,锲而不舍,我和曹学同仁们一样,深深感谢德平创会长为"曹学"组织和活动所作的开创性贡献。"曹学文库"的顺利出版,还凝聚着北京曹学会位灵芝、雍薇女士的辛劳心血,得到浙江古籍出版社的鼎力合作,陈小林博士、沈宗宇先生的辛苦付出,谨此一并致谢。

我的曹寅研究,一直坚持两个基本点:一是把曹寅作为一位康熙时代的重要历史人物,一位清朝杰出的包衣汉人作家进行研究,重视曹寅作为个体的历史价值和独立学术意义;一是把曹寅作为曹雪芹的祖父,包衣曹家盛衰历史和传承的关键性人物进行研究。在后一方面,又特别重视曹寅在包衣曹家精神传承链条上所起的作用。这两个方面有区别,但更有联系。把曹寅研究当作附庸而忽视其独立价值是不正确的,史景迁著作主要就是阐释曹寅作为历史人物的意义。但如果没有曹雪芹和《红楼梦》的光芒照耀,历史人物曹寅的爝火也许就会被淹没。从这个意义上看,"曹学"的价值依存于"红学",这也就是本人长期致力于沟通"曹学"与"红学",本书虽系曹寅研究专著却命名为《曹寅与曹雪芹》的用意。本人近几年所进行的研究,和本书的修改增订,也都是围绕着这个目标,着力理清和揭示以曹寅为中枢点的包衣曹家精神传承的线索,及其对曹雪芹和《红楼梦》的影响。

本书增订总的原则是,既尽可能保留初版的学术特色和原创成果,又注意吸收二十余年来"曹学""红学"特别是曹寅研究的成果,吸收近几年来自己研究的心得和成果。基本保留初版内容的是:第一章,"概论:解读曹寅";第四章,"政文异向的双重忠诚";第五章,"身心相悖的双重人格";第六章,"文学活动与创作",和原第七章"曹寅与曹雪芹"的部分内容,即祖孙关系、《楝亭集》与《红楼梦》的关系,和对曹寅"情""理"分离的心灵世界的论述。这些论述,提出并论证了曹寅身上体现的包衣曹家精神传承的基本内容,即三个二重性,是初版最重要的原创性学术结论。本人至今坚持这些观点和论述。

修改和增补较大的,有以下几章:

第二章《包衣曹家先辈及传承考索》。这一部分增加了本人近几年研究曹锡远、曹振彦、曹玺三代的成果，初版在这方面比较简略。本人依据近几年发现的新材料（如曹振彦"护持指示"王鼎吕"得归民籍"，曹玺与马銮即马秋竹关系的考证），以及对原有材料的内含信息进行深度发掘，力求从已知推求未知，获得了一些新认识。特别是把对包衣曹家精神传承的研究向上下延伸，使这一链条的各个环节的面貌较以前的模糊状态，变得较为清晰。此外，还增加了"远世记忆"和"论包衣曹家的'家学'传承与新变"专节，作为补充。过去，对包衣曹家家世的研究，比较重视血缘脉络，甚至纠缠于祖籍论争，对精神传承却比较忽视。希望拙著的努力，对这种偏颇有所矫正。

第三章《曹寅生平事迹考索》。这一部分增加了本人近几年的考论成果。本人在初版及此前论文中提出了曹寅康熙八年入侍，及入侍后"佩笔侍从"而非康熙"伴读"的观点，以及曹玺去世后与康熙一度引发的"信任危机"等论述，得到不少认同，也引发了商榷讨论。在参与论争的过程中，本人又发现了一些新材料，不但证实了上述观点，还对曹寅幼年入侍后的经历有了更丰富的认识，曹寅《南辕杂诗》自述的"侲童"经历就很引人注意，它是曹寅一生的戏剧爱好的重要渊源。本人除就此作了考证论述外，还在此基础上进一步提出了曹寅"童奴生涯"的研究命题，认为曹寅幼年入侍，是包衣奴役制度和童奴制度的双重受害者，对其一生经历和思想都有重要影响，并且在《红楼梦》的奴婢形象特别是童奴描写中留下了深刻印记。这都是前人没有注意的事实。本章还对晚年曹寅与康熙的关系作了补充研究，相信这对理解曹寅的复杂思想性格也会有所帮助。

第八章《曹寅和曹雪芹》，是对原第七章的调整补充。增加（或改写）了"爱石情结和意象承接""曹寅的《避热》诗和薛宝钗的'冷香丸'""从曹寅诗注到曹雪芹改曲词""'世法平等'一脉牵""曹寅童奴生涯研究和《红楼梦》的反奴文化创造"几节，并把原第八章《〈红楼梦〉与湘楚文化》改为本章专节"'师楚'和'用楚'"，论述曹寅、曹雪芹祖孙对楚文化的吸收运用。这些个案研究，统称为"《楝亭集》与《红楼梦》研究"。从个别到一般，从感性到理性，符合认识上升的客观规律。所以这些年来，我专注于个案研究，并相信其意义，相信它还可以为曹雪芹著作权提供更坚实的内证。曹雪芹是从源远流长的中华民族历史文化文学土壤中吸收丰富滋养成就其伟著的，体现包衣曹家精神文化传承链条的从曹寅到曹雪芹只是其中的一条线索,但却是一条有着特殊意义的线索。这是一个开放命题,要具体深入探索曹寅及其创作对曹雪芹和《红楼梦》的影响,还大有可为。从一定意义上说,它应该成为曹寅研究的归宿。本书所做的,只是尝试和开始,相信以后随着研究的进展,会有更加系统的论著出现。

增写了第七章《戏曲创作和传承》。这是对初版重要缺陷的弥补。戏曲本非我所长,加之成稿仓促,当时留下遗憾,这次增订才有机会补充。"渊源"部分,依据本人"侲童"材料发现,进一步作了阐述,应该属于原创。对于曹寅的戏剧创作,除自己阅读原著和相关材料外,还请教了戏曲专家段启明先生,得到他的指教和鼓励。章末附研究《楝亭书目》"曲目"的短文,也是对初版未涉楝亭藏书《书目》的弥补。这些弥补做的不一定好,但曹寅著述的主要方面,总算都涉及到了。曹寅是一位多能乃至全能型文人。清代大一统的完成和康熙朝的大规模文化建设工程,曹寅的特殊身份地位给他提供了有利的环境条件,包衣曹家重视"艺能"的"家学"给了他优良传承和拓展空间,他本人从幼称神童,"佩笔侍从","侲童"侍卫、浸染"西学东渐"之风等丰富经历,以及他的好学自为精神等等,成就了曹寅。他的孙子曹雪芹能够写出被称为"百科全书"式的文学经典,与文化全能祖父身教书传的辉煌业绩的影响当然是分不开的。只是这些方面,人们还研究得太少了。

此外,第一章增补了一篇近年参与学术论争的文章,也是对概论曹寅的补充。初版中附论的《红楼梦写实艺术的美学跨越》,因与本书主题关系较远,增订时移出。

本书与自选集有幸同时列入"曹学文库"出版,它们都是笔者长期研究的成果,内容有相关性,但均系本人原创。本书系专著,在初稿写作和这次修改增订过程中,理所当然地吸收了自选集的一些论述成果,因而某些内容难免重现。这些,读者将能明鉴。

本书及增订本在写作过程中,参考和吸收了前人和当代同仁的各种研究成果,书末列出参考书目,其他论文,包括博士硕士论文,包括学术网站所获信息,凡有引用,各章节均一一注明,不敢掠人之美,更不敢剽窃抄袭,在此谨致谢忱。

作为"曹学""红学"重要构件的曹寅研究正方兴未艾。前辈可敬,同仁可亲,后生可期。老骥伏枥,愚夫抛砖,是所瞩望于未来。

刘上生

2023 年 8 月于深圳寓所